Michael Green

Prinzipal von St. John's College
in Nottingham

Evangelisation zur Zeit der ersten Christen

Hänssler-Verlag
Neuhausen-Stuttgart

Bibelzitate sind im allgemeinen dem revidierten Luthertext entnommen. Die Kirchenväterzitate legen den Text der Ante Nicene Library und der Loeb Library zugrunde.
Bei englischen Buchtiteln, die nicht in deutscher Übersetzung erschienen sind, wurde meist eine entsprechende deutsche Wiedergabe in Klammern dahintergesetzt.

ISBN 3 7751 0297–3

TELOS-Wissenschaftliche Reihe 4014
© 1970 by Michael Green
Published by Hodder and Stoughton Limited
Der Titel der englischen Ausgabe lautet:
Evangelism in the early Church
Copyright der deutschen Ausgabe by Hänssler-Verlag Neuhausen-Stuttgart
Umschlaggestaltung: Daniel Dolmetsch
Deutsch von Karl-Heinz Bormuth
Umschlagfoto: Società Scala, Antella (Firence)
Herstellung: St.-Johannis-Druckerei C. Schweickhardt
7630 Lahr-Dinglingen
Printed in Germany 15066/1977

Für Crispin und Gill Joynson-Hicks,
die in ähnlicher Weise wie die ersten Christen
im Rahmen ihres Hauses, ihrer Möglichkeiten
und ihrer freundschaftlichen Beziehungen
die Frohe Botschaft von Jesus an andere weitergaben.

Inhalt

Vorwort

Zwei Gründe haben mich dazu bewogen, dieses Buch zu schreiben. Der erste Grund bestand darin, daß das gesamte Thema Evangelisation in der frühen Kirche in letzter Zeit unglaublich vernachlässigt worden ist. Seit Harnacks großes Buch *Die Mission und Ausbreitung des Christentums* übersetzt wurde (ins Englische d. Ü.), ist in englischer Sprache nichts Wesentliches mehr unmittelbar zu diesem Thema geschrieben worden. Wenn Harnack auch ein glänzender Schriftsteller und ein umfassend gebildeter Gelehrter war, hat er doch schon vor einer längeren Zeit gelebt. Seit den großen Tagen des liberalen Protestantismus, dessen Vertreter er war, hat sich unsere Auffassung von dem, was das Wesen des Evangeliums ist, doch entscheidend geändert. Außerdem haben Männer wie C. H. Dodd und Roland Allen wesentliche Beiträge geliefert zu verschiedenen Aspekten des Themas. Deshalb schien ein Buch am Platze zu sein, das den Versuch unternimmt, einige der Hauptgesichtspunkte der Evangelisation im Altertum noch einmal im Lichte der neueren Forschung zu überprüfen und auch zu dem gesamten Problem neue eigene Untersuchungen und Denkarbeit einzubringen.

Der zweite Grund war mehr persönlicher Natur. Die meisten Evangelisten sind nicht sonderlich an Theologie interessiert; die meisten Theologen sind nicht sonderlich an Evangelisation interessiert. Ich fühle mich beidem zutiefst verpflichtet. Deshalb kam es z. T. meiner persönlichen Art entgegen, dieses Thema zu untersuchen.

Ich habe bewußt davon abgesehen, die Reichweite dieser Untersuchung zu scharf abzugrenzen. Sie befaßt sich vor allem mit der Zeit des Neuen Testamentes sowohl wegen seiner normativen Bedeutung für alle folgende Evangeliumsverkündigung als auch deshalb, weil es der Zeitraum ist, über den ich am ehesten Bescheid weiß. Aber ich habe den Eindruck, daß es verkehrt wäre, mit dem Ende der neutestamentlichen Zeit aufzuhören. Ich habe deshalb die Untersuchung fortgeführt bis etwa zur Mitte des dritten Jahrhunderts, so daß sie ungefähr die 200 Jahre von Paulus bis Origenes umfaßt. Das Buch will nicht eine erschöpfende oder gar chronologische Untersuchung des Materials aus dem zweiten oder dritten Jahrhundert bieten. Der Stoff wird thematisch behandelt und muß deshalb ausgewählt werden. Ich habe jedoch vieles aus den ursprünglichen

Quellen zitiert, damit die Männer der frühen Kirche selbst zu Worte kommen zu den Fragen des Evangeliums und seiner Ausbreitung.

Auch mache ich hier keinen Versuch, einen Überblick über die Mission der Kirche im weiteren Sinne zu geben. Dieses Thema ist oft und von berufener Hand abgehandelt worden. Ich habe mich streng an die Darstellung der Evangelisation im engeren Sinne zu halten versucht, Evangelisation, die es mit der Verkündigung der Frohen Botschaft des Heils an Männer und Frauen zu tun hat mit dem Ziel, daß sie sich zu Christus bekehren und in seine Gemeinde eingegliedert werden. Deshalb spreche ich wenig über das, was der Evangelisation vorausgeht, und über das Eindringen christlicher Einflüsse und Ideale in die heidnische Gesellschaft; auch wenig über die sozialen und politischen Begleiterscheinungen des Evangeliums; und wenig über die Unterweisung der ersten Christen, wie sie ihren evangelistischen Unternehmungen folgte und da zur Glaubensbefestigung dienen sollte, wo man durch das Evangelium an Boden gewonnen hatte.

Ich bin jedoch der Meinung, daß auch eine Untersuchung über Evangelisation in diesem eingeschränkten Sinne für unsere Zeit von Bedeutung ist. Wenn sie uns helfen kann, von neuem das Evangelium zu verstehen, das diese Christen der ersten Zeit verkündigten, die Methoden, die sie anwandten, die geistlichen Merkmale, durch die sie sich auszeichneten; zu erkennen, in welchem Maße sie bereit waren, ihre Botschaft im Lichte der zeitgenössischen Denkformen zu durchdenken, sie mit allen ihnen zur Verfügung stehenden Kräften zu verkündigen, sie auszuleben und dafür zu sterben, – dann könnte eine Untersuchung wie diese der Kirche von heute vielleicht einen Dienst tun, indem sie sie zurückruft zu ihrer vorrangigen Aufgabe.

Ich möchte bei dieser Gelegenheit dem Vorstand des London College of Divinity meinen tiefen Dank dafür aussprechen, daß mir im Sommer 1968 ein Freisemester gewährt wurde. In gleicher Weise bin ich dem Tyndale Fellowship for Biblical Research dankbar dafür, daß mir während dieser Zeit freie Unterkunft in der Tyndale House Library in Cambridge gewährt wurde. Ihr Bibliothekar, Herr Alan Millard, war stets bereit, seine eigene Arbeit zurückzustellen, um anderen behilflich zu sein. Sehr dankbar bin ich Herrn Dr. J. M. C. Toynbee und Herrn Professor H. E. W. Turner für ihre verschiedentliche Hilfe bei diesem Buch. Mehr Dank, als ich zum Ausdruck bringen kann, schulde ich Herrn Dr. Dacre Balsdon vom Exeter College in Oxford und Herrn Dr. Henry Chadwick, damals am Queens' College in Cambridge. Sie haben ihrem Schüler die Liebe jeweils zu dem klassischen Altertum und zur Theologie vermittelt. Dem letztern und auch Herrn Professor Maurice Wiles in London bin ich besonders dankbar dafür, daß sie dieses Manuskript durchlasen und viele hilfreiche Vorschläge machten sowie Korrekturen anbrachten. Herr Edward England war mir ein sehr zuvorkommender und mutmachender Verleger. Zwei Kollegen möchte ich danken für ihre Hilfe, Herrn Stephan Travis und Herrn Franklyn Dulley. Sie haben mich zusammen mit Herrn Dr. Timothy Mimpriss und Herrn Grahame Humphries bei der ermüdenden Aufgabe unterstützt, das Register zu erstellen. Meine tüchtige Sekretärin, Frau Judith Berrill, sowie die Geduld meiner Frau und meiner Kinder haben mich sehr unterstützt in einer Zeit, die mit viel Arbeit ausgefüllt war, da der Umzug des College nach Nottingham für 1970 vorbereitet wurde. Und ich bin auch den Studenten vieler Universitäten in diesem Lande und in Übersee dankbar; denn sie haben mich immer wieder ermuntert, evangelistische Vorträge an Universitäten zu halten, und dadurch auch veranlaßt, daß ich mich auf die Grundlinien besann und von neuem untersuchte, wie die Evangelisation in der frühen Kirche fruchtbar werden kann für unsere Aufgabe, Christus in unseren Tagen zu verkündigen.

E.M.B. Green,
The London College of Divinity,
im September 1969

1 Wegbereitung der Evangelisation

Eine kleine Mannschaft von elf Leuten hatte Jesus beauftragt, sein Werk fortzusetzen und der ganzen Welt das Evangelium zu bringen.[1] Sie waren keine herausragenden Persönlichkeiten; sie hatten keine gründliche Bildung genossen; sie hatten keine einflußreichen Hintermänner. In ihrem eigenen Volk galten sie weiter nichts, hinzu kam, daß ihr Volk nur eine untergeordnete Provinz im äußersten Ende des Ostens der Landkarte des Römerreiches war. Wenn sie die Möglichkeiten für einen Erfolg ihrer Sendung abgewogen hätten, hätte ihnen der Mut sinken müssen; so ungleich waren die Chancen, selbst wenn man einräumt, daß sie der Überzeugung waren: Jesus lebte und sein Geist begleitete sie, um sie für ihre Aufgabe auszurüsten. Wie konnten sie da Erfolg haben? Und doch war es so.

Man kann die Hindernisse, die auf ihrem Weg lagen, nicht deutlich genug betonen. Einige von ihnen werden uns im folgenden Kapitel noch beschäftigen. Aber man muß sich in gleicher Weise vor Augen halten, daß wohl kein Abschnitt in der Geschichte geeigneter war, die junge Kirche aufzunehmen, als das erste Jahrhundert nach Christus; denn damals in einem buchstäblich weltweiten Imperium war die Reichweite für die Ausbreitung und das Verständnis des Glaubens ungeheuer. Wir wissen, wie griechische, römische und jüdische Elemente bei der *präeparatio evangelica* zusammengewirkt haben; aber eine erneute Beschäftigung damit lohnt sich, wenn diese Studie in den rechten Blickwinkel gerückt werden soll. In der Apostelgeschichte, unserem frühesten Bericht von der Ausbreitung des Christentums, entdecken wir fast auf jeder Seite, welchen Beitrag Griechenland, Rom und das Judentum dazu leisteten. Im zweiten Jahrhundert begannen die Christen, eingehender und selbstbewußter darüber nachzudenken, wie die kulturelle Landschaft aussah, in die hinein die Kirche sich ausbreitete,[2] und sie zeigten, daß die göttliche Vorsehung die Welt für das Kommen des Christentums vorbereitet hatte. Nicht alle ihre Argumente sind von gleichem Wert;[3] aber niemand wird leugnen wollen, daß das erste Jahrhundert in hervorragender Weise bahnbrechend für das Evangelium war.

Der römische Friede

An allererster Stelle stand die *pax Romana*. Die Ausbreitung des

Christentums wäre kaum denkbar gewesen, wenn Jesus ein halbes Jahrhundert früher geboren wäre. Tatsächlich drang der neue Glaube in der Welt vor in einer Zeit des Friedens, wie sie beispiellos in der Geschichte ist. Zum ersten Male war die ganze bekannte Welt unter der wirkungsvollen Kontrolle einer Macht – nämlich Roms. Freilich wäre diese Lage beinahe schon mehr als ein Jahrhundert vorher eingetreten, als sich Rom nach der siegreichen Beendigung des dritten Punischen Krieges in der Rolle der beherrschenden Macht im Mittelmeerbecken befand. Durch Waffengewalt und gute Verwaltung seiner Kolonien hatte es eine politische Einheit herbeigeführt, von der Alexander der Große nur hatte träumen können. Polybius schrieb seine *Geschichte* über die Jahre 220–145 v. Chr., um der Nachwelt zu berichten, wie »es den Römern in weniger als 53 Jahren gelang, fast die ganze Welt unter ihre Alleinherrschaft zu bringen – ein beispielloser Erfolg in der Geschichte«. Aber diese Lage hielt nicht lange an. Als Herrin der Welt war Rom nicht Herrin über sich selbst. Innerhalb weniger Jahre nach der Zerstörung Carthagos 146 v. Chr. wurde der mögliche Reformer Roms, Tiberius Gracchus, in einem Aufstand, der von dem Ex-Konsul P. Scipio Nasica angeführt wurde, erschlagen. Sein Tod löste innere Kämpfe aus, die zu einem Jahrhundert der Bürgerkriege führten.

Marius, Sulla, Pompeius, Crassus und Julius Caesar – um nur einige der berühmteren Teilnehmer an diesem jahrhundertlangen Gemetzel zu nennen –, sie alle ergriffen die Waffen gegen ihre eigenen Landsleute und verwickelten die Welt in ihren verhängnisvollen Kampf um die Macht. Als Julius Caesar im Jahre 44 v. Chr. von den Dolchen des Brutus und Cassius niedergestreckt wurde, mußte es so scheinen, als sei ein weiterer Nagel in den Sarg des römischen *imperium* eingeschlagen worden, obwohl die Verschwörer behaupteten, sie hätten durch ihre Tat nur einen Tyrannen beseitigen und die Republik zum Leben erwecken wollen. Das Ergebnis waren weitere blutige Kämpfe zwischen dem Triumvirat, bestehend aus Marcus Antonius, M. Aemilius Lepidus und Gaius Octavius, dem Großneffen des ermordeten Caesar, auf der einen Seite und Brutus und Cassius auf der anderen Seite. Durch die Schlacht bei Philippi wurden diese Kämpfe beendet. Danach folgte wiederum der Niedergang des Lepidus, ein gigantisches Ringen zwischen Antonius und Oktavian, das in der Schlacht von Aktium (31 v. Chr.) und ein Jahr später mit dem Tod des Antonius und seiner Geliebten Kleopatra seinen Höhepunkt erreichte; durch das letzte Ereignis kam auch noch Ägypten in die Hand der Römer.

Nun war die Vorherrschaft Octavians unbestritten. Die müden

Völker wandten sich in Dankbarkeit dem Manne zu, der sie von einem Jahrhundert des Krieges befreit hatte, und riefen ihn in ehrlicher Überzeugung als den »Heiland der Welt« aus.[4] Die Dichter Vergil und Horaz verkündeten den Beginn eines neuen Zeitalters: »redeunt *Saturnia regna*«.[5]

Zum ersten Male seit zwei Jahrhunderten hatte der Janustempel zum Zeichen des Friedens seine gewaltigen Tore geschlossen, und im Jahre 17 v. Chr. feierte Augustus (wie ein dankbarer Senat ihn ein Jahrzehnt vorher genannt hatte, weil er die republikanische Herrschaft, jedenfalls dem Anschein nach, wiederhergestellt hatte[6]) die *Ludi Saeculares,* bei denen Horaz die Leistung des »Sohnes des Anchises und der Venus« sowie den Frieden, die Fülle und das Glück seines Prinzipats besang.[7] Aber vielleicht noch eindrucksvoller als dieses Stück offizieller Propaganda sind Inschriften aus allen Teilen der alten Welt, die die Dankbarkeit des einfachen Volkes für den römischen Frieden, den Augustus eingeführt hatte, deutlich machen. Da gibt es z. B. eine Inschrift aus der Zeit um 6 v. Chr. aus Rom. Sie enthält die Lobrede eines trauernden Ehemannes auf seine verstorbene Frau. In ihr berichtet er nicht nur von den einundvierzig glücklichen Jahren ihrer Ehe, von ihren Kindern und von den Tugenden seiner Frau, sondern er tut ein übriges und erweist der *pax Augusta* seine Ehre. »Seit der Befriedung der Welt und der Wiederherstellung der Republik sind endlich wieder glückliche und ruhige Zeiten bei uns eingekehrt.«[8]

Augustus erhielt diesen Frieden durch das Heer aufrecht. Man kann sagen, daß es etwa entlang den Grenzen des Weltreiches stationiert war, so daß die Bürger im Schutze der militärisch gut besetzten Grenzen in Frieden schlafen konnten. Gallien war von Julius Caesar erobert worden, Kleinasien von Pompejus, und Augustus mühte sich, die Grenzen bis an den Rhein und die Donau vorzutreiben. Sie wurden durch die Legionen befestigt und durch Marineeinheiten bewacht. Im Osten erzielte er diplomatische Erfolge gegen die Partner (deren Eingliederung in das Weltreich aus geographischen und kulturellen Gründen nicht durchführbar gewesen wäre) und befestigte die Grenze am Euphrat. Alles Land innerhalb dieser Grenzen war befriedet und romanisiert. Den Ausbruch eines neuen Bürgerkrieges brauchte man nicht zu befürchten, weil Augustus durch eine schlaue Gebietsteilung zwischen sich und dem Senat sichergestellt hatte, daß er die Kontrolle über alle die Provinzen behielt, in denen eine militärische Präsenz nötig war. Zur Zeit seines Todes gab es nur eine einzige Legion in einer vom Senat beherrschten Provinz, und das war in Afrika. Unter solchen Umständen schien der innere und äußere Friede gesichert. Tacitus übertreibt nicht, wenn er »verständige Männer« sagen läßt: »Das Weltreich war gänzlich eingebettet in Seen, Meere und lange Flüsse. Legionen, Flotten und Provinzen – alles war passend miteinander verbunden.«[9] Augustus war es gelungen, eine zusammengefaßte Einheit der gesamten Kulturwelt zu schaffen.

Die Entwicklung des Straßensystems ging zügig voran. Augustus hatte besonderes Interesse an den Straßen; er machte ihre Unterhaltung, die *cura viarum*, zu einer verantwortlichen Reichsangelegenheit, für die ein Ausschuß von älteren Senatoren zu sorgen hatte. Der Grund dafür liegt klar auf der Hand. Man konnte nicht nur schnelle Truppenbewegungen durchführen zum Zwecke von Polizeiaktionen oder militärischen Einsätzen, sondern man hatte auch die Möglichkeit der schnellen Nachrichtenübermittlung durch die amtliche Post, den *cursus publicus*, den Augustus einrichtete. Ein beachtliches Straßennetz ergoß sich strahlenförmig vom Goldenen Meilenstein in Rom in alle Teile des Reiches, und es wurde gut in Stand gehalten. Dieses Straßensystem hatte weitere bedeutende Vorteile,[10] vor allem die Förderung des Handels, die Begünstigung des Reisens und des gesellschaftlichen Verkehrs zwischen den verschiedenen Bevölkerungsteilen des Reiches, wodurch die Welt des Mittelmeerraumes zu einer zunehmend einheitlichen Kultur zusammengeschmiedet wurde. Die ersten Christen haben dann auch die Möglichkeiten zur Ausbreitung des Evangeliums, die sich durch diese schnelle und sichere Methode des Reisens ergaben, voll ausgenutzt. Sowohl das Neue Testament als auch die Schriften aus dem zweiten Jahrhundert reden mit großer Selbstverständlichkeit von langen Reisen. Nach dem Niedergang des Reiches wäre so etwas bis in unsere Zeit hinein hier kaum mehr möglich gewesen. Eine oft zitierte Inschrift, die man in Hierapolis auf dem Grabmal eines Kaufmannes fand, berichtet davon, daß er nicht weniger als 72mal nach Rom reiste.[11] Nirgends im Reich brauchte er einen Paß. Solange er keine Handelsware mit sich führte, brauchte er auch keinen Zoll zu bezahlen, obwohl er zu einer geringen Steuer für die Straßennutzung verpflichtet war. Aus der Apostelgeschichte geht hervor, daß die Christen den größtmöglichen Gebrauch von dem römischen Straßensystem machten und daß dieses unbewußt die Richtung angab für ihre Evangelisation. Was ein Kaufmann für seinen finanziellen Vorteil tun konnte, das konnte ein Christ in der Sache des Evangeliums tun.

Griechische Sprache

Auch Griechenland leistete für die Ausbreitung des Evangeliums einen beachtlichen Beitrag. Das Wichtigste hierbei war die griechische Sprache selbst. Sie war damals sehr weit über das Mittelmeerbecken verbreitet, so daß sie beinahe als allgemeine Umgangssprache galt. Das gefangene Griechenland bezwang seine Eroberer, so klagte Horaz; und vom zweiten Jahrhundert v. Chr. an, als es sich der römischen Herrschaft beugen mußte, wetteiferte die griechische Sprache mit der lateinischen. Die Eroberungen durch Alexander hatten das Griechische schon mehr als ein Jahrhundert vorher zur allgemeinen Sprache im Osten gemacht, und nun tat der Westen das gleiche, nur Spanien behielt sich weiter die lateinische Sprache vor. Schon im Jahre 242 v. Chr. wurde Livius Andronicus, ein griechischer Sklave, nach Rom gebracht; dort wurde er befreit und wurde Lehrer der griechischen und römischen Literatur. Von da an war es ganz normal, daß die römische Bildung auf griechisch vermittelt wurde. Griechische Tutoren, unter ihnen viele berühmte Gefangene oder politisch Verbannte wie Polybius, waren so überzeugt von der Überlegenheit ihrer Kultur und Sprache, daß sie, wie später die Engländer, sich keine Mühe gaben, andere Sprachen gut zu lernen. Sie lehrten in Griechisch, und die Römer ließen sich das nicht nur gefallen, sondern liebten es sogar.[12] Patrioten wie die Scipios und Cicero waren im Griechischen Experten. Die frühesten römischen Geschichtsschreiber wie Fabius Pictor schrieben in Griechisch. Quintilian, der berühmte Erzieher des ersten Jahrhunderts v. Chr., bestand darauf, daß ein Junge mit Griechisch beginnen sollte,[13] und viele der offiziellen römischen Inschriften in diesem Jahrhundert waren in Griechisch. Fünfzig Jahre vorher hatte Cicero bemerkt, daß Griechisch praktisch von der ganzen Welt gelesen würde, während Latein auf das eigene Land beschränkt bliebe. Die Satiriker Juvenal und Martial spotteten darüber, daß sogar das Frauenvolk ihre Liebesbeweise in griechischer Sprache anbrachte.[14] Es war daher ganz selbstverständlich, daß der Jude Paulus die Latiner in Rom mit Griechisch ansprach, oder daß Irenäus, der selbst aus Kleinasien stammte, in Griechisch schrieb, als er seine missionarische und apologetische Arbeit in Frankreich im zweiten Jahrhundert durchführte. Es ist sehr interessant, daß der römische Kapitän Claudius Lysias den Apostel Paulus, den er für einen ägyptischen Straßenräuber hielt, auf griechisch fragte: »Sprichst du griechisch?«[15] Es war von kaum zu überschätzendem Vorteil für die christliche Mission, daß sie eine gemeinsame Sprache vorfand. Missionssprachschulen wurden überflüssig. Wenn die Missionare sie gebrauchten, setzten sie sich nicht dem Vorurteil aus, das englischsprechenden Missionaren in einigen der unterentwickelten Ländern begegnet. Denn man konnte Griechisch, das die Sprache eines unterworfenen Volkes war, nicht mit dem Imperialismus in Zusammenhang bringen. Hinzu kam, daß es eine einfühlsame, anpassungsfähige Sprache war, die hervorragend dazu geeignet war, eine theologische Botschaft zu verbreiten. Denn jahrhundertelang hatte man in ihr die Gedanken von einigen der größten Denker der Welt ausgedrückt. So stand ein vorbereitetes philosophisches und theologisches Vokabular zur Verfügung. Als 250 Jahre danach das Latein das Griechische als Umgangssprache des Westreiches ablöste, ergaben sich durch das Fehlen dieses besonderen Vokabulars im Lateinischen manche Schwierigkeiten.

Griechisches Denken

Griechische Sprache und griechisches Denken kann man nicht voneinander trennen. Durch sie wurde die griechische Literatur erschlossen und diente den römischen Schriftstellern als Modell. So wurde Virgils *Äneis* in Form und Inhalt durch Homers *Odyssee* und teilweise durch die *Ilias* angeregt. Catull und Horaz ahmten die lesbische Dichtung des sechsten vorchristlichen Jahrhunderts nach, und so ging es weiter. Die Dichter waren die Theologen ihrer Zeit, und das einfache Volk leitete seine Vorstellungen von den Göttern und ihren Handlungen aus den homerischen Sagen her. So war diese Verbreitung der Göttermythologie mittelbar eine Vorbereitung für das Evangelium. Wahrheitssuchende Menschen dachten nach über die Grausamkeiten, Ehebrüche, Betrügereien, Kämpfe und Lügen, die man den Göttern zuschrieb, und sie wurden davon abgestoßen. Nicht die Christen führten den ersten Angriff gegen den groben Polytheismus der Massen, deren Götter so vermenschlicht waren. Lange vorher war er von griechischen Philosophen bloßgestellt worden. Niemand hatte die unwürdigen Handlungen der herkömmlichen Götter schonungsloser angeprangert als Plato;[16] und seine Angriffe wurden von den Sophisten verbreitet.[17] Diesen Leuten begegnete man in allen bedeutenden Städten der Alten Welt. Unter freiem Himmel und in Häusern traten sie freimütig auf und lehrten jeden, der sie bezahlte. Platos *Protagoras* vermittelt uns eine Vorstellung von der anziehenden Art, der Gewandtheit und zugleich der Oberflächlichkeit dieser Leute und zeigt uns, welchen Einfluß sie hatten. Die griechischen Sophisten hatten die gleiche

Macht über das einfache Volk wie die Prediger der Reformation. Die Art, wie sie die Götter verächtlich machten, muß nicht wenig zur Wegbereitung des Evangeliums beigetragen haben. Jedenfalls arbeiten die Apologeten des zweiten Jahrhunderts auf ihrer Grundlage weiter und benutzten oft die Waffen der griechischen Philosophen, um die griechischen Götter zu widerlegen. Ein Blick in die *Apologie* des Aristides oder Justins *Rede an die Griechen* zeigt uns, daß die Christen diese Angriffsmethode verwandten. Viel Material wurde ihnen geliefert; denn nicht nur Plato, sondern auch die Stoiker, Epikureer und Kyniker hatten schon vor den Christen diese Angriffe gegen die Götter geführt. In ihrem gründlichen Denken und in ihrer ehrlichen Wahrheitssuche konnten die Griechen ihre unwürdigen Götter, die sie herkömmlicherweise verehrt hatten, nicht mehr ertragen. Mit Recht sagte man von den Griechen: Nicht die Menschen wurden so verderbt, daß sie ihre Götter aufgaben, sondern die Götter wurden so verderbt, daß sie von den Menschen aufgegeben wurden.

In der griechisch-römischen Welt des ersten Jahrhunderts gab es nicht nur eine Bewegung weg vom Polytheismus (obwohl man das auch nicht zu sehr betonen darf; denn noch im vierten Jahrhundert war das Heidentum eine Macht, mit der man rechnen mußte), sondern es läßt sich auch eine vorsichtige Bewegung hin zum Monotheismus erkennen.

Das Problem des Einen und der Vielen hatte die griechischen Denker lange beschäftigt, und sie konnten sich keine Sicht des Weltalls vorstellen, die nicht eine befriedigende Lösung der Frage nach seiner Einheit und Vielfalt gab. Bereits zur Zeit des Xenophanes[18] im sechsten Jahrhundert v. Chr. griffen denkende Menschen nicht nur die homerischen Legenden an, in denen die Götter unehrenhaft handeln und in Menschengestalt auftreten; vielmehr suchten sie schon tastend vorzustoßen zu einer einzigen obersten Gottheit, die das ganze Weltall mit Vernunft regiert. Solche Aussprüche von ihm wie »Es gibt gewohnheitsgemäß viele Götter, aber naturgemäß gibt es nur Einen« oder »Es gibt einen Gott, den größten unter den Göttern und Menschen, ungleich den Sterblichen in seiner Erscheinung, ungleich in seinen Gedanken«[19] hatten beträchtlichen Einfluß auf das religiöse Denken der Griechen. Sogar das einfache Volk, das noch an eine Vielzahl von Göttern glaubte, war oft geneigt, Zeus, den König der Götter, als die Quelle der Gottheit, den »Vater der Götter und Menschen«, wie Homer ihn nannte, anzusehen.[20]

Plato und Aristoteles gaben beide den Anstoß zu dieser Bewegung hin zum Monotheismus. Für Plato war die höchste Idee die Idee der Gottheit, die er mit Gott gleichsetzte; und sein Gott war ein persönlicher Gott.[21] Er war der Demiurg, der dem Fluß der gestaltlosen Materie die Ideen aufprägte, die wir in der Welt der Erscheinungen, in der wir leben, nachgebildet finden. Im *Timäus* wird der Vorgang der Schöpfung beschrieben, und sie wird eindeutig der Güte Gottes zugeschrieben.[22] Auch Aristoteles neigte sehr zum Monotheismus. Wenn es untergeordnete Götter gibt, werden sie in die Bereiche des Sternenhimmels verwiesen. Innerhalb unseres Bereiches gibt es einen Ersten Beweger, der, obwohl er die Welt nicht schuf (sie ist ewig), sie dennoch durch Denken gestaltet. Über aller Veränderung und allem Verfall ist er ununterbrochen am Werk und doch vollkommen in Ruhe. Sein Gott ist unkörperlich; Aristoteles nennt ihn in sich bestehenden Gedanken, *noesis noeseos*.[23] Während Aristoteles mit Erfolg die Anthropomorphismen der Dichter vermeidet, ist sein Gott weit entfernt von jeglicher persönlichen Beziehung zu den Menschen, wenn man ihn überhaupt einen persönlichen Gott nennen kann.[24] Eine Gottheit, wie er sie sich vorstellt, ist nichts anderes als eine kalte erste Wirkursache im mathematischen Sinne. In der *Magna Moralia* bringt er es deutlich zum Ausdruck, daß man nicht glauben solle, es gäbe eine Freundschaft zwischen Gott und den Menschen.[25] Denn man könne nicht behaupten, daß wir in irgendeiner Weise Gott *lieben*, und Gott könne nie unsere Liebe erwidern.

Es ist klar, daß der Gott, wie ihn die griechischen Philosophen voraussetzen, weder ein eigentlich selbständiges Wesen ist, noch in irgend einer Weise mit dem persönlichen, erlösenden Schöpfergott der jüdisch-christlichen Überlieferung verwechselt werden darf. Dennoch hat sich die allgemeine Bewegung hin zu einer Art Monotheismus oder Monismus, wie sie sich unter der Intelligenz der damaligen Zeit vollzog (mit Ausnahme der Epikureer und Skeptiker), als eine bedeutende *praeparatio evangelica* (Wegbereitung des Evangeliums, d. Ü.) erwiesen; und die Christen haben sie auch bald genutzt. Sicher gab es unter den Christen der Frühzeit auch solche, die die heidnische Kultur völlig ablehnten. Tertullian ist vielleicht das extremste Beispiel für diese Haltung. »Was hat Athen mit Jerusalem zu tun?« fragte er. »Worin stimmt die Akademie mit der Kirche überein? ... Weg mit allen Versuchen, die Christenheit zu einem Mischgebilde aus platonischen, stoischen und dialektischen Gedanken zu machen! Wir brauchen keine kunstvollen Erörterungen, nachdem wir Jesus Christus haben, keine wissenschaftlichen Untersuchungen, nachdem wir in der Freude des Evangeliums leben. In unserem Glauben haben wir kein Verlangen nach einem anderen Glauben«.[26]

Dieses war eine mögliche Haltung in der frühen Christenheit. Tatian[27] und viele seiner Zeitgenossen teilten sie. Aber sie ließ sich auf die Dauer nicht aufrechterhalten. Das griechische Gedankengut hatte die gesamte alte Welt so gründlich durchsetzt, daß man es nicht dadurch austreiben konnte, daß man einfach die Augen davor schloß. Entsprechend finden wir auch im Neuen Testament selbst, daß Paulus und andere christliche Missionare das verwenden, was am Heidentum nützlich und wahr ist.[28] Im zweiten Jahrhundert wurde diese Methode begeistert aufgenommen. Man nannte sie »Beraubung der Ägypter«, und sie wurde mit großem Erfolg von Justin, Aristides, Athenagoras, Theophilus und den großen Alexandrinern Clemens und Origenes verwandt. Plato und Aristoteles, die Stoiker und sogar Euripides werden herangezogen, um die christlichen Gotteslehren zu verteidigen. Beispiele wie das folgende von Justin ließen sich noch viele anführen: »Wenn wir an einigen Stellen dasselbe lehren wie die Dichter und Philosophen, die ihr verehrt, und wenn wir an anderen Stellen vollständiger und göttlicher sind in unserer Lehre, und wenn wir allein den Beweis für das liefern, was wir lehren, warum werden wir dann ungerechterweise mehr gehaßt als alle anderen? Denn wenn wir sagen, daß alle Dinge von Gott geschaffen und zu einer Welt zusammengefügt wurden, lehren wir etwas Ähnliches wie die Stoiker. Und wenn wir behaupten, daß die Seelen der Gottlosen, die auch nach dem Tod noch ein Empfindungsvermögen haben, bestraft werden, und daß die Seelen der Guten, frei von Strafe, ein seliges Dasein genießen, sagen wir doch wohl das gleiche wie die Dichter und Philosophen. Und wenn wir behaupten, daß die Menschen nicht die Werke ihrer Hände anbeten sollen, sagen wir genau das gleiche wie der Lustspieldichter Menander.«[29] Das ist ein typisches Beispiel dafür, wie die Christen die Aussagen der griechischen Religion benutzten, die nach ihrer Meinung eine Vorbereitung für das Evangelium darstellten.

Enthusiastische Kulte

Aber Platos Gestalt des Guten und Aristoteles' Unbeweglicher Beweger haben wohl wenig dazu beigetragen, um die religiösen Bedürfnisse der stimmungslabilen Griechen zu befriedigen. Ähnlich war es mit der nüchternen Staatsreligion und der äußerst eingegrenzten Familienreligion.[30] Da sie weder für das Ethos noch für den Kultus darin befriedigt wurden, waren sie weit offen für die Einflüsse von Seiten der gefühlsbetonten, schwärmerischen Kulte, die den Menschen Hilfe für das tägliche Leben, Unsterblichkeit und Anteil am Leben der Götter versprachen. Außerdem waren diese Kulte so anziehend, weil sie als eine Art Geheimklub galten, deren Anhänger in die tiefsten Rätsel der Welt eingeführt wurden, und deren religiöse Riten nicht nach außen bekanntgemacht werden durften. Um das erste Jahrhundert vor Christus war die griechisch-römische Welt überzogen von Geheimkulten dieser Art. Am meisten hervorstechend unter ihnen waren die Verehrung der Cybele oder Großen Mutter in Kleinasien, des Dionysos in Griechenland, der Isis, Osiris und Serapis in Ägypten, des Mithras in Persien; und nach Meinung der Römer wurden auch das Judentum und das Christentum dazugezählt. Sie alle galten als hellenistischer Aberglaube, private religiöse Kulte, und Rom ließ sie gewähren, solange ihre Anhänger sich nicht einer Verfehlung gegen die Moral oder den Staat schuldig machten. Sie waren ein Ventil für die Gefühle und religiösen Empfindungen des Volkes, besonders des einfachen Volkes, das bei der nüchternen, klugen Dialektik der Philosophen nicht auf seine Kosten kam.[31] Die unteren Schichten konnten sich in der Anfangszeit des römischen Reiches vereinsamt vorkommen. In diesen Kulten fanden sie menschliche Kontakte, gemeinsame Kultmahle in den Tempeln der Schutzgottheit, denen sich oft von Mädchen ausgeführte Tänze und ein ausgelassenes Treiben anschloß. Eine solche Umgebung bot dem Sklaven ein gewisses Maß an Freiheit, dem freien Mann das Gefühl der Gleichheit, dem Soldaten Vergnügen, und Frauen waren gewissermaßen gleichberechtigt. Im Isiskult spielten Frauen sogar die führende Rolle.

Diese Kulte erzeugten eine große Begeisterung. Sie wurden von Berufspriestern angeführt, die den Neulingen die Bedeutung der Kulthandlungen erklärten; sie empfingen keine staatlichen Zuschüsse, sondern lebten ganz von dem, was ihre Anhänger beisteuerten, und die Leute schätzen ja auch das am meisten, was sie etwas gekostet hat. Abgesehen davon, daß diese Kulte ein Gefühl der Gemeinschaft vermittelten und auch ein entsprechendes Begräbnis versprachen,[32] waren sie in dreifacher Hinsicht anziehend.

Erstens boten sie eine Lösung für die Schuldfrage. Man muß nicht denken, daß die alte Welt kein Empfinden für Sünde hatte. Ganz im Gegenteil! Seit Äschylus seine *Orestie* schrieb im fünften Jahrhundert v. Chr., ja noch früher,[33] hatte es sich dem griechischen Denken tief eingeprägt, daß böse Taten bestraft werden müssen, daß Schuld gesühnt werden muß, daß Menschen für ihre Taten verantwortlich sind. Im ersten Jahrhundert verstärkte sich der Eindruck noch, daß Sünde und Strafe zusammenhingen, unter dem Erleben der Bürgerkriege. Man kam zu der Schlußfolgerung, daß dies die Strafe für die religiöse Gleichgültigkeit und den unwürdigen Lebenswandel der Bürger sei. Auf staatlicher Ebene versuchte Augustus hier abzuhelfen, indem er eine religiöse Erweckung veranstaltete; im Bereich der Literatur ließen wache Schriftsteller wie Virgil und Seneca ein echtes Empfinden für Sünde erkennen; der Mann auf der Straße, der etwas suchte, das ihn persönlich ansprach, schloß sich einer Mysterienreligion an. Man kann sich leicht vorstellen, welchen bleibenden Eindruck beispielsweise der Einführungsritus in den Cybelekult machte. Hier kam der Eingeweihte unter einen Rost, über dem man einem Stier oder einem Widder die Kehle durchschnitt. Er wurde in dem Blut getränkt, zum Zeichen für die sühnende und stärkende Kraft des Tieres, und er kam wieder hervor mit dem Ausruf, er sei wiedergeboren in Ewigkeit, *renatus in aeternam*.[34]

Die Suche nach Sicherheit war noch größer als die Suche nach Reinigung. Und hier boten wieder die Mysterien eine Antwort, die auch das Christentum aufgegriffen und vertieft hat. Die Welt war ein gefährlicher Ort. Man braucht nur die Briefe des Paulus an die Römer, Galater und Kolosser oder einen der Apologeten zu lesen, um zu erkennen, wie die Menschen ergriffen waren von der Furcht vor den *daimonia,* geistigen Mächten (meistens böser Natur), die ihr Leben beeinflußten. Ausgeliefert an die Dämonen, fühlten sich die Menschen wie Spielbälle in der Hand des Schicksals. Dies lag an dem Aufkommen und der großen Verbreitung der Astrologie, einer Scheinwissenschaft, im letzten Jahrhundert v. Chr. Danach war das Schicksal eines Menschen gebunden an die Stellung der Gestirne bei seiner Geburt, und die Astrologen behaupteten, sie hätten den Schlüssel zu diesem Geheimnis. Der Kaiser Tiberius war stark unter dem Einfluß eines solchen Astrologen namens Thrasyllus, und Claudius und Nero kamen unter den Bann seines Sohnes Tiberius Claudius Balbillus. Der zwingende Anspruch der Astrologie zeigt sich gerade darin, daß auch große Männer wie der Kaiser von solchen Leuten eingenommen waren. Am schwersten lastete jedoch auf dem Volk der Gedanke des Determinismus, die Vorstellung nämlich, daß sie nichts aus den Klauen des unbarmherzigen Schicksals befreien könnte. Genau an dieser Stelle fanden die Mysterien Eingang. Der Isiskult z. B. rühmte sich, daß er seinen Eingeweihten Macht über das Schicksal verlieh, ein Weg, wie man der eisigen Vorherbestimmung entgehen konnte. Als im *Goldenen Esel* des Apuleius Lucius ein Anhänger der Isis werden will, und in Gefahr ist, niedergedrückt zu werden von dem Gedanken, er sei an das blinde Schicksal ausgeliefert, erhält er die Zusage: »Der Tag der Befreiung steht dir bevor.«[35] Isis ist größer als das Schicksal.

Das Gefühl der Vereinigung mit dem erlösenden Gott oder der erlösenden Göttin fand verschiedene Ausdrucksformen. Es konnte in rasender Ekstase sein, wie im Dionysuskult; es konnte durch ein heiliges Mahl geschehen, wie im Serapiskult; oder es konnte, wie im *Satyricon* des Petronius, sich um einen widerwärtigen phallischen Ritus handeln. Doch abgesehen von den Einzelheiten der Handlung zeigte sich in ihnen allen das Verlangen nach der Vereinigung mit dem Gott. Auf diese Weise sollte man Sicherheit finden.

Reinigung, Sicherheit – und Unsterblichkeit. Das war der dritte Hunger des menschlichen Herzens, für den die Staatsreligion keine Antwort hatte, der aber nicht stillschwieg. Die meisten Mysterienreligionen versprachen den Menschen Unsterblichkeit, jedenfalls die der Cybele, des Dionysos, des Mithras und der Isis. Deshalb besaßen sie auch eine so große Anziehungskraft. Die Unsterblichkeit, über die die Philosophen sich Gedanken machten und nach der die Dichter sehnlich verlangten,[36] boten die Mysterien in ihren Kulten, oft auch durch darstellende Symbolik. Um noch einmal auf den *Goldenen Esel* zu sprechen zu kommen: Apuleius erzählt, wie Lucius in zwölf Gewänder gekleidet wurde, womit die zwölf Himmelssphären angezeigt wurden, die er bei seiner Einweihung in den Isiskult durchschritt. Auf dem Höhepunkt dieses Erlebens sagt er: »Ich bin bis zu den Grenzen des Todes vorgedrungen. Ich habe die Schwelle der Proserpina betreten, und nachdem ich durch alle Elemente getragen wurde, bin ich zur Erde zurückgekehrt... Ich war in der Gegenwart der unteren Götter und der oberen Götter, und ich habe ihnen meine Ehrerbietung erwiesen.«[37]

Eine Wegbereitung für das Evangelium ergab sich also durch die griechische Sprache, das griechische Denken und die griechischen Kulte. So machte es in der Anfangszeit gewaltige Fortschritte.

Jüdische Religion

Römer und Juden

Die besten Voraussetzungen für die Ausbreitung des Christentums ergaben sich jedoch durch das Judentum. Lange vor dem ersten Jahrhundert hatten sich die Juden weit über die Grenzen Palästinas hinaus ausgebreitet. Wohin sie auch gingen, sie nahmen ihren Glauben mit. Die Zerstreuung der Juden im Osten beginnt seit dem Untergang des Nordreichs Israel im achten Jahrhundert v. Chr., als die zehn »verlorenen Stämme« weggeführt wurden. In hellenistischer Zeit wurde dieser Vorgang beschleunigt, da viele Juden, um Handel zu treiben, freiwillig in die neuen Städte des Mittelmeerraumes zogen. Ägypten, Syrien und Kleinasien wurden von ihnen bevorzugt.[38] Um die Mitte des zweiten Jahrhunderts hatten die Juden schon so viel Bedeutung erlangt, daß sie Empfehlungsschreiben vom römischen Senat an Ptolemäus von Ägypten und an die »Könige« der verschiedenen asiatischen Orte wie Pamphylien, Rhodos, Cypern und Kyrene erhielten.[39] Auch in Apostelgeschichte 2 erfahren wir etwas von der Ausbreitung des Judentums in der Aufzählung so verschiedener Orte und Gegenden wie Kreta und Arabien, Partherland und Ägypten, Persien und Pamphylien. Von ihnen allen heißt es, daß sie Pilger zum Pfingstfest nach Jerusalem abgesandt haben.

Josephus berichtet uns, daß während der Regierungszeit des Nero in Damaskus an einem Tag nicht weniger als 10000 Juden hingerichtet wurden,[40] und daß das jüdische Volk ziemlich über die ganze Welt verbreitet war, aber besonders in Antiochien und Syrien.[41] Philo berichtet uns, daß es in seinen Tagen, etwa zur Zeit Jesu, in Ägypten über eine Million Juden gab;[42] sie stellten etwa ein Achtel der Bevölkerung dar. Ihre starke Verbreitung in Griechenland und Kleinasien erkennen wir besonders aus der Apostelgeschichte. Außerdem gab es eine große jüdische Kolonie in Rom, die auch manche Unannehmlichkeiten bereitete.

Die ersten und bekannten Berührungen zwischen Rom und den Juden fanden in der Makkabäerzeit statt. Es war Judas Makkabäus, der im Jahre 168 v. Chr., und Jonathan Makkabäus, der etwas später eine Gesandtschaft nach Rom schickte, um freundliche Beziehungen aufzunehmen.[43] Eine dritte Gesandtschaft dieser Art aus dem Jahre 139 v. Chr. hatte zum Ergebnis, daß ein Vertrag mit Rom zustandekam. Darauf bezieht sich vermutlich der Geschichtsschreiber Valerius Maximus,[44] wenn er sagt, die Juden seien nach Hause geschickt worden, weil sie versucht hätten, die römischen Sitten durch ihre Verehrung des Jupiter Sabazius zu verderben. Wenn er auch hier ihre Verehrung des Jahwe Sebaoth mit der des Jupiter Sabazius (einer phrygischen Gottheit) verwechselt hat, erkennen wir doch aus dieser frühen Erwähnung bei einem heidnischen Geschichtsschreiber zwei bleibende Merkmale des Judentums: ihren strengen Monotheismus und ihren Eifer, um Proselyten zu gewinnen. Aber abgesehen von diesen geringfügigen Berührungspunkten hatten die Römer vor der Zeit der Kriege des Pompejus im Osten des Reiches wenig mit den Juden zu schaffen. Das winzige Königreich Judäa wurde in den Wirren der Bürgerkriege wie ein Korken hin- und hergeworfen, und Aristobul setzte auf die falsche Karte, so daß Pompejus im Jahre 63 v. Chr. Jerusalem einnahm. Er war entschlossen, in den Tempel einzudringen und nachzusehen, was sich im Allerheiligsten, das von so viel Geheimnis umgeben war, befand. Obwohl man »Tempelschändung« schrie, drang er ein, und zu seinem Erstaunen fand er genau gar nichts! Die Römer konnten das nicht verstehen. Es erschien ihnen unglaublich, daß sich im innersten Heiligtum kein Bild der Gottheit befinden sollte. Aus diesem Grunde waren sie später immer geneigt, die Juden als Atheisten zu betrachten. »Ihr Heiligtum war leer, ihre Geheimnisse ohne Bedeutung«, schrieb Tacitus.[45]

Tausende von Juden wurden im Triumphzug des Pompejus nach Rom gebracht. Aber für die Römer waren sie wegen ihrer besonderen religiösen Bräuche unbequeme Sklaven. Wie Philo berichtet, wurden viele von ihnen aus der Sklaverei entlassen und erhielten sogar das römische Bürgerrecht.[46] Sie bildeten eine Kolonie in der römischen Vorstand Trastevere, wo sie wuchsen und zur Blüte gelangten.

Die Römer haben die Juden niemals verstanden, aber sie waren ihnen gegenüber sehr fair und tolerant. Der Grund ist darin zu suchen, daß die Juden Caesar bei seinem Sieg unterstützt hatten; sie hatten ihm Soldaten gestellt und ihn rechtmäßig unterstützt. Er zeigte sich dankbar, indem er ihnen erstaunliche Rechte einräumte, die amtlich festgesetzt waren. Voll Stolz erwähnt Josephus in seinen »Jüdischen Altertümern«[47] eine ganze Liste dieser gesetzlichen Verfügungen. Die Juden durften von niemandem an der Durchführung ihrer Opfer und anderer religiöser Verpflichtungen gehindert werden. Sie durften nicht gezwungen werden, den Sabbat zu brechen, selbst beim Militärdienst nicht. Sie wurden nicht in die Armee eingezogen. Dolabella befreite sie ausdrücklich vom Militärdienst.[48]

Die Ausübung ihres Hohepriestertums wurde gewährleistet, ihre Speisegesetze wurden geachtet. In den großen Städten wie Rom, Babylon, Alexandria und Antiochia hatten sie ihre eigene *gerousia* oder Senat, an dessen Spitze ein Ethnarch stand, der eine wichtige Gestalt in der Bürgerschaft war. Sie hatten ihre eigenen Gerichtshöfe, die nicht nur Geldstrafen eintreiben, sondern auch Prügelstrafen verhängen konnten. Der Schutz, den sie genossen, machte sie wirklich beneidenswert; das geht auch hervor aus den Unruhen, die in

Alexandria durch ihre Anwesenheit ständig hervorgerufen wurden. Die sich ergebenden Vorteile waren so groß, daß später – in der Zeit der Christenverfolgungen – an Christus gläubig gewordene Juden versucht waren, vom Glauben abzufallen wegen der sozialen und wirtschaftlichen Vorteile, die sie als Juden genossen.[49]

Die Anziehungskraft des Judentums

Die Juden waren nicht populär, aber sie waren einflußreich; und ihr Einfluß machte sich bis in die höchsten Kreise der Gesellschaft bemerkbar. Nicht lange nach dem Tode Jesu trat die königliche Familie von Adiabene am Tigris zum jüdischen Glauben über. Josephus selbst war ein angesehener Gast bei drei Herrschern. Poppaea Sabina, die Mätresse des Nero, sympathisierte mit den Juden und scheint auch bei Nero sich für die Juden verwandt zu haben.[50] In den unteren Gesellschaftsschichten muß der jüdische Einfluß recht beachtlich gewesen sein, wenn wir auch wenig ausdrückliche Berichte darüber besitzen. Es existiert noch eine Inschrift eines Gefangenen aus Jerusalem, der Sklave bei Claudius war;[51] Livia, die Gattin des Augustus, hatte eine jüdische Sklavin namens Akme,[52] und Juvenal erwähnt dreimal (allerdings mit Abscheu) die einmaligen Besonderheiten der Juden.[53] Zweifellos machten sie einen starken Eindruck. Sogar Tacitus, der fast nichts Gutes von ihnen zu berichten hat, ist von ihrem Monotheismus beeindruckt. »Die Juden erkennen nur einen Gott an, von dem sie eine rein geistige Vorstellung haben. Sie halten es für gottlos, wenn man aus vergänglichen Stoffen Bilder von Göttern in Menschengestalt macht.«[54] Dieser erhabene Monotheismus, diese Verehrung des einen Schöpfergottes, der der Richter der Menschen sein wird, übte eine starke Anziehungskraft aus in der alten Welt, die, wie wir sahen, bei all ihrem offenkundigen Polytheismus sich doch in die Richtung auf die Verehrung eines höchsten Wesens hin bewegte. Und dieser Glaube wurde, anders als der halbe Monotheismus einiger Philosophen, von ganz schlichten und ungebildeten Juden ausgeübt und auch verbreitet. Er konnte sich auch ohne die Zuhilfenahme von Philo und Josephus Gehör verschaffen.

Während die Philosophen nur wenig sagen konnten über den hohen Gott, an den sie sich vorsichtig herantasteten, gab es für die Juden in dieser Hinsicht keine Schwierigkeiten. Plato hatte gesagt: »Es ist eine schwere Aufgabe, den Erbauer und Vater des Weltalls zu finden; und wenn man ihn gefunden hat, ist es unmöglich, ihn allen Menschen bekannt zu machen.«[55] Aber der Jude war sich dessen bewußt, den einen wahren Gott gefunden zu haben – oder besser, von ihm gefunden worden zu sein. Gott hatte die Menschen nicht in einem Zustand gelassen, wo sie im Dunkeln nach ihm tasten mußten; er hatte sich selbst in der Geschichte Israels und in der Schrift offenbart. Diese Schrift war längst den Griechen und den Hebräern zugänglich. Um den hellenistischen Juden in Alexandria in ihrer Lage zu helfen, war die Septuaginta entstanden. Hier konnte ein Mensch, wenn er wirklich auf der Suche nach der Wahrheit war, Kenntnis über Gott erlangen, obwohl ihm die unbeholfene griechische Übersetzung manche Schwierigkeiten bereitete. Hier hatte er das älteste Buch der Welt vor sich; hier fand er die Aussprüche Gottes. Alles Wissen der Griechen und Römer leitete sich aus den Büchern Mose her. Diese Argumentation findet man bei Josephus in seiner Schrift *Gegen Apion,* und sie wurde von den christlichen Apologeten übernommen.

Zugleich mit der Septuaginta kam auch die Gewohnheit des regelmäßigen Gottesdienstes auf, und zwar entweder in einer Synagoge oder auf einem Versammlungsplatz im Freien. Der in der Religion der alten Zeit einzigartige Gottesdienst, wie er in Israel gehalten wurde, bestand aus Gebet, Psalmengesang, Schriftlesung und einer sich daran anschließenden Ermahnung. Dies erweckte viel mehr Interesse als die Teilnahme an einer Tempelfeierlichkeit, bei der man zusah, wie die *haruspices* die Eingeweide beschauten. Es erinnerte in gleicher Weise an eine Philosophenschule wie an religiöse Betätigung, und es zog die Leute an. Josephus berichtet uns, daß beispielsweise in Antiochia, wo es so viele Juden gab, eine Menge Griechen sich zu den Gottesdiensten hielten und in gewisser Hinsicht Teil der jüdischen Gemeinde wurden.[56] Das ist auch deutlich aus den neutestamentlichen Berichten zu erkennen. Echte Juden, Proselyten (die die Beschneidung erfahren hatten) und Gottesfürchtige (unbeschnittene, aber eifrige Gottesverehrer) waren in der Synagoge anzutreffen. Interessanterweise gab es in der Gemeinde gelegentlich auch Angehörige der römischen Besatzungsstreitkräfte, wie z. B. Cornelius. Ein anderer Offizier war so beeindruckt von der Religion Israels, wo er seinen Dienst tat, daß er in Kapernaum eine Synagoge für sie bauen ließ.[57]

Aber gerade die Abstufung der Juden in Proselyten, Gottesfürchtige und einfache Heiden war eine indirekte Vorbereitung für das Evangelium. Denn niemand konnte im vollen Sinne »ein Sohn Abrahams« sein, wenn er nicht von Geburt Jude war. Die Mischna sagt, der Proselyt solle in der Synagoge »Gott *eurer* Väter« beten;[58] er ist und kann niemals mit den Juden gleich sein. Ja, sogar ein Jude aus der Diaspora sank in seinem Status, wenn er außerhalb des Heiligen Landes sich befand; denn es gab einige religiöse Verpflichtungen, vor allem Opfer, denen er nicht nachkommen konnte. Auch Frauen und Kinder hatten einen niedrigeren Stand als ein israelitischer Vollbürger; wenigstens war es so in der Sicht der jüdischen Männer, die Gott täglich dafür dankten, daß sie nicht als Frauen auf die Welt gekommen waren! Alle diese Klassenunterschiede wurden im Christentum hinfällig. Das gab der neuen Religion auf römischem Boden eine schnelle Verbreitung. Denn wenn auch ein römischer Bürger Religion und Ethik der Juden bewunderte, war es dennoch schwer für ihn, sich so zu erniedrigen, daß er ein Bürger zweiter Klasse in einer verachteten und unterworfenen Nation des Ostens wurde. Dies war jedoch nicht nötig, wenn er Christ werden wollte; denn da waren alle Menschen Brüder, und die Unterschiede der Rasse, des Geschlechtes, der Bildung und des Besitzes hatten keine Bedeutung. Dazu kam noch ein anderes. Das Christentum behielt zwar all das bei, was am Judentum anziehend wirkte; zwei Dinge aber, die für die griechisch-römische Welt als große jüdische Anstöße erschienen, gab es auf: die Beschneidung und die Speisegesetze. Die Speisegesetze hielten die Heiden einfach für lächerlich. Beschneidung war in ihren Augen noch schlimmer: sie bedeutete Verstümmelung – wie man sie etwa von Anhängern wilder, exotischer Sekten wie den Cybele-Verehrern erwarten konnte – und war ganz und gar unrömisch. Weil im Christentum die Taufe an die Stelle der Beschneidung trat, gewann es einen gewaltigen Vorteil gegenüber dem Judentum; denn die Taufe schien auf einer Ebene zu liegen wie die Reinigungsriten, die bei den Heiden üblich waren.

Auch in einer anderen Hinsicht bot das Judentum eine Vorbereitung für das Evangelium. Durch die Juden wurde die alte Welt vertraut mit der Tatsache, daß man Proselyten gewann, also Menschen bekehrte zu einer ausschließlich monotheistischen Religion. Außer dem Judentum gab es keine andere Religion in der damaligen Welt, die nicht auch anderen Glaubensrichtungen ihr Lebensrecht zugestanden hätte. »Leben und leben lassen« war das Motto des Altertums bezüglich des Götterglaubens. Schließlich konnte es Unannehmlichkeiten bereiten, wenn man versehentlich die mächtige Gottheit eines anderen Volkes beleidigte. Obwohl es erstaunlicherweise unter den Gelehrten hierin manche Zweifel gibt, sind doch Praxis und Erfolg des jüdischen Proselytismus in dieser Zeit sehr gut bezeugt, vor allem in der nichtjüdischen Literatur. Horaz[59] und Juvenal[60] reden abfällig über den Eifer der Juden beim Proselytenmachen. Bei Josephus finden wir Hinweise darauf, daß die Juden mit großem Eifer überall im Römerreich ihre Gottesdienste hielten, daß viele Griechen zum Judentum bekehrt wurden, und daß in Jerusalem hohe Summen zusammenkamen durch die Tempelsteuer, die unter den Proselyten in Höhe eines halben Schekels erhoben wurde.[61] Matthäus übertreibt nicht, wenn er sagt: »Sie umschiffen Land und Meer, um einen Proselyten zu machen«.[62]

Es gab eine ganze Reihe missionarischer Schriften wie z.B. die *Sibyllinischen Orakel* (jüdische Propaganda in heidnischem Gewand), die dazu bestimmt waren, Heiden zum Glauben zu bringen.[63] Bei den Juden, die etwas auf ihren Glauben hielten, war das eine ganz natürliche Folge; da sie von der Überlegenheit ihrer Religion überzeugt waren, wollten sie sie auch anderen mitteilen. Viele Rabbinen förderten diese missionarische Gesinnung. Hillel sagte: »Sei ein Schüler Aarons, jage dem Frieden nach, liebe die Menschen und ziehe sie hin zum Gesetz!«[64] Und Rabbi Eleezer sagte sogar: »Nur deshalb hat Gott die Israeliten Israels unter die Nationen zersteut, damit die Proselyten zahlreich unter ihnen werden.«[65] Diese Haltung ging natürlich stark zurück, als die Judenverfolgung mit ganzem Ernst begann. Völlig anders wurde die Lage nach dem Fall Jerusalems und später nach der Niederwerfung des großen Aufstandes unter Hadrian. Aber in dem überwiegenden Teil des ersten Jahrhunderts unserer Zeitrechnung hat der Proselytismus ohne Zweifel schnelle Fortschritte gemacht.[66] Den römischen Beamten ging dies sogar zu schnell; sie erkannten die Rechtslage und die Vorrechte der Juden an, waren jedoch nicht erfreut über ihren Proselytismus. Immer wieder einmal lesen wir davon, wie Juden unter den einzelnen Kaisern aus Rom vertrieben wurden, weil ihre Zahl zu sehr anstieg.[67] Was spornte sie an zu solchem missionarischen Eifer? Paradoxerweise war es ihr Erwählungsglaube. Je ernster man glaubte (und dieser Glaube nahm an Überzeugungskraft zu seit den Tagen des Antiochus Epiphanes), daß allein Israel vor Gott etwas galt, während die Völker, wie es der Schreiber des *2. Esra* voll Überzeugung ausdrückt, »wie Speichel« waren, desto mehr sah man sich verpflichtet, zu versuchen, einige Brände aus dem Feuer zu retten. Wir haben da eine Kettenreaktion vor uns. Die Verfolgung ließ bei den Juden die Gedanken der Apokalyptik aufkommen, nach denen in dem kommenden messianischen Königreich alles Unrecht gutgemacht, Israel gerechtfertigt und die gottlosen Heiden vernichtet würden. Dies wiederum führte zum Proselytismus; denn man konnte nicht mit einem guten Gewissen daran denken, daß nur wenige gerettet würden und die Masse verlorenging, während man nichts dagegen tat. Von daher erklärt sich das wachsende Interesse, Heiden unter die Fittiche des Volkes Gottes zu bringen.

Es ist natürlich gefährlich, verallgemeinernde Behauptungen aufzustellen über einen so vielschichtigen Glauben wie den des Judentums. Während der letzten fünfzig Jahre haben literarische und archäologische Forschungen uns enthüllt, welche verwirrende Vielfalt in Glaube und Frömmigkeit das Gesamtbild Israel ausmachen. Sektenhafte und synkretistische Gruppen blühten im ganzen Mittelmeerraum auf; hellenistisches und persisches Gedankengut war sogar in die ganz konservativen Kreise in Judäa selbst eingedrungen. Dennoch können wir feststellen, daß ethischer Monotheismus, Beschneidung, Synagogengottesdienst, Schriftlesung und Proselytismus in den meisten Kreisen, die sich jüdisch nannten, den Vorrang hatten. Und durch all dies bereitete das Judentum den Weg für das Christentum.

Der christliche Glaube wuchs am besten und am schnellsten auf jüdischem Boden oder zumindest auf dem Boden, der vom Judentum vorbereitet worden war. Die Verbreitung der Juden, ihr Monotheismus, ihre ethischen Maßstäbe, ihre Synagogen und heiligen Schriften und nicht zuletzt ihr Bekehrungseifer – sie alle waren wichtige Faktoren auf dem Wege des vordringenden christlichen Glaubens, die die breiten Wege schufen, auf denen dann Gott in seiner guten Vorsehung die Botschaft von der Versöhnung ausbreiten konnte. Es ist so, wie Harnack sagt: »Sie haben ihnen so viel zu verdanken, daß man fast wagen kann zu behaupten, die christliche Mission sei eine Fortsetzung der jüdischen Propaganda.«[68] Fast, aber doch nicht ganz. Denn das hieße, daß man Jesus Christus gar nicht in Betracht zöge.

2 Hindernisse für die Evangelisation

Wenn man an die in den vorhergehenden Abschnitten geschilderten unleugbaren Vorteile denkt, die die frühen christlichen Missionare genossen, gerät man leicht in Gefahr, die Größe dessen, was sie tatsächlich erreichten, zu unterschätzen. Wer niemals in einer Gesellschaft gelebt hat, die durch das Christentum dem Heidentum abgerungen wurde, wird sich kaum vorstellen können, welche gewaltigen Hindernisse dort dem christlichen Glauben entgegenstehen: die Religion, das Laster, die Volkssitte und die Tatsache, daß man sein Leben in einer Art *laissez-faire*-Stil dahinlebt. Außerdem neigen wir zu der Annahme, daß es für die ersten Jünger, die ja in einer Gesellschaft von schlichten Menschen lebten, viel leichter gewesen sei, ihren Mitmenschen das Evangelium zu bringen; dagegen erscheint uns in unserer heutigen, vielschichtigen Gesellschaft diese Aufgabe viel schwieriger.

Sicher ist es völlig fruchtlos, darüber nachzudenken, in welchem Jahrhundert wohl die größeren Schwierigkeiten für die Predigt des Evangeliums bestanden. Eines ist jedoch klar: die Umstände und Bedingungen des ersten Jahrhunderts machten die Evangeliumsverkündigung zu einem äußerst schwierigen Unternehmen. Wo immer die Christen auftraten, begegnete man ihnen mit dem Vorwurf, sie seien gesellschaftsfeindlich, atheistisch und moralisch verderbt. Sie kamen mit der Botschaft von einem gekreuzigten Verbrecher, und es gab nichts, das weniger günstig gewesen wäre, Menschen dafür zu gewinnen. Eine solche Botschaft bewies den Griechen nur, wie lächerlich der neue Glaube war; den Römern zeigte sie, wie schwach und wirkungslos er war; die Juden konnten dies überhaupt nicht verdauen. Für Juden und Heiden waren die Christen in gleicher Weise anstößig, und zwar sowohl wegen ihrer Lehren als auch wegen des Verhaltens, das man ihnen zuschrieb. All dies mußten sie durch ihr Leben widerlegen, wenn sie überhaupt jemand für Christus gewinnen wollten.

Jüdische Hindernisse für das Evangelium

Jesus Christus als Anstoß

Es war noch nie leicht, Juden für den christlichen Glauben zu gewinnen, und es war auch im ersten Jahrhundert nicht leicht. Daran ändert auch die Tatsache nichts, daß das Christentum auf dem Mutterboden des Judentums entstand.

An der Spitze aller Schwierigkeiten, denen die frühen christlichen Missionare begegneten, stand die Tatsache, daß sie im Grunde ein Nichts waren. Eine Handvoll Männer ohne regelrechte rabbinische Ausbildung versuchten, die Theologie, den Glauben und zu alledem auch noch die religiösen Verhaltensweisen von Männern zu korrigieren, die eigentlich die entsprechenden Voraussetzungen dazu mitbrachten und von Berufs wegen die religiösen Führer des Volkes waren. Ja, es handelte sich um Männer, die in der Traditionskette einer mündlichen Lehrunterweisung standen, die man bis auf Mose zurückführte[1]. Was für eine Anmaßung! Kein Wunder, daß die Partei der Hohenpriester sie mit einer Mischung von Bewunderung und Verachtung als »ungelehrte Laien«[2] ansah. Aber es war nicht mehr zum Lachen, als diese ungelehrten Laien anfingen, eine beachtliche Gefolgschaft (einschließlich einiger Priester)[3] an sich zu ziehen, und vor den Ohren der religiösen Autoritäten gleichsam ein Wespennest erregten, als sie sie des Justizmordes anklagten. Die Bewegung mußte man im Keime ersticken.

Aber genau das war nicht möglich. So leicht konnte man die Christen nicht loswerden. Und deshalb mußten sich die Juden mit der Botschaft, die diese Männer verkündigten, einigen. Fast in jedem einzelnen Stück stellte sie einen Angriff gegen das Judentum dar. Zu allererst behaupteten die Christen, daß Jesus der Messias war. Die Messiaserwartung war ja der Höhepunkt und Gipfel aller Hoffnung Israels, wenn diese Hoffnung auch im einzelnen unterschiedlichen Ausdruck fand. Es läßt sich darüber streiten, ob Jesus den Messiastitel für sich beansprucht hat oder nicht. Aber es steht ohne Zweifel fest, daß er als Messiasanwärter hingerichtet wurde, und daß er nach seinem Tode von seinen Nachfolgern als Messias verkündigt wurde. In Apostelgeschichte 2,36 erkennen wir die Stoßrichtung eines großen Teils der anfänglichen Verkündigung: »So wisse nun das ganze Haus Israel gewiß, daß Gott diesen Jesus, den ihr gekreuzigt habt, zum Herrn und Christus gemacht hat.« Die Betonung der Messianität Jesu stand so im Mittelpunkt, daß innerhalb weniger Jahre die Bezeichnung »Christus« (das griechische Wort für Messias) nicht mehr länger den Auftrag Jesu bezeichnete und zu einer Art Zuname geworden war. Das alles war für die Juden besonders anstößig. Es war nicht leicht, sich vorzustellen, daß ein Lehrer, der nicht mehr war als ein Zimmermann, der Gipfel der israelitischen Heilsgeschichte sein sollte. Wie sollte auch jemand, der noch so jung war und gerade erst gelebt hatte, eine größere Weisheit verkörpern als die des Mose von alters her? Wie sollte ein nicht ordinierter Rabbi, der oft mit den amtlichen Auslegern der Thora in Konflikt kam, der göttlich bevollmächtigte Lehrer Israels sein? Aus diesem Grunde glaubten auch zu seinen Lebzeiten so wenige der religiösen Führer an ihn[4]. Aber nach seiner Kreuzigung war es nicht nur schwer, es war widersinnig, ihn für den Messias zu halten. Nach der damaligen Vorstellung war der Messias ein Befreier und Eroberer. Ein typisches Beispiel der zeitgenössischen Hoffnung bietet der siebzehnte der *Psalmen Salomos*, der vielleicht ein halbes Jahrhundert vor Christus geschrieben wurde:

»Sieh' darein, o Herr, und laß ihnen erstehen ihren König, den Sohn Davids,

zu der Zeit, die du erkoren, Gott, daß er über deinen Knecht Israel regiere.

Und gürte ihn mit Kraft, daß er ungerechte Herrscher zerschmettere, Jerusalem reinige von den Heiden, die es kläglich zertreten!«

Der Psalm spricht zwar im folgenden von den mehr »geistlichen« Eigenschaften des Messias: die Sünder werden ausgestoßen, der Stolz wird getadelt und Israels Herrlichkeit wird erhöht. Aber die politische Seite im Werk des Messias steht doch an erster Stelle. Solange Gottes Heiliges Land unter der Vorherrschaft eines fremden Joches schmachtete, wurde Gott selber jeden Tag beleidigt. Inhalt der Befreiung mußte auch die politische Unabhängigkeit sein. Und gerade das hatte Jesus offensichtlich nicht gebracht. Sein Tod am Kreuz kennzeichnete ihn, soweit es den Messiasanspruch betraf, als einen offenkundigen Versager. Er kam nicht als der große Überwinder, sondern ließ sich selbst überwinden. Warum sollte man in die Nachfolge eines solchen Mannes treten?

Und was noch schlimmer war, die Verehrung eines gekreuzigten Messias war geradezu gotteslästerlich. Im Alten Testament wird es ganz deutlich, daß jeder, der am Pfahl hing, unter dem Fluch Gottes blieb[5]. Wie konnte der Auserwählte Gottes am Ort des Fluches dargestellt werden? Dies bildete bekanntlich für die Juden ein unüberwindliches Problem. Immer wieder wird in der Apostelgeschichte und in den Briefen des Paulus und Petrus darauf Bezug genommen; und mit gutem Grunde. Beide hatten die Lehre von einem gekreuzigten Messias als einen gewaltigen Anstoß empfunden, bis sie dann selber die tiefe Bedeutung dieser Wahrheit erkannten[6]. Das Problem bestand für die meisten Juden. Justin muß sich ausgiebig damit befassen in seinem Dialog mit dem Juden Trypho: »Sei versichert«, bemerkte Trypho, »daß unser ganzes Volk auf den Christus wartet. Und wir geben zu, daß all die Schriftstellen, die du angeführt hast, sich auf ihn beziehen. Was aber den schändlichen Kreuzestod des Christus angeht, darüber besteht bei uns kein Zweifel. Denn jeder, der gekreuzigt wird, steht nach dem Gesetz unter dem Fluch, und an dieser Stelle bin ich äußerst ungläubig. Es ist ganz klar, daß die Schrift darauf hinweist, daß der Christus leiden mußte; aber wir möchten erfahren, ob du es uns beweisen kannst, daß dies durch ein Leiden geschehen soll, das im Gesetz verflucht wird.«[7] Dieses Problem mußte jeder Christ lösen, der Juden zur Bekehrung führen wollte.

Es wäre noch nicht so schlimm gewesen, wenn sich die Christen zufrieden gegeben hätten mit der Behauptung, Jesus sei der Messias. Aber sie gingen viel weiter. Das frühestens uns bekannte Taufbekenntnis[8] besteht in der kurzen Aussage »Jesus ist Herr«[9]. Man muß bedenken, daß »Herr« der besondere Name für Gott im Alten Testament war. In der Septuaginta dient es als Übersetzung für *Adonai*. Hier bestand gar kein Zweifel. Jesus, und nach ihm auch die ersten Christen, machten sich die Aussage von Psalm 110,1 zunutze, in der David die Anrede »mein Herr« gebraucht. Dies deutete man auf Jesus, der somit Davids Herr war[10]. Ist es dann verwunderlich, wenn die Juden dachten, die Christen predigten einen zweiten Gott? Wie konnten sie in ihrem reinen Monotheismus irgend etwas zu schaffen haben mit einer solchen Gotteslästerung. Der gesamte Hauptteil des *Dialogs mit Trypho* ist ausgefüllt von der Diskussion über die Frage, daß die Christen behaupten, Jesus sei Gott. Es ist klar, daß jede Annahme einer Apotheose und jeder Hinweis auf die Inkarnation für einen Juden völlig unannehmbar sind. In der Jungfrauengeburt sahen die Juden einen empörenden Schandfleck für ihren Gott, eine Geschichte, wie sie die Griechen von Zeus und Danaë erzählten;[11] die Jesajastelle »Eine Jungfrau wird schwanger werden und einen Sohn gebären«, auf die man sich stützte, wurde für ein falsches Verständnis des Urtextes gehalten.[12] Wenn überhaupt etwas Ungewöhnliches an der Geburt Jesu war, dann bestand die größere Wahrscheinlichkeit, daß er das Kind einer ledigen Mutter war.[13]

Nicht nur die Christologie der Christen rief solche leidenschaftlichen Reaktionen unter den Juden hervor; ihre Ekklesiologie war in gleicher Weise eine Herausforderung. Einige von ihnen, wie beispielsweise Stephanus, schienen geringschätzig vom Tempel und seinem Kult zu sprechen. Der Bau des Tempels war ja auch ein Fehlgriff: »David fand Gnade bei Gott und bat, daß er eine Wohnung finden möchte für den Gott Jakobs. *Salomo aber baute ihm ein Haus!* Aber«, fuhr Stephanus fort, »der Allerhöchste wohnt nicht in Tempeln, die mit Händen gemacht sind . . . .«[14] Es überrascht nicht, daß solche Verkündigung die Juden wild machte und nicht nur zum Tode des Stephanus führte, sondern auch die erste Christenverfolgung auslöste, die von den Juden ausging.

Bald behaupteten die Christen auch, daß niemand das Gesetz halten könne.[15] Es käme auch nicht darauf an, welche Speisen ein Mensch esse: Gott achte nicht auf solche Dinge. Wenn man bedenkt, daß das Gesetz im Judentum eine beinahe göttliche Stelle einnahm, erkennt man leicht, daß schon die Geringachtung des Zeremonialgesetzes die Juden unwiderruflich befremden mußte. Was noch schlimmer war, der geheiligte Brauch der Beschneidung wurde von der neuen Bewegung bald ganz unterlassen. Gerade das Zeichen des Volkes Gottes, das seit den Tagen des Mose, ja schon seit Abraham bestanden hatte, wurde ohne jede fromme Scheu beiseite getan. Zugang zum Volke Gottes stand nun in gleicher Weise den Griechen und den Barbaren offen, ohne daß man darauf bestand, daß sie sich noch der umständlichen Bußübung unterzogen, die mit dem Wegschneiden der heidnischen Unreinheit bei der Beschneidung verbunden war. Dies erschien wirklich schrecklich. Anstelle der Verehrung von Gottes uraltem Gesetz lehrte dieser neue Glaube, einen zweiten Gott zu verehren, der von einer Jungfrau geboren und als Verbrecher hingerichtet worden war. Anstelle des Sabbats wurde der erste Tag der Woche für den Gottesdienst ausgespart und unverschämterweise auch noch Tag des Herrn genannt – als ob Gott nicht den siebten Tag besonders herausgehoben hätte. Wie konnten solche Leute, die so offensichtlich den Geboten Gottes ungehorsam waren, den Anspruch erheben, seine Gesandten zu sein?

Wie die Juden das alles empfanden, kann man noch deutlicher erkennen, wenn man liest, was Trypho als ersten Anklagepunkt gegen die Christen vorbringt:[16] »Das ist es, was uns bei euch unerklärlich erscheint: ihr bekennt, fromme Menschen zu sein und sogar besser als die anderen; aber in keinem Punkte trennt ihr euch von ihnen und ändert auch nicht eure Lebensweise im Verhältnis zu der der Völker, dadurch daß ihr weder Feste noch Sabbate einhaltet und auch nicht den Ritus der Beschneidung habt; dazu kommt, daß ihr, die ihr eure Hoffnung auf einen Mann setzt, der gekreuzigt wurde, dennoch Gutes von Gott empfangen wollt, während ihr doch seine Gebote nicht haltet. Habt ihr nicht gelesen, daß die Seele aus seinem Volke ausgerottet werden soll, die nicht am achten Tage beschnitten wurde?«[17]

Der jüdische Glaube war niemals wie aus einem Guß. In der weltweiten Judenschaft wurden große Verschiedenheiten in Glaube und Lebensgestaltung geduldet. Im Anfang waren sie gar nicht dadurch befremdet, daß sich die Nazarener in den Synagogen gesondert versammelten, da dies sowieso bei vielen Synagogen üblich war, die sich mit Sonderlehren befaßten. Aber je mehr sie über das Christentum erfuhren, desto deutlicher wurde es ihnen, daß die neue Religion gänzlich unvereinbar war mit der Religion Israels und mit Stumpf und Stiel ausgerottet werden mußte. Von daher erklären sich die Unruhen, die sich nach dem Bericht der Apostelgeschichte dort ergeben, wo das Evangelium von den ersten Missionaren in den Synagogen verkündigt wird. Von daher rührt die Verfolgung der Christen von Seiten der Juden in Jerusalem zur Zeit des Stephanus,[18] in Damaskus unter Saul von Tarsus,[19] in den kleinasiatischen Städten zur Zeit der Offenbarung Johannes,[20] und bei der Verbrennung des Polykarp, wo es die Juden waren, die den Prokonsul aufstachelten.[21] Es war ganz verständlich. Ganz abgesehen davon, daß die Christen eine andere Lehre hatten, stellten sie auch eine Bedrohung dar, da sie überall, wohin sie kamen, Unruhen verursachten. Das Leben der Juden war auch ohne diesen unnötigen Ärger schon gefährlich genug inmitten einer heidnischen Umgebung. Warum sollten ihnen diese christlichen Friedensstörer noch Unannehmlichkeiten bereiten?[22] Der Londoner Papyrus des Claudius[23] zeigt uns, welche Schwierigkeiten die Juden mit den Heiden in Alexandria hatten; und vielleicht findet sich dabei auch ein Hinweis auf Unruhen durch die Christen, wenn Claudius von lästigen Juden spricht, die »von Syrien und Ägypten herangeschifft kommen und, wie die Dinge liegen, in der ganzen Welt ein allgemeines Ärgernis erregen«.[24] Die berühmte Feststellung des Setonius, daß Claudius die Juden aus Rom vertrieben habe, weil sie auf Veranlassung eines gewissen Chrestus (d. h. Christus) ausgedehnte Unruhen verursacht hätten, ist ein – wenn auch entstellter – Hinweis darauf, daß die Christen im Ghetto Schwierigkeiten machten.[25] Und Josephus gibt in seinen *Jüdischen Altertümern* seinen berühmten, wenn auch knappen Bericht von den Christen und fährt dann fort: »Etwa zur gleichen Zeit brachte auch eine *andere* betrübliche Schwierigkeit die Juden in Unordnung.«[26] Es ist klar, daß er unter dieser anderen unglücklichen Bedrohung der Judenschaft das Christentum versteht. Schließlich war das Judentum eine *religio licita*.[27] Sie waren ein Volk, dessen Recht zur Ausübung ihrer Religion in Rom anerkannt war. Warum sollten sie dulden, daß die Christen unter ihrem Vorzeichen eine Irrlehre verbreiteten? Warum sollte ihr mühsam erworbener Schutz in religiösen Fragen auf diese Schurken ausgedehnt werden, die gar kein eigenes Volk, sondern eher eine Mischung von abtrünnigen Juden und leichtgläubigen Heiden waren? Hatten sie auch nur einen Finger gerührt, um dem völkischen Geschick Israels zur Hilfe zu kommen in den dunklen Tagen des jüdischen Aufstandes (66–70 n. Chr.) oder bei der großen Erhebung unter Hadrian? Nein! Dann wollten sie die Christen auch völlig ablehnen. Ja, sie wollten sie in ihren öffentlichen Gottesdiensten auch offen tadeln.[28] Der Riß zwischen Kirche und Synagoge war vollständig.

Griechisch-römische Hindernisse für das Evangelium

Um die Probleme der Evangelisation unter den Heiden in der Frühzeit des römischen Reiches voll zu würdigen, müssen wir uns eine Reihe von verschiedenen Faktoren vor Augen halten.

Persönlicher Glaube und Staatsreligion

Zunächst geht es um die religiöse Frage. Die Römer unterschieden grundsätzlich zwischen *religio* und *superstitio*. *Religio* bedeutete Staatsreligion, und zwar vorrangig die Staatsreligion. Sie war das äußere Band zwischen Menschen und Göttern. Im Falle Roms herrschte die Vorstellung, daß diese Verbindung ihren Ursprung hatte in einem Vertrag zwischen Numa, dem ersten Priesterkönig Roms, und Jupiter, dem König der Götter. Aufgrund dieses Vertrags kümmerten sich die Götter um die Sicherheit und den Fortschritt Roms, während der Staat die Bedürfnisse der Götter zu befriedigen hatte, indem er die entsprechenden Opfer und den Gottesdienst darbrachte. Dies war vereinbart. Und der Hauptgrund für die Nöte in dem Jahrhundert vor Augustus lag darin, daß der Staat sich nicht mehr um die Götter gekümmert hatte. Zur Strafe dafür hatten es deshalb die Götter zugelassen, daß der Staat in den Bürgerkriegen bankrott ging. Von da erklärt sich die (etwas kurzlebige) religiöse Erweckung, die für Augustus ein wichtiges Sprungbrett war. Er verhalf der alten Priesterschaft und den Vestalinnen wieder zum Leben. Er stellte sich selber an die Spitze des Staatskultes als *pontifex maximus*, nachdem das Amt seit 12 v. Chr. unbesetzt war. Wie wichtig es ihm damit war, kann man daran erkennen, daß der Titel auf seiner Münze erschien. Die *Ludi Saeculares*, die im Jahre 17 v. Chr. gefeiert wurden, sollten den Beginn eines neuen Zeitalters kennzeichnen, in dem Religion und Sittlichkeit von neuem das Merkmal Roms sein sollten. In den *Res Gestae*[29] rühmt er sich, »nicht weniger als zweiundachtzig Tempel in Rom, ohne einen auszulassen«, wiederhergestellt zu haben. Noch einmal schenkte Rom den Göttern die gebührende Beachtung. Es war zu erwarten, daß die Götter noch einmal dem Staat ihren Schutz gewähren würden[30].

Es war nicht nötig, daß die Menschen *an* die alten Götter *glaubten*, Glaube war Privatsache. Aber man erwartete, daß sie am Staatskult teilnahmen. Gottesdienst war eine öffentliche Angelegenheit, und die Sicherheit des Staates hing davon ab. So berichtet Juvenal zauberhaft und voll Begeisterung von seinen Vorbereitungen für das Opfer; aber es ist die Begeisterung für das Landleben, in die ihn die Tiere und der Opferplatz versetzen – nicht eine Begeisterung für die Götter.[31] Über sie und ihre Taten schreibt er an einer anderen Stelle: »So etwas glauben noch nicht einmal Knaben, es sei denn, sie seien noch nicht alt genug, um für ihr Bad zu bezahlen.«[32]

Selbst ein Mann wie Lukretius – er war ja ein eingeschworener Gegner von Religion, die er in seiner Schrift *De Rerum Natura* rücksichtslos angriff – hat bekanntlich regelmäßig an der Verehrung der Götter teilgenommen. Glaube war unwichtig; aber das Zeremoniell und die Opfer mußten weitergehen. Eine solche Haltung mag äußerst widersprüchlich erscheinen, aber sie war tief verwurzelt in der alten Welt. Als Plato im vierten Jahrhundert v. Chr. Beweise liefern will für den Theismus, sagt er zu seinem jungen Freund, einem Agnostiker: »Ich kann dir sagen, daß keiner, der in seiner Jugend die Meinung hatte, es gäbe keine Götter, jemals bis in sein Alter bei der gleichen Meinung blieb.« Zugleich gibt er ihm den Rat, wenn er auch nicht ein Agnostiker sei, doch Opfer und Gebete darzubringen und ja keine pietätlose Handlung gegen die Götter zu begehen.[33]. So weit man zurückgehen mag, immer wieder sieht man, daß es entscheidend auf den Kultus ankam.

Gegenüber den Religionen anderer Völker zeigten die Römer große Achtung. Sie kämpften niemals gegen irgend jemandes Götter. Deshalb konnten sie die fremde Gottheit für identisch mit einem ihrer eigenen Götter erklären, soweit er dieselbe Funktion hatte; oder, wenn sich das nicht machen ließ, reihten sie den in Frage kommenden Gott in ihr eigenes Pantheon ein. Bei den Römern und anderen Völkern war es üblich, daß jeder des anderen Götter anerkannte. Das ging gut, bis sie auf die Juden trafen. Diese ausschließlichen Monotheisten ließen es nicht zu, daß man Jahwe in das Pantheon einreihte oder ihn mit Jupiter identifizierte. Er war der Gott der ganzen Erde, und ihm allein dienten sie. Den Römern kam dies sehr seltsam und engstirnig vor; aber sie waren ein praktisches Volk, anpassungsfähig und duldsam in religiösen Fragen wie auch bei vielem sonst. Sie gestatteten es den Juden, eine Ausnahme zu bilden und Gott auf ihre eigene Weise anzubeten, solange sie für den römischen Staat beteten. Im Laufe der Zeit wurde die Lage zwischen ihnen angespannter, auch als dann nach dem Fall Jerusalems im Jahre 70 n. Chr. die von der weltweiten Judenschaft bezahlte Tempelsteuer auf den Jupiter Capitolinus umgeleitet wurde und damit die Juden praktisch die einzige Nation im Reich waren, die für ihre Religion Steuern zahlen mußte. Aber immerhin wurden sie nicht um ihres Glaubens willen verfolgt.[34]

Warum wandten sich dann die Römer gegen die Christen? Warum gewährten sie dem neuen Glauben nicht ihre übliche religiöse Duldsamkeit? Die Antwort finden wir, wenn wir die oben erwähnte Unterscheidung zwischen *religio* und *superstitio* bedenken. Das Christentum war keine *religio*. Man konnte nicht sagen, daß es ein Band zwischen einem bestimmten Volk und seinen Göttern darstellte. Denn das Christentum war ein Glaube, der Menschen jeder Rasse und Herkunft umfaßte, Ungebildete wie Gebildete. Es war eine *superstitio*, ein persönlicher Glaube, der außerdem aus einer etwas anrüchigen Gegend stammte; wie bei anderen *superstitiones* mußte man ihn nach seinen Verdiensten beurteilen.

Die römische Haltung gegenüber privaten religiösen Überzeugungen, sogenannten *superstitiones*, war wieder einmal völlig tolerant, solange Anstand und Ordnung in der Öffentlichkeit nicht verletzt wurden durch den in Frage kommenden Kultus. Die östlichen Mysterienreligionen wurden von den gebildeten Schichten der griechisch-römischen Gesellschaft als proletarisch und »schwärmerisch« angesehen, aber sie waren nicht verfemt. Einige ihrer ausgelassenen Erscheinungsformen hätte man vielleicht lieber romanisiert. So wurde unter Claudius der Kybelekult dadurch annehmbarer gemacht, daß man die wahnsinnige Entmannung ihrer Priester, die empfindsame Römer wie Catull und Lukrez schockierte, abgeschafft hat. In Zukunft mußte der Hohepriester, der *archigallus*, ein römischer Bürger sein und nicht ein kastrierter Mann.

Andere Kulte wurden vorübergehend aufgehoben, wenn das Verhalten es nahelegte. Es gab den berühmten Fall der Paulina, einer vornehmen Dame aus der Zeit des Tiberius, die von einem Verehrer unter der Verkleidung des Gottes Anubis im Isistempel vergewaltigt wurde. So etwas konnte man nicht dulden, wenn auch der Isiskult in Rom eine beträchtliche Anhängerschaft hatte.[35] Tiberius ließ die in diese Intrige verwickelten Priester kreuzigen, den Tempel zerstören und das Bild der Göttin in den Tiber werfen.[36] Doch nicht der Isiskult als solcher, sondern seine strafbaren Handlungen haben den Zorn der Behörden heraufbeschworen. Der Kult überlebte diesen Rückschlag und stand weiter in Blüte.

Es gab jedoch eine Art von *superstitiones*, die Rom nicht dulden konnte: alle, die ein gesellschaftsfeindliches und verbrecherisches Verhalten mit sich brachten. So zerschlug der Senat bereits im Jahre 186 v. Chr. die Bacchanalien, nicht nur wegen der Ausschweifungen, die bei ihren Orgien vorkamen, sondern auch wegen des Vorurteils, das der römischen Religion durch diesen fremden Kult entgegengebracht wurde.[37] Tiberius machte die Magie zu einem strafbaren Verstoß;[38] dabei war sowohl die Vertrautheit mit der schwarzen Kunst als auch deren Ausübung gemeint. Man ging von der logischen Annahme aus, daß jemand, der sich in der Magie auskannte, auch von diesem Wissen Gebrauch machen würde. Ein anderes Beispiel für ein gesetzliches Verbot einer *superstitio* haben wir im Falle der Druden. Sie waren scharfe Gegner der Römer und kannten vermutlich das Menschenopfer. Dementsprechend wurden sie fortgesetzt verfolgt. Unter Augustus durfte kein römischer Bürger zu ihnen gehören. Tiberius unterdrückte die Priesterschaft der Druden, und Claudius rottete den Kult völlig aus.[39] In der Theorie wenigstens war es so. Die Praxis sah nicht ganz so schlimm aus. Der Kult des Bacchus blühte in den ersten vorchristlichen Jahrhunderten, und Fresken von bacchantischen Orgien fand man an den Wänden von Pompeji. Magie wurde weithin ausgeübt, und im *Goldenen Esel* des Apuleius aus dem zweiten Jahrhundert findet man viel davon. Ein Vierteljahrhundert nach dem Tode des Claudius waren die Druden eifrig beschäftigt, Aufstände in Germanien zu entfachen.[40] Ganz ähnlich war es mit dem Christentum. Im Jahre 64 n. Chr. wurden die Christen der Brandstiftung beschuldigt und in den Gärten Neros grausam gefoltert.[41] Danach konnte jemand, der Mitglied einer als gesellschaftsfeindlich und verbrecherisch angesehenen Genossenschaft angehörte, jederzeit strafrechtlich verfolgt werden. Stellenweise wurde so verfahren, und Rom konnte das Christentum auch nicht mehr in die Gesetzlosigkeit abdrängen, als es ihm bei den anderen oben erwähnten Kulten gelungen war, die es geächtet hatte. Es kann jedoch für den Lauf des Evangeliums kaum eine Hilfe gewesen sein, daß es von Menschen vertreten wurde, deren Glaube sie der Verfolgung aussetzte. Innerhalb von dreißig Jahren, nachdem der neue Glaube entstanden war, bedeutete es, sich auf das Martyrium gefaßt zu machen, wenn man Christ wurde.

Drei Umstände, die den Christen halfen

Es gab jedoch drei Umstände, die zusammen dem Christentum weiten Raum schafften. Erstens hatten die Römer keine unumstößlichen und festen Gesetze, mit denen sie die Angelegenheiten in den Provinzen regelten. Die Gerichtsbarkeit wurde von dem Prokonsul oder Prokurator wahrgenommen, der die Provinz regierte. Er mußte die Angelegenheiten nicht nach Rom melden und war auch nicht durch die römische Sitte gebunden. Darüber hinaus gab es in Rom in der Mehrzahl der Deliktsfälle keine besondere Verfahrensweise. Der sogenannte *ordo judiciorum publicorum*, oder die »Liste der staatlichen Rechtsurteile«,[42] enthielt einige der schweren Vergehen und bezog sich besonders auf die Oberschicht. Die Vergehen des einfachen Mannes wurden von Stadtpräfekten oder den jährlich gewählten Prätoren verhandelt. In jedem Falle wurden religiöse Vergehen nicht im *ordo* aufgeführt und fielen deshalb in den Bereich der Verwaltungsbehörden, soweit sie sich dafür zuständig fühlten. »Sie übten Gerichtsbarkeit nach persönlicher *cognitio* und sie verhängten ihre eigenen Strafen.«[43] Das bedeutete im Falle des Christentums: Solange es kein allgemeines Gesetz gab, das die Christen im ganzen Reich ächtete,[44] wurde sehr uneinheitlich mit den Christen verfahren. Plinius konnte seine rechtliche Stellung benutzen, um die Christen anzuhören. Gallio konnte in gleicher Weise seine rechtliche Stellung benutzen, um es abzulehnen, einen Fall anzuhören. Die Angelegenheit lag jeweils in der persönlichen Entscheidung. Deshalb richtete Tertullian sein Gesuch an Scapula, den Prokonsul von Afrika, und nicht an den Kaiser.[45] Es lag in dem *arbitrium* des Statthalters, die Lage zu retten.

Der zweite Umstand, der den Christen zugute kam, bestand darin, daß die Vollmacht, Gerichtsfälle zu verhandeln und Urteile auszusprechen, in den Provinzen des Reiches allein in den Händen des Prokonsuls lag.[46] Diese Vollmacht konnte an niemand anderen weitergegeben werden, wenn auch der Prokonsul einen Ausschuß zusammenrufen konnte, der ihm in Rechtsgeschäften zur Seite stand.[47]

Drittens war der Vorgang der Strafverfolgung im römischen Recht zu Gunsten der Christen. Es gab keinen öffentlichen Ankläger. Die Anklagen mußten durch einen privaten Ankläger vorgebracht und aufrechterhalten werden. Wenn man auch eine Zeitlang während der Herrschaft des Tiberius und Domitian anonyme Beschuldigungen duldete, war dies doch so unpopulär und im wesentlichen unrömisch, daß es von Trajan schleunigst abgeschafft wurde. Plinius, der schriftlich um seine Anweisungen bei den Angelegenheiten mit den Christen ersucht hatte, hat ausdrücklich gesagt, daß keine anonymen Anschuldigungen als Beweismaterial zugelassen werden sollten.[48] Es war schon eine ernste Sache, wenn man dem Prokonsul eine offizielle Anklage vortrug. Wenn sie sich als bloße Schikane erwies, konnten schwere Strafen folgen. Diese drei Umstände zusammengenommen konnten der Masse der Christen so lange einen Schutz bieten, bis die Kirche sich weit und breit im Reich festgesetzt hatte.

Dies war in groben Zügen die offizielle Lage. Aber in der Praxis wurde sie durch eine Reihe von Umständen erschwert. Einmal wurden die Christen oft mit den Juden verwechselt, von denen sie herkamen und die unter dem amtlichen Schutz des Staates standen. Man kann mit Sicherheit annehmen, daß die Unruhen im jüdischen Viertel, die sich nach Suetonius unter der Regierung des Claudius *impulsore Chresto* ereigneten,[49] in der Tat das Ergebnis des wachsenden Selbstbewußtseins der christlichen Juden in Rom waren. Der ernste Tadel, den Claudius über die Schwierigkeiten fällte, die in Alexandria durch die Ankunft von Juden aus Syrien und Ägypten entstanden, zeigt uns das Bild einer ähnlichen Verwechslung zwischen Judentum und Christentum.[50] Wenn man auch annehmen konnte, daß der Brand von Rom den Unterschied zwischen Juden und Christen klar hatte hervortreten lassen (besonders weil Poppaea da war, die über die unterschiedliche Art der Juden Klarheit schaffen konnte), konnte dennoch Titus noch im Jahre 70 n. Chr. den Gedanken hegen, daß die Zerstörung des Tempels in Jerusalem »eine einmalige Möglichkeit sei, sowohl mit der christlichen als auch mit der jüdischen Religion fertigzuwerden; denn diese beiden Glaubensrichtungen, die einander zwar feindlich gegenüberständen, seien doch aus derselben Wurzel entsprungen – die Christen seien aus dem Judentum entstanden –, und der Stamm ginge bald zugrunde, wenn man einmal die Wurzel ausgegraben hätte«.[51] Das war die Hoffnung eines Truppenführers, der sich in der Judenfrage auskannte – eine Hoffnung, die sich als trügerisch erweisen sollte. Der Fall Jerusalems hatte keine Auswirkungen hinsichtlich der Ausbreitung des Christentums, wenigstens in der heidnischen Welt. Wenn aber ein solcher Experte sich so sehr irren konnte, dann ist es kaum verwunderlich, wenn viele weniger in der Sache bewanderte Statthalter das Christentum für einen Ableger des Judentums hielten und meinten, man müsse es im Reich tolerieren.[52] Diese Verwechslung machte die Christen zwar nicht populärer, aber sie diente ihrem Schutz.

Drei Umstände, die sich dem Christentum in den Weg stellten

Andere Vorstellungen jedoch wirkten in der entgegengesetzten Richtung. An allererster Stelle waren es die tatsächlichen oder mutmaßlichen Verbrechen, die das einfache Volk mit dem Christentum in Verbindung brachte. Man klagte sie der Gottlosigkeit an, wie vor ihnen schon die Juden, weil sie die herkömmlichen Götter nicht verehrten.[53] Wie wir sahen, galt das nicht nur als Pietätlosigkeit, sondern als Untreue gegenüber dem Staat. Die Juden durften hierin eine Ausnahme machen; aber man konnte nicht zugeben, daß sich Leute aus allen Völkern an dieser öffentlichen Verachtung der Götter beteiligten. Atheisten waren gefährlich für das Wohlergehen der Gesellschaft.

Neben dem Vorwurf des Atheismus gab es das allgemeine Gerücht, daß sie sowohl des Inzests als auch des Kannibalismus schuldig seien. Immer wieder mußten die Christen solche Gerüchte zurückweisen. Die gut Informierten wußten genau, daß diese Gerüchte falsch waren. So konnte Plinius[54] nichts Verderbtes finden an den Dienerinnen, die an den christlichen Versammlungen teilnahmen, und er fühlte sich davon beeindruckt, daß die Christen »sich durch einen Eid banden (*sacramento*), keinerlei Verbrechen zu begehen, sei es Ehebruch, Raub oder Wegelagerei«. Wie er berichtet, war die Speise, wenn sie zum Mahl – zweifellos dem Liebesmahl – zusammenkamen, »von ganz gewöhnlicher Art und völlig harmlos«.[55] Wer jedoch bereit war, die Dinge nur vom Hörensagen her zu beurteilen, traute den Christen alles Schlechte zu. Man kann verstehen, wie es zu diesen Gerüchten kam. Die Christen trafen sich im geheimen. Sie sprachen in sehr realistischer Weise davon, daß beim Abendmahl Christus ihre Speise sei; und sie sprachen von der Liebe zu ihren Mitchristen, die sie Brüder und Schwestern nannten. Klatschsucht und schmutzige Phantasie taten das übrige. Es gab auch berechtigten Grund für diese Verleumdung. Blutschande, Unzucht und das Essen von Götzenopferfleisch kam in der korinthischen Gemeinde um 50 n. Chr. vor. Aus Clemens von Alexandrien und Irenäus[56] wird ersichtlich, daß es ketzerische Kulte gab, die den christlichen Namen benutzten und sich der schrecklichsten unreinen Laster schuldig machten. Anschuldigungen wie die folgende von Caecilius mögen eine grobe Verzeichnung des rechtgläubigen Christentums sein, aber sie beschrieben doch ziemlich genau, was auch an abwegigem Verhalten unter sogenannten Christen vorkam: »Wenn sie tüchtig gefeiert haben, wenn die Gesellschaft warm geworden ist und die Glut der blutschänderischen Lust von Trunkenheit erhitzt ist, dann wird ein Hund, der an einen Lampenständer gebunden war, zum Aufspringen gereizt, indem man ein kleines Stück Fleischabfall weiter fortwirft als die Länge seiner Leine, an die er gebunden ist. Wenn nun das Licht umgestoßen und ausgelöscht ist und eine schamlose Dunkelheit herrscht, überlassen sie sich unter den Verbindungen schändlicher Lust einfach dem weiteren Geschehen. Wenn sie auch in der Tat nicht alle Blutschande treiben, so tun sie es doch in ihren Gedanken; denn in ihren Wünschen ersehnen sie sich all das, was mit jedem unter ihnen geschehen könnte.«[57] So dachte das gewöhnliche Volk über die Christen.

Ob die Vorwürfe der Gottlosigkeit, der Blutschande und des Kannibalismus gegen die Christen zu Recht bestehen, bedarf keiner Erklärung.[58] Allgemein sah man in ihnen Menschen, die sich solcher Verbrechen schuldig machen konnten. In der ersten Zeit verbreitete man nichts Gutes über sie. Tacitus sagt, sie seien »von der Bevölkerung gehaßt wegen ihrer Verbrechen« und »sowohl schuldig als auch wert der schwersten Strafen«, wenn er auch nicht glaubt, daß sie Rom in Brand gesetzt haben. Sueton klagt sie einer »neuen und verderblichen *superstitio*« an, Plinius als Angehöriger der üppigen Oberschicht wirft ihnen »eine verderbliche und ausschweifende *superstitio*« vor. Man behauptete, sie haßten alle Welt,[59] weil sie sich absonderten, so fest untereinander zusammenhielten und sich von einem Großteil des gesellschaftlichen Lebens zurückzogen, da es nach ihrer Meinung vom Götzendienst befleckt war. Professor E. M. Blaiklock[60] hat darauf hingewiesen, wie oft das Wort »Schandfleck« auf die Christen angewandt wird: in dem Bericht des Tacitus, in dem Erlaß des Claudius, in dem Brief des Plinius und in der Rede des Tertullus.[61]

Nach seiner Meinung gibt uns ein Abschnitt aus Plato die Erklärung dafür, daß die Christen für Schädlinge der Gesellschaft angesehen wurden, »unfähig nach ihrer Veranlagung oder unwillig aus Überzeugung, an den gewöhnlichen Betätigungen einer Gruppe oder Gesellschaft teilzunehmen«. Plato schrieb: »Jeder, der nicht imstande ist, an der gegenseitigen Achtung und am Gesetz Anteil zu haben, muß als Schädling der Gesellschaft getötet werden.«[62]

Inwiefern die Christen Schädlinge der Gesellschaft waren, läßt sich leicht ausmachen. Es begegnet uns in den Berichten der Offenbarung Johannes, wo die Christen gesellschaftlich geächtet und wirtschaftlich boykottiert wurden, weil sie nicht bereit waren, die Herrschaft des Domitian anzuerkennen.[63] Sie konnten nicht an den öffentlichen Spielen teilnehmen und anscheinend auch nicht die staatlichen Münzen verwenden! Deshalb standen sie in schwerer Bedrängnis, da sie sich »entschlossen von der Welt trennten«. Diese Tendenz herrschte im zweiten Jahrhundert vor, wenn es auch bemerkenswerte Ausnahmen gab. Ihren Höhepunkt erreicht sie bei Tertullian. Seine Schriften *De Spectaculis, De Corona* und *De Idolatria* zeigen uns, wie sehr das Leben in der damaligen Gesellschaft vom Götzendienst durchsetzt war, und wie das empfindsame (vielleicht auch das überempfindliche) christliche Gewissen darauf reagierte. Deshalb nahmen die Christen nicht an Gladiatorenkämpfen, Wettspielen und Theateraufführungen teil. Man las als Christ keine heidnische Literatur. Man meldete sich nicht zum Militärdienst, denn dann konnte man unter Befehle kommen, die mit den christlichen Grundsätzen und der Treue zu Jesus Christus in Konflikt kamen. Man wurde auch nicht Maler oder Bildhauer, denn das kam einer stillschweigenden Duldung des Götzendienstes gleich. Man wurde auch nicht Lehrer, denn dann hatte man unvermeidlich die unsittlichen Geschichten der heidnischen Götter zu erzählen. Als Christ sollte man sich lieber von geschäftlichen Verträgen fernhalten, denn hier mußte man Eide leisten, die der Christ ablehnte. Man hielt sich auch lieber aus Verwaltungsämtern heraus, weil es da zu Verbindungen mit dem Götzendienst kam ... und so weiter. Ist es da verwunderlich, daß die Christen mit solchen Maßstäben als Menschen galten, »vereint im Haß gegen das Menschengeschlecht«?

In der Tat schienen die Christen in den Augen der Heiden so seltsam und gesellschaftlich unbrauchbar zu sein, daß Tertullian noch am Ende des zweiten Jahrhunderts die Betonung darauf legen mußte, daß sie vom gleichen Fleisch und Blut wären wie andere Menschen: »Wir leben unter euch, essen die gleichen Speisen, tragen die gleichen Kleider, haben die gleichen Gewohnheiten und die gleichen Lebensbedürfnisse. Wir sind keine indischen Brahmanen oder Asketen, die in Wäldern wohnen und sich vom gewöhnlichen Menschenleben abschließen... Wir verkehren mit euch in der Welt, wir meiden weder das Gericht noch das Schlachthaus, noch das Bad noch den Verkaufsstand, noch die Werkstatt, noch das Gasthaus, noch den Markt... Wir fahren mit euch zur See, wir kämpfen mit euch, wir ackern mit euch, wir sind mit euch zusammen in geschäftlichen Angelegenheiten.«[64] Man kann im Zweifel sein, ob die Heiden sich von dieser Rede beeindrucken ließen. Sie hatten zu oft das Gegenteil davon erfahren.[65]

Nicht nur im öffentlichen Leben erregten die Christen soviel Verdacht und Feindschaft. Stellen wir uns vor, wie es in einer Familie zuging, in der ein Ehegatte ein mit einem Heiden verheirateter Christ war. Tertullian beschreibt sehr anschaulich ein geteiltes Haus und vermittelt uns einen lebendigen Einblick sowohl in die Probleme einer christlichen Ehefrau als auch in die Gedanken, die sich ein heidnischer Ehemann über die Tätigkeiten seiner christlichen Ehefrau machen mußte[66]: »An allen Gedenktagen für die Dämonen ...wird sie erregt sein über den Geruch von Weihrauch. Durch die Tür, die mit Lorbeer bekränzt und mit Laternen behängt ist, wird sie hinausgehen müssen, als verließe sie ein neu eingerichtetes Freudenhaus; sie wird oft bei ihrem Mann sitzen müssen in Klubhäusern und Kneipen.« Welcher Mann wird sich abfinden mit ihrer christlichen Tätigkeit und ihrem Gottesdienst? »Gerade wenn ein Morgengottesdienst angesetzt ist, verabredet sich ihr Mann mit ihr, daß sie schon früh am Morgen zu den Bädern gehen wollen. Wenn Fastenzeit festgelegt ist, plant ihr Mann für den gleichen Tag eine Abendgesellschaft. Wenn sie zu Wohltätigkeitszwecken unterwegs sein will, drängen gerade die häuslichen Pflichten. Wer würde schon seiner Frau erlauben, unter dem Vorwand, die Brüder zu besuchen, von einer Straße zur anderen in die Häuser anderer Männer zu gehen, und zu alledem auch noch in die Hütten der Ärmeren? Wer wird schon damit einverstanden sein, daß sie nachts nicht neben ihm im Bett liegt, sondern an einer nächtlichen Versammlung teilnimmt? Wer wird sich keine Sorgen machen, wenn sie zur Zeit der Osterwache die ganze Nacht über nicht nach Hause kommt? Wer wird sie ohne jeden Argwohn zum Abendmahl gehen lassen, da ja darüber so viele böse Gerüchte im Umlauf sind? Wer wird ihr erlauben, heimlich ins Gefängnis zu gehen, um einem Märtyrer die Fesseln zu küssen? Wer wird ihr erlauben, sich mit einem der Brüder zu treffen, wobei sie den Bruderkuß austauschen?« Man kann nicht an der Tatsache vorbeisehen, daß die Christen ganz anders waren. Harnack machte die interessante Feststellung, daß die Christen immer selbstbewußter wurden, und daß die Heiden immer mehr spürten, daß die Christen ein *tertium genus* darstellten, einen dritten Typ von Menschen in der Welt neben den Römern und den Juden.[67]. Für die Christen, die gern ihre heidnischen Freunde zu Christus führen wollten, war dies alles sehr belastend und wollte von ihnen verarbeitet werden.

Als ob es die sehr schlimmen Verdächtigungen der römischen Welt gegenüber den Christen – daß sie nämlich gesellschaftsfeindliche Neigungen hätten – bestätigen sollte, wurde es immer klarer, daß sie in keiner Weise am Kaiserkult teilnehmen würden. Die Zunahme und die Bedeutung der Herrscherverehrung in der römischen Welt ist ein weites und verwickeltes Thema,[68], aber die Hauptlinien der Entwicklung sind ziemlich klar. Im Osten war es schon seit langem Sitte, dem König göttliche Verehrung darzubringen. Das Haus des Antiochus förderte diese Entwicklung, indem es Titel wie Epiphanes (»Offenbarer Gott«) annahm und Herrschermünzen prägen ließ mit der Strahlenkrone des Zeus. Als die römischen Generäle mit einem ebenso beeindruckenden Aussehen und mit viel größerer Macht nach Kleinasien vordrangen und diese Herrscher demütigten, mußten ihre gefügigen Untertanen ihre Verehrung auf die Göttin Roma und deren örtliche Vertreter übertragen.[69] Als Augustus der Herr des Reiches wurde, wurde dies natürlich auf ihn übertragen. Es überraschte ihn, daß er hier ein sehr brauchbares Instrument fand, um Menschen verschiedener Glaubensüberzeugungen und Kulturen in seinem Weltreich zusammenzuziehen und ihnen im Herrscher selber den Zielpunkt ihrer Untertanentreue zu geben. Es war eine Hilfe, wenn man einen »Gott« als Adoptivvater hatte. Im Jahre 44. v. Chr. geschah etwas, das Dr. Balsdon[70] als »einen der ungewöhnlichsten Zufälle der Geschichte« bezeichnet hat. »Es hatte aus Julius Caesar einen Gott gemacht.«

Es bestand in der Republik die feste Überlieferung, daß Romulus, der Gründer Roms, nach seinem Tode der Gott Quirinus würde. Im Juli des Jahres 44 v. Chr., vier Monate nach der Ermordung Caesars, erschien während der Veranstaltung von Spielen zu Ehren seines Sieges ein unerwarteter Komet am Himmel. Es war ein Wunder, das noch vor der Befragung der zuständigen Priester von der Bevölkerung als ein Beweis dafür angenommen wurde, daß Julius Caesar nun im Himmel war als ein Gott, als der Divus Julius.«

Bei einem solchen Stammbaum konnte Augustus damit rechnen, daß er nach seinem Tode in die Reihe der Götter aufgenommen würde, und in der Tat geschah das bei ihm und bei den meisten seiner Nachfolger. Ein Teilnehmer an seinem Begräbnis behauptete dann beim Senat, daß er gesehen habe, wie die Seele des toten Führers in den Himmel hinaufgestiegen sei als ein Stern. Der Senat erklärte ihn dann für göttlich. Das war ein harmloser Betrug, der in keiner Weise von der römischen Aristokratie selbst ernstgenommen wurde;[71] aber er war nützlich, um politische Verbindungen zu knüpfen und der Treue zum Staat eine bestimmte Richtung zu geben. Im Westen wurde er zu seinen Lebzeiten niemals offiziell als Gott verehrt (das wäre für die römische Tradition anstößig gewesen). Allerdings wurden Tempel »Rom und dem Augustus« oder auch dem *genius Augusti* geweiht. Im Osten dagegen wurde er ohne weiteres als Gott verehrt. Eifrige Provinzialbeamte ordneten den Kultus. Wer sich weigerte, den Kaiser anzubeten, mußte möglicherweise verhängnisvolle Folgen tragen, besonders unter den Kaisern Gajus, Nero und Domitian, die es mit ihrer Göttlichkeit sehr ernst nahmen. Dementsprechend erschienen die Christen als sehr gefährliche Leute. Sie nahmen nicht teil an dem grundlegenden Treugelübde gegenüber dem Staat. Nach ihren Grundsätzen konnten sie das natürlich nicht. Jesus hatte durch seine Unterscheidung zwischen dem Reich Gottes und dem Reich des Kaisers die Grundlage dafür gelegt bei seiner Antwort auf die Zinsgroschenfrage, und seine Nachfolger hielten sich an diese Grenzziehung.[72]

Der Kaiser sollte geehrt werden,[73] aber nicht angebetet werden. Vor dem Kaiser würden die Christen ihre Knie nicht beugen und auch keinen Weihrauch streuen. Wie konnten sie auch? Sie gehörten einem anderen *divi filius;* sie schuldeten einem anderen Herrscher Treue; sie hatten gewisse Verbindung mit Gott durch einen anderen *pontifex maximus.* Sowohl Christus als auch der Kaiser beanspruchten die Weltherrschaft. Ein Christ konnte nicht zugleich sagen »Der Kaiser ist Herr«, wenn er bekannte »Jesus ist Herr«.

Der Grund ist eindeutig und zwingend; aber der Eindruck, der dadurch vermittelt wurde, mußte auf politische Untreue schließen lassen. Und es verhielt sich so, wie es aus dem Brief des Plinius an Trajan hervorgeht: Wenn sich jemand hartnäckig weigerte, die übliche Geste gegenüber den herkömmlichen Göttern und gegenüber dem Kaiserstandbild zu machen, dann war er eindeutig der *contumacia,* des verbrecherischen Eigensinns schuldig. Für die rechtliche Denkweise des Plinius war dies Grund genug, ihn mit dem Tode zu bestrafen.[74]

Intellektuelle und kulturelle Einwände gegen das Christentum

Wir haben bis jetzt einige der politischen, religiösen und sozialen Hindernisse betrachtet, die sich dem Vormarsch des Christentums im ersten Jahrhundert in den Weg stellten. Es gab noch viele andere, die wir wenigstens kurz erwähnen müssen: wirtschaftliche, ethische, kulturelle und intellektuelle Hindernisse.

Auf der intellektuellen Ebene litt das Christentum viel unter den Einwendungen, die die alte Welt gegen das Judentum erhob. Dazu kamen noch drei weitere Vorwürfe. Erstens war das Christentum neu, und etwas Neues konnte als solches schon nicht wahr sein.[75] Deshalb mußten die Christen darauf hinweisen, daß sie eine alte Abstammung hatten, da sie sich vom Judentum herleiteten, das so alt war, daß heidnische Philosophen ihre Weisheit von ihm entnahmen;[76] außerdem mußten sie betonen, daß das Christentum ja Gottes Wahrheit sei, und daß alle Menschen an allen Orten, die die Wahrheit gefunden hätten, nur das gesagt hätten, was sich auch mit der Lehre des Christentums vereinbaren ließe oder in ihr enthalten sei.[77]

Das Christentum war aber nicht nur neu, es war auch lächerlich; denn es verkündigte, daß die Weisheit Gottes am Kreuz Jesu zur Schau gestellt worden sei. Nun war es aber einleuchtend für jeden, der in der platonischen Tradition des griechischen Denkens erzogen oder zumindest etwas davon beeinflußt war, daß Wahrheit und Weisheit nicht in einzelnen Teilen, sondern in der Gesamtheit zu finden war. So jedenfalls fordert es die Ideenlehre.

Zu behaupten, eine einzelne Geburt, dazu noch eine, die erst jungen Datums war, verbunden mit einem einzelnen Tod, der dazu noch ein scheußlicher Tod war, seien der Schlüssel zur Weisheit der Jahrhunderte, – dies alles war doch lächerlich. Schon im ersten Korintherbrief (Kap. 1 u. 2) und im Kolosserbrief (Kap. 1) weist Paulus darauf hin, daß Jesus nicht nur ein Einzelwesen ist, sondern die in der Zeit verkörperte, ewige weltumspannende Weisheit. Diese Art von Apologie hat sich dann noch lange bei den Apologeten fortgesetzt.

Aber die Umstände des Todes Jesu ließen die Sache des Christentums noch unannehmbarer erscheinen. Immerhin konnte man noch mit etwas Einsicht zu dem Schluß kommen, daß etwas von der letzten Wahrheit über die Menschenseele und das Weltall durch die Sterbestunde des Sokrates enthüllt wurde, als er mit großer Würde sich über die Fragen von Leben und Tod ausließ und dann den Giftbecher trank. Aber was bedeutete schon der Verbrechertod an einem scheußlichen römischen Kreuz? Könnte er uns vernünftige Welterkenntnis vermitteln? Für den Römer war ein solcher Tod der Beweis für Knechtsgesinnung, Schwäche, Niedrigkeit und Schuld.

Für die Griechen war er all das auch und dazu noch eine Torheit. Kein Wunder, daß man sich erzählte, die Christen verehrten einen Eselskopf[78] oder ihre eigenen geschlechtsmännlichen Merkmale. In beiden Fällen wäre es nicht weniger anstößig und aufreizend, als wenn man einen gerade am Kreuz, der niedrigsten aller Hinrichtungsstätten, verurteilten Verbrecher verehrt. Selbstverständlich hielt man die Christen, die so unsinnige Dinge glaubten, für hoffnungslos vernunftfeindlich. Dieser Verdacht wurde leider durch die Art der Apologetik wie auch durch das Verhalten mancher Christen noch unterstützt.[79]

Weiterhin verachtete man die Christen wegen ihrer sogenannten kulturellen Minderwertigkeit. Meistens sprachen sie die einfachen, ungebildeten niederen Schichten der Gesellschaft an. So war etwa die Lage im Korinth des ersten Jahrhunderts, wo »nicht viele Weise nach dem Fleisch, nicht viele Gewaltige, nicht viele Edle« zu der christlichen Gemeinde zählten.[80] Und so ging es auch im allgemeinen weiter in der folgenden Zeit, wenn auch einige bemerkenswerte Ausnahmen zu verzeichnen sind. Celsus warf den Christen vor, sie seien die »Ungelehrten, Knechtischen und Unwissenden«, die »jeden weisen Menschen durch ihre Glaubenslehre abstoßen und nur auf die Unwissenden und den Pöbel anziehend wirken«. Nach seiner Meinung geben die Christen damit zu, daß nur solche Personen ihres Gottes würdig sind; und »sie zeigen deutlich, daß sie nur das Verlangen und die Fähigkeit haben, die Dummen, die Niedrigen und Törichten zusammen mit Frauen und Kindern zu gewinnen«.[81] Wie wir schon sahen, betrachteten die Angehörigen der römischen Oberschichten alle *superstitiones* als nur für die unteren Schichten geeignet; das galt besonders von den orientalischen Kulten, selbst wenn diese eine so hochstehende Ethik, einen so erhabenen Monotheismus und einen so alten Stammbaum hatten wie das Judentum. Wie konnte man erwarten, daß sie sich einer *superstitio* anschlossen, von der sich selbst die Juden mit Fleiß fernhielten? Doch den Christen bedeutete das gerade keinen Anstoß. Ganz im Gegenteil! Sie rühmten sich, daß ihre Botschaft von Gott in seiner Weisheit nicht den Klugen und Vornehmen, sondern den schlicht glaubenden Menschen geoffenbart worden war. Paulus freute sich über diese Wahrheit in 1. Korinther 1, und Athenagoras gab ihr beredten Ausdruck im 11. Kapitel seiner *Botschaft für Christen*.

»Unter uns findet man ungebildete Leute, Handwerker und alte Frauen, die, wenn sie auch den Nutzen unserer Lehre nicht in Worten beweisen können, doch durch ihre Taten den Nutzen zeigen, der daraus entspringt, daß man von ihrer Wahrheit überzeugt ist. Sie halten keine Reden, sondern zeigen gute Werke; wenn sie geschlagen werden, schlagen sie nicht wieder; wenn sie bestohlen werden, gehen sie nicht vor Gericht; sie geben denen, die von ihnen etwas erbitten, und sie lieben ihre Nächsten wie sich selbst.« Aber all das konnte die Niedrigkeit ihrer Herkunft und ihrer gesellschaftlichen Stellung nicht verbergen. Als Paulus an Christen schrieb, die zu des Kaisers Hause in Rom gehörten, war dies Schreiben nicht an den Kaiser gerichtet, sondern an die Sklaven eines seiner rechtmäßig Freigelassenen.[82] Das Christentum war nun einmal eine *superstitio*, die zum Abschaum der Gesellschaft gehörte.

Ethische und gesellschaftliche Anstöße am Christentum

Seine ethischen Maßstäbe als solche müssen ein gewaltiges Hindernis bei seinem Vordringen gewesen sein. Was Tacitus, Sueton, Martial, Juvenal, Petronius und andere Schriftsteller dieser Zeit schreiben, macht deutlich, wie weit Rom von den Tagen entfernt war, als es noch ein starkes, kerniges Volk war. Aus den oberen Schichten wie aus den Kreisen der Sklaven hören wir in gleicher Weise von Prostitution, Ehebruch, Homosexualität, Aussetzen von Kindern; ebenso soll das Interesse sich nur auf »Brot und Spiele«, auf Gladiatorenveranstaltungen, Tierkämpfe, Geld und rücksichtslose Machtgewinnung über andere gerichtet haben. Man kann sehr leicht eine Geschichtsepoche in düsteren Farben zeichnen, und ohne Zweifel ist das Bild, das Tacitus von der Zeit des Tiberius zeichnet, zu sehr von seinen Erfahrungen unter Domitian bestimmt. Aber das herrschaftliche Rom des ersten Jahrhunderts war zweifellos sehr verderbt. Keine der Mysterienreligionen verlangte von ihren Mitgliedern eine völlig neue Sittlichkeit.[83] Aber das Christentum tat es, ebenso wie das Judentum. Es verlangte einen sittlichen Maßstab, der so streng war wie die höchsten Ideale der Stoiker; und es ging darin noch weiter als sie, daß es die Liebe zum Nächsten und nicht nur die kalte Erfüllung der Pflicht zur Norm des Verhaltens machte. In den Apologeten liest man immer wieder davon, wie sich das Leben eines Menschen ändert, wenn er sich zu Christus bekehrt hat. Ein typisches Beispiel finden wir bei Justin: »Wir, die wir früher unser Vergnügen hatten an der Hurerei, lieben jetzt allein die Keuschheit; wir, die wir früher die magischen Künste ausübten, weihen uns jetzt dem guten und ewigen Gott; wir, die wir den Erwerb von Reichtum und Besitz über alles schätzten, bringen jetzt das, was wir haben, in eine gemeinsame Kasse und teilen mit jedem, der in Not ist; wir, die wir uns gegenseitig haßten und vernichteten und wegen der anderen Sitten nicht mit Menschen anderer

Rassen zusammenleben wollten, leben nun, seit Christus gekommen ist, in einem sehr guten Verhältnis mit ihnen und beten für unsere Feinde. Wir bemühen uns, diejenigen, die uns hassen, zu überzeugen, damit sie auch nach den guten Geboten Christi leben, um einmal mit uns Teilhaber derselben frohen Hoffnung zu sein, daß Gott, der Allbeherrschende, es uns vergelten werde.«[84] Eine solche Umwälzung im Leben und in den Wertmaßstäben ist natürlich anziehend, aber sie stößt auch die zurück, die, wie es Paulus einmal sagt, »sie (die bösen Dinge) nicht nur tun, sondern auch Gefallen haben an denen, die es tun«.[85] Die »Welt« liebt das Ihre und haßt diejenigen, die durch ihre Maßstäbe dies herausstellen. Das trifft besonders zu, wenn die Maßstäbe einer heidnischen Gesellschaft ungewöhnlich niedrig sind und die der Kirche ungewöhnlich hoch, wie es in den ersten beiden Jahrhunderten der Fall war. All dies führte zu einem endgültigen Bruch mit der Vergangenheit, wenn jemand Christ wurde; aber gerade die große Veränderung war ein starkes Hindernis.

Die letzte Schwierigkeit auf dem Wege der Christenheit in der heidnischen Welt, von der wir sprechen wollen, betrifft die Handwerkerzünfte.[86] Gerade in Handwerkerkreisen waren Klubs damals in der römischen Welt sehr beliebt. Es waren Klubs für Sport, solche, die das soziale Leben förderten, Beerdigungsklubs und Klubs, die sich aus Leuten vom gleichen Gewerbe zusammensetzten. Sie trafen sich gewöhnlich im Tempel des Gottes, der für ihr Gewerbe zuständig war, und vergnügten sich im Beisammensein, mit Feiern und Unterhaltung. Aber sie wurden leicht zu Mittelpunkten von politischer Agitation, da sie in ihren inneren Angelegenheiten nicht überwacht wurden. Dadurch erklärt es sich auch, daß die einzelnen Kaiser ihnen scharfe Beschränkungen auferlegten, damit sie nicht an Zahl zunahmen; Trajan schließlich hatte eine krankhafte Angst in dieser Sache. Unwillig gibt er seine Zustimmung, daß eine verbündete Stadt wie Amisus in Bithynien wohl kaum ihrer dortigen Wohltätigkeitsvereine beraubt werden kann; diese waren nämlich offiziell bestätigt worden. Aber er warnt Plinius, daß er solche Vereinigungen in anderen Städten nicht fördere.[87] Er wollte sie verbieten lassen, weil die Beiträge, die sichtlich für die Armen und Bedürftigen gegeben worden waren, zur Entstehung von Aufständen und Parteibildungen verwandt wurden. Wir sehen das an vielen Stellen im Neuen Testament – beispielsweise in Ephesus und Korinth.[88] Es überrascht nicht, daß Trajan Plinius nicht erlaubte, eine Feuerschutzabteilung von 150 Mann in Nicomedia einzusetzen; denn »man muß bedenken, daß solche Gesellschaft den Frieden in unserer Provinz sehr gestört hat . . . und es ist gleich, welchen Namen wir ihnen geben, und mit welchem Ziel wir das tun; Menschen, die sich zu einem gemeinsamen Ziel vereinigt haben, werden sehr bald zu einer politischen Vereinigung werden«.[89] Es liegt nahe, daß dieses Verbot freier Vereinigungen, soweit sie nicht amtlich bestätigt waren, im ersten Jahrhundert als Handhabe gegen die Christen diente. Plinius selbst teilt Trajan mit, daß die Christen es unterlassen hätten zusammenzukommen, nachdem er es im Rahmen eines Erlasses gegen politische Vereinigungen verboten hätte.[90]. Die ersten Christen standen immer in Gefahr, wegen unerlaubter Zusammenkünfte inhaftiert zu werden.

Aber dieses war nicht das einzige Problem, das durch das Vorhandensein und durch die Bedeutung der Zünfte entstand. Es gab noch zwei andere Probleme. Einerseits konnten die Zünfte selber sich gegen die Christen organisieren, da diese ihren Interessen schaden könnten. Der klassische Fall ist der von den Silberschmieden entfachte Aufruhr in Ephesus, als sie merkten, daß die Bekehrungen zum Christentum sich abträglich auf ihre Verkaufschancen auswirkten. Man vermutet, daß sich gegen Ende des ersten Jahrhunderts etwas Ähnliches in Bithynien zugetragen haben muß; denn Plinius berichtet, daß der »ansteckende Aberglaube« des Christentums sich nicht nur in den Städten, sondern auch in den Dörfern und ländlichen Bezirken ausgebreitet hätte, und daß die Tempel fast ganz verlassen wären; infolgedessen habe es keine Nachfrage gegeben (bis der pflichtbewußte Plinius auftrat, um die Dinge wieder zurechtzubringen) nach Opfertieren, »die seit einiger Zeit wenig Käufer finden«. Eine solche Einstellung der Evangelisation gegenüber, wie sie in der Behauptung des Plinius zum Ausdruck kommt, war nur denkbar, wenn man annimmt, daß die Zünfte aufgrund ihres begründeten Interesses am heidnischen Kult zum organisierten Widerstand gegen das Christentum auftraten. Wenn eine neue Bewegung sowohl den Lebensunterhalt als auch den Glauben eines Menschen in Frage stellt, kann man im allgemeinen eine scharfe Reaktion erwarten. Tertullians kurze Abhandlung *De Idolatria* behandelt dieses Thema im einzelnen und zeigt die verschiedenen Vereinigungen und den jeweiligen Grad ihrer Verbindung mit dem Götzendienst, den ein Christ unter keinen Umständen ausüben darf.

Aber selbst wenn er in seiner Zunft blieb, war der Christ nicht frei von Problemen. Da waren die kultischen Mahlzeiten im Götzentempel,[91] eine der Hauptfunktionen der Zunft; da waren die Tempeldirnen,[92] die eine der Hauptattraktionen darstellten; wie konnte er sich aus diesen Dingen heraushalten? Seit den Tagen des ersten Korintherbriefes ist dieses Problem akut. Wie sollte ein Christ in seiner Zunft zurechtkommen und wie sollte er seine Zunftkameraden für Christus gewinnen, wenn er nicht an ihren Geselligkeiten teilnahm? Wenn er teilnahm, war sein Wirken für Christus in Frage gestellt. Die Gemeinden Kleinasiens zur Zeit der Offenbarung Johannes mußten mit diesem Problem ringen. Johannes gibt eine andere Antwort zu den Fragen als die Nikolaiten.[93]

Evangelisation in der frühen Kirche war ein aufregendes Unternehmen, und zwar bei allen Schichten der Gesellschaft. Es war eine Aufgabe, bei der man vieles in Kauf nehmen mußte: den Haß der Gesellschaft, politische Gefährdung,[94] den Vorwurf des Verrats an den Göttern und am Staat, die Unterstellung schrecklicher Verbrechen und eine gezielte Opposition aus vielen Richtungen, die vielleicht zusammen mächtiger waren als jemals danach. Im folgenden müssen wir den Kern der Botschaft untersuchen, die sie verkündigten, der Botschaft, die sogar die römische Welt aus den Angeln hob.

3   Das Evangelium

Mit der ganzen Unerwartetheit einer frohen Botschaft brach das Christentum über die Welt herein: einer Frohen Botschaft, die mit starker Begeisterung und großem Mut von ihren Vertretern vorgetragen wurde und die unterstützt wurde durch ihr eigenes Zeugnis und ihr Erleben. Sie war die Frucht der Überzeugung, daß Gott die offensichtliche Niederlage des Karfreitags in den überragenden Sieg des Ostermorgens verwandelt hatte.[1]

Das eigentliche Wesen dieser Verkündigung in der frühen Kirche ist in den letzten Jahren vielfach untersucht worden, besonders seit C. H. Dodd 1936 sein Buch über *Die apostolische Predigt und ihre Entwicklung* veröffentlichte. Aber man hat sich zu lange bei dem inzwischen zu einem Fachausdruck gewordenen Begriff »kerygma« aufgehalten. Man verstand darunter einen ziemlich festen Stamm von Predigtmaterial, das die ersten Missionare im allgemeinen benutzten.

Wir werden der Frage später nachgehen. An dieser Stelle sei vermerkt, daß man sich nur zu leicht dazu verleiten läßt, einzelne Wörter herauszugreifen, und einen theologischen Überbau auf ihnen zu errichten, für den sie gar nicht bestimmt waren. James Barr hat in seinem Buch *Bibelexegese und moderne Semantik* kräftig darauf hingewiesen. Im Neuen Testament ist die Wurzel *keryssein* (»ausrufen«) keineswegs führend. Sie ist eine von drei wichtigen Wörtern, die für die Verkündigung der christlichen Botschaft gebraucht werden. Die anderen zwei sind *euaggelizesthai* (»die Frohe Botschaft verkünden«) und *martyrein* (»Zeugnis geben«). Im Verlauf dieses Kapitels werden wir jede dieser drei Auffassungen nacheinander behandeln, und vielleicht ergibt sich daraus ein fundierteres Verständnis des frühchristlichen Evangeliums. Das Evangelium ist Frohe Botschaft; es ist Verkündigung; es ist Zeugnis.

Frohe Botschaft

Messianische frohe Botschaft

Keine gewöhnliche frohe Botschaft erschütterte Palästina um das Jahr 30 n. Chr. Es war nicht nur die Botschaft von einem Lehrer, der früher ein Zimmermann gewesen war und der unter dem römischen Statthalter hingerichtet worden war. Es war nicht weniger als die frohe Ankündigung des lange erwarteten messianischen Heils. Gott war gekommen, um eine Welt in ihrer Not zu erretten. Kein Wunder, daß der Inhalt ihrer Botschaft als *to euaggelion*,[2] als *die* Frohe Botschaft bekannt wurde. Erst später verwandte man diesen Begriff für die Dokumente, in denen die Ereignisse berichtet wurden, die geschriebenen Evangelien. Zunächst und vorrangig wurde das Wort auf die Ereignisse als solche und auf den Vorgang ihrer Verkündigung angewandt.[3]

Lukas verfolgt es zurück bis auf die Begebenheit, als Jesus in der Synagoge seiner Heimatstadt Nazareth den Abschnitt aus Jesaja 61 vorlas. »Der Geist des Herrn ist bei mir, darum weil er mich gesalbt hat, zu verkündigen das Evangelium den Armen; er hat mich gesandt zu predigen den Gefangenen, daß sie los sein sollen, und den Blinden, daß sie sehend werden, und den Zerschlagenen, daß sie frei und ledig sein sollen, zu verkündigen das Gnadenjahr des Herrn.« Jesus machte das Buch zu und setzte seine Zuhörer in Erstaunen, indem er ihnen ganz ruhig mitteilte: »Heute ist dieses Wort der Schrift erfüllt vor euren Ohren.«[4] Der Abschnitt aus Jesaja war sehr bedeutungsvoll. Er bezieht sich auf die Rückkehr aus der babylonischen Gefangenschaft. Und der Bote, der mit Gottes Geist gesalbt ist, kündigt Gottes zeichenhaften Sieg, seine königliche Herrschaft an. Das ist nichts Geringeres als der Beginn eines neuen Zeitalters, und zwar eines Zeitalters, bei dem die Heiden nicht ausgeschlossen sind. Die Tage des Heils sind gekommen. Das Volk Gottes ist bereit und wartet auf ihn wie die Braut auf ihren Mann, ihre Unwürdigkeit wird bedeckt von einem Kleid der Gerechtigkeit, ihr Verhältnis zu Gott wird durch einen ewigen Bund aufgerichtet. Freude wird an der Tagesordnung sein; Zion wird wiederhergestellt, und Gott wird Gerechtigkeit für die Heiden sprossen lassen. All dies und noch viel mehr ist enthalten in dem Kapitel des Jesaja, aus dem Jesus vorlas. Das alles will er erfüllen. Als er im Todeskampf, in Schande und offensichtlichem Versagen am Kreuz starb, müssen seine Jünger gedacht haben, daß sie einer Täuschung erlegen seien und er ein Betrüger war. Die Auferstehung kam für sie als die Rechtfertigung dessen, was Jesus für sich beansprucht hatte. Sie erkannten, daß er »eingesetzt ist als Sohn Gottes in Kraft durch die Auferstehung von den Toten«.[5] Und sie machten sich daran, diese Frohe Botschaft mit unermüdlichem Eifer und grenzenloser Begeisterung zu verkündigen. Gerade weil die ersten Hörer erkannten, daß es sich hier um das messianische Heil handelte, breitete sie sich aus wie ein Lauffeuer. Es handelte sich nicht nur um den Sühnetod eines großen Menschen. Seit den Tagen der Makkabäer war ihnen bewußt, daß der Tod eines Helden sühnende Bedeutung für sein Volk haben konnte.[6] Auch die Auferstehung an sich war nicht das Eigentliche. Von Johannes dem Täufer sagte man gerüchteweise, daß er von den Toten auferstanden wäre.[7] Jesus selbst hatte gelegentlich Menschen von den Toten auferweckt, ohne daß jemand etwas Messianisches darin sah.[8] Aber als Jesus, der Jesus, der gesagt hatte, er bringe das endzeitliche Heil, aus dem Grab auferstand, war das etwas ganz anderes.

Man mußte es, wie sie sagten, »nach der Schrift«[9] sehen. Es war die Rechtfertigung des leidenden Gottesknechtes, das Auffahren des Menschensohnes in Herrlichkeit, die Erfüllung der alten Davidsverheißung durch Nathan: »Der soll meinem Namen ein Haus bauen, und ich will seinen Königsthron bestätigen ewiglich. Ich will sein Vater sein, und er soll mein Sohn sein.«[10] Das mußte man laut ausrufen, das war frohe Botschaft.

Deshalb ist es nicht überraschend, daß die ersten Christen die Worte *euaggelizomai* und *euaggelion* sehr stark benutzten. Sie kommen weit mehr vor als die Wurzel »kerygma«, die in unseren Tagen zu einem theologischen Fachausdruck geworden ist, obwohl sie das im ersten Jahrhundert eindeutig nicht war.

Die messianische Frohbotschaft beginnt mit dem Vorläufer des Messias, Johannes dem Täufer. Er ermahnte das Volk und predigte ihnen die Frohe Botschaft.[11] Die Frohe Botschaft beginnt mit seiner Bußpredigt und der Ankündigung vom kommenden Königreich.[12] Seine Geschichte ist in der Tat der Anfang des Evangeliums.[13]

Der »Stärkere«, den Johannes verheißen hatte, ließ nicht lange auf sich warten. Und als er kam, sollte er die Frohe Botschaft vom Kommen des Königreiches bringen für die, die umkehrten und der frohen Botschaft glaubten.[14] Und als Johannes in der Folgezeit vorübergehend den Glauben an ihn verlor, schickte er ihm die folgende Antwort, die ihn neu vergewissern sollte: »Blinde sehen, Lahme gehen, Aussätzige werden rein, Taube hören, Tote stehen auf, Armen wird das Evangelium gepredigt.«[15] Noch einmal erscheint Jesaja 61, 1 in dieser Antwort Jesu, diesmal verbunden mit Jesaja 35, 5, um das Thema der Erfüllung zu betonen.[16] Gott hatte die Treue gehalten; sein verheißener Befreier war gekommen. Deshalb konnte Johannes wieder Zuversicht gewinnen. Das neue Zeitalter war angebrochen; nun war kein Raum, um zweifelnd zurückzuschauen. In seinem ganzen Dienst hat Jesus dieses göttliche Programm durchgeführt: er hat gepredigt, geheilt, Dämonen ausgetrieben und verkommene Glieder der Menschheit wiederaufgerichtet. Er war gekommen, um allen und jedem einzelnen den messianischen *Schalom* zu bringen: »Er ist gekommen und hat verkündigt im Evangelium den Frieden euch, die ihr ferne waret, und Frieden denen, die nahe waren.«[17] Darin hatte man schon immer die Aufgabe des Messias gesehen. Daher war es kaum überraschend, wenn die Engel im Himmel den Hirten bei seiner Geburt ankündigen: »Ich verkündige euch große Freude; denn euch ist heute der Heiland geboren, welcher ist Christus, der Herr, in der Stadt Davids.«[18]

Keine geringere Freude herrschte auf Erden, nachdem die Auferstehung das Siegel Gottes unter die Echtheit Jesu gesetzt hatte. Mutig und froh verbreiteten seine Jünger diese Frohe Botschaft von einem Heiland. Das Verbum ist im Neuen Testament sehr häufig. Manchmal wird es absolut gebraucht;[19] manchmal lesen wir, daß sie die Frohe Botschaft *an* die Menschen verbreiteten, und zwar Juden und Samaritanern, Griechen und Römern, Sklaven und Freien.[20]

Manchmal sind die Hörer das Objekt des Verbums, etwa wenn wir sagen, sie evangelisierten die Leute.[21] Am häufigsten wird der Inhalt ihrer Botschaft durch ein beigefügtes Wort oder einen Ausdruck angedeutet; und es ist interessant, in welcher Vielfalt und doch zugleich Einstimmigkeit der Inhalt des Evangeliums beschrieben wird.[22] Die Christen »verkündigten die frohe Botschaft des Evangeliums« oder ».. . des Glaubens«.[23] Im einzelnen verkündigten sie die Frohe Botschaft »vom Königreich«,[24] wie es Jesus getan hatte. Aber das war im römischen Reich leicht mißzuverstehen, wie beispielsweise in Thessalonich.[25] Deshalb überrascht es nicht, wenn sie viel häufiger die Person und die Taten Jesu verkündigten als Frohe Botschaft.

Und doch *ist* es überraschend; es ist unglaublich! Der Eine, der gekommen war, um die Frohe Botschaft zu verkündigen, war zum Inhalt der Frohen Botschaft geworden! Womit könnte man klarer beweisen, daß die ersten Christen Jesus mit der größtmöglichen Ehrfurcht begegneten, da sie den in ihm sahen, der in seiner Person und in seinen Taten die Verkörperung des Reiches Gottes selber war? Origenes sagte, Jesus sei die *autobasileia*, die Königsherrschaft in Person.[26] Der Gedanke war in der apostolischen Verkündigung von Jesus vorhanden. Sie verbreiten die Frohe Botschaft, daß Jesus der Messias ist, oder daß durch ihn die alten Verheißungen erfüllt wurden.[27] Sie verkündigen die frohe Botschaft vom

Frieden durch Jesus,[28] vom Herr-sein Jesu,[29] vom Kreuz Jesu,[30] von der Auferstehung Jesu[31] oder einfach von Jesus selbst.[32]

Nichts anderes brauchten sie. Denn wie sie es auch sagten, ob er der Messias der alttestamentlichen Erwartung, der Herr über die dämonischen Mächte oder etwas anderes war; die ersten Verkündiger der Frohen Botschaft hatten ein Thema und nur ein einziges: Jesus. Darauf waren sie vor allem bedacht. Das war ihr »Wort«, das sie so eifrig verbreiteten.[33] Wir werden uns in diesem Kapitel auf die Frohe Botschaft konzentrieren, wie sie von den ersten Christen verkündigt wurde. Aber es ist nicht ohne Bedeutung, daß uns 150 Jahre danach die gleiche Begeisterung und Liebe zum Evangelium in diesem weitesten Sinne bei einem Schriftsteller wie Origenes begegnet. In Buch eins seines *Johanneskommentars*[34] gibt er uns einen ausgedehnten Überblick über die Bedeutung von »Evangelium«, wie er es versteht. Das Evangelium ist zuallererst Frohe Botschaft von Jesus. Nicht nur ein Bericht von dem, was er sagte und tat, obwohl dies auch »Evangelium« ist (und es ist »das Amt eines Evangelisten, . . . zu erzählen, wie der Heiland einen Menschen heilte, der blind war von Geburt, oder wie er einen Toten auferweckte, der schon stank«); nicht nur »eine solche Abhandlung, die nicht nur erzählt, sondern auch ermahnt und die den Glauben an die Sendung Jesu stärken soll«. Nein, die oberste Bedeutung von »Evangelium« ist Frohe Botschaft von Jesus. »Wir müssen sagen, daß das Gute, das die Apostel in diesem Evangelium verkünden, einfach Jesus ist.« Natürlich hat das Evangelium im einzelnen ganz bestimmte unterschiedliche Inhalte. »Ein Gutes ist das Leben; aber Jesus ist das Leben. Etwas anderes Gutes ist das Licht der Welt, wenn es wahres Licht und das Licht der Menschen ist: und all dies ist der Menschensohn.« Das gleiche kann man sagen von der Wahrheit oder dem Weg zur Wahrheit, der Tür und der Auferstehung. »Der Heiland lehrt, daß er all das ist.« Origenes zeigt weiterhin, daß das Evangelium im Alten Testament verborgen war, und bezieht sich auf Philippus, der es dem Kämmerer durch Jesaja 53 verkündigt. Es ist da in der Lehre Jesu. »Die Apostel . . ., die das Evangelium verkündigen wollten, hätten das nicht gekonnt, wenn ihnen Jesus nicht zuvor die Frohe Botschaft verkündigt hätte. Er betont immer wieder die christozentrische Natur der Verkündigung, sowohl bei den ersten Aposteln als auch gegenüber denen, denen sie es weitergeben. Jesus selber predigt die Frohe Botschaft von dem Guten, das nichts anderes ist als er selber; denn der Sohn Gottes predigt die Frohe Botschaft von sich selbst, und zwar denen, die ihn nicht kennen können, durch die Vermittlung andrer.« Auf diese Weise, so fährt Origenes fort, wird die Prophetie von Jesaja 61, 1 ff., die in Lukas 4, 18 ff. zitiert wird, schon ganz am Anfang seines Wirkens erfüllt. Wir haben ja schon über diesen Abschnitt gesprochen. Das Ziel der gesamten Evangelisation faßt er knapp zusammen: »Die Kenntnis von dem Verweilen Jesu auf Erden für alle Zeiten deutlich werden zu lassen, für seine Wiederkunft vorzubereiten, oder sie als eine gegenwärtige Wirklichkeit in den Seelen derer zu bewirken, die bereit waren, das Wort Gottes anzunehmen, als er vor der Tür stand und anklopfte und zu ihnen eingehen wollte.«

So weit zu Origenes. Er liefert den deutlichen Beweis dafür, daß das ursprüngliche Verständnis des Evangeliums im dritten Jahrhundert noch nicht verlorengegangen war. Kehren wir nun zum ersten Jahrhundert zurück und sehen, wie sie das *euaggelion* verstanden.

Die Frohe Botschaft des Markus

Markus, unser frühestes Evangelium, wirft ein bedeutendes Licht darauf, wie das Evangelium in der ersten Christenheit verstanden wurde. Seltsamerweise benutzt Markus das Substantiv achtmal, aber niemals das Verb. Lukas dagegen macht es umgekehrt und benutzt das Verb ganz unbekümmert im Evangelium und in der Apostelgeschichte, das Substantiv aber nur zweimal, wenn er die Worte anderer in den Reden weitergeben will.[35] Das kann, wie wir noch sehen werden, daran liegen, daß das Substantiv in der zeitgenössischen heidnischen Welt viel bedeutete, das Verb aber nur wenig verwandt wurde. Das Verb jedoch leitet sich her vom hebräischen Gebrauch, besonders im Propheten Jesaja, das Substantiv gebrauchten die Juden jedoch wenig.[36] Wenn Lukas auch die ganze Welt im Blickfeld hat, ist er doch anscheinend an dieser Stelle mehr im hebräischen Denken beheimatet als Markus, der dem Evangelium in Rom zur Bedeutung verhelfen will. Jedenfalls ist das, was Markus über das Evangelium sagt, sehr wichtig.

Erstens ist es eine Botschaft mit einem ganz bestimmten Inhalt. Es ist immer *to euaggelion,* das Evangelium. Es ist eine bemerkenswerte Botschaft, die jemand verkündigen kann[37] und an die er glauben kann.[38] Man kann sie bezeichnen als die Frohe Botschaft von der Königsherrschaft Gottes[39] oder einfach von dem Einen, der diese Herrschaft bringt, von Jesus.[40] Er wird in der Tat identifiziert mit dem »Evangelium« an zwei Stellen in Markus, an einer anderen ist er eng damit verbunden.[41] So wird die zentrale Stellung Jesu innerhalb des Evangeliums in diesem Evangelium bewußt durchgehalten. Vielleicht stimmt es, daß man, wie es die Überlieferung des frühen zweiten Jahrhunderts sieht, eine starke Verbindung zwischen dem Petrus- und dem Markusevangelium annehmen sollte.[42]

Vielleicht kann man den Vertretern der Formgeschichte recht geben, wenn sie behaupten, daß eine große Anzahl der Geschichten des Markusevangeliums vorher unabhängig davon im Umlauf waren. In jedem Falle gehen wir dabei hinter den Evangelisten zurück in eine frühere Zeit in den ersten drei Jahrzehnten der Kirche.[43] In diesem Zeitabschnitt stand die zentrale Stellung Jesu im Evangelium außer Zweifel.

Aber wir können noch weiter gehen. Dieses Evangelium umfaßt einen Zeitabschnitt von der Taufe des Johannes – dort beginnt Markus und versichert uns, daß es der Anfang des Evangeliums von Jesus ist[44] – bis zur Auferstehung, mit der er jäh abbricht in seinem Bericht.[45] Innerhalb dieses Rahmens macht Markus deutlich, daß das Zentrum der Frohen Botschaft in dem erlösenden Tod Jesu zu sehen ist. Die Vorhersage des Leidens, die in der Begebenheit mit der Frau von Bethanien enthalten ist, die sein Haupt salbte, weist klar darauf hin. »Sie hat getan, was sie konnte«, sagt Jesus, »sie hat meinen Leib im voraus gesalbt zu meinem Begräbnis. Wahrlich, ich sage euch: Wo das Evangelium gepredigt wird in aller Welt, da wird man auch das sagen zu ihrem Gedächtnis, was sie jetzt getan hat.«[46] Das führt uns zu einem anderen Gesichtspunkt im Verständnis des Evangeliums, wie Markus es hatte. Es ist bestimmt für die ganze Welt, nicht nur für die Juden. So verwirklicht es die höchsten Ziele des jüdischen Heilsuniversalismus. Das Evangelium von der Königsherrschaft Gottes, das den Juden verkündigt wird, gilt auch den Heiden: »Und das Evangelium muß zuvor verkündigt werden allen Völkern.«[47] Die Haltung des Alten Testaments und des rabbinischen Judentums hinsichtlich der Heiden wird auch von Jesus übernommen: ihnen gilt das gleiche Heil.[48] Während er sich in der Zeit seines Wirkens fast ganz auf Israel beschränkte,[49] war er dennoch der Bringer des Heils. Und es ist klar, daß im Zeitalter des Heils auch die *Gojjim*, »die Nationen«, kommen werden und Anteil haben am messianischen Königreich.[50] Aber wie konnten sie kommen, wenn sie es nicht gehört hatten? Diese Frage stellt Paulus in Römer 10, 13 ff. und beantwortet sie auch. Diese Frage trieb die ersten Judenchristen hinaus, um den Heiden das Evangelium zu bringen. Der Verfasser des Schlusses des Markusevangeliums hatte recht, wenn er in 16, 15 den Ton legte[51] auf die Aussage »Gehet hin in alle Welt und predigt das Evangelium aller Kreatur«. Wahrscheinlich entnahm er es aus Matthäus 28, 18–20, wo diese universale Schau einen staunenswerten Höhepunkt bildet in einem Evangelium, das im übrigen in vieler Hinsicht partikularistisch ausgerichtet ist.

Aber Markus weiß, daß die Frohe Botschaft in ihrem Angebot zwar alle betrifft, daß sie aber nur bei denen zur Wirkung kommt, die Buße tun, glauben und bereit sind, ein Leben in Hingabe und selbstverleugnender Nachfolge zu führen.[52] Nur derjenige, der bereit ist, sein Leben um Jesu und des Evangeliums willen zu verlieren, wird es finden. Denn auch Jesus konnte nur dadurch, daß er sein Leben für andere verlor, den Menschen neues Leben, wie es im Evangelium verkündigt wird, anbieten.

Die frohe Botschaft des Paulus

Wenden wir uns nun Paulus zu, dem anderen bedeutenden Schreiber im Neuen Testament, der das Hauptwort »Evangelium« sehr oft gebraucht. Dort finden wir etwa das gleiche Bild. Wieder hat »das Evangelium« einen klar umrissenen Inhalt. Das ist so eindeutig, daß es in etwa der Hälfte aller Belegstellen ohne jede weitere Bestimmung dasteht. Man kann die Frohe Botschaft des Evangeliums verkündigen,[53] es lehren,[54] es verkündigen,[55] es sagen,[56] es bekanntmachen[57] oder sich darüber besprechen.[58] Ähnlich liegt es, wenn gesagt wird, daß man das Evangelium hören,[59] annehmen,[60] als sichere Überlieferung empfangen kann usw.[61] Es hatte eine erkennbare Gestalt.

Seine Gestalt scheint sehr ähnlich der im Evangelium des Markus gewesen zu sein, obwohl es da an einer Reihe von Stellen formale Unterschiede gibt. Es heißt immer wieder einmal »Gottes Frohe Botschaft«.[62] Wenn Paulus niemals von der »Frohen Botschaft vom Reich« spricht, wird dies ohne nähere Absicht geschehen sein, da er öfter vom Königreich Gottes spricht, wenn er im gleichen Zusammenhang vom Evangelium redet.[63] Es kann natürlich in einigen Fällen absichtlich geschehen sein. Weil immer etwas Politisches bei der Predigt von einem *Königreich* mitschwingen konnte, hat es Paulus klugerweise vorgezogen, seine Botschaft in anderen Kategorien wie etwa »ewiges Leben«, »Heil« oder »Rechtfertigung« auszudrükken.

Außerdem wird wie bei Markus das Evangelium gleichgesetzt mit Jesus.[64] Wieder stehen Kreuz[65] und Auferstehung[66] im Zentrum. Das universale Heilsangebot, wie es in der Predigt des Heidenapostels zu finden ist, braucht man gar nicht erst zu betonen. Paulus weiß, daß seine Frohe Botschaft den Juden zuerst und auch den Griechen gilt.[67] Ihn treibt die Notwendigkeit, Menschen mit dem rettenden Evangelium zu erreichen. Deshalb schämt er sich seiner nicht; deshalb erfüllt er seine Berufung, das Evangelium auszubreiten.[68] Deshalb betrachtet er die Erledigung dieser Pflicht als einen priesterlichen Dienst und als ein heiliges Vermächtnis.[69]

Es ist in der ganzen Welt das gleiche Evangelium, bei den Juden in gleicher Weise wie bei den Griechen, wenn es auch in verschiedenen Begriffen und sogar Denkformen zum Ausdruck kommt. Die Gelehrten in Festlandeuropa haben sehr darauf hingewiesen, daß ein Widerspruch bestünde zwischen den Aussagen des Paulus über das Evangelium in 1. Korinther 15, 1 ff. zusammen mit seiner Behauptung, daß er es von den ersten Jüngern durch Überlieferung empfangen habe, und seiner leidenschaftlichen Feststellung, in Galater 1, 11 ff., daß er das Evangelium in keiner Weise von Menschen empfangen habe. Aber es handelt sich mehr um einen formalen als um einen inhaltlichen Gegensatz. Was Paulus in diesen beiden Abschnitten sagen möchte, ist etwa folgendes: Die Gestalt seines Evangeliums ist in der Tat ähnlich der in der Jerusalemer Gemeinde. So sagt er es auch in Galater 2, 2; dieser Vers wird in der Diskussion oft nur übersehen.

Dennoch kam ihm die Kraft zur Verkündigung, die Bevollmächtigung, die innere Überzeugung nicht aus einer bloßen Kenntnis der Geschehnisse, nicht aus dem Vortragen des Jerusalemer *credo,* sondern aus einer Begegnung mit dem auferstandenen Christus selber.[70] Der Grund seiner Überzeugung lag *darin,* daß es eine Frohe Botschaft gab, die einer Welt in ihrer Not verkündigt werden mußte, ein Evangelium von weltweiter Bedeutung.

Die Kernpunkte des Evangeliums bei Markus sind auch in der Lehre des Paulus vorrangig. Umkehr und Glaube sind die wesentlichen Bedingungen, die der Mensch zu erfüllen hat,[71] wenn auch Paulus für Umkehr gern synonyme Begriffe verwendet wie »der Sünde absterben« und »den alten Menschen ablegen«. Und schließlich macht es Paulus genauso deutlich wie Markus, daß der, der dem Ruf des Evangeliums folgt, auch ein Leben der beständigen Hingabe führt. Es wird etwas kosten. Menschen müssen Opfer dafür bringen.[72] Die Ausbreitung des Evangeliums ist eine Aufgabe, die alle Christen angeht,[73] sozusagen ein Wettkampf, an dem alle Christen aktiv Anteil nehmen müssen.[74]

Unter all diesen erwähnten Gesichtspunkten ist das Evangelium bei Markus und bei Paulus identisch. Sie sind die beiden einzigen Schreiber im Neuen Testament, die das Substantiv ziemlich oft gebrauchen. Paulus fügt dann noch einige besondere Merkmale hinzu. Er betont, daß das Evangelium schriftgemäß ist:[75] das Werk Jesu erfüllt den Plan Gottes und steht in keinem Widerspruch zum Alten Testament. Praktisch tut Markus das gleiche, wenn er sagt, daß die Frohe Botschaft in Einklang steht mit den Verheißungen von Jesaja und Maleachi.[76] In den Aussagen des Evangeliums ist bei Paulus auch die Botschaft vom Gericht enthalten: wenn die Menschen es nicht annehmen, werden sie dafür zur Rechenschaft gezogen.[77] Bezeichnenderweise wird an den beiden einzigen Stellen, an denen sonst in den Briefen *euaggelion* vorkommt, auch dieser Zusammenhang hergestellt;[78] in der Predigt des zweiten Jahrhunderts wird diese Tatsache sehr deutlich betont.[79] Markus würde an dieser Stelle nichts dagegen einzuwenden haben. Denn wer sein Leben nicht um Christi und des Evangeliums willen verliert, der versucht, es zu behalten. Und das bedeutet, auch nach Markus, daß er es unwiederbringlich verliert.[80] Paulus spricht von der *dynamis* des Evangeliums,[81] von seiner Kraft zur sittlichen Veränderung, die die Ketten des Bösen zerbricht. Und wollte nicht Markus genau das gleiche sagen, wenn er immer wieder bei Jesus auf die Taten der *dynamis* hinweist?

Das für Paulus Besondere bei seiner Evangeliumsverkündigung scheint folgendes gewesen zu sein: Erstens gebrauchte er den forensischen Begriff der Rechtfertigung,[82] besonders in solchen Texten, bei denen es um die Frage ging, ob die jüdischen guten Werke Gottes Gnade verdienen konnten. Paulus wollte hier sicherstellen, daß alles Heil immer bei Gott seinen Ausgang nimmt. Zweitens betonte er die Endgültigkeit und Unbedingtheit des Evangeliums. Es ist das Evangelium der Wahrheit, der Hoffnung, der Kraft, der Unsterblichkeit und der Herrlichkeit Gottes, die schon in dieser Welt zur Geltung kommt.[83] Es ist, kurz gesagt, *das* Geheimnis Gottes, die Wahrheit, die einst verborgen war und nun den Menschen offenbart ist; nicht weniger als die Weisheit Gottes.[84] Drittens wies er hin auf die sittlichen Auswirkungen des Evangeliums. Wer sich dem Evangelium Gottes unterstellt, erfährt das Werk der göttlichen Gnade in seinem Leben.[85] Damit ist es ihm auferlegt, sein alltägliches Leben so zu führen, daß es des Evangeliums, das er bekennt, würdig ist.[86]

Die Angemessenheit des Begriffes

So haben also zwei der urchristlichen Schreiber »das Evangelium« verstanden und verbreitet. Sie hatten damit eine glückliche Wahl getroffen; denn »Frohe Botschaft« war nicht nur ein allgemein ansprechendes Wort, sondern hatte auch noch bestimmte Anklänge, die es in den Kreisen der Juden wie der Heiden besonders bedeutungsvoll machten. Das Substantiv, das Paulus und Markus ja oft im Neuen Testament gebrauchen, läßt sich kaum aus dem Alten Testament belegen. Für die griechische Welt bedeutet es sehr viel. Es war das Wort, das man vornehmlich dazu benutzte, um einen Sieg zu proklamieren;[87] und zwar einen Sieg über feindliche Streitkräfte, und im Zusammenhang damit auch bei den Dankopfern für die Götter, die einen solchen Sieg verliehen hatten.[88] Man gebrauchte es auch für Mitteilungen von den Göttern, gewöhnlich für Orakel;[89] diese hielt man für »frohe Botschaften« – oder hoffte es wenigstens. Hauptsächlich wurde das Wort jedoch beim Herrscherkult gebraucht.[90] Die Ankündigung von der Geburt des Herrschers war »Frohe Botschaft«. In der berühmten Inschrift zu Priene heißt es: »Der Geburtstag des Gottes hat für die Welt die an ihn sich knüpfenden Freudenbotschaften gebracht.«[91] Das Heraufkommen des Zeitalters des Caligula zum Beispiel wurde (wie es sich später herausstellte: auf ironische Weise) als die frohe Botschaft von Heil und Glück willkommen geheißen.[92] Die Thronbesteigung des *princeps* wurde üblicherweise für eine frohe Botschaft gehalten und mit Freude und Opfern von einem Volk gefeiert, das echten Dank zeigte für das Maß an Heil, das das Reich ihm gebracht hatte.[93]

Dieser Wortgebrauch ist offensichtlich mit dem Neuen Testament verwandt. Es ist gut möglich, daß Markus die christliche Frohe Botschaft ihrem Gegenstück im Bereich des römischen Herrscherkults gegenüberstellte. Beide reden vom Heil; aber die christliche *soteria* greift viel tiefer als die herrscherliche. Sie umfaßt sowohl Rettung von Sünde und Tod als auch politische Befreiung. Beide erwähnen die frohe Botschaft von der Geburt eines Herrschers, von seinem Heranwachsen und seiner Thronbesteigung; aber das christliche *euaggelion* greift viel tiefer als das herrscherliche. Sein Herrscher sitzt auf dem Thron des Weltalls, nicht nur auf dem Thron des Weltreichs, und seine Geburt ist die wahre Fleischwerdung des einzigen Gottes, nicht nur der lächerlichen Gottheit des Herrscherhauses.[94] Friedrich sagt sehr schön: »Das NT spricht die Sprache seiner Zeit. Es ist volksnahe, wirklichkeitsverbundene Verkündigung. Es weiß etwas von dem Warten und Hoffen der Menschen auf die *euaggelia,* und es antwortet mit dem *euaggelion,* aber mit einem Evangelium, dessen man sich schämen kann; denn es ist ein Anstoß. Das Evangelium bedeutet für die Menschen Heil, aber Heil durch Umkehr und Gericht. Für manchen mag dieses Evangelium, wenn er es hört, Ironie sein (vgl. Apg. 17, 32). Es ist aber wirkliche Freude; denn Buße schafft Freude, und Gericht bringt Gnade und Errettung. Caesar und Christus, der Kaiser auf dem Thron in Rom und der verachtete Rabbi am Kreuz in Palästina stehen sich gegenüber. Beide sind Evangelium für die Menschen, sie haben manches gemeinsam, und doch sind es zwei verschiedene Welten.«[95]

Ich vermute, daß Markus und Paulus gerade diesen Gegensatz zum Herrscherkult deutlich machen wollten, als sie das Wort *euaggelion* benutzten. Von diesem Hintergrund aus schrieben sie.

Die frohe Botschaft des Lukas

Bei Lukas war es anders. Er gebrauchte nicht das Substantiv, sondern das Verb. Und während das Substantiv sich nicht vom Alten Testament herleiten läßt, ist das Verb dort von großer Bedeutung, besonders bei Deuterojesaja. Genau umgekehrt ist es mit dem weltlichen Gebrauch der Worte. Während das Substantiv dort große Bedeutung hat, ist das Verb nur selten und unbedeutend. Lukas scheint das hebräische substantinische Partizip zu übernehmen, das häufig im zweiten Jesaja vorkommt und in der Septuaginta durch die Wurzel *euaggelizomai* wiedergegeben wird. Denn er behält diesen semitischen Hintergrund bei, wenn er oft das Partizip *euaggelizomenos* benutzt, wo man viel eher ein Substantiv erwarten könnte. Wir haben schon gesehen, welche Bedeutung diese Frohe Botschaft hat, die in Jesaja 61, 1 ff. verkündigt wird durch den Propheten. Ähnliche Vorstellungen finden wir in Psalm 96, einem der großen Thronbesteigungspsalmen. Noch einmal soll Friedrich zu Worte kommen: »Die enge Berührung des ganzen Anschauungskreises mit der neutestamentlichen Gedankenwelt ist offensichtlich. Die eschatologische Erwartung, die Proklamation der Königsherrschaft Gottes, das Einbeziehen der Völkerwelt in die Heilsgeschichte, das Ablehnen der gewöhnlichen Kult- und Gesetzesfrömmigkeit (Psalm 40), die Verbindung mit den Ausdrücken ›Gerechtigkeit‹ (Psalm 40, 9), ›Heil‹ (Jesaja 52, 7; Psalm 95, 1) und ›Friede‹ (Jesaja 52, 7) weisen uns zum Neuen Testament«.[96] Auch war dieses messianische Verständnis der Frohen Botschaft im Spätjudentum nicht vergessen. So sagte Rabbi Jose am Ende des ersten Jahrhunderts n. Chr.: »Groß ist der Friede, denn wenn der König, der Messias, sich Israel offenbaren wird, wird er nur mit Frieden anfangen, denn es steht geschrieben: ›Wie lieblich sind auf den Bergen die Füße dessen, der Freudenbotschaft bringt, der Frieden verkündet‹.« Oder wir lesen im Midrasch zu Psalm 147, 1: »Jesaja hat gesagt: Wie lieblich sind auf den Bergen die Füße derer, die frohe Botschaft verkündigen. Wenn der Heilige, gelobt sei er, König sein wird, werden sie alle Boten sein, die gute Botschaft bringen, wie es heißt: ›Wer Gutes verkündet, läßt Frieden hören‹.«[97] In dem rabbinischen Schrifttum gibt es noch viel, das auf dieser Linie liegt. Man versteht dann auch eher, welch einen Eindruck die Frohe Botschaft hinterließ, als sie von den Christen verkündigt wurde. Sowohl bei den Juden wie bei den Heiden löste das Wort etwas Bestimmtes aus. Das christliche Evangelium traf wie ein Funke auf den Zunder der antiken Gesellschaft.

Verkündigung

Das Wort kerysso und sein Gebrauch

Das zweite wichtige Wort, das im Neuen Testament ausgiebig verwandt wird, um die Evangelisation der frühen Christenheit zu beschreiben, ist der Wortstamm *keryssein*. Seine Grundbedeutung ist »als Herold ausrufen«. Das Substantiv *keryx* (Herold) kommt selten vor, vielleicht weil es im Griechischen eine besondere Bedeutung hat.[98] Denn der Herold selber war eine wichtige Gestalt, eine unantastbare Person, die niemand ungestraft angreifen durfte. Das traf auf den christlichen Evangelisten in keiner Weise zu. Auch das Wort kerygma, Verkündigung, ist selten. Dies überrascht uns umso mehr, als es als Fachausdruck (Kerygma) in unseren Sprachgebrauch übernommen wurde und die anfängliche Verkündigung bezeichnet. Außer der »Predigt des Jona«[99] gebraucht jedoch nur Paulus das Wort im Neuen Testament, und dann auch nur ein halbes Dutzend mal. Aus Römer 16, 25 f. geht eindeutig hervor, daß Paulus es mit *euaggelion* gleichsetzt. In diesem Vers ist es gleichbedeutend mit »Evangelium«, und die im Textzusammenhang angesprochenen Themen wie Erfüllung der Schrift, Ankunft Jesu Christi, weltweite Bedeutung der Botschaft, Notwendigkeit des Glaubensgehorsams und Kraft der Botschaft zur Stärkung von Menschen, die sie angenommen haben – sie alle bestätigen diese Übereinstimmung der beiden Begriffe.

Im ersten Korintherbrief stellt Paulus fest, daß sein *kerygma* völlig verschieden ist von den Botschaften der Sophisten oder umherziehenden Lehrer seiner Zeit, die sich oft für Boten der Götter hielten;[100] sie versuchten, den Inhalt ihrer Verkündigung so eindrucksvoll wie möglich zu gestalten, und die Form der Darbietung so gebildet wie nur möglich. Paulus verzichtet auf das alles. Er verkündigte eine Botschaft, die gar nicht nach Weisheit aussah und deshalb wie reine Torheit erschien. Wo ist die Weisheit, wo ist die weltweite Bedeutung eines Mannes, der unter demütigenden Umständen an einem Kreuz hingerichtet wurde?[101] Auch hat er nicht versucht, das Anstößige an seiner Botschaft dadurch zu verdecken, daß er sie in schöngeistige Ausdrücke der griechischen Philosophie hineinzwängte. »Mein Wort und meine Predigt geschah nicht in überredenden Worten menschlicher Weisheit, sondern in Erweisung des Geistes und der Kraft, auf daß euer Glaube bestehe nicht auf Menschenweisheit, sondern auf Gottes Kraft.«[102] In Form und Inhalt (und auch in der Zielsetzung) stand seine Verkündigung in krassem Gegensatz zu der der Sophisten. Menschen konnten natürlich die Kraft Gottes in ihrem Leben nicht erfahren, wenn sie nicht an die Auferstehung Jesu glaubten, durch die Gottes Kraft in ihrem Leben freigesetzt wurde. Deshalb betont Paulus in 1. Korinther 15, 14 noch einmal, daß seine Verkündigung ohne den Glauben an die Auferstehung eine leere Hülse ist ohne Kraft und Leben, nicht besser als die moralisierenden Geschichten, die die Sophisten erzählten.

Das ist alles, was uns Paulus über das kerygma sagt, mit Ausnahme von zwei Stellen in den Pastoralbriefen,[103] wo er behauptet, daß es ein heiliges Gut sei, das ihm anvertraut wurde, und daß er deshalb jede Gelegenheit ergreifen müsse, um es zu verkündigen. Dabei benutzte er selbst sein Erscheinen als Angeklagter vor Nero, um seine Heroldsbotschaft loszuwerden.[104]

Das Verbum »verkündigen« (kerysso) kommt genauso oft vor wie euaggelizomai. Es wird auch in etwa der gleichen Weise verwandt, entweder absolut oder mit einem Dativ (bei den Leuten, denen verkündigt wird) oder mit einem Akkusativ, der den Inhalt der Verkündigung angibt. Es wird noch in einem weiteren Sinne verwandt als das andere Verb. Man verkündigt nicht immer nur »die Frohe Botschaft«. Die bekanntlich sehr schwierige Stelle in 1. Petrus 3, 19 soll wohl nicht aussagen, daß Jesus den Geistern im Gefängnis das Evangelium verkündigt hat, sondern nur, daß er ihnen wie ein Herold seinen Sieg verkündigte. In Lukas 12, 3 kommt bestimmt der weltliche Gebrauch des Wortes in Frage, ohne daß das Evangelium gemeint ist: »Was ihr redet ins Ohr in den Kammern, das wird man auf den Dächern ausrufen!« In Versen wie »Du predigst, man solle nicht stehlen, und du stiehlst«[105] handelt es sich auch nur um eine öffentliche Ankündigung, wie sie ein Herold machen kann. Ebenso finden wir keine Beziehung auf das »Evangelium« in Apostelgeschichte 15, 21: »Mose hat in allen Städten solche, die ihn predigen.« Dennoch trifft es zu, daß an sehr vielen Stellen im Neuen Testament kerysso genau die gleiche Bedeutung hat wie euaggelizomai. Seine beiden häufigsten Gebrauchsweisen lassen das erkennen. Zwölfmal wird »die Frohe Botschaft predigen« durch *keryssein to euaggelion* wiedergegeben. Hier stehen beide Worte nebeneinander. In neun Fällen lesen wir, daß man Jesus oder auch Christus verkündigt *(keryssein ton Iesoun)*, so wie es auch heißen kann, daß man die Frohe Botschaft von Jesus verkündigt *(euaggelizesthai ton Iesoun)*. Daraus ergeben sich die beiden Tatsachen, die wir schon früher bezüglich des Evangeliums feststellten; die unbedingt zentrale Stellung Jesu in dem, was verkündigt wurde, und die allgemein erkennbare Art der Verkündigung. Fragen wir nun, wieso es kommt, daß *kerysso* und *euaggelizomai* im Neuen Testament so oft übereinstimmend gebraucht werden, so werden wir die Antwort in Jesaja 61, 1 f. zu suchen haben. Dieser Abschnitt war ja, wie wir schon sahen, grundlegend für ihr Verständnis der »Frohen Botschaft« und ihrer Verkündigung;[106] aber er enthält auch zweimal das Wort keryssein. »Er hat mich gesandt, zu predigen den Gefangenen, daß sie los sein sollen . . . zu verkündigen das Gnadenjahr des Herrn.« Professor Friedrich Kittel macht hierzu eine ausgezeichnete Anmerkung, wenn er auch zu sehr befangen ist in der existentialen Interpretation des Wortes und seine bemerkenswerte Verbindung mit *euaggelizestai* in diesem bedeutenden Abschnitt, in dem Jesus seine Sendung deutet, nicht erkennt. Er sagt (in Kittels Theol. Wörterbuch): »Er ruft wie ein Herold das Jahr des Herrn, die messianische Zeit aus. Wenn das Jubeljahr von Herolden mit Posaunenstößen im ganzen Lande bekanntgemacht wird, dann beginnt es, dann tun sich die Türen der Gefängnisse auf, und die Schulden sind erlassen. Die Predigt Jesu ist solch ein Posaunenstoß.«[107] Wenn Jesus selber nun seine eigene Sendung so verstanden hat, dann überrascht es nicht mehr, daß Verkündigung und Frohe Botschaft identisch sind, auch in so verschiedenen Schichten des Neuen Testaments wie Matthäus, Markus, Lukas und Paulus. Hier verkündigte man den Höhepunkt der Geschichte, den göttlichen Eingriff in die Geschichte der Menschen, der sich ereignet hatte in der Fleischwerdung, dem Leben, dem Sterben, der Auferstehung und der Himmelfahrt Jesu von Nazareth.

Gab es ein fest umgrenztes Kerygma?

Wir müssen diese Frage stellen; denn wir haben erkannt, daß »die Frohe Botschaft« und »die Verkündigung« in der Form übereinstimmten. Diese Frage fand in der gelehrten Welt unterschiedliche Antworten seit der Veröffentlichung von C. H. Dodd's Buch *The Apostolic Preaching and its Development*. Hier wird aufgrund einer Untersuchung von 1. Korinther 15, der Reden der Apostelgeschichte, der Gestalt des Markusevangeliums und bestimmter anderer Abschnitte des Neuen Testamentes die Schlußfolgerung gezogen, daß es in der frühen Kirche einen festen Rahmen evangelistischer Verkündigung gab. Dieser umfaßte die folgenden sechs Themen: Die Zeit der Erfüllung ist angebrochen. Dies geschah durch die Sendung, den Tod und die Auferstehung Jesu. Kraft seiner Auferstehung wurde Jesus zur Rechten Gottes erhöht als das messianische Haupt des neuen Israel. Die Anwesenheit des Heiligen Geistes in der Gemeinde ist das Zeichen von Christi gegenwärtiger Macht und Herrlichkeit. Das messianische Zeitalter wird in Kürze durch die Wiederkunft Christi zu seiner Vollendung kommen. Am Ende schließt das Kerygma immer mit einem Aufruf zur Umkehr, dem Angebot der Vergebung und des Heiligen Geistes und der Heilszusage, d. h. dem Leben in der zukünftigen Welt für die, die sich der Gemeinde anschließen.

Diese Ansicht hat in der englisch-sprechenden Welt weitgehende Aufnahme gefunden;[108] und das um so mehr, da Martin Dibelius,[109] der von ganz anderen Voraussetzungen ausging, in seinem Buch *From Tradition to Gospel* (dt. Die Formgeschichte des Evangeliums) etwa zum gleichen Ergebnis kam. Es wurden sehr viele Anmerkungen zu Dodd gemacht. So sieht A. M. Hunter im ganzen Neuen Testament ein dreigliedriges Evangelium; ebenso ist es bei C. T. Craig, nur daß bei ihm die drei Punkte wieder etwas anders sind.[110] Floyd Filson und T. F. Glasson setzen sich beide für ein fünfgliedriges Kerygma ein,[111] obwohl auch ihre fünf Punkte nicht übereinstimmen. Gärtner ist für eine siebengliedrige Botschaft,[112] und Geweiss gibt eine sehr eingehende Erläuterung des gesamten Kerygmas in der Urkirche.[113] Vor kurzem schrieb Neil Alexander[114] einen interessanten Aufsatz über »The United Character of the New Testament Witness to the Christ event« (dt. Das Wesen des neutestamentlichen Zeugnisses vom Christusgeschehen), in dem er behauptet, daß Erfüllung, Neuheit, Endgültigkeit und die Botschaft von einem jenseitigen Leben die vier Grundzüge sind, die – mit Ausnahme des Jakobusbriefes – in allen Formen der apostolischen Predigt wiederkehren.

Auf dem Kontinent und in Amerika wendet man sich seit Jahren gegen diese Auffassung. Manchmal kommt es durch die existentialistische Sicht, wie sie durch das Denken Rudolf Bultmanns[115] ausgelöst wurde und – selbst von den unzufriedenen Gliedern seiner »Schule« wie Ulrich Wilckens in Berlin,[116] Hans Conzelmann in Göttingen[117] und Ernst Käsemann in Tübingen[118] – fortgeführt wurde. Nach dieser Auffassung wird der Glaube geweckt durch die Begegnung mit Christus in der Predigt des Kerygmas, nicht durch eine Reihe von lehrhaften Aussagen über einen Bauern-Rabbi aus Nazareth. Das Evangelium ist Gottes Aufruf, der durch den Akt der Verkündigung an den Hörer ergeht, damit er eine Entscheidung trifft, die ihn in eine neue Existenzweise versetzt. Die Anhänger dieser Meinung legen großen Wert darauf, daß das Evangelium nach Galater 1, 11–17 unmittelbar von Gott offenbart wurde. So hatten ihrerseits Dodd und seine Nachfolger behauptet, daß das Evangelium nach 1. Korinther 15, 3–8 aus einer Reihe von Aussagen über Jesus bestünde, die von den ersten Tagen der Kirche an überliefert worden seien. Beide Positionen scheinen das für sie unbequeme Beweismaterial zu umgehen; und vielleicht hat William Baird recht mit seiner Vermutung, daß beide recht haben in dem, was sie bekräftigen, und unrecht haben in dem, was sie ablehnen. »Dodd weist hin auf die Bedeutung der Geschichte für das Evangelium; Bultmann weist hin auf die Bedeutung des Evangeliums für den Glauben.«[119].

Aber nicht nur die Existentialtheologen sind es, die sich nicht durch das Beweismaterial überzeugen lassen, daß das Evangelium nach einem genauen Schema geformt sei. H. J. Cadbury schrieb vor einer Reihe von Jahren: »Weder zu seiner (des Lukas) Zeit noch vorher gab es einen feststehenden und klar umrissenen Inhalt des Evangeliums. Es ist eine Botschaft, die sich in einem Werdegang befindet, was Paulus in einem anderen Zusammenhang ›das Fortschreiten des Evangeliums‹ nennt.«[120] Die Argumente für ein festgelegtes Kerygma können ihn nicht überzeugen. Abgesehen von der Verschiedenheit der Kerygmen, die die einzelnen Forscher rekonstruieren, könne man angesichts der jeweils neuen Situation, in der die Botschaft dargeboten werden müsse, nicht von einem ein für allemal festgelegten Kerygma sprechen. Die Umstände und das Verständnis der Hörer bestimmten in weitem Maße die Botschaft. So sieht es auch Professor C. F. D. Moule in seinem Buch *The Birth of the New Testament* (dt. Die Geburt des Neuen Testamentes). Er nimmt die Tatsache sehr ernst, daß die Urgemeinde in den verschiedensten Situationen über sich selbst und ihren Meister Auskunft geben mußte. Als den einigenden Faktor des Ganzen sieht er »in einem Wort, die apostolische Verkündigung von Jesus«.

Eduard Schweizer verfolgt eine ähnliche Linie. In einem Aufsatz in *Current Issues in N. T. Interpretation* vergleicht er zwei Glaubensformeln und stellt sie einander gegenüber, nämlich 1. Korinther 15, 3–5 und 1. Timotheus 3, 16. Während beide unzweideutig

Jesus zum Mittelpunkt haben, wurde die erste gebildet auf einem Hintergrund, bei dem die Menschen um Sünde wußten und sich auch im klaren waren, was dies angesichts eines heiligen Gottes vor dem letzten Gericht bedeutete (wir können von einem hebräischen Hintergrund sprechen). Sie versichert die Menschen, daß »Christus für unsere Sünden starb und Gott dies Opfer annahm, indem er ihn von den Toten auferweckte. Deshalb haben Sünde und Tod ihre Macht verloren; der eschatologische Tag ist angebrochen«.[121] Die zweite Glaubensformel entstand auf einem Hintergrund (wir können von einem hellenistischen sprechen), bei dem es nicht um die Frage der Sünde ging, sondern um das erschreckende Gefühl der Einsamkeit des Menschen, der in einer feindlichen Welt gefangen ist und einem unversöhnlichen Schicksal ausgeliefert ist. Unter diesen Umständen betont die Glaubensformel, die das Kreuz Jesu nicht einmal erwähnt, seine Gottheit (die in der ersten nicht erwähnt ist) und versichert dem Gläubigen, daß Jesus Herr ist, daß er (und nicht das Schicksal) die Welt in seinen mächtigen und barmherzigen Händen hält und daß durch seine Tat für den Christen der Zugang zum himmlischen Reich offen ist.

Schweizer hat an anderen Stellen weitere Beispiele geboten für diese verschiedenartige Verkündigung des einzigartigen und stets im Mittelpunkt stehenden Christus.[122] Er hält Römer 1, 1–4 für ein frühes palästinisches Glaubensbekenntnis, das die irdischen Begrenzungen Jesu seiner Macht und Würde, die er nach der Auferstehung hatte, gegenüberstellt. Auf Erden war er, entsprechend der Nathanweissagung aus 2. Samuel 7, der Davidssohn; aber er wurde »eingesetzt«[123] als Sohn Gottes bei der Auferstehung und erfüllte so die eschatologische und kosmische Dimension der Nathanweissagung, die durch den Tod Jesu am Kreuz ausgeschlossen zu sein schien. Die Auferstehung wurde nach seiner Meinung als eine Art zweite Stufe in der Sohnschaft Jesu angesehen.

Das Verständnis von »Sohn Gottes« bei Johannes und Paulus ist nun ein anderes. Sein Hintergrund ist nicht das palästinische Judentum mit seiner Davidshoffnung, sondern das liberale Judentum Ägyptens mit seiner Vorstellung vom Weisheits-Logos. Und die Christen behaupten, daß auch sie nicht in einer zeitlosen akademischen Weisheitsspekulation erfüllt wurde, sondern in dem ewigen, präexistenten Sohn Gottes, der zu einer bestimmten Zeit und an einem bestimmten Ort als der geschichtliche Jesus geboren wurde. Diese Vorstellung steht hinter den Worten des Johannesprologs, den Aussagen von Hebr. 1, 1 ff., Gal. 4, 4, Joh. 3, 16 u. a.

Diese beiden Erklärungen für den gleichen Begriff zeigen uns zwei unterschiedliche Weisen, wie man »Sohn Gottes« verstehen kann. Die eine sieht Jesus als den, der seit der Auferstehung als Sohn Gottes »eingesetzt« wurde; die andere sieht in ihm das präexistente göttliche Wesen. Wenn sie auch formal verschieden seien, so hätten sie doch, wie Schweizer behauptet, in Wirklichkeit weitgehend den gleichen Inhalt. Die »palästinische« Glaubensformel sagte: »In Jesus Christus hat Gott entscheidend gehandelt und die Verheißung von 2. Sam. 7 erfüllt. Mit der Auferstehung und der Auffahrt Jesu zur Weltherrschaft beginnt die neue Zeit.« Das »hellenistische« Glaubensbekenntnis sagte: »In Jesus Christus ist Gott der Welt nicht nur zufällig, sondern grundlegend und endgültig begegnet. Die Herrschaft des Gesetzes und der Mächte des Bösen ist durch den Sohn Gottes überwunden.«

Andere Forscher wie Ralph Martin,[124] Walter Hollenweger[125] und W. Manson[126] haben eine ähnliche Stellung bezogen hinsichtlich der Einheit des Kerygmas bei aller seiner Verschiedenheit. Es fragt sich, ob man wirklich mit so viel Eifer überall im Neuen Testament nach vor-paulinischen und anderen Glaubensformeln suchen sollte (bei einem so subjektiven Unternehmen kommt es natürlich sehr auf die Genialität der einzelnen Entdecker an). Dennoch spricht vieles für den Grundgedanken, der ohnehin naheliegend ist. Alle Christen waren davon überzeugt, daß Jesus Christus Gottes letztes Wort an die Menschen war, der Eine, der uns Gott so nahegebracht hat, daß wir ihn fassen konnten, und zwar in der Weise eines Menschenlebens; der Eine, der in seinem Sterben und Auferstehen von Gott im Blick auf seinen Anspruch und sein Werk gerechtfertigt wurde. Diesen Glauben hatten sie alle gemeinsam. Wie sie es zum Ausdruck brachten, hing weitgehend davon ab, aus welcher geistigen und religiösen Welt sie selbst und ihre Hörer kamen.

Einen anderen Weg zum Verständnis dieses Problems schlägt die Formgeschichte ein. Im zweiten und dritten Jahrzehnt unseres Jahrhunderts wurde sie von Schmidt, Dibelius und Bultmann entwickelt. Sie unternahm den Versuch, hinter die sterile Quellenkritik der Evangelien (die den Stoff in M, L, Q und das übrige einteilte) zurückzugehen und bis in die Zeit der mündlichen Weitergabe vorzustoßen, als die Frohe Botschaft nicht aufgeschrieben wurde, sondern von Mund zu Mund in den Märkten, Bazars und Weinläden der alten Welt weitergereicht wurde. In der Rekonstruktion der »Formen«, in denen die Stoffe, die später in die Evangelien aufgenommen wurden, aufbewahrt wurden, sind sich die Formgeschichtler zwar auch nicht mehr einig als es Dodd und seine Nachfolger sind hinsichtlich der Einzelheiten des Kerygmas, das später in die Apostelgeschichte und die Briefe aufgenommen wurde. Dennoch gibt es wenigstens eine gewisse Übereinstimmung. Die einzelnen *pericopae* oder kurzen Abschnitte in den Evangelien zirkulierten ursprünglich unabhängig voneinander, und jeder einzelne wurde deshalb im Gedächtnis behalten, weil er geeignet war für eines der brennenden Anliegen der Urgemeinde, z. B. Katechese, Gottesdienst, Apologetik oder Evangelisation. Viele Formgeschichtler glauben natürlich, daß sie weit genug gekommen wären, wenn sie den *Sitz im Leben der Kirche* gefunden haben, da es niemals einen *Sitz im Leben Jesu* gegeben habe; die Geschichte sei von der Urgemeinde gebildet worden. Daß solche Skepsis nicht notwendigerweise zur formgeschichtlichen Methode hinzugehört, wird heute zunehmend mehr erkannt. Urteile über den Inhalt müssen sich nicht unbedingt aus den Voraussetzungen der Form ergeben! Aber die Suche der Formgeschichtler nach der Alltagssituation, in der die Geschichte ihre Anwendung finden konnte, ist eine sehr bedeutende Forschungsmethode. Kaum eine andere Frage würde mehr Licht auf das Evangelienmaterial werfen als die folgende: »Unter welchen Umständen und zu welchem Zweck hat wohl die Urgemeinde diese Geschichte für so wichtig gehalten, daß sie sie um jeden Preis aufbewahren ließ?« Dr. Beasley-Murray begibt sich mit großer Schlichtheit und Wirklichkeitsbezogenheit an dieses Problem in einem kleinen, aber bedeutenden Buch mit dem Titel *Preaching the Gospel from the Gospels* (Wie man das Evangelium aus den Evangelien verkündigt). Darin zeigt er, wie die Wunder, Gleichnisse und sogar die Begebenheiten aus dem Leben Jesu (die nach Bultmann keinerlei Beziehung zum Kerygma haben können) der missionarischen und evangelistischen Verkündigung der Kirche dienen konnten. Zur Verdeutlichung wollen wir einige Beispiele aus dem Markusevangelium (die Beasley-Murray nicht benutzt hat) nehmen. Es gilt ja allgemein als kerygmatisch durch und durch; es enthält sozusagen Anschauungsmaterial für evangelistische Predigt – fast jede Geschichte handelt von Jesus und fast jede Geschichte ruft auf zur Entscheidung. Interessanterweise hat Papias[127] zu Beginn des zweiten Jahrhunderts das gleiche gesagt über die Entstehung des Markusstoffes wie die modernen Formgeschichtler. Danach war Markus nicht selber Augenzeuge dessen, was er berichtet, sondern er war der Dolmetscher des Petrus. Er schrieb das nieder, was er in Erinnerung hatte von der Predigt des Petrus über die Worte und Taten Jesu. Er tat das genau, aber nicht der Reihe nach. Petrus selber hatte seine Ansprachen nicht in chronologischer Reihenfolge verfaßt, sondern *pros tas chreias*, wie es für die Hörer nötig war. Man kann sich sehr leicht vorstellen, wie Petrus die Geschichte von der blutflüssigen Frau beispielsweise erzählte und auch zur Anwendung brachte. »Seht nur ihren Zustand«, würde er gesagt haben. »Dieser Blutfluß war nur eine kleine Sache, aber eine sehr ernste. Er schnitt sie von ihrer Familie, von ihrer Synagoge und damit von ihrem Gott ab, da er sie kultisch unrein machte. Allmählich schwächte er ihre gesamte körperliche Verfassung, wenn es Jahr für Jahr so weiterging. Und was das schlimmste war, er war , menschlich gesprochen, unheilbar. Ist das nicht auch eure Lage? Eure Sünden mögen in euren Augen nicht sehr groß erscheinen, und doch trennen sie euch von eurer Familie, euren Mitmenschen und eurem Gott. Wenn ihr euch ihnen hingebt, ergreifen sie euch immer mehr und sie sind, menschlich gesprochen, unheilbar. Ist das nicht eure Not? Hört, was ich euch zu sagen habe. Diese Frau hatte von Jesus gehört; sie kam in der Menge hinter ihm her, im Glauben hat sie ihn angerührt (obwohl es ein sehr unvollkommener Glaube war, voller Aberglauben; aber es kommt nicht auf die Qualität des Glaubens an, sondern auf den Gegenstand, auf dem der Glaube ruht); und sofort wurde sie geheilt. Jesus erwartete, daß sie sich öffentlich dazu bekannte, von ihm geheilt zu sein. Sie kam in großer Furcht und mit Zittern und sagte die ganze Wahrheit. Dann ging sie fort, nicht nur auf Gefühle gegründet, sondern mit einem festen Wort Jesu, das ihr Gewißheit gab über ihr neues Verhältnis zu ihm und über den Frieden und die Heilung, die sie durch den Glauben erlangt hatte.« – »Nun«, würde Petrus sagen, »wenn Jesus das für sie tun konnte, kann er es auch für dich tun. Vielleicht bist du hergekommen, versteckt in der Menge. Willst du ihn nicht auch berühren? Wie schwach dein Glaube auch sein mag, wenn er Glaube an Jesus ist, wird er nicht enttäuscht werden. Du kannst auf der Stelle mit Gott in Ordnung kommen, und sobald du dich öffentlich zu ihm bekannt hast, kannst du den Frieden und die Kraft eines Lebens unter der Vergebung erfahren. Du kannst Gewißheit darüber bekommen, nicht aufgrund deiner Gefühle, sondern aufgrund der Zusagen des Herrn.« So hat man sicher die Geschichte in der Urgemeinde verwandt. Wie hätte sie sonst verwandt werden *können*? Wenn das so ist, dann haben wir eine leise Ahnung davon, wie die *historia Jesu*[128] kerygmatisch genutzt wurde, wie die ersten Missionare ihre Botschaft gestalteten.

Wir sind glücklicherweise an dieser Stelle nicht auf Spekulationen angewiesen. Wir haben ein bemerkenswertes Beispiel, wie gerade diese Geschichte in der Predigt verwandt wurde; es ist uns erhalten in einer ganz unerwarteten Stelle, nämlich in den Schriften Macarius' des Ägypters, eines Mönchs aus dem Beginn des vierten Jahrhunderts in der Wüste Ägyptens.[129] Diese *Spiritual Homilies* (dt. Geistliche Homilien) des Macarius stammen aus einer anderen Zeit, aber sie sind von zeitlosem Inhalt; sie enthalten schlichte evangelikale Verkündigung, kraftvoll und überzeugend, die sich seit den Tagen der Apostel an die einfachen Menschen wendet. »Und wieder«, schreibt Macarius, »wie die am Blutfluß erkrankte Frau, als sie wahrhaft glaubte und den Saum des Herrn anrührte, sofort Heilung fand, so findet jede Seele, die die unheilbare Wunde der Sünde – die Quelle der unreinen und bösen Gedanken – hat, wenn sie nur zu Christus kommt und ihn in wahrem Glauben anfleht, die rettende Heilung von dieser unheilbaren Quelle der Leidenschaften . . . welche nur durch die Macht Jesu versiegt und austrocknet. Nichts anderes kann diese Wunde heilen . . . Er kam und nahm die Sünde der Welt hinweg . . . Und wie diese Frau alles, was sie hatte, an die hingab, die vorgaben, sie heilen zu können, wie sie aber von keinem geheilt werden konnte, bis sie in wahrem Glauben zum Herrn kam und seinen Saum berührte . . .«, so konnte nach seinen Aussagen nichts die Krankheit der Menschenseele heilen, »bis der Heiland kam, der wahre Arzt, der die Menschheit umsonst heilt', der sich selbst als Lösegeld für die Menschen hingab. Er allein vollbrachte die große rettende Befreiung und Heilung der Seele. Er machte sie frei von den Banden, brachte sie aus der Finsternis und verherrlichte sie mit seinem Licht.« Natürlich muß der Mensch auf das Angebot Gottes eingehen, und Macarius weist auch sehr darauf hin. Indem er sowohl auf die Frau als auch auf den Blinden, den er als ein anderes Beispiel für die Errettung benutzt hat, hinweist, kommt er zu dem Schluß: »Hätte nicht dieser Blinde gerufen, hätte nicht diese kranke Frau den Herrn angerührt, sie hätten keine Heilung gefunden. Wer also nicht freiwillig und in völliger Aufrichtigkeit zum Herrn kommt und ihn in der Gewißheit des Glaubens anfleht, der findet keine Heilung.«[130]

Es ist bewegend, daß man diese Art von Predigt noch in der Kirche des vierten Jahrhunderts finden konnte, die sonst in vieler Hinsicht deutlich von der apostolischen Linie abgerückt war.

Kehren wir nun zu Markus zurück. Das gleiche fünfte Kapitel liefert uns ein weiteres Beispiel von kerygmatischem Stoff, nämlich die Geschichte des Besessenen von Gerasa. Wenn die Frau mit dem Blutfluß dazu diente, die Reinigung für alle mit Sündenschuld Beladenen zu verkünden, so wurde diese Geschichte zweifellos benutzt, um die befreiende und wiederherstellende Kraft Christi im Leben derer zu verkünden, die innerlich zerrissen und bösen

Mächten ausgeliefert waren. Hier war ein Mann, der sich als Beute einer wahren »Legion« von zerstörerischen Trieben vorkam; er hatte kein Schamgefühl, keine Selbstbeherrschung und keine Verbindung mit Menschen. Dieser arme Mann war wie ein lebendig Toter nur in den Gräbern zuhause. Auch er begegnete Jesus. Und der Sohn Gottes (der Titel hat hier besonderes Gewicht) zeigte sich als Herr über die bösen Geister und trieb sie aus, sobald der Mann sich ihm unterworfen hatte, indem er ihm seinen Namen gab (was für den hebräischen Menschen nicht nur eine Aufschrift war, sondern der Schlüssel zum Charakter und zur ganzen Persönlichkeit). Natürlich gab es dann auch ein tüchtiges Gelächter unter den begeisterten Zuhörern, als der Evangelist schilderte, was mit den Schweinen passierte – es gehörte sich nicht, daß man in dem halb jüdischen Gebiet von Transjordanien Schweine hielt. So geschah es ihnen recht! Ich glaube, damals wie heute gehörte auch ein guter Schuß Humor in die Evangeliumsverkündigung. Doch nach dem Lachen wurden die Hörer wieder zur entscheidenden Sache gerufen; und diese war das Schicksal des Mannes, nicht der Schweine. Anstatt sich in den Gräbern zu zerreiben, saß er nun zu den Füßen Jesu; anstatt nackt und ohne jedes Schamgefühl umherzurennen, war er in der Gegenwart Jesu bekleidet; anstatt den bösen Mächten, die sein Leben beherrscht hatten, ausgeliefert zu sein, hatte er die Herrschaft über sich selbst wiedergewonnen. Hier gab es ausgezeichnetes Anschauungsmaterial, um das früheste christliche Bekenntnis: *Kyrios Jesus,* Herr ist Jesus, zu predigen. Was diese Geschichte sagen wollte, brauchte man nicht noch besonders zu unterstreichen.

In groben Umrissen war die Verkündigung der ersten Christen also so gestaltet: einig in ihrem Zeugnis von Jesus, verschieden in der Art, wie sie Jesus in die Nöte der unterschiedlichen Hörer hinein verkündigte, dringlich in der Forderung nach Entscheidung. Aber war die Verkündigung so unterschiedlich, wie wir es dargestellt haben? Wie sollen wir dann das in der Apostelgeschichte enthaltene Predigtmaterial einordnen?

Die evangelistischen Predigten in der Apostelgeschichte

Wenn auch das Urteil, das Dodd über das frühe Kerygma abgibt, noch in mancher Hinsicht ergänzungsbedürftig ist, so hat es doch gezeigt, daß in den Reden oder Predigten, die Petrus in dem anfänglichen Teil der Apostelgeschichte zugeschrieben werden, ein hohes Maß von Einheitlichkeit zu finden ist. Die neue Forschung konnte dies nur unterstreichen.[131] Die Frage ist: Läßt sich dieses Modell von Evangeliumsverkündigung in die Anfangszeit der Jerusalemer Gemeinde zurückführen oder ist es ganz und gar eine Komposition des Lukas, die die typische Evangeliumspredigt seiner Zeit wiedergibt?[132] Es ist eine schwierige Frage, die verschiedene Antworten gefunden hat.

Diejenigen, die der Ansicht sind, daß die Predigten uns keinen verläßlichen Bericht von der frühen apostolischen Predigtweise geben, führen dafür unter anderem folgendes an:

1. Lukas, der in der Art eines griechischen Geschichtsschreibers schreibt, legte seinen Personen das in den Mund, was er für angemessen hielt, hat aber nicht versucht herauszufinden, was sie wirklich sagten. Dabei verfährt er häufig nach dem Muster des Thukydides.

Nehmen wir wirklich an, Thukydides habe Lukas als Modell gedient, so müssen wir sagen, daß er nicht einfach frei Erfundenes niedergeschrieben hat. Er hielt sich so genau wie möglich an das, was in einer bestimmten Gelegenheit wirklich gesagt worden war. Außerdem waren die Reden bei Thukydides[133] literarische Spitzenleistungen, während sie bei Lukas in seinem schlechtesten Griechisch abgefaßt sind. Die Parallele zu Thukydides ist wirklich nicht glücklich.[134] In der Tat herrschten unter den alten Geschichtsschreibern sehr unterschiedliche Auffassungen darüber, wie man Geschichte zu schreiben habe. Einige, wie Lukian, bemühten sich um peinliche Genauigkeit;[135] andere, wie Thukydides, waren vor allem daran interessiert, daß kommende Generationen daraus lernen sollten;[136] wieder andere, wie Livius, legten keinen so großen Wert auf die Fakten;[137] viele, wie Cicero, betrachteten die Geschichtsschreibung an erster Stelle als die Kunst des Redners.[138] Wenn wir die religiöse Geschichtsschreibung hineinbringen – wie *Das Leben des Apollonius von Tyana* von Philostratus und die jüdische Geschichtsschreibung der Makkabäer –, wird das Bild noch verwirrender; und es ist ein sehr unsicheres Unterfangen, wenn man an anderen Schriftstellern beweisen will, wie Lukas verfahren sein kann und wie nicht. Wir müssen die Reden im Zusammenhang seines eigenen Werkes untersuchen.[139]

2. Ein gewichtiges Argument sieht man darin, daß Lukas mit großer Wahrscheinlichkeit keine genauen Berichte des frühen Jerusalemer Kerygmas gehabt hat. Aber woher wissen wir das? Auch im Altertum gab es Kurzschrift. Vielleicht hat man sich Notizen gemacht von einigen der bedeutenden Ansprachen der Apostel.[140] Es gibt

heute noch Leute, die sich gut an die Grundlinien, den allgemeinen Inhalt und sogar an bestimmte Redewendungen aus Churchills Kriegsreden erinnern, die vor fast dreißig Jahren gehalten wurden. Wir sollten uns außerdem daran erinnern, wie sehr die Rabbinen damals im Auswendiglernen geschult wurden.[141] Es wäre doch sehr verwunderlich, wenn man kein Echo mehr von der anfänglichen Jesusverkündigung in der Jerusalemer Gemeinde gefunden hätte während der zwei Jahre, als Lukas, in Erwartung des Ausgangs des Gerichtsverfahrens gegen Paulus in Caesarea, durch Palästina reiste und Stoff für sein Evangelium sammelte. Wenn wir fragen wollen, was wirklich die größere Wahrscheinlichkeit hat, dann spricht vieles dafür, daß die Lukanischen Predigten ursprünglich sind.

3. Außerdem wendet man ein, die Predigten seien zu ähnlich: die des Petrus seien zu paulinisch, und die des Paulus, besonders die im pisidischen Antiochia (13, 16 ff), seien zu petrinisch. Viele Gelehrte stimmen C. F. Evans zu,[142] daß die Reden schlecht in den Zusammenhang paßten und deshalb als literarische Gebilde des Lukas anzusehen seien.

Zu all diesen Fragen kann man jedoch noch andere Antworten geben. Es gibt interessante Parallelen zwischen dem Stoff in den frühen Reden der Apostelgeschichte, der Petrus zugeschrieben wird, und dem ersten Petrusbrief.[143] Es ist nicht wahr, daß in den Reden, die man Paulus zuschreibt, nichts speziell Paulinisches zu finden sei. In einer paulinischen Rede lesen wir von der Rechtfertigung und von der Erlösung durch den Tod Jesu Christi;[144] und die Parallelen zwischen seiner Areopagrede und Römer 1 und 2 oder zwischen seiner Predigt in Lystra und 1. Thess. 1 hat man schon oft erkannt. Außerdem muß die weitgehende Übereinstimmung zwischen paulinischen und petrinischen Reden nicht auf eine Komposition des Lukas zurückzuführen sein. Sie kann auch davon herrühren, daß beide Männer, wie es in Gal. 2, 1–12 und 1. Kor. 15. 1 ff. bestätigt wird, das gleiche Evangelium verkündigen. Schließlich hat Wilkkens glänzend bewiesen, wie eng die Reden mit ihrem Zusammenhang verworben sind,[145] und hat damit auch gezeigt, wie oberflächlich Evans argumentiert, wenn er meint, die Reden paßten schlecht in ihren Zusammenhang.

Es läßt sich nicht leugnen, daß man an vielen Stellen der Reden die Hand des Lukas erkennt. Aber es gibt einige gute Gründe für die Annahme, daß er sie nicht sozusagen *ex nihilo* (dt. aus dem Nichts) erdichtet hat. Vielmehr unternimmt er bewußt den Versuch, die Missionspredigt der ersten Christengemeinde wiederzugeben.

1. Die Aramaismen in diesen Reden sind zahlreich, besonders in Kapitel 1–3 und 10. C. C. Torrey hat es unternommen, sie ins Aramäische zurückzuübersetzen.[146] Im Lichte späterer Arbeiten muß man seine Ansichten mit Vorsicht betrachten.[147] Sparks[148] könnte Recht haben, daß Lukas bewußt an diesen Stellen in altertümlichen, in der Septuaginta gebräuchlichen Ausdrücken schreibt. Dennoch klärt das nicht zufriedenstellend die Frage der Aramaismen, noch macht es deutlich, warum Lukas nicht auch anderswo altertümliche Redeweise benutzt hat. In einem kürzlich erschienenen Buch zeigt sich Wilcox[149] doch sehr geneigt, eine aramäische Grundlage der Reden anzunehmen. Und R. P. Martin[150] hat in einer interessanten Analyse der Merkmale des Übersetzungsgriechisch gezeigt, daß wesentliche Teile der Reden in der Apostelgeschichte auf aramäische Quellen zurückgehen. Demnach hat Lukas mit großer Wahrscheinlichkeit bei der Zusammenstellung seiner Reden in der Apostelgeschichte frühen Überlieferungsstoff benutzt.

2. Die Lehraussagen in diesen Reden unterscheiden sich von denen, die Lukas selbst macht. Für ihn war Jesus nicht einfach »ein Mann, von Gott... erwiesen«, »der Prophet«, »der Gerechte«, »der Fürst (oder: ›Urheber‹) des Lebens«.[151] Nach seiner eigenen Theologie erwartete er nicht »die Zeit der Erquickung von dem Angesichte des Herrn, wenn er senden wird den, der euch jetzt zuvor gepredigt wird, Jesus Christus«;[152] seine Eschatologie war etwas anders im Ablauf der Ereignisse.[153] Schon vor langem zeigte sich Harnack sehr davon beeindruckt,[154] daß der alte Titel »Knecht Gottes« in den Reden der Apostelgeschichte, aber sonst nirgends bei Lukas, von Jesus gebraucht wird; Cullmann[155] und Jeremias[156] stimmen darin mit ihm überein. Der neuerliche Versuch von Wilckens,[157] diese Tatsache zu umgehen, wurde von Dupont[158] mit Sachkenntnis zurückgewiesen. Wenn eine »andere« Theologie in den Reden der Apostelgeschichte auftaucht, muß das noch nicht auf deren Alter schließen lassen. Aber wenn man die Aramaismen und den stark jüdischen Zug in den entsprechenden lehrhaften Formulierungen hinzunimmt, kann man doch sehr wohl annehmen, daß wir hier altes Gut vor uns haben.

3. Sehr bezeichnend ist der Gebrauch der alttestamentlichen *testimonia* in diesen Reden. Es ist Lukas klar, daß das die Art war, wie die Apostel den Juden das Evangelium verkündigten. Er selbst wendet sie nicht an und stellt sie auch nicht dar als den normalen Weg der Evangeliumsverkündigung an die Heiden, seien es nun gebildete Leute wie in Athen oder schlichte Leute wie in Lystra. Dodd

hat klargelegt,[159] wie eng diese alttestamentlichen Zitate mit dem von ihm in den Reden entdeckten Kerygma verwoben sind, und seine These konnte noch nicht widerlegt werden.[160]

Dies sind einige der Gründe, die uns zu der Annahme führen, daß wir in den Reden der Apostelgeschichte Zugang haben zu einer sehr alten Überlieferungsschicht. Zwei andere Überlegungen können das bekräftigen. Daß Lukas in seinem Evangelium die Worte Jesu fast für unantastbar hielt, während er sich die Freiheit nahm, ihre Reihenfolge und den dazugehörigen Rahmen gegenüber der Vorlage in Markus stark zu verändern, könnte ein Hinweis darauf sein, daß er mit der frühen Verkündigung ganz ähnlich verfuhr und sich darum bemühte, ihren wesentlichen Inhalt wiederzugeben. Außerdem muß man bedenken, daß noch Augenzeugen des Berichteten am Leben sein konnten. Diese Tatsache fiel oft zu wenig ins Gewicht. Wäre Lukas, wie es einige Forscher vermuten, beim Inhalt der Reden in der Apostelgeschichte auf seine eigene Erfindungsgabe angewiesen gewesen, hätte sicher mancher alte Christ, der an den fraglichen Tagen anwesend war, Protest eingelegt. Deshalb können wir ein gewisses Vertrauen haben zu den Reden der Apostelgeschichte und in ihnen zwar nicht gerade eine wörtliche Nachschrift des Gesagten, auch nicht eine Zusammenfassung der Ansprachen (so gewissenhaft hat sie Lukas an seinen eigenen Stil angepaßt) sehen; aber sie können für uns ein verläßliches Beispiel dafür sein, wie die ersten Christen es unternahmen, zunächst die Juden von Jerusalem, dann Proselyten wie Cornelius, dann Diasporajuden und schließlich Heiden von verschiedener Herkunft von der Wahrheit der christlichen Botschaft zu überzeugen.

Wir haben also vor uns einmal die weitgehende Gleichförmigkeit in der Art der evangelistischen Verkündigung, wie sie sich aus der Untersuchung der Reden in der Apostelgeschichte ergibt; daneben die Verschiedenheit, wie sie sich bei der Behandlung des vorhergehenden Problems ergab. Beide Gesichtspunkte haben ihr Gewicht. Es war genügend Raum für eine Vielseitigkeit in der Evangeliumsverkündigung. In den Predigten der Apostelgeschichte selbst findet sich eine reiche Mannigfaltigkeit, eine Mannigfaltigkeit, wie sie Dodd bei seiner selektiven und ziemlich oberflächlichen Behandlung des Stoffes nicht zum Vorschein kommen läßt. Wenn man andere Abschnitte aus dem Neuen Testament zum Vergleich heranzieht, fällt diese Mannigfaltigkeit um so mehr auf. Obwohl Dodd in seinen Behauptungen zu weit ging, ist seine Arbeit von bleibender Bedeutung. Denn er hat sehr eingehend herausgearbeitet, was bei Paulus und Markus angedeutet ist: daß das Evangelium eine erkennbare Form und einen erkennbaren Inhalt hatte. Grundsätzlich hatten die Christen die gleiche Vorstellung von Evangelisation, wenn sie sich in Einzelfragen auch unterschieden und mitunter die gleiche Sache in eine andere Denkform überführten. Wir werden dafür noch Beispiele bekommen. Es gab so etwas wie ein »Muster heilsamer Worte«[161] und dieses erwies sich als ein brauchbares Sprungbrett im Gedächtnis der Evangelisten. Es diente aber nicht als Zwangsjacke, die all ihre eigene Gestaltungskraft und Initiative unterbunden hätte.[162]

Zeugnis

Die dritte größere Wortgruppe, die im Neuen Testament gebraucht wird, um die evangelistische Tätigkeit der Urgemeinde zu beschreiben, kommt von dem Wortstamm *martyreo*. Wie die beiden anderen, *euaggelizomai* und *kerysso*, hatte auch diese Wortgruppe eine Geschichte, die sie besonders geeignet machte für diesen Zweck. Es handelt sich vor allem um einen rechtlichen Begriff. Er wurde im Griechischen häufig gebraucht, um einerseits die Bezeugung von Tatsachen und Ereignissen zu bezeichnen, andererseits aber auch anzugeben, daß sich jemand zu einer Wahrheit bekannte. In beiden Fällen kam es wesentlich auf die persönliche Beziehung zur Sache und die Gewißheit dessen an, der das Zeugnis abgab.

Der alttestamentliche Gebrauch des Wortes kann uns an zwei wichtigen Punkten helfen, den neutestamentlichen Gebrauch zu verstehen. Im ersten Falle ist Gott selber wiederholt das Subjekt des Verbums. Er bezeugt sich, wenn er sich den Menschen offenbart. So begegnet uns mehr als hundertmal der Hinweis auf das »Zelt des Zeugnisses« oder die »Lade des Zeugnisses«. Das Zelt war der Ort, an dem Gott etwas von seiner Gegenwart offenbarte, wenn er seinem Volk begegnete. Die Lade war der Kasten, der die Niederschrift von seiner Selbstenthüllung enthielt, nämlich das Gesetz des Mose (in der Übersetzung der Septuaginta von 2. Mose 25, 16 *ta martyria* genannt). Gott selbst gibt Zeugnis von seinem Wesen – wer sonst könnte es auch? Entsprechend redet das Neue Testament häufig davon, daß Gott oder der Geist oder die Schrift Zeugnis geben.[163] Ohne sein Zeugnis gäbe es keine Offenbarung.

Im zweiten Falle handelt es sich um Jesaja, der so gründlich den Weg bereitet für das christliche Verständnis des Evangeliums. Dort ruft Gott sein Volk auf, Zeugen für ihn zu sein gegenüber den stummen Götzen der Heiden. »Ihr seid meine Zeugen, spricht der Herr, und mein Knecht, den ich erwählt habe, damit ihr wißt und mir glaubt und erkennt, daß ich's bin. Vor mir ist kein Gott gemacht, so wird auch nach mir keiner sein. Ich, ich bin der Herr, und außer mir ist kein Heiland. Ich hab's verkündigt und habe auch geholfen und hab's euch sagen lassen: es war kein fremder Gott unter euch. Ihr seid meine Zeugen.«[164] Oder an anderer Stelle: »Fürchtet euch nicht und erschrecket nicht! Hab ich's dich nicht schon lange hören lassen und es dir verkündigt? Ihr seid doch meine Zeugen! Ist auch ein Gott außer mir? Es ist kein Fels, ich weiß ja keinen.«[165] Hier begegnet uns die Einzigartigkeit, Ewigkeit und der Retterwille Gottes, der den ohnmächtigen Göttern der Heiden entgegengesetzt wird. Und das Volk Gottes, im ersten Abschnitt ›Knecht‹ genannt, soll das verkündigen und davon Zeugnis geben. Man denkt dabei an den Knecht in den Gottesknechtsliedern, dem die Aufgabe zugeschrieben wird, unter den Heiden Zeugnis abzulegen, um die Heiden mit der rettenden Kenntnis von Gott zu erreichen.[166]

Wenn wir uns dem Neuen Testament zuwenden, finden wir dort das Wort »Zeugnis« an vielen Stellen im gewöhnlichen Sinne gebraucht (es bedeutet: Tatsachen bezeugen oder Wahrheiten bekräftigen). Aber in der Apostelgeschichte und in den Schriften des Johannes begegnet es uns in dem besonderen Sinne des christlichen Zeugnisses.[167] Paulus spricht oft davon, daß Gott ihm Zeugnis gibt, aber er gebraucht *martys* nicht im Sinne des christlichen Zeugen, und außer einem etwas unsicheren Beispiel[168] gebraucht er auch *martyreo* oder *martyria* nicht zu diesem Zweck. Das mag daher kommen, daß das Wort, wie wir später noch sehen werden, besonders verknüpft war mit dem unmittelbaren Zeugnis derer, die den irdischen Jesus gekannt hatten. Es mag auch damit zusammenhängen, daß er das Wort nicht mehr nötig hatte, da er bereits von den beiden anderen Ausdrücken für Verkündigung und Evangelisation reichlich Gebrauch gemacht hatte.

Der Zeuge im Lukasevangelium und in der Apostelgeschichte

Was verstand also Lukas unter »Zeuge«? Die grundlegende Stelle ist Luk. 24, 48[169], wo Jesus seine Jünger beauftragt, Zeugen »des alles« zu sein. Wovon? Im Zusammenhang wird es ausführlich dargelegt: Jesus ist der Messias; die Schrift ist durch ihn erfüllt; sein Leiden und Sterben; seine Auferstehung; die Verkündigung von Buße und Glauben in seinem Namen an alle Völker, womit sie in Jerusalem beginnen sollen. Davon sollen sie Zeugnis ablegen. Inhaltlich umfaßt es genau das gleiche wie das *kerygma* und das *euaggelion*, von denen wir schon sprachen. Diese Tatsachen sollen sie bezeugen, diese Wahrheiten sollen sie bekräftigen aufgrund des persönlichen Erlebens. Die Kraft zur Ausrüstung für diese Aufgabe des Zeugnisses wird ihnen im folgenden Vers verheißen. Diese Beauftragung und Ausrüstung findet in den ersten Versen der Apostelgeschichte ihre Erfüllung. Dort heißt es in Ergänzung zu dem Satz »Ihr werdet meine Zeugen sein« – »Ihr werdet die Kraft des Heiligen Geistes empfangen, welcher auf euch kommen wird«.[170] Hier sind nicht nur die Verheißungslinien von Jesaja 43 und 44 erfüllt. Wieder einmal begegnet es uns auch, daß verschiedene mit den beiden anderen Worten verbundene Aussagen erfüllt werden: das Reich Gottes;[171] die zentrale Stellung, die Jesus im Zeugnis einnimmt;[172] Gottes gnädiger Heilsplan, der Juden und Heiden umfaßt.

Die anderen Stellen in der Apostelgeschichte bringen keine neuen Gesichtspunkte. Vor allem wird das Zeugnis von Jesus gefordert,[173] und dieses umfaßt sein irdisches Leben, sein Kreuz und besonders seine Auferstehung.[174] Sehr wichtig ist dabei, daß man von ihm sagen kann: »...erhöht zu einem Fürsten und Heiland, zu geben Israel Buße und Vergebung der Sünden.«[175] In diesem Abschnitt gibt auch der Heilige Geist Zeugnis (in den Herzen der Menge), so wie in Apg. 1, 8 und Joh. 15, 26 f. Die apostolische Kirche war sich dessen klar bewußt, daß Gottes Gabe des Heiligen Geistes ihnen nicht ein bequemes Leben bereiten, sondern sie zu Zeugen machen sollte. Bei dieser Untersuchung des christlichen Zeugnisses nach Lukas müssen wir noch über drei Dinge reden. Erstens zeigt er eine starke Tendenz, das Wort »Zeugen« auf die zu beschränken, die den irdischen Jesus gekannt hatten. Dies gilt von allen Belegstellen außer den letzten drei in der Apostelgeschichte. Die Zeugen sind diejenigen, die die Ereignisse von Karfreitag und Ostern miterlebt haben, und die ihre Historizität und ihre Deutung persönlich bezeugen können. Aufgabe des Zeugen ist es sozusagen, den Zusammenhang zwischen dem historischen Jesus und dem Christus des Glaubens[176] zu gewährleisten. Aus diesem Grunde muß Paulus in Apg. 13, 31 nicht auf »Uns, welche seine Zeugen sind« Bezug nehmen (in diesem Sinne war er es nicht), sondern auf die, »welche sind seine Zeugen an das Volk«. Aber das Bewußtsein der persönlichen Begegnung mit dem auferstandenen Jesus hat die Vorstellung vom Zeugnis so überschattet, daß gegen Ende der Apostelgeschichte sowohl Stephanus als auch Paulus Zeugen genannt werden. Der eine sieht Christus bei seinem Martyrium,[177] der andere bei seiner Bekehrung.[178]

Zweitens ist es interessant, daß ja das Leben Jesu auch zum Inhalt des »Zeugnisses« gehörte; besonders wenn man sich klar macht, daß ja in der zeitgenössischen Theologie in Deutschland behauptet wird, das Leben Jesu sei für die ersten Christen von keinem Interesse gewesen[179] (Warum haben sie dann eigentlich die Evangelien geschrieben und gelesen?) und hätte nichts zu tun mit dem Kerygma, welches zwar vom »Daß« des historischen Jesu spreche, sich sonst aber nur auf seine Bedeutung als Retter konzentriere. Auch Forscher, die sich nicht mehr zu den Ansichten Bultmanns bekennen, haben diese Vorstellung so fest in sich aufgenommen, daß sich Ulrich Wilckens zu der Aussage bringen läßt, Apostelgeschichte 10 sei überhaupt kein Kerygma, sondern ein primitives Beispiel der Evangelienschreibung.[180] Graham Stanton macht jedoch mühelos deutlich,[181] daß dieses Kapitel in der Tat ein Beispiel echter Evangeliumsverkündigung an Proselyten ist; und er weist darauf hin, daß man im Bereich von Jerusalem die Person Jesu und die Ereignisse um sein Leiden und alles folgende wohl kannte, daß es aber, sobald jemand in einen Ort wie Caesarea kam, nötig war, die Person Jesu und seine Taten, nicht nur seinen Tod, zu erklären. Damit ist nicht gesagt, daß in dieser Ansprache ein allmähliches Abrücken von dem klaren Kerygma zu verzeichnen ist und nur noch einige erbauliche Geschichten aus dem Leben Jesu übrigbleiben. Ganz und gar nicht! Aber die Verkündigung des Sühnetodes Jesu und seiner Auferstehung wäre doch für alle nicht näher Beteiligten ohne Bedeutung, wenn sie nicht im »Zeugnis« hörten, wer Jesus war und wie er gelebt hat.[182]

Die Erwähnung des Sühnetodes Jesu führt unmittelbar weiter zu dem dritten bedeutenden Punkt in dem lukanischen »Zeugnis«. Das Kreuz Jesu gehört zur Botschaft der lukanischen Reden. Darüber herrscht Übereinstimmung. Aber man behauptet, Lukas schreibe dem Kreuzestod keine sühnende Bedeutung zu. Ich meine jedoch, diese Folgerung dürfe man nicht so schnell ziehen aus der Tatsache, daß Lukas nirgends besonders darauf hinweist, daß Vergebung ganz einfach durch das Kreuz kommt.[183] Wie soll man denn das Zeugnis vom Kreuz in den Reden der Apostelgeschichte des Lukas einordnen? Wenn auch Lukas keine ausgesprochene *theologia crucis* hatte, war seine Lehre in diesem wichtigen Punkt doch nicht verschieden von der des übrigen Neuen Testamentes. Die folgenden sieben Punkte machen das wohl zur Genüge klar!

1. In der Apostelgeschichte wird der Ernst der Sünde oft betont, und zwar bei der Forderung zur Umkehr, bei der Bestrafung der Sünder (z. B. Ananias und Saphira, Elymas, Herodes und die Söhne des Skaevas) und bei der Erinnerung an das letzte Gericht.[184]

2. Die Menschen werden für ihre sündigen Taten verantwortlich

gemacht, auch wenn gezeigt wird, daß Gott die Bosheit der Menschen in seine Pläne einbaut.[185]

3. Das Heil des Menschen kommt allein von Gott.[186] Darauf wird wiederholt hingewiesen, und es wird auch unterstrichen durch die Tatsache, daß der Tod Jesu in Gottes vor Zeiten gefaßten Plan verankert ist[187] (kein zufälliges Unglück, das durch menschliche Bosheit zustande gebracht wurde), und daß die Taufe etwas ist, das *für* den Menschen und nicht *durch* ihn vollzogen wird, welches damit die objektive »Gegebenheit« des Heils verkörpert.

4. Wenn das Kreuz und die Auferstehung erwähnt werden, steht häufig sofort daneben das Angebot der göttlichen Vergebung.[188] Beides war also im Denken des Lukas organisch miteinander verbunden.

5. Siebenmal wird Jesus als der leidende Gottesknecht aus Jesaja 42 und 53 dargestellt, und zwar immer im Zusammenhang von Leiden und Wiederherstellung.[189] Schon diese Tatsache spricht dagegen, daß Lukas keine klare Lehre von der Versöhnung hatte. Denn kein Abschnitt im Alten Testament außer diesem wurde von den Christen häufiger benutzt, um den Sühnetod ihres Herrn zu erklären.

6. An einer Stelle wird der Tod Jesu als Lösegeld geschildert:[190] die Gemeinde ist mit dem eigenen Blut ihres Herrn erkauft worden.

7. Oft heißt es, Jesus starb an einem Holz.[191] Dies ist eine deutliche Anspielung auf 5. Mose 21, 21–23, wo der, der an einem Holz erhängt wird, unter dem Fluch Gottes bleibt.[192] Diesen Zusammenhang hat Lukas bestimmt gekannt. Dadurch bekommt das Kreuz Jesu sehr stark das Merkmal der Stellvertretung.

Diese Erwägungen widerlegen die Annahme, daß Lukas keine Lehre von der Versöhnung gekannt habe. Und sie machen uns deutlich, warum er erkennt, daß das Kreuz und die Auferstehung notwendige Bestandteile des Zeugnisses waren, das die ersten Christen mit solcher Freude und Gewißheit ablegten.[193]

Das Zeugnis bei Johannes

Das Verständnis von »Zeugnis« in den johanneischen Schriften ist ziemlich anders. Man sollte beachten, daß er diese Wortgruppe unter Ausschluß der Begriffe *euaggelizesthai* und *keryssein* benutzt. Warum hat die Ausdrucksweise »das Zeugnis« eine solche Bedeutung für ihn?

Die Antwort liegt wohl in der Sicht, die Johannes von der Person Jesu hat. Kaum jemand hat das besser verstanden als Sören Kierkegaard. Sein Buch *Philosophische Brocken* ist eine der scharfsinnigsten Wiedergaben der grundlegenden Botschaft des Johannes, die jemals geschrieben wurde. Er zeigt, daß ein menschlicher Lehrer, auch wenn er so weise ist wie Sokrates, nur dabei behilflich sein kann, wenn Wahrheit und Wissen in einem Menschen geboren werden. Er kann sozusagen nur Hebammendienst leisten. Die Person des Lehrers ist so unwichtig wie der Augenblick, in dem die Entdeckung gemacht wird. Denn der Lehrer ist nur Geburtshelfer. Nur Gott kann zeugen. Was aber, wenn Gott wirklich zeugt? Wenn Gott selbst kommt, um zu lehren und neues Leben zu vermitteln? Nun, dann wird der Lehrer sehr wichtig, und der Augenblick der Erleuchtung oder des Eintritts in das neue Leben wird höchst bedeutsam. Genau das ist es, wovon Johannes überzeugt ist. Der Absolute wurde unser Zeitgenosse; etwa dreißig Jahre wurde Gott Mensch, um uns in eine neue Dimension des Lebens zu bringen, dadurch daß wir ihn erkannten.[194] Aber wie kann man eine so verblüffende Behauptung beweisen? Wie kann man sie anderen nahebringen? Die Antwort lautet: durch das Zeugnis. Wir können auf das Zeugnis hören, das Jesus von sich selbst gibt. Wir können seine eigene Wahrheit auf uns wirken lassen und so zur Überzeugung und zum Glauben an ihn kommen, und damit auch zu dem neuen Leben kommen, das er den Menschen zugänglich gemacht hat. Letztlich können wir uns nur an den göttlichen Lehrer selber wenden, daß er seine Botschaft bestätigt. Nur der Glaube an sein Zeugnis ist nötig.

Deshalb wird auch in diesem Evangelium die Person Jesu so stark als der Inhalt des »Zeugnisses« hervorgehoben. Der Täufer gibt Zeugnis von ihm,[195] denn der Täufer ist der letzte und größte der Propheten Gottes.[196] Aber nur ein göttliches Zeugnis kann die Botschaft einer göttlichen Person bestätigen. Dementsprechend gibt dann auch Jesus Zeugnis von seiner Person und seinem Werk.[197]

Als die Juden dies ablehnen, weil es nur auf ihn sich gründe und nach ihrem Gesetz ein Zeugnis nur auf zweier Zeugen Mund bestehen kann,[198] weist Jesus darauf hin, daß er zu seiner Bestätigung noch anderes und göttliches Zeugnis hat. Der Vater zeugt von Jesus,[199] er tut es, indem er die göttlichen Worte bestätigt, die Jesus redet;[200] und auch die göttlichen Wunder oder Zeichen, die Jesus tut, zeugen von ihm.[201] Außerdem geben die von Gott eingegebenen Schriften ständig Zeugnis von Jesus.[202] Die Krone dieser göttlichen Bestätigung ist das innere Zeugnis des Geistes Gottes in denen, die das Zeugnis annehmen.[203] Nur Gott kann angemessen von Gott

Zeugnis geben. Und als Gott das tat, glaubten einige. Die Verbindung zwischen »Zeugnis« und »Glaube« wird in diesem Evangelium sehr stark betont.[204]

Aber was konnten die Gläubigen der ersten Generation tun, um anderen, die es nicht miterlebt hatten, das neue Leben, das sie in Christus hatten, zu vermitteln? Sie konnten ihr Zeugnis ablegen, weiter nichts. Zwei Dinge hatten sie zu sagen. Erstens: Sie hatten geglaubt und hatten erfahren, daß die Botschaft des göttlichen Lehrers in der Erfahrung ihres eigenen Lebens wahr geworden war. Zweitens: Sie konnten genau sagen, wem sie sich anvertraut hatten.

Das ist alles, was ein historischer Zeitgenosse für kommende Generationen oder für solche tun kann, die nicht dabei waren. Und das hat sich Johannes auch in seiner Predigt und in seinen Schriften vorgenommen. Immer wieder sagt er, daß er geglaubt habe. Und er stellt auch dar, was ihn zu dieser sein Leben verändernden Begegnung mit Jesus geführt hat. Sein Evangelium ist wirklich *martyria*,[205] und wie jedes Zeugnis von Jesus will es andere zum Glauben führen.[206] Das Evangelium ist so geschickt geschrieben, daß fast alle seiner wichtigen Themen die Fragen aufgreifen, die schon lange das jüdische und das heidnische Denken bewegten.[207] Der Verfasser versucht die Dinge so darzustellen, daß er eine möglichst breit gefächerte Leserschicht erreicht. Aber hinter der für verschiedene Leser offenen Sprache steht doch die gleiche Botschaft, wie wir sie auch sonst im Neuen Testament finden. Grundlegend ist das Bekenntnis zur Gottheit Jesu Christi;[208] er ist die Wahrheit, das Licht der Welt, das Wort Gottes, das selbst Gott ist.[209] Er wird auch bestätigt als ›der Heiland der Welt‹,[210] das Lamm Gottes, das der Welt Sünde hinwegträgt,[211] und als der Eine, der erfüllt ist von Gottes Geist und diesen den Gläubigen mitteilt.[212] Wenn wir hier immer wieder die menschlichen Aspekte der Entstehung des Wortes Gottes betonen, so entspricht dies zwar dem besonderen Rahmen dieser Arbeit, steht aber natürlich nicht im Gegensatz zur göttlichen Inspiration. Ganz im Gegenteil wird durch die Vielschichtigkeit menschlichen Tuns die göttliche Leitung nur unterstrichen. All dies Zeugnis von Jesus, seiner Fleischwerdung,[213] seinem wirklichen Sterben am Kreuz,[214] seiner wirklichen Auferstehung aus dem Grab[215] beruht auf Augenzeugenschaft. Der Jünger, der ein Zeitgenosse war, kann nur das für denjenigen tun, den Kierkegaard einen »Jünger aus zweiter Hand« nennt. Aber diese Augenzeugenschaft von den Tatsachen und diese wiederholte Bekräftigung, daß die Tatsachen sich im Leben auswirken, kann den »Jünger aus zweiter Hand« zur Glaubensbegegnung mit Jesus führen, die dann Leben hervorruft.

»Selig sind, die nicht gesehen haben und doch glauben.«[216] Sie sind selig, denn wenn sie glauben, dann sehen sie auch! In diesem Evangelium ist nicht sehen: glauben! Umgekehrt – glauben ist sehen.[217] Und wenn wir dem Zeugnis glauben und selber sehen, sind wir nicht mehr ein »Jünger aus zweiter Hand«; wir sind ein Jünger aus erster Hand und stehen in jeder Beziehung genauso in Verbindung mit dem göttlichen Lehrer wie der historische Zeitgenosse, auf dessen Zeugnis hin wir glaubten. »Wer da glaubt an den Sohn Gottes, der hat solches Zeugnis in sich«.[218]

Das ist nicht alles, was die johanneischen Schriften über das Thema Zeugnis zu sagen haben;[219] aber es macht uns deutlich, warum das Thema einen so hervorragenden Platz einnimmt, da es ja einerseits mit der Person Jesu und andererseits mit dem Glauben des Hörers verbunden ist. Hier haben wir das tiefste Verständnis davon, welchen Platz das Zeugnis beim Glauben einnimmt. In dieser Weise finden wir es sonst nirgends wieder im Neuen Testament. Es beantwortet die Frage derer, die nicht dabei waren: »Wie kann ich das wissen?« Auf diese Frage gab Lukas eine bezeichnende und sehr einfache Antwort.[220]

Es gibt also gute Gründe für das, was E. G. Selwyn sagt: »Ich frage mich manchmal, ob der Begriff ›Kerygma‹ nicht zu sehr in den Vordergrund geschoben wurde, und ob das Wort *martyria* und verwandte Begriffe nicht besser den einfachen und unaufgebbaren Kern der christlichen Botschaft beschreiben.«[221] Wie recht er damit hat, wurde mir sehr eindrücklich gemacht. Denn an dem gleichen Nachmittag, an dem ich diese Worte über das Zeugnis im Johannesevangelium niederschrieb, kam ein Student zu mir, um über den christlichen Glauben zu sprechen. Er hatte intellektuelle Schwierigkeiten und es fehlte ihm jede persönliche Begegnung mit dem göttlichen Lehrer, der unser Zeitgenosse geworden ist. Die Art, wie Johannes von Jesus redet, gewann für ihn einzigartige Bedeutung, während ihn andere Typen der Verkündigung, die er gehört hatte, nicht berührt hatten. Er ging fort als einer, der nun zu denen gehörte, die glauben, obwohl sie nicht sehen; und als er glaubte, begann er zu sehen.

Dieses lange Kapitel wollte weiter nichts als einige Hinweise geben auf die Hauptlinien des grundlegenden Evangeliums von Jesus zur Zeit des Neuen Testamentes. Das geschah durch eine Untersuchung der drei hauptsächlichen Wortgruppen, die für die Missionspredigt in Frage kamen. Natürlich gebrauchte man noch andere Worte dazu wie *lalein*[222] und *kataggellein*.[223] Aber keines von ihnen hat eine solche Bedeutung gehabt wie die erwähnten drei. Es gibt andere auch sehr brauchbare Untersuchungen, die wir hätten verfolgen können. So haben Neil Alexander[224] und A. M. Hunter ausgezeichnete Hinweise auf das Wesen der neuen Verkündigung gegeben. Wiederum hätten wir uns mit der Forschungsweise von J. N. D. Kelly im ersten Teil seiner *Early Christian Creeds*[225] (in deutscher Übersetzung erschienen unter dem Titel »Altchristliche Glaubensbekenntnisse« d. Ü.) beschäftigen können und sehen, was im zweiten Jahrhundert aus diesem Kerygma wurde. Aber vieles von dem wird in den folgenden Kapiteln auftauchen. Es schien am besten, sich in diesem Kapitel auf das Neue Testament selber zu konzentrieren.

Vielleicht habe ich durch meine kurze Darstellung nur das eine erreicht, daß man sich nicht mehr zu sehr auf den mutmaßlichen Inhalt eines wohl starr festgelegten Kerygmas konzentriert, wodurch der Blick für das Ganze eingeengt würde. Vielleicht konnte auch etwas deutlich werden von der Mannigfaltigkeit, mit der die ersten Christen ein Evangelium dargeboten haben, das im wesentlichen doch einheitlich war. Dieser Wesenszug blieb auch in den kommenden Generationen erhalten. In den beiden folgenden Kapiteln werden wir sehen, wie dieser Kern des Evangeliums auf mancherlei Weise in den Bereich der Juden und der Heiden vorgetragen wurde, um in ihre unterschiedlichen Nöte und Fragen hineinzusprechen und sie mit der Christusbotschaft zu durchdringen.

4   Evangelisation unter Juden

Das christliche Evangelium ist die Frohe Botschaft von einem Juden. Zunächst wurde es von Juden den Juden verkündigt. Und es ist das Verdienst von Verfassern wie S. G. Brandon,[1] Robert Eisler[2] und H. J. Schonfield,[3] daß sie uns daran erinnert haben, mögen ihre Ansichten auch sonst recht gewagt sein. Als die ersten Nachfolger Jesu am Pfingsttage ihn mit so großer Begeisterung als den Messias verkündigten, sprachen sie in einer den Juden verständlichen Ausdrucksweise, ganz abgesehen davon, ob man diese Botschaft annahm oder nicht. Wir wollen untersuchen, worauf die Kirche bei der Missionspredigt unter den Juden besonderen Wert legte. Dabei wollen wir uns stets darüber im klaren sein, daß es hier – wenigstens noch einige Jahrzehnte nach der Auferstehung – nicht um eine neue Religion ging, sondern um eine »Sekte« innerhalb des Judentums. An einigen Stellen, besonders in Jerusalem, blieb das Verhältnis so bis etwa 85 n. Chr., als das antichristliche Dankgebet veröffentlicht wurde.[4] Bis zur Zeit nach dem Bar-Kochba-Aufstand im Jahre 135 n. Chr. waren die Christen nicht völlig getrennt von der Judenschaft. Die Judenchristen in der Frühzeit dachten nicht daran, sich von dem übrigen Israel zu trennen. Sie hofften, daß Israel auch ihren Glauben an Jesus teilen würde und damit seine triumphale Wiederkunft zur Aufrichtung seines Reiches beschleunigen würde. Aus diesem Grunde haben sie so mutig und unwiderstehlich ihren jüdischen Brüdern gepredigt, wo immer sie sie fanden. Wir haben nicht so viele Quellen über die Judenmission, wie wir es uns wünschten. Aber die Hauptlinien sind erkennbar in den verschiedenen Schichten des Neuen Testamentes, den jüdischen apokryphen Evangelien, den apologetischen Schriften des zweiten Jahrhunderts und einigem Material aus orthodoxen jüdischen Quellen.

Die Verheißungen sind erfüllt

Im Anschluß an C. H. Dodds *Apostolic Preaching* und *According to the Scriptures* ist es weitgehend anerkannt, daß die Christen bei ihrer Arbeit unter den Juden im wesentlichen davon ausgingen, daß die alten Schriften endlich erfüllt waren, daß die Verheißungen wahr geworden waren, und daß dies in der Person Jesu von Nazareth erreicht worden war. Dementsprechend ging man den Juden gegenüber immer vom Alten Testament aus.

Wir bemerkten bereits, daß das frühe Bekenntnis von 1. Korinther 15, 1 ff. wiederholt betont, daß der Tod und die Auferstehung Jesu nach der Schrift geschahen. Dies begegnet uns in jedem Überlieferungsstrang des Neuen Testamentes, mit der alleinigen Ausnahme von Jakobus. Außer in der verstümmelten Rede des Paulus an die Heiden in Lystra[5] kommt es in jeder einzelnen Evangelisationsansprache in der Apostelgeschichte vor. Die gesamte Darstellung Jesu bei Markus wird beherrscht von dem *dei,* dem »Muß« der erfüllten Prophetie.[6] Schon im ersten Vers seines Evangeliums legt er es nieder, daß der Anfang des Evangeliums das prophetische Zeugnis ist, Johannes der Täufer, die Erfüllung der Eliahoffnung. In gleicher Weise werden bei der Taufe Jesu die alttestamentlichen Begriffe Sohn Jahwes und Menschensohn miteinander verknüpft und auf Jesus angewandt. Die Verklärung stellt ein weiteres Beispiel von der Erfüllung dar. Sie zeigt, daß Jesus das Ziel von Gesetz und Propheten ist. In Matthäus wird der Zusammenhang von Person und Werk Jesu mit dem Alten Testament noch stärker hervorgehoben. Er bringt ein Dutzend Beispiele der Erfüllungsformel: »Dies geschah, damit erfüllt würde, was der Herr durch den Propheten gesagt hat, der da spricht...«[7]

Er stellt die Reden Jesu in fünf Büchern zusammen (Kap. 5–7, 10, 13, 18, 23–25), offenbar als Parallele zu den fünf Büchern des Gesetzes. Damit niemand diese Absicht übersieht, unterstreicht es Matthäus mit einer anderen Formel: »Und es begab sich, da Jesus diese Rede vollendet hatte...« Lukas' gesamtes zweibändiges Werk ist getragen vom Gedanken der Erfüllung – von den Geburts- und Kindheitsgeschichten bis zu der entscheidenden Wendung zu den Heiden in Apostelgeschichte 13, 46 ff., worin man die Erfüllung des Werkes des Knechts Jahwes sah, das von Jesus angefangen und von seinen Evangelisten fortgesetzt wurde. Die Sendung Jesu beginnt damit, daß er in der Synagoge für sich in Anspruch nimmt, die Prophetie des Jesaja von der Frohen Botschaft des Heils zu erfüllen,[8] und endet damit, daß Jesus seinen Jüngern nach der Auferstehung deutlich macht: »Es muß alles erfüllt werden, was von mir geschrieben ist im Gesetz Moses, in den Propheten und in den Psalmen.«[9] In seiner Vorrede an Timotheus zeigt Lukas den Zweck seiner Darstellung. Dieser ist kein geringerer, als deutlich zu machen, daß durch Jesus die Erfüllung gekommen war. Lukas 1, 1 wird meistens falsch übersetzt: »Da es ja viele unternommen haben, Bericht zu geben von den Dingen, die unter uns geschehen sind.« In Wirklichkeit hat Lukas geschrieben: »...die unter uns erfüllt wurden.«

Das Johannesevangelium verfolgt genau die gleiche Richtung. Die Einzelheiten der Leidensgeschichte werden als im Einklang mit der Schrift stehend dargestellt; ebenso ist es bei der Auferstehung.[10] Während seines Wirkens hatte er gehandelt und geredet, »damit die Schrift erfüllt würde«.[11] Die Schrift kann nicht gebrochen werden und sie weist auf ihn hin.[12]

Es wäre überflüssig, jetzt noch das übrige Neue Testament durchzugehen. Auf jeder Seite ist diese Tatsache klar erkennbar. Origenes hat sehr schön gesagt: »Der Anfang des Evangeliums ist nichts anderes als das Alte Testament.«[13] Kürzlich hat es Hoskyns so ausgedrückt: »Kein Ereignis und keine Äußerung von ihm werden berichtet, die nicht aus einem Messiasverständnis hervorgehen, das man aus dem Erz des Alten Testamentes herausgeschmolzen und veredelt hat.«[14]

Die Berufung auf die Schrift

Aus diesem Grunde sind wir nicht überrascht, daß uns in den frühen Reden der Apostelgeschichte diese Art des Schriftgebrauchs überall begegnet. Mit den Worten »Das ist's, was durch den Propheten gesagt ist« beginnt Petrus über die Bedeutung Jesu zu sprechen.[15] So ist man immer wieder den Juden begegnet, bis es im zweiten Jahrhundert zur unwiderruflichen Trennung von der Synagoge kam. Selbst danach behielt die christliche Apologetik den Juden gegenüber diese Methode bei, wenn auch jetzt die Hörer leider nicht mehr für den Glauben gewonnen werden sollten. Das Alte Testament war in gleicher Weise die Bibel der Juden und der Christen. Wie C. H. Dodd gezeigt hat, war es »ein stehender Grundsatz der rabbinischen Exegese des Alten Testamentes, daß das, was die Propheten voraussagten, sich auf die ›Tage des Messias‹ bezog, d. h. auf die erhoffte Zeit, in der Gott nach langen Jahrhunderten des Wartens sein Volk in Gericht und Segen besuchen würde und so sein Handeln mit ihnen in der Geschichte zum Höhepunkt führen würde«.[16] So kommt es dann auch, daß sowohl Petrus in seinen Reden wie Paulus in seiner Predigt in Rom wie auch Justin in seinem *Dialog* mit Trypho immer von der Schrift ausgeht und von daher die Fragen löst. Läßt sich dadurch die Botschaft, die die Christen im Namen Jesu vorbringen, untermauern oder nicht? Das ist die Frage.

Den Inhalt dieser Botschaft erkennen wir näher aus einer aufregenden Stelle in Apostelgeschichte 26, 23. Paulus verteidigt sich vor

Agrippa, aber seine Worte muten an, als hätte er sie oft bei Gesprächen mit Juden in der Synagoge als Überschriften benutzt. »Ich stehe hier bis auf diesen Tag und gebe Zeugnis den Kleinen und Großen und sage nichts, als was die Propheten und Mose gesagt haben, daß es geschehen solle; daß (wörtlich »ob«) der Messias sollte leiden und der erste sein aus der Auferstehung von den Toten und verkündigen das Licht dem Volk und den Heiden.« Anscheinend waren das Leiden des Messias, seine Auferstehung und die Erfüllung von Jesaja 49 für Juden und Heiden bedeutende Gesprächsthemen zwischen Christen und Juden.

Diese Gespräche konnten überall stattfinden: bei Verkündigung unter freiem Himmel, vor dem Hohen Rat, im Hause eines Gottesfürchtigen, im Reisewagen eines Proselyten, vor einem untergeordneten König oder in einem Privathause.[17] Sie konnten stattfinden im Verlauf eines Nachmittagsspaziergangs, wie zwischen Justin und dem alten Manne.[18] Auf diese Weise wird sich das Evangelium am wirkungsvollsten unter den Juden ausgebreitet haben. Justin hat sicher nicht als erster entdeckt, daß die Schrift und die Worte Jesu »in sich eine erschreckende Macht haben« und auch »eine wunderbare Süße«, die ihren eigenen, unzerstörbaren Eindruck hinterläßt. Er schrieb: »Es wurde direkt eine Flamme in meiner Seele entzündet; und eine Liebe zu den Propheten und den Männern, die die Freunde Christi sind, hat mich besessen.«[19] Eine ähnliche Erfahrung machten Kleophas und sein Begleiter auf dem Wege nach Emmaus, als Jesus ihnen einen unvergeßlichen Unterricht in der Schrift erteilte. »O ihr Toren und trägen Herzens, zu glauben alle dem, was die Propheten geredet haben! Mußte nicht Christus solches leiden und zu seiner Herrlichkeit eingehen? Und er fing an bei Mose und allen Propheten und legte ihnen in der ganzen Schrift aus, was darin von ihm gesagt war.«[20] Es ist nicht verwunderlich, daß sie, wie später auch Justin, zueinander sagten: »Brannte nicht unser Herz in uns, als er uns die Schrift öffnete?« Manches Herz eines Juden brannte in ihm, als er die apostolische Predigt von Jesus hörte, sie mit dem Alten Testament verglich und sie dort bestätigt fand. Wir können uns gut vorstellen, wie man in einer Synagoge nach der anderen anfing, die Schrift zu erforschen, nachdem Paulus und die anderen Missionare dort damit begonnen hatten. Denn die Predigt in den Synagogen war von allen Methoden, an die Juden heranzukommen, wohl die bedeutendste. Hier fand man nicht nur die Juden selbst vor, sondern den sehr fruchtbaren Boden der Gottesfürchtigen. Kein Wunder also, wenn die Christen schnurstracks in die Synagogen gingen und verkündigten, daß Jesus nach der Schrift der Messias sei. In einer Synagoge hat Stephanus mit solcher Vollmacht bewiesen, daß Jesus der Messias ist, daß es heißt: »Da standen etliche auf ... und stritten mit Stephanus. Und sie vermochten nicht, zu widerstehen der Weisheit und dem Geiste, aus welchem er redete.«[21] In den Synagogen sprachen Paulus und Apollos mit einer solchen Wirkung nach ihrer Bekehrung, daß sie die Juden in die Enge trieben, indem sie bewiesen, daß Jesus der Messias ist;[22] und sie überwanden die Juden öffentlich, indem sie zeigten anhand der Schrift, daß Jesus der Messias ist.[23] Wir lesen davon, wie die Leute von Beröa die Botschaft mit großem Eifer aufnahmen und täglich in der Schrift forschten, ob die Dinge sich so verhielten.[24]

Der westliche Text von Apostelgeschichte 18, 5 macht folgenden sehr verständlichen Zusatz bei dem Zeugnis des Paulus von der Messianität Jesu: »Es wurde viel geredet und die Schrift erklärt.« So war es auch. Manchmal kamen die Leute in der folgenden Woche zahlreich wieder; manchmal wurden ganze Tage mit solchen Gesprächen zugebracht.[25] Manchmal waren die Gespräche höflich und freundlich wie in Justins Dialog mit Trypho, bei dem der Jude bekannte, daß er sehr dankbar sei für das Gespräch, weil er darin mehr gefunden hätte, als er erwartete. »Wenn wir das öfter tun könnten,« sagte er, »würde uns viel geholfen beim Erforschen der Schrift selber. Da das aber für dich der Abschiedsabend ist, sollst du, wenn du fortgegangen bist, daran denken, daß wir als Freunde schieden.«[26] Justin beendet das Gespräch, indem er noch einmal auf Jesus als den Messias Gottes hinweist und dafür betet, daß Trypho doch zum Glauben an ihn kommen möchte.

Oft muß das Gespräch aber viel schärfer verlaufen sein. Die Unruhen, die immer wieder entstanden, wenn die Missionare – nach dem Bericht der Apostelgeschichte – ärgerlich aus den Synagogen hinausgeworfen und manchmal gesteinigt wurden, geben beredt davon Kunde, daß die Predigt von Jesus als dem Messias Scheidung bewirkte. In der politischen Situation des ersten Jahrhunderts, besonders in den Jahrzehnten vor dem großen Aufstand des Jahres 66–70 n. Chr., konnte man sich kaum ein Thema denken, das mehr Sprengstoff enthalten hätte. Und wie wir noch sehen werden, war der Messias, wie ihn die Christen verkündigten, keineswegs nach dem Geschmack eines jeden Juden.

Einige kamen natürlich immer zum Glauben. Es konnte ein auf Besuch weilender Proselyt sein wie der Eunuch aus Äthiopien, der sein Vertrauen setzte auf den, der die Prophetie vom leidenden Gottesknecht erfüllt hatte. Es konnte eine Splittergruppe aus der korinthischen Synagoge sein, die so von dem Gehörten überzeugt war, daß sie nebenan ein Konkurrenzunternehmen anfing. Aber überall war Freude unter den Gläubigen; überall herrschte das gleiche Verlangen, diese Botschaft von dem Messias auszubreiten.

Wenn heute ein Jude den Messias annimmt, ist es genauso. Ich erinnere mich, wie ich in Übersee mit einer sehr klugen Akademikerin sprach, die am Christentum interessiert war, weil ihre Freunde anscheinend »etwas hatten«. Sie kam in eine christliche Gesellschaft in einem Hause, und die Art der Gemeinschaft dort veranlaßte sie, die ganze Frage des Christentums mit mir zu besprechen. Ich zeigte ihr aufgrund der alttestamentlichen Schriften, wie genau Jesus die verschiedenen Hoffnungsinhalte der Propheten erfüllt. Sie kam zum Glauben und wurde getauft. Ihr Vater (ein Rabbiner) ließ sich überreden, zur Taufe zu kommen, steht aber seitdem in einer unversöhnlichen Opposition. Ihre Schwester kam auch. Sie ist jetzt gläubig, obwohl ihr der Vater nicht erlaubt, daß sie sich mit anderen Christen trifft oder christliche Versammlungen besucht. Solche gleichen Fälle von Annahme und Ablehnung innerhalb derselben Familie muß es in der Frühzeit immer wieder gegeben haben.

Auch der Eifer, mit dem meine Bekannte andere mit der Frohen Botschaft, die sie selbst kennengelernt hat, erreichen will, erinnert sehr an die Zeit der Apostelgeschichte. Sie lernt Griechisch und Hebräisch und möchte vollzeitlich unter Juden arbeiten. »Wissen Sie«, schrieb sie vor kurzem, »es ist so offenkundig, daß Jesus am Kreuz für unsere Sünden starb und aus dem Grab auferstand – ich habe einfach das Verlangen, es anderen weiterzugeben, besonders meinem eigenen Volke. Ich möchte so gern unter ihnen arbeiten und ihnen ihren Messias zeigen.«

Ein ausgezeichnetes Beispiel, wie man im Altertum Schriftbeweise aus den Propheten führte, wird uns bei Origenes gegeben. In einer Kommentierung von Jesaja 53 sagt er: »Ich kann mich erinnern, daß ich einmal in einem Gespräch mit Leuten, die die Juden für gelehrt halten (d. h. Rabbinen), diese Prophetenworte anwandte. Dazu sagte der Jude, diese Prophezeihungen bezögen sich auf das ganze Volk, das gleichsam hier als Einzelperson erscheine; denn sie seien in die Diaspora zerstreut und geschlagen, damit als Ergebnis der Zerstreuung der Juden unter die Nationen einmal viele zu Proselyten würden. Auf diese Weise erklärte er den Text: ›Er hatte keine Gestalt und Hoheit‹ und ›denen nichts davon verkündigt ist, die werden es nun sehen‹ und ›er war der Allerverachtetste und Unwerteste‹. Ich führte dann viele Argumente an, die zeigen sollten, daß es keinen Grund gibt, diese prophetischen Aussagen über eine Einzelperson auf das ganze Volk zu beziehen. Und ich fragte, auf welche Person sich der Text beziehe: ›Er trug unsere Krankheit und lud auf sich unsere Schmerzen‹ und ›Aber er ist um unserer Missetat willen verwundet und um unserer Sünde willen zerschlagen‹; und ich fragte, auf wen der Satz zuträfe: ›Durch seine Wunden sind wir geheilt‹. Offensichtlich sind doch die, die das sagen, einmal in ihren Sünden gewesen und nun durch das Leiden des Heilandes geheilt worden, seien sie nun Juden oder Heiden. Der Prophet hat das vorausgesehen und ihnen diese Worte durch die Eingebung des Heiligen Geistes in den Mund gelegt. Aber wir schienen ihn in die größten Schwierigkeiten zu bringen mit den Worten ›da er für die Missetat meines Volkes geplagt war‹. Wenn das Volk Subjekt der prophetischen Aussage ist, warum soll dann dieser Mann wegen der Missetaten des Volkes Gottes zu Tode gebracht worden sein, wenn er sich doch nicht von dem Volke Gottes unterscheidet? Wer anders ist es als Jesus Christus, durch dessen Wunden wir, die wir an ihn glauben, geheilt wurden, als er die Mächte und Gewalten unter uns überwand und sie öffentlich am Kreuz zur Schau trug?«[27]

Messianische Zeugnisse

Diese Methode, die christliche Wahrheit aus der Schrift zu erweisen, war so verbreitet, daß man zu dem Schluß kommen kann, sie ist auf Jesus zurückzuführen, auch wenn man die besonderen Aussagen in Lukas 24, 25 ff. und 24, 44 f. außer Betracht läßt. »Diese originale und sehr fruchtbare Art, das Alte Testament neu zu durchdenken, muß notwendigerweise auf einen schöpferischen Geist zurückgehen. Die Evangelien bieten uns einen solchen dar. Müssen wir dieses Angebot zurückweisen?«[28] Zu diesem Schluß kommt Dodd, nachdem er die hauptsächlichen Schriftzeugnisse untersucht hat, die die ersten Christen benutzten, um die Person ihres Meisters zu erklären. Und das ist begründet. Er vertritt aber eine andere Ansicht in diesem Zusammenhang, die weniger gesichert erscheint, danach hätten die ersten Christen sich beim Zitieren alttestamentlicher Aussagen auf allgemeine Linien der Schrift beschränkt und sich nicht auf einzelne Verse konzentriert. Eine sehr frühe Sammlung von Schriftzeugnissen in einem Buch hätten sie also nicht nötig gehabt. Daß die ersten Christen eine solche Liste von messianischen Belegstellen hatten, ist von vornherein wahrscheinlich. Denn in einer Zeit, die keine Buchdruckerkunst kannte, gab es sehr wenige geschriebene Bücher. Es war schwierig, die entsprechende Stelle dann in einer dicken Schriftrolle zu finden; und die Schrift war in Hebräisch geschrieben, einer Sprache, in der viele Juden nicht mehr zuhause waren. Es ist auch fraglich, ob alle Synagogen vollständige Exemplare des Alten Testamentes hatten. Viele der kleineren mußten wohl mit einer Zusammenstellung von Lesetexten auskommen, die für die erste und zweite Lesung aus dem Gesetz und den Propheten bestimmt waren. Unter diesen Umständen und in einer Zeit, in der die Messiaserwartung brennend war, hat es bestimmt Sammlungen von messianischen Beweisstellen gegeben, die unter den Juden in jedem Falle mündlich, wahrscheinlich aber sogar schriftlich im Umlauf waren. Origenes stützt diese Annahme, wenn er schreibt: »Ich bin der Meinung, daß vor der Ankunft Christi die Hohenpriester und Schriftgelehrten des Volkes aufgrund der klaren und eindeutigen Prophetie die Lehre vertraten, daß Christus in Bethlehem geboren würde. Diese Deutung drang durch bis in die Masse des jüdischen Volkes.«[29] Nehmen wir an, Dodd hätte recht mit der Behauptung, daß viele der von der Kirche zur Apologetik benutzten Verse nur die Spitzen verborgener Eisberge seien, die uns auf den Zusammenhang hinweisen, in dem sie im Alten Testament vorkommen. Dann kann man trotzdem nicht leugnen, daß das auf viele von ihnen nicht zutrifft.

Die Beweisstellen aus Matthäus sind in hohem Maße aus dem Zusammenhang herausgelöst. Es gibt eine ganze Menge Beweismaterial, das Dodd außer acht gelassen hat. B. P. W. Stather Hunt hat es in seinem Buch *Primitive Gospel Sources* zusammengefaßt. Daraus geht hervor, daß die ersten Christen eine Sammlung oder Sammlungen messianischer Zeugnisse dieser Art benutzten; daß auch die Apologeten diese Methode noch anwandten. Das Ganze fand seinen Höhepunkt in den Zeugnisbüchern des Melito von Sardes und des Cyprian. Stather Hunt vermutete, daß schon vorchristliche Sammlungen dieser Art vorhanden waren, aber er konnte es nicht nachweisen. Die Sache steht jetzt außer Zweifel, seit man in Höhle vier von Qumran[30] die messianische Sammlung von Beweisstellen aus der Zeit um 100 v. Chr. gefunden hat. In einem Bereich des Judentums gab es auf jeden Fall Menschen, die alttestamentliche Texte zusammenstellten, mit denen sie sich stärkten in ihrer Hoffnung auf den kommenden Erlöser.

Diese Sammlung ist von besonderem Interesse. Sie besteht aus zwei Typen. An erster Stelle gibt es da eine einfache Liste von messianischen Texten – der Prophet wie Mose aus 5. Mose 18, 18; der Stern aus Jakob aus 4. Mose 24, 15 ff.; der Jakobssegen über Levi aus 5. Mose 33, 8–11. Zweifellos benutzten die Sektenleute von Qumran diese Schriftstellen, um ihre eigenen Erwartungen der letzten Zeit zu untermauern. Sie schauten aus nach dem Propheten wie Mose, der das messianische Zeitalter heraufführen sollte.[31] Ein aramäischer Text aus Höhle vier zeigt uns, daß man in ihm den Elia *redivivus* sah, der die Prophetie von Maleachi 4, 5 erfüllen sollte.[32] Die Gemeinde des Bundes schien auf zwei Gesalbte am letzten Tag zu warten, einen königlichen Messias und einen priesterlichen Messias, auf die in den entsprechenden Beweisstellen vom »Stern« und von »Levi« angespielt wurde.[33] Erstaunlicherweise wird der erstere in der *Gemeinderegel* bezeichnet als der Messias Israels und der *Nasi*, der Fürst, – ein Titel, der aus der Davidsverheißung Hesekiels hergeleitet ist.[34] Das erklärt dann auch die Bedeutung von Matthäus 2, 23.

Während es im Alten Testament zwar keinen Text gibt, der aussagt »Er soll Nazarener heißen«, gibt es doch einige Texte, so wie der eben zitierte aus Hesekiel, die darauf hindeuten, daß der Führer aus dem Hause Davids ein *nasi*, also Fürst sein würde.[35] Der priesterliche Messias wäre wichtiger als der davidische Messias. Das war zum Teil darin begründet, daß der König immer dem Hohenpriester untergeordnet war, wenigstens theoretisch;[36] zum Teil lag es daran, daß die Gemeinden des Bundes für die Mehrheit des Volkes alle Hoffnung auf Erlösung aufgegeben hatten. Deshalb war die Gestalt des davidischen Herrschers nicht so geeignet wie eine Priestergestalt, die eine Zeit des Friedens, der Bruderschaft und der Gerechtigkeit für die Gemeinde des Bundes einleiten würde.[37]

Der zweite Typus messianischer Lehre, den wir in den Schriftrollen finden, ist in den Kommentaren enthalten. Er ist bekannt als die *pescher*-Methode, bei der die Worte der Prophetie zu einem Aufhänger für die zeitgenössischen Ereignisse werden. J. M. Allegro hat vier Dokumente aus Höhle vier veröffentlicht,[38] die zu dieser Kategorie gehören. Das erste zeigt, wie man Genesis 49, 10 interpretierte. »*Es wird das Zepter von Juda nicht weichen noch der Stab des Herrschers von seinen Füßen*«; wenn es ein Herrschaftsgebiet für Israel gibt, wird es immer wieder in ihm einen König geben, der zu (dem Herrscherhaus von) David gehört. Denn *der Stab des Herrschers* ist die königliche Vollmacht. Die Familien Israels sind die *Füße*. *Bis* der Messias der Gerechtigkeit *kommen wird*, der Sproß Davids, denn ihm und seinem Samen wurde die königliche Vollmacht über sein Volk für alle Zeiten gegeben. Das hat der Lehrer des Gesetzes (?) mit den Männern der Gemeinde erwartet...« Dieser Abschnitt stand bei den Apologeten in großem Ansehen; Justin benutzte ihn nicht weniger als viermal.[39] Das zweite Fragment ist vom christlichen Standpunkt aus genauso interessant. Es handelt sich um das Zitieren und Erklären der Nathanweissagung aus 2. Samuel 7, 11 f. »*Und der Herr verkündigt dir, daß der Herr dir ein Haus bauen will. Und ich will dir einen Nachkommen erwecken, und ich will seinen Königsthron bestätigen ewiglich. Ich will sein Vater sein, und er soll mein Sohn sein.* Er ist der Davidssproß, der mit dem Lehrer des Gesetzes aufstehen wird, der ... in Zion in den letzten Tagen; wie geschrieben steht: *Und ich werde die zerfallene Hütte Davids aufrichten.* Das ist *die zerfallene Hütte Davids*, und danach wird er sich erheben, um Israel zu erretten.*«

Dies zeigt uns, daß die Leute von Qumran nicht nur die gleichen Texte benutzten, auf die sich auch die Christen stützten,[40] sondern daß sie sie auch auf eine persönliche Messiasgestalt bezogen, auf die sie hofften. Der grundlegende Unterschied war folgender: die Gemeinde des Bundes wartete noch auf ihren Messias oder auch Messiasse – ob es sich um einen, zwei oder sogar drei handelte, wird viel erörtert[41] – während die Christen die Gewißheit hatten, daß ihr Messias gekommen war. Die Gemeinde des Bundes gebrauchte diese Texte zu ihrer eigenen Stärkung, die Christen dagegen gebrauchten sie ständig und voll Zuversicht in der Begegnung mit anderen Juden. Die Verheißungen sollten nicht der persönlichen Stärkung, sondern der Verkündigung dienen.

Zweifellos benutzten die ersten Christen beide Methoden, um Jesus zu verkündigen. Sie übernahmen Listen von messianischen Texten,[42] wie man sie in Höhle vier fand, und wandten sie an. Sogar in Qumran gibt es ein Beispiel von zusammengesetzten Zitaten, wie wir sie im Neuen Testament finden. Denn dem Spruch über den Propheten wie Mose wurde 5. Mose 5, 28 f. ohne jedes Trennungszeichen vorangestellt,[43] so daß sich die Worte nicht auf Mose, sondern auf den kommenden Propheten bezogen. Außerdem übernahmen die Christen die *pescher*-Methode bei der Erklärung des Alten Testamentes. Das Matthäusevangelium ist ein gutes Beispiel dafür,[44] die gleiche Methode wird aber auch in der Apostelgeschichte,[45] im ersten Petrusbrief[46] und bei Johannes[47] angewandt.

Die im Judentum übliche Midrasch-Exegese wurde auch im Christentum übernommen. Das Grundanliegen war dabei, den Text zu interpretieren, die verborgene Bedeutung herauszufinden und sie auf das Gegenwartsgeschehen anzuwenden. Paulus macht ausgiebigen Gebrauch von dieser Methode, wenn er die Bedeutung

Christi erklärt.[48] Er wendet in begrenztem Umfang sogar die allegorische Methode an, die bei Philo zu solch unsinnigen Formen entwickelt wurde.[49] Das Bemerkenswerte an der christlichen Exegese besteht darin, daß sie mit der Person Jesu selbst anfingen, der nach ihrer Meinung Gottes letztes Wort an die Menschen war, und dann in der Schrift (den anerkannten Worten Gottes) Wege suchten, um seine Bedeutung zu verstehen und sie mit der ganzen Heilsgeschichte in Beziehung zu setzen. Sie machten keinen großen Unterschied zwischen den einzelnen Typen der jüdischen Schriftauslegung. Sie benutzten sie alle, wie es die Gelegenheit ergab, um ihren Meister als den Offenbarer und Erlöser darzustellen. Im großen und ganzen haben sie nicht willkürlich alttestamentliche Zitate angewandt, die ihnen gerade paßten. In diesem Falle hätten sie niemals einem gut unterrichteten Juden gegenüber eine Behauptung aufrechterhalten können. Sie haben die anerkannten Auslegungsmethoden angewandt und miteinander verschmolzen. Aber sie behandelten sie von einem ganz anderen Standpunkt aus, nämlich dem der Erfüllung. »In ihrer Schriftauslegung«, so schreibt Dr. Longenekker, »sehen wir ein Ineinandergreifen von jüdischen Voraussetzungen und christlicher Überzeugung und Lebenspraxis. Aus dieser Verbindung ergab sich eine ganz bestimmte Auslegung des Alten Testamentes.«[50] Wenn auch mancherlei Auslegungsmethoden verwandt wurden[51] – und nicht alle waren stichhaltig[52] – so bot doch die Bibel für das Evangelium den entscheidenden Zugang zum Judentum. Ja, man könnte ohne Übertreibung sagen, sie war der einzige Zugang.

Jesus ist der Messias

Unterschiedliche Erwartungen

Die Messiaserwartung erreichte im ersten Jahrhundert einen Höhepunkt. Es gab gute Gründe dafür. Die erstaunlichen Siege unter den Makkabäern hatten das Vertrauen und den Nationalismus der Juden wieder aufleben lassen. Die Ungläubigen waren einmal geschlagen worden – warum sollte sich das nicht wiederholen? Wenn das Haus des Seleukos durch den Aufstand des Judas Maccabäus gedemütigt worden war, warum sollte nicht das Haus des Augustus niedergeschlagen werden von dem gesalbten König von Gottes Wahl, wenn er kommt? Wenn man an die alttestamentlichen Verheißungen über die Erweckung des Hauses Davids und seiner ewigen

Herrschaft denkt, oder an die Beleidigung Gottes, die in der Besetzung des Heiligen Landes durch die Heiden geschah, dann war diese Hoffnung verständlich; und sie wurde von dem einfachen Mann weitgehend geteilt. [53]

Daneben kamen solche Gedanken auch außerhalb der jüdischen Welt in Umlauf, da die Juden überall hin zerstreut waren. Sueton[54] und Tacitus[55] berichten beide über Gerüchte, die in der römischen Gesellschaft umgingen, daß die Herrscher der Welt aus Judäa kämen. Magische Vorhersagen behaupteten das gleiche, und dies machte einen starken Eindruck auf die leichtgläubigen Römer.[56] Auch hatten die Juden erkannt, welchen Wert man im heidnischen Altertum den *Sibyllinischen Orakeln* beimaß, den prophetischen Äußerungen der Sibylle von Kyme,[57] und sie hatten sich diese Art von Literatur für apologetische Zwecke zunutze gemacht. Natürlich begannen die Orakel mit einer Prophezeiung vom Aufstieg der Juden. In einem Orakel heißt es: »Wenn Rom über Ägypten herrschen wird, was es jetzt noch nicht tut, dann wird das große Königreich eines unsterblichen Königs unter den Menschen erscheinen, und ein heiliger Fürst (d. h. der Messias) wird kommen, der das Zepter über die ganze Erde innehaben wird in alle Ewigkeiten der dahineilenden Zeit. Und dann wird unerbittlicher Zorn auf die latinischen Männer fallen...«[58]

Ein anderes redet von einem König aus dem Osten, der weltweiten Frieden aufrichten und dem jüdischen Volk einen Wohlstand bringen soll, der den Neid der Heiden erregen wird. Sie würden sich versammeln gegen die Juden und versuchen, sie und ihren Tempel zu zerstören; aber sie würden selbst von Gott vernichtet. Das würde dazu führen, daß die Heiden in Scharen nach Zion strömten und sich dort bekehrten.[59] Gerade diese Orakel stammten aus dem zweiten oder ersten Jahrhundert v. Chr. und waren sehr verbreitet. Ähnliche Erwartungen finden wir in den pharisäischen *Psalmen Salomos*, die um 50 v. Chr. geschrieben sind. Ein davidischer Messias,[60] von Gott erweckt, würde die heidnischen Oberherren beseitigen, Israels Herrlichkeit wiederherstellen, die Zerstreuten sammeln, von Jerusalem aus herrschen und die Heiden unter seine Gewalt bringen, da er als eine Art Stellvertreter Gottes auf Erden Herrschaft ausübe.

Das war die am stärksten verbreitete Hoffnung: ein politischer Messias aus Davids Geschlecht, der vor allem geistliche Waffen anwendet, aber dennoch die heilige Erde Israels von der fremden Vorherrschaft befreit und die Tage der Herrlichkeit herbeiführt, von denen die Propheten gesprochen hatten. Zu dieser Vorstellung würden die Stelle vom Zepter und die Nathan-Weissagung von Qumran passen. Aber es gab noch andere Vorstellungen.

Wir erwähnten bereits die vorherrschende Hoffnung auf zwei gesalbte Führer, die sich seit der Rückkehr aus dem Exil im 6. Jahrhundert erhalten hatte. Sie findet sich nicht nur in dem *Testament der zwölf Patriarchen*[61] und in Qumran, sondern auch in der rabbinischen Literatur.[62] Dann wartete man auf den Propheten wie Mose, was wir in Qumran[63] und bei den Samaritanern[64] finden.

Die *Gleichnisse des Henoch* sprechen sehr viel von einem Menschensohn, der auch genannt wird: der Auserwählte, der Gerechte, der Genosse Gottes, das Licht der Heiden usw. Als Präexistenter sitzt der Menschensohn auf dem Thron Gottes, hat allumfassende Herrschergewalt und richtet die Gottlosen.[65] Dieser Teil des *Henoch* wirft zwar vielschichtige Probleme auf, aber man kann vermuten, daß hier ein Strang der Messiasvorstellung aus der Zeit Jesu vorliegt, wenn auch sein äthiopischer Text verderbt ist und sehr wahrscheinlich christliche Einfügungen erfahren hat. Diese Wahrscheinlichkeit verstärkt sich dadurch, daß der Menschensohn auch im *2. Esra* vorkommt.[66]

Wir finden eine andere Art von Interpretation in *2. Esra 7–28 f.*, wo der Messias als Gottessohn angesehen wird, obwohl die genaue Bedeutung des Begriffes nicht klar ist; er ist auch sehr menschlich, er stirbt sogar, und sein Tod leitet das letzte Gericht ein. Doch man erwartete die langersehnte Erlösung nicht nur durch Kampf, sondern auch durch Leiden. Es gibt Abschnitte in den Schriftrollen, die uns zeigen, daß die Gemeinde des Bundes die Rolle des Knechtes Jahwes nicht nur im korporativen Sinne verstand, wobei sie sich selbst als die Erfüller sahen,[67] sondern auch eine individuelle und messianische Deutung kannten. Bei einem umstrittenen Vers in der *Gemeinderegel*[68] hat die Jesajarolle aus Höhle eins *mschchty* (gesalbt) anstelle von *mschcht* (häßlich), wie der masoretische Text in Jesaja 52, 14 liest. Die Bedeutung wäre dann: »Wie sich viele über ihn erstaunten, weil seine Gestalt gesalbt war vor anderen Leuten und sein Aussehen anders als das der Menschenkinder.« Danach hätten dann die Sektenleute von Qumran (wenigstens in einem Strang ihrer komplizierten und uneinheitlichen Eschatologie) in dem leidenden Gottesknecht den Messias gesehen. In einem anderen Strang ihrer Schriften sahen sie sich selbst als den leidenden Knecht des Herrn, den gläubigen Rest, dessen Trübsale erlösende Wirkung hatten.[69]

Vielschichtige Erfüllung

Da alle diese widerstreitenden Ansichten über den kommenden Befreier im Umlauf waren, konnte es nicht ausbleiben, daß die Christen, als sie begannen, Jesus als den Messias zu verkündigen, nicht nur ein starkes und unmittelbares Interesse vorfanden, sondern auch ein eingehendes Fragen. Was für ein Messias war er? Die Antworten, die die Christen gaben, waren für die einen Juden zufriedenstellend, für die anderen nicht. Auf jeden Fall zeigten sie aber, daß ihr Jesus in keine Zwangsjacken der zeitgenössischen Messiasvoraussagen paßte. Er trug Züge, wie sie sich in den meisten dieser Vorstellungen fanden; aber er war größer als sie alle.

War er der Sohn Davids? Ja, natürlich. Sohn Davids, Samen Davids, Geschlecht Davids, das traf alles zu.[70] Deshalb wird auch in den Evangelien so viel Wert auf die Stammbäume gelegt. Aber er war mehr als ein Nachkomme Davids, mehr als der Erbe der Amosverheißung von der Hütte Davids, die alle Heiden besitzen soll. Er war Davids Herr, und dadurch war er nur noch im begrenzten Sinne sein »Sohn«.[71] Die Auferstehung rechtfertigt diesen Anspruch Jesu. Gott hat ihn auferweckt. Seine Seele blieb nicht im Totenreich, und sein Fleisch sah nicht die Verwesung. Was war das anders als die alte Verheißung Davids über den Messias in Psalm 16? Hier konnte David nicht von sich selbst gesprochen haben, denn sein Grab war im ersten Jahrhundert noch zu sehen, und sein Fleisch hat bestimmt die Verwesung erfahren. Er mußte vom Messias reden, und es fällt auf, daß er ihn nicht »Sohn« sondern »Herr« nannte.[72] Als Herr ist er aufgefahren in den Himmel und sitzt nun auf dem Thron der Macht. In dieser Weise legt es auch Petrus dar am Pfingsttage, und in Gesprächen über die Herkunft Jesu wird man oft so verfahren sein.

War er ein politischer Führer? Diese Frage war wohl für die Christen am schwierigsten zu beantworten. Denn dem äußeren Anschein nach war er es und hat offensichtlich versagt. Wie konnte er der Messias sein, wenn er als ein entehrter »König der Juden«[73] an einem römischen Kreuz endete? Anscheinend war er wirklich ein politischer Führer, aber doch etwas anders, als man es erwartete. Er kam und verkündigte die königliche Herrschaft Gottes. Er stellte sie dar in der Gemeinschaft seiner Nachfolger, die sich zusammensetzte aus Pharisäern wie Nikodemus, Herodianern, gewöhnlichen Patrioten wie die Zebedäussöhne Jakobus und Johannes, extremen Zeloten wie Simon der Zelot und vielleicht Judas Ischariot und Petrus.[74] Er schmolz diese Sammlung von politisch nicht zu vereinigenden Leuten zu einer tiefen und vereinten Gemeinschaft zusammen als Vorgeschmack dafür, wie er überall politische und soziale Spannungen miteinander versöhnen kann. Gewiß starb er am Kreuz. Aber hatte der Jude niemals davon gehört, daß die Geburtswehen des messianischen Zeitalters kommen sollten, daß es keinen Sieg ohne Leiden gibt, daß auch der Knecht Jahwes vor seiner Erhöhung leiden mußte? In einem bestimmten Sinne ist Jesu Reich nicht von dieser Welt. Aber der Tag wird kommen, wenn er das Reich für Israel wieder aufrichtet, wenn die Apostel über das neue Israel regieren, wenn die Reiche der Welt die Reiche Jahwes und seines Messias werden.[75] In der Frühzeit wurde diese Hoffnung nicht in eine unbestimmte Zukunft verschoben oder spiritualisiert bei der Predigt vor den Juden. Selbst im zweiten Jahrhundert wurde den Gläubigen noch ein irdisches Reich und ein irdisches Tausendjähriges Reich vorgestellt.[76] Die Buße der Juden, die Hinwendung der Juden zu Jesus als dem Messias würde das Kommen der ersehnten »Zeiten der Erquickung von dem Angesichte des Herrn« beschleunigen, in denen Gott senden wird »den, der euch zuvor zum Christus bestimmt ist, Jesus. Ihn muß der Himmel aufnehmen bis zu der Zeit, da alles wiedergebracht wird, wovon Gott geredet hat durch den Mund seiner heiligen Propheten von Anbeginn«.[77] Dann würde Jesus ein politischer Führer sein.[78] In der Zwischenzeit ist sein mächtiger Geist in der Kirche gegenwärtig, der in ihr und durch sie die *dynameis*, die Machttaten, fortsetzt, die Jesus zu seinen Lebzeiten getan hatte.

Damit will er deutlich machen, daß er nicht ein Betrüger ist, sondern an dem Ort höchster Ehre und Macht bei Gott ist und auf den rechten Augenblick wartet, in dem er seine Macht über seine Feinde ausüben kann. Das Kreuz ist kein Zeichen der Schwäche Jesu. Ganz im Gegenteil![79] Es war der Höhepunkt der mächtigen Taten Gottes in ihm. Es fand seine ruhmreiche Rechtfertigung durch die Auferstehung – von der wir alle Zeugen sind. So begegneten die urchristlichen Verkündiger dem Vorwurf der politischen Schwäche, die aus der Kreuzigung Jesu hergeleitet wurde. Zweifellos waren viele Juden nicht davon zu überzeugen, daß ein verurteilter Verbrecher die Hoffnung Israels sein sollte. Aber viele glaubten es. Und das rasche Anwachsen der Jerusalemer Gemeinde in der Anfangszeit ist zu einem nicht geringen Teil darauf zurückzuführen, daß die Judenchristen in der brennenden Erwartung und Hoffnung lebten, daß Christus sehr bald in Macht wiederkäme, um zu herrschen, die Römer zu besiegen und sein begonnenes Werk zu vollenden. Wenn auch dieses politische Element bei dem frühen Evangelium größere Bedeutung hatte, als man sie ihm zugestehen will, darf man es dennoch nicht überbetonen.[80] Die Judenchristen nahmen nicht teil an dem großen Aufstand des Jahres 66–70 n. Chr., als sogar die Leute von Qumran sich von dem Gedanken verleiten ließen, der Tag der Erlösung sei gekommen, und für ihren Irrtum den Untergang erlitten. Auch an dem zweiten Aufstand des Jahres 133–135 n. Chr. beteiligten die Christen sich nicht. Zweifellos erinnerten sie sich an die Warnungen Jesu, nicht falschen Messiassen nachzufolgen.[81] Sie verbündeten sich auch nicht mit Bar Kochba, den Rabbi Akiba als Messias verkündigte. Sie wußten, wenn Jesus das Königreich nicht gebracht hatte, dann würde es der Sternensohn auch nicht tun können.

War Jesus ein prophetischer oder vielleicht ein priesterlicher Messias? Ja, er war beides. Jeder erkannte Jesus als Propheten an.[82] Aber sogar zu seinen Lebzeiten gab es eine Gruppe von Leuten, die ihn als *den* Propheten ansahen, der die Endzeit einleiten würde.[83] Jesus scheint nicht so von sich gedacht zu haben; aber nach seiner Auferstehung wird uns davon berichtet, daß die Jünger diese Art von Messiaserwartung benutzten, um auf seine Bedeutung aufmerksam zu machen. In den frühen Reden der Apostelgeschichte wird er zweimal als der Prophet wie Mose[84] beschrieben, und diese Christologie setzte sich in der Judenchristenheit fort, wie wir aus dem *Hebräerevangelium*[85] und den *Petruspredigten*[86] entnehmen können. Wenn dieses Verständnis Jesu sich auch in der Judenchristenheit noch weiter erhalten hat, so hörte es doch mit ihr auch auf. Es diente zwar dazu, Jesus als den Offenbarer und in seiner endzeitlichen Bedeutung hervorzuheben; es ließ aber keinen Raum für seine Präexistenz, seine Wiederkunft oder sein gegenwärtiges Sitzen zur Rechten Gottes. Diese Dinge nun treten hervor, wo Jesus als der Priester verkündigt wird, wie wir es im Hebräerbrief finden. So etwas würde natürlich wenig Anklang finden (lediglich bei Juden, und da in besonderem Maße auch nur bei Priestern),[87] solange man nicht an Kreise denkt, in denen man einen levitischen Priester als endzeitliche Gestalt erwartet. Dort könnte man es gut zur Erklärung der Gestalt Jesu verwenden. Er stammte allerdings nicht aus dem Stamm Levi, aber dieses Problem ließ sich umgehen. Er war von einer ganz anderen Ordnung, für die Melchisedek ein Beispiel ist. Dieser war sowohl Priester als auch König und zeigte seine Überlegenheit über das levitische Priestertum in zweifacher Hinsicht: er nahm den Zehnten von Levi (in den Lenden Abrahams!) und segnete ihn… »nun ist's ohn alles Widersprechen so, daß der Geringere von dem Höheren gesegnet wird«.[88] In Genesis erscheint er plötzlich »ohne Vater, ohne Mutter, ohne Stammbaum und hat weder Anfang der Tage noch Ende des Lebens. So gleicht er dem Sohn Gottes und bleibt Priester in Ewigkeit«. Zu diesem Priestertum gehört Christus;[89] und wenn die Leser, vielleicht selbst levitische Priester, sich veranlaßt fühlten, Melchisedek als eine Ausnahme aus der Frühzeit nicht zu beachten, so kamen sie doch von Psalm 110, 4 nicht los.[90] Dieser Psalm, der als messianisch anerkannt war, sieht in dem Messias einen Priester in Ewigkeit nach der Ordnung des Melchisedek. Und der messianische Priester Jesus hat viele Vorteile, die der Schreiber der Hebräerbriefes voll aufführt. Solche Vorteile kann kein menschlicher Priester aufweisen. Er ist sündlos, er lebt ewiglich und er hat ein für allemal ein bleibendes Opfer für Sünden vollbracht, wenn er sie auf Golgatha in seiner Person auf sich nahm.[91] Außerdem hat dieser Priester, ganz anders als jede Gestalt der Art, wie sie in den *Testamenten der zwölf Patriarchen* erwartet wurde, keine bloß irdische Funktion. Er hat sie, und das wird besonders in den Kapiteln 9 und 10 des Hebräerbriefes betont. Aber er hat auch in der Gegenwart eine Aufgabe. Er ist nämlich zur rechten Hand Gottes erhöht und legt von dort Fürsprache ein für die Menschen. Und er hat eine Aufgabe für die Zukunft, wenn er wiederkommt zum Gericht.[92]

Aber wie ist es mit dem Menschensohn? So könnte ein Jude fragen. Erfüllt euer Jesus diese Rolle? Auch hier kann die Antwort ein bedingtes »Ja« sein. Wenn es auch wissenschaftliche Einwände dagegen gibt,[93] steht es für mich doch außer Zweifel, daß Jesus sich als den Menschensohn sah;[94] daß die Doppeldeutigkeit des aramäischen *barnascha*, das entweder eine Selbstbezeichnung oder ein Hinweis auf den danielischen Menschensohn sein konnte, von Jesus bewußt eingesetzt wurde, da es auf einer Linie lag mit der Doppeldeutigkeit seiner ganzen Person. Die Evangelisten zeigen deutlich, daß nur Jesus so von sich sprach;[95] das war nicht ihre Christologie, sie sahen in ihm den »Herrn« und »Christus«. Doch aus der Tatsache, daß sie in ihren Evangelien diesen Titel für Jesus beibehielten, läßt sich entnehmen, daß er in manchen Gegenden den Weg ebnete für das Verständnis der Person und des Werkes Jesu. Lohmeyer hat vermutet, daß sehr wahrscheinlich Galiläa eine solche Gegend war.[96] Er meint, es habe dort Kreise gegeben, die sehr in Daniel, den *Henochparabeln* und der *Esra-Apokalypse* zuhause waren, den drei Stellen in der nichtchristlichen Literatur, wo der Menschensohn messianische Bedeutung erhält. Sie würden es sofort verstehen, wenn Jesus von dem eschatologischen Menschensohn sprach, der mit den Wolken des Himmels kommen sollte. Das war nur eine

Wiederholung ihres eigenen Menschensohnverständnisses. Aber wenn Jesus von *sich* als dem fleischgewordenen Menschensohn sprach, dem Menschensohn, der eher in einem einfachen Zimmermann als in einem himmlischen Richter verkörpert war, dann war das neu für sie. Im vorchristlichen Denken finden wir nichts von einem fleischgewordenen Menschensohn. Noch in einer anderen Weise hat Jesus das frühere Verständnis vom Menschensohn als einer ruhmreichen Gestalt, die zum Weltgericht kommt, verändert. Er lehrte: Der Menschensohn muß leiden und wieder von den Toten auferstehen; kurz, er muß die Rolle des leidenden Gottesknechtes erfüllen und sein Leben als Lösegeld für viele geben.[97] So etwas hatte man im Judentum noch nicht gehört. Es kann möglich sein, wie Jeremias vermutet,[98] daß in mancher Beziehung die Kennzeichen des leidenden Gottesknechtes an gelegentlichen Textstellen im Judentum auf den Menschensohn angewandt wurden, aber er galt niemals als die gleiche Person. Der Menschensohn stellte die höchste Vorstellung von Verherrlichung dar, der Gottesknecht den Tiefpunkt der Erniedrigung. Jesus hat beides vereinigt. Durch seine Lehre und durch sein Leiden zeigte er die Hoheit des Dienstes, die Größe des stellvertretenden Leidens.

Vermutlich ist die Menschensohnchristologie nicht einfach im Christentum ausgestorben. Sie setzte sich fort in der Vorstellung von Jesus als dem Menschen, dem Urtyp des Menschen. Eine solche Vorstellung sprach intellektuelle Juden wie Philo[99] und auch hellenistische Kreise an, wo Gedanken über den Urmenschen verbreitet waren.[100] Man konnte auch daran anknüpfen, wenn man von der Präexistenz des Messias sprach. Er wurde mit dem Adam von 1. Mose 1, 27 identifiziert, dem himmlischen Menschen, der so ideal war, wie Gott ihn haben wollte, im Gegensatz zu dem gefallenen, irdischen, wirklichen Menschen von 1. Mose 2, 7, an dessen Menschsein wir alle Anteil haben. Paulus benutzt diese Terminologie,[101] ebenso Johannes[102] und der Hebräerbrief.[103] Interessanterweise lebte sie weiter in den pseudoclementinischen *Petrus-Predigten*, einem jüdisch-christlichen Werk aus dem zweiten Jahrhundert mit gnostischen Tendenzen. Hier ist Adam der wahre Prophet. Damit haben wir eine Verbindung zu dem Verständnis Jesu als des Propheten, das auch in judenchristlichen Kreisen verbreitet war. Es war ein gutes Hilfsmittel, um den verschiedensten Hörern die Bedeutung Jesu zu erklären, besonders denen, die in Berührung gekommen waren mit den Spekulationen des gebildeten hellenistischen Judentums. Die Themen Präexistenz, Endgericht und stellvertretendes Leiden waren in einer Person vereinigt, in Jesus selbst. Und er war der Inhalt ihrer Verkündigung.

Wenn man Leuten begegnete, die den kommenden Erlöser gern in der Art des leidenden Gottesknechtes sahen,[104] konnten die Christen wieder etwas sehr Beeindruckendes anführen. Ihr Erlöser paßte bis in Einzelheiten zu dem Bild des Gottesknechtes aus Jesaja. Bei den Leuten von Qumran war das nicht der Fall. Hier war einer, der völlig sündlos war, nicht wie das »Haus der Heiligkeit für Israel, eine Gemeinschaft der Allerheiligsten für Aaron«,[105] wie es die Gemeinde des Bundes für sich in Anspruch nahm. Hier war einer, der imstande war, »Versöhnung zu bringen für das Land und Vergeltung für die Gottlosen«, wie es eine bloße Märtyrergemeinde nicht konnte;[106] ihr Tod konnte nicht mehr Versöhnung bringen für die Sünden als die aaronitischen Opfer.[107] Beide konnten vielleicht kultische Unreinheit wegnehmen, aber sie konnten nichts ausrichten, wenn ein Mensch »sündigte mit erhobener Hand«. Für bewußte Verhöhnung Gottes gab es im jüdischen Denken keine Vergebung. Aber das bewußte Sterben Jesu war etwas anderes; es war nicht weniger als die Selbsthingabe des Sohnes Gottes, und es hatte ewige Bedeutung. Der Evangelist Philippus war sich dessen gewiß, daß der Prophet Jesaja von Jesus gesprochen hatte.[108] Er allein war es, der Jesaja 53 erfüllte; der so makellos war, daß »er niemand Unrecht getan hat noch Betrug in seinem Munde gewesen ist«,[109] so geduldig (im Gegensatz zu den kriegerischen Gedanken der Männer von Qumran), daß »er nicht widerschalt, wenn er gescholten wurde«. Er erlitt den Märtyrertod wie einige der Männer des Bundes und der Makkabäer; doch er »drohte nicht, da er litt, er stellte es aber dem anheim, der da recht richtet«; auch darin war er ganz anders, da er »unsre Sünden selbst hinaufgetragen hat an seinem Leibe auf das Holz . . . durch dessen Wunden ihr seid heil geworden«.

Der Tod Jesu

Mit solchen Schriftstellen bewiesen die Christen, daß der Messias leiden mußte. Und mancher aufrichtige Jude gab ihnen darin Recht. So gesteht Trypho, nachdem er von Justin entsprechend aus der Schrift belehrt worden war: »Es ist ganz deutlich, daß die Schrift anzeigt, daß Christus leiden mußte . . . Wir wissen, daß er leiden sollte und wie ein Schaf zur Schlachtung geführt wurde.«[110] Darin herrscht Übereinstimmung. Aber die Geister scheiden sich an der Art des Todes Jesu, an der Kreuzigung. Trypho sprach für alle Juden, wenn er den Einwand brachte: »Aber beweise uns, ob er gekreuzigt werden mußte und so gnadenlos und ehrlos den im Gesetz verfluchten Tod erleiden mußte. Denn wir können uns so etwas nicht einmal in Gedanken vorstellen.«[111] Besonders zwei Dinge waren ihnen schwer begreiflich.

Erstens war ein solcher Tod anstößig, weil er bedeutete, daß der mutmaßliche Messias ein schwacher Mann war. Wir haben schon gesehen, wie die Christen diesem Vorwurf begegneten.[112] Das Kreuz war alles andere als ein Akt der Schwäche, es war vielmehr ein Akt höchster Kraft im Leben Jesu. Dort traf er auf die Mächte des Bösen und besiegte sie. Er herrschte vom Holz herab, wie es Justin gern ausdrückte[113] und viele der Kirchenväter nach ihm. Wenn sie sich auch darin irrten, daß dies der Sinn des Textes von Psalm 96 sei, erkannten sie doch mit Recht, daß dies einer der Hauptgedanken im Passionsbericht des Johannesevangeliums war. Auch für Paulus ist das Kreuz eine Kraft Gottes;[114] dort hat Jesus »die Reichen und die Gewaltigen ihrer Macht entkleidet und sie öffentlich zur Schau gestellt und hat einen Triumph aus ihnen gemacht«.[115] Aber der krönende Beweis dafür, daß das Kreuz ein Sieg und keine Niederlage war, geschah in der Auferstehung. In dieser Richtung verläuft auch das Zeugnis in den frühen Reden der Apostelgeschichte. »Ihn... habt ihr durch die Hand der Heiden ans Kreuz geschlagen und getötet. Den hat Gott auferweckt und aufgelöst die Schmerzen des Todes, wie es denn unmöglich war, daß er sollte von ihm gehalten werden.« »...daß er nicht bei den Toten gelassen ist und sein Fleisch nicht die Verwesung gesehen hat. Diesen Jesus hat Gott auferweckt; des sind wir alle Zeugen.«[116] Mit diesem apostolischen Zeugnis erwiderten sie den Vorwurf, daß das Kreuz als Niederlage gedeutet werden müsse. Gott hatte seinen leidenden Knecht gerechtfertigt, indem er ihn zur höchsten Stelle im All erhoben hat; denn er war gehorsam gewesen bis zum Tode, ja zum Tode am Kreuz. Deshalb hat er das volle Anrecht auf den Titel des Kyrios, des Herrn.[117] Er erfüllt die Weissagung von Psalm 110, 1 und sitzt in Kraft zur Rechten Gottes.

Justin unterstreicht die Kraft des Kreuzes durch eine etwas seltsam anmutende allegorische Deutung des Kampfes mit Amalek, als Josua den Kampf anführte und Mose seine Hände im Gebet ausgestreckt hielt.[118] Ihm war sofort die Kreuzform aufgefallen, in der Mose seine Hände ausgestreckt hielt. »Wenn er einen Teil des Zeichens aufgab, das eine Nachbildung des Kreuzes war, wurde das Volk geschlagen. Aber wenn er die Form beibehielt, wurde entsprechend Amalek geschlagen. Wer siegte, siegte durch das Kreuz. Denn das Volk wurde nicht dadurch stärker, daß Mose so inbrünstig betete, sondern weil er selbst das Zeichen des Kreuzes machte, während einer, der den Namen Jesus (Josua) trug, in vorderster Front kämpfte.«[119] Dies ist zwar eine etwas phantasievolle Deutung, aber sie sprach die Juden an, von denen viele, ähnlich wie Philo, die allegorische Deutung der Schrift für die gründlichste hielten. Durch diese seltsame Auslegung leuchtete die Überzeugung hindurch von dem *Christus Victor*, wie wir es ähnlich bei der Geschichte von der ehernen Schlange finden,[120] die auch zu einem Beweis für die Kraft des Kreuzes wird. Nein, die Kreuzigung war kein Zeichen für die Schwäche oder das Versagen Jesu.

Zweitens wandten die Juden ein, daß der Messias nicht an einem Kreuz sterben könne, weil nach den Worten des Alten Testamentes jeder, dessen Leib an ein Holz gehängt wurde, unter dem Fluch Gottes stand.[121] Wie konnte der Messias unter einem Fluch sein? Diesem Problem standen die Christen von Anfang an gegenüber, und sie haben auch von Anfang an versucht, eine Antwort darauf zu geben. Sowohl in der Verkündigung des Paulus wie des Petrus kommt es zum Ausdruck, daß Jesus, der den Fluchtod am Holz starb, doch der Heiland war.[122] Durch seinen Tod an diesem Holz war die im Alten Testament ersehnte Rettung von der Sünde vollbracht worden. Es ist noch nicht systematisch theologisch ausgearbeitet; aber es wird erkennbar, daß das Kreuz in gewisser Hinsicht mit der Sünde zu tun hatte, und daß die Auferstehung Jesu, die die Juden nicht bestreiten konnten, der Hinweis darauf war, daß der Fluch aufgehoben war. Später gewannen sie ein tieferes Verständnis dafür. Petrus führt aus,[123] daß Christus *unsere Sünden* in Erfüllung von Jesaja 53 auf dieses Fluchholz trug. Paulus macht deutlich, daß Jesus wirklich als Verfluchter gelitten hat, daß aber der Fluch, den er trug, eigentlich auf uns hätte fallen müssen. Denn wir hatten das Gesetz Gottes gebrochen und so seinen gerechten Zorn verdient: »Verflucht sei jedermann, der nicht bleibt in alledem, was geschrieben steht in dem Buch des Gesetzes, daß er's tue!« Das hat Jesus für uns ans Kreuz gebracht. »Christus aber hat uns erlöst von dem Fluch des Gesetzes, da er ward ein Fluch für uns, denn es steht geschrieben: ›Verflucht ist jedermann, der am Holz hanget‹.«[124] Sicher haben die Christen diese Worte immer wieder dagegen angeführt, daß die Juden behaupteten, das Kreuz Jesu zeige, daß er unter dem Fluch Gottes gestanden hätte. Justin führt dabei fast wörtlich an, was Paulus sagt. »Denn das ganze Menschengeschlecht wird unter einem Fluch sein. Denn es steht geschrieben im Gesetz des Mose: ›Verflucht ist jedermann, der nicht bleibt in alledem, was geschrieben steht im Buch des Gesetzes, daß er es tue.‹ Und niemand hat wirklich alles getan – das wirst du nicht leugnen können – aber einige haben die darin enthaltenen Gebote mehr, die anderen weniger gehalten... Wenn also der Vater aller Menschen seinen Christus den Fluch aller für die ganze menschliche Familie übernehmen ließ – in dem Wissen, daß er ihn nach Kreuz und Sterben wieder auferwecken würde[125] – warum haltet ihr ihn dann noch länger für einen Verfluchten, obwohl er sich des Vaters Willen unterwarf, um dies zu erleiden, und klagt nicht lieber über euch selbst?«[126]

Die Geburt Jesu

So hat man also den jüdischen Hörern des christlichen Evangeliums immer wieder das Problem des Todes Jesu nahegebracht. Ein in gleicher Weise erregendes Problem war die Frage nach Person und Geburt Jesu. Der Jude Trypho bringt es treffend zum Ausdruck: »Antworte mir also zuerst, wie du mir beweisen kannst, daß es neben dem Schöpfer aller Dinge noch einen anderen Gott gibt; und dann wirst du mir noch zeigen, daß er sich darein ergab, von einer Jungfrau geboren zu werden.«[127] Die Gottheit Jesu ist von jeher für die Juden unannehmbar gewesen;[128] und die Vorstellung von dem Gott, der sich erniedrigte, um von einer Jungfrau geboren zu werden, war eine Gotteslästerung, die man nach dem Muster heidnischer Mythen von den Liebesbeziehungen des Zeus mit menschlichen Frauen gebildet hatte.

Wir können uns an dieser Stelle nicht eingehend damit befassen, wie Justin versucht, Trypho von der Tatsache der Jungfrauengeburt zu überzeugen. Er tut es weitgehend dadurch, daß er mit dem Begriff »Jungfrau« aus Jesaja 7, 14 operiert, obwohl Trypho den berechtigten Einwand erhebt, daß hier eine falsche Übersetzung des hebräischen Wortes *almah* vorliegt, welches nur einfach ›junge Frau‹ bedeutet. Ohne Zweifel gehörte zu der Zeit, als Justin schrieb, die Jungfrauengeburt zum allgemeinen Glaubensgut der Christenheit. Doch zu einer früheren Zeit braucht es nicht so gewesen zu sein. In der anfänglichen Predigt in der Apostelgeschichte kommt die Jungfrauengeburt nicht vor. Es begegnet uns eher eine Christologie mit der Vorstellung von der Adoption Jesu.[130] Es läßt sich nicht nachweisen, daß die Jungfrauengeburt zur Evangeliumsverkündigung der Urchristenheit gehörte. In den Schriften von Johannes, Markus und Paulus kommt sie nicht vor.[131] Zweifellos glaubte man in bestimmten Bereichen der Judenchristenheit und Heidenchristenheit daran. Außer in den Geburtsgeschichten des Matthäus und Lukas kann die Formel, mit der Matthäus Jesaja 7, 14 zitiert, darauf hinweisen, daß der Text schon vor seiner Zeit zu apologetischen Zwekken benutzt wurde. Das alles heißt nicht, daß es keine Jungfrauengeburt gab. Das jüdische Beweismaterial als solches unterstützt die Behauptung von Matthäus und Lukas, daß die Geburt Jesu nicht wie die anderer Menschen war.[132] Aber es bedeutet, daß die Jungfrauengeburt in der Anfangszeit nicht eine solche Stelle im Glaubensbekenntnis einnahm, wie das später der Fall war. Viel grundlegender wurde der Widerspruch der Juden herausgefordert, weil die Christen glaubten, Jesus sei göttlicher Natur.

Nirgends im Neuen Testament wird Jesus eindeutig als Gott erklärt. Gewisse Abschnitte wie Johannes 1, 1, Hebräer 1, 1ff und ganz besonders Kolosser 2, 9 können gar nicht nachdrücklich genug herausstellen, daß Jesus teilhat an der göttlichen Natur; aber die Christen legen immer Wert darauf, die Menschheit Jesu und die damit verbundene Unterordnung unter Gott zu betonen. Das früheste und am meisten verbreitete christologische Bekenntnis scheint »Jesus ist Herr« gewesen zu sein.[133] Es ist fest verankert in der Anfangszeit der aramäisch sprechenden palästinischen Kirche, und zwar nicht nur durch die Reden der Apostelgeschichte,[134] was umstritten sein könnte, sondern durch den Ruf *Maranatha* (Unser Herr, komm!), der bei der feierlichen Anrufung beim Abendmahl gebraucht wurde;[135] darüber besteht kein Zweifel. In diesem Falle wandten christliche Juden das Wort »Herr« auf einen gekreuzigten Rabbi an. Dieses Wort stand im Alten Testament am häufigsten an Stelle des nicht aussprechbaren Namens Jahwe.

Sie rechtfertigten es mit dem ersten Vers des als messianisch erklärten Psalms 110, wo Gott den Messias »Herr« nennt. Die Bestätigung dafür sahen sie in der Auferstehung. So war es erwiesen, daß Jesus aufgefahren war zu seiner mächtigen Stellung bei Gott, die ihm in dem Psalm zugeschrieben wird.

Aber selbst bei einem solchen Bekenntnis konnte ein strenger Jude den Monotheismus seines Glaubens noch wahren. Spätere christologische Definitionen machten das schwerer. Es gab verschiedene Möglichkeiten, den Sinn von *Mar* (Herr) aufzufassen – von der höflichen Anrede »Mein Herr« bis zur Bezeichnung des erhabenen Herrn des Weltalls.[136] Dasselbe galt von der Bezeichnung »Sohn Gottes«. Darauf lag der Hauptton bei der Taufstimme, wo wir erfahren, daß Jesus der »Sohn« aus Psalm 2, 7 ist.[137] Das wollte Jesus hervorheben in der Geschichte von den bösen Weingärtnern; wo es heißt: »Am letzten von allen sandte er seinen Sohn«.[138] Dazu bekannte er sich vor dem Hohenpriester, daß er der Menschensohn in

Herrlichkeit und der Sohn des Hochgelobten sei.[139] Es ist keineswegs unwahrscheinlich, daß Jesus ein solches Bekenntnis abgelegt hat, wie es Otto Betz neuerdings gezeigt hat.[140] Die berühmte Nathanweissagung sah den kommenden Herrscher aus dem Hause Davids als »Sohn« Gottes: »Ich werde sein Vater sein, und er soll mein Sohn sein.« In der Sicht des Hohenpriesters war es Gotteslästerung. Sie lag darin, daß ein einfacher Zimmermann beanspruchte, der eschatologische »Sohn« Gottes und Davids zu sein, der das ewige Königreich von 2. Samuel 7, 13 heraufführen sollte. Doch für den Judenchristen, der glaubte, daß Jesus das getan hatte, bildete dies eine Art christologischen Verständnisses, das seinen Monotheismus nicht störte. Danach war Jesus nicht »Sohn« im physischen Sinne; physisch war er Sohn Davids. Aber er war eingesetzt als »Sohn Gottes« in dem Sinne, daß er das ewige Königreich brachte und für immer auf dem Thron Davids saß aufgrund seiner Auferstehung.[141] Das war etwas ganz anderes, als wenn man Jesus im ontologischen Sinne »Sohn Gottes« nannte. Eine solche Interpretation war ein bleibender Anstoß für die Juden. Man konnte darüber hinwegkommen, indem man Jesus mit dem vorweltlichen Logos oder der Weisheit identifizierte. Darin sah man seit den Tagen der Weisheitsliteratur den Gefährten Gottes und Schöpfungsmittler. So schildert ihn auch der Johannesprolog und der Anfang des Hebräerbriefes. Ein gebildeter Jude könnte das auch ohne Annahme eines Zweigötterglaubens verstehen. Aber am liebsten sah die Judenchristenheit in Jesus den Einen, auf dem der göttliche Geist in Fülle ruhte, und der so die messianische Weissagung von Jesaja 11, 1 ff. erfüllte. Im Hebräerevangelium heißt es: »Die ganze Fülle des Heiligen Geistes soll auf ihn herabkommen«; und an anderer Stelle: »Es geschah, als der Herr aus dem Wasser heraufgestiegen war, daß die ganze Fülle des Heiligen Geistes auf ihn herabkam und auf ihm ruhte, und Er sagte zu ihm: ›Mein Sohn, du bist meine Ruhe, du bist mein erstgeborener Sohn, der für immer regiert‹.«[142] Das Ebioniter-Evangelium, das Anfang des zweiten Jahrhunderts geschrieben ist, stellt Jesus dar als »einen gewissen Mann namens Jesus von etwa dreißig Jahren«,[143] der von Johannes getauft wurde. »Und als er aus dem Wasser stieg, wurde der Himmel aufgetan und er sah den Heiligen Geist in Gestalt einer Taube, die herabkam und in ihn einging. Und eine Stimme erschallte vom Himmel, die sagte: Du bist mein geliebter Sohn, an dir habe ich Wohlgefallen.«[144] Die völlig orthodox judenchristliche Christologie, die dahinter steht, wird deutlich. Jesus ist der Eine, auf dem der Geist ruhte, der Eine, der auf diese Weise als Sohn Gottes ausgewiesen wird;[145] der Eine, den Gott in einzigartiger Weise sandte; der Eine, der in einzigartiger

Weise die Botschaft Gottes weitergibt; denn auf ihn allein hat Gott seinen Geist in unbegrenzter Weise kommen lassen.[146] Eine solche Christologie hätte Trypho leichter annehmen können. Sie ist aber auch nicht so leicht mit der Präexistenz Jesu in Einklang zu bringen.

»Einige deiner Gedanken scheinen paradox und völlig unbewiesen zu sein«, sagte Trypho. »Denn es erscheint mir nicht nur paradox, sondern auch unsinnig, wenn du sagst: Dieser Christus existierte vor aller Zeit als Gott, ließ sich dann herab, um geboren und Mensch zu werden, ist aber doch nicht Mensch vom Menschen.«[147] Justin hat die Güte zuzugestehen, daß es *wirklich* paradox erscheint, bevor er dann dem Juden die Sache klarlegt! Achtzig Jahre früher hätte er nicht so hart ringen müssen, um Trypho zu einem Bekenntnis zu Christus zu bringen. Denn dann hätte er sich nicht solcher Vorstellungen bedient, die für ihn nicht hilfreich waren, weil sie bei den Juden ganz bestimmte Assoziationen weckten. Man sollte wohl bedenken, daß nirgendwo in den Reden der Apostelgeschichte Jesus als Gott oder auch als Sohn Gottes hingestellt wird. In der Art der Darbietung der Botschaft konnte man damals mehr auf die Hörer eingehen, obwohl das alles von den gleichen Glaubensüberzeugungen getragen wurde. In den frühen Reden der Apostelgeschichte tut Jesus Taten, die im Alten Testament Gott zugeschrieben werden. Dieses etwas bewegliche Vorgehen hinsichtlich der Christologie brachte einen Erfolg bei jüdischen Hörern, wie er sich niemals wiederholt hat, nachdem durch die beiden Aufstände und die Veröffentlichung des Dreizehnten Lobpreises[148] die Fronten sich verhärtet hatten. Das beharrliche Bestehen des Frühkatholizismus auf einer einspurigen Orthodoxie erzeugte eine unvermeidliche Reaktion bei den Juden. Die Christen wurden als ehrfurchtslose Gotteslästerer abgetan, die behaupten wollten, es gäbe zwei Götter; und als Gipfel der Verleumdung warf man ihnen vor, Gott hätte bei ihnen Verbindung mit einer Frau gehabt.

Die veränderte Auffassung vom Gesetz

Besonders an zwei Punkten kam es zur Trennung zwischen Juden und Christen: bei der Frage, ob der Messias gekommen sei, und ob man das Gesetz halten müsse. Die erste Frage, die sehr entscheidend war, haben wir ziemlich ausführlich behandelt. Aber auch die zweite muß in einer solchen Studie über die Evangelisation unter den Juden behandelt werden; denn die Frage des Gesetzes richtete eine gewaltige Schranke auf für das Evangelium.

Vier Dinge bekümmerten den Juden in dieser Hinsicht. Erstens hatten sich die Christen seine Stellung als Israel zu eigen gemacht.[149] Das ergab sich natürlicherweise aus ihrer Überzeugung, daß Jesus der Messias war. Wenn er der Messias war, mußten seine Nachfolger das wahre Israel sein. Der Messias und seine Herde konnte nicht voneinander getrennt werden. Jesus erfüllte die Weissagungen des Alten Testamentes, und seine Leute waren deshalb Erben all dieser Verheißungen. Demnach waren alle Juden, die nicht an Jesus glaubten, von dem wahren Israel abtrünnig; äußerlich konnten sie Juden sein, aber nicht in ihrem Herzen.[150] Eine Linie des Unglaubens und des Abfalls hatte es immer in Israel gegeben;[151] oft betraf das den überwiegenden Teil der Nation. Deshalb ließen sich die Christen durch ihre anfänglich kleine Zahl nicht davon abhalten, daß sie den Anspruch erhoben, das »Israel Gottes«[152] zu sein. Nachdrücklich riefen sie das Haus Israels zur Buße über ihre feindselige Haltung gegenüber Jesus, die ihren Höhepunkt in der Kreuzigung gefunden hatte; sie sollten umkehren und ihn als Messias anerkennen.[153] Sie betrachteten sich nicht als Neuerer. Ihre Lehre von der Auferstehung war gut pharisäische Orthodoxie, sie ließ sich auch in den Psalmen finden. Ihre Lehre vom Messias war klar in der Schrift dargelegt für alle, die Augen hatten, es zu sehen. Warum verschwieg es dann das jüdische Volk? Wenn sie im Unglauben und Abfall verharrten, würde Gott sie richten, wie er es mit ihren ungehorsamen Vorfahren auch getan hatte. Besonders im Hebräerbrief und in der Stephanusrede wird das betont. Nach den Worten des Paulus würde er das tote Holz vom Ölbaum Israel herausschneiden und andere (heidnische) Zweige einpfropfen.[154] Die Weigerung Israels, ihren Messias anzuerkennen, war ein Zeichen des göttlichen Mißfallens und Gerichtes, das auf ihnen lag. Es war ein Zeichen, daß sie zur Blindheit verurteilt waren, wie es Jesaja vor langer Zeit ausgesprochen hatte. Von Anfang an hatte man Jesaja 6, 9–10 als Schriftbeweis angeführt für die Lage, in der sich die Juden befanden, die das Evangelium ablehnten. Es wird (unabhängig voneinander) in Matthäus, Markus, Johannes, Apostelgeschichte, bei Paulus und Justin zitiert.[155] Man kann wohl nicht sagen, daß die Christen zur Zeit des Neuen Testamentes beanspruchten, Israel zu *sein,* so wie sie es in den Tagen des Justin taten.[156] Israel bleibt das jüdische Volk, aber das jüdische Volk, das sein Vertrauen auf seinen Messias setzt – ein Volk, an dessen Geschick die gläubigen Heiden Anteil haben,[157] und von dessen Gemeinschaft und Namen die ungläubigen Juden ausgeschlossen sind.[158] Schon in Apostelgeschichte 2, 40 wendet

Petrus den Begriff »verkehrtes Geschlecht« aus 5. Mose 32, 5 auf den Teil Israels an, der nicht den Messias anerkennt. Hier begann eine Entwicklung, die unvermeidlich zu dem Anspruch der Kirche führte, das völlige und alleinige Recht auf die Stellung Israels zu haben und so die Juden zu enterben. Die Entwicklung befindet sich in vollem Gange zur Zeit der Johannesoffenbarung, als Menschen erwähnt werden, »die sagen, sie seien Juden und keine sind«; wo auch die Rede ist von der »Synagoge des Satans«.[159] Justin beweist es aufgrund der Propheten, daß Gott sein eigenes Volk verwirft und an deren Stelle die Heiden annimmt. Zur Zeit des Tertullian, am Ende des zweiten Jahrhunderts, war man allgemein der Überzeugung, daß alle Vorrechte Israels auf die Kirche übertragen worden waren, daß ihre Geschichte im Alten Testament beschrieben wurde, daß Christus dem Mose am brennenden Busch erschienen war und so weiter.[160] M. Simon kommt zu dem Schluß: »Auch sind die Kirche und Israel synonym; Christentum und Judentum durchdringen sich nachweislich... Das Alte und das Neue Testament sind in ihrem Ursprung identisch.«[161] Obwohl die seit dem Ende des ersten Jahrhunderts üblich gewordene Art der Christen, wie sie das Alte Testament lasen, nicht gerade fair war, kann man doch mit aller Zurückhaltung sagen, daß hier ein echtes Anliegen zum Tragen kam, sobald feststand, daß Jesus der Messias war.

Israel wird die Schrift genommen

Zweitens bekümmerte es die Juden, daß die Christen ihnen die Schrift gestohlen hatten. Die Septuaginta war die Bibel der Urgemeinde. Sie enthielt die Worte Gottes. Wenn Gott Wahrheit offenbart hatte, dann mußte sie in den heiligen Büchern enthalten sein. Das stand für die Christen wie für den Überrest Israels unumstößlich fest. Sie waren überzeugt, daß in Jesus Gottes endgültige und volle Offenbarung geschehen war. Daraus folgte, daß die Geschichte von Jesus prophetisch, typologisch oder in anderer Form im Alten Testament enthalten sein mußte. Entsprechend wurde es dann auch durchsucht nach allem, was auf Jesus den Messias, den Höhepunkt der göttlichen Offenbarung, Licht werfen konnte. Man geht dabei so in alle Einzelheiten, daß sich aus den alttestamentlichen Zitaten in Justins *Dialog* beinahe ein Leben Jesu zusammenstellen ließe. In der Aussage von Jesaja 65, 2 »Ich strecke meine Hände aus nach einem ungehorsamen Volk« ist es Jesus, der das spricht, und zwar im Blick auf seine Kreuzigung. Psalm 3, 5 spielt an auf seinen Tod und seine Auferstehung mit den Worten: »Ich liege und schlafe und erwache; denn der Herr hält mich.«[162] Und so geht es Seite um Seite weiter. Der Christ ist völlig davon überzeugt, daß das Alte Testament »unser Buch« ist, und er benutzt sogar sein Schweigen zu seinem Vorteil. Dieser Prozeß vollzieht sich in jeder Schicht des Neuen Testamentes.

Stellen, die sich im Alten Testament auf Jahwe beziehen, werden im Neuen ohne Scheu auf Jesus bezogen.[163] Dieses Verständnis bezüglich einer Erfüllung begegnete uns schon im vorigen Kapitel. Es muß viele Juden zum Glauben geführt haben. Aber was war mit denen, die nicht glaubten, sondern sich über diesen Umgang mit ihren heiligen Büchern entrüsteten? Ihre brennende Wut wird noch sichtbar in den Worten, mit denen die Christen wie Irenäus die Sache beschreiben. »Hätten die Juden gewußt, wie es mit uns weiterging, und daß wir diese Beweise aus der Schrift entnähmen, sie hätten nicht gezögert, ihre eigenen Schriften zu verbrennen. Denn darin steht, daß alle anderen Völker ewiges Leben ererben werden, daß aber die, die sich rühmen, das Haus Jakobs zu sein, von der Gnade Gottes ausgeschlossen sind.«[164] Sie wurden dazu getrieben, die Septuaginta den Christen zu überlassen und im Jahre 130 n. Chr. unter Aquila eine ganz neue Übersetzung herzustellen.[165] Besonders nach dem Fall Jerusalems, als das Gesetz als der eine Trost für die armen Juden übrig geblieben war, kränkte es sie in unerträglicher Weise, daß die Christen ihnen den Trost wegnehmen sollten. Einige Christen, wie zum Beispiel Justin, behaupteten, daß die Juden das Recht auf sie verwirkt hätten, da sie sie nicht verstünden. »Eure Schriften, oder besser: nicht eure, sondern unsere; denn obwohl ihr sie lest, erfaßt ihr doch nicht ihren Geist.«[166] Andere, wie Barnabas[167], behaupten kurzum, daß die Schrift überhaupt niemals den Juden gehört habe. Sie sei von Anfang an dazu bestimmt gewesen, geistlich verstanden zu werden, d. h. allegorisch. Die Juden mit ihrem wörtlichen Verständnis hätten geirrt und seien ungehorsam gewesen. »Ein böser Engel verführte sie« und »die Dinge, die uns gelten (d. h. die rote Kuh ist ein Typus für Christus), sind für uns klar, für sie aber dunkel; denn sie hörten nicht auf die Stimme des Herrn«.[168] Einige, wie Aristides, nahmen einen etwas milderen Standpunkt ein, was das Recht der Juden auf die Schrift betraf;[169] sie waren bereit, das Erbe des alttestamentlichen Israel mit den Juden zu teilen; doch sie scheinen immer weniger geworden zu sein. Man kann nur mit Harnack zu dem Schluß kommen: »Eine solche Ungerechtigkeit wie die der Heidenkirche gegenüber dem Judentum ist in der Geschichte fast unerhört. Die Heidenkirche streitet ihm fast alles ab, nimmt ihm sein heiliges Buch, und während sie selbst nichts anderes ist als transformiertes Judentum, durchschneidet sie jeden Zusammenhang mit demselben: die Tochter verstößt die Mutter, nachdem sie sie ausgeplündert!«[170]

Israels Gesetz wird gebrochen

Damit kommen wir zum dritten Punkt, bei dem sich die Juden über die Christen beklagten. Sie haben ihr Gesetz – oder besser, Gottes Gesetz gebrochen. Zuerst hatte es Jesus getan. Er hatte sich erstaunliche Freiheiten gegenüber dem Sabbat herausgenommen; er hatte sich angemaßt, das Gesetz zu verändern; er hatte nicht peinlich darauf geachtet, kultische Unreinheit oder die Beziehung zu heidnischen »Hunden« zu meiden; schließlich war er einen Tod gestorben, der nach dem Gesetz verflucht ist. Was noch schlimmer ist, seine Nachfolger hatten die rechtmäßig eingesetzte Priesterschaft Israels abgelehnt, eigene Synagogen eingerichtet, andere zeitgenössische Bücher neben dem Gesetz und den Propheten gelesen, Tischgemeinschaft mit Heiden gepflegt und behauptet, daß selbst eine so heilige Handlung wie die Beschneidung bei Gott nichts nützte. Kein Wunder, wenn Trypho zu Beginn seines Gesprächs mit Justin die Christen beschuldigt, sie hätten das Gesetz gebrochen.[171]

Die Haltung der Christen gegenüber dem jüdischen Gesetz war unterschiedlich. Aber alle schienen darin übereinzustimmen, daß Jesus das Ziel des Gesetzes war. Das Gesetz war nicht gegen die Verheißungen Gottes,[172] sondern war der »Schulmeister«, der den aufmerksamen Schüler zu Jesus führen sollte.[173] Das geht genauso klar aus einem jüdischen Evangelium wie Matthäus oder einer Schrift an Judenchristen wie dem Hebräerbrief hervor, wie wir es bei Paulus finden[144]. Doch weiter ging die Übereinstimmung nicht. Einige Christen, wie die judaisierenden Gruppen, gegen die Paulus energisch vorgeht, behaupteten, daß die heidnischen Anhänger Christi das ganze Gesetz übernehmen sollten; andere verlangten, daß sie sich wenigstens beschneiden lassen sollten.[175] Überraschenderweise kann der Druck in dieser Richtung von den Heiden selber ausgeübt worden sein. Es läßt sich sehr wohl annehmen, daß die Leute in Galatien, die sich beschneiden ließen *(hoi peritemnomenoi)*, in der Tat Heiden waren.[176]

Sie sahen, daß die Verheißungen dem natürlichen Israel galten; man tat also gut daran, sich ihnen anzuschließen. Das konnte natürlich auch politische Vorteile bringen, da die Juden eine anerkannte Religion waren, während der Status der Christen zunächst unsicher und später ausgesprochen gefährlich war. Obwohl diese Frage wenigstens grundsätzlich durch das Apostelkonzil in Jerusalem im Jahre 48 n. Chr. weitgehend beigelegt war, ist anzunehmen, daß sich die judaisierenden Christen noch nicht zufrieden gaben.[177] Ein halbes Jahrhundert später kann Ignatius sagen: »Es ist besser, das Christentum von einem beschnittenen Manne (d. h. einem Judenchristen) zu lernen, als das Judentum von einem Heiden.«[178]

Eine zweite Haltung gegenüber dem Gesetz war diejenige, die die Judenchristen einnahmen. Selbst wenn man bedenkt, daß manche fremden Elemente in den Glauben der sogenannten »Ebionäer« eindrangen, war es doch charakteristisch für das Judenchristentum vor und nach dem großen Aufstand, daß sie wie die ersten Christen selbst das Gesetz hielten (wenigstens soweit, daß sie sich nicht mit den Heiden vermischten und eifrig den Tempel- und Synagogengottesdienst besuchten). Sie hielten außerdem die Beschneidung, das Fasten, den Sabbat und anderes für wichtige Lebensordnungen, die ihnen als dem wahren Israel galten. Für die heidnischen Anhänger des christlichen Glaubens machten sie diese nicht mehr verpflichtend als es die Beschneidung und das Einhalten des ganzen Gesetzes für die Gottesfürchtigen waren, die sich im weiteren Rahmen einer jeden Synagoge bewegten. Jakobus von Jerusalem war ein solcher Christ. Er unterhielt enge Beziehungen zu den nichtchristlichen Juden der Hauptstadt und verdiente große Achtung unter ihnen. Man mag streiten, ob der Jakobusbrief zu Recht dem Herrenbruder zugeschrieben wird. Jedenfalls ist er ein Dokument, das er verfaßt haben kann. Von außen betrachtet, hat er wenig christlichen Inhalt, unter der Oberfläche aber sehr viel.

Die Stellung des Paulus zum Gesetz ist bekanntlich schwer zu interpretieren. Einerseits ist es heilig, gerecht und gut;[179] es enthält die Weisung des Herrn. Auf der anderen Seite ist es ein Eingangstor für die Sünde, ja, es weckt sogar die Sünde: »Denn ich wußte nichts von der Lust, hätte das Gesetz nicht gesagt: ›Laß dich nicht gelüsten!‹ Es nahm aber die Sünde Anlaß am Gebot und erregte in mir jegliche Lust.«[180] Als ein Führer, um Gottes Willen zu erkennen, ist es sehr gut; als ein Weg zur Verbindung mit dem Gott, gegen den wir gesündigt haben, muß es hoffnungslos versagen. Und es sollte auch nie etwas anderes sein.[181] Paulus betont, daß geschichtlich die Verheißungen Gottes der Gesetzgebung vorausgehen. Das Gesetz kann nicht die Verheißungen außer Kraft setzen, die 400 Jahre früher gegeben wurden.[182] Ein Heide wird nicht in Abraham, den Vater der Gläubigen, eingegliedert durch das Halten des Gesetzes, sondern durch die Berufung auf die Verheißungen,[183] und auch ein Jude kommt nur auf diesem Wege zu Gott.[184] Aus zwei Gründen kann das Halten des Gesetzes keinen Menschen in das rechte Verhältnis zu seinem Schöpfer bringen. Erstens kann niemand das Gesetz auch nur einen Tag, geschweige denn sein Leben lang halten; und keine »überverdienstlichen Werke« von morgen können das Versagen von heute ausgleichen.[185] Aber selbst wenn das möglich wäre, könnte man auf diese Weise nicht mit einem persönlichen, sittlich ausgerichteten Gott in Verbindung treten.[186] Gott sucht bei seinen Geschöpfen liebendes Vertrauen, nicht ein kaltes, gesetzliches Aufreihen von Verdiensten in einem himmlischen Kontobuch. Deshalb kämpft Paulus so sehr gegen das Gesetz als Weg zur Versöhnung mit Gott. Er streitet sich nicht mit Judenchristen, die die Verpflichtungen des Gesetzes wörtlich erfüllen; gelegentlich tut er es sogar selbst;[187] aber er ist nicht dadurch gebunden.[188] Er handelt in solchen Fällen, wie es gelegentlich die Klugheit erfordert, aber nicht aus grundsätzlichen Erwägungen. Denn er ist der Welt des Gesetzes, der Sünde und des Todes abgestorben;[189] er lebt in einer neuen Welt, in der Gottes Wille in der Person Jesu Christi verkörpert ist, in einem neuen und inneren Bund, einem persönlichen Verhältnis mit Gott, das durch keine äußeren gesetzlichen Vorschriften ersetzt werden kann.[190] Das heißt natürlich nicht, daß er frei ist, um zu tun und zu lassen, was er will.[191] Vielmehr sah er Christus als den Zielpunkt des Gesetzes für die Gläubigen sowohl in sittlicher Hinsicht wie auch für den Bereich des Denkens.[192] Als ein durch den Tod Christi von der Struktur des Gesetzes und von dem Fluch über den Übertreter befreiter Mensch konnte er jetzt das Gesetz Christi erfüllen und seinen Nächsten lieben wie sich selbst.[193] Die Haltung des Petrus, soweit es die Apostelgeschichte betrifft, war nicht viel anders, obwohl er das Gesetz etwas positiver wertete als Paulus. Er stellte sich beim Apostelkonzil in Jerusalem betont auf die Seite der Heiden und ihrer Freiheit vom Gesetz und sprach von einem Joch, das »weder unsere Väter noch wir haben tragen können«.[194] Auch er sieht das innere Gesetz des Heiligen Geistes in Heiden wie in Juden als die Erfüllung dessen, was das alttestamentliche Gesetz wollte. Denn auch er betont die *agape* als die praktische Auswirkung des Gesetzes.[195] Dennoch sahen die Judenchristen des zweiten Jahrhunderts in ihm zusammen mit Jakobus ihre Gewährsleute. Anscheinend hat er also seine christliche Freiheit vom Gesetz weniger ausüben können als Paulus.

Aber die Kirche wurde immer mehr heidenchristlich und zunehmend dem Judentum, seinem Gesetz und seinem Kult gegenüber ablehnend. Wie wir sahen, gebrauchte Barnabas genauso rückhaltlos wie Philo die jüdische Auslegungsmethode der Allegorese. Das Ergebnis war, daß er das Gesetz ganz ins christliche Lager überführte und behauptete, die Juden hätten kein Recht darauf; denn obwohl es ihnen gegeben wäre, wären sie um ihrer Sünden willen nicht wert, es zu empfangen. »Lerne jetzt, wie *wir* es empfangen haben«,[196] fährt er fort; und dann erklärt er Jesus als das neue Gesetz, den neuen Bund, der einem Volk seines Eigentums gegeben ist. Nur allzu leicht konnte man den jüdischen Vorwurf, daß die Christen das Gesetz nicht hielten, gegen sie selbst wenden. Man mußte nur verweisen auf das goldene Kalb oder das Murren in der Wüste, um nachzuweisen, daß die Juden bestimmt das Gesetz nicht gehalten hatten. Viele dieser unfruchtbaren Einwände haben sich erhalten; denn sie tauchen wieder auf in den Schriften von Hippolyt, Eusebius und Gregor dem Großen.

Justin nahm etwa die gleiche Haltung ein. Er behauptete, daß das kultische Gesetz eine Erziehungsmaßnahme Gottes war, um der Halsstarrigkeit eines Volkes entgegenzuwirken, das immer zum Abfall bereit war. Es sei dazu bestimmt gewesen, das jüdische Volk für ein besonderes Gericht Gottes auszuersehen. Der jüdische Gottesdienst nach dem kultischen Gesetz sei abwegig und verderbt.[197] Die Grundgedanken für diese verschiedenen Haltungen lassen sich schon im Neuen Testament nachweisen, allerdings mit einem bedeutenden Unterschied. Innerhalb des ersten Jahrhunderts lebt noch die Hoffnung, Israel zu gewinnen. Wenn die Begegnung mit den Christen auch manchmal heftig ist, sind die Christen doch entbrannt in Liebe zu den Juden und möchten, daß sie den Messias anerkennen. Durch die geschichtlichen Wendepunkte der Folgezeit, wie den großen Aufstand, den dreizehnten Lobpreis und den Bar-Kochba-Aufstand, verwandelte sich diese Einstellung zu Haß und Antipathie. Jetzt gab es nicht mehr Evangelisation unter den Juden, sondern Apologetik gegen die Juden mit interessierten Christen.

Israels Kult wird vergeistigt

Noch über etwas anderes erregte sich der Jude. Die Christen vergeistigten seine heiligen Bräuche.[198] Man klagte mit Recht darüber. Sabbat, Beschneidung, Opfer, Priester, Tempel wurden alle von den ersten Christen aufgegeben oder als willkürliche Besonderheiten angesehen, die für den wahren Glauben immer weniger Bedeutung hätten. Zur Zeit des Hieronymus waren die, die sowohl Juden als auch Christen sein wollten, in Wirklichkeit keines von beiden. Die Quelle für diese leidvolle Trennung lag wieder einmal im Herzen des Neuen Testamentes selber, und zwar in der Lehre und dem Verhalten Jesu. Er lebte und starb als Jude, er besuchte den Tempel und die Synagoge. Aber er lehrte, daß er selber der neue Tempel sei, der vor langer Zeit dem David von Gott verheißen war.[199] Während wir nicht wissen, ob er Opfer dargebracht hat, muß er zumindest bei ihnen zugegen gewesen sein und er hat auch die Tempelhöfe gereinigt. Aber er behauptete, daß er durch seine Person die Versöhnung für die Sünden der Welt bringe.[200] Er schickte einen Aussätzigen fort, damit er sich den Priestern zeige als Zeichen für seine Heilung.[201] Aber er selbst ging sehr großzügig mit den von den Pharisäern so sehr betonten Reinigungsvorschriften um. Er deutete sogar hin auf die Abschaffung des Zeremonialgesetzes, indem er behauptete, was den Menschen wirklich verunreinige, käme aus seinem Inneren.[202] Die Glosse des Markus »So erklärte er alle Speisen für rein« war sicher zu der Zeit noch nicht die allgemeine Meinung; aber nach der Auferstehung, als man über die volle Bedeutung Jesu nachdachte, mußte man zu diesem Ergebnis kommen.

Die Wurzel für diese unklare Einstellung zu den äußeren Handlungen des Glaubens findet sich schon bei Jesus selbst. Nach dem Bericht der Apostelgeschichte wird es von dem ersten Märtyrer aufgegriffen und verwandt. Stephan stand unter Anklage, Mose und Gott zu lästern, gegen den Tempel und das Gesetz zu reden, die den Juden von Mose überlieferten Sitten zu ändern.[203] Diese Anklagen hatten ihren Grund. Die Beweisführung des Stephanus war der Quellgrund für eine umfangreiche Apologetik. Professor Moule hat sie untersucht.[204] Worte wie »geistlich«, »nicht mit Händen gemacht«, »angenehm vor Gott« wurden ständig von den Christen gebraucht. Dies geschah zum Teil, um dem Spott der Juden entgegenzutreten, wenn sie sagten: »Ihr Christen habt keine Priester, keine Opfer, keinen Altar, keinen Tempel, keine Beschneidung.« Darauf gaben sie zur Antwort: »Wir haben es doch. Wir haben einen Tempel nicht von Händen gemacht, den Tempel des Leibes Christi, in dem wir eingeschlossen sind. Wir haben einen großen Hohenpriester, der selber in den Himmel hinaufgestiegen ist, um dort zu erscheinen für uns und als unser Vorläufer. Wir haben einen Altar (das Kreuz?), an dem ihr keinen Anteil haben könnt; denn ihr verehrt noch den Schatten, nicht die Wirklichkeit. Eure Opfer sind wirkungslos, sie können die Opfernden niemals zu Gott bringen. Aber wir kommen ihm nahe durch das ewige Opfer des Sohnes

Gottes und wir opfern jetzt als die Erlösten Lobopfer, Danksagung, unser Geld und uns selbst. Dies alles ist vor Gott angenehm in einer Weise, wie eure es nie sein können, denn sie entspringen aus einem falschen Verhältnis zu ihm. Was die Beschneidung betrifft, so haben wir eine Beschneidung nicht mit Händen gemacht, die jene innere Herzensbeschneidung erfüllt, die die Propheten gepriesen haben. Wir sind getauft in die Beschneidung Christi hinein, das völlige Abtun der Sünde, das er am Kreuz errang. Von nun an ist leibliche Beschneidung zweitrangig.«

Diese Stellung findet man im Neuen Testament bezüglich der äußeren Vorschriften: bei Paulus, im Hebräerbrief, bei Lukas und besonders im Markusevangelium. Über das Halten des Sabbats hören wir wenig. Nur für den Glauben der jüdisch-gnostischen Heretiker in Kolossä war es von Bedeutung und wurde deshalb von Paulus entschieden zurückgewiesen. In einem weniger polemischen Zusammenhang, als er an die Römer schreibt, verlangt er Gewissenhaftigkeit und Duldsamkeit bei einem sogenannten *adiaphoron*. »Einer hält einen Tag höher als den anderen; der andere aber hält alle Tage gleich. Ein jeglicher sei seiner Meinung gewiß. Wer auf die Tage hält, der tut's dem Herrn... und wer nicht isset, der isset dem Herrn nicht und dankt Gott auch.«[205] Eine solche Haltung war gemäßigt und verständlich, wenn sie den Juden auch schwer einging. Wenn man glaubte, daß mit Jesus die Erfüllung gekommen war, dann lag es nahe, im Gesetz mit seinen kultischen Vorschriften nur eine *praeparatio evangelica* zu sehen, die ihren Zweck erfüllt hatte. Man konnte noch mit dem Schreiber des Hebräerbriefes sagen, daß das, was alt ist, seine Zeit gehabt hat und verschwinden wird.[206]

Aber nach dem furchtbaren jüdischen Krieg und der Zerstörung des Tempels wurde eine schärfere Haltung vorherrschend. Die meisten Christen sahen in der gewaltsamen Beendigung des Opferdienstes und in der Zerschlagung des Priestertums in den Ruinen des Tempels einen deutlichen Beweis dafür, daß Gott sich ihrer nicht mehr bedienen wollte. Das wäre der entscheidende Punkt im Hebräerbrief gewesen, wenn er einige Jahre nach 70 n. Chr. anstatt einige Jahre zuvor geschrieben worden wäre.[207] Justin bringt das rückhaltlos in Erwähnung. »Die Beschneidung wurde euch gegeben als ein Zeichen, daß ihr von anderen Völkern abgesondert sein solltet, und daß ihr allein das erleidet, was ihr jetzt gerechterweise erleidet, und daß euer Land verödet und eure Städte mit Feuer verbrannt würden.«[208] Es war grausam, so mit einem tapferen und unglücklichen Volk umzugehen. Noch beschämender ist die Haltung in dem sonst so ansprechenden *Brief an Diognet,* der das ganze jüdische System verspottet. Die Opfer sind danach »eher unsinnige Handlungen als Gottesdienst«; ihre Skrupel hinsichtlich der »Sabbate und Fleischarten, ihr Rühmen der Beschneidung und ihre Vorstellungen über Fasten und Neumonde« werden als »äußerst lächerlich und nicht beachtenswert« abgetan.[209] Sehr bitter fertigt Ignatius das Judentum und die Judenchristen ab: »Beide, soweit sie nicht von Jesus Christus sprechen, sind meiner Meinung nach Grabsteine und Gräber von Toten, auf denen nur die Namen von Menschen eingezeichnet sind.«[210] Sehr brillant redet Barnabas, wenn er von der Beschneidung spricht. »Abraham, der zuerst die Beschneidung befahl, freute sich im Geist auf Jesus, als er diese Handlung vollzog, nachdem er das Geheimnis der drei Buchstaben empfangen hatte.«

Diese sind seine 318 Knechte; denn die griechischen Zahlenbezeichnungen für 318, IHT, weisen auf Jesus hin (IH sind die beiden ersten Buchstaben seines Namens in griechisch, und das T deutet auf sein Kreuz hin).[211] Aber Barnabas lehnt die gemäßigte Haltung einiger seiner Zeitgenossen ab, die bereit sind, den Bund mit den Juden zu teilen, indem sie sagen: »Der Bund gehört ihnen und uns.«[212] Er will nicht zugestehen, daß die Beschneidung ein besonderes Siegel auf den Bund mit den Juden ist, denn er behauptet: »Jeder Syrer und Araber ist beschnitten, und alle die Götzenpriester auch. Befinden sie sich dann in den Grenzen seines Bundes?«[213] Justin entschied sich zu Anfang des zweiten Jahrhunderts mit der Minderheit der rechtgläubigen Christen dafür, daß die Judenchristen, die das Gesetz hielten, gerettet werden konnten.[214] Barnabas und die Mehrheit der anderen Christen würden dem nicht zugestimmt haben. Denn die Zeit einer wirksamen Judenmission war zu Ende.

Es gibt eine aufschlußreiche Stelle im *Psalmenkommentar* des Origenes, die uns zeigt, wie vollständig die Verbindung zwischen Juden und Christen im dritten Jahrhundert abgebrochen war. In seiner Auslegung des Abschnitts aus 5. Mose: »Sie haben mich eifersüchtig gemacht mit dem, das kein Gott ist; sie haben mich erzürnt mit ihren Götzen. So will ich ihre Eifersucht erregen mit denen, die kein Volk sind; ich will sie erzürnen mit einem törichten Volk« sieht Origenes die Erfüllung in seiner Zeit. »Deshalb werden die Juden jetzt nicht gegenüber den Heiden erregt, denen, die Götzen verehren und Gott lästern. Nein, sie hassen sie nicht, und ihr Unwille erregt sich nicht gegen sie. Aber sie werden von einem unersättlichen Haß verzehrt gegen die Christen, die die Götzen abgelegt und sich zu Gott bekehrt haben.«[215] Obwohl Origenes selbst den ungewöhnlichen Schritt unternahm und einen Juden gewann, der ihn Hebräisch lehrte, zeigt doch diese beiläufige Enthüllung in seinem Kommentar, wie die normalen Beziehungen zwischen Juden und Christen zu seiner Zeit waren. Hier wird ergreifend deutlich, wie es dem Evangelium nicht gelang, in seinem Mutterboden, dem Judentum, Wurzel zu schlagen.

Versagen und Erfolg

Die Geschichte der Evangelisation der Juden in den ersten 200 Jahren der Christenheit war eine Geschichte des Mißerfolgs. Aus der Art, wie das Neue Testament von den Juden spricht,[216] und besonders aus der apologetischen Literatur wird es klar ersichtlich. Die Zerstörung des Tempels galt als göttliche Vergeltung an den Juden, weil sie den Messias getötet hatten. Die Schuld für die Kreuzigung wurde zunehmend mehr auf das jüdische Volk als ganzes gelegt, obwohl in der Anfangszeit nur die verantwortlichen Führer des Volkes in dieser Sache von den Aposteln angeklagt wurden. Eine solche Anklage begegnet uns beispielsweise nicht in der Begegnung des Paulus mit den Juden im pisidischen Antiochien; diese Leute konnte man unmöglich für die Kreuzigung Jesu verantwortlich machen. Die Art, wie die Christen die Juden systematisch ihrer heiligen Bücher, ihres Gesetzes, ihrer Stellung und Geschichte als Israel beraubt haben, ist auf den vorhergehenden Seiten skizziert worden. Es erklärt zur Genüge, warum die Judenmission ein Fehlschlag wurde. Wenn jemals ein evangelistisches Unternehmen uns lehren kann, daß man das Evangelium nicht ohne Liebe predigen kann, dann geschieht es an dieser Stelle. Es ist der christlichen Gemeinschaft nicht gelungen, glaubhaft zu machen, daß sie das Volk des Messias seien.[217]

In der Anfangszeit jedoch, vor dem Krieg des Jahres 66 n. Chr. und vielleicht noch mehr, bevor die antiochenische Kirche anfing, mit so überraschenden Erfolgen den Nichtjuden zu predigen, machte das Evangelium beträchtliche Fortschritte unter den Juden von Jerusalem, Syrien, Ägypten und Rom.[218] Was machte es so anziehend?

Zuallererst natürlich die Person und das Wesen Jesu. Wenn schon Johannes der Täufer einen solchen Eindruck auf Israel machte, wie viel mehr dann Jesus? Seine Lehre, seine Liebe, seine Wunder, seine ganze Person müssen auf einen frommen Israeliten eine gewaltige Anziehungskraft ausgeübt haben. Wenn er nur über die Frage des Todes Jesu hinwegkommen konnte und sich von der Auferstehung Jesu überzeugen ließ, war es nicht mehr schwer, ihn in die Synagoge des Messias zu bringen.

Zweitens muß das persönliche Zeugnis der Apostel von der Auferstehung große Anziehung gehabt haben. Wenn Jesus wirklich die Bande des Todes zerbrochen hatte und zu einem Leben der kommenden Welt auferstanden war, dann war er ihr Führer.

Die Art, wie die Christen ihre Sache aus der Schrift bewiesen, übte eine starke Wirkung aus. Nach anerkannten exegetischen Grundsätzen konnten sie nachweisen, daß fast alle alttestamentlichen Aussagen über einen kommenden Erlöser in diesem wunderbaren Menschen Jesus erfüllt waren, der nach ihrer Überzeugung mehr als ein Mensch war. Die frohe Gemeinschaft der ersten Gemeinde mit ihrer Führung durch die Apostel, ihren gemeinsamen Mahlzeiten und ihrer Gütergemeinschaft, ihren ernsten Gebetsgemeinschaften, ihrer tiefen und engen Bruderschaft – das alles muß seine eigene Ausstrahlungskraft gehabt haben. Wenn Verfolgung eintrat, diente sie nur dazu, diese »Liebe zu den Brüdern« zu vertiefen.

Dies alles liegt sehr klar auf der Hand. Aber es gab noch drei Dinge, die nicht so klar waren. Das erste ist die politische Seite der Predigt in der Frühzeit. Wenn Jesus als der verherrlichte Menschensohn mit den Wolken des Himmels wiederkommen sollte, und wenn das, wie es einige Traditionsstücke über ihn andeuten, noch zu Lebzeiten einiger seiner Anhänger geschehen sollte,[219] dann handelte es sich hier eindeutig um den endgültigen Schlußakt der Geschichte, auf den sie alle warteten, um den Einbruch der Gottesherrschaft und den Sieg über die gottlosen Römer. Diese Tatsache *muß* bei dem plötzlichen Anwachsen des Christentums von Anfang an eine Rolle gespielt haben.

Wir dürfen es jedoch nicht überschätzen. Denn zur Zeit des großen Aufstandes war sich die christliche Gemeinde in Jerusalem darüber im klaren, daß ein bewaffneter Aufstand nicht zu dem vom Menschensohn erwählten Weg gehörte. Sie entflohen aus der belagerten Stadt nach Pella, weil sie zusammen mit ihren Glaubensgenossen außerhalb Israels jede Einmischung in Kriegsdinge ablehnten. Genau das gleiche spielte sich ab, wie wir schon sahen, als Bar Kochba versuchte, Israel davon zu überzeugen, daß er der Messias wäre.

Evangelium und Politik wurden also immer mehr in eine klares Verhältnis zueinander gerückt.

Aber es ist doch anzunehmen, daß die glühende Messiaserwartung der damaligen Zeit sehr dazu beitrug, daß in den ersten zwei Jahrzehnten nach der Auferstehung Angehörige der jüdischen Rasse zu Christus hingezogen wurden.

Ein zweites Moment der Anziehung war die Kraft dieser Christen, einander zu lieben, Charakterschwierigkeiten zu überwinden und Feindschaft und Tod um Jesu willen froh zu ertragen. Stephanus hat durch seinen Tod mehr für seinen Meister getan als durch sein Leben. Die *dynamis* der Christen wirkte stark auf einen Zauberer wie Simon Magnus bzw. Elymas.[220] Wir lesen in der Apostelgeschichte von jüdischen Exorzisten, die versuchten, aus der im Namen Jesu liegenden Kraft Kapital zu schlagen.[221] Das setzte sich auch später fort, obwohl die Beziehungen zwischen den Christen und den Juden schlechter wurden. »Ein Mensch soll nichts mit den Ketzern zu tun haben noch sich von ihnen heilen lassen, selbst wenn es nur um eine Stunde seines Lebens ginge. Es gab den Fall des Ben Dama, des Neffen von R. Ismael, den eine Schlange biß. Da kam Jakob, der Ketzer aus dem Dorf Sechanja, um ihn zu heilen (›im Namen des Jeschu ben Pandera‹); aber R. Ismael wollte es ihm nicht erlauben.«[222] »Rabbi Akiba hat gesagt: Wer in fremden Büchern liest und wer über einer Wunde flüstert und sagt: ›Keine der Krankheiten, die ich Ägypten geschickt habe, will ich auf dich legen; ich bin der Herr, dein Arzt‹ hat keinen Anteil an der zukünftigen Welt.«[223] Das ist sicher – wie das letzte, etwas ausführlichere Beispiel – eine Anspielung auf christliche Heilung im Namen Jesu. Die Worte aus 2. Mose 15, 26 »Ich bin der Herr, dein Arzt« haben den Zahlenwert des Namens Jesu und wurden bei den Judenchristen zu diesem Zweck benutzt, wenn sie seinen Namen nicht offen auszusprechen wagten.[224] In jüdischen Quellen gibt es noch andere Beispiele, die nicht nur eine Bestätigung bilden für die apostolischen Heilungsberichte in der Apostelgeschichte, sondern auch zeigen, welche Wirkung sie auf einfache Menschen haben konnten, die über die Zeugnisse des neuen Glaubens staunten.[225] Aber auch hier darf man nicht übertreiben. Nicht die Wunder brachten einen Menschen zum Glauben. Es gab viele Wunder in der alten Welt. Vielmehr waren es diese mächtigen Taten in Verbindung mit der Predigt von Jesus, die einen solchen Eindruck machten, wie es ja in ähnlichen Lagen auch zu seinen Lebzeiten geschehen war. Stephanus, voller Gnade und Kraft, tat große Wunder und Zeichen unter dem Volk; aber widerstehen konnten sie nicht der Macht seiner Verkündigung von Jesus als dem Messias.[226]

Schließlich war es das Angebot der Vergebung, das in jüdischen Kreisen einen entsprechenden Eindruck hinterließ. Jede Religion, die von dem Gedanken des Gesetzes und der moralischen Verantwortung vor Gott beherrscht wird, führt entweder zur Gesetzlichkeit oder in die Verzweiflung. Wie kann ein Mensch vor seinem Schöpfer gerecht sein? Das Judentum hatte keine Antwort. Wer das Gesetz an einer Stelle nicht hielt, der war es ganz schuldig.[227] Aber das Christentum hatte eine Antwort, eine glaubhafte und vernünftige Antwort. Die Nachfolger Jesu behaupteten, daß er im Auftrag Gottes gründlich und endgültig das Problem der menschlichen Schuld am Kreuz gelöst hatte. Er hatte den Fluch des gebrochenen Gesetzes getragen; denn »er wurde ein Fluch für uns«. Er hatte die Bestimmung des leidenden Gottesknechtes erfüllt. Die Vergebung, die der empfing, der durch Christus zu Gott kam, galt als ein Besitz, den man jetzt schon haben konnte, als eine Vorwegnahme des letzten Gerichtes. Und sie brachte eine Befreiung und Kraft, für die es im Judentum nichts Vergleichbares gab. Das muß manchen vornehmen Juden sehr stark angezogen haben, ähnlich wie Saul von Tarsus, wenn er mit seinen Sünden rang. Besonders nach der Beseitigung des ganzen Opferwesens fühlten die Juden den Druck ihrer Sünden um so stärker. Origenes berichtet, wie zu seiner Zeit die Juden ihm sagten, »weil sie keinen Altar, keinen Tempel, keinen Priester und deshalb auch nicht die Darbringung von Opfern hätten, fühlten sie, daß ihre Sünden bei ihnen blieben, und hätten kein Mittel, um Vergebung zu erlangen«.[228] Dr. Marmorstein ist der Frage nachgegangen, wie weit sich die Juden im zweiten und dritten Jahrhundert mit der für viele von ihnen bedrängenden Frage nach Vergebung der Schuld beschäftigt haben. Die Antworten, die er fand, lauteten: durch das Blut der Beschneidung, die Opfer Elias im Himmel und sehr oft durch das Opfer Isaaks.[229] In dem *Buch der Jubiläen*, einer Schrift aus vorchristlicher Zeit, soll das Opfer Isaaks am 14. Nisan stattgefunden haben und ein Typus auf das Passahlamm sein. Die Ähnlichkeit mit dem am gleichen Tage anzusetzenden Tod Christi als »das Lamm Gottes, das der Welt Sünde trägt« ist augenfällig. Der Kult Isaaks als des Mittlers hat sich fortgesetzt.

Rabbi Jochanan, der im dritten Jahrhundert lebte, läßt Abraham sagen: »Wenn die Nachkommen Isaaks der Übertretungen und bösen Taten schuldig sind, dann gedenke des Opfers Isaaks und habe Erbarmen.«[230] Die Christen hatten etwas anzubieten, das wirklicher, neuer, sittlicher und viel befreiender war als das Opfer Isaaks. Dr. James Parkes hat es so ausgedrückt: »Das Judentum verkündigte, daß Gott Sünde vergibt; aber das Christentum verkündigte, daß Gott die Sünder erlöst.«[231]

5 Evangelisation unter den Heiden

Das christliche Evangelium gilt allen, Juden und Heiden, Gebildeten und Ungebildeten, Männern und Frauen, Knechten und Freien. Das war in der Urgemeinde nicht umstritten, wenn man auch ernsthaft darum rang, wieweit bekehrte Nichtjuden sich an den Ritus, das Gesetz und die äußeren Zeichen Israels halten sollten.[1] Das Heil kommt von den Juden. Seine Quelle liegt in einem Manne, der unter dem Gesetz geboren wurde.[2] Aber es ist für die ganze Welt bestimmt.[3] Wie man dies ausführen sollte, hat die ersten Jünger nicht unmittelbar beschäftigt. Sie hatten alle Hände voll zu tun, um den Juden der Hauptstadt Jesus und die Auferstehung zu verkündigen. Aber Lukas entfaltet es in seinem Bericht, wie der weitere Verlauf war, nicht nur in Jerusalem und Judäa, sondern in Samarien und bis ans Ende der Erde.[4] Er läßt uns völlig in Unkenntnis darüber, was schließlich mit den beiden Hauptgestalten seines Berichtes, Petrus und Paulus, geschieht.[5] Aber wir erfahren sehr klar, daß die frohe Botschaft von Jesus in der ganzen Kulturwelt verkündigt wurde und sich in Rom selbst, dem Mittelpunkt des Weltreichs, offen und ungehindert ausbreitete.[6] Auf den ersten Seiten der Apostelgeschichte zeigt er uns die Entwicklungsstufen beim Fortgang des Evangeliums. Zuerst die Predigt in Jerusalem (1, 1–6, 7), dann seine Ausbreitung in Palästina und Samarien (6, 8–9, 31), dann seine Ausdehnung bis nach Antiochien (9, 32–12, 24). Im zweiten Teil seines Buches stellt er diesem sehr schön gegenüber die entsprechende Ausbreitung des Evangeliums in Kleinasien (12, 25–16, 5), Europa (16, 6–19, 20) und Rom (19, 21–28, 31).[7] Damit wir seinen Plan nicht übersehen, beschließt er jeden Abschnitt mit einer kurzen Zusammenfassung und einer Abwägung dessen, was erreicht worden ist. Und in seinem Plan hat Antiochien einen zentralen und sehr bedeutenden Platz. Denn in Antiochien begann man zuerst, das Evangelium Menschen zu predigen, die überhaupt keine Verbindung zum Judentum hatten.

Antiochia, das Tor zur Heidenmission

Wir wollen uns hier nicht näher befassen mit den Schritten auf dem Wege zu diesen Höhepunkten, die Lukas nachzeichnet. Die Predigt bei den Samaritanern und frommen Proselyten, wie dem Eunuchen aus Äthiopien und Cornelius, sind wohl besonders ins allgemeine Bewußtsein eingedrungen. Sie können aber als eine Erweiterung der Grenzen Israels auf die »Fremdlinge innerhalb des Tores« angesehen werden. Anders verhielt es sich mit der Predigt vor reinen Heiden, wie sie nach dem Bericht in Antiochia begann.[8] Hier war ein entscheidender Einschnitt, und die Jerusalemer Kirche hat es nicht nur angenommen und eine Ein-Mann-Kommission geschickt zur Bestätigung, sondern sie hat schließlich anerkannt, daß die heidnischen Anhänger des Glaubens das Gesetz Israels nicht zu halten und auch das Bundeszeichen der Beschneidung nicht zu übernehmen brauchten. Der Glaube und die Taufe als solche brachten einen Menschen in die Gemeinschaft mit dem Messias, ob er nun Jude war oder Grieche.

Warum geschah es gerade in Antiochia, daß die wegen des Widerstandes in Jerusalem zerstreuten hellenistischen Juden sich nicht länger zurückhalten konnten und einfach den Heiden die frohe Botschaft von Jesus mitteilen mußten? Es gibt eine Reihe von Gründen. Antiochia am Orontes war die Hauptstadt der Provinz Syrien, regiert von einem Prokonsul, der über zwei Legionen befehligte. Es war die dritte Stadt im Reich, mit eigenen Spielen, einem gewaltigen Bauprogramm, das gemeinsam von Augustus und Herodes finanziert wurde,[9] einer großen und einflußreichen, aber sehr leichtlebigen jüdischen Bevölkerung;[10] außerdem war sie berüchtigt wegen ihrer Sittenlosigkeit, die sogar Juvenal tadelte.[11] Sie war das Zentrum der diplomatischen Beziehungen mit den Vasallenstaaten des Ostens und war Treffpunkt für viele Nationalitäten, ein Ort, an dem die Schranken zwischen Juden und Heiden sehr dünn waren. Die Bekehrungen zum Judentum waren sehr zahlreich, und die Juden genossen einen hohen Status – sie hatten die vollen Bürgerrechte.[12] Es überrascht nicht, daß die früheste Evangeliumsverkündigung bei den Heiden an einem solchen Ort stattfand, wo, wie es W. L. Knox treffend sagt, »das Auftauchen einer neuen Spielart des Judentums, die den Unterschied zwischen Juden und Heiden mehr und mehr in den Hintergrund schob, keine so heftige Feindschaft von seiten der Juden hervorrief wie in Jerusalem, und auch von den Heiden nicht übersehen werden konnte. Denn sie verachteten alles, das von jüdischer Herkunft war. Außerdem brauchte man in der Residenz des Gesandten Syriens weniger von der Gewalt des Pöbels zu fürchten als in den Bezirken, die den Statthaltern von Judäa untergeben waren. Diese kamen aus einer niederen Schicht und waren anfälliger für Bestechung oder Einschüchterung von seiten der führenden Provinzialbeamten.«[13]

Andere Umstände begünstigten das Fußfassen des Christentums hier und seine rasche Ausbreitung von einem solchen Zentrum aus. Als eine der größten Städte des Reiches und als eines der großen Handelszentren des Altertums mit Geschäftsverbindungen in alle Welt erlebte Antiochia ein Kommen und Gehen von allerlei Menschen aus allen Teilen der Welt. Es war eine hellenistische Stadt, eine römische Stadt, eine jüdische Stadt, es war der Treffpunkt der orientalischen und griechischen Kultur. Hier fand man nicht nur die hellenistischen Kulte des Zeus, des Apollo und des übrigen Pantheon, sondern die syrische Verehrung des Baal und der Muttergottheit, die nur zum Teil dem Zeus und der Artemis angeglichen waren; daneben bestanden die Mysterienreligionen mit ihrer Botschaft von Tod und Auferstehung, religiösen Einführungsweihen und Rettung.

Professor Downey hat zwei interessante Bücher geschrieben über den Hergang und die Bedeutung der Ausgrabungen in Antiochia.[14] Größte Bedeutung hat eine Reihe von großen Mosaiken, die uns einen besseren Eindruck von dem Alltagsleben in Antiochia geben, als wir es für irgendeinen anderen Ort des Altertums haben, mit Ausnahme von Pompeji. Sie unterstreichen, daß der Stand der Moral so niedrig war, wie Juvenal und Properz es zeichnen. Zeus und Ganymed, Zeus' Liebesabenteuer mit Frauen, Narzißmus, bacchantische Orgien, das Urteil des Paris – sie beherrschen die Szene. Auch religiöse Kulte sind bezeugt. Auf einigen Fußböden wird der Isiskult einschließlich der Einweihungsriten abgebildet, wie sie Apuleius in Buch elf des *Goldenen Esel* beschreibt. Auch der stoische Einfluß fehlt nicht. Ein Grab zeigt paarweise Tiere, die normalerweise feindlich gegeneinander stehen, in einer legendären »Freundschaft«; dort findet man Löwe und Ochs, Tiger und Bär beieinander. Ein anderes Mosaik verherrlicht die stoische Tugend der *amerimnia*, der »Freiheit von Sorge«, wieder ein anderes die *megalopsychia*, »die Erhabenheit über das Schicksal«. Interessant ist auch das Zunehmen von abstrakten philosophischen Begriffen wie Kraft, Erneuerung, Schöpfung, Freude, Leben, Heil, Vergnügen. Wenn also die Christen von Freude, Heil, Kraft und ewigem Leben sprachen, wurden ihre Worte verstanden, und die allgemeine geistige Haltung zeigte Interesse für solche Vorstellungen. Auch die Magie kommt auf: böser Blick, glückliche Vorahnungen und andere Abwehrzauber, die den Einfluß des Bösen abhalten sollten.[15]

So waren die Verhältnisse im syrischen Antiochia, der Stadt, in der das Christentum sein jüdisches Entwicklungsstadium verließ. Sie ist fast ein Mikrokosmos des römischen Altertums im ersten Jahrhundert, eine Stadt, in der die meisten Vorteile, Probleme und menschlichen Interessen vertreten waren, mit denen der neue Glaube sich auseinandersetzen mußte.

Die Jerusalemer Gemeinde hatte keinen offiziellen Plan gemacht, diese große Stadt zu evangelisieren. Im Gegenteil, es brach als eine spontane Bewegung bei einigen Christen auf, die von Jesus, ihrem Herrn, nicht schweigen konnten,[16] obwohl man vermuten darf, daß Nikolaus von Antiochia, einer der sieben Almosenpfleger von Jerusalem, lieber in seine Heimatstadt zurückging, um Christus zu verkündigen, als bei den Aposteln in Jerusalem zum Schweigen verurteilt zu sein.

In diesem Buch sollen nicht die Beziehungen zwischen den Judenchristen und den Heidenchristen untersucht werden, auch nicht, wie die Kirche sich immer mehr aus Heiden zusammensetzte. Aber es ist gut, wenn wir dieses kurze Streiflicht auf Antiochia im Sinn behalten, während wir die drei Aspekte der frühen Heidenpredigt untersuchen.

Flexible Verkündigungsweise

Es wäre falsch, wenn man aus Untersuchungen wie denen von Dodd den Schluß zöge,[17] daß die Verkündigung der christlichen Wahrheit im Altertum in einer einengenden Einförmigkeit geschehen sei. Der Inhalt der Predigt mag von einer grundsätzlichen Einheitlichkeit gewesen sein, aber in der Art der Darbietung gab es doch eine große Mannigfaltigkeit. Diese Mannigfaltigkeit war auch nicht immer nur das Ergebnis von angeblich starren und einander bekämpfenden Theologien, die in den einzelnen Gruppierungen der alten Kirche vorherrschend waren. Das mag in mancher Beziehung zutreffen: Lukas hat beispielsweise ein anderes Verständnis des Geistes, des Kreuzes und der Eschatologie als Paulus und Johannes. Aber ein Großteil der Unterschiede mag durch die Bedürfnisse und das Verständnis der Hörer bedingt gewesen sein. Evangelisation ist niemals Verkündigung im leeren Raum. Sie ist immer an Menschen gerichtet, und die Botschaft muß in einer verständlichen Form dargeboten werden.

Der Prozeß der »Übersetzung« des Evangeliums

Sobald das Christentum auf hellenistischem Boden Wurzeln schlug, mußte eine gewaltige Übersetzungsarbeit geleistet werden. Nicht nur Worte, auch Gedanken mußten ein neues Gewand bekommen. Man hätte die Botschaft auch ohne diese Übersetzungsarbeit hören können, aber man hätte sie sich nicht zu eigen machen können.

Kirsopp Lake zeigt das deutlich in seinen Erwägungen zur Verkündigung von Jesus als dem »Herren« in Antiochia (Apg. 11, 20).[18] »Die Frohe Botschaft war das Herrsein Jesu. Hieran läßt sich die Entwicklung der Predigt aufzeigen. Im ersten Stadium war die ›Frohe Botschaft‹ das Kommen des Reiches Gottes; das war die Botschaft, die Jesus selbst brachte. Im zweiten Stadium war es Jesus, ›der Mensch‹, bestimmt von Gott zum Richter der Lebenden und der Toten.[19] Das war die Predigt der Jünger an die Juden. Das dritte Stadium war die Ankündigung, daß Jesus der *kyrios* war. Dies schloß zweifellos die jüdische Predigt des Petrus an Cornelius ein; es muß aber für die Heiden viel mehr bedeutet haben und weckte Gedankenverbindungen, die sich sehr von allem unterschieden, was judenchristliche Prediger dabei dachten.« Man kann den Unterschied zwischen den drei Verkündigungsarten auch überbetonen. Andere ließen sich noch hinzufügen. Jesus war der Eine, der von Gott gesandt wurde in Erfüllung aller Verheißungen, der Eine, der gekreuzigt wurde und auferstand. In allen Strängen der Predigt begegnet er uns so. Aber Lukas hat mit Recht gegenüber den Heiden das Herrsein Jesu hervorgehoben.[20] Es bedeutete ihnen viel mehr als »Christus«. Natürlich ließ man die Bezeichnung »Christus« nicht fallen; in Antiochia wurden die Nachfolger des Weges zuerst *Christen* genannt. Aber das Wort verlor seine typisch jüdische Bedeutung von Messias und wurde stattdessen eine Art Zuname für Jesus. Bei der Heidenmission vollzog sich das äußerst schnell. In den meisten neutestamentlichen Stellen hat es schon diese formale Bedeutung. Andererseits war das Wort »Herr« in der hellenistischen Welt sehr naheliegend, »wie es ja viele ›Götter‹ und viele ›Herren‹ gibt, so haben wir doch nur einen Gott, den Vater, von welchem alle Dinge sind und wir zu ihm; und einen Herrn, Jesus Christus, durch welchen alle Dinge sind und wir durch ihn«.[21] Hier ergab sich die besondere Konfrontation des Herrn Jesus mit dem Herrn Serapis, dem Herrn Osiris und den übrigen, und etwas später, zunehmend selbstbewußt, mit dem Herrn Kaiser.[22] Zugleich war es vorteilhaft, das einfache Taufbekenntnis »Jesus ist Herr«[23] beizubehalten. Bei ihm schwang auch die Beziehung auf Jahwe im Alten Testament mit.[24] Insbesondere wies dieser Begriff hin auf die Erhabenheit Jesu über die bösen Mächte des Schicksals, die den Menschen von allen Seiten bedrohten; und er versicherte dem Gläubigen, daß Jesus aufgrund seiner Auferstehung wirklich zur

Rechten Gottes auf dem Weltenthron saß und »weder Tod noch Leben, noch Engel, noch Fürstentümer, noch Gewalten«, ja *nichts* von nun an die Christen von ihrem Herrn trennen konnte.[25]

Ein ähnlicher Vorgang der Übersetzung vollzieht sich mit dem Begriff »Reich Gottes« oder »Himmelreich«. Es ist im wesentlichen ein jüdischer Begriff und weist hin auf die Erfüllung der theokratischen Hoffnung, die wir bei den Propheten und Apokalyptikern in Israel in gleicher Weise antreffen. Aber in einer heidnischen Welt war diese Vorstellung nicht besonders hilfreich und bedeutungsvoll, ja, sie konnte sogar Anlaß zu groben Mißverständnissen sein. Jesu eigene Verkündigung des Gottesreiches hatte zu seinem Tode geführt. Nur zu leicht konnte man seinen Sinn verdrehen und ihm eine ungünstige Bedeutung unterschieben. Auch die Apostel hielten den Begriff nicht für günstig. Die Juden von Thessalonich, voll Neid über den Erfolg der Predigt des Paulus, behaupteten heuchlerisch, sie seien entsetzt, denn die Missionare »handeln wider des Kaisers Gebot, sagen, ein anderer sei König, nämlich Jesus.« Ein ähnlicher Vorwurf traf sie in Philippi: »Diese Menschen bringen unsere Stadt in Aufruhr; sie sind Juden und verkündigen eine Weise, welche uns nicht ziemt anzunehmen, weil wir Römer sind.«[26] Es gab Schwierigkeiten genug für die ersten Missionare, auch wenn keine Aufstände angezettelt wurden oder – infolge fälschlicher Beschuldigung – Verfolgung einsetzte. Deshalb hören wir immer weniger vom Reich Gottes, obwohl der Begriff nie ganz verschwindet. Synonyme Begriffe wie »Heil« treten an seine Stelle. Das größte Synonym jedoch ist Jesus selbst. Er, der zu seinen Lebzeiten das Reich Gottes verkündigt hat, wurde bei den ersten Missionaren der Inhalt der Verkündigung. Das geschah auch ganz zu Recht, denn nach dem Zeugnis der Evangelien werden die Menschen durch die Vermittlung Jesu in das Reich Gottes gebracht. ›Ins Reich Gottes hineinkommen, das Reich aufnehmen, gerettet werden und das ewige Leben ererben‹ werden alle als synonyme Begriffe verwandt in einem Abschnitt wie Markus 10. Sie sind alle fest verbunden mit »Jesus nachfolgen«.[27] Das Reich ist nicht vom König zu trennen.[28]

Ein anderes auffälliges Beispiel einer Übersetzung für den Gebrauch unter Heiden ist die Metapher *hyiothesia*, Annahme an Sohnes statt, die Paulus gebraucht. In der römischen Gesellschaft kam das oft vor, aber bei den Juden ist es unbekannt. Sie kannten es nur in dem Sinne, daß der König als »Sohn Gottes« »angenommen« wurde. Aber man konnte das Wort wunderbar dazu gebrauchen, um den Heiden zu zeigen, daß sie einst außerhalb der Gemeinschaft mit Gott waren und auch keinen Anspruch darauf hatten, daß sie aber jetzt durch das göttliche Eingreifen in Christus, dem wahren Sohn, Glieder der Gottesfamilie und Erben ihres Reichtums geworden sind und das Vorrecht genießen, Gott bei seinem vertrauten Namen *Abba* zu rufen.

Man könnte solche Beispiele der Umwandlung des Evangeliums noch vermehrt anführen. Jedesmal sollten die Empfänger der Botschaft diese sich besser aneignen können. Einige Beispiele werden wir weiter unten noch behandeln. Es war immer das gleiche Motiv dahinter, das Paulus auch zum Ausdruck bringt, als er über seinen sogenannten apostolischen Opportunismus, seine sogenannte apostolische Anpassungspolitik spricht. »Ich bin allen alles geworden, damit ich auf alle Weise etliche rette.«[29] In einem klugen und scharfsinnigen Artikel[30] hat Professor Henry Chadwick gezeigt, bis zu welchem Maße Paulus bereit war, die äußere Gestalt seines Evangeliums zu verändern, um seinen Inhalt den Menschen nahezubringen. Er weist darauf hin, daß ein grundlegender Unterschied besteht zwischen einem Verteidiger der rechten Lehre, der immer eine große Kluft aufrichten möchte zwischen dem echten Christentum und allen Abweichungen, und einem Apologeten, dem es daran gelegen ist, den Abstand zwischen sich und denen, die er zum Glauben führen will, möglichst gering zu halten. »Die apologetische Begabung des Paulus besteht darin, daß er die erstaunliche Fähigkeit hat, den Abstand zwischen sich und denen, die er gewinnen will, auf ein Minimum zu reduzieren und sie doch für das christliche Evangelium zu ›gewinnen‹.« Andere Evangelisten, die unter den Heiden arbeiteten, waren vielleicht nicht so begabt, aber sie befaßten sich im wesentlichen mit der gleichen Aufgabe.

Die Mannigfaltigkeit in der Ausrichtung der Botschaft

Jede Menschengruppe in der Heidenwelt wurde wieder von einer anderen Seite des Evangeliums angesprochen. Da waren zunächst die sozial unterdrückten Schichten, die Sklaven und die ärmeren Freigelassenen. Die urchristlichen Gemeinschaften hatten einen großen Anteil von solchen Menschen.[31] Sklaven wurden allgemein (und zwar rechtmäßig) in der alten Welt nicht als *Menschen*, sondern als *Sachen* angesehen,[32] wenn es auch viele Beispiele für eine freundliche und rücksichtsvolle Behandlung von seiten ihrer Herren gibt.[33] Als aber die christlichen Missionare nicht nur verkündigten, daß in Christus die Unterschiede zwischen Sklaven und Freien genauso aufgehoben wären wie die zwischen Juden und Griechen,[34] sondern als sie auch nach diesen Grundsätzen lebten[35], fand dies einen ungeheuren Anklang. Man wurde von Menschen einer anderen sozialen Schicht angenommen[36] und sogar in die Familie Gottes aufgenommen. Das mußte für einen durchschnittlichen hellenistischen Sklaven zu wunderbar sein, um wahr zu sein, bis er erkannte, daß der Begründer seines Glaubens selber ein Knecht war, der aus eigener Erfahrung wußte, was Schmach und unverdientes Leiden bedeuten. Die ganze Vorstellung von freier Gnade und unverdienter Vergebung hatte keine geringere Anziehungskraft. So etwas erfuhr er von seinem Herrn nie! Man muß nur einmal den Ton des Philemonbriefes mit dem eines ägyptischen Papyrus vergleichen. Der Sklavenhalter schreibt: »Ich beauftrage dich durch dieses Schreiben, in die berühmte Stadt Alexandria zu gehen und meinen etwa fünfunddreißig Jahre alten Sklaven zu suchen, den du kennst. Wenn du ihn gefunden hast, sollst du ihn in Verwahrung nehmen mit der Vollmacht, ihn einzuschließen und zu schlagen und den entsprechenden Behörden eine Klage vorzulegen gegen alle Personen, die ihn beherbergt haben, zusammen mit einer Forderung auf Wiedergutmachung.«[37] Welche Bedeutung muß doch der Begriff *apolytrosis*, »Freilassung«,[38] gehabt haben, wenn er auf den Tod Christi angewandt wurde! Und welch ein Gefühl der Dankbarkeit muß es einem solchen Menschen vermittelt haben, wenn er daran dachte, daß der Sohn Gottes ihn liebhatte und für ihn starb und jetzt sein wahrer Meister im Himmel war, bei dem es keine Parteilichkeit gab! Christus lohnte seinen treuen Sklaven mit dem Erbe, wenn er seine Arbeit in Einfalt tat und seinem Herrn diente und nicht nur seinem irdischen Vorgesetzten.

Die allumfassende Weite des Evangeliums sprach auch eine andere, in der griechisch-römischen Welt unterdrückte Menschengruppe an, die Frauen. Die politische Benachteiligung und die gesellschaftliche Isolation, unter denen die Frauen litten, kann man natürlich überbetonen. H. Kitto[39] und J.P.V.D. Balsdon[40] haben entsprechend den Blick auf die Probleme der griechischen und römischen Frauen gelenkt. Aber es bleibt bestehen, daß sie weitgehend das untergeordnete zweitrangige Geschlecht waren. Außer einer Anzahl Frauen aus dem Herrscherhaus – wie Livia und Messalina – hatten sie keine Rechte und keinen Einfluß in öffentlichen Angelegenheiten, sondern waren völlig unter der *potestas* (dt. ›Gewalt‹) ihrer Ehemänner. Im Judentum war es ganz ähnlich.[41] Mit dem Christentum änderte sich das alles. Männer und Frauen waren in Gottes Augen gleichwertig. Frauen waren ihm während seines Erdenwirkens nachgefolgt und waren ihm sogar treu geblieben, als die Männer geflohen waren.[42] Einen führenden Anteil an der Ausbreitung des Evangeliums nahmen die Frauen ein, manchmal in der Öffentlichkeit oder in der Halböffentlichkeit wie bei dem Werk einer Priscilla, einer Lydia, einer Phöbe, einer Syntyche; manchmal in den fraulichen Bereichen des Heims oder der Wäscherei.[43] Die Gelegenheit, einen Glauben zu finden, bei dem sie gleichen Status erhielten und einen wirklichen Dienstbereich bekamen, muß mancher Frau geholfen haben, ihr Vertrauen auf den Herrn Jesus zu setzen. Die gebildeten Schichten waren im Urchristentum nicht so dünn gesät, wie man es bei oberflächlicher Betrachtung von 1. Korinther 1, 26 vermuten könnte. In der Urgemeinde gab es nicht nur »ungelernte und unwissende Leute«, sondern viele aus der wohlhabenden Priesterschaft, die Frau des Verwalters des Herodes und einen seiner jugendlichen *amici*[44] (dt. Freunde), führende Pharisäer, reiche Zyprioten wie Barnabas und vornehme Leute aus der Provinz wie Paulus. Seit den ersten Tagen gehörten auch einige Römer zur Gemeinde. Am Pfingsttage begegnet uns eine Gruppe von römischen Bürgern, die sich wohl etwas gesondert aufhielten. Auch sie wurden gläubig.[45] Gelegentlich war unter ihnen ein römischer Prokonsul,[46] ganz zu schweigen von Offizieren niederer Ränge wie ein Centurio. Plinius fand in der christlichen Gemeinde in Bithynien einen Querschnitt durch die ganze Gesellschaft, darunter auch römische Bürger.[47] Man kann annehmen, daß Flavia Domitilla, eine Verwandte von Domitian, und auch ihr Mann Flavius Clemens Christen waren.[48] Das gleiche gilt wohl auch von Personen aus dem ersten Jahrhundert wie Pomponia Graecina, der Frau des Eroberers von Britannien,[49] und Acilius Glabrio, einem bekannten Mitglied der vornehmen Gesellschaft.[50] Hermas zeigt, daß es in der römischen Gemeinde des zweiten Jahrhunderts reiche Leute gab.[51] Was mag diese Männer und Frauen für Christus gewonnen haben? Man kann nur versuchen, eine Antwort darauf zu geben. Aber das folgende ließe sich doch sagen. Wir wissen von Saul von Tarsus, daß er seine Sünden erkannte und nach Reinigung von Schuld verlangte, denn er konnte nicht seine ethischen Maßstäbe erfüllen. Ihm ging es nicht allein so.[52] Der Prokonsul von Zypern schien schon sehr von dem erhabenen Monotheismus und der Ethik des Judentums angezogen zu sein; er hatte sogar einen jüdischen Lehrer bei sich wohnen, der ihn unterrichten sollte. Die Überlegenheit des Christentums, das ja aus dem Judentum entsprossen war, zeigte sich ihm vor allem durch seine Kraft. Diese war nicht nur imstande gewesen, den Elymas zu blenden, sondern hatte auch starke ethische Auswirkungen, durch die ein anderer römischer Bürger, nämlich Paulus, veranlaßt wurde, Wohlstand und berufliche Stellung aufzugeben, um durch die Lande zu ziehen und »die Lehre des Herrn« zu verkündigen.[53] Wir werden noch näher darauf eingehen müssen, welche Rolle die

Wunder in der urchristlichen Verkündigung spielten. Sie hatten keine gesonderte Bedeutung für sich, sondern waren wichtig im Zusammenhang mit der christlichen Botschaft. Leider wissen wir wenig darüber, was außer der Tatsache der Vergebung und der sichtbaren Kraft des Christentums die gebildeten Schichten des Römerreiches zum Glauben hinzog. Wir werden jedoch kaum fehlgehen in der Annahme, daß das Christentum vor allem dadurch wirkte, daß es die sittlichen, sakramentalen, gesellschaftlichen und intellektuellen Bedürfnisse der Menschen befriedigte, wie es weder das Heidentum noch das Judentum vermochten. In meinem Buch *The Meaning of Salvation* (dt. Die Bedeutung des Heils) habe ich schon darauf hingewiesen, wie stark sowohl im jüdischen wie auch im heidnischen Denken des ersten Jahrhunderts die Frage nach dem »Heil« lebendig war. Die Menschen suchten es entweder durch Wissen (das von hoher Philosophie bis zur Magie reichte) oder durch religiöse Handlungen (einschließlich der Mysterienkulte und des jüdischen Opferwesens) zu erlangen. Hier fanden sie nun eine Religion vor, die beides vereinigte, und zwar als Antwort auf die Selbsthingabe und den Ruf dessen, in dem Gott Mensch geworden war.[54] In der Theorie war die Ethik des Christentums nicht sehr viel anders als das Beste, was stoische und jüdische Lehre zu bieten hatten. Aber in der Praxis war sie anders; denn sie war veredelt und beseelt von einer neuen bewegenden Kraft. Nach dem Zeugnis der Christen war dies der Geist des gnädigen Gottes, der in ihrem Leben wirksam wurde. Sie machten die Gnade Gottes glaubhaft, indem sie eine Gemeinschaft der Liebe und Fürsorge bildeten, welche die Heiden in Staunen versetzte und als etwas völlig Neues galt. So gewann ihre Botschaft vom Anbruch des neuen Zeitalters in Christus überzeugende Kraft.[55]

Auch die Intellektuellen fanden langsam ihren Weg in die christliche Bewegung. Die besten von ihnen waren beseelt von der Suche nach Wahrheit, und das Christentum bot ihnen Einen an, der die letzte Wahrheit in Person war. Auf den ersten Blick machte das keinen großen Eindruck. Paulus mußte zugestehen, daß es in der Tat töricht war, daß die gesamte Weisheit in ihrer Fülle in einem elenden Einzelwesen, zudem in einem zum Kreuzestod verurteilten Verbrecher, sich entfalten sollte.[56] Doch die Auferstehung war wieder der Schlüssel zum Ganzen. Sie konnte einige Menschen davon überzeugen, daß Jesu Anspruch zu Recht bestand, und daß man ihn – ohne Einschränkung der Alleinherrschaft Gottes – als die vorweltliche Weisheit darstellen konnte, die in jüdischen Kreisen weithin als Gottes Mitarbeiterin bei der Schöpfung angesehen wurde. So dachten Paulus, Johannes und der Schreiber des Hebräerbriefes von Jesus. Sie verliehen den Spekulationen Philos über den ewigen Logos und die Weisheit in der Person Jesu von Nazareth eine konkrete Gestalt. So war das Christentum schließlich Weisheitslehre;[57] es ließ die Welt sinnvoll erscheinen. Und was die Apostel vor allem für die hellenistisch-jüdische Welt taten, das taten Justin und die anderen Apologeten für die griechisch-römische Gesellschaft. Die Idee des Logos war in der griechisch-römischen Welt so weit verbreitet, daß verschiedene Gelehrte unterschiedliche Quellen für diesen von Justin gebrauchten Begriff annehmen (abgesehen von seinem speziell christlichen Inhalt): mittlerer Platonismus,[58] Stoa[59] und Philos Schriften.[60] Ihm und seinen Nachfolgern lag daran, diesen oft und verschieden gebrauchten Begriff zu übernehmen und zu einem Träger der christlichen Wahrheit zu machen. Dadurch konnte man alles Gute und Edle in der heidnischen Philosophie als »christlich« übernehmen. Es ließ sich zeigen, daß das Christentum so alt war wie die Schöpfung; und das Verhältnis zwischen Schöpfung und Erlösung war zu erklären. Obwohl ein solches Vorgehen sehr gewagt war und leicht zu allerlei Mißverständnissen führen konnte, war es doch unbedingt nötig, wenn die Intellektuellen die Botschaft in Begriffen hören konnten, die ihnen zugänglich waren. Und Justin zögert auch nicht, seine christliche Position klar herauszustellen. Sie stand in deutlichem Kontrast zu allen anderen Vorstellungen vom Logos; denn »der Logos nahm Gestalt an und wurde Mensch und trug den Namen Jesus Christus«.[61] Ausgestattet mit diesen Überzeugungen hatten die christlichen Denker von Paulus und Johannes an bis hin zu Clemens und Origenes die starke Zuversicht, daß sie den Schlüssel zum Verstehen der Welt gefunden hatten, daß sie am Ziel angelangt waren, während andere Philosophen sich nur mühsam voranarbeiteten. Es bestand also für Justin keine Notwendigkeit, nach seiner Bekehrung seinen Philosophenmantel abzulegen. Er hat weiter philosophiert. Aber er fand »nur diese Philosophie sicher und nützlich«, wie er selber sagt.[62] In der Spätzeit des Hellenismus hatten alle Philosophenschulen einen gewissen religiösen Einschlag. Trypho drückt es so aus: »Lenken nicht die Philosophen jedes Gespräch auf Gott? Und entstehen nicht ständig Fragen nach seiner Einheit und Vorsehung? Ist es nicht wahrlich die Pflicht der Philosophen, die Gottheit zu erforschen?«[63] Justin stimmt dem zu, ... wenn er auch darauf hinweist, daß nicht alle Philosophen das annehmen würden. Wenn er später berichtete, wie er durch den alten Mann zum christlichen Glauben geführt wurde, erkennt er sein philosophisches Fragen als eine *praeparatio evangelica*. Im Hinblick darauf sagt er: »Dazu bin ich ein Philosoph. Ich wünschte außerdem, daß alle, die eine ähnliche Entscheidung treffen wie ich, sich nicht von den Worten des Heilands fernhalten möchten.«[64] Genauso wie Justin das Ärgernis der Fleischwerdung in seinem philosophischen System beibehalten hatte, so machte er auch klar, daß man sein Leben dem Heiland persönlich übergeben muß. Seine letzten Worte an Trypho sind ein Aufruf zum Glauben an Christus. Der Schluß seiner *Ersten Apologie* ist eine Bitte an den Kaiser, »zu tun, was Gott gefällt«, wenn er überzeugt ist von der Einsichtigkeit der christlichen Sache. Seine *Zweite Apologie* schließt mit dem Gebet, daß seine römischen Leser »sich, wenn möglich, bekehren möchten! Zu diesem Zweck allein haben wir diese Abhandlung geschrieben«. Die echte Botschaft von Jerusalem war noch zu hören, wenn sie auch in den Händen der christlichen Philosophen in die Sprache Athens umgebildet war.

Dann gab es in der hellenistischen Welt den religiösen Menschen. Wer entweder einem der Mysterienkulte angehört hatte oder von ihnen gehört hatte,[65] fand viele Dinge in den Gottesdienstformen, der Theologie und der Sprache der Urchristenheit, die ihm zu einem raschen Verständnis der christlichen Botschaft verhalfen. Die Apostel gebrauchten Ausdrücke, die an die Mysterien erinnerten – *mysterion* (Geheimnis), *epoptes* (Eingeweihter), *zoe aionios* (ewiges Leben) und der vielgebrauchte Wortstamm *teleios*, von dem Lukian behauptete, daß Jesus eine neue *telete* oder Weihehandlung in die Welt eingeführt hätte.[66] Wiedergeburt durch die Taufe war eine verbreitete Vorstellung, bei der man auch an ein Sterben und Auferstehen mit dem Gott dachte.[67] Man kannte auch heilige Mahlzeiten, bei denen der Teilnehmer den Gott im Sakrament zu sich nahm und so vorübergehend in einer Vergottung mit ihm eins wurde.[68] Aber die christliche Taufe unterscheidet sich von der ersteren dadurch, daß der Mensch durch sie in die Gemeinschaft mit dem historischen Jesus kommt, der von den Toten auferstanden ist. Das christliche Abendmahl macht nicht unbedingt den, der es empfängt, zu einem *pneumatikos* (geistlichen Menschen);[69] auch darf man es nicht so verstehen, als ob er den Gott wie eine Speise verzehre, sondern im Sinne einer persönlichen Gemeinschaft mit ihm. Der exklusive Charakter des Christentums zog ohne Zweifel Menschen an, die an Geheimkulten interessiert waren. Hier war ein Kult, der jede andere Bindung ausschloß (keine der anderen Mysterienreligionen war exklusiv) und doch keine hohe Aufnahmegebühr verlangte. Sein Geheimnis stand umsonst offen für alle, die bereit waren, Buße zu tun, zu glauben und dem gekreuzigten und auferstandenen Schöpfer des Kultes zu gehorchen. Und er war keine mythische Gestalt der Vergangenheit, Osiris oder Adonis oder Eniautos Daimon, sondern eine historische Gestalt, die alle Zeichen der Fleischwerdung der Gottheit an sich trug.[70]

Man darf den Mysterienreligionen nicht zuviel Gewicht beimessen. Viel bedeutender war das alte Heidentum, die Staatsreligion Griechenlands und Roms mit ihrem Götterpantheon. Wie die Christen dieser Situation begegneten, werden wir weiter unten sehen. Aber es gab viele enttäuschte Römer, die nichts mehr übrig hatten für die Staatsreligion[71] (wenn sie sie auch noch unterstützten, damit sie nicht von schwerem Unglück verfolgt wurden)[72] oder für die östlichen Mysterienreligionen.[73] Vielmehr verehrten sie die alten Götter des Hauses und der Felder[74] und versuchten *pietas* in ihrem Leben zu zeigen. Juvenal, der Zeitgenosse des Paulus, war ein solcher Mann. Er verachtete den Kaiserkult[75] (obwohl er selbst Priester darin war[76]), spottete über die Vergöttlichung von Begriffen[77] wie *Pax, Fides, Pudicitia* und andere (»Warum sollte man nicht *Pecunia* [Geld] zu einer Gottheit machen?« fragt er, »denn die Menschen verehren es über alles«). Die einfachen bäuerlichen Kulte der Ceres und Minerva schätzte er sehr.[78] Ländliche Religion dieser Art hat sich dem Evangelium bis zum letzten wiedersetzt und vieles davon lebte (und lebt noch) weiter unter einer dünnen christlichen Decke. Vielleicht sind ihm die Christen oft entgegengetreten, wie Paulus und Barnabas in Lystra[79] dem bukolischen Glauben begegneten, indem sie die Wirklichkeit eines einzigen Schöpfergottes herausstellten, der keine menschlichen Opfer nötig hatte, sondern selber der Geber von allem war. Wenn ein Evangelist hörte, daß Männer wie Juvenal Abscheu empfanden vor der Moral der oberen Schichten, hatte er es nicht schwer, auch sie davon zu überzeugen, daß diese mit ihrem eigenen moralischen Versagen auch nicht besser dastanden. Juvenal verurteilt geschlechtliche Ausschweifungen bei den Reichen und Höhergestellten, er ist aber keineswegs davon überzeugt, daß es bei dem einfachen Volk verwerflich sei.[80] Die Entrüstung über die herrschende gesellschaftliche Moral muß oftmals gewissenhafte Menschen zum Christentum hingezogen haben. Dieser Glaube schien nicht nur hohe ethische Maßstäbe im Sinne der Liebe und der gegenseitigen Annahme zu setzen, sondern er hatte wohl auch die Kraft, ein Leben von diesem Format zu verlangen. Bemerkenswerterweise ist *eusebeia* das entsprechende griechische Wort für die von Virgil und Juvenal so hoch gepriesene altrömische Tugend der *pietas*. Die späteren Schreiber des Neuen Testamentes gebrauchten dieses Wort, um den christlichen Glauben zu beschreiben. Hatten die Christen vielleicht diesen Begriff in bewußtem Gegensatz zu dem etwas starren Pflichtbewußtsein der römischen *pietas* gewählt? Wenn das Wort »Frömmigkeit« in den Pastoralbriefen und im zweiten Petrusbrief erwähnt wird, trägt es fast genau die Bedeutung des römischen Begriffes an einigen Stellen.[81] An anderen Stellen ist es aber viel reicher. Es ist die Frucht der göttlichen Verheißungen,[82] gefüllt mit göttlicher Kraft,[83] auf die göttliche Wahrheit bezogen,[84] und ist der Kanal göttlicher Liebe.[85]

Wie stand es nun um den einfachen Mann? Gab es ihn in diesem Sinne überhaupt? Was war für ihn anziehend am Christentum? Die Liebe der Christen war bestimmt sehr entscheidend,[86] ebenso ihr sittliches Verhalten,[87] ihre innige Gemeinschaft,[88] ihre sichtbare Freude und die Tatsache, daß ihre Botschaft allen Menschen galt. Von Bedeutung war auch die Botschaft von der Versöhnung mit Gott, dem unbekannten Gott, der hinter allen Götzen des heidnischen Polytheismus stand und von dem die Menschen sich instinktiv getrennt fühlten. Dementsprechend hatte die im Christentum angebotene Vergebung starke Anziehungskraft. Denn sie gründete sich auf Gottes eigenes gnädiges Eingreifen um des Menschen willen und sein Wirken, das mit dem Problem der menschlichen Schuld und Entfremdung auf Golgatha fertig wurde. Ebenso stand es mit dem Vorrecht der Christen, daß sie den auferstandenen Christus kennen und ihm vertrauen durften. So kam schon jetzt eine ganz neue Dimension ins Leben, ohne daß man erst auf das Leben nach dem Tode warten mußte. Durch die Gewißheit und die Zuversicht der Christen, die um der Ausbreitung des Evangeliums willen bereit waren, Häuser, Annehmlichkeiten, Freunde und sogar das Leben zu verlieren, wurden viele hinzugewonnen. Allerdings auch durch die Furcht vor dem Gericht, welches im zweiten Jahrhundert besonders betont wurde.[89] Doch am meisten wurde der Mann auf der Straße davon angezogen, daß es eine Befreiung gab – von den Dämonen, von der Macht des Schicksals, von der Zauberei.

Die Urchristenheit machte deutlich, daß Jesus ständig im Kampf mit den Dämonen stand.[90] Für den Menschen der Antike besaßen sie Realität. Aus der ›wahren Lehre‹, zu der Celsus die Menschen wieder zurückbringen wollte, geht hervor, daß die Dämonen weithin als die niederen (wenn sie beleidigt wurden, aber nicht weniger gefährlichen) Untergebenen des großen Gottes angesehen wurden.[91] Sie waren aktiv: sie verursachten Krankheit und Unglück. Man mußte sie versöhnen.[92] Von diesem Gedanken gingen viele antike Opferbräuche aus. Wir finden sie heute noch in animistischen Gemeinschaften. Wie konnte man von diesen *daimonia* frei werden? Tatian ist ein gutes Beispiel dafür, welche Freude und Befreiung

Christus in das Leben eines Menschen brachte, der von diesen gefährlichen Geistesmächten umklammert war und nicht wußte, wie er damit fertigwerden sollte. Voll Dank spricht er von seiner »Befreiung von einer Menge von Machthabern und 10000 Tyrannen«[93] und triumphierend ruft er aus: »Wir stehen über dem Schicksal, und anstelle der Dämonen, die uns betrügen, haben wir einen Meister kennengelernt, der uns nicht enttäuscht.«[94] Justin kannte aus Erfahrung die Macht der »bösen und betrügerischen Geister ... der Dämonen, die die Feinde Gottes sind und denen wir früher gedient haben«.[95] Seit seiner Bekehrung kennt er auch »die Macht des Helfers und Erlösers, dessen Name die Dämonen fürchten. Und bis auf diesen Tag werden sie überwunden, wenn sie ausgetrieben werden im Namen Jesu Christi, der unter Pontius Pilatus gekreuzigt ist. Und so wird es allen deutlich, daß sein Vater ihm so große Macht gegeben hat, durch die die Dämonen seinem Namen untertan sind.«[96] Diese Botschaft verkündigt auch das Neue Testament. Während seines Lebens hat Jesus die Dämonen besiegt und schließlich hat er sie auf Golgatha völlig geschlagen. Er »hat die Reiche und die Gewaltigen ihrer Macht entkleidet und sie öffentlich zur Schau gestellt und einen Triumph aus ihnen gemacht (durch das Kreuz)«.[97] Als verkündigt wurde, daß Jesus der Herr ist, war klar, daß er der Herr über die Dämonen ist. Das sprach die Menschen sehr an. Wenn Jesus durch den Finger Gottes Dämonen austrieb, dann war wirklich Gottes Herrschaft angebrochen.

Die Astrologie[98] war im ersten Jahrhundert eine gewaltige Macht. Die im 2. Jahrhundert v. Chr. von Hipparchus verbreitete Vorstellung, daß die Welt entstanden sei mit der Erde als Mittelpunkt (geozentrische Kosmologie), hatte zu der weitverbreiteten Annahme geführt, daß die Ereignisse auf der Erde von den Sternen gelenkt würden. *Ananke,* »die Notwendigkeit«, und *heimarmene,* »was beschlossen ist«, müssen unvermeidlich ihren Lauf nehmen. Darin ist die entschlossene Verzichthaltung der Stoiker begründet. Weniger edle Seelen gaben entweder die Gottesverehrung auf,[99] weil sie sie für zwecklos hielten, wenn doch alles vorherbestimmt sci, oder sie wandten sich Göttern zu, die behaupteten, stärker zu sein als das Schicksal, wie etwa Serapis, Isis, Mithras und die andern.[100] Aber Jesus wurde verkündigt als der Herr, der Meister über das Buch des Schicksals,[101] der Eine, der die Herrschaft der Gestirnsmächte über den Menschen bricht. Dr. Ralph Martin ist der Ansicht, daß der urchristliche Hymnus in Philipper 2, 5–11 unmittelbar in eine solche Umgebung hineinsprach: »Es ist das offene Bekenntnis, daß Christus der *Pantokrator* und der überlegene Herr über alle Rivalen ist.

Die Sterngottheiten beugen sich in dem Bekenntnis, daß ihre Herrschaft zu Ende ist.« Was das für das ethische Verhalten bedeutete, wenn Christus der Herr über das Schicksal war, konnte in einer Weise den Menschen nahegebracht werden, wie man es in den Mysterienkulten nicht vermochte. Martin fährt fort: »Es versichert uns, daß das Wesen des Gottes, dessen Wille das Weltall lenkt, nur in Jesus seinen Ausdruck findet. Er ist keine willkürliche Macht, keine launische Kraft, kein erbarmungsloses, teilnahmsloses Schicksal. Sein Wesen ist Liebe... Er ist nur deshalb berechtigt, Herr genannt zu werden, weil er sich in selbstverleugnendem Dienst für andere hingibt.«[102] Er zeigt, daß das Sternenlied bei Ignatius[103] ein Ausdruck für diesen Sieg über die Sternenmächte ist. Für die hellenistischen Menschen bedeutete das unschätzbare Erleichterung.

Die Befreiung vom Schicksal war zugleich Befreiung von seinem launischen Gegenstück, der Magie. In einer seltsamen Unstetigkeit befangen, fühlten sich die Menschen nicht nur einem blinden Schicksal ausgeliefert, sondern auch den üblen Machenschaften böser Mächte, durch die Hand derer, die sich in diesen Dingen auskannten. Deshalb hatte man in Antiochia und Pompeji die Abwehrzauber, das antiochenische Mosaik mit dem bösen Blick und die üblichen Talismane: Schwert und Skorpion, Schlange und Hund, Rabe und Dreizack.[104] Die Macht des auferstandenen Christus war eine viel stärkere Waffe.[105] In dem Abschnitt über Jesus als den Stern spricht Ignatius freudig davon, daß infolge des Aufgangs dieses Sterns »aller Zauber aufgelöst und jede Fessel der Bosheit verschwunden ist, die Unwissenheit beseitigt und das alte Reich zerstört ist«.[106] Irenäus spricht sehr eingehend über die Überlegenheit der christlichen Wunder über die Magie. Es täuscht die Menschen niemals, wie es die Magie tut. Seine Wirkung ist bleibend, wie das bei der Magie oft nicht der Fall ist. Anders als die Magie wirkt es leiblich und ewig zum Guten dessen, der es erfährt; und seine Wirkung gründet sich fest auf das größte der Wunder, die Auferstehung des Herrn von den Toten am dritten Tage.[107] Auch auf diese Weise fand der sehr bekannte Vers Psalm 110, 1 seine Erfüllung. Jesus Christus war der Herr, und in seinem frohen Glauben an Christus als den Sieger fand der einfache Mann im Altertum eine Befreiung durch das Christentum, wie er sie sonst nirgends finden konnte.[108]

Das sind einige der verschiedenen Wege, wie man jeweils eine andere Seite des Evangeliums hervorhob, um so den mannigfachen Bedürfnissen der Menschen in der vielschichtigen hellenistischen Gesellschaft Rechnung zu tragen, wo immer das Christentum in

Antiochia und an weiteren Orten auftauchte. Wir müssen nun untersuchen, welche festen Bestandteile die Heidenverkündigung noch hatte außer der allgemeinen Botschaft des Kerygmas, das wir in Kapitel 3 untersucht haben.

Einheit in der Verkündigung

Unter den Evangelisten der ersten Zeit schien weitgehende Übereinstimmung zu herrschen in drei Dingen, die immer wieder in der Heidenpredigt erscheinen sollten, wenn sich die Missionare auch sonst, entsprechend den Bedürfnissen ihrer Hörer, einer großen Mannigfaltigkeit in der Botschaft bedienten. Diese drei gemeinsamen Punkte waren: der Angriff auf den Götzendienst, die Verkündigung des einen wahren Gottes und die sich daraus ergebenden ethischen Konsequenzen.

Im rückständigen Lystra

Im Neuen Testament selber haben wir zwei Beispiele einer Missionspredigt vor einem völlig heidnischen Hörerkreis: die Reden des Paulus in Lystra und in Athen. Die erstere ist eine Vorrede auf das Evangelium in einer rückständigen, ländlichen Gegend, die letztere im Kulturzentrum der alten Welt. Die beiden stehen nicht allein. Zusammen mit 1. Thessalonicher 1 und Römer 1 vermitteln sie uns eine gute Vorstellung von der Missionspredigt unter den Heiden. Sie war die Frucht der jüdischen Apologetik und die Vorläuferin der Angriffe der Apologeten des zweiten Jahrhunderts.

In Lystra sind die Verhältnisse einfach. Wir treffen auf die lykaonisch sprechenden Einwohner des Ortes,[109] nicht die lateinisch sprechende Oberschicht.[110] Es gibt einiges, das mehr in die Nachbarschaft von Lystra gehört, z. B. der Tempel des Zeus Propolis[111] und der vereinigte Kult des Zeus und Hermes.[112] Dennoch ist die Botschaft von Lukas eindeutig als ein Beispiel für das Vorgehen der Christen bei ungebildeten Heiden gemeint. Paulus und Barnabas versuchen nicht nur, die ihnen zugedachten göttlichen Ehrungen abzuweisen – ein rührender Zug, denn nach der Legende hatten Zeus und Hermes einst einen Besuch gemacht bei den Bauern dieser Gegend[113] – sondern sie zeigten auch, wie töricht der Götzendienst ist. Die Götzen sind buchstäblich »Nichtse«, »Eitelkeiten«, sowohl im Griechischen wie im Hebräischen. Götzenopfer sind nicht nötig; es gibt nur einen Gott und er gibt allen Menschen alles in seiner Gnade. Er ist der Schöpfer und Erhalter des Weltalls, der für alle

Menschen sorgt. Dieser Gott hat sich nicht unbezeugt gelassen unter den Menschen. Seine Güte zeigt sich in seiner Unwandelbarkeit und Langmut. Dieser gute Gott ließ die Menschen in vergangenen Zeiten ihre eigenen Wege gehen; aber jetzt (die Folgerung ist unausweichlich und wird besonders in Athen gezogen) ruft er die Menschen auf, von ihren Wegen umzukehren und sich dem Herrn Jesus, den er gesandt hat, zu übergeben.

Lukas hat uns schon so viele Beispiele der Verkündigung vor den Juden gegeben, daß er nicht den wertvollen Platz verschwendet, um uns zu zeigen, wie die Predigt weiterging. Nach diesem einführenden Ruf zum Monotheismus, zur Änderung des Lebens und zur Absage an die Götzen folgte gewöhnlich das normale apostolische Kerygma. Die Juden sprach man an auf dem Wege über das Alte Testament, die Heiden anscheinend[114] durch das Licht der natürlichen Offenbarung, das zu Christus hinführt. So verfährt auch Paulus in Römer 2, 12 ff. in bezug auf »die Heiden, die das Gesetz nicht kennen«. Allerdings gebraucht er dort sein Argument zu einem anderen Zweck. Er will zeigen, daß die Heiden schuldig sind, weil sie Gott nicht verehrt haben; denn sie hatten ein Ahnen, daß es hinter all ihren vielen Göttern doch ihn gibt. Die alttestamentlichen Schriften werden nicht besonders angeführt, aber sie stehen im Grunde hinter allem.[115] Das ganze Vorgehen erinnert an bekannte Abschnitte in Jesaja und in den Psalmen,[116] wo eine scharfe Anklage gegen den Götzendienst geführt wird. Diese Tradition wurde in der Weisheitsliteratur, dem *Aristeasbrief,* den *Sibyllinischen Orakeln* und Josephus Schrift *Gegen Apio* fortgesetzt. Sie wurde ein Sprungbrett von der jüdischen Apologetik zum Heidentum hin. Die Christen sahen das einfach als ein notwendiges Vorwort zum Evangelium an. Es wäre sinnlos, wenn man Jesus als Herren verkündigte und ihn einfach noch dem schon sehr reich ausgestatteten Pantheon hinzugesellte. Seine ganze Bedeutung lag darin beschlossen, daß er die Offenbarung des einen wahren Gottes war. Der erste Teil dieser Predigt des Paulus in Lystra wird an anderer Stelle beschrieben, nämlich in 1. Thessalonicher 1, 9 ff., wo es heißt: »wie ihr euch bekehrt habt von den Götzen zu Gott, zu dienen dem lebendigen und wahren Gott.« Was der Vers dann weiter aussagt – wie sie jetzt auf die Wiederkunft Jesu vom Himmel warteten, des Jesus, auf den sie ihr Vertrauen gesetzt hatten und der sie vom Zorn erlösen sollte – das folgte wohl in jeder Heidenpredigt, nachdem deutlich geworden war, daß es nur einen Gott gibt, und daß man den Götzen absagen muß.

In der Ansprache vor den Athenern, einer der am meisten erörterten Stellen im ganzen Neuen Testament, geht Paulus fast in der gleichen Weise vor. Sie beginnt damit, daß Paulus in seinem Geist erregt ist, als er sieht, daß der Götzendienst überall in Athen verbreitet ist.[117] Nirgends auf der Welt hätte der Götzendienst in so anziehender Verkleidung auftreten können als in den Bildwerken der Akropolis. Sehr fein deutet es Lukas in seinem Bericht an, wie der Angriff auf den Götzendienst zunächst bei den Athenern die Vermutung aufkommen läßt, als wolle Paulus dem Götterolymp noch zwei andere Gottheiten hinzufügen, und zwar in der Gestalt von Jesus und Anastasis, nämlich den »Heiler« und seine Frau »Genesung«.[118] Zugleich ist das ein glänzendes Zeugnis dafür, daß Paulus auch in Athen die Person Jesu und seine Auferstehung in den Mittelpunkt seiner apostolischen Verkündigung stellte. Der Angriff erreicht seinen Höhepunkt, nachdem der Altar des unbekannten Gottes die Brücke bildete für die Aussagen über den einen wahren Gott. »So wir denn göttlichen Geschlechtes sind, sollen wir nicht meinen, die Gottheit sei gleich den goldenen, silbernen und steinernen Bildern« (wie sie sich in der Umgebung des Paulus und seiner Hörer überall in großer Zahl befanden).

Die Frage des Monotheismus wird dann eingehend und mit großem Einfühlungsvermögen entfaltet. Er fängt damit an, daß er die Aufschrift »Dem unbekannten Gotte« gefunden habe,[119] und benutzt sie, um mit großem Scharfsinn über die Unzulänglichkeit des Polytheismus zu sprechen. Obwohl die genaue Herkunft eines solchen Altars nicht sicher ist,[120] und die antiken Schriftsteller verschiedene Berichte darüber geben, kann man doch sagen: »Anscheinend gab es zwei Gründe, um Altäre für unbekannte Götter zu errichten. Entweder weil ein unbekannter Gott als der Urheber von Glück oder Unglück angesehen wurde, oder weil die Menschen fürchteten, einen Gott zu übersehen, und deshalb einem unbekannten Gott opferten und zu ihm beteten. Und außerdem neigten die Griechen immer dazu, die Gottheit als etwas Unpersönliches und Unbestimmtes zu sehen.«[121] Nachdem ihnen Paulus also aufgrund ihrer eigenen Inschrift gezeigt hat, wie oberflächlich und ungewiß der Polytheismus ist, fährt er fort und leitet sie von der unpersönlichen und unbestimmten Gottheit dieser Inschrift zu dem Gott der Bibel, dessen Wesen als eines bestimmten und persönlichen Gottes er verkündigt. Er zitiert natürlich nicht das Alte Testament. Das hätte einen Mangel an Einfühlungsvermögen seinerseits verraten und wäre für sie ohne Bedeutung gewesen. Soweit er bestimmte Zitate benutzt, sind sie griechischen Dichtern entnommen. Aber seine Lehre von Gott ist – wie in Lystra – ganz biblisch und wird auch wieder in seinen Worten gebracht.[122] Das ist echte Apologetik und zugleich auch echte Evangelisation. Der Inhalt des Evangeliums bleibt erhalten, während die Ausdrucksweise auf die Hörer abgestimmt ist. Gott wird dargestellt als der einzigartige Schöpfer der Welt und der ganzen Menschheit. Er wohnt nicht in Heiligtümern wie dem Parthenon. Er ist nicht auf Verehrung und Opfer von seiten der Menschen angewiesen, da er ja selber der Geber aller Dinge ist. So hat es der Psalmist schon lange zuvor ausgedrückt: »Ich will nicht von deinem Hause Farren nehmen noch Böcke aus deinen Ställen. Denn alle Tiere im Walde sind mein und das Vieh auf den Bergen, die bei tausend gehen... Wo mich hungerte, wollte ich dir nicht davon sagen; denn der Erdboden ist mein und alles, was darinnen ist.«[123] Prof. Bruce beobachtet sehr scharfsinnig an dieser Stelle: »Hier verbindet sich die Lehre Epikurs, daß Gott nichts vom Menschen nötig hat und der Mensch ihm auch nicht dienen kann, mit dem Glauben der Stoa, daß Er die Quelle allen Lebens ist. Paulus ist ständig darum bemüht, möglichst viele gemeinsame Voraussetzungen mit seinen Hörern zu haben.«[124] Und das tut er, während er ihre Position aus den Angeln heben will.

Gott erscheint dann als der Schöpfer und Erhalter der Menschheit, die er aus einer gemeinsamen Abstammung geschaffen hat – ein für athenisches Denken unbefriedigender Gedanke.[125] Er hat sie auch zu einem gemeinsamen Ziel geschaffen, daß sie nämlich Gott suchen und ihn finden sollen. Auch ist dieses Suchen nicht vergeblich, denn er ist nicht ferne von einem jeden von uns. »In ihm leben, weben und sind wir«, wie es Epimenides sagt, oder »wir sind von seinem Geschlecht«, wie es Aratus ausdrückt.[126] Paulus benutzt heidnische Dichter[127], um biblische Wahrheiten zu verkündigen, daß nämlich persönliche Wesen ihren Ursprung und ihre Bedeutung, ihr Leben und alles einem persönlichen Schöpfergott verdanken. In der Vergangenheit (vgl. den Schluß in Lystra) wurde die – wenn auch schuldhafte – Unkenntnis über diesen Schöpfergott von Gott übersehen. Aber nun ist eine andere Lage eingetreten, seit das Kommen Jesu die Person Gottes in ein helles Licht gestellt hat.

An dieser Stelle beginnt der spezifisch-christliche Inhalt der Predigt, nachdem den Hörern zum Bewußtsein gebracht wurde, daß sie diesem schaffenden und erhaltenden Gott gegenüber eine sittliche Verantwortung haben. Nun wird ihnen kein Götze und auch kein Gottesbegriff mehr vor Augen gestellt, sondern der Mann, den Gott bestimmt hat, und sie werden aufgefordert, ihre Haltung gegenüber dem höchsten Gott zu ändern, der ihn als Heiland gesandt und aufgrund seiner Auferstehung zum künftigen Richter bestimmt hat. Wir können an dieser Stelle nicht die Feinheiten und Probleme dieser Rede erörtern. Aber die drei Hauptgesichtspunkte treten klar hervor: Angriff auf den Götzendienst, Verteidigung des einen wahren Gottes und Darstellung der sittlichen Konsequenzen aus diesem Gottesverhältnis. Man wird unwillkürlich an Römer 1 erinnert, wo Paulus in einem anderen Zusammenhang und mit einer anderen Absicht genau die gleichen Gedanken äußert. Der eine Gott, die unnützen Götzen und die sittlichen Folgen eines götzendienerischen Lebens in bewußter Entfremdung von Gott werden in aller Deutlichkeit geschildert. »Denn was man von Gott erkennen kann, ist unter ihnen offenbar; Gott hat es ihnen offenbart. Denn Gottes unsichtbares Wesen, das ist seine ewige Kraft und Gottheit, wird ersehen seit der Schöpfung der Welt und wahrgenommen an seinen Werken, so daß sie keine Entschuldigung haben.«[128] Warum? Wegen des Götzendienstes. »Sie wußten, daß ein Gott ist, und haben ihn nicht gepriesen als einen Gott noch ihm gedankt, sondern haben ihre Gedanken dem Nichtigen zugewandt... sie, die Gottes Wahrheit verwandelt haben in Lüge und haben geehrt und gedient dem Geschöpf statt dem Schöpfer.«[129] Und die sittlichen Folgen? Götzendienst führte zu Unsittlichkeit und Torheit, »einer niedrigen Gesinnung und einem verkehrten Verhalten«. Infolgedessen lesen wir dreimal das schreckliche »Gott hat sie dahingegeben« – an die zerstörerischen Leidenschaften, die sie sich selbst gewählt hatten.[130] Nachdem sie sich entschieden hatten, Gott abzulehnen, waren sie in den Mauern ihrer eigenen Ablehnung eingeschlossen. Das war der schreckliche Hintergrund, auf dem Paulus im Römerbrief seine wuchtige Predigt von der Rechtfertigung durch Christus brachte. Grundsätzlich nimmt Paulus auch bei seiner Areopagrede die gleiche Stellung ein, wenn die Botschaft im einzelnen auch anders ausgerichtet ist und nicht mit solcher Schärfe dargeboten wird. Es war die typische Art der Heidenpredigt, sei es nun vor Gebildeten wie in Athen oder vor einfachen Leuten wie in Lystra. Sie diente dem gleichen Zweck, wie wenn man den Juden predigte, sie seien verantwortlich für die Übertretung der Thora.

Der Angriff auf den Götzendienst

Jahrhundertelang haben die Christen nach diesem Muster den Heiden gepredigt. Selbst noch zur Zeit des Laktantius am Anfang des vierten Jahrhunderts galt das als die bewährte Methode. »Da es viele Stufen gibt zum Hause der Wahrheit, kann nicht jeder so leicht die oberste erreichen. Denn wenn einen Lichter mit dem Glanz der Wahrheit blenden, fällt man leicht wieder zu Boden, wenn man keinen festen Stand hat. Als erste Stufe muß man die falschen Religionen erkennen und ihre gottlose Verehrung von Göttern, die Menschenhand gemacht hat, aufgeben. Auf der zweiten Stufe erkennt man mit seinem Geist, daß es einen Gott gibt, den allerhöchsten, dessen Macht und Vorsehung die Welt von Anfang an geschaffen hat und sie auf eine Zukunft hin lenkt. Auf der dritten Stufe erkennen wir seinen Knecht und Boten, den er mit einer Mission auf die Erde gesandt hat.«[131]

In gewissem Sinne taten die Christen bei ihrem Angriff auf den Polytheismus nichts Neues. Seit Plato hatten es auch die griechischen Denker unternommen,[132] ebenso geschah es durch die jüdischen Apologeten.[133] Sieht man aber einmal ab von den Juden mit ihrem ausschließlichen Monotheismus, der sowieso im Altertum keine Parallele hatte, und der auch für seltsam angesehen wurde, so ist es doch auffällig, wie weit die Christen hier einen ganz neuen Weg einschlugen. Zwar ließ sich in der hellenistischen Welt der letzten zwei vorchristlichen Jahrhunderte eine Tendenz hin zum Monotheismus feststellen. Dennoch wurden die alten Götter nicht einfach ausgeschaltet,[134] wenn auch die homerischen Geschichten von den Liebesaffären und Kriegen der Götter bei jedem leidlich gebildeten Menschen keinen Anklang mehr fanden. Wie wir schon sahen, war die Welt voll von *daimonia*, Naturgewalten, die die Dichter in ein mythologisches Gewand gekleidet hatten. Sie galten als Realitäten, an denen man nicht vorbeikam. Im allgemeinen hielt man sie für untergeordnete Helfershelfer des einen Gottes. »Die eine Lehre, über die sich alle Welt einig ist«, schrieb Maximus von Tyrus, »besteht darin, daß es einen Gott gibt, den König über alles und den Vater, und daß es viele Götter gibt, die Söhne Gottes, die zusammen mit Gott herrschen. Diesen Glauben teilen Griechen und Barbaren.«[135] So ließen sich Polytheismus und Monotheismus miteinander versöhnen, und man glaubte durch die Verehrung der untergeordneten Gottheiten am Ende doch den höchsten Gott zu erreichen. Deshalb war es gefährlich, die Verehrung der üblichen Götter nicht zu beachten. Vielleicht existierten sie nicht nach der üblichen Vorstellung; aber wenn man sie geringachtete, wurde der große Gott dadurch beleidigt, und entsprechend wurde der Staat gefährdet.[136] Aus diesem Grunde betrachteten die Heiden die Christen als gottlos[137] und folglich als Staatsfeinde.

An diesem Punkt könnte man leicht einen Kompromiß machen. Eine Geste der Verehrung vor den traditionellen Göttern oder vor der Kaiserbüste ließ sich schnell machen, und es schien engherzig, wenn man sie verweigerte. Aber die Christen waren unerbittlich. Schon der kleinste Anflug von Götzendienst löste schärfste Reaktionen in ihnen aus. In den Schriften der Apologeten lesen wir viel davon. Die Christen gingen nicht zum Theater, zu öffentlichen Gelagen und Gladiatorenveranstaltungen. Militärdienst, der Lehrberuf und die Beamtentätigkeit waren für viele Christen sehr verdächtig wegen der damit verbundenen Götzenverehrung.[138] Das öffentliche Leben war voll davon. Es ist nicht erstaunlich, daß die Christen versucht waren, sich entweder in einer Art Ghetto von der Welt abzuschließen oder nachzugeben und ihre christliche Entschiedenheit zu verlieren. Ein Ausgleich war nicht immer leicht zu finden. Der Rat des Paulus hinsichtlich des Götzenopferfleisches bewegte sich auf einem schmalen Grat. Die nachgiebigen Nikolaiten kamen in Konflikt mit den mehr konservativen Gemeindegliedern wie Antipas, die einen festen Stand einnahmen und den Kompromiß in jeder Form ablehnten. Der letztere Standpunkt wurde von der Kirche der ersten beiden Jahrhunderte weitgehend eingenommen. Jeder Umgang mit dem Götzendienst wurde als eine ganz schreckliche Sünde behandelt.

Ein exklusiver Monotheist konnte zwei entgegengesetzte Haltungen hinsichtlich der heidnischen Götter einnehmen. Beide finden wir in den Schriften der Apologeten und bei Paulus. Entweder konnte er sagen, es gäbe überhaupt keine solchen Götter, wie sie die Heiden anbeteten: »Einen Götzen gibt es nicht«, es ist kein Gott als der eine«.[139] Oder er konnte den Götzen selber für unbedeutend halten, in ihm aber ein Medium sehen, durch das die bösen *daimonia* den Menschen erreichen und ihm schaden konnten. »Was will ich nun damit sagen? Daß das Götzenopfer etwas sei? Oder daß der Götze etwas sei? Nein; sondern was die Heiden opfern, das opfern sie den bösen Geistern und nicht Gott. Nun will ich nicht, daß ihr in der Dämonen-Gemeinschaft sein sollt.«[140]

Paulus hatte bei dieser anscheinend widersprüchlichen Haltung doch eine innere klare Linie gegenüber den Götzen. Aber es war sehr schwer zu verstehen. Origenes konnte die beiden Seiten noch in einem einheitlichen Verhalten vereinigen;[141] aber die meisten Christen des zweiten Jahrhunderts betonten die eine Seite oder die andere. So kann der *Brief an Diognet* über die Götzenverehrung lachen, wie es Jesaja tat: »Sind sie nicht alle taub? Sind sie nicht alle blind? Sind sie nicht ohne Leben? Solche nennt ihr Götter! Solchen dient ihr! Solche betet ihr an; und ihr werdet genau wie sie.«[142] Doch stärker verbreitet war die Haltung des Justin und Tatian. Sie schütteten Verachtung auf die Formen, die die Götzenverehrung annahm, aber sie nahmen die dahinter stehenden dämonischen Kräfte sehr ernst. Die Dämonen wurden gefüttert mit dem Fett der Opfer,[143] deshalb war es besonders wichtig, daß die Christen keine Berührung hatten mit dem Opferwesen. Man konnte sie überwinden; aber nur kraft unerbittlichen Widerstandes und durch den Namen Jesu. Tertullian faßt es folgendermaßen zusammen: »Sie wollten die Menschen vernichten.«[144] Die Aufgabe der Christen war es also, im Vertrauen auf den Sieg Christi einen totalen Krieg gegen sie zu führen.

Ein weiterer Grund, warum die Christen dem Götzendienst mit Spott und Verachtung begegneten, lag in ihrer Überzeugung, daß Götzendienst und Unsittlichkeit Hand in Hand gingen. In der Praxis war es auch immer so. Es gehörte zu den Eigentümlichkeiten des jüdisch-christlichen Monotheismus, daß wahre Ethik und wahre Religion nicht voneinander zu trennen waren; daß man sich nicht zu einem guten Gott bekennen und gleichzeitig ein loses Leben führen konnte. Alle anderen Religionen des Altertums kannten kein solch notwendiges Verhältnis zwischen Glauben und Sittlichkeit, wenn auch aus kultischen Gründen bei einigen Religionen vorübergehende Enthaltsamkeit vom Geschlechtsverkehr und vom Diebstahl gefordert werden konnte.[145] Aufs ganze gesehen gehörten Götzendienst und Unsittlichkeit zusammen. Justin hatte aus der Tradition des Spätjudentums[146] die theoretische Begründung dafür übernommen, daß falscher Glaube und falsches Leben zusammengehen. Die Dämonen waren dadurch entstanden, daß gefallene Engel sich mit Menschenfrauen verbunden hatten (1. Mose 6, 1 f.). Sie hatten dann die Menschheit beherrscht und »unter den Menschen Mord, Krieg, Ehebruch, Zorn und alle Arten von Lastern ausgestreut«.[147] Seine Nachfolger wie Athenagoras übernahmen diese Meinung.[148] Sie verband den falschen Glauben (Götzendienst) mit dem gottlosen Lebenswandel (die sittlichen Folgen des Götzendienstes) und verknüpfte so zwei der Hauptanklagepunkte der Christen gegenüber den Heiden im Vorhof der eigentlichen Evangeliumsverkündigung. Dann führte es natürlich zu dem dritten Punkt, der Darstellung des einen wahren Gottes, des Vaters Jesu Christi. Dennoch war es eine gefährliche Lehre. Nicht zuletzt deshalb, weil bequeme und charakterlose Christen leicht die Verantwortung für ihre Laster auf die Dämonen abwälzen konnten. Mit einer solchen Situation des Antinomismus hatte Origenes zu tun. »Einige der nicht so verständigen Gläubigen meinen, alle menschlichen Übertretungen entstünden durch die feindlichen

Kräfte (der Dämonen), die den Geist des Sünders beherrschen.«[149]–

Justin hätte aufs schärfste widersprochen, wenn man solches gesetzlose Verhalten aus seiner Lehre abgeleitet hätte. Als er zum ersten Mal die Dämonen erwähnt in seiner *ersten Verteidigung*,[150] fährt er sogleich fort, indem er das unsittliche und grausame Verhalten der von den Dämonen beherrschten Menschen der Freude und Liebe, der Keuschheit und Demut der Christen gegenüberstellt, »die sich von den Dämonen fernhalten und dem einzigen Gott durch seinen Sohn nachfolgen«. Sein leidenschaftlicher Monotheismus ließ ihn zu einer gefährlichen Waffe greifen im Kampf gegen die Sünde des Götzendienstes, der bei den ersten Christen insgesamt als die *fundamentale* Sünde galt (aus ethischen und aus religiösen Gründen): »Götzendienst ist das grundlegende Vergehen der Menschheit, die größte Schuld der Welt.«[151]

Grenzen des Verständnisses

Wie weit war die nachapostolische Kirche dem Evangelium noch treu?

Es ist interessant zu beobachten, wie wir gerade erwähnten, daß das einfache Volk die Lehren der führenden Männer der Kirche mißverstehen konnte. Hier erhebt sich die Frage, wie weit das echte Christentum im Verlauf der Übertragung des Evangeliums aus dem semitischen in den hellenistischen Raum verlorenging. Möglicherweise könnten die christlichen Evangelisten auf dieses Problem, das sich um den berühmten Ausspruch Tertullians »Was hat Athen mit Jerusalem zu schaffen?« kristallisiert, die Antwort geben: »Sehr viel.« Wir stehen also vor der Frage: Gab es Gegenden, in denen Athen Jerusalem verschlungen hatte, wo sich nicht nur die äußere Form, sondern auch der Inhalt des Evangeliums verändert hatte?

In seiner *Dogmengeschichte* und in der *Mission und Ausbreitung des Christentums* hat Adolf von Harnack diese Frage sehr scharfsinnig gestellt. Er glaubte, daß der beginnende Katholizismus des zweiten Jahrhunderts eine ungute Verbindung von Hellenismus und echtem Christentum des apostolischen Zeitalters war. C. N. Moody hat in seinem Buch *The Mind of the Early Converts* (dt. Was ging in den ersten Gläubigen vor?) die Frage noch weiter zurückverlegt. Er geht dabei aus von seiner langjährigen Erfahrung auf dem Missionsfeld und spricht davon, wie wenig von dem, was durch den Evangelisten gelehrt wurde, wirklich eine tiefgreifende Wirkung im Leben der Neubekehrten hatte. Dieser Prozeß läßt sich nicht auf die Kluft zwischen der reinen Lehre des apostolischen Zeitalters und ihren Verfälschungen in der Folgezeit abschieben. Die Mißverständnisse und Verkürzungen waren schon zur neutestamentlichen Zeit vorhanden. Spuren der Theologie des Johannes lassen sich bei Ignatius und Justin und bis hin zu Irenäus finden, aber in entstellter Form und mit verkürztem Inhalt.[152] Ignatius und Polykarp haben den bewußten Versuch unternommen, Paulus nachzuahmen, aber sie haben ihn offensichtlich nicht verstanden. Seine Theologie des Seins »in Christus«, seine sogenannte Christusmystik, findet man im zweiten Jahrhundert nicht. Der Glaube wird mehr ein bloßes Für-wahr-Halten, die Gnade wird ein Gebrauchsartikel, die Rechtfertigung eine rein formelle Sache – selbst im Munde seiner eifrigsten Nachahmer. Harnacks Ausspruch enthält viel Wahrheit: »Marcion war der einzige Heidenchrist, der Paulus verstand, und auch er hat ihn mißverstanden.« Nach sorgfältiger Überprüfung der führenden Schriftsteller des zweiten Jahrhunderts kommt Moody zu der Annahme, daß die Masse der Christen etwa so viel Theologie in sich hatte wie der Jakobusbrief. Einige der helleren Lichter seien etwa bis zu einem gewöhnlichen Christentum des Lukas vorgedrungen. Aber die Giganten der neutestamentlichen Theologie, Paulus und Johannes, habe man einfach nicht verstanden, und ihre bedeutenden Lehren habe man sich kaum jemals zu eigen gemacht. Gnade, Rechtfertigung, Heiligung, Einssein mit Christus und die anderen evangelischen Wahrheiten, die für die Apostel Paulus, Petrus, Johannes und den Schreiber des Hebräerbriefes so viel bedeuteten, habe man weitgehend über Bord geworfen und sie ersetzt durch eine Religion neuer ethischer Gesetzlichkeit und eine Christologie, die nicht mehr an der Menschheit Jesu interessiert war. Eine ähnliche Einstellung ist zur Zeit auf dem Kontinent in Mode, wo man durch Leute wie Käsemann alles, was nicht Rechtfertigung aus Glauben ist, gern mit dem abwertenden Etikett *Frühkatholizismus* versieht und damit gar nicht weiter in Erwägung zieht. Ähnliche dogmatische Voreingenommenheiten des streng reformierten Typus finden wir bei Professor Torrance. Dadurch erhält er kein klares Bild mehr von der Gnadenlehre der apostolischen Väter.[153] Man geht davon aus, daß man genau weiß, was das volle Evangelium ist. Von dieser beneidenswerten Position aus möchte man dann die Christen des zweiten Jahrhunderts beurteilen.

Professor Maurice Wiles hat die Einseitigkeit dieses Vorgehens des Verfahrens sehr gut dargelegt in seinen beiden Büchern über die Interpretation des Paulus und des Johannes in der frühen Christenheit.[154] Sicher haben nur wenige die volle Tragweite der erhabenen

Theologie dieser beiden apostolischen Riesen erfaßt; aber sie haben doch genug davon verstanden, um die Vorwürfe von Harnack und Moody als ungerecht erscheinen zu lassen. Nehmen wir zum Beispiel den *Brief an Diognet.* Wie wird hier das apostolische Verständnis des göttlichen Planes erkennbar? »Er war immer und ist noch und wird immer sein: gütig und gut, ohne Zorn und wahrhaftig. Und er faßte in seinem Sinn einen großen und unaussprechlichen Plan, den er seinem Sohn allein mitteilte. Solange er also seinen eigenen weisen Rat bei sich verborgen hielt, schien er uns zu vergessen und sich nicht um uns zu sorgen oder zu kümmern. Aber nachdem er durch seinen geliebten Sohn offenbart und offen dargelegt hatte, was er von Anfang an vorbereitet hatte, teilte er uns allen Segen auf einmal mit, so daß wir seine Wohltaten genießen, sehen und verstehen konnten.«[155]

Ist das Folgende nicht eine gute Beschreibung der Sendung Christi? »Er hat nicht, wie man sich denken könnte, seine Diener oder Engel oder Mächtigen zu den Menschen gesandt..., sondern den Schöpfer und Bildner aller Dinge, durch den er die Himmel schuf, durch den er dem Meer seine Grenzen setzte... Das ist der Bote, den er ihnen gesandt hat. Geschah das, wie man hätte erwarten können, um seine Herrschaft auszuüben oder um Angst und Schrecken einzuflößen? Keineswegs, sondern er kam in Güte und Milde. Wie ein König seinen Sohn sendet, der auch ein König ist, so sandte er ihn als Gott; er sandte ihn als einen Menschen zu Menschen. Als Heiland sandte er ihn, und als einer, der versucht, uns zu überreden und nicht zu zwingen. Denn Gewalt hat keinen Raum im Wesen Gottes. Als Gott ihn sandte, hat er uns gerufen, nicht verfolgt. Er sandte ihn in Liebe, nicht zum Gericht.« Aber der unbekannte Schreiber dieses Briefes wußte, daß das Gericht bei seiner Wiederkunft kommen würde. »Denn er wird ihn noch als Richter zu uns senden; und wer wird bei seiner Erscheinung bestehen können?«[156]

Wie steht es mit der Versöhnung im *Brief an Diognet?* »Er selbst nahm auf sich die Last unserer Missetaten, er gab seinen eigenen Sohn als Lösegeld für uns, den Heiligen für die Übertreter, den Redlichen für die Unredlichen, den Unsterblichen für die Sterblichen.« Denn was könnte sonst unsere Sünden bedecken als seine Gerechtigkeit? In wem hätten wir, die Gottlosen und Bösen, sonst gerechtfertigt sein können, wenn nicht allein in dem Sohn Gottes?[157] Das war keine kühle Theorie von der Stellvertretung, kein bloßer dogmatischer Lehrsatz bei unserem Verfasser. Es war die Quelle der christlichen Liebe – »wie sollten wir ihn lieben, der uns zuerst so geliebt hat?«[158] Er richtete den leidenschaftlichen Aufruf an Diognet, sich doch die Wohltaten des Leidens des Herrn zu eigen zu machen. »O herrlicher Tausch!« ruft er aus. »O unergründliches Werk Gottes! O Wohltaten, die alle Erwartungen übersteigen! Daß die Bosheit der vielen in dem einen Gerechten aufgehoben ist, und daß die Gerechtigkeit des einen viele Übertreter gerecht macht!«[159]

Wie kommt ein Mensch zum Christentum? Nur durch Glauben allein kann man Gott kennenlernen, einen Glauben, der Freude, Liebe und das Verlangen nach einem christusähnlichen Leben mit sich bringt. »Niemand hat ihn gesehen oder ihn bekannt gemacht, er hat sich selbst offenbart. Und er hat sich durch Glauben offenbart; denn nur dadurch ist es gegeben, Gott anzuschauen[160] ...Wenn du auch diesen Glauben haben möchtest und zuerst die Erkenntnis des Vaters gewinnst[161] (an dieser Stelle ist eine Lücke im Text, aber dann fährt er fort) ...dann wird er ihn denen geben, die ihn lieben. Und wenn du diese Erkenntnis erlangt hast, mit welcher Freude wirst du dann erfüllt sein? Wie wirst du ihn lieben, der dich zuerst geliebt hat? Und wenn du ihn liebst, dann wirst du seine Güte nachahmen.« Fragen wir uns nicht, wie ein Mensch Christus nachahmen *kann?* Obwohl es uns im Neuen Testament immer wieder als Aufforderung begegnet,[162] kommt es im Protestantismus etwas zu kurz. Unser Schreiber hat die Antwort bereit. »Sei nicht erstaunt, daß ein Mensch Gott nachahmen kann. Er kann, wenn er dazu bereit ist... Wer die Last seines Nächsten auf sich nimmt, wer in allen Dingen, in denen er überlegen ist, bereit ist, andern wohlzutun... der ist ein Nachahmer Gottes.«[163] Wir sollten nicht meinen, daß es sich hier um vergebliches Mühen in eigener Anstrengung handelt, was man den Christen des zweiten Jahrhunderts so oft vorgeworfen hat. Es hat nichts damit zu tun. Unser Verfasser kennt die Kraft des in uns wohnenden Christus, der diese Veränderung des Lebens bewirkt. »Er ist es, der von Anfang war, der erschien, als sei er neu, und doch der alte war, und der doch immer wieder von neuem in den Herzen der Heiligen geboren wird.«[164] Und an anderer Stelle sagt er: »Gott selbst hat die Wahrheit vom Himmel gesandt und sie unter die Menschen gestellt, nämlich das heilige und unbegreifliche Wort, und hat ihn, der dies Wort ist, in ihren Herzen befestigt.«[165]

Bevor er dann noch die berühmten Worte über die Christen sagt, daß sie für die Welt das seien, was die Seele für den Körper ist, schreibt er folgendes:[166] »Die Christen unterscheiden sich von den anderen Menschen weder durch das Land, noch durch die Sprache, noch durch die Sitten, die sie beachten. Denn sie wohnen weder in eigenen Städten, noch pflegen sie eine besondere Ausdrucksweise, noch führen sie ein Leben, das irgendwelche besonderen Kennzeichen hätte... Sondern indem sie sowohl in griechischen wie in barbarischen Städten wohnen... und die Sitten der Einwohner in Kleidung, Essen und den übrigen alltäglichen Lebensgewohnheiten einhalten, entfalten sie vor uns ihre wunderbare und, man muß es zugeben, ungewöhnliche Lebensweise. Sie wohnen in ihrem eigenen Vaterland, und sind doch Fremdlinge. Als Staatsbürger nehmen sie an allem Anteil wie die anderen, und doch ertragen sie alles wie Ausländer. Jedes fremde Land ist ihr Heimatland und jedes Heimatland ein fremdes Land für sie. Sie heiraten wie alle; sie zeugen Kinder, aber sie bringen ihre Nachkommen nicht um. Sie haben Tischgemeinschaft, aber nicht Bettgemeinschaft. Sie sind im Fleisch, aber sie leben nicht nach dem Fleisch. Sie verbringen ihre Tage auf Erden, aber sie sind Bürger des Himmels. Sie gehorchen den vorgeschriebenen Gesetzen, und zugleich übertreffen sie diese Gesetze durch ihren Lebenswandel. Sie lieben alle Menschen und werden von allen verfolgt.« Er fährt dann fort und beschreibt das paradoxe Verhalten der Christen in der Welt mit Begriffen, die er Paulus entnimmt.[167]

Es hat sich wohl gelohnt, diese ausführlichen Zitate aus einer Schrift vom Anfang des zweiten Jahrhunderts zu bringen.[168] Dadurch läßt sich die Meinung korrigieren, daß das Evangelium im zweiten Jahrhundert in katholischen Sakramentalismus und Moralismus abgeglitten sei, und daß niemand mehr die persönliche Glaubenshaltung der großen Apostel verstanden habe. Wenn auch der *Brief an Diognet* eine der edelsten außerkanonischen christlichen Schriften ist und deshalb als die Ausnahme, die die Regel bestätigt, in diesem Falle nicht zählt, hat er doch aus einem anderen Grunde seine Bedeutung. Er ist eines der wenigen uns erhaltenen Beispiele einer evangelistischen Schrift.[169] Die folgenden Apologien dienen mehr der Verteidigung einer bestimmten Position und sind nicht so sehr von der Art wie die Verteidigungsreden der lukanischen Apostelgeschichte, in denen es sehr stark um die Gewinnung von Menschen für den Glauben geht. So verfuhr Paulus bei seinen Verhören vor Agrippa und Nero, wo er aus der Verteidigung einen Angriff machte und die Ausführungen zu den Anklagen gegen ihn in evangelistische Waffen verwandelte. Wenn die Apologeten sich zu sehr mit der Verteidigung des Christentums gegen unberechtigte Vorwürfe und dem Angriff auf das Heidentum befassen und dadurch keine guten Beispiele für evangelistische Methoden geben, beschäftigen sich die übrigen orthodoxen Schriften seit der ersten Hälfte des zweiten Jarhunderts, die sogenannten apostolischen Väter, mit den Vorgängen innerhalb der christlichen Gemeinde selber. Deshalb mag der *Brief an Diognet* ein Paradebeispiel für die nach-apostolische Kirche sein. Andererseits ist er aber von allen Schriften aus dem zweiten Jahrhundert diejenige, die in Ziel und Inhalt den evangelistischen Schriften des ersten Jahrhunderts am nächsten steht. Vieles von der inneren Lebendigkeit, dem biblischen Verständnis, der Hingabe an Christus, das wir hier finden, läßt sich aber auch anderswo in der Literatur des zweiten Jahrhunderts finden. Nachdem ich im vergangenen Sommer diese Schriften durchgelesen hatte, kam ich zu dem Schluß, daß die Aussagen von Harnack und Torrance doch sehr übertrieben sind, und daß sich vieles von der echten Verkündigung des apostolischen Evangeliums in heidnischer Umgebung bis ins nächste Jahrhundert erhalten hatte, ja noch darüber hinaus. Kann man sich etwas vorstellen, das mehr an die apostolische Lehre und die innere Wärme der Verkündigung erinnert als die folgenden Auszüge aus den Schriften des Makarius, eines Mönchs aus dem vierten Jahrhundert? Er spricht zunächst über die Versöhnung und dann über die Notwendigkeit der Wiedergeburt.[170]

»Wenn jemand sich auf seine eigene Gerechtigkeit und Erlösung stellt, ohne die Gerechtigkeit Gottes, unseres Herrn, zu suchen, der, wie der Apostel sagt, ›uns zur Gerechtigkeit und Erlösung gemacht ist‹, dann arbeitet er umsonst. Denn alle Träume von der eigenen Gerechtigkeit werden am letzten Tag offenbar als schmutzige Lumpen, wie der Prophet Jesaja sagt: ›Alle unsere Gerechtigkeit ist wie ein unflätiges Kleid.‹ Laßt uns also Gott bitten und anflehen, uns ›mit den Kleidern des Heils zu kleiden‹, nämlich mit Jesus Christus, unserem Herrn, dem unaussprechlichen Licht. Seelen, die es einmal getragen haben, werden es niemals wieder ablegen, sondern in der Auferstehung werden auch ihre Leiber verherrlicht mit der Herrlichkeit dieses Lichtes, mit dem treue und edle Seelen schon jetzt umkleidet sind, wie der Apostel sagt: ›Der Christus von den Toten auferweckt hat, der wird auch eure sterblichen Leiber lebendig machen durch den Geist, der in euch wohnt.‹«

In der Predigt über die Wiedergeburt sagt er: »Jesus, der auf das Heil der Menschen bedacht war, richtete von Anfang an alle seine vorauslaufende Fürsorge darauf durch die Väter und Patriarchen, durch das Gesetz und die Propheten, und kam am Ende selbst, verachtete die Schande des Kreuzes und erlitt den Tod. All sein Ringen und Sorgen hatte die Absicht, aus sich selbst Kinder zu gebären, aus seinem eigenen Wesen, weil es ihm wohlgefiel, daß sie von oben geboren sein sollten. Und so wie Menschen traurig sind, wenn sie keine Kinder haben, so war der Herr, der die Menschen als sein

Ebenbild liebte, bereit, sie aus dem Samen seiner eigenen Gottheit zu zeugen. Wenn also jemand von ihnen sich weigert, zu einer solchen Geburt zu gelangen, vom Geist geboren zu werden, dann ist Christus betrübt, nachdem er für sie gelitten und so viel für sie erduldet hat. Wer also glauben und zum Herrn kommen will, sollte darum bitten, daß er hier auf Erden den göttlichen Geist empfängt.« Makarius zweifelt nicht daran, daß das geschieht. »Laßt uns also den Herrn unseren Gott, den wahren Arzt, willkommen heißen. Er allein kann unsere Seelen heilen, da er so sehr um unseretwillen gelitten hat. Er klopft ständig an unserer Herzenstür, damit wir ihm öffnen, so daß er kommen kann und in unserer Seele wohnen. Er sagt: ›Siehe, ich stehe vor der Tür und klopfe an. Wenn jemand meine Stimme hört und auftut, werde ich hereinkommen und mit ihm das Abendmahl halten und er mit mir.‹ Deshalb nahm er so viele Leiden auf sich, indem er seinen eigenen Leib in den Tod gab und uns aus der Knechtschaft loskaufte. Er tat es, weil er in unsere Seele kommen und bei uns wohnen wollte... Deshalb klopft er ständig und begehrt einzutreten. Laßt uns ihn also aufnehmen und ihm unser Leben darbringen. Denn er ist unsere Speise, unser Trank, unser ewiges Leben. Und jede Seele, die ihn noch nicht aufgenommen und ihm Wohnung gemacht hat, oder besser, bei ihm Ruhe gefunden hat, hat kein Erbe im Himmelreich bei den Heiligen und kann nicht in die himmlische Stadt kommen. Aber du, Herr Jesus, kannst uns dorthin bringen und deinen Namen verherrlichen mit dem Vater und dem Heiligen Geist in alle Ewigkeit.« Man kann wohl kaum sagen, daß dieser Mann nicht mehr bei den Grundwahrheiten des Neuen Testamentes geblieben ist, oder daß in seinen *Homilien* keine Spuren der neutestamentlichen Lehren von Glaube, Gnade, Versöhnung, Wiedergeburt und Perseveranz (Bleiben im Glauben, d. Ü.) zu finden seien.

Wie weit hat die nachapostolische Kirche das Evangelium entstellt?

Dennoch darf uns dies alles nicht blind machen für die Gefahren, die die Übertragung des Evangeliums in heidnische Ausdrucksformen auch inhaltlich mit sich brachte. Diesen Fragen müssen wir uns nun zuwenden.

Zuerst hatte das Evangelium auf dem vorwiegend heidnischen Boden des weltstädtisch ausgerichteten Antiochia Fuß gefaßt. Und dort hat es auch die ersten Fehlentwicklungen gegeben, weil man nicht-christliches Gedankengut einführte. Ignatius war ein Mann, der aus dem Heidentum zum Christentum kam. Man sieht die Sakramente in Begriffen, die sich aus den Mysterienreligionen herleiten[171] und an die Magie grenzen. Das Abendmahl ist die »Medizin der Unsterblichkeit, das Gegenmittel gegen den Tod«,[172] aber nicht eine Begegnung mit dem lebendigen Christus. Es ist statisch, nicht dynamisch, leiblich statt sakramental verstanden. Ähnlich wird das Wasser der Taufe an sich bedeutend, nicht in dem, worauf es hinweist; es ist gereinigt durch das Leiden (oder vielleicht auch die Taufe) Christi.[173] Hermas ist ein weiteres Beispiel für diese Denkweise. Er ist von der Taufe ganz eingenommen, sie hat ihn völlig mit Beschlag belegt. Sie ist das Siegel, die Erleuchtung, sie bringt Unsterblichkeit – sogar soweit, daß die Apostel und Lehrer in den Hades entsandt werden, um zu taufen und die zum Leben zu bringen, die vor Christus gestorben waren.[174] Das alles ist weit vom Neuen Testament entfernt, oder etwa doch nicht? Haben nicht auch die Korinther der Taufe eine halb-magische Bedeutung zugeschrieben? Für sie war es wichtig, wer das Sakrament austeilte;[175] sobald es ausgeteilt war, garantierte es das Heil;[176] ja, sie befaßten sich sogar mit einer Art stellvertretender Taufe für die Toten.[177] Paulus muß all diesen Dingen entgegentreten. Aber es läßt sich nicht leugnen, daß diese Probleme schon in den fünfziger Jahren des ersten Jahrhunderts vorhanden sind. Das gleiche gilt vom Abendmahl. Johannes 6 ließe sich leicht in einem automatischen, gleichsam magischen Sinne deuten.[178] Und 1. Korinther 10 zeigt, daß die Korinther auch mit dem Abendmahl magische Vorstellungen verbanden.[179] Wenn also Ignatius behauptet, daß das Kommen Jesu der Magie ein Ende bereitet habe, muß man sich schmerzlich eingestehen, daß in manchen Bereichen der Kirche eine neue Art von Magie eingeführt wurde, und daß man Ansatzpunkte dafür schon im Neuen Testament selber entdecken kann.

Wir sahen dann, wie die Heidenpredigt mit der Aufrichtung des Monotheismus und der Absage an den Götzendient begann, obwohl sie das Alte Testament voraussetzte und oft genug darauf Bezug nahm. Könnte das bedeuten, daß man das Alte Testament niemals richtig verstanden hat, obwohl es weithin die Bibel der Kirche geworden war? Sobald man es als eine Fundgrube für Beweisstellen behandelt, in denen man eine christliche Bedeutung findet, wird einem der Blick verstellt, zu erkennen, daß es auch eine Berechtigung hat als die Geschichte von Gottes Handeln mit Israel. Ziel und Höhepunkt dieses Handelns ist bestimmt Christus, aber er ist nicht sein Zerstörer. Unter diesen Umständen bestanden immer zwei Tendenzen: entweder man vernachlässigte das Alte Testament vollständig oder man hatte nicht das rechte Verhältnis zum Neuen Testament.

Marcion ist das klassische Beispiel für die erste Haltung. Sein starker Eindruck, den er bei der Christenheit des zweiten Jahrhunderts hinterließ, sollte uns als Warnung dienen, daß wir nicht die Ablehnung des Alten Testamentes nur als die Finte eines einzelnen ansehen. Es gab viele, die so dachten wie Marcion. Es gab auch andere, die es verwarfen – z. B. die meisten der apokryphen Evangelien. Die Ablehnung des Alten Testamentes und seiner Lehre von der Schöpfung führte unvermeidlich zur Gnosis, wo das Leibliche verachtet wurde und nur das »Geistliche« Wert hatte. Das wiederum führte entweder zu Ausschweifungen oder zur Askese, je nach dem, was die entsprechende Sonderrichtung bevorzugte.[180] Beide Richtungen behandelten den Leib als etwas Unbedeutendes oder als Hindernis für die geistliche Entwicklung. Es ließ sich fast nicht vermeiden, daß man das Christentum in der griechisch-römischen Welt als eine (wenn auch gottgegebene und letzte) neue Philosophie verkündigte;[181] aber es war dennoch ein verhängnisvolles Unternehmen. Es schwächte die Wurzeln der biblischen Lehren von der Schöpfung und von der Solidarität des neuen Israel mit dem alten. Das führte zu den beiden größten Gefahren des zweiten Jahrhunderts, dem Gnostizismus und dem Marcionitismus.

Die andere Richtung, in die die teilweise Verwerfung des Alten Testamentes durch einige christliche Missionare führte, haben wir schon berührt. Möglicherweise waren die Nöte in Galatien z. B. nicht so sehr das Ereignis der Machenschaften einer von Jakobus von Jerusalem entsandten Gegenmission, die aus den paulinischen Christen gute Judaisten machen sollte. Sondern sie kann die Folge der geistlichen Deutung des Alten Testamentes durch Paulus gewesen zu sein, der die Beschneidung durch die Taufe ersetzte und ähnliches tat. Als der glänzende Redner fortgegangen war, waren sie sich selbst überlassen. Sie lasen die Septuaginta und entdeckten, daß das natürliche Israel und die Beschneidung am Fleisch an erster Stelle standen. Sie mögen zu dem Schluß gekommen sein, daß Paulus ihnen nur die Hälfte gesagt hatte. Sie ließen sich beschneiden, um sicher zu gehen.[182] Zugegeben, der Apostel machte kurzen Prozeß mit ihnen. Auch zugegeben, die politischen und kulturellen Verhältnisse der nächsten achtzig Jahre standen einer Judaisierung der Heidenmission entgegen. Aber der Einfluß dieser Haltung war auf andere Weise zu sehen. Man verstand das Abendmahl im Sinne der alttestamentlichen Opfer, den Gemeindedienst als levitisches Priestertum und so fort.[183] Menschen, die in den Linien des Neuen Testamentes leben sollten, kehrten zu alttestamentlichen Kategorien zurück. Wie wir sahen, war diese Tendenz besonders stark im

Judenchristentum. Durch die Hintertür kam es zu den Katholiken, die ihr Altes Testament ernst und wörtlich nahmen. Wieder hat der Moralismus, in den die Christenheit im zweiten Jahrhundert abzugleiten drohte, seine Wurzeln im Neuen Testament. Es ist ein Unterschied, ob man das Leben der Christen als ein neues Gesetz, den Grundsatz der Liebe zu allen Menschen, ansieht; oder ob man es als eine verbesserte Auflage des alten Gesetzes ansieht. An einer Stelle setzt Hermas das Evangelium mit dem Gesetz Gottes und auch mit dem Sohn Gottes gleich.[184] Sehr bald wurde die Kirche heimgesucht von solchen Fragen wie: Was soll mit der Sünde geschehen, die nach der Taufe verübt wurde?[185] Von da war es nur noch ein kleiner Schritt bis zu der Lehre von der Sühne für vergangene Übeltaten[186] und anderes dieser Art, was in der Kirche des Mittelalters zur vollen Blüte kam. Das Christentum wird zu einem genau geregelten ethischen System, wobei man auch exkommuniziert werden konnte. Schon in der *Didache* haben wir ein System des Kirchenrechts. Die *Didache* mag aus dem ersten Jahrhundert stammen.[187] Das in ihr enthaltene ethische Dokument über »Die beiden Wege« ist sogar noch jünger. Doch der Same dieser Kasuistik liegt im Neuen Testament selber, besonders im Matthäusevangelium, das die Lehre Jesu in fünf große Blöcke aufteilt, um anzuzeigen, daß es die Neue Thora ist. Dann wendet es dieses Gesetz an, aber nicht als Leitlinie für ein Leben der Liebe, sondern als gesetzliche Verfügungen, die Ausnahmen haben müssen für Härtefälle.[188] Natürlich kommt das nur in einem Falle bei Matthäus vor. Aber es ist der Kern dessen, was später, vom Standpunkt der christlichen Evangelisation aus betrachtet, zu einer sehr ungesunden Pflanze heranwuchs.

Je mehr infolgedessen der Ton auf die Verdienste gelegt wurde, desto mehr erschien die Eschatologie nur noch im Lichte von Lohn und Strafe. In der neutestamentlichen Enderwartung steht die Person Jesu stets im Mittelpunkt. Er ist der Eine, der schon als Mensch und Heiland hier auf Erden war, und der als Herr und Richter wiederkommen wird. Die Wiederkunft ist die Ergänzung seines ersten Kommens. Nach Cullmanns berühmtem Ausspruch ist sie der Tag des »Endsieges«, der die Ereignisse des »Teilsieges« krönend abschließt. Aber dieser Ausblick verschwindet bald in der nachapostolischen Kirche. Häufig dient das Gericht als Warnung und Ansporn für entschiedenes Christenleben. Doch Jesus steht nicht mehr im Mittelpunkt der Eschatologie. Die *Petrusapokalypse* zeigt beispielhaft den Zusammenbruch der neutestamentlichen Eschatologie. Die Zukunft erscheint nur noch unter dem Gesichtspunkt des Lohnes für die Guten und der Bestrafung für die Verdammten (die ausführlich für die Schadenfreude der christlichen Leser beschrieben wird). Der Gipfel dieser Dinge ist Dantes *Inferno*, ihren Ausgang nahmen sie in Vergils *Aeneis*. Hier finden wir nicht mehr die charakteristische Haltung des Neuen Testamentes, wo Lohn und Strafe auch erscheinen, aber nicht das ganze Bild beherrschen. Dort sind sie mit der Güte Gottes vereinbar, lassen sich aber nicht durch menschliche Verdienste erkaufen. Die nachapostolische Zeit meinte, sie lehrten neutestamentliches Christentum. In Wirklichkeit lebte man in einem ganz anderen Bereich. So groß sind die Gefahren, wenn man hebräisch-christliche Vorstellungen in ein griechisches Gewand übertragen will.

Dies sind nur einige Hinweise darauf, wie das Evangelium verändert wurde, als es sich in die griechisch-römische Welt hinein ausbreitete. Man könnte noch viele hinzufügen. Unter ihnen ist die Darstellung Jesu als der Inkarnation der Weltvernunft, die in Clemens von Alexandria ihren Höhepunkt erreichte. Sie entfernt sich weit von dem Retter von Sünde, wie ihn die Evangelien und Briefe schildern. Der Ansatz liegt natürlich im Gedanken vom Weisheits-Logos des alexandrinischen Judentums, den Paulus, Johannes und der Hebräerbrief übernommen haben und auf Jesus anwenden. Damit konnte man offensichtlich die Frohe Botschaft in einer für Griechen verständlichen Ausdrucksweise anbringen. Aber es schlug zum Unguten aus, als das sprachliche Illustrationsmittel zu einer sachlichen Gleichsetzung führte, besonders als der Logos zu einer wahren Vorratskammer wurde, aus der die Denker der unterschiedlichsten Richtungen sich holten, was sie brauchten!

Einsatz und Gewinn

Die Gefahren einer solchen Übertragung liegen auf der Hand.[189] Aber das Wagnis hat sich gelohnt, obwohl manches Unheil auf dem Wege geschah. *Natürlich* hat es sich gelohnt. Sonst wäre die Heidenchristenheit genauso untergegangen wie das Judenchristentum. Man sollte wohl bedenken, daß der größte Feind des Judenchristentums der falsche Konservativismus war (bei dem Jesus nur eine Ergänzung zum Gesetz war), während die größte Gefahr für das Heidenchristentum in der verkehrten Anpassung an die Denkformen seiner Zeit lag (in denen Jesus als der Schlüssel zur Weisheit und himmlischen Erleuchtung angesehen wurde).[190] Konservativismus erstickt echtes Christentum, Liberalismus löst es auf. Zum Glück gab es im zweiten Jahrhundert viele Christen, die die apostolische Botschaft in einer ihren Zeitgenossen verständlichen Art darboten und doch ziemlich nahe bei der Botschaft blieben. Ihr Leben und ihre Worte schlugen tiefe Schneisen ins Heidentum. Ihr mutiges Sterben unter dem Martyrium hatte eine noch größere Wirkung. Es ist bewegend, wenn man liest, welchen Eindruck das mutige Sterben der Christen auf Justin machte.

»Auch ich selbst habe es verstanden – obwohl ich mich noch an den Lehren Platos erfreute und hörte, wie die Christen verleumdet wurden – als ich sie ohne Furcht vor dem Tode und allem, was einen ängsten kann, sah.«[191] Er selbst ging den gleichen Weg des Martyriums und hinterließ einen solchen Eindruck dabei, daß der Bericht darüber in einer Schrift aus dem zweiten Jahrhundert erhalten ist. Sein Mut, seine stille Weigerung, sein Leben durch einen Kompromiß zu retten oder dem Präfekten Rustikus irgendwelche Angaben zu machen, die andere beschuldigen könnten; sein kluges Ergreifen der Gelegenheit, um Rustikus etwas vom Evangelium zu sagen – das alles wirft ein helles Licht auf sein tiefes Vertrauen zu Christus, selbst als er schon vor den Toren des Todes stand. »Ich vermute es nicht nur«, erwiderte er auf die höhnische Frage des Präfekten, ob er vermute, er würde in den Himmel hinaufsteigen, »ich vermute es nicht nur, sondern ich weiß es und ich bin voll davon überzeugt.«[192] Ja, das Leben, die Botschaft und das Sterben der Christen bewiesen es, daß es sich gelohnt hatte, das Evangelium so sorgfältig, wie Justin es tat, in andere Denkformen zu übertragen. Wenn es ihnen gelegen war, benutzten sie die griechischen Epen, die homerischen Mythen,[193] und auch die stoische und epikureische Philosophie. Clemens von Rom spricht sogar sehr deutlich vom Phönix, als er die Vernünftigkeit der Auferstehung mit dem Sterben und Lebendigwerden der Samen begründen will.[194] Von diesem Vogel aus der östlichen Mythologie behaupteten die Dichter, daß er[195] alle 500 Jahre sterbe und aus seiner Asche neu erstehe. Clemens glaubte das wirklich. Das ist der Höhepunkt seiner Beweisführung. In dieser Hinsicht war er – wie andere – ein Kind seiner Zeit. Doch selbst dann war er nicht eigentlich am Phönix interessiert, sondern an Christus. Alle Aussagen griechischen Denkens waren Clemens gut genug, wenn sie seinen Hörern halfen, das Wunder und die Wirklichkeit der Auferstehung zu fassen. Die griechischen Vertreter des Evangeliums haben sich bezeichnenderweise als Ziel gesteckt, die biblische Wahrheit in eine Kulturform zu kleiden, die in ihrer Gesellschaft annehmbar war.

Das Ärgernis des Kreuzes wollten sie nicht aufheben, aber sie wollten ihre Botschaft in einer Weise darbieten, die ihre Hörer annehmen konnten, so daß man das wahre Ärgernis des Evangeliums erkannte und sich vor seinen Anspruch gestellt sah. Das war ihr Ziel.

Vielen von ihnen muß das in den meisten Fällen auch gelungen sein. Andernfalls hätten wir nicht eine Kirche gehabt, die stark genug war, die wiederholten Verfolgungen durch den Staat im zweiten und anfangs des dritten Jahrhunderts zu bestehen. Oft ist der Versuch auch mißlungen, und es ging etwas von dem Inhalt der Botschaft verloren, nachdem man ihre jüdischen Hüllen aufgegeben hatte. Geht man von der Annahme aus, daß sich der Versuch, die Heiden zu erreichen, gelohnt hat, dann war das bedauerlich, aber nicht zu vermeiden. Wenn man das in Frage stellt, dann muß man die Universalität des Christentums überhaupt in Frage stellen. Wenn Jesus für alle Menschen da ist, dann müssen die Evangelisten das Wagnis auf sich nehmen, daß sie mißverstanden werden, daß sie selbst Teile des Evangeliums mißverstehen, daß ihnen manches verloren geht, wenn sie Teile der Botschaft übertragen. Nur eines muß erhalten bleiben: sie müssen von Ihm Zeugnis ablegen.[196] Christen sind berufen, gefährlich zu leben.[197] Der Grundsatz der Inkarnation muß auch in die christliche Predigt eingehen. So war es in der Predigt der ersten Heidenmissionare. Das gleiche gilt (mit Einschränkungen) für viele ihrer Nachfolger im zweiten Jahrhundert. Auf jeden Fall haben sie das Wagnis unternommen. Soweit bei ihnen Jesus Christus, seine Fleischwerdung, sein Tod und seine Auferstehung im Mittelpunkt standen, hat Gott ihr Zeugnis beglaubigt. Wir können im Nachhinein sehr leicht Kritik üben an ihrer Ethik und an ihrer Christologie; wir können ihnen schnell vorwerfen, daß es ihnen nicht gelungen sei, immer den richtigen Weg zwischen Anpassung nach außen und Bewahrung nach innen zu finden.

Aber es wäre schön, wenn wir auch von den Kirchen in unserer Zeit sagen könnten, daß sie nur halb so viel Erfolg hätten, daß sie etwas von dem Mut, von der Zielbewußtheit, von der Christuszentriertheit und der Anpassungsfähigkeit hätten wie diese Männer und Frauen aus dem ersten Jahrhundert unserer Zeitrechnung.

6 Bekehrung

»Die Vorstellung von der Bekehrung, wie wir sie heute haben, blieb für das Denken der griechisch-römischen Welt eine sehr lange Zeit, vielleicht sogar bis zum Auftreten des Christentums, eine völlig fremde Sache.« Mit diesen Worten begann Gustave Bardy sein bedeutendes Buch zu diesem Thema.[1] Diese Schlußfolgerung würde beispielsweise A. D. Nock in den Einzelheiten für etwas übertrieben halten, im allgemeinen jedoch für richtig.[2] Und man sollte daran denken, wie fremd es für die Heiden im ersten Jahrhundert gewesen sein muß, daß die Christen immer wieder darauf bestanden, daß man sich bekehren müsse.

Die christliche Bekehrung

Was ist nun »die Vorstellung von der Bekehrung, wie wir sie heute haben«? Im religiösen Bereich gebrauchen wir normalerweise dieses Wort in einem doppelten Sinne. Entweder wollen wir damit sagen, daß jemand eine bestimmte (oder auch keine) religiöse Haltung aufgegeben hat, um sich einer anderen gänzlich anzuschließen; oder wir reden von Bekehrung, wenn jemand eine Zeitlang nur nominell einer Glaubensrichtung angehört hat, dann aber erweckt wurde und nun mit ganzer Hingabe sich dieser Sache anschließt. Warum sollte Bekehrung in diesem Sinne in der alten Welt unbekannt gewesen sein? Ich meine, es gibt drei Gründe. Erstens hielt der hellenistische Mensch den Glauben bei seinen Kulthandlungen nicht für nötig. Solange die üblichen Opfer dargebracht wurden, solange das äußere Zeremoniell ablief, war für ihn alles in Ordnung.[3] Man brauchte nicht an die Gottheiten zu glauben, die man verehrte. Viele denkende Menschen, wie Lukrez und Juvenal, spotteten über die Geschichten von den traditionellen Göttern, aber sie legten Wert darauf, daß auch weiterhin Opfer dargebracht wurden; denn man meinte, die Sicherheit des Staates und das Wohlergehen der Gesellschaft hingen davon ab.

Zweitens meinte der hellenistische Mensch, daß die Ethik nicht zur Religion gehöre. Für das praktische Verhalten spielte es keine Rolle, ob man ein Anhänger des Mithras oder ein Verehrer der Isis war. Zwar verlangten einige Kulte, die kultische Reinheit während der Zeit der Weihen oder bei bestimmten kultischen Handlungen; aber nirgends bestand man darauf, daß ein totaler Bruch mit der Vergangenheit vollzogen wurde, daß eine Absage an alles Böse erfolgte. Dies ergab sich nicht aus dem Wesen des Gottes, dem man diente.

Hinsichtlich der antiken Religionen ist man sich hierin einig;[4] bei der Philosophie war es jedoch anders. Die Kyniker und Stoiker vor allem sollen eine so hohe Auffassung von der Tugend gehabt haben und sollen von den Anhängern ihrer Philosophenschulen die Befolgung dieses Tugendideals so unbedingt gefordert haben, daß wir hier direkt eine Parallele zur christlichen Bekehrung vor uns haben. A. D. Nock verteidigt diese Ansicht in seinem berühmten Buch über *Conversion* (dt. Bekehrung), aber er betont zu sehr die Ähnlichkeiten und zu wenig die Unterschiede zwischen dem Christentum und den Philosphenschulen. Die Philosophie wurde im ersten Jahrhundert v. Chr. und n. Chr. allgemein verbreitet und wurde ein wichtiger kultureller Faktor als Ausgleich zu dem sehr oberflächlichen Lebenswandel dieser Zeit, als eine vernünftige Erklärung für die Erscheinungen des Lebens und der Welt und als eine zuchtvolle, vornehme Lebensweise, die einige der besten Charaktere des Heidentums hervorgebracht hat: Mark Aurel, Epiktet und Seneca. Auch bestehen gewisse Ähnlichkeiten zwischen der stoischen Ethik und dem missionarischen Eifer der Kyniker einerseits und der Urchristenheit andererseits. Sogar die Philosophen dachten an ein Bekehrungserlebnis, das gewisse Parallelen zur christlichen Bekehrung hatte. Dort erscheint der wahrheitssuchende Mensch wie jemand, der in tiefes Wasser eingetaucht ist, und nun allmählich sich der Oberfläche nähert und dann plötzlich die Oberfläche durchstößt und atmen kann.[5] Aber dieser Gedankengang wird noch fortgesetzt bei John Baillie,[6] der Nock blindlings folgt in der Annahme, daß solche Bekehrungen unmittelbar mit der christlichen Bekehrung zu vergleichen sind und auch so etwas wie Heilsgewißheit kennen und die Garantie, daß der betreffende Mensch nicht mehr abfallen kann. Betrachtet man jedoch die tiefe Ungewißheit und die sittliche Unbeständigkeit, wie sie sich selbst bei den besten Vertretern finden, dann erkennt man, wie wenig diese Meinung der Wirklichkeit entspricht. Mark Aurel[7] und vor ihm Cicero[8] enden im Agnostizismus und bekennen, daß es für sie keinen zwingenden Grund gibt, an die Existenz der Götter zu glauben. Spricht so ein Mensch, der die Wahrheit gefunden hat? Seneca muß vor seinem Sterben zugeben, daß er eine tiefe Ungewißheit hat über das Wesen seiner Seele, ihre Zukunft, ihr Schicksal und ihren Zustand.[9] »Wissen wir, wie wir leben sollen? Wissen wir, wie wir sterben sollen?«[10] Diese edlen Heiden, die so fern waren von einer Gewißheit, waren im Innersten von einem großen Fragen erfüllt. Man braucht nur die bittere Resignation bei ihrem Sterben mit der strahlenden Zuversicht der urchristlichen Märtyrer zu vergleichen, um zu erkennen, welch ein Unterschied besteht zwischen dem Suchen und dem Gefunden-haben.

Außerdem zeigt die Kluft zwischen Theorie und Praxis gerade bei einem Mann wie Seneca,[11] daß es unsinnig ist, hier an eine Art christlicher Bekehrung zu denken. Nock[12] zitiert *Brief 6, 1,* wo Seneca schreibt: »Ich verstehe, Lucilius, daß ich nicht nur gebessert, sondern daß ich verwandelt werde…« Es wäre schön, wenn sich in seinem Leben noch mehr Anzeichen dafür finden ließen! Er konnte behaupten, daß ihm nichts daran gelegen sei, reich zu werden, ja daß es ihm gar nicht darauf ankäme, ob er reich sei oder arm[13] – aber in der Praxis kam er zu großem Wohlstand, teilweise durch sehr fragwürdige Mittel, und er war auch gar nicht darum besorgt, diesen Reichtum wieder loszuwerden.[14] »Großes Vermögen bedeutet große Knechtschaft«, rief er aus – und doch hängte er sich daran. Seine Unnachgiebigkeit gegenüber seinen Gläubigern war einer der wirtschaftlichen Gründe für die boadicäische Revolte in Britannien, die das Reich eine seiner besten Legionen kostete[15]. Wiederum konnte er in bewundernswerter Weise von den Sklaven als seinen Mitmenschen sprechen. Sie waren für ihn nicht Sklaven, sondern solche, die unter seinem Dach wohnten, Freunde in seinem Keller waren, u. ä.,[16] aber trotz aller mitmenschlichen Gefühle erlaubte er ihnen weder seinen Lebensstil zu teilen, noch dachte er daran, auch nur einen von ihnen freizukaufen.[17] Wie Bardy mit Recht betont, erwartete man von dem Philosophen, daß er predige, aber nicht, daß er das auch tat, was er predigte. Die Menschen suchten ihn auf, um sich einen Rat zu holen, nicht um ein Vorbild zu finden. Diese Trennung zwischen Glaube und praktischem Verhalten war einer der grundlegenden Unterschiede zwischen der besten Religion der heidnischen Philosophie und der christlichen Bekehrung.

Der dritte Grund, warum die Vorstellung der christlichen Bekehrung den hellenistischen Menschen so erstaunte, bestand darin, daß sie von ihren Anhängern unbedingte Nachfolge verlangten. Man erwartete von den Christen, daß sie mit Leib und Seele Jesus angehörten, der ihr Meister, *despotes,* genannt wurde und der sie aus fremder Herrschaft erlöst hatte, so daß sie ihm gehörten. Von da an durften sie keinen anderen als »Herrn« anerkennen, sei es der Kaiser oder eine heidnische Gottheit. Dies alles erschien seltsam, denn in der Antike war Religion niemals ausschließlich. Zwar standen die Mysterienkulte nur denen offen, die eingeweiht waren; in diesem

Sinne waren sie ausschließlich. Aber sie waren es nicht grundsätzlich. Sie verlangten nicht, daß jemand ihnen völlig angehörte und hinderten ihn auch nicht daran, Mitglied einer anderen Mysterienreligion zu sein, seine Ahnen zu verehren oder dem Kaiserstandbild zu huldigen. Man konnte sich der Philosophie zuwenden oder auch der Magie, der Astrologie oder der Gnosis, dem Osiriskult oder dem Mithraskult. Dies alles spielte in einer bestimmten Hinsicht keine Rolle. Denn jede von ihnen war nur eine Ergänzung, aber nicht ein Ersatz für die herkömmliche Religion eines Menschen.

Demnach war also die Bekehrung als ein ausschließlicher Wechsel des Glaubens, der Ethik und des Gottesdienstes für das Denken der griechisch-römischen Welt etwas völlig Fremdes. Aus diesem Grunde erregten auch die Juden soviel Interesse, Bewunderung, Haß und Begeisterung. In dieser Zeit des ausgedehnten religiösen Synkretismus war ein solcher Glaube etwas Außergewöhnliches. Als leidenschaftliche Monotheisten, bereit zur Absage an den Götzendienst, ausgestattet mit der besten Ethik, hinter sich eine lange Geschichte, im Besitze eines heiligen Buches – so lebten die Juden und übten Anziehungskraft und Widerwillen zugleich aus, als sie sich im ganzen Mittelmeerbecken ausbreiteten. Kaum ein Schriftsteller in der Zeit zwischen 50 u. 150 n. Chr. hat sie übergangen. Ihr Einfluß war gewaltig. Livia, die Frau des Augustus, hatte eine jüdische Sklavin, die sie so sehr schätzte, daß sie sogar Spenden an den Tempel nach Jerusalem schickte.[18] Claudius hatte einen vornehmen Juden, namens Alexander, als Freund und Finanzberater.[19] Neros Mätresse, Poppaea Sabina, war eine »Gottesfürchtige«.[20] Josephus war ein Vertrauter der flavischen Kaiser, und die ganze herodianische Familie war natürlich in Rom erzogen worden und stand in engen und freundschaftlichen Beziehungen zur kaiserlichen Familie. Das Judentum war also sehr gut bekannt und wurde geachtet, auch wo man es ablehnte. Durch es ist in die alte Welt der Gedanke der Bekehrung in diesem Sinne einer völligen Verwandlung des Lebens eingedrungen. Aber es hatte nur begrenzten Erfolg. Obwohl die Juden den Vorteil genossen, eine gesetzlich geschützte Religion zu sein, wie es kein anderer Glaube kannte; obwohl sie sich weit verbreitet hatten, in ihren Synagogen auch heidnische Anhänger aufnahmen, ein heiliges Buch hatten und eine Ethik, die offensichtlich allem anderen in der damaligen Welt überlegen war, gelang es ihnen doch nicht, das Römerreich zu bekehren. Es hatte auch niemals den Anschein, als ob sie das könnten. Doch wo das Judentum versagte, hatte das Christentum Erfolg. Es führte, wie wir sahen, Menschen aus Juden und Heiden in seine Reihen und schmolz sie zusammen zu einer sogenannten dritten Rasse, einem *tertium genus*.[21]

An dieser Stelle wird die Einzigartigkeit der christlichen Bekehrung deutlich. Man rief Juden und Heiden auf, ihr Vertrauen auf den Messias Gottes zu setzen und sich seinem Volk anzuschließen. Für den Heiden war dies Bekehrung *zu* einem neuen Glauben; für den Juden war es, in einem bedeutenden Sinne, Bekehrung *innerhalb* des Glaubens, in dem er groß geworden war und dessen Ziel und Höhepunkt Christus war. Aber für den Juden war der Schock genau so groß oder sogar noch größer als für den Heiden. Beide mußten sich in die Gemeinde des Messias hineintaufen lassen. Während dies für den Heiden angenehmer war als die Beschneidung, war es für den Juden ein großes Ärgernis. Es bedeutete, daß er jeden Anspruch aufgab, allein aufgrund seiner Geburt und der Beschneidung ein Auserwählter Gottes zu sein. Es bedeutete, daß man wie ein neugeborenes Kind wurde und alle Sünde im Bad der Taufe abwusch. Und sie hatten doch gedacht, daß dies geschähe, wenn ein Proselyt in die Glaubensgemeinschaft Israels hineingetauft würde.[22] Eine demütigendere Absage an alle Vorrechte, an alle erworbenen und ererbten Verdienste und an das Stehen vor Gott kann man sich nicht vorstellen. Bekehrung zu Christus war ein unbedingtes *skandalon*.

Man sollte hieran denken in einer Zeit wie der unsrigen, in der die Christen sich scheuen, von der Einzigartigkeit ihres Glaubens zu sprechen. Anstatt von »Mission« spricht man vom »Dialog«, und der Begriff der »Bekehrung« ist eine unannehmbare Sache. Kürzlich hat Professor J. G. Davies das Wort und den Begriff der Bekehrung sehr angegriffen.[23] Er wirft der Kirche vor, daß sie ihre eigene Mitgliederzahl vergrößern will durch Proselytismus und persönliche Bekehrung. Er ist der Meinung, das Ziel der Christen solle der Dialog mit der Welt sein, sie dürften die Welt nicht einem Monolog unterwerfen. Sie müßten Menschen in die Welt schicken, die die Versöhnungsbotschaft Gottes durch ihr Leben darstellen, aber sie sollten nicht versuchen, durch Worte einen Einfluß auszuüben auf das soziale und wirtschaftliche Leben ihrer Zeitgenossen. Davies entscheidet sich also für die eine Seite der alten Streitfrage, ob soziales Evangelium oder geistliches Evangelium. Doch das Neue Testament kennt diese Zweiteilung nicht.[24] Die ersten Verkündiger begaben sich nur in einen Dialog mit der Welt, um die Welt zu verstehen und ihre umwälzende Botschaft so darzubieten, daß ihre Zeitgenossen sie verstehen konnten. Sie waren überzeugt, daß sie für ihre Mitmenschen eine frohe Botschaft hatten, und sie wußten, daß diese frohe Botschaft in Jesus verkörpert war. Ihn verkündigten sie. Und wenn Menschen zum Glauben an ihn kamen, wurde ihr Leben verwandelt, ihre sozialen und kulturellen Einstellungen verändert, und die Liebe Gottes, die sie umsonst empfangen hatten, trieb sie hinaus, um sich auch den sozialen Verpflichtungen hinzugeben, die Professor Davies mit Recht verteidigt.

Sobald man die grundlegende Tatsache der Bekehrung zu Christus aus der christlichen Botschaft herauslöst, wird sie zu einer abgebrochenen und leblosen Pflanze, wenn sie auch noch so schöne Blüten sozialen Verhaltens zeigt. Die christliche Bekehrung war etwas Neues und Einmaliges in der alten Welt; sie war demütigend, sie war dynamisch und sie war völlig. Was bot sie und welche Folgen hatte sie? Wie kam ein Mensch zur Bekehrung?

Bekehrung durch den Geist und durch das Wort

Im ersten Kapitel sahen wir schon, welche Anziehungskraft das Christentum in der alten Welt hatte. Doch wenn wir den Christen selbst glauben können, hat sich das Evangelium nicht nur aus diesen Gründen so schnell und so weit verbreitet. Der Mann, der uns mehr als ein anderer aus der Urgemeinde gezeigt hat, welche Faktoren bei der Evangelisation wichtig sind, ist der Evangelist Lukas. Für ihn sind die beiden Hauptfaktoren gerade diejenigen, die nicht von der Seite des Menschen kommen können, nämlich der Geist Gottes und das Wort Gottes.

Es ist allgemein klar, daß das Werk des heiligen Geistes das entscheidende Thema der Apostelgeschichte bildet, und daß er die entscheidende Triebkraft der christlichen Mission ist. Doch gerade dieser Faktor gerät am meisten in Vergessenheit, wenn man über die Bekehrung in der Urgemeinde spricht. Die Christen waren davon überzeugt, daß der Geist Jesu in ihre Mitte gekommen war und in ihnen wohnte, um sie zur Evangelisation auszurüsten, damit sie ihn anderen bekannt machen. Die Apostelgeschichte ist der Bericht von diesem Geschehen aus der Perspektive eines Mannes der apostolischen Zeit. J. H. E. Hull hat kürzlich darauf aufmerksam gemacht in seinem Buch *The Holy Spirit in the Acts of the Apostles*. Er sagt: »Lukas ging es vor allem um die Frage der Evangelisation der Welt... Die Kirche empfing den Geist nicht zu ihrer eigensüchtigen persönlichen Erbauung, sondern damit sie imstande war, für Christus zu zeugen«.[25] Jeder Anstoß zur Evangelisation, von dem uns die Apostelgeschichte berichtet, ist ein Anstoß durch den Heiligen

Geist. Von Kapitel 1 Vers 8, wo die Weltmission angedeutet wird, bis zur römischen Gefangenschaft des Paulus am Ende des Buches, wo das Evangelium in der Hauptstadt frei verkündigt werden darf, wird jedes neue Unternehmen durch den Herrn, den Geist, begonnen.[26] Es ist der Geist, die Gabe des erhöhten Jesus, die am Tage der Pfingsten die Jünger erfüllt und sie zeichenhaft gebraucht; ebenso geschieht es mit Petrus vor dem Hohen Rat, mit Stephanus in Jerusalem und mit Philippus bei dem Kämmerer.[27] Es ist der Geist, der Paulus zu seiner Mission führt und ihn anleitet, wo er sie am besten ausführen kann.[28]

Es ist der Geist, der Petrus dazu führt, daß er Cornelius das Evangelium verkündigt, und der die Gemeinde von Antiochia bewegt, die Heiden bei der ersten Missionsreise zu evangelisieren.[29] Der Geist ist keineswegs ein Eigentum der Kirche, wie Käsemann es behauptet, wenn er überraschenderweise den Frühkatholizismus schon in der Apostelgeschichte finden will.[30] Vielmehr ist es der Geist, der die Gemeinde schafft, der sie stärkt und am Leben erhält. »Die Größe der lukanischen Sicht liegt«, wie E. Schweizer mit Recht erkennt, »darin, daß er eindrucksvoller als irgendein anderer zu erkennen gibt, daß die Gemeinde nur leben kann, wenn sie evangelisiert und wenn sie dem Geist auf allen neuen Wegen folgt, die er ihr zeigt.«[31] Natürlich war Lukas nicht der einzige, der auf die Vorrangstellung des Geistes in der Mission hingewiesen hat. Das Johannesevangelium[32] und viele paulinische Aussagen weisen in die gleiche Richtung. In seinen Schriften wird die Verkündigung des Evangeliums immer wieder mit dem Geist in Zusammenhang gebracht. Stellen wie Philipper 1, 19; 1. Thessalonicher 1, 5; Epheser 6, 18 f. sind typisch dafür. Gott ergreift die Initiative. Wie bei der Schöpfung und bei der Erlösung, so tut er es auch bei der Mission.[33]

Das zweite entscheidende Mittel der Evangelisation ist das Wort Gottes.[34] Es wird häufig in den Schriften des Neuen Testamentes mit dem Geist in Verbindung gebracht, gleichsam um zu betonen, daß der Geist Gottes gewöhnlich durch das Wort Gottes wirkt. In jedem dieser Abschnitte, die oben angeführt wurden, sind die beiden eng miteinander verbunden. Das Wort Gottes ist das Schwert, welches der Geist benutzt.[35] Es gehört zu einem der großen Verdienste von C. K. Barret's Buch *Luke the Historian*, daß es diese Wahrheit beleuchtet. »Der Geist breitet die Macht Christi vor allen Dingen durch das Wort Gottes aus.«[36] Dabei sind in dem Begriff Wort Gottes auch eingeschlossen die Ausdrücke, wie »das Wort des Herrn«, »das Wort des Heils«, »das Wort des Evangeliums« und ganz einfach »das Wort«. Überall, wohin die ersten Christen gingen, brachten sie das Wort (8, 4). Achtzehn Monate und länger hat sich Paulus in Korinth an das Wort gehalten (18, 5). Genauso war es in Ephesus während der zwei Jahre seiner Missionstätigkeit. »Alle Einwohner Asiens hörten das Wort des Herrn.« Wenn Lukas auf den Erfolg der Mission hinweisen will, sagt er, daß das Wort des Herrn wuchs und überhandnahm.[37] Das Wort übte seine eigene Wirkung auf Theophilus aus (Luk. 1, 1; Apg. 1, 1), ebenso auf den Hauptmann Cornelius (10, 44), auf den Prokonsul von Cypern (13, 7), auf die Bürger von Antiochia (13, 44). Kein Wunder, daß die Zwölf ihm den Vorrang gaben (6, 4). Kein Wunder, daß sie die Gläubigen ihm anbefohlen haben (20, 28). Kein Wunder, daß die unbekannten freiwilligen Missionare aus Apg. 8, 4 es als ihre entscheidende Waffe nahmen. Wenn jemand zum Glauben kommt, dann geschieht es dadurch, daß das Wort Glauben schafft (4, 4). Wenn jemand den Heiligen Geist empfängt, kommt es durch das Hören des Wortes (10, 44). Wenn jemand Christ wird, geschieht es dadurch, daß Gott das Herz derer erleuchtet, die die apostolische Botschaft hören. Wenn jemand ein unechter Christ ist, dann rührt es daher, daß er keinen Anteil am Wort hat (8, 21). Es ist nicht übertrieben, wenn man behauptet, daß der Geist Gottes vor allem durch das Wort Gottes die Sendung der Kirche in der Evangelisation vorantreibt.

Wenn die Christen auf das »Wort« hinwiesen, dann hatten sie dabei ganz bestimmte Vorstellungen. Wir haben schon einige wissenschaftliche Versuche kennengelernt, die seinen Inhalt rekonstruieren wollen. Am bekanntesten ist die Arbeit von C. H. Dodd. Aber wenn man genau abgrenzen will, was »das Wort« beinhaltet, stößt man auf unüberwindliche Schwierigkeiten, und dies aus dem einfachen Grunde, weil die ersten Christen in ihrem Vorgehen sehr flexibel waren und doch ein einheitliches Ziel und einen ähnlichen Inhalt ihrer Botschaft hatten. Doch wir werden nicht fehlgehen, wenn wir die folgenden drei Dinge als grundlegende Merkmale für die Verkündigung des Wortes annehmen:

Erstens: *Sie verkündigten eine Person*. Im Zentrum ihrer Botschaft stand Christus. Oft genug heißt es, Jesus bzw. Christus sei das Evangelium: »Er predigte ihm Jesus.«[38] Für die Juden war Jesus die Erfüllung von Gottes Werk in der Geschichte.[39] Für die Heiden war Jesus das Ende einer Zeit, in der sich Gott offenbar nicht um sie gekümmert hatte.[40] Jesus der Mensch, Jesus der Gekreuzigte, Jesus der Auferstandene, Jesus, der erhöht war zu dem Ort der Macht im All, von wo er am Ende der Zeit zum Gericht wiederkommen würde, Jesus, der in der Zwischenzeit im Geist unter seinem Volk anwesend war, und dies durch Zeichen und Wunder, sowie auch durch das überraschend schnelle Anwachsen seiner Gemeinde deutlich machte. Das war der Hauptinhalt ihrer Lehre von Jesus. Nach den paulinischen Briefen und den Reden der Apostelgeschichte zu urteilen, sagten sie wenig über sein Leben, seine Lehre und seine Wunder.[41] Der Ton lag auf seinem Kreuz, seiner Auferstehung und seiner Macht und Bedeutung als der gegenwärtige Herr. Der auferstandene Christus stand fraglos im Mittelpunkt ihrer Botschaft.

Zweitens: *Sie verkündigten eine Gabe.* Die Gabe der Vergebung, die Gabe des Geistes, die Gabe der Gotteskindschaft, die Gabe der Versöhnung. Die Gabe, die »nicht ein Volk« zu einem Teil des »Volkes Gottes« machte, die Gabe, die die Fernen nahe brachte.[42] Die Juden hatten nichts getan, um sich das zu verdienen,[43] noch viel weniger die Heiden. Es kam alles ganz aus Gottes Gnade. Das Evangelium ist »das Wort seiner Gnade«; nur »durch die Gnade des Herrn Jesus« können Menschen gerettet werden, Leben finden, gerechtfertigt werden.[44] Weil der Urheber ihres Heils kein anderer ist als Gott selber, richtet sich das Angebot unterschiedslos an alle Menschen. Die Apostelgeschichte betont bei der Gabe Gottes besonders zwei Dinge, die bei Jeremia und Hesekiel als Kennzeichen des Neuen Bundes angezeigt werden,[45] nämlich die Vergebung der Sünden und die Innewohnung des Heiligen Geistes. Die Verbindung beider finden wir schon in der Pfingstpredigt. »Die Vergebung eurer Sünden und die Gabe des Heiligen Geistes« sind die beiden Seiten des Angebots, das Petrus macht. Genauso war es bei der Bekehrung des Paulus. Ananias sagte ihm, er solle sich taufen und seine Sünden abwaschen lassen, dann könne er mit dem Heiligen Geist erfüllt werden.[46] Vergebung für die Vergangenheit und Kraft für die Zukunft waren die beiden Hauptgesichtspunkte bei der Gabe Gottes, die die Apostel verkündigten.

Drittens: *Sie warteten auf eine Antwort.*[47] Die Apostel scheuten sich nicht, die Menschen aufzufordern, daß sie sich für oder gegen Gott entschieden, der sich für sie entschieden hatte. Sie erwarteten Ergebnisse.[48] Sie forderten die Menschen auf, zu der Botschaft, die sie gehört hatten, Stellung zu nehmen. »Was sollen wir tun?« antwortete die Menschenmenge an Pfingsten. Im Neuen Testament ist die Antwort eindeutig. Dreierlei müssen die Menschen tun. Zuerst müssen sie Buße tun, die Einstellung zu ihrer alten Lebensweise ändern, bereit sein, ihre Sünden aufzugeben. Ein radikaler Bruch mit der Vergangenheit war nötig. Es konnte nur geschehen, wenn auch Taten folgten, »die die Buße bewiesen«.[49] Die Zauberer in Ephesus mußten ihre Bücher verbrennen, der Kerkermeister von Philippi die Striemen des Paulus waschen. Es war unerläßlich, wenn man von Gott angenommen werden wollte. Alle Menschen an allen Orten mußten Buße tun. Der Aufruf kam zu »jedem von euch«.[50] Dem konnte man nicht entgehen. Das hieß jedoch nicht unbedingt, daß man herzzerreißend über vergangene Sünden klagte. Im wesentlichen war es eine neue Haltung zu *Gott*, dem Gott, den sie beleidigt hatten und den sie praktisch von dem Platz seiner rechtmäßigen Herrschaft verdrängt hatten. Hand in Hand mit der Buße geht der Glaube. »Buße zu Gott« wird gefolgt durch den »Glauben an den Herrn Jesus Christus«; so faßt es Paulus in seiner kurzen Evangeliumsbotschaft an Juden und Griechen in Apg. 20, 21 zusammen. Wer die Gabe der Vergebung und des Geistes empfangen will, muß an Jesus Christus glauben (10, 43; 11, 17; 16, 31 usw.).[51] Der Inhalt des Glaubens wird oft nicht im einzelnen ausgeführt; Menschen hörten die Predigt und glaubten.[52] Aber die Botschaft von Jesus bildete den Inhalt ihres Glaubens. Im Neuen Testament wird der christozentrische Charakter des Glaubens sehr oft angezeigt durch den Gebrauch der griechischen Präposition *eis* mit dem Akkusativ.[53] In einem Heilsglauben übergibt sich ein Mensch »an Jesus« und von da an übt er seinen Glauben aus durch das Bleiben *en Christo*, »in Christus«. Er kann nicht in Christus leben, bevor er sich nicht Christus anvertraut hat. Der Sprung des Glaubens geht unbedingt dem Leben des Glaubens voraus.

Die dritte Bedingung für alle, die das christliche Leben beginnen wollten, war die Taufe. Darüber werden wir weiter unten zu sprechen haben. Sie war das Siegel auf Gottes Angebot der Vergebung und des Heiligen Geistes und auf die Antwort des Menschen in Buße und Glauben. Während wir hier über Bekehrung, Buße und Glauben sprechen, muß ich noch hinweisen auf eine Aussage von J. R. W. Stott, dessen Aufsatz über *The Meaning of Evangelism* (dt. Die Bedeutung der Evangelisation) ich sehr viel verdanke. Stott sagt: »Nun werden sowohl Buße, als auch Glauben in der Apostelgeschichte unter dem Begriff der ›Wendung‹ beschrieben. Buße ist eine Wendung weg von dem Bösen (3, 26), während Glaube eine Wendung ›zu Gott‹ (15, 19; 26, 20) oder ›zu dem Herrn‹ (9, 35; 11, 21) ist. Das also ist die Bedeutung von Bekehrung (15, 3). ›Sich wenden‹ als intransitives Verb (3, 19; nach der englischen Bibelübersetzung heißt es ›bekehrt werden‹) bedeutet, sich von der Nichtigkeit der Götzen zu dem lebendigen Gott wenden (14, 15), ›von der Finsternis zum Licht und von der Gewalt Satans zu Gott‹ (26, 18), von der Sünde und dem Ich zu Jesus.«[54] Darüber sollte

175

man nachdenken, wenn man sich vor Augen hält, wie selten uns das griechische Wort für Bekehrung im Neuen Testament begegnet. Bekehrung heißt nichts anderes als ein Sich-wenden zu Christus in Buße und Glauben. Diese Tatsache kommt in den apostolischen Schriften nicht zu kurz.

Bekehrung, Taufe und neues Leben

Die entscheidende Wendung zu Christus in Buße und Glauben erhielt in der Taufe ein äußeres Zeichen und Siegel.[55] Auf sakramentale Weise wurde hier der Beginn des christlichen Lebens gekennzeichnet. Genauso wie die Beschneidung den Übergang zwischen Gottes gnädigem Angebot und der vertrauenden und gehorsamen Antwort des Menschen im Alten Testament[56] kennzeichnete, so kennzeichnete die Taufe den Eintritt in die christliche Gemeinschaft.[57] Wir können hier nicht die neutestamentliche Lehre von der Taufe untersuchen. In den vergangenen Jahren hat man das eingehend getan. Aber soweit es unsere Fragestellung angeht, ist die Verbindung zwischen der unsichtbaren Begegnung von Gottes Gnade und dem Glauben des Menschen einerseits und ihrem äußeren Ausdruck in der Taufe andererseits für die Urgemeinde selbstverständlich gewesen. Die Taufe ist keineswegs das Gegenteil von Gnade und Glaube, wie es oft im protestantischen Denken der Vergangenheit zum Ausdruck kam, sondern sie ist das Sakrament der Rechtfertigung durch Glauben. Die Aussage »In Christus Jesus sind wir alle Gottes Kinder durch den Glauben« ist gleichbedeutend mit dem anderen Wort: »So viele von euch in Christus Jesus getauft sind, die haben Christus angezogen.«[58] Nicht zufällig kommt Römer 6 mit seiner Lehre von der Gemeinschaft mit Christus in Tod und Auferstehung unmittelbar nach Römer 5 mit seiner hohen Lehre von der Rechtfertigung. Beides gehört zusammen. Wer Buße tat und dem Wort glaubte, wurde getauft. Soweit wir wissen, ging es immer nach dieser Ordnung.[59]

In der apostolischen Zeit wurde die Taufe in verschiedener Weise verstanden und ausgedrückt. Sie war das Zeichen der Einfügung in den Leib Christi – »durch einen Geist sind wir alle in einen Leib getauft«.[60] Sie war das Zeichen der Reinigung von den alten Sünden.[61] Sie war das Zeichen der Rechtfertigung – »ihr seid gewaschen, ihr seid geheiligt, ihr seid gerechtfertigt im Namen des Herrn Jesus«.[62] Sie war das Bad der Wiedergeburt, das Wasser der Erneuerung.[63] Sie war das Zeichen des Neuen Bundes, nach dem die Propheten

176

voll Sehnsucht ausschauten, wenn einmal Gottes Gesetz im Inneren des Gläubigen wohnen würde.[64] Sie war der Eingang in das Reich des Geistes, das erste Angeld von Gottes eschatologischen Segnungen für die Menschen und das Unterpfand der endgültigen Erlösung.[65] Sie bedeutete eine so enge Gemeinschaft mit Christus, daß der Gläubige Anteil hatte an seinem Tod und seiner Auferstehung.[66] Das sind nur einige der neutestamentlichen Verstehensweisen für die Taufe. Wichtig ist nur, daß sie alle deutlich machen: Taufe und Bekehrung gehören zusammen. Sie ist das Sakrament, durch das wir ein für allemal in Christus eingegliedert sind.

Auch in der nachapostolischen Zeit erkannte man noch ihre Einzigartigkeit, selbst als sie schon mit unbiblischen Vorstellungen verknüpft war. Ignatius zum Beispiel betrachtet sie als Waffe gegen die bösen Mächte fast wie ein Amulett,[67] während er zur gleichen Zeit so stark an ihrer Einmaligkeit als Eintritt in die Gemeinde festhält, daß sie nicht ohne den Bischof als Leiter der örtlichen Gemeinde gespendet werden darf.[68] Hermas bewahrt viele neutestamentliche Erkenntnisse, obwohl er sie nicht voll versteht. Die Taufe ist für ihn das Siegel des Geistes, »denn die Menschen steigen tot ins Wasser hinab und kommen lebendig wieder herauf«.[69] Diese Vorstellung bewegt sich zwischen Magie und Römer 6. In den *Mandaten* erklärt er, daß die Buße die notwendige Vorausbedingung für die Taufe ist und ein heiliges Leben ihr Ergebnis.[70]

Sehr ernst befaßt er sich mit der Frage, was geschieht, wenn kein heiliges Leben folgt. Was muß mit den Sünden geschehen, die nach der Taufe vorkommen? Hätte er wirklich verstanden, was die Lehre des Paulus von der Gemeinschaft mit Christus in Tod und Auferstehung durch Glauben und Taufe bedeutete, hätte er wirklich erkannt, daß die Taufe den Gläubigen mit den Früchten der Versöhnung versiegelt, dann hätte er nicht seine Bußlehre entwickelt, zu der er unausweichlich durch seine hohe Tauflehre und einen moralistischen Sündenbegriff geführt wurde. Doch auf jeden Fall macht er die Beziehung der Taufe zur Bekehrung deutlich, wie man sie gewöhnlich im zweiten Jahrhundert verstand. Sicher gibt es inhaltsvollere und mehr biblisch ausgerichtete Aussagen über die Taufe bei Schriftstellern wie Barnabas[71] und Justin,[72] bis hin zu ernsthaften Abhandlungen bei Hippolyt und Tertullian am Ende des Jahrhunderts.[73] Wassertaufe und Geisttaufe sind eines; sie machen die »Erleuchtung« aus, durch die »die Kinder der Unwissenheit und des Zwanges« zu »Kindern des Wissens und der freien Wahl« werden. Taufe ist das Bad der Wiedergeburt, das Wasser des Lebens, die geistliche Beschneidung. Sie ist der Eingang zum christlichen Leben.[74]

In der Anfangszeit der Kirche wurde die Taufe sofort nach dem Bekenntnis des Glaubens und der Buße vollzogen. Der Kerkermeister von Philippi wurde unverzüglich und ohne Taufunterricht getauft. So geschah es auch mit Paulus, mit den Korinthern und mit dem Eunuchen aus Äthiopien.[75] Der Fall des letzteren ist besonders interessant, denn der Vers Apostelgeschichte 8, 37 (wo Philippus sagt, daß der Eunuch getauft werden kann, wenn er von ganzem Herzen glaubt, worauf der Äthiopier antwortet: »Ich glaube, daß Jesus Christus Gottes Sohn ist«) fehlt in allen anderen außer dem westlichen Text. Wenn auch der Ursprung des westlichen Textes noch im dunkeln ist, muß er doch wohl aus dem ersten oder dem Anfang des zweiten Jahrhunderts stammen. Und wenn Cullmann Recht hat, daß dieser Text das erste sicher überlieferte Taufritual enthält,[76] kann man wohl annehmen, daß im ersten Jahrhundert, wenigstens in einigen Bereichen, die Taufe sofort nach dem Bekenntnis des Glaubens an Christus erfolgte. Aus der *Didache* kann man jedoch entnehmen, daß sehr bald eine Zeit der Unterweisung im christlichen Glauben, vor allem in seiner Ethik, der Taufe vorausging.[77] Denn sobald der Verfasser seine Lehre über die Zwei Wege und die Belehrung über das Leben, das der Katechumen führen muß, beendet hat, schreitet er fort zur Taufe.[78] Carrington und Selwyn mögen Recht haben, wenn sie im Neuen Testament Spuren eines einfachen Taufunterrichts finden wollen.[79] Es wäre nicht verwunderlich, wenn die ersten Missionare bald eine feste Form der christlichen Unterweisung entwickelt hätten, so wie sie es bis zu einem gewissen Grade wohl auch bei der Evangeliumsverkündigung taten. Die vierfache ethische Unterweisung, von der Selwyn spricht, scheint in den Schriften des Paulus, Petrus und Jakobus gut bezeugt zu sein, obwohl es fraglich ist, ob sie vor oder nach der Taufe erfolgte.[80] Er bezeichnet sie mit lateinischen Begriffen: *deponentes* (Ablegen der alten, bösen Natur), *subjecti* (rechte christliche Unterordnung in verschiedenen Bereichen des sozialen und politischen Lebens), *vigilate* (die Aufforderung zum Wachen und Beten) und *resistite* (die Notwendigkeit, fest im Glauben zu stehen und den Angriffen des Teufels Widerstand zu leisten). Jedenfalls scheint man im zweiten Jahrhundert nicht einheitlich verfahren zu sein. Während bei Justin beispielsweise das Tauffasten von Bedeutung ist (wie in der *Didache*), haben wir keinen Hinweis für eine festgelegte Art der Taufvorbereitung. »Alle, die überzeugt sind und glauben, daß alles, was wir lehren und beschreiben, wahr ist, und die danach leben wollen, sollen beten und Gott unter Fasten um die Vergebung ihrer Sünden bitten. Wir führen sie an einen Ort, wo Wasser ist, und dort werden sie wiedergeboren in der gleichen Weise, wie wir auch wiedergeboren wurden. Denn dann sind sie im Wasser gewaschen im Namen des Vaters und des Herrn, des Gottes über alles, und unseres Heilandes Jesu Christi und des Heiligen Geistes«.[81] Es ist möglich, aber nicht wahrscheinlich, daß die *disciplina arcani*, die Zurückhaltung, christliche Geheimnisse zu erklären, Justin verbot, mehr über die angewandten Unterrichtsmethoden zu sagen. Doch wenn es so ist, warum sollte er dann soviel sagen über den eigentlichen Taufvorgang und noch mehr über das Abendmahl. Es ist viel wahrscheinlicher, daß die Kirche noch keine starre Form für die Vorbereitung der Taufbewerber kannte. Übergabe an Jesus als den Herrn, Glaube an die christliche Lehre, Bereitschaft, ein christliches Leben zu führen und Taufe im Namen der Dreieinigkeit waren die Hauptpunkte. Aus ihnen hat sich der spätere Unterricht, wie wir ihn etwa in der *Apostolischen Tradition* des Hippolyt finden, entwickelt. Er kannte dann ein volles apostolisches Glaubensbekenntnis, eingehende ethische Vorschriften und eine dreijährige Unterweisung. Vom Neuen Testament bis zur Zeit des Hippolytus am Ende des zweiten Jahrhunderts ist sicher ein langer Weg. Doch ohne Harnack[82] zu nahe treten zu wollen, kann man sagen, daß sich die Taufe nicht durch Angleichung an die Mysterienreligionen zu einem magischen Mittel des Eintritts in die Gemeinschaft der Geretteten verwandelt hat. In ihnen war der Neuling, wie wir sahen, normalerweise keinen moralischen oder ethischen Forderungen unterworfen (deshalb waren diese Religionen ja so beliebt). Im Christentum waren diese Forderungen ein wesentlicher Bestandteil. Außerdem wurde dem Bewerber bei den Mysterien ein »Wissen« nur nach der Einführung gewährt. Im Christentum jedoch war die Einführung selbst der Höhepunkt einer langen Zeit des Lernens über Gott, den Schöpfer, Erlöser und Richter und erfolgte nach etwa drei Jahren[83] des Zusammenseins mit der christlichen Gemeinde in ihrem Gottesdienst, wobei besonders das Hören auf die Verlesung und die Predigt des Wortes Gottes wichtig war. Erst nach der Predigt und vor dem eigentlichen Abendmahl wurden die Katechumenen mit besonderem Gebet und Segen, der *missa catechumenorum,* entlassen. Die Christen machten aus ihrem Glauben, seinen Verheißungen und Forderungen, kein Geheimnis. Irenäus gibt einen Grundriß der gesamten christlichen Ethik und Lehre und stellt fest, daß sie in der ganzen Welt gelehrt und gepredigt werden. »Die Predigt der Wahrheit scheint überall hin und erleuchtet alle Menschen, die zur Erkenntnis der Wahrheit kommen wollen.« Das glei-

che Evangelium wird gepredigt, die gleiche Lehre wird weitergegeben, sei es in den Kirchen Germaniens, Spaniens, Galliens, des
Ostens, Ägyptens oder sonstwo. Die Kirche glaubt diese Dinge,
»als hätte sie eine Seele… und verkündigt sie, als hätte sie nur einen
Mund«.[84] Christen, die Fragen stellen, wird die Lehre nicht verborgen, die Gemeinschaft nicht vorenthalten. Die Sakramente
wurden sorgfältig gehütet. Heidnische Einflüsse trugen mancher-
orts dazu bei, daß eine fast magische Auffassung von der Gnade entstehen konnte. Dennoch blieben die Hauptzüge der neutestamentlichen Taufe erhalten: die deutlichen ethischen Forderungen, die
Probezeit einer teilweisen Gemeinschaft in der Kirche, der Aufbau
eines einmaligen, unwiederholbaren Taufritus. Sie alle betonten jeweils auf ihre Weise einen Aspekt der Taufe, wie sie in neutesta-
mentlicher Zeit geübt wurde, obwohl das Hinausschieben der
Taufe (mitunter bis zum Sterbebett) und das Zögern von seiten der
Kirche, auch für nach der Taufe begangene Sünden Vergebung zu
gewähren, auf ein unvollkommenes Verständnis dessen schließen
ließ, was die Taufe einmal für die ersten Christen bedeutet hatte.

Im Blick auf ihre Weiterentwicklung im folgenden Jahrhundert ist
es lehrreich, noch einmal auf die Apostelgeschichte zurückzugrei-
fen, um zu erkennen, wie viel von der späteren Praxis sich dort
schon andeutet. Die Taufe wurde nach dem Bekenntnis der Buße
und des Glaubens an Jesus vollzogen. Sie brachte, wie wir sahen,
Vergebung und das Innewohnen des Heiligen Geistes. Aber sie
brachte einen Menschen auch in eine neue Gemeinschaft, in der er
das gemeinsame Leben mit den christlichen Brüdern teilte.[85] Das
bedeutet ein *sittliches* Leben. Man nannte es »Der Weg«,[86] und die
Didache macht deutlich, wie es aussah.[87] Man lebte in der Gegenwart Gottes und wollte in allem ihm wohlgefallen.[88] Durch Bande
der Liebe und der Verpflichtung war man eng mit seinen Glaubens-
brüdern verbunden. Man teilte seine Güter mit ihnen, sorgte für die
Armen, die Witwen, die Hungernden.[89] Das Leben aufgrund der
Taufe bestand nicht nur aus einem heiligen Leben und christlicher
Liebe, sondern auch aus Gottesdienst und Gemeinschaft, Zeugnis
und Lehre.[90] Die ersten Gläubigen blieben in der Apostel Lehre
und in der Gemeinschaft, im Brotbrechen und im Gebet, und einmütig gaben sie Zeugnis von Jesus. Die Taufe setzte in jeder Hinsicht das Siegel auf die Bekehrung, und zwar persönlich, gemein-
schaftlich, ethisch, erziehlich und theologisch. Bekehrung, Taufe
und neues Leben waren, soweit es wenigstens die Erwachsenen betrifft, nicht voneinander zu trennen.[91]

Die Bekehrung und das heutige Denken

Eine Untersuchung über die Bekehrung, wie sie in der Urgemeinde verstanden und praktiziert wurde, wirft für uns heute einige Probleme auf. Im folgenden sollen die drei wichtigsten von ihnen besprochen werden.

Erstens kann man fragen, ob diese Entscheidungspredigt unbedingt nötig war. Schließlich hatte Jesus Abraham schon vor seiner Zeit als Christen angesehen. Für Paulus stand David in einem ähnlichen Licht.[92] Justin zählte Sokrates zu den Christen. Später sprach Tertullian von der *anima naturaliter Christiana* (dt. Menschenseele, die von Natur christlich ist) und dachte dabei nicht an die »einmal geborenen« Kinder aus christlichen Häusern, sondern an die heidnischen Griechen.[93] Sollten wir nicht in ihren Fußtapfen gehen und Kapital schlagen aus dem Guten, das in jedem Menschen ist, anstatt uns auszurichten an der angriffigen missionarischen Tätigkeit, wie sie vielfach in der Christenheit alter und neuer Zeit geübt wird?

Diese Meinung hört man heute oft, und sie ist die verständliche Reaktion auf die Überbetonung des verkündigten Wortes und die Vernachlässigung des Lebens und der Gemeinschaft, wie wir es größtenteils im westlichen Protestantismus finden. Doch vor der biblischen Lehre von Gott und vom Menschen kann dies nicht bestehen. Wenn es einen Gott, den Schöpfer, Erlöser und Richter gibt, wie es die Urgemeinde leidenschaftlich behauptet, dann ist es für diejenigen, die aus ihrer Auflehnung gegen ihn zur Gemeinschaft mit ihm zurückgebracht wurden, nicht anders möglich, als daß sie das Wissen um diese Rettung an andere weitergeben. Das neue Leben will sich mitteilen. Die Motive für die Mission der Kirche werden wir in einem späteren Kapitel behandeln. Hier genügt die Feststellung, daß sie im Gehorsam gegen den ausdrücklichen Befehl Jesu nicht anders konnten als hinzugehen und das Evangelium allen zu verkündigen, die es hören wollten. Und wenn es verkündigt war, mußte es Entscheidung wirken, denn es paßte nicht zu der bequemen Synthese der Religionen, wie sie damals üblich war, sondern erhob im Namen des einen wahren Gottes den Anspruch auf Treue und Nachfolge von seiten des Menschen.

Gewiß sahen Paulus und Jesus die Heiligen des Alten Testamentes als »Christen vor Christus«; denn hier handelte es sich um Menschen, die für sich völlig auf die Gnade Gottes vertrauten und nicht versuchten, sich selbst vor ihm darzustellen oder sich Verdienste zu erwerben. Ihr Glaube ruhte, genau wie bei den Christen, auf seiner

Gnade. Der einzige Unterschied besteht darin, daß der Christ im Licht von Golgatha eine klarere Vorstellung davon hat, was die Gnade im einzelnen ist. Zweifellos bewegte sich Justin auf gefährlichem Boden mit seiner Behauptung, Sokrates habe Anteil am göttlichen Logos.[94] Er griff bewußt nach allem, was gut war im Heidentum, aus der Überzeugung, daß alles, was gut ist, von Gott kommt. Aber er beging nicht den Fehler, zu denken, daß ein »guter« Heide sich nicht bekehren müsse. Sonst hätte er sich die Mühe sparen können, seine Apologien zu schreiben und das Martyrium zu erleiden. Nein, Sokrates handelte vernünftig (*meta logou* – Justin benutzt hier stoische Denkformen, zu seinem Vorteil als Christ), soweit er gegen den Polytheismus seiner Zeit vorging. Aber er wußte genau, daß Sokrates nur einen geringen Anteil hatte an dem Logos, der sich später vollkommen in menschlicher Gestalt verkörperte und Jesus Christus hieß. »Was die Philosophen Gutes sagten«, behauptet er an anderer Stelle, »das erarbeiteten sie sich, indem sie etwas von dem Wort fanden und betrachteten. Aber weil sie nicht das Ganze des Wortes kannten, welches Christus ist, widersprachen sie sich so oft.«[95] Die Apologeten dachten nicht daran, daß Sokrates und andere gute Menschen unter den Heiden Christen genannt werden könnten. Vielmehr zögerten sie nicht, auf ihre mangelhafte Reinheit, Zuverlässigkeit und Sexualmoral hinzuweisen.[96]

Man tut Tertullian Unrecht, wenn man behauptet, seine Aussage von der *anima naturaliter Christiana* bedeute, daß der natürliche Mensch in seinem Herzen ein anständiger Christ sei.[97] Er kann rundweg sagen: »Das Menschengeschlecht hat nie etwas anderes als Böses von der Hand Gottes verdient«, weil die Menschen schuldhaft ungehorsam gegen Gott sind, weil sie ihn bewußt verachten und weil sie mit ihren Lastern und Verbrechen den Richter und Rächer über die Sünde beleidigen.[98] Tertullian ist kein liberaler Theologe. Wenn er sagt, die Seele sei von Natur christlich, dann leugnet er nicht, daß sich diese Seele zu Christus bekehren muß. Ganz im Gegenteil. Schon im folgenden Kapitel seiner *Apologie* legt er ausführlich dar, daß Menschen »zu Christen werden, es aber nicht von Geburt sind«.[99]

In dem vorhergehenden Kapitel hat er nur die Linie des Paulus von Römer 2,15 ausgezogen und darauf aufmerksam gemacht, daß jeder Heide ein Gewissen in seiner Brust hat, das in gewissem Sinne von Gott zeugt, der es dem Menschen mitgegeben hat. Und das tut es, obwohl die Menschen es durch böse Sitten und die Knechtschaft unter falschen Göttern mißhandeln. Ihre Eide und Schwurformeln wie »Gott soll mich strafen« und ähnliche Worte geben Zeugnis von

Gott, dem Richter. In einem solchen Zusammenhang ruft er aus: »O edles Zeugnis der von Natur christlichen Seele!« Der moderne Versuch einer Synthese zwischen Christentum und anderen Religionen oder dem Atheismus läßt sich in der Tat nicht durch Rückgriff auf die Schriften der frühen Christenheit stützen. Sie standen in den beiden ersten Jahrhunderten immer wieder in der Versuchung zum Synkretismus, da sie bei einer Weigerung mit dem Tode bestraft werden konnten. Und sie haben der Versuchung widerstanden.

Eine zweite Überlegung, die man heute über das Taufverständnis in der Urgemeinde anstellt, geht in die entgegengesetzte Richtung wie das soeben Besprochene. Wie konnte man vom Sakrament der Taufe in Begriffen reden, die in die Nähe der Magie kamen? Diejenigen, die diese Fragen stellen, kommen gewöhnlich aus einem strengen Protestantismus und sollten vielleicht die Möglichkeit, daß die Sakramente das, was sie symbolisieren, normalerweise auch *bewirken*, viel ernster nehmen. Wie die Beschneidung die Eingliederung in den Alten Bund bewirkte und nicht nur anzeigte, so vereinigt die Taufe einen Menschen mit Christus. Diese Lehre finden wir bei Paulus, Petrus und Johannes[100] und ihre Betonung, die sie bei Ignatius findet, muß nicht unbedingt auf seine heidnische Herkunft zurückzuführen sein. Die Schwierigkeit, daß wir eine geteilte Christenheit haben, liegt zum Teil daran, daß es uns nicht möglich ist, die verschiedenen Seiten der Wahrheit zusammenzubringen, die in der apostolischen Zeit offensichtlich noch miteinander verbunden waren. In seinem berühmten Buch *The Household of God* hat Bischof Lesslie Newbigin darauf hingewiesen, daß es im Neuen Testament drei Sichtweisen für die Kirche gibt. Bei jeder geht es darum, wie man in sie hineinkommen kann. Die Apostel hielten die Kirche für das erweiterte Israel, und infolgedessen war die Taufe für sie die richtige Art, wie man Glied der Kirche wurde; so wie es die Beschneidung im Alten Testament gewesen war. Daneben war die Kirche die Gemeinschaft der Gläubigen, in die man durch Buße und Glauben aufgenommen wurde. Genauso richtig ist es, daß die Kirche die Gemeinschaft des Geistes ist, und daß man nur Glied dieser Gemeinschaft wird, wenn man dem Geist Jesu sein Leben öffnet. Es ist klar, daß die Katholiken die erste Sichtweise betonten, die Protestanten die zweite und die Pfingstler die dritte. Alle drei haben ihre Berechtigung; aber jede von ihnen wird verkehrt, wenn man sie für sich nimmt und einseitig ausführt. In der nachapostolischen Kirche können wir feststellen, daß sie in bemerkenswerter Weise im Sinne des Geistes des Neuen Testamentes alle diese drei Sichtweisen in einer fruchtbaren Spannung miteinander beibehielt. Wenn sie auch darauf bestanden, daß die Taufe eine reale Wirkung hatte, so waren sich die Christen des zweiten Jahrhunderts doch sehr wohl der Tatsache bewußt, daß zwischen einer Zusage und der Durchführung, zwischen echtem und nominellem Christentum ein Unterschied bestand, genauso wie es auch die Schreiber des ersten Jahrhunderts gewußt hatten. Johannes spricht zum Beispiel von falschen Christen, die »von uns ausgingen, aber nicht von uns waren«,[101] und Paulus kennt Glieder der korinthischen Gemeinde, die trotz Taufe und Teilnahme am Abendmahl[102] dennoch genausowenig Gott gefallen, wie der Zauberer Simon; von ihm heißt es, er war »voll bitterer Galle und verstrickt in Ungerechtigkeit« selbst nachdem er sich zum Glauben bekannt hatte und getauft war.[103] Wenn auch die apostolischen Väter in vieler Hinsicht nicht mehr eine so klare geistliche Sicht haben, ist es doch überraschend, daß sie eine so klare Unterscheidung treffen zwischen Mitgliedschaft in der sichtbaren Kirche und in der weltweiten Gemeinde Jesu. Ignatius betete darum, daß er nicht nur den Namen Christ trägt, sondern auch wirklich einer ist.[104] Polykarp freut sich auf die Auferstehung mit Christus, wenn er seinen Willen tut.[105] Der zweite Clemens-Brief führt aus: »Wenn wir den Willen unseres Vaters tun, werden wir zur geistlichen Kirche gehören, andernfalls fallen wir unter das Urteil der Schrift, die sagt: »Mein Haus ist zur Räuberhöhle geworden.« Wir wollen uns also entscheiden, zur lebendigen Kirche zu gehören, damit wir das Heil erlangen.«[106]

Drittens behauptet man heute, daß jede klare, entschiedene und zur Bekehrung auffordernde Predigt zu gefühlvoll, zu vorschnell und zu naiv sei; sie spreche nur einen bestimmten Menschentyp an. Wir dürfen uns durch die knappen Berichte der Evangeliumsverkündigung in der Apostelgeschichte nicht zu der Annahme verleiten lassen, daß die Apostel vorschnell bei jeder Gelegenheit und unüberlegt zur Entscheidung aufgerufen hätten. Wenn sie so unklug vorgegangen wären, hätte sich die christliche Bewegung schwerlich so schnell ausbreiten können. Im Gegenteil, sie haben sich völlig der Verkündigung des Wortes hingegeben. Tagaus tagein, jahraus jahrein haben sie viel Zeit darauf verwandt. In Thessalonich verweilte Paulus nur wenige Wochen, in Korinth und Ephesus ganze Jahre. Den ganzen Tag lang konnte er mit jüdischen Theologen Gespräche führen;[107] die ganze Nacht konnte er reden, bis Eutychus aus dem Fenster fiel; und als dies kleine Problem gelöst war, hat er weiter geredet bis zum Tagesanbruch.[108] Er konnte im pisidischen Anthiochia von ganzem Herzen predigen und dann die ganze Angele-

genheit auf die kommende Woche verschieben.[109] Auf dem Marktplatz von Athen sprach er mit den Vorübergehenden, er führte Gespräche mit Felix und Agrippa ein.[110] Die apostolische evangelistische Verkündigung kannte einige Worte für predigen[111], die jeweils
eine etwas andere Note haben: *diamartyresthai*[112] (»mutig bezeugen«), *kataggellein*[113] (»mit Nachdruck verkündigen«), *dialeg-
esthai*[114] (»Gespräche führen«) und *diakatelenchein*[115] (»mächtig
überführen«). Manchmal lesen wir von der fröhlichen Verkündigung der Frohen Botschaft *(euaggelizein)*,[116] an anderer Stelle von
dem geduldigen Vergleichen der Schrift, wenn der Suchende und
der Evangelist das Alte Testament befragen *(syzetein,*[117] *parati-
thesthai,*[118] *symbibazein*[119]*)*, manchmal davon, daß der Gesprächs-
partner durch ein Argument gänzlich überwunden wird *(synchyn-
ein)*.[120] Die Evangelisation war in der Anfangszeit keineswegs
bloße Verkündigung und Ermahnung; sie enthielt auch gute gedankliche Argumente, geschicktes Forschen in der Schrift, sorgfältige, wohlüberlegte Lehre und geduldiges Gespräch. Zweifellos
rührte es von der eingehenden lehrhaften Unterweisung her, daß die
Behörden über diese neue Bewegung beunruhigt waren: »Ihr habt
Jerusalem mit eurer Lehre erfüllt.«[121] Wenn sie keine entsprechende gedankliche Grundlage gehabt hätte, wäre sie bald verschwunden. Im Anschluß an Professor Dodd trennt man heute gern
zwischen *kerygma* und *didache*, Verkündigung und Lehre, hinsichtlich der Evangelisation in der Urgemeinde. Doch diese Annahme ist irreführend und stützt vielleicht unbewußt den Verdacht,
daß die Apostel in erster Linie die Gefühle angesprochen hätten. In
Wirklichkeit wird die Evangelisation an mehreren Stellen in der
Apostelgeschichte[122] als *Lehre* bezeichnet. Die Hörer wollten unbedingt eine ganze Menge über Jesus erfahren, bevor sie ihr Vertrauen auf ihn setzten. Die Trennung zwischen Predigt und Lehre
hat, verbunden mit noch zwei anderen Faktoren, dazu geführt, daß
Bultmann ein hohes Maß von Kritik am historischen Jesus anbringen konnte und daneben eine ehrfürchtige, beinahe mit einem Un-
fehlbarkeitsglauben verbundene Stellung zu dem verkündigten
Wort einnahm. Dieses Wort sollte man nach seiner Meinung weder
in Frage stellen, noch darüber sprechen, sondern sich nur ihm gegenüber entscheiden. Doch das haben die Apostel nicht verlangt.
Sie erwarteten einen Glauben, der Selbsthingabe aufgrund von Tatsachen war, nicht aber ein Sprung ins Dunkle. Gerade durch das Ereignis der Fleischwerdung waren sie fest mit dem historischen Geschehen verbunden, und sie wollten auch nicht davon loskommen.
Das Evangelium ruft wirklich Menschen zur Entscheidung auf,
aber nicht zu einer gefühlsmäßigen oder unüberlegten Übergabe. Es

wird uns durch Menschen vermittelt. Insofern ist natürlich auch das ganze Menschsein dabei mit einbezogen.

Denken wir an die Bekehrung des Paulus. Sie scheint keineswegs ein Ausnahmefall gewesen zu sein, sondern wird wohl von Lukas als Normalfall für alle Christen dargestellt. Deshalb haben wir drei Berichte darüber. Natürlich ist nicht gemeint, daß die erschütternde himmlische Vision, die Erblindung, das Niederfallen zur Erde und die laute Stimme vom Himmel auch jedesmal dabeisein müssen. Sie sind äußere Begleiterscheinungen bei der Bekehrung des Paulus. Doch die Grundlinien liegen tiefer. Die Begegnung mit Christus hat Paulus in allen Bereichen seines Seins ergriffen. Sein *Denken* erfuhr etwas Neues und wurde erleuchtet: Jesus war nicht, wie er bisher geglaubt hatte, ein Verfluchter, sondern er war der Herr. Sein *Gewissen* wurde getroffen: Er stand vor der Tatsache, daß er gegen den Stachel ausgeschlagen hatte. Seine *Gefühle* wurden erregt, als er erkannte, was seine Auflehnung gegen Christus mit sich gebracht hatte. Aber dies war nur eine Station auf dem Weg zu seinem Willen, den Christus eigentlich erreichen wollte. *Sein Wille* wurde gebeugt, so daß er sich vertrauensvoll Jesus übergab, der ihn gerufen hatte und der von da an der Herr seines Lebens sein sollte. Als Folge davon wurde *sein Leben* verwandelt. Die Richtung seines Lebens änderte sich sofort, die einzelnen Gebiete änderten sich im Laufe der Zeit. Von nun an war es sein oberstes Ziel, für seinen Erlöser zu leben. »Daher war ich der himmlischen Erscheinung nicht ungehorsam, sondern verkündigte zuerst denen zu Damaskus und zu Jerusalem . . . daß sie Buße täten und sich bekehrten zu Gott.« (Apg. 26, 19.)

Die Bekehrung des Paulus wird in 1. Timotheus 1, 16 mit Recht ein Vorbild für alle späteren Gläubigen genannt. Wenn es auch unter den Menschen, die in der Urgemeinde vom Evangelium erreicht wurden, große Unterschiede des Temperaments, der Herkunft und des geistigen Auffassungsvermögens gab, waren doch bestimmte Faktoren bei allen Bekehrungen anzutreffen: Die Erleuchtung des Geistes, das erwachte Gewissen, das demütige, dankbare Herz, die Willenshingabe und ein verändertes Leben. Wir wollen uns nun einige dieser Männer und Frauen vor Augen führen, die uns einen Bericht über ihre erste Begegnung mit Christus überlassen haben. Wir wollen sehen, was sie veranlaßte, den Schritt der Buße, des Glaubens und der Taufe zu vollziehen.

Wir würden viel darum geben, wenn wir wüßten, wie der einfache Mann auf der Straße in der damaligen Zeit für Christus gewonnen wurde. Man kann, wie es Harnack tut, vermuten, daß »der eine dazu gebracht wurde durch das Alte Testament, ein anderer durch die Austreibung von Dämonen, ein dritter durch die Reinheit des christlichen Lebens; andere durch den Monotheismus des Christentums, vor allem durch die Aussicht auf völlige Versöhnung, oder durch die Aussicht auf Unsterblichkeit, oder... durch das Vorbild«.[123] Dies ist sehr wahrscheinlich. Aber genau *wissen* wir es nicht; denn der einfache Mann auf der Straße hat uns seine Erinnerungen nicht hinterlassen. Zu diesem Zweck müssen wir uns an die gebildeten und wohlhabenden Menschen wenden, deren Schriften uns erhalten sind. Man kann bei solchen Schreibern nicht immer ganz sicher gehen, wie weit es sich um persönliches Zeugnis und wie weit es sich um allgemeine evangelistische Aussagen handelt. Doch zwei Arten kann man bei ihnen unterscheiden. Sie überschneiden sich zwar manchmal, aber die Suche nach Wahrheit und die Suche nach Befreiung scheinen bei denen, die uns ihre Berichte hinterlassen haben, im Blick auf ihre Bekehrung wichtig gewesen zu sein.

Einer der entscheidenden Faktoren, durch den denkende Menschen zum Christentum kamen, war die Entdeckung, daß dieser Glaube eine echte Weltanschauung enthielt, eine verständliche und glaubhafte Aussage über Gott, die Welt und den Menschen. Das geistige Suchen und die Ungewißheit waren in der damaligen Zeit sehr groß. Wissenschaftler wie Festugière, Cumont und Nock haben dies aus den Quellen erhellt. Ein Arzt namens Thessalus reiste von Asien bis nach Ägypten, um einen Gott zu suchen, der ihm die Geheimnisse der pflanzlichen Medizin enthüllen konnte.[124] Lucius, von dem Apuleius spricht, muß die Welt durchziehen, bevor er Erlösung und Wahrheit bei Isis und ihren Mysterien findet. Der Astrologe Vettius Valens überquerte Land und Meer, um möglicherweise die Geheimnisse der Elemente zu entdecken. Die Gnosis, die Magie und die Mysterien-Religionen wollten hier eine Antwort geben. Aber im Christentum haben dann Männer wie Justin, Tatian und Theophilus wirklich Ruhe gefunden. Justin berichtet uns, wie er nach der Wahrheit suchte. Er war bei einem Stoiker, aber er erfuhr von ihm nichts über Gott; denn er wußte selber nichts darüber und behauptete, man brauche es auch nicht zu wissen. Er ging zu einem Peripatetiker, doch er wurde abgestoßen von ihm, weil er eine so hohe Bezahlung forderte. Auch der Pythagoräer und der Platoniker haben ihn nicht befriedigt. Erst als er eines Tages auf dem Lande einem alten Manne begegnete, fand er im Gespräch mit ihm die wahre Weisheit und Erkenntnis, die er gesucht hatte. Die Hilfe dieses weisen Christen, die Bitte zu Gott um Erleuchtung und das Nachdenken über die Schriften der Propheten »und der Freunde Christi« führten ihn zum Glauben. Er kam allein zu dieser Entscheidung. Der alte Mann verlangte nicht, daß er sich sofort entscheide. Doch nachdem er mit ihm gesprochen hatte, überließ er es der Wahrheit dieser Worte, daß sie selbst bei Justin das Verständnis weckten. Und so kam es auch. Die Schönheit und Macht der Worte des Heilands brachten Justin auf die Kniee.[125] Tatian erlebte es ganz ähnlich. Die Schriften des Alten Testamentes haben in besonderer Weise seine Wahrheitssuche gestillt. Er berichtet uns: »Ich bemühte mich, die Wahrheit zu entdecken, und während ich meine ganze Aufmerksamkeit darauf richtete, stieß ich zufällig auf einige barbarische Schriften, die zu alt waren, um sie mit den Meinungen der Griechen zu vergleichen, und zu göttlich, um sie mit ihren Irrtümern zu vergleichen. Und ich fing an, Vertrauen zu gewinnen zu der bescheidenen Sprache, dem echten Charakter der Schreiber, ihrem verständlichen Bericht über die Schöpfung, ihrem Wissen über die Zukunft, dem hohen Wert der Gebote und ihrer Behauptung, daß ein einziges Wesen das ganze Weltall lenke.«[126] Athenagoras von Athen war auch ein gebildeter Gegner des Christentums, der durch das Lesen der Schrift bekehrt wurde.[127] B. P. Pratten macht bei seiner Übersetzung des Athenagoras die Anmerkung, daß seine beiden uns erhaltenen Werke eigenartigerweise genau übereinstimmen mit den beiden Teilen der Areopag-Rede des Paulus. In seiner Schrift *Plea for Christians* führt er einen Angriff gegen den Polytheismus und in seiner *Resurrection of the Dead* verteidigt er die Lehre, die einst bei den Athenern soviel Heiterkeit hervorrief. Auch Theophilus von Anthiochia ist ein denkender Mensch, der gewonnen wurde durch die Überlegenheit der Bibel über alles andere, was ihm bisher begegnet war. Die Erfüllung der Prophetie, die Warnung vor dem Gericht und das Angebot des ewigen Lebens waren drei Bestandteile der biblischen Botschaft, die seiner Suche nach Wirklichkeit entgegenkam.[128] Clemens von Alexandrien kam auch in erster Linie auf dem Wege des Denkens zu Christus. Im ersten Buch der *Stromateis* berichtet er uns von seiner Wahrheitssuche als heidnischer Philosoph. Er fand sie durch den Verkehr mit einigen Christen aus Griechenland, Syrien, Italien und Ägypten. Einer der größten war Pantaenus, ein Missionar in Indien, der nach Ägypten gekommen war, um dort zu arbeiten. Dieser Mann, so berichtet er uns, sammelte den Honig von den Blüten auf der prophetischen und apostolischen Wiese. Dadurch träufelte er ein unsterbliches Element der Erkenntnis in seine Hörer hinein. Die Schrift, so meint er, entzündet den Funken der Seele.[129]

Man muß aber nicht denken, daß diese Leute nur eine gedankliche Bekehrung erlebten. Tatian und vielleicht auch Clemens waren in die Mysterien eingeführt worden und sahen sich durch das unsittliche Verhalten und die innere Leere abgestoßen.[130] Und wie Tatian sich nach Befreiung sehnte von der Macht der Sünde in seinem Leben, nämlich den 10 000 Tyrannen, die des Menschen Willen gefangen halten, wie er sehr anschaulich sagt,[131] so war sich Clemens bewußt, welche Veränderung in ihm vorgegangen war, als er von einem Kind des Zorns zu einem Kind Gottes wurde. Im Anschluß an Epheser 2, 3 schreibt er: »Die Ungläubigen werden Kinder des Zorns genannt, die im Zorn groß geworden sind; aber wir sind keine Kinder des Zorns mehr. Wir wurden vom Irrtum befreit und wieder zur Wahrheit gebracht. Auf diese Weise also wurden wir, die wir einst Kinder der Gesetzlosigkeit waren, durch die Freundlichkeit des Wortes nun zu Söhnen Gottes.«[132]

Es gibt eine zweite Gruppe von Christen, aus deren Schriften man erkennen kann, daß sie in erster Linie durch ihre Sehnsucht nach Freiheit zum Glauben an Christus kamen. Barnabas kannte die Befreiung vom Joch der *Ananke,* der Notwendigkeit, die das neue Gesetz Jesu Christi ihm gebracht hatte, das in sein Herz geschrieben war.[133] In ähnlicher Weise scheint Ignatius von seinem persönlichen Erleben zu sprechen, wenn er sich freut über die Neuheit des ewigen Lebens und die Befreiung von den Mächten der Zauberei, der Unwissenheit, der Sünde und des Todes, die Christus den Menschen gebracht hatte. Durch seine Taufe auf Christus war er nicht nur von seinen üblen Gewohnheiten und seiner Unwissenheit, sondern auch vom Zwang der Notwendigkeit befreit worden.[134] Die Erkenntnisse des Clemens spiegeln etwa dieselbe Situation wieder. Der unbekannte Verfasser berichtet uns, daß er als Heide von dem Problem umgetrieben wurde, ob es Leben nach dem Tode gäbe oder nicht. Das Nachdenken über diese Fragen bedrückte ihn sehr, aber er konnte dem Gedanken nicht entfliehen, denn in sich hatte er »jenen herrlichen Gefährten, der mich nicht zur Ruhe kommen ließ, nämlich das Verlangen nach Unsterblichkeit«. Die Spekulationen der Philosophen zu diesem Thema machten keinen Eindruck auf ihn. Denn man hielt sie »für wahr oder falsch, nicht, weil sie es wirklich waren oder weil es entsprechende Argumente gab, sondern je nach der Redegabe derer, die sie vortrugen«. Glücklicherweise begegnete er einem christlichen Prediger und kam schließlich zur

Bekehrung. In Christus fand er die Antwort auf seine Zweifel, sein Verlangen, seinen Hunger nach Unsterblichkeit und sein Sehnen nach einer zusammenhängenden, einfachen und überzeugenden Welterklärung.[135] Während die Suche nach Freiheit bei ihm den Vorrang hatte, war auch der Hunger nach Wahrheit für ihn ein bedeutender Faktor.

Die Befreiung von der Schuld und der Macht des Bösen bildete schon immer einen starken Anstoß zur Bekehrung. So war es bei Paulus und so war es bei Augustin. So war es in den folgenden beiden Beispielen, die verschiedenen gesellschaftlichen Schichten entnommen sind. Justin berichtet uns[136] von einer Frau und ihrem Mann, die ein ausschweifendes Leben führten. Die Frau wurde etwa im Jahre 150 n. Chr. in Rom bekehrt. Offensichtlich geschah es durch den Lebenswandel und durch die Worte ihrer christlichen Freunde, denn bei ihnen nahm sie Zuflucht, als ihr Mann alle Versuche, ihn für das Christentum zu gewinnen, ausschlug. Die Veränderung ihres Lebens machte ihn so wütend, daß er anfing, sie durch seine sexuellen und alkoholischen Ausschweifungen zu ärgern. Schließlich hat er sie öffentlich angeklagt wegen ihrer Beziehungen zu den Christen und dadurch repressive Maßnahmen gegen die Kirche ausgelöst, auf die Justin in seiner *Zweiten Apologie* anspielt. Zweifellos war es das zuchtvolle Leben ihrer christlichen Freunde gewesen, das so sehr abstach von ihrem eigenen, durch das sie zur Erkenntnis ihrer Schuld kam und schließlich zu dem Einen geführt wurde, der sie reinigen und mit Kraft ausrüsten konnte.

Das andere Beispiel stammt aus den oberen Schichten der Gesellschaft. Cyprian war ein aristokratischer Redner aus Karthago. Er war reich und gebildet, aber im Inneren wußte er um seine Sünde und fragte sich, ob auch jemand wie er sein Leben von neuem beginnen könne. In seinem Brief an Donatus beschreibt er seine Lage. »Ich ging blind in der Dunkelheit der Nacht und schlug diesen und jenen Weg ein in der stürmischen See der Welt. Hierhin und dorthin ließ ich mich treiben, ohne daß ich mein Leben kannte, der Wahrheit und dem Licht entfremdet. Hingegeben an das Leben, das ich damals führte, dachte ich oft, daß das, was Gott in seiner Güte zu meinem Heil versprochen hatte, zu schwer, ja widerwärtig sei. Wie konnte jemand wiedergeboren werden und zu neuem Leben erweckt werden im Wasser der Taufe? Wie konnte jemand erneuert und von seiner Vergangenheit gelöst werden – und ohne körperliche Veränderungen in seinem Herzen und in seiner Seele – verändert werden? Wie, fragte ich mich, war eine solche Bekehrung möglich? Denn ich war gefesselt und gefangengehalten durch die zahllosen

Sünden meiner Vergangenheit. Ich glaubte nicht, von ihnen loszukommen. So wurde ich der Sklave meiner Laster. Ich gab die Hoffnung auf etwas Besseres auf. Ich entschuldigte meine Fehler, die meine vertrauten Freunde geworden waren.« Welch ein ehrliches Bekenntnis zu der Wahrheit, die Paulus in Römer 7 zum Ausdruck bringt! Und wie der Apostel fand Cyprian die ungeheure Befreiung, indem er in Christus hineingetauft wurde, Vergebung empfing und die sittliche Verwandlung durch den Heiligen Geist erlebte. »Das Wasser der Wiedergeburt wusch die Flecken meiner Vergangenheit hinweg. Von oben kam ein Licht und durchdrang mein Herz, das jetzt von seiner Befleckung gereinigt war. Der Geist kam vom Himmel und verwandelte mich durch die zweite Geburt in einen neuen Menschen. Fast auf der Stelle wich der Zweifel, und Gewißheit trat bei mir ein. Was verschlossen war, öffnete sich. Das Licht schien in die Dunkelheit. Was mir früher schwer war, war leicht geworden, und was mir unmöglich erschien, konnte getan werden. Du weißt es ja sehr wohl. Du verstehst so wie ich, was mir dieses Totsein für die Sünde und diese Auferstehung zu einem göttlichen Leben brachte. Du weißt es genau. Ich will mich nicht damit rühmen.«[137]

Auf diese Weise wirkte das Christentum durch seine sittlichen Vorbilder und durch seine gedankliche Klarheit, daß zur Zeit der Urgemeinde Menschen aus allen sozialen Schichten gewonnen wurden. Manchmal war es mehr das eine, manchmal mehr das andere, von dem die Wirkung ausging. Aber in all den Fällen, die wir betrachtet haben, vollzieht sich die Bekehrung nach dem Muster, wie wir es im Neuen Testament finden und wie es besonders klar bei Paulus zu sehen ist. Bei allen Unterschieden im einzelnen war es doch eine grundlegende Wandlung, die an diesen Männern und Frauen geschah, wenn sie sich Jesus anvertrauten; und sie wirkte sich aus in ihrem Denken, in ihrem Gewissen, in ihrem Willen und in ihrem Lebenswandel. Von dem Zeitpunkt an war es ihr Ziel und auch immer mehr die Erfahrung ihres Lebens, daß sie sagen konnten mit dem Apostel: »Ich bin mit Christus gekreuzigt. Ich lebe; doch nun nicht ich, sondern Christus lebt in mir. Denn was ich jetzt lebe im Fleisch, das lebe ich im Glauben an den Sohn Gottes, der mich geliebt hat und sich selbst für mich dargegeben.«[138]

7   Die Evangelisten

Im vorigen Kapitel haben wir uns mit dem Wesen der christlichen Bekehrung befaßt. Daraus ergibt sich natürlicherweise die Frage: Wer waren diese Leute, die solche Bekehrungen bewirkten, und wie war ihr Leben? In diesem Kapitel werden wir zunächst über die Person und dann auch über das Leben und Sterben dieser ersten Verkündiger sprechen.

Wer waren die Evangelisten?

Der vollzeitliche Dienst – Apostel und »verordnete Diener«

Auf unsere Frage wird man sofort antworten: die Apostel. Die entscheidenden Merkmale der zwölf Apostel Jesu waren, daß sie bei Jesus waren, und daß er sie aussandte zu predigen.[1] Während seines Wirkens hatten sie offenbar eine »Probezeit«,[2] aber nach dem Tod und der Auferstehung ihres Meisters wurde die Verkündigung des Evangeliums zu ihrer Hauptaufgabe. In der Apostelgeschichte hören wir, wie sie in Verwaltungsaufgaben zu ersticken drohten und deshalb bewußt diese Arbeit an andere übergaben, damit sie sich dem Gebet und dem Dienst am Wort widmen konnten.[3] Wie sie diesen Dienst ausführten, wissen wir einfach nicht. Wahrscheinlich hat sie ihre anstrengende Arbeit gehindert, etwas Schriftliches zu hinterlassen. Jedenfalls kann uns Eusebius zu Beginn des vierten Jahrhunderts kaum mehr als allgemeine Angaben über ihre Arbeit machen, obwohl er sicher jede kleinste Information über sie gesammelt hat. Er muß sich auf vage Andeutungen beschränken. »Durch die Kraft und den Beistand des Himmels begann das rettende Wort die ganze Welt mit Licht zu überfluten wie die Strahlen der Sonne. Sogleich hat sich, in Übereinstimmung mit der göttlichen Schrift, die Stimme der inspirierten Evangelisten und Apostel ›auf der ganzen Erde fortgepflanzt, und ihr Wort bis ans Ende der Welt‹. In jeder Stadt und jedem Dorf entstanden Gemeinden mit Tausenden von Menschen wie eine volle Scheune.«[4] Eusebius tappte hier genauso im Dunkeln wie wir. Er berichtet von einem Gerücht, das uns in den *Thomasakten* erhalten ist und nach dem die Apostel Lose zogen, um zu entscheiden, in welche Teile der Welt sie gehen sollten. »Thomas erhielt durch das Los Partherland, Andreas Skythien, Johannes Asien ... aber Petrus scheint den Juden in der Zerstreuung in Pontus und Galatien, Bithynien, Kappadozien und Asien gepredigt zu haben und schließlich kam er nach Rom.«[5] Die gleichen *Thomasakten* behaupten, daß Judas Thomas nach Indien ging. Obwohl dies aus einer späten Zeit stammt,[6] kann es richtig sein. Pantaenus soll auch nach Indien gegangen sein und dort Christen vorgefunden haben, die sich darüber freuten, daß sie das Matthäus-Evangelium in seiner ursprünglichen, hebräischen Fassung aus der Hand einer anderen apostolischen Gestalt, des Bartholomäus, erhalten hatten.[7] Zwar konnte man alles Gebiet, das ostwärts von Suez lag, »Indien« nennen, eine genauere Bezeichnung war in der damaligen Zeit nicht zu erwarten. Dennoch ist es nicht unwahrscheinlich, daß einige der ersten Christen, vielleicht sogar Apostel, der Handelsstraße nach Indien folgten. Interessanterweise enthalten die *Thomasakten* genaue Angaben über den Reiseweg zum Fernen Osten und auch über die dortigen Verhältnisse im ersten nachchristlichen Jahrhundert.[8]

Es gibt eine größere Anzahl von Material von geringerem Wert in den apokryphen Evangelien, den abenteuerlichen Erzählungen und Berichten über die Tätigkeit verschiedener Apostel in manchen Teilen der Welt. Daraus geht hervor, daß sie sich über die ganze bekannte Welt zerstreuten, um im Einklang mit dem Befehl ihres Herrn das Evangelium zu verkündigen.[9] In einem Satz faßt Justin ihren Mut, ihre Hingabe und auch das Ergebnis ihrer Arbeit zusammen: »Von Jerusalem gingen diese zwölf Männer in die Welt hinaus, sie waren nicht vorgebildet und hatten auch keine Redegabe, doch durch die Kraft Gottes verkündigten sie den Menschen aller Rassen, daß sie von Christus gesandt waren, um alle das Wort Gottes zu lehren.«[10]

Wir sind in einer schwierigen Lage, weil uns nicht nur die Kenntnis darüber fehlt, was die Zwölf bei ihrer Mission taten (mit Ausnahme von Petrus und Johannes, über deren Vorgehen wir sowohl im Neuen Testament als auch in der Literatur des zweiten Jahrhunderts etwas mehr erfahren), sondern weil auch nicht eindeutig klar ist, was man unter »Apostel« verstand.[11] Die Bezeichnung wurde nicht nur auf die Apostel Jesu Christi angewandt (d. h. die ursprünglichen zwölf und Paulus[12] und vielleicht den einen oder anderen, der außerdem noch den irdischen Jesus gekannt und von ihm nach seiner Auferstehung einen Auftrag erhalten hatte),[13] sondern auch für umherziehende Missionare, die von den Gemeinden ausgesandt waren und durch die Gaben der Gläubigen unterhalten wurden. Paulus weiß um diese Apostel im weiteren Sinne, die er »Apostel der Gemeinden« nennt,[14] und er weiß auch, welche Gefahr sie darstellen. Da sie in ihrer Lehre von niemandem überwacht wurden, konnten sie ernsthaft in ihrer Lehre oder auch in ihrer Ethik vom richtigen Weg abweichen und die Gemeinden in diese Dinge mit hineinziehen. Solche hat er vor Augen, wenn er im zweiten Korintherbrief Leute beschuldigt, daß sie Satansengel, falsche Apostel oder etwas ähnliches seien.[15] Andere Leute wiederum warfen Paulus das gleiche vor.[16] Die Offenbarung Johannes kennt diesen Kreis von Aposteln,[17] ebenso auch Hermas.[18] Die *Didache,* die zwar behauptet, die Lehre der zwölf Apostel zu bringen (in dem engen Sinne), berichtet uns meistens über Apostel, die umherziehende Missionare waren.

Sie gehören zusammen mit den Propheten und Lehrern; und Harnack[19] stützt die Vermutung, daß wir hier eine Dreiteilung unter den umherziehenden Führern der Christengemeinden vor uns haben, die schon sehr alt ist und wahrscheinlich nach jüdischem Vorbild gestaltet war. Sie unterscheiden sich sehr deutlich von den geordneten Diensten der Bischöfe, Presbyter und Diakone, die wir im zweiten Jahrhundert fast überall antreffen.[20] Beide Arten von Dienst finden wir nebeneinander in der *Didache* und bei Hermas. Die Hauptkennzeichen der umherziehenden Verkündiger sind darin zu sehen, daß sie nicht lange an einem Ort blieben, daß sie in bewußter Armut lebten (und entsprechend durch die Gaben der von ihnen besuchten Gemeinden unterstützt wurden, da sie von den Heiden nichts annehmen wollten)[21] und daß sie nicht wie die fest eingesetzten Leute mit ihren Gemeindeämtern von den Gemeinden gewählt wurden, sondern sich unmittelbar von Gott zu dieser Arbeit berufen fühlten. Ihr Lebenswandel, ihre Botschaft und die Frucht ihres Dienstes waren ihre Beglaubigung. Solche Leute standen in hohem Ansehen. Nach den Worten der *Didache* mußten sie als Menschen, die das Wort Gottes verkündigten, wie der Herr selbst geehrt werden.[22] Die echten unter ihnen sollte man ehren mit den ersten Früchten von den ausgepreßten Trauben und vom ausgedroschenen Getreide, von Ochsen und Schafen, »denn sie sind eure Hohenpriester«.[23] Doch die hohe Achtung, die solche umherziehenden Lehrer genossen, führte leicht zum Mißbrauch. Sie konnten schnell eine Gemeinde ausnutzen; sie konnten länger bleiben, als es den Leuten lieb war; sie konnten sich unter dem Vorwand, daß es des Herrn Wille sei, von ahnungslosen Leuten Lebensmittel oder auch Geld erbetteln. In diesem Sinne sagt die *Didache,* die sonst den Apostel wie den Herrn selbst ehrt, ganz offen: »Aber laß ihn nicht länger bleiben als einen Tag oder im Notfall auch zwei. Wenn er drei Tage bleibt, ist er ein falscher Prophet.« An anderer Stelle heißt es: »Kein Prophet, der im Geist eine Mahlzeit bestellt, soll davon essen; sonst ist er ein falscher Prophet«. Und dann wieder »wer im Geist sagt ›Gib mir Geld oder etwas anderes!‹, auf den sollt ihr nicht hören. Doch wenn er euch aufträgt, für andere Menschen in Not etwas zu geben, soll niemand ihn richten«.[24]

Das war also der eine Typ des christlichen Boten, ein vollzeitlich umherziehender Missionar, manchmal mit und manchmal ohne das *charisma* der Prophetie (das ist vermutlich der Unterschied zwischen Lehrern und Propheten).[25] In seiner Antwort an Celsus bezieht sich Origenes auf solche Leute: »Christen tun alles, was in ihrer Macht steht, um den Glauben über die ganze Welt zu verbreiten. Manche machen es sich zur Lebensaufgabe, nicht nur von Stadt zu Stadt, sondern von Ort zu Ort und von Dorf zu Dorf zu wandern, um neue Menschen für den Herrn zu gewinnen.« Sie tun dies nicht aus eigennützigen Erwägungen; »oft weigern sie sich, die lebensnotwendigsten Dinge anzunehmen. Selbst, wenn die Not sie drängt, gelegentlich eine Gabe anzunehmen, sind sie damit zufrieden, daß ihre äußersten Bedürfnisse gestillt werden, obwohl viele Menschen bereit sind, ihnen weit mehr zu geben, und wenn heutzutage dank der großen Zahl der Bekehrten mancher reiche Mann in guter Position und manche elegante, vornehme Frau den Boten des Glaubens Gastfreundschaft gewähren, wer will es dann wagen, zu behaupten, daß einige von ihnen den christlichen Glauben nur predigen, weil sie geehrt werden wollen? In der Anfangszeit, als den Predigern des Glaubens besonders große Gefahr drohte, ließ sich ein solcher Verdacht schwerlich aufrechterhalten. Und selbst heutzutage überwiegt die Verachtung, die die Christen von den Ungläubigen erfahren, die Ehre, die einige ihrer Glaubensbrüder ihnen erweisen.«[26] Eusebius zeichnet uns ungefähr das gleiche Bild. Im Blick auf das zweite Jahrhundert sagt er: »Es gab noch viele Evangelisten des Wortes, die eifrig darauf bedacht waren, ihren geistlichen Eifer nach dem Beispiel der Apostel zum Wachstum und zum Bau des göttlichen Wortes einzusetzen«;[27] und an anderer Stelle: »Viele der Jünger aus dieser Zeit, deren Herzen von dem göttlichen Wort mit einer brennenden Liebe zur Philosophie (d. h. zum Christentum) erfüllt waren, führten zuerst den Befehl des Heilands aus und teilten ihre Güter unter die Armen. Dann begaben sie sich auf lange Reisen und taten das Werk von Evangelisten; eifrig bemühten sie sich, Christus denen zu predigen, die das Wort vom Glauben niemals gehört hatten, und ihnen die heiligen Evangelien zu übergeben. In fremden Ländern legten sie einfach den Grund für den

Glauben. Danach setzten sie andere als Hirten ein und betrauten sie mit der Fürsorge für die neu entstandenen geistlichen Pflanzungen, während sie selbst mit der Gnade und Hilfe Gottes in andere Länder und zu anderen Völkern weiterzogen.«[28] Hier hört man neutestamentliche Töne heraus. Das Beispiel Jesus muß sie beeinflußt haben, dem die Mission so am Herzen lag, daß er Kapernaum frühmorgens verließ und sagte: »Laßt uns anderswohin in die nächsten Städte gehen, daß ich daselbst auch predige; denn dazu bin ich gekommen.«[29] Zweifellos waren sie bewegt von der freiwilligen Armut der Jünger bei ihrer Mission und von der ersten christlichen Gemeinde in Jerusalem, die alle ihre Güter austeilte. Da war das Beispiel des Paulus, der immer weiter zog auf der Suche nach neuen Missionsfeldern, die er erobern könnte, wobei er die Neubekehrten für sich selbst sorgen ließ, nachdem sie ein Minimum an Unterweisung erhalten hatten. Da war der innere Drang des Paulus, Christus zu predigen, wo man ihn noch nicht kannte. Da war der Ruf an Timotheus, das Werk eines Evangelisten zu tun[30] (selbst wenn dies, wie man aus dem Zusammenhang entnehmen kann, von Natur nicht seine Gabe war). Alle diese Faktoren spornten den Eifer und die Hingabe vieler Christen aus dem zweiten Jahrhundert an. Wir wissen, daß viele von ihnen vollzeitliche Wanderevangelisten wurden, die ihr ganzes Leben der Ausbreitung des christlichen Glaubens zur Verfügung stellten und darauf vertrauten, daß Gott und die christlichen Gemeinden sie mit den täglich notwendigen Dingen versorgten.

Aber auch die Träger der regulären Gemeindeämter betätigten sich in der Arbeit der Evangelisation. Zweifellos war es die Hauptaufgabe der Gemeindeältesten, die christliche Gemeinde so aufzubauen, daß jedes Glied seinen eigenen besonderen Dienst entdeckte und auch ausführte. Die Presbyter oder Bischöfe waren Gottes Gabe an die Gemeinde, deren Aufgabe es war, »die Heiligen zuzurüsten zu dem Werk des Dienstes«;[31] und zu diesem Zweck war ihre Aufgabe mehr nach innen als nach außen gerichtet, mehr gemeindeorientiert als weltorientiert. Doch die Evangelisation kam nicht zu kurz. In seiner Abschiedsrede an die Ältesten in Ephesus stellt Paulus sein eigenes Beispiel als Evangelist modellhaft vor sie hin.[32] In den Pastoralbriefen wird deutlich gemacht, daß jeder, der sich um das Amt eines Ältesten bewirbt, ein guter Lehrer sein und bei den Menschen außerhalb der Gemeinde in gutem Ansehen stehen muß.[33] Warum verlangt man das, wenn seine Arbeit nicht auch darin bestünde, die Menschen außerhalb der Gemeinde mit dem Evangelium zu erreichen? Genauso handeln die Bischöfe im zweiten Jahrhundert.

Trotz all seiner Betonung der rechten Lehre, der regelmäßigen Abendmahlsfeiern und der Vorrangstellung des Bischofs in der Gemeinde, kann Ignatius an seinen Mitbischof Polykarp schreiben: »Ich ermahne dich, gehe voran in deinem Lauf und ermahne alle Menschen, daß sie sich retten lassen.«[34] Daß Polykarp diesen Rat befolgte, kann man sehr klar an seinem Sterben erkennen. Als der alte Mann in das Stadion von Smyrna gebracht wurde, »rief die ganze Menge der Heiden und Juden, die in Smyrna wohnten, in wahnsinniger Wut: ›Das ist der Lehrer von Asien, der Vater der Christen, der Zerstörer unserer Götter, der viele gelehrt hat, den Göttern nicht zu opfern und sie nicht anzubeten‹«.[35] Auch Irenäus war trotz all seiner Beschäftigung mit der Theologie und dem Aufbau der Gemeinden am liebsten als Evangelist tätig. Regelmäßig predigte er in den Dörfern und Städten Galliens, wo er Bischof war, und zwar nicht nur in griechisch, das viele der gebildeten Bewohner verstanden, sondern auch in der einheimischen Sprache. Es war ihm ein solches Anliegen, die missionarische Aufgabe eines Bischofs zu erfüllen, daß er sich die Mühe machte, die Sprache der verachteten Barbaren, um die sich selbst die besten heidnischen Menschenfreunde nicht kümmerten, zu lernen und auch fließend zu sprechen. Am Anfang seiner Schrift *Gegen die Irrlehren* entschuldigt er sich für sein unbeholfenes Griechisch.[36] Er bemühte sich so eifrig, in einer fremden Sprache zu predigen, daß er einen großen Teil seiner Muttersprache vergessen hatte. So etwas spricht eine deutliche Sprache für den evangelistischen Eifer der besten unter den beamteten Dienern der Kirche.[37] Zweifellos haben viele das nicht getan. Aber dieser Blick nach draußen blieb tief verankert in der Vorstellung von dem, was ein beamteter Diener der Kirche zu tun hatte. Es war nichts Neues, als die apostolischen Verfassungen aus dem dritten Jahrhundert von den Bischöfen erwarteten: »Warnt und tadelt die Unwissenden mutig, lehrt die, die keine Erkenntnis haben, befestigt die, die Verständnis zeigen, und bringt zurück, die sich verlaufen haben.«[38]

Es gibt noch eine Gruppe »hauptamtlicher« Christen, die man zusammen mit den Aposteln und Wanderevangelisten und den mehr ortsansässigen Bischöfen und Ältesten der Urgemeinde zu den Evangelisten zählen muß. Das ist die kleine, aber einflußreiche Gruppe der Theologen und Philosophen. Pantaenus, der Gründer der berühmten Katechetenschule von Alexandria, war in erster Linie Missionar für »Indien«. Nach seiner Ausbildung als stoischer Philosoph bekehrte er sich zum Christentum und zeigte »dann einen solchen Eifer in seiner Begeisterung für das göttliche Wort, daß er sogar zum Boten des Evangeliums von Christus für die Heiden im Osten bestimmt und bis nach Indien geschickt wurde... Nachdem er viel geleistet hatte, war er der Leiter der Schule in Alexandria bis zu seinem Tod«.[39] Wenn missionarisch ausgerichtete Bischöfe in der Urgemeinde keine Seltenheit waren, so waren es missionarisch ausgerichtete Theologen auch nicht. Männer wie Pantaenus zogen umher wie die kynischen Philosophen und sammelten auf den öffentlichen Plätzen der von ihnen besuchten Städte Scharen von Hörern um sich. Celsus beklagt sich darüber, daß sich der Glaube auf diese Weise ausbreitete. »Wir sehen, daß diejenigen, die auf den Marktplätzen ihre Kunststücke vorführen und umhergehen und betteln, niemals in eine Versammlung denkender Menschen kommen würden; auch würden sie es nicht wagen, ihren edlen Glauben in ihrer Gegenwart zu enthüllen. Aber wenn sie halbwüchsige Knaben und eine Schar von Sklaven und eine Gruppe von Narren sehen, dann stoßen sie zu ihnen und bringen ihre Sache an.« Diese Vorwürfe haben Origenes hart getroffen. Wie konnte jemand »das Vorlesen aus der Bibel und die Erklärung der Texte« zusammen mit »seiner Ermahnung zu gutem Leben« Kunststücke nennen? Haben die Kyniker nicht genau die gleiche Methode angewandt? Origenes hat ärgerlich und sehr ausführlich abgestritten, daß nur die Dummen von dem in diesem Gewand angebotenen Christentum angezogen würden.[40] Das Christentum ist die wahre Philosophie, und die Evangelisation auf dem Marktplatz ist für einen gebildeten Christen ein ganz angemessener Weg, seinen Glauben zu verbreiten.

Manchmal haben sich diese Philosophen-Evangelisten mit klugen Heiden in öffentliche Gespräche eingelassen. Diese Art, die Lehren des Evangeliums zu verbreiten, erkennen wir wieder in Justins *Zweite Apologie*, wo der Kyniker Crescens angegriffen wird, weil er die Christen verleumdete, um die Gunst der Zuhörer zu gewinnen. Auch im *Octavius* des Minucius Felix finden wir es; dort wird Caecilius öffentlich getadelt. Zweifellos gab es auch viele Gelegenheiten, bei denen der christliche Philosoph in den Gesprächen unterlegen war. Das mag dazu geführt haben, daß man lieber auf die Katechetenschulen zurückgriff. Jedenfalls konnte man in einer regelrechten »Schule« die Fragen eingehender und genauer behandeln, als es bei gelegentlichen Freiversammlungen möglich war. Die erste solche Schule, von der wir hören (abgesehen von der Tätigkeit des Paulus in der Schule des Tyrannus, die ganz ähnlich gewesen sein muß), ist die Schule des Justin. Er wirkte in Rom,[41] und interessierte, suchende Menschen hörten ihn dort. Tatian, der einst sein

Schüler war,[42] errichtete eine eigene Schule. Das gleiche taten Rhodon und andere begabte Christen.[43] Diese Schulen waren bestimmt nicht nur für die Pflege christlicher Unterweisung innerhalb der Kirche bestimmt. Sie wurden bewußt von frommen Intellektuellen als Stätten der Evangelisation eingerichtet. Diese Leute erkannten, was sie Griechen und Barbaren, Gebildeten und Unwissenden schuldig waren.

Alle waren willkommen. Wenn es sich mehr um einfache Leute handelte, bot man vor allem die grundlegenden Wahrheiten des Christentums dar, und die Lehrer konzentrierten sich darauf, »Milch« zu geben. Wenn geistig begabte Wahrheitssucher den größten Teil der Versammlung bildeten, wurden die tieferen Geheimnisse des Glaubens erklärt.[44] Ihr Ziel war durchaus seelsorgerlich und evangelistisch. Deshalb stimmten sie ihre Botschaft auf das Fassungsvermögen der Hörer ab. »Wir bekennen, daß wir alle Menschen im Wort Gottes unterrichten wollen, auch wenn Celsus das nicht glauben will.«[45] Dessen rühmte sich Origenes und er führte es auch durch. Zusätzlich zu seinen christlichen Schülern in der Schule in Alexandria hatte er heidnische Hörer, denen er Unterricht im Glauben gab.[46] Sogar Julia Mamaea, die Königinmutter, hörte seinem Unterricht zu.[47] Man darf nicht denken, daß die Apologeten und Theologen keine Evangelisten waren. Sie hatten in ihrem Leben das Ziel, Menschen aller Gattungen und geistigen Qualitäten zur Wahrheit zu führen über Gott, den Menschen und das Weltall, wie Jesus Christus offenbart war.

Die nebenamtlichen Missionare – Männer und Frauen

Bis jetzt haben wir uns mit den evangelistischen Unternehmungen der sogenannten »christlichen Berufsredner« befaßt. Aber das darf uns nicht zu der Annahme führen, daß die »Hauptamtlichen« bei der Ausbreitung des Christentums eine ungebührlich große Rolle spielten. Weil wir so wenig genaue Information über die Evangelisation im einzelnen und ihre Träger haben, sollten wir offen sein für die Möglichkeit, daß der kleine Mann, der unbekannte, gewöhnliche Mensch, der uns nichts Schriftliches hinterlassen hat, in der Hauptsache die Mission betrieb. Harnack hat völlig Recht, wenn er erklärt: »Man kann unmöglich sagen, daß eine bestimmte Menschengruppe innerhalb der Kirche die eigentlichen Träger der Ausbreitung des Christentums waren.« Im Gegenteil. »Wir müssen annehmen, daß die bedeutende Mission des Christentums in Wirklichkeit durch die nebenamtlichen Missionare durchgeführt wurde«.[48]

So war es immer. Gerade die Jünger selbst waren Laien ohne ordentliche theologische oder rhetorische Ausbildung. Von Anfang an war das Christentum eine Laienbewegung, und so blieb es auch eine ziemlich lange Zeit. In gewissem Sinne wurden die Apostel zu »Hauptamtlichen«. Aber schon in Apostelgeschichte 8 sehen wir, daß es nicht die Apostel, sondern die »Amateur«-Missionare sind, die das Evangelium überallhin brachten. Sie waren im Zuge der Verfolgung nach dem Martyrium des Stephanus aus Jerusalem vertrieben worden.[49] Sie waren es, die an der Küstenebene entlang nach Phönizien reisten, über das Meer nach Cypern fuhren oder sich nordwärts nach Antiochis wandten.[50]

Sie waren genauso sehr Evangelisten wie jeder Apostel. Sie unternahmen die beiden revolutionären Schritte, daß sie den Griechen, die keine Verbindung zum Judentum hatten, verkündigten, und dann von Antiochia aus die Heidenmission vorantrieben. Sie taten das ganz unbefangen. Von Jerusalem aus waren sie zerstreut worden und gingen an alle Orte und verbreiteten die Frohe Botschaft, die ihnen Freude, Befreiung und neues Leben gebracht hatte. Dabei wird es sich oft gar nicht um richtige Predigten gehandelt haben. Vielmehr geschah es in der Unterhaltung mit Freunden und bei gelegentlichen Bekanntschaften, zu Hause und in Weinläden, beim Spaziergang und an Marktständen. Wohin sie kamen, dort redeten sie vom Evangelium. Sie sprachen ganz natürlich, mit Begeisterung und mit der Überzeugung von Leuten, die das nicht tun, weil sie dafür bezahlt werden. Deshalb nahm man sie auch ernst, und die Bewegung verbreitete sich vor allem bei den unteren Schichten.

In der Antwort des Origenes an Celsus erhalten wir ein gutes Bild von dieser ganz zwanglosen Evangelisation: »In Privathäusern sehen wir Woll- und Lederarbeiter, Wäschereiarbeiter und ganz ungebildete Bauerntölpel, die vor ihren Vorgesetzten und viel klügeren Dienstherren gar nicht wagen würden, etwas zu sagen. Aber sie machen sich an die Kinder und die Frauen heran, die genau so dumm sind wie sie selbst. Dann können sie schön reden: ›Ihr braucht nicht auf euren Vater oder Lehrer zu hören. Hört auf uns! Sie sind dumm und wissen nichts. Sie wissen nichts Gutes und tun es auch nicht, sondern bringen nur leeres Geschwätz. Nur wir wissen, wie die Menschen leben sollten. Wenn ihr Kinder tut, was wir sagen, werdet ihr selbst glücklich sein und auch eure Familien glücklich machen.‹ Wenn sie dann am Reden sind und einen Schullehrer kommen sehen oder auch einen aus den gebildeten Schichten oder den Vater selbst, fliehen die Ängstlicheren unter ihnen in alle Richtungen, aber die Unerschrockenen drängen die Kinder zum Widerstand. Sie flüstern ihnen zu: ›Wenn Vater und Mutter dabei sind, können wir es euch nicht erklären. Wir wollen nichts zu tun haben mit den dummen, beschränkten Lehrern. Sie sind selbst verdorben und sittenlos und sie bestrafen euch außerdem. Wenn ihr also wollt, dann lauft doch einmal von Vater und Mutter fort und kommt mit den Frauen und euren Spielgefährten zu den Vierteln der Frauen oder in die Lederwerkstatt oder die Wäscherei. Da erzählen wir euch dann alles.‹ Mit solchen Worten gewinnen sie sie für sich.« Mit diesen höhnischen Worten beklagt sich Celsus über sie.[51] In Wirklichkeit ist das ein Kompliment für den Eifer und die Hingabe ganz einfacher Christen aus der nachapostolischen Zeit. Sie hatten einen Schatz gefunden und wollten diesen nun, so gut sie es verstanden, an andere weitergeben. Es gibt ein Beispiel hierfür aus dem Bereich der kaiserlichen Diener auf dem Palatinischen Hügel in Rom.[52] Das folgende ist ein Bild aus dem dritten Jahrhundert, wohl von jugendlicher Hand gezeichnet, das einen Jungen darstellt in anbetender Haltung, wobei er eine Hand erhebt.

Gegenstand seiner Verehrung ist eine Gestalt an einem Kreuz, und zwar ein Mann mit einem Eselskopf. Darunter ist gekritzelt »Alexamenos betet seinen Gott an.« Sicher war einer der Diener ein mutiger Christ. Seine Schulkameraden verspotteten ihn wegen dieser Haltung. Doch er hat sich dessen nicht geschämt, wie wir aus einer anderen Inschrift entnehmen können, die jemand anderes geschrieben hat. Dort heißt es: »Alexamenos ist treu.« Vielleicht war das seine eigene Antwort auf die schreckliche Spottzeichnung. Vielleicht hatte es aber auch einer seiner Klassenkameraden geschrieben, der zu der Erkenntnis gekommen war, daß die Botschaft des Alexamenos die Wahrheit war.

Hieraus kann man sehr klar entnehmen, daß im Gegensatz zu heute, wo das Christentum sehr stark rationalisiert ist und von berufsmäßigen Verkündigern einer Zuhörerschaft dargeboten wird, die sich überwiegend aus den mittleren Schichten zusammensetzt, der Glaube in der Anfangszeit ganz spontan durch Laienevangelisten verbreitet wurde und besonders die arbeitenden Schichten ansprach.

Wenn in der Urgemeinde vollzeitliche Verkündiger und Laien ohne Unterschied verantwortlich waren, das Evangelium auf jede Weise auszubreiten, dann gab es in dieser Hinsicht auch keine Unterschiede zwischen Männern und Frauen. Grundsätzlich war jeder Christ berufen, nicht nur durch sein Leben, sondern auch mit seinem Munde von Christus zu zeugen. Jeder sollte ein Verteidiger seines Glaubens sein, wenigstens soweit, daß er Auskunft geben konnte über die Hoffnung, die in ihm lebendig war.[53] Und dabei waren auch die Frauen stark beteiligt. Bei dem Vordringen des Christentums spielten sie eine sehr große Rolle.

Schon zu Lebzeiten Jesu erkennen wir diese Bedeutung der Frauen. Viele Frauen fühlten sich zu seiner Bewegung hingezogen und sie waren hingegeben und ausdauernd in ihrer Nachfolge. Seine Jüngerinnen waren bei der Kreuzigung zugegen. Sie halfen Joseph von Arimathia, Jesus in das Grab zu legen. Sie waren am ersten Ostertag zugegen und auch in der folgenden Woche der Wartezeit in Jerusalem. Sie waren am Pfingsttage zugegen, und das Haus einer Frau war der Stützpunkt der Jerusalemer Gemeinde. Ein Blick auf die Apostelgeschichte bestätigt diesen Eindruck von der Bedeutung der Frauen bei der Ausbreitung des Evangeliums: Dorcas, Lydia, Priscilla, die vier weissagenden Töchter des Philippus, von denen man noch im zweiten Jahrhundert sprach, die Frauen aus den oberen Schichten von Beröa und Thessalonich und alle übrigen. In den Briefen begegnet uns eine Diakonisse, vielleicht sogar ein weiblicher Apostel.[54] Unter den 26 Menschen, die in den Grüßen in Römer 16 erwähnt werden, sind acht Frauen. Im Philipperbrief werden die Rivalitäten durch Evangelistinnen getadelt.[55] Daß Frauen eine so große Rolle spielten, ist um so auffälliger, weil das Judentum und Heidentum weitgehend eine Männerwelt war. Leicht konnte man sich über die »dummen Frauen« lustig machen, die beim Waschen über das Christentum redeten.[56] Doch diese gleichen Frauen gehörten zu den erfolgreichsten Evangelisten. Wir können eine frühe Schrift wie den ersten Petrusbrief[57] oder ein spätes Erzeugnis wie die *Apostolischen Konstitutionen*[58] nehmen. Jedesmal galt es als selbstverständlich, daß die Worte und das Vorbild der christlichen Ehefrau den stärksten Einfluß ausübten im Blick auf die mögliche Bekehrung der Ehemänner. Wie wir im zweiten Kapitel sahen, war dies gar nicht einfach. Am Ende des zweiten Jahrhunderts gibt uns Tertullian ein anschauliches Bild von diesem Problem; und hundert Jahre früher mag es nicht viel anders gewesen sein.[59] Wenn der Ehemann nicht mit dem Christentum seiner Frau einverstanden ist, wird er sie daran hindern, zum Gottesdienst zu gehen, er wird es ihr untersagen, andere Christen gastlich aufzunehmen, er wird sie an den Abenden nicht zu christlichen Versammlungen gehen lassen, er wird im Geschlechtsleben und in den gesellschaftlichen Beziehungen Dinge von ihr fordern, die sie nicht mit ihren christlichen Maßstäben vereinbaren kann. Selbst wenn er ein toleranter Mensch ist, wird er sich fragen, ob seine Frau, wenn sie früh aufsteht zum Gebet, nicht irgendetwas Magisches betreibt; es kann ihm auch der Gedanke kommen, daß sie bei ihren Besuchen in der Gemeinde angeregt wird, ihn zu vergiften. In jedem Fall ging es auch um die gesellschaftlichen Beziehungen. Man erwartete von ihr, daß sie in der Art ihres persönlichen Auftretens und bezüglich der Staatsreligion heidnische Maßstäbe anerkannte. Sie wird es ertragen müssen, daß an ihrer Haustür Lorbeerkränze zum Gedächtnis an heidnische Gottheiten aufgehängt wurden. Sie wird mit ihrem Mann im Gasthaus sitzen und schmutzige Lieder mitanhören müssen. Wenn es auch sehr schwer war,[60] muß es doch vielen Frauen gelungen sein, ihre Männer für Christus zu gewinnen. Etwas widerwillig gibt Tertullian dies zu, obwohl ihm sehr daran liegt, von Mischehen oder einer zweiten Heirat abzuraten. Daß die christliche Frau ihr Leben an Christus hingab und es dementsprechend führte, bewies ihrem heidnischen Mann, daß es eine göttliche Welt gab, es flößte ihm Ehrfurcht ein und machte es ihm nicht leicht, sie zu ärgern, ihr Fallen zu stellen oder ihr nachzuspüren. »Er spürte, daß hier Großes geschah. Er sah praktische Beweise dafür. Er merkte, daß sich in ihrem Leben vieles zum Guten veränderte. So war auch er durch diese Ehrfurcht vor seiner Frau ein Anwärter auf das Leben mit Gott.«[61]

Das Neue Testament berichtet uns von Frauen, die evangelistisch arbeiteten, die den Gemeinden ihre Häuser öffneten, die weissagten und in Zungen redeten und die als Diakonissen tätig waren. Die Bedeutung der Frauen hielt auch im zweiten Jahrhundert an. Manchmal zeigte es sich darin, daß sie öffentlich redeten, manchmal auch in ihrem Martyrium. Die Predigt einer Maximilla, einer Thekla oder der vier Töchter des Evangelisten Philippus hatte eine Vollmacht, die sich nicht leugnen ließ. Während die Lehren der Montanisten im Widerspruch zur allgemeinen Kirche standen, waren die Leute doch stark davon angezogen, und sie bildeten eine wirkliche Bedrohung, genauso wie Marcion eine Generation vorher. *Die Akten von Paulus und Thekla* sind Dichtung, aber das Bild einer Frau, die predigt, tauft und um ihres Glaubens willen den Märtyrertod erleidet, war als solches keine Erfindung. Mit einem gewissen Abscheu bemerkt Tertullian von einigen Frauen aus sektiererischen Gemeinden: »Sie wagen zu lehren, Gespräche zu führen, Teufel auszutreiben, Heilung zu versprechen, wahrscheinlich sogar zu taufen.«[62]

Der Mut, den sie in der Verfolgung bewiesen, hinterließ in der hellenistischen Gesellschaft einen ebenso starken Eindruck. Hinter der Geschichte von Thekla, die vor dem Märtyrertod stand und durch die Fürsprache der Königin Tryphäna gerettet wurde, weil sie von ihrem Mut beeindruckt war, steht wohl eine sehr alte Überlieferung. Diese Königin hat wirklich am Ende des ersten Jahrhunderts gelebt.[63] Es ist keineswegs unmöglich, daß eine entschiedene christliche Frau wie Thekla eine Königin für den Glauben gewinnen konnte. Wir haben Grund zur Annahme, daß eine der bedeutendsten Frauen des Reiches, die Nichte des Domitian und die Mutter von zwei Söhnen, die einmal die Nachfolge des Kaisers antreten sollten, eine Christin war. Flavia Domitilla war bereit, um ihres Glaubens willen alles auf sich zu nehmen. Sie und ihr Mann Flavius Clemens wurden des Atheismus angeklagt, eine Anschuldigung, für die viele andere, die dem Judentum nahestanden, leiden mußten; manche erlitten den Tod, anderen wurde ihr Besitz eingezogen.[64] Wie wir sahen, bedeutete dies für Clemens den Tod, Domitilla mußte in die Verbannung gehen. Trotzdem war ihr Zeugnis nicht vergeblich. Der christliche Glaube ist tief in diese Familie eingedrungen, und auf ihrem Besitztum an der Via Ardeatina lag später einer der ersten christlichen Friedhöfe.

Die fast übermenschliche Hingabe, zu der urchristliche Frauen fähig waren, wird deutlich an einigen Märtyrerberichten. *Das Leiden der Perpetua* gehört zu den Perlen urchristlicher Literatur. Sie wurde im Jahre 203 n. Chr. in Karthago um ihres Glaubens willen hingerichtet. Sie war damals 22 Jahre alt, ein Jahr verheiratet und hatte ein Kind an ihrer Brust. Vor ihrem Tod konnte sie die Eindrücke von ihrer Gefangenschaft niederschreiben. Ihr Vater versuchte alles, um sie zum Verleugnen zu bringen. Zunächst ging er hart mit ihr um, aber er merkte, daß sie das nicht beeindruckte. Dann verlegte er sich auf das Bitten. Sein ergrautes Haar, ihre Mutter und vor allem ihr eigener kleiner Sohn, der nicht ohne sie leben könnte, sollten sie dazu bewegen, ihre Meinung zu ändern. Aber sie blieb fest und ging mit Würde und Mut ihrem Tod entgegen. Die Wirkung einer solchen Hingabe an Christus kann man sich gut vorstellen.

Ein Vierteljahrhundert vorher starb die gallische Sklavin Blandina mit dem gleichen Mut und der gleichen Treue zu Christus, die auch die vornehme Afrikanerin Perpetua gezeigt hatte. Die bewegende Geschichte wird uns im Jahre 177 n. Chr. von zwei Augenzeugen berichtet. Ihr Brief wurde fast vollständig von Eusebius wiedergegeben.[65] Sie war jungbekehrt, und ihre Herrin hatte nicht Angst um ihr Leben, sondern fürchtete, daß Blandina im Angesicht des Todes nachgeben würde. Sie brauchte keine Angst zu haben. Als sie auf teuflische Weise gequält wurde, sagte sie ganz ruhig: »Ich bin eine

Christin, und unter uns geschieht nichts Böses.« Als sie auf den eisernen Rost gelegt wurde, den wilden Tieren in der Arena vorgeworfen wurde, gezwungen wurde, die Ermordung ihrer Mitchristen mitanzusehen und auf einem Pfahl aufgespießt wurde, »hatte dieses schwache und verachtete Mädchen Christus, den großen und unbesiegbaren Helden, angezogen und durch viele Kämpfe die Krone der Unsterblichkeit gewonnen«. Schließlich wurde sie dadurch zu Tode gebracht, daß man sie in ein Netz tat und von einem Bullen hin und her zerren ließ. Doch vorher hatte sie noch einen fünfzehn Jahre alten Jungen namens Ponticus durch ihr Vorbild zum Martyrium veranlaßt und hatte liebevoll und inständig für ihre Verfolger gebetet. Solche Frauen gab es immer wieder in den verschiedenen sozialen Schichten der Kirche. Deshalb ist es kaum verwunderlich, daß das Evangelium auf seinem Wege gewaltige Hindernisse überwandt und das Römische Reich zu erobern begann.

Das Leben der Evangelisten

Ihr Vorbild

Die Christen sagten, daß es einen Gott gibt, der gut, liebend und wahrhaftig ist, er sei der Schöpfer der ganzen Welt; er habe sich in Jesus von Nazareth persönlich offenbart; durch dessen Tod und Auferstehung könnten alle Menschen, die das wollten, in ein neues Verhältnis zu Gott kommen; sein Geist könne in das Leben der Menschen kommen und sie von innen her verändern, dabei zugleich die Christen zu einer liebenden Gemeinschaft vereinigen, wie man sie sonst im Altertum nicht fand. Außerdem war es die Aufgabe jedes Gliedes dieser Gemeinschaft, alles zu tun, was in seiner Macht stand, um das Evangelium zu verbreiten. Deshalb hat man das Leben der Christen sehr eingehend beobachtet. Die Wahrheit ihrer Behauptungen prüfte man weitgehend daran, ob ihr Leben damit übereinstimmte. Deshalb wird auch der Zusammenhang zwischen Mission und geheiligtem Leben, sowohl im Neuen Testament als auch in der Literatur des zweiten Jahrhunderts, sehr stark betont. Petrus kann in einem Atemzug von der Heiligung sprechen, die daraus entspringt, daß wir »Christus als Herrn in unseren Herzen heiligen«, und daß wir andere zu erreichen suchen, indem wir bereit sind »zur Verantwortung vor jedermann, der von euch Grund fordert der Hoffnung, die in euch ist«. Es ist nicht zu vermeiden, daß Christen verleumdet werden. Aber in solchem Falle müssen sie ein reines Gewissen behalten, damit diejenigen zuschanden werden, die ihren guten Wandel in Christus schmähen.[66] Ähnlich macht auch Paulus die Verbindung zwischen Heiligung und einer wirksamen Evangelisation ganz deutlich. Durch sein Leben, seine Selbsthingabe und seine Fürsorge wurden die Thessalonicher überzeugt, daß das, was er verkündigte, nicht Menschenwort war, sondern Gottes Wort.[67] Sie selbst glaubten dann und begannen, das Leben der Christen, die sie kannten, nachzuahmen.[68] Von ihnen aus verbreitete sich das Evangelium durch Mazedonien und Achaja.[69] Leben und Wort gingen Hand in Hand, wenn das Christentum zu den Menschen kommen sollte. Wenn Paulus davon spricht, daß die Kraft des Evangeliums die Augen der Blinden für seine Wahrheit öffnet und die Menschen zu dem Licht bringt, dessen sie sich nach dem Willen Gottes ihres Schöpfers und Erlösers freuen sollen, dann macht er auf zwei Bedingungen aufmerksam. Jesus muß klar als Heiland und Herr verkündet werden. Dies muß unterstützt werden durch den Lebenwandel von Menschen, die dabei nicht an sich selbst denken, sondern bereit sind, sich ganz den Korinthern zur Verfügung zu stellen und ihr Leben offen vor ihnen darzulegen. »Wir meiden schandbare Heimlichkeit und gehen nicht mit List um, fälschen auch nicht Gottes Wort; vielmehr weisen wir durch Offenbarung der Wahrheit (d. h. in Lebenswandel und Verkündigung) uns aus vor aller Menschen Gewissen im Angesicht Gottes.«[70]

Diese Verbindung zwischen Glaube und Lebenswandel zieht sich durch die gesamte christliche Literatur. Wenn man die beiden auseinandernimmt, hat es verheerende Folgen, und die Evangelisation kann nicht mehr weitergeführt werden. Daher legen die neutestamentlichen Schriftsteller so viel Wert darauf, daß die Gläubigen in Lehre und Leben nicht von den klaren Linien abweichen. Die falschen Philosophien, mit denen sich der Kolosserbrief, der erste Johannesbrief und die Korintherbriefe befassen, führten immer zu erschreckenden sittlichen Folgen. Ähnlich befaßt sich die gesamte Literatur gegen die Irrlehrer im zweiten Jahrhundert sowohl mit der Frage des rechten Verhaltens wie auch mit der Frage der rechten Lehre. Diese beiden waren in der Mission des Christentums untrennbar miteinander verbunden. Wenn den Christen vorgeworfen wurde, sie hätten atheistische Vorstellungen, nähmen an ausschweifenden Festgelagen teil und hätten eine sehr schlechte Moral,[71] dann wiesen die Apologeten auf das Leben der Christen hin und straften diese Behauptung lügen. Und dann wiesen sie nach, daß die Heiden, die ihnen dies vorwarfen, dieselben Schandtaten begingen.

Theophilus zum Beispiel weist den Vorwurf des Atheismus zurück, indem er deutlich macht, daß die Christen an einen Gott glauben, den Schöpfer des Alls.[72] Er weist den Vorwurf der Blutschande und der Unzucht zurück, indem er zeigt, daß die Christen in ihrem Gewissen schon die bösen Gedanken nicht verantworten können; wieviel weniger werden sie es solchen unsittlichen Taten gegenüber tun können.[73] Er weist den Vorwurf mörderischer Grausamkeit zurück, indem er deutlich macht, daß die Gläubigen noch nicht einmal zu den Gladiatoren-Veranstaltungen gehen durften, damit sie nicht unempfindlich werden gegenüber der Grausamkeit und einen Mord nicht mehr ernst nehmen. »Es sei ferne von den Christen, sich solche Taten auszudenken. Denn unter ihnen wohnt Mäßigung, wird Selbstzucht geübt, die Einehe eingehalten, Keuschheit bewahrt, Gerechtigkeit geübt, Anbetung durchgeführt und Gott anerkannt; die Wahrheit leitet sie, die Gnade bewahrt sie, der Friede beschirmt sie, und das heilige Wort führt sie...«[74] Nachdem er so die Christen verteidigt hat, tadelt er die Heiden wegen dieser Dinge. »Warum lehren Epikur und die Stoiker Blutschande und Sodomie? Mit diesen Lehren haben sie ganze Bibliotheken gefüllt, so daß man vom Knabenalter an solche gesetzlosen Dinge lernt.«[75] Die Dichter haben in ihren Lehren auch den Kannibalismus mit einbezogen.[76] Die Heiden berichten böse Taten von ihren Göttern und haben außerdem viele echte Atheisten ertragen – warum verfolgen sie dann die Christen wegen ihres mutmaßlichen Atheismus?[77] Und hinter allem steht der Gegensatz zwischen einem unbegründeten Widerstand, wenn nicht sogar einer aktiven Verfolgung gegen die Christen, und der Feindesliebe, mit der sie das alles erwidern.[78]

Mit diesen Fragen befaßten sich die Apologeten grundsätzlich. Manches ist vielleicht etwas zu ideal dargestellt. Wenn man an das Versagen der Kirche denkt, das bei Hermas und Clemens erwähnt wird, die ja selber innerhalb der Kirche stehen, dann war das Bild sicher etwas übermalt. Aber dieses Bild hätte niemals entstehen können, wenn es nicht größtenteils der Wahrheit entsprochen hätte. Solange die christliche Ethik ihre Anhänger nicht wirklich als Menschen einer ganz neuen Rasse erscheinen ließ, hätte man wohl nie davon sprechen können. In einem bewegenden Abschnitt stellt Athenagoras das sittliche Leben der Christen den gegen sie vorgebrachten Anschuldigungen gegenüber: »Unter uns findet man ungebildete Menschen und Handwerker und alte Frauen, die zwar den Wert unserer Lehre nicht mit Worten beweisen können; durch ihre Taten machen sie jedoch deutlich, welchen Wert es hat, wenn man von ihrer Lehre überzeugt ist. Sie halten keine Reden, aber sie vollbringen gute Taten. Wenn sie geschlagen werden, schlagen sie nicht wieder. Wenn sie bestohlen werden, gehen sie nicht vor Gericht. Sie geben denen, die von ihnen bitten, und lieben ihren Nächsten wie sich selbst.«[79]

Was waren also die einzelnen Bestandteile dieses so ganz anderen Lebens, das die Christen führten, wodurch sie einen solchen Eindruck auf die alte Welt machten?

Ihre Gemeinschaft

Die Gemeinschaft der Kirche, die die Schranken der Rasse, des Geschlechtes, der Klassen und der Bildung überwandt, hatte eine ungeheuere Anziehungskraft. Man denkt an die Folgen der Pfingstpredigt. Die Gläubigen »blieben beständig in der Apostel Lehre und in der Gemeinschaft und im Brotbrechen und im Gebet«.[80] Die Gemeinde in Antiochia[81] muß eine besondere Gemeinschaft dargestellt haben, nicht nur zwischen Juden und Heiden, die zum Glauben an Christus gekommen waren, sondern auch zwischen anderen Teilen der christlichen Gemeinschaft. Ganz abgesehen von ihrer Gebefreudigkeit bei der Unterstützung der Jerusalemer Gemeinde und ihrem geistlichen Blick dafür, daß sie Paulus und Barnabas zur ersten Missionsreise aussandten (für deren Erfolg sie soweit sorgten, daß sie sogar ihre beiden besten Lehrer schickten), zeigte sich der Wert ihres Gemeindelebens auch noch in anderer Hinsicht. In dieser Gemeinde stand das Gebet im Mittelpunkt, und an ihrem Fasten war zu erkennen, daß sie mit Ernst Gottes Willen suchten. In dieser Gemeinde war die Gemeinschaft untereinander so wichtig, daß bekehrte Juden und Heiden jahrhundertealte Schranken niederrissen und am gleichen Tisch aßen. In dieser Gemeinde konnten die verschiedensten Leute als Führer der Gläubigen in Harmonie zusammenarbeiten: ein vornehmer Mann wie Manahen, ein früherer Pharisäer der strengsten Art wie Saulus, ein früherer levitischer Grundbesitzer aus Zypern wie Barnabas, ein hellenistischer Jude aus Kyrene wie Lucius, und »Simeon der Schwarze«, der wohl sicher ein Afrikaner war. Eine solch liebevolle Gemeinschaft gab es nicht nur in Antiochia. Paulus dankt Gott für die Liebe der Thessalonicher;[82] aber er betet, daß die Liebe mehr und mehr zunehme gegenüber allen Menschen und untereinander.[83] Dieser innere Zusammenhalt der Liebe war ihnen von Gott selbst eingegeben, deshalb brauchte es Paulus gar nicht zu erwähnen;[84] aber er tat es doch, um auf das eine Gebiet aufmerksam zu machen, auf dem ihre Liebe mangelhaft war: sie wollten sich nicht von Führern abhängig machen, was ein Kennzeichen des mazedonischen Volkes war.[85] Trotz dieses Tadels lassen uns die Briefe an die Thessalonicher nicht im Zweifel darüber, daß es in dieser jungen Gemeinde echte Gemeinschaft gab. Habsucht und das Eingebildetsein auf die geistlichen Gaben bedrohte diese Gemeinschaft in Korinth.[86] In Philippi und Rom war es die Uneinigkeit;[87] in den Gemeinden, an die der zweite Petrusbrief und der Judasbrief sich richteten, war es das unsittliche Verhalten;[88] bei den Empfängern des Jakobusbriefes war es die Vornehmtuerei.[89]

Aber die Eile und der Ernst, mit denen diese Verstöße gegen die Gemeinschaft von den führenden Leuten der Gemeinden entlarvt und getadelt wurden, ist ein beredter Beweis dafür, daß man allgemein der Überzeugung war, daß die Weite und die Vollmacht der christlichen Mission von der Einheit und der Gemeinschaft der Christen untereinander abhängig waren. Diese Einheit war keine dumpfe Gleichförmigkeit. Von Anfang an gab es unterschiedliche Akzentuierung in der Lehre, in der Art der Gemeindeleitung und in der Einstellung zu Speisen und dem Einhalten von Feiertagen. Doch diese Dinge durften das gegenseitige Vertrauen und die Achtung der Kinder desselben himmlischen Vaters nicht stören; denn sie wußten, daß sie ihm Rechenschaft ablegen mußten über die gewissenhaften Entscheidungen, die sie hierin getroffen hatten. Es gibt kein besseres Beispiel als Römer 14, 1–3. Dort wird christliche Toleranz geübt, die es nicht duldet, daß zweitrangige Unterschiede in der praktischen Lebensgestaltung die vorrangige Einheit der Gemeinschaft stören dürfen. Solche Gemeinschaft war auffallend. Im Kreise seiner eigenen Jünger hatte Jesus eine Gemeinschaft zustandegebracht, die unversöhnliche Gegensätze des Temperamentes bei Johannes und Petrus und Gegensätze der politischen Auffassung bei Simon dem Zeloten und Matthäus überbrückte. Das schuf er auch später in seiner Kirche. Die Nachfolge Jesu brachte Harmonie in widerstreitende Meinungen (selbst wenn es sich, wie in Korinth, erst nach den größten Schwierigkeiten erreichen ließ). Ein schlagendes Beispiel ist die Veränderung an Maria und den Brüdern Jesu nach der Auferstehung. Vorher hatten sie nicht an die Botschaft Jesu geglaubt und waren »draußen« geblieben, wie Markus das anschaulich ausdrückt.[90] Aber nach Apostelgeschichte 1, 14 sind sie nach der Auferstehung mit den Jüngern vereinigt in der Bruderschaft, dem gemeinsamen Mahl und dem gemeinsamen Gebet. Es muß nicht leicht für sie gewesen sein, ihre falsche Haltung einzugestehen und die zweite Geige zu spielen (jedenfalls eine Zeitlang)[91] gegenüber denen, die nicht so eng verwandt waren mit dem Auferstandenen wie sie selbst. Aber das göttliche Wesen der *koinonia*,[92] der gemeinsamen Teilhabe an dem die Menschen verbindenden Heiligen Geist, hat diese Veränderung zustandegebracht. Es ist interessant, daß die Christen dieses Wort so schnell auf ihre Gemeinschaft anwandten. Man gebrauchte es sonst im weltlichen Bereich, um inoffizielle Vereinigungen zur Unterstützung von gemeinsamen kommunalen Tätigkeiten wie Speiseklubs, Beerdigungsklubs und Handwerkszünften zu bezeichnen. Dies waren bekannte Ausdrucksformen römischen Lebens, und sie wurden von der Regierung geduldet, solange sie nicht mit dem Gesetz in Konflikt kamen. Formal gab es wenig Unterschiede zwischen christlicher Gemeinschaft und anderen Gemeinschaftsformen. Die Einführung, die Gleichberechtigung, das kultische Mahl und die gegenseitigen Vorteile waren überall anzutreffen. Aber inhaltlich war ein Unterschied. Hier hatte man Gemeinschaften, in denen Vornehme und Sklaven, römische Bürger und Untertanen, Reiche und Arme unterschiedslos zusammenkamen. Sie waren einmalig in ihrer Fürsorge und Liebe. Darin lag ihre Anziehungskraft. Das mußte bewahrt bleiben, wenn die christliche Mission weitergehen sollte. Neben anderem war dies der Grund, warum die Schreiber des Neuen Testamentes und Ignatius, Clemens und die Schriftsteller des zweiten Jahrhunderts allgemein einen solchen Wert legten auf die Einheit der Christen. Nur dann konnte, wie Paulus den Korinthern sagte, eine Kirche die fremden Besucher davon überzeugen, daß Gott in ihrer Mitte war, wenn sie einig war und jedes Glied reden konnte und redete, wie es ihm der Heilige Geist gab.[93] Zweifellos wurden auf diese Weise viele überzeugt. In heidnischen Gemeinschaften ging es oft sehr unsittlich zu. Justin spricht von Götzenbilderwerkstätten, wo die Bildhauer »in allen Lastern geübt sind und selbst mit den Mädchen, die neben ihnen arbeiten, unsittlich verkehren«.[94] Im Gegensatz dazu war die christliche Gemeinschaft, und besonders die *agape*, für ihre Echtheit und Reinheit bekannt. Tertullian beschreibt die Liebe unter den christlichen Brüdern, wenn sie zusammen waren. Treffend nannte man sie »Brüder«, weil sie alle einen himmlischen Vater hatten.[95] Er berichtet, daß die Versammlung mit Gebet begonnen und beendet wird. Gottesdienst, Gemeinschaft und Liebesmahl werden alle unter den Augen des himmlischen Vaters abgehalten. Den Niedrigen, den Armen und Kranken schenkt man besondere Beachtung. Die Beiträge sind freiwillig und richten sich nach dem Einkommen eines jeden. Sie werden verwandt, »um arme Leute zu unterstützen und zu begraben, um Jungen und Mädchen, die mittellos und elternlos sind, das

Nötige zu geben, auch zur Unterstützung von alten Menschen, die ans Haus gefesselt sind, für Schiffbrüchige... für alle, die in den Bergwerken arbeiten, auf Inseln verbannt sind oder im Gefängnis liegen um ihrer Treue willen zur Gemeinde Gottes«. – »Wir sind ein Herz und eine Seele und teilen unsere irdischen Güter untereinander. Wir haben alles gemeinsam, außer den Frauen« – gerade das Gebiet, wo sich die Heiden am liebsten beteiligt hätten, wie Tertullian etwas scharf bemerkt. In den Zusammenkünften der Christen, die religiöser Natur sind, »gibt es nichts Unanständiges und keine Unmäßigkeit«. »Man ißt nur soviel, wie der Hunger verlangt; man trinkt soviel, wie der Anstand gebietet... Sie reden wie Menschen, die wissen, daß der Herr sie hört. Jeder wird gebeten, aufzustehen und für Gott ein Lied zu singen, das er entweder selbst verfaßt hat oder der Schrift entnimmt – daran erkennt man, wieviel einer getrunken hat! Wir gehen von unseren Feiern nach Hause«, schließt Tertullian, »nicht wie Trupps von Übeltätern oder Banden von Vagabunden; auch wollen wir uns nicht der Zügellosigkeit hingeben, sondern genauso auf unsere Mäßigung und Keuschheit achthaben, als kämen wir von einer Schule der Tugend und nicht von einer gemeinsamen Mahlzeit.« Wie wir sahen, kam Plinius der Jüngere zu dem gleichen Ergebnis, nachdem er diese christlichen Zusammenkünfte selbst untersucht hatte.[96]

Dies Zeugnis von Tertullian ist um so interessanter, da sich sehr viele Menschen in Nordafrika Christus zugewandt haben, kurz bevor er das schrieb. In seinem Heimatland hatte diese Art von christlicher Gemeinschaft, wie er sie beschreibt, eine große Breitenwirkung. Wie in der Anfangszeit des Christentums war diese Gemeinschaft ein wesentlicher Faktor für die Ausbreitung der Kirche. Die Menschen mußten sich zu einer anderen Gemeinschaft hingezogen fühlen, die reicher und lohnender war, damit sie aus ihren bestehenden – vielleicht sehr oberflächlichen – Gemeinschaften der heidnischen Klubs *(collegia)* und Wirtshäuser *(thermopolia)* herauskamen. Wer vom Haß gegeneinander beseelt war, sah nun, wie die Christen sich liebten, und das muß eine mächtige Ergänzung gewesen sein für die Verkündigung der »heiligen Worte, mit denen wir den Glauben nähren, die Hoffnung beleben, das Vertrauen stärken, gute Gewohnheiten befestigen und uns gegenseitig tadeln und korrigieren«. So beschreibt es Tertullian.

Ihr verändertes Leben

Die eine Voraussetzung für eine wirkungsvolle Evangelisation war die liebende Gemeinschaft der christlichen Gemeinde; die andere war ihr verändertes Leben. Die neutestamentlichen Berichte legen großen Wert darauf. Das Evangelium führt aus, wie der Donnersohn Johannes zu einem Apostel der Liebe wurde, und wie der Hitzkopf Petrus zu einem Felsenmann wurde. Das kann die Verbindung mit Christus aus einem Menschen machen. Er wird Christus ähnlich von einer Klarheit zu anderen vom Herrn, der der Geist ist.[97] Manchmal sprachen sie von einer Nachahmung Christi. Seine Wesenszüge mußten sich bei jedem zeigen, der eine echte Bekehrung erlebt hatte. Manchmal drückten sie diese zunehmende Umformung des Wesens in den Worten der mystischen Vereinigung mit Christus oder der Innewohnung des Heiligen Geistes aus. Der treue Gemeindehirte »quälte sich in Geburtswehen, bis Christus Gestalt gewann« in seinen Gläubigen.[98] Und solange dieser Prozeß sich nicht in seinem eigenen Leben vollzogen hatte, gab es auch keine Herde, die er zu weiden hatte. Lukas macht es deutlich an den Parallelen zwischen dem Leben Jesu und dem des Stephanus, des Petrus und des Paulus. Das christusähnliche Leben ist die unerläßliche Bedingung für die Evangelisation. Der Gegensatz von altem Leben und neuem Leben gehörte in die urchristliche Taufkatechese. Das »Ablegen« des alten Lebens mit seinen heidnischen Gewohnheiten und Lüsten gehörte zusammen mit dem »Anziehen« Christi und seines Wandels. Der Gegensatz zwischen »den Werken des Fleisches« und der »Frucht des Geistes«, den Paulus in Galater 5 schildert, gehörte zu den Grunderkenntnissen und war den Heiden wohl bekannt. Die Apologeten sprechen immer wieder von solchen Gegenüberstellungen. Wir haben schon die berühmte Stelle aus Justin kennengelernt, wo er behauptet: »Wir, die wir früher unsere Freude hatten an der Unzucht, lieben jetzt nur die Keuschheit; wir, die wir uns früher mit Zauberei befaßten, weihen uns jetzt dem guten und ewigen Gott; wir, die wir früher ganz auf den Erwerb von Reichtum und Besitz ausgerichtet waren, bringen jetzt alles, was wir haben, in eine gemeinsame Kasse und teilen es allen nach Bedarf aus; wir, die wir uns früher gegenseitig haßten und vernichteten und wegen der anderen Sitten nicht mit Menschen eines anderen Volksstammes zusammenleben wollten, leben jetzt, seit Christus gekommen ist, glücklich mit ihnen zusammen und beten für unsere Feinde und bemühen uns, diejenigen, die uns ohne Grund hassen, zu überreden, daß sie auch nach den guten Geboten Christi leben, damit sie mit uns teilhaftig werden derselben frohen Hoffnung auf die Belohnung des allmächtigen Gottes.«[99] Klarer konnte man die Verbindung zwischen Heiligung des Lebens und wirksamer Evangelisation nicht darstellen. Die Christen waren bekannt für ihr sittliches Verhalten, ihre Abscheu gegen Grausamkeiten, ihren bürgerlichen Gehorsam, ihre Untertanentreue im Staat und das Zahlen der Steuern (trotz des schweren Verdachtes, der auf ihnen lag, weil sie nicht die übliche Formalität erfüllten, die Staatsgötter und den Kaiser anzubeten). Sie setzten keine Kinder aus. Sie schworen keine Eide. Sie weigerten sich, irgendetwas mit Götzendienst oder den Dingen, die damit zusammenhingen, zu tun zu haben. Ein solches Verhalten hinterließ einen starken Eindruck. Selbst die heidnischen Gegner des Christentums gaben das zu. Plinius und Lukian erkannten an, daß die Christen ein reines Leben führten, von hingebungsvoller Liebe und erstaunlichem Mut waren;[100] das gleiche gilt von Mark Aurel und Galenus.[101] Und die christlichen Schriftsteller betonen immer wieder die Bedeutung eines geheiligten Lebens, weil es so wichtig war für den Fortgang der Mission. Hermas und Ignatius, der 1. und 2. *Clemensbrief*, die *Didache* und der *Barnabasbrief* sind voll von Ermahnungen zu einem geheiligten Leben und, wenn nötig, zum Sterben. Ignatius schreibt an die Epheser im Zusammenhang mit der Evangelisation: »Laßt sie wenigstens an euren Werken etwas lernen. Seid sanftmütig, wenn sie Wutausbrüche haben, seid demütig gegenüber ihren anmaßenden Worten, stellt eure Gebete gegen ihre Gotteslästerungen; übt nicht Vergeltung wie sie. Laßt sie uns wie unsere Brüder behandeln durch unsere Geduld und laßt uns eifrig sein, den Herrn nachzuahmen.«[102] Im 2. *Clemensbrief* werden die Gefahren eines christlichen Zeugnisses behandelt, das nicht mit dem Leben übereinstimmt.[103] Der Schreiber spricht von dem Verlangen, »die zu retten, die draußen sind«, und warnt vor liederlichem, lieblosem Benehmen, wodurch der Name Gottes unter den Heiden gelästert wird. »Denn wenn die Heiden aus unserem Munde die Worte Gottes hören, staunen sie über ihre Schönheit und Größe. Wenn sie dann entdecken, daß unsere Taten dieser Worte nicht würdig sind, wenden sie sich vom Staunen zum Lästern und sagen, es sei alles nur Mythos und Täuschung.« Diese Betonung des praktischen Christenlebens im zweiten Jahrhundert kann man nicht hoch genug anschlagen.[104] Natürlich läßt sich mit gewissem Recht sagen, daß der Glaube zum Moralismus entartet war,[105] weil man für die Zukunft das Gericht und für die Gegenwart den Ausschluß aus der Gemeinde fürchtete. Dennoch wissen wir, daß das Leben der Christen entscheidend dazu beitrug, Männer wie Minucius Felix und Tertullian zu Christus zu führen.[106] Außerdem war es wohl auch diesem Umstand im wesentlichen zu verdanken, daß sich gegen Ende des zweiten Jahrhunderts in Nordafrika eine Bewegung hin zum Christentum vollzog, auch wenn Dr. Freund behauptet, daß auch der Karthagische Nationalismus etwas damit zu tun hatte.[107]

Die freudige Begeisterung der ersten Evangelisten steigerte ihren Absolutheitsanspruch für Jesus. Wenn er wirklich der einzige Weg zu Gott war, wenn es in keinem anderen Heil gab,[108] dann mußten sie ihn auch mit einer solchen Begeisterung den anderen anbieten. Jesus hatte seiner Gemeinde versprochen, daß seine Freude beständig bei ihr bleiben sollte, eine Freude, die niemand von ihr nehmen konnte.[109] Und sie bewiesen, daß das so war. Man konnte sie wegen ihres Glaubens ins Gefängnis werfen, immer noch sangen sie um Mitternacht ihre Lieder zu Gott.[110] Aus einem Gefängnis schrieb Paulus den Philipperbrief, diesen Brief der Freude und des Vertrauens.[111] In der Apostelgeschichte sind Bekehrung und Freude eng miteinander verbunden.[112]

Die Freude blieb ein wesentliches Kennzeichen der ersten Christen, das viele in ihre Gemeinschaft zog. Ihr neuer Glaube machte sie nicht zu unglücklichen Gestalten. Die äußeren Verhältnisse waren oft schwierig genug, aber das konnte ihnen nicht die Freude nehmen, auf die sie als Christen ein Recht hatten. Die Thessalonicher nahmen das Wort unter viel Trübsal auf ... aber zugleich in einer vom Heiligen Geist gewirkten Freude.[113] Die Jünger hatten eine ansteckende Freude, daß sie um ihres Meisters willen leiden durften.[114] Sie freuten sich in der Hoffnung auf die zukünftige Gemeinschaft mit Gott.[115] Sie freuten sich in den Leiden, die ihnen auf dem Wege mit Christus begegneten.[116] Sie freuten sich in Gott[117] und in der Gemeinschaft mit ihm, die ihnen niemand nehmen konnte. »Lasset euch genügen an dem, was da ist. Denn der Herr hat gesagt: ›Ich will dich nicht verlassen noch versäumen‹.«[118] Die Freude, die Jesus noch angesichts seines Todes gezeigt hatte, teilten auch seine Nachfolger.[119] Paulus war froh, daß er seinen Lauf mit Freuden vollenden konnte, auch wenn er wußte, daß das für ihn das Martyrium bedeuten konnte.[120] Diese Freude entstand aus dem Vertrauen, daß schließlich nichts dem etwas schaden konnte, dessen Schöpfer, Erlöser, Erhalter und Freund kein anderer als Gott selber war.[121]

»Wir schämen uns Christi nicht«, ruft Tertullian, »denn wir freuen uns, seine Jünger zu sein und in seinem Namen zu leiden.«[122] Manchmal führte diese Freude in der Verfolgung auch zu einer unnatürlichen Sehnsucht nach dem Martyrium, wendet Ignatius sofort ein. Doch diese etwas makabre Freude hatte auch eine gewisse Berechtigung. Wie uns das *Martyrium des Ignatius* berichtet, beeilte er sich, »diese Welt sobald wie möglich zu verlassen, um dem

Herrn zu begegnen, den er liebte«.[123] Neben dem unsicheren Glauben, daß das Martyrium das *summum bonum* für den Christen darstellte, stand der durchaus biblische Glaube, daß »in Deiner Gegenwart die Fülle der Freude ist«, und daß »es viel besser ist, abzuscheiden und bei Christus zu sein«.[124] Eine Freude, die einen Menschen fröhlich in den Tod führte wegen des Einen, den er nicht sehen konnte, hinterließ in der alten Welt einen tiefen Eindruck. Fröhliches Christenleben und das frohe Sterben der Christen brachten viele Nichtchristen zu Christus. Es ist nicht verwunderlich, daß die Botschaft des Philippus Überzeugungskraft hatte und der Äthiopier zum Glauben kam, wenn sie Philippus mit solcher Begeisterung und Freude erfüllte, daß er bereit war, eine blühende Arbeit in Samaria zu verlassen, um einen einzigen Farbigen und dazu noch einen Eunuchen zu suchen (nach dem Alten Testament einer der Unberührbaren); wenn er bereit war, tatsächlich in der Wüste bei etwa 50 Grad Hitze zu *laufen*, um diesen Mann zu erreichen und ihm zur Verfügung zu stehen.[125] Wenn Menschen aus Liebe zu dem Einen, den sie nie gesehen hatten, imstande waren, »sich mit unaussprechlicher und herrlicher Freude zu freuen«, als sie schon als lebendige Fackeln in den Gärten Neros einen grausamen Tod vor Augen hatten,[126] dann ist es nicht verwunderlich, daß die christliche Botschaft Überzeugungskraft hatte und viele zum Glauben kamen.[127] Wenn das Christentum den Menschen solche Begeisterung und Freude verleihen konnte, dann hörte man ernsthaft darauf.

Ihre Ausdauer

Diese Freude der Christen im Leben und im Sterben ist eng verbunden mit ihrem geduldigen Ertragen von Schlägen, Beleidigungen und Martyrium, wodurch ihre Beobachter oft zum Glauben kamen. »Je öfter wir von euch niedergemäht werden, desto zahlreicher werden wir. Das Blut der Christen ist der Same der Kirche«, sagte Tertullian; und er sprach aus vielfacher persönlicher Erfahrung.[128] Nicht nur die Tatsache, daß diese Männer und Frauen aus allen Schichten der Gesellschaft bereit waren, ihr Leben für Christus aufs Spiel zu setzen, sondern die Art, wie sie bis zum Tode ihr Zeugnis gaben, löste eine so große Bewunderung aus. Im gleichen Abschnitt sagt Tertullian: »Viele eurer Schriftsteller fordern zu einem mutigen Ertragen von Schmerzen und Tod auf... und doch finden ihre Worte nicht so viele Nachfolger wie die Christen. Sie sind Lehrer durch ihre Taten, nicht durch ihre Worte.« Seneca und Helvidius Priscus konnten mit mutiger Entsagung dem Tod entgegengehen. Die Christen taten es mit Frohlocken. Auch bei geringeren Nöten war es das gleiche. Daß sie keine Vergeltung übten für das Böse, war ihnen von Jesus eingeprägt worden; es hatte in der ersten Zeit schon so sehr Fuß gefaßt, daß sie sich nicht beklagten und auch nicht verzagten, als Petrus und Paulus ins Gefängnis geworfen wurden und man ihnen mit dem Hohen Rat drohte wegen ihrer Arbeit für Christus. Sie hielten keine Ausschußsitzung ab, um zu beraten, was man tun sollte. Sie kamen einfach zusammen und beteten und haben dann weiter den auferstandenen Christus verkündigt.[129] Paulus sah in seinen körperlichen Leiden, die er auf dem Wege des Evangeliums erduldete, die Male, die ihm Christus als seinem Sklaven eingebrannt hatte.[130] Er hatte das Vorrecht, nicht nur an Christus zu glauben, sondern auch um seinetwillen leiden zu dürfen.[131] In einem sehr zugespitzten Sinne erfüllte er in seiner Person das Maß der messianischen Leiden Christi.[132] Petrus hatte einen solchen inneren Frieden, daß er angesichts des bevorstehenden Todes friedlich zwischen den Wächtern schlief.[133] Clemens berichtet, wie Petrus und Paulus mit demselben Gleichmut Steinigungen und Verfolgung von den Feinden außerhalb der Kirche und Streit und Eifersucht in den eigenen Reihen erduldeten, und wie sie den Weg zur Belohnung für die Geduld zeigten, als sie aus dieser Welt schieden und in das Heiligtum aufgenommen wurden.[134] Wir sahen, wie viele im zweiten Jahrhundert durch ihr Beispiel angefeuert wurden – Justin in Rom, die Märtyrer von Scili, von Vienne und anderswo. Die *Märtyrerakten* berichten, daß manchmal ihr Tod zur Folge hatte, daß ihre Henker Christen wurden; und selbst wenn das nicht geschah, überzeugte doch die Art ihres Sterbens die Menschen davon, daß ihr Glaube nichts Schlechtes war. Böse Menschen werden sich nicht so freudig opfern. Clemens von Alexandria erzählt uns eine bewegende Geschichte von dem Mann, der den Apostel Jakobus denunziert hatte, so daß dieser durch Herodes Agrippa gefangengesetzt wurde. Er war dann so beeindruckt von dem Christuszeugnis, das der Apostel vor Gericht gab, daß er selbst Christ wurde und zusammen mit Jakobus zur Hinrichtung geführt wurde. »Auf dem Wege bat er Jakobus um Vergebung. Und Jakobus schaute ihn einen Augenblick an und sagte: ›Friede sei mit dir!‹ und küßte ihn. So wurden sie beide zur gleichen Zeit enthauptet.«[135]

Ihre Vollmacht

Es gab noch einen anderen bemerkenswerten Zug bei den ersten Evangelisten, der allerdings für uns westliche Menschen etwas seltsam erscheint. Es handelt sich um die Vollmacht, die die Verkündigung der christlichen Botschaft begleitete. Man darf darunter nicht nur die Überzeugung verstehen, mit der sie sprachen, obwohl das den heidnischen Hörern auch auffiel. Paulus gebraucht ein interessantes Wort für diese Gewißheit bei der Verkündigung, das Wort *plerophoria*. Es bringt zum Ausdruck, daß die Prediger so vom Geist Gottes erfüllt, so von der Wahrheit und Wichtigkeit ihrer Botschaft überzeugt waren, daß es von ihnen auf andere Menschen überfloß und diese empfingen, was sie verkündigten, und zwar »nicht nur im Wort, sondern auch in der Kraft und in dem Heiligen Geist und in großer Gewißheit (plerophoria)«.[136] Das machte an sich schon einen starken Eindruck in einer Gesellschaft, die von dem endlosen Gerede der Philosophen gelangweilt war, die wenig von dem Wert und der Wahrheit ihrer verschiedenen Ansichten überzeugt war.

Doch diese Vollmacht hatte noch eine andere Dimension. Sie umfaßte auch Heilungen und Teufelsaustreibungen. Dies war von unschätzbarem Wert für die Ausbreitung des Evangeliums in einer Welt, die nur eine unzureichende medizinische Versorgung kannte und von dem Glauben an dämonische Kräfte aller Art bedrückt wurde. Harnack faßt die Situation gut zusammen, wenn er sagt: »Die ganz Welt und die sie umgebende Atmosphäre war von Teufeln erfüllt. Nicht nur der Götzendienst, sondern jede Phase und jede Form des Lebens war von ihnen beherrscht. Sie saßen auf den Thronen und schwebten um die Krippen. Die Erde war buchstäblich eine Hölle, obwohl sie Gottes Schöpfung war und blieb. Den Christen standen unbesiegbare Waffen zur Verfügung, um dieser Hölle und all ihren Teufeln zu begegnen.«[137]

Diesen Eindruck vermittelte die christliche Kirche. Die Evangelien, besonders Markus, zeigen eindeutig, daß Jesus den zeitgenössischen Glauben an Dämonen und ihre Führung durch Satan teilte. Einige moderne Autoren wie G. B. Caird und H. Schlier[138] sind der Meinung, daß dies entscheidend sei für den christlichen Glauben; andere wie Trevor Ling und Edward Langton[139] glauben, daß wir nicht an Glaubensvorstellungen gebunden sind, die Jesus mit seiner von der unsrigen verschiedenen Zeit teilte, und die er teilen mußte, wenn er wirklich der Fleischgewordene war. Aber alle sind der Meinung, daß Jesus an diese Mächte des Bösen glaubte und daß er seine Apostel nicht nur aussandte, um Buße zu predigen, sondern auch um Dämonen auszutreiben.[140] Nach dem Bericht des Lukas kamen sie voll Freude zurück, weil diese dämonischen Kräfte ihnen im Namen Jesu untertan waren.[141] Dies setzte sich nicht nur in der apostolischen Kirche, sondern auch bis ins zweite und dritte Jahrhundert fort, von der späteren Zeit ganz zu schweigen. Die Chri-

sten gingen hinaus in die Welt als Prediger, aber auch als Dämonen-
austreiber und Heiler. Die Apostelgeschichte ist voll von »den Zeichen und Wundern« der Austreibung und Heilung. Dies bestätigt
die Behauptung der Christen, daß Jesus gekommen ist und die dämonischen Mächte am Kreuz besiegt hat, daß er gekommen ist, um
Heil und Heilung für den ganzen Menschen zu bringen, nicht nur
für seine »Seele«. Der unechte frühe Markusschluß verbindet die
Predigt des Evangeliums mit diesen Zeichen der Dämonenaustrei-
bung, die folgen sollen.[142] Auch der Hebräerbrief spricht davon,
daß Gott die apostolische Botschaft bekräftigt hat, indem er Zeugnis gab »mit Zeichen, Wundern und mancherlei mächtigen Taten
und Austeilung des Heiligen Geistes«.[143] Petrus und Johannes verkündigen dem Lahmen an der Tempeltür nicht nur die frohe Botschaft, sie geben ihm im Namen Jesu Christi von Nazareth die Kraft
zu gehen.[144] Als Folge der apostolischen Predigt und der apostolischen Heilungen und Teufelsaustreibungen »wuchs die Zahl derer,
die da glaubten an den Herrn«.[145] Das vollmächtige Aussprechen
des Namens Jesu zur Heilung überzeugte den Zauberer Simon, daß
er in solchen Dingen nur ein Amateur war, und ließ ihn um die
Taufe bitten.[146] Heilung und Teufelsaustreibung waren die beiden
Faktoren, die von der göttlichen Kraft überführten. »Das Volk aber
neigte sich dem, was Philippus sagte, einmütig zu (wie wir im vorigen Vers hören, verkündigte er ihnen Christus), wie sie hörten
und sahen, was er für Zeichen tat. Denn die unsauberen Geister fuhren aus vielen Besessenen aus mit großem Geschrei, auch viele
Gichtbrüchige und Lahme wurden gesund gemacht.«[147] Als Paulus
zwei Jahre in Ephesus zubrachte, hat er nicht nur täglich in der
Schule des Tyrannus Gespräche geführt, »so daß alle Bewohner
Asiens das Wort Gottes hörten«.[148] Wie uns der nächste Vers berichtet, tat Gott »nicht geringe Taten durch die Hand des Paulus«;
die Kranken wurden geheilt und die Dämonen ausgetrieben. Diese
Werke der Heilung und Austreibung von Dämonen setzte sich nach
dem Zeugnis der neutestamentlichen Briefe fort[149] und hielt auch
noch an nach Beendigung des apostolischen Zeitalters. Die Schriften der Apologeten sind voll davon. Justin berichtet, daß Jesus
Mensch wurde »nach dem Willen des Vaters, damit Menschen glauben und Dämonen vernichtet werden«.[150]

Zum Beweis dafür fährt er fort: »Und nun könnt ihr das erfahren
aus dem, was sich unter euren Augen vollzieht. Viele unserer Christen haben im Namen Jesu Christi, der unter Pontius Pilatus gekreuzigt wurde, in der ganzen Welt und auch in eurer Stadt zahllose
Dämonen ausgetrieben. Wenn alle anderen Exorzisten und Spezia-

listen für Beschwörung und Heilmittel versagt haben, haben sie sie geheilt und heilen noch, indem sie den Dämonen ihre Macht nehmen und sie austreiben.« Die Macht des Namens Jesu war wirksamer als jeder Zauber, und die Christen haben sehr genau ihre Wirkung von der Magie unterschieden. Es war nichts Geheimnisvolles dabei, keine mystischen Handlungen, keine besonderen Getränke oder Geheimformeln. Irenäus sagt in einer langen Abhandlung über dieses Thema: »Wer in Wahrheit ein Jünger Jesu ist und Gnade von ihm empfängt, verrichtet in seinem Namen Wunder… Einige von ihnen treiben wirklich und wahrhaftig Dämonen aus. Das führt dazu, daß die, die so von den bösen Geistern gereinigt wurden, häufig an Christus glauben und sich der Kirche anschließen. Andere heilen die Kranken, indem sie die Hände auf sie legen, und sie werden wiederhergestellt… Man kann die Zahl der Gaben nicht nennen, die die Kirche im Namen Jesu Christi, der unter Pontius Pilatus gekreuzigt wurde, in der ganzen Welt von Gott empfangen hat, und von denen sie Tag für Tag zum Wohl der Heiden Gebrauch macht… Auch tut sie nichts durch Anrufung von Engeln oder durch Zaubersprüche oder durch irgendeine andere böse und seltsame Kunst. Vielmehr betet sie in einem reinen, lauteren und aufrichtigen Geist zu dem Herrn, der alles gemacht hat, und ruft den Namen Jesu Christi an. Dadurch tut sie Wunder zum Nutzen der Menschheit.«[151] Im Gegensatz zu den teilweisen und vorübergehenden Heilungen, die von gnostischen und heidnischen Magiern ausgeführt wurden, sind die im Vertrauen auf den Namen des Herrn Jesu Christi gewirkten Heilungen vollständig und von Dauer, wie er behauptet.[152]

Wir würden viel darum geben, wenn wir genaue Berichte von diesen Heilungen hätten. Zweifellos haben die Apologeten oft übertrieben. Es war eine leichtgläubige Zeit. Wir halten es für unwahrscheinlich, was Irenäus ernsthaft und zu wiederholten Malen von einem Mann berichtet, der wirklich von den Toten zurückgebracht worden sei; und zwar soll es »aus einer besonderen Not heraus« und auf das gläubige Gebet der Gemeinde hin geschehen sein.[153] In diesem Falle hat es sich wohl um eine Fehldiagnose hinsichtlich des Todes dieses Mannes gehandelt. Gilt das aber nicht auch von allen anderen Heilungen und Dämonenaustreibungen, von denen wir lesen? Das ist wohl kaum anzunehmen. Es gibt zu viele Zeugnisse aus alter und neuer Zeit über die machtvolle Wirkung des Namens Jesu bei Heilungen und Dämonenaustreibungen, so daß wir den Berichten schon Glauben schenken dürfen. Sowohl Origenes als auch Celsus glaubten an Dämonen und Exorzismen. Obwohl Celsus immer wieder ärgerlich über die Magie redet, kann er doch die Wirklichkeit der christlichen Dämonenaustreibungen und der Wunder Jesu nicht leugnen. Origenes weist darauf hin, daß die christlichen Wunder im Unterschied zur Magie immer zum Wohl der Menschen geschehen, daß sie von Menschen getan werden, deren Leben vorbildlich und nicht böse ist, und daß sie aus Glauben in der Macht Gottes, nicht in der Macht des Bösen getan werden.[154] Kein magisches Wissen und keine schwierigen Übungen waren nötig. In der Tat sind es »im allgemeinen ungebildete Leute, die diese Arbeit tun«; dabei beten sie, vertrauen auf den Namen Jesu und erwähnen kurz etwas aus seiner Lebensgeschichte.[155] Denn nicht Menschenkraft oder das Wissen um die richtige Zauberformel erzielte diese Heilungen, sondern »die Kraft des Wortes Christi«.[156]

Aus alledem läßt sich die interessante Beobachtung machen, daß die Exorzismen im Zusammenhang mit der Evangelisation geschahen. Sie waren so eindeutig dazu bestimmt, die Aussagen des verkündigten Wortes zu bekräftigen, daß jedesmal ein einfaches Glaubensbekenntnis mit dazu gehörte. Der Namen Jesu wurde nicht nur ausgesprochen, sondern die rettenden Heilstatsachen des Evangeliums wurden erwähnt. Dementsprechend lag der Schwerpunkt nicht bei dem Exorzisten, sondern bei Jesus, in dessen Namen es getan wurde, und bei dem Evangelium, das er ans Licht gebracht hatte. Justin führt das sehr genau aus. Auch wenn sie sich nicht dem Exorzismus im Namen anderer Menschen beugen wollen, wird doch »jeder Dämon, wenn er im Namen des wahren Sohnes Gottes ausgetrieben wird – der der Erstgeborene aller Kreatur ist, der durch die Jungfrau Mensch wurde, der litt und gekreuzigt wurde unter Pontius Pilatus... der wieder auferstand von den Toten und aufgefahren ist in den Himmel – besiegt und unterworfen«.[157]

Auch Tertullian hat zu diesem Thema einiges zu sagen. Er behauptet, daß die Vollmacht der Christen zur Austreibung von Dämonen außer Zweifel steht. Er möchte zeigen, daß dämonische Mächte hinter den heidnischen Göttern stehen und fordert seine Leser heraus: »Bis jetzt war es nur ein Streit um Worte. Nun müssen wir den Fall prüfen und sehen, ob ›Götter‹ und ›Dämonen‹ bloß andere Bezeichnungen für die gleiche Sache sind. Führen wir einmal jemand vor, der eindeutig besessen ist. Wenn dann irgend ein Christ ihn auffordert zu sprechen, wird dieser Geist bekennen, daß er ein Dämon ist, und zwar genauso offen, wie er sonst fälschlicherweise behauptet hat, er sei ein Gott.« Das alles soll die leidenschaftliche Aufforderung Tertullians stützen, daß sie doch an den einen wahren Gott glauben und »ihn nach der Weise unseres christlichen Glaubens und unserer Lehre verehren«. Wenn seine heidnischen Zuhörer geneigt sind, über Christus zu spotten. – »Wer ist dieser Christus mit seinen Fabeln? Ist er ein gewöhnlicher Mensch? Ein Zauberer? Wurde sein Leib von den Jüngern aus dem Grab gestohlen?« – dann »könnt ihr spotten, wie ihr wollt, aber laßt die Dämonen mit euch spotten! Laßt *sie* leugnen, daß Christus wiederkommt, um jede Menschenseele zu richten... Laßt *sie* leugnen, daß sie wegen ihrer Bosheit verdammt sind und für den Tag des Gerichtes aufbewahrt werden. Nun, alle Vollmacht und Gewalt, die wir über sie haben, kommt daher, daß wir den Namen Christi nennen und ihnen ins Gedächtnis rufen, welches Unheil Gott durch die Hand Christi als des Richters über sie verhängen wird... Weil sie Christus in Gott und Gott in Christus fürchten, werden sie den Knechten Gottes und Christi untertan. Auf unseren Befehl verlassen sie ärgerlich und unwillig die Leiber, in die sie gefahren waren. Vor euren Augen werden sie der offenen Schande preisgegeben.«[158] In seinem Schreiben *An Scapula* fordert Tertullian in gleicher Weise dazu auf, die Vollmacht der Christen praktisch in Erfahrung zu bringen. »Wir weisen die Dämonen nicht nur ab, wir überwinden sie. Wir geben sie täglich der Verachtung preis und treiben sie aus ihren Opfern aus. Viele Leute wissen das ganz genau.«[159] Solche Behauptungen wären nicht stichhaltig und würden nur Schaden anrichten, wenn sie nicht der Wahrheit entsprächen. Das gleiche finden wie wieder bei Minucius Felix,[160] bei Tatian[161] und bis ins dritte Jahrhundert hinein bei Origenes,[162] Cyprian[163] und in den *Apostolischen Konstitutionen*.[164] Es gehörte zu den unverkennbaren Merkmalen für die Vollmacht der christlichen Botschaft. Es führte sogar so weit, daß Juden und Heiden versuchten, den Namen Jesus als Zauberformel zu benutzen.[165] In allen Fällen lag der Ton nicht auf dem Wunder als solchem, sondern es diente nur zur Bekräftigung der Wahrheiten des Evangeliums, die die Evangelisten verkündigten. Ein Abschnitt aus den *Apostolischen Konstitutionen* stellt diesen Punkt klar heraus. »Diese Gaben wurden zuerst uns, den Aposteln, verliehen, als wir anfingen, das Evangelium aller Kreatur zu verkündigen. Danach wurden sie auch denen ausgeteilt, die durch uns zum Glauben gekommen waren; doch nicht zum Nutzen derer, die sich ihrer bedienen, sondern zur Überführung der Ungläubigen, damit diejenigen, die das Wort nicht überzeugt hat, durch die Macht der Zeichen beschämt werden.«[166] Die im apostolischen Zeitalter verliehenen *charismata* waren nicht zurückgenommen worden, sie waren noch weiter vorhanden in der Kirche des dritten Jahrhunderts. Als Zeichen zur Bekräftigung des christlichen Evangeliums hatten diese Exorzismen, genauso wie das verkündigte Wort, auch nicht immer den gleichen Erfolg. Einige hielten sie für Magie, andere bleiben dadurch ganz unberührt.[167] Doch eines ist klar. In einem Zeitalter, das heimgesucht war von der Angst vor dämonischen Mächten, die alle Bereiche des Lebens und des Todes beherrschten, bewirkten sie in Verbindung mit der Verkündigung des Evangeliums viele Bekehrungen. Der größte Denker des dritten Jahrhunderts behauptet ganz nüchtern: »Ein Christ, ein wahrer Christ, der sich Gott und seinem Logos allein unterworfen hat, wird nichts von der Hand der Dämonen erleiden; denn er ist ihnen überlegen.«[168] Ja, Jesus ist Sieger, Christus Victor!

Diese Vollmacht wurde von der Urchristenheit ausgeübt. Sie hat die Ausbreitung des Evangeliums stark beeinflußt. Sollte das alles nur Täuschung gewesen sein? In der westlichen Christenheit herrscht diese Meinung. Doch interessanterweise nehmen es Gelehrte vom Format eines Professor T. K. Österreich aus Tübingen[169] und eines John Foster aus Glasgow[170] ganz ernst. Auf der anderen Seite sind Missionare und Pfarrer der jungen Kirchen in Afrika und Asien genauso davon überzeugt, daß es echte Dämonenaustreibungen und vollmächtige Heilungen im Namen Jesu gibt.[171] Auch in unserem Lande scheint es Fälle zu geben, deren Echtheit verbürgt ist.[172] Doch ich bin der Meinung, daß im allgemeinen gilt, was ich als Schlußfolgerung zog in meinem Buch *The Meaning of Salvation*. »Wo die medizinischen Kenntnisse so fortgeschritten sind wie in der westlichen Welt, wo 2000 Jahre christliches Zeugnis, ganz zu schweigen von der Heiligen Schrift, die Messianität Jesu voll bestätigen können, dort scheinen nicht die Voraussetzungen gegeben, daß wir ein Recht hätten, Wunder im neutestamentlichen Sinne zu erwarten. Doch wir dürfen die Möglichkeit nicht ausschließen. In Missionsgebieten jedoch, wo nur eine kleine Gemeinde in einer stark heidnischen Umgebung lebt, wo es wenig medizinische Mittel gibt, wo vielleicht noch keine Bibelübersetzung vorhanden ist oder die Menschen noch Analphabeten sind, wo außerdem ganz bestimmte geistliche Wahrheiten unterstrichen werden sollen, dort, am äußersten Rande des christlichen Einzugsbereichs, finden wir heute eine Situation, in der wir Gottes wunderbares Wirken erwarten können. Daß er so wirkt, wird von allen Missionsgesellschaften bestätigt, die in unterentwickelten Gebieten arbeiten.«[173]

Unabhängig davon, ob diese Beurteilung der gegenwärtigen Lage zutreffend ist oder nicht, steht es außer Zweifel, daß in der Anfangszeit der Kirche die Vollmacht der Evangelisten ein entscheidender Faktor war, mit dem man zu rechnen hatte. Er gehörte zu den anderen Kennzeichen ihres Christseins hinzu, ihrer Liebe, ihrer besonderen Gemeinschaft, ihrem Lebenswandel, ihrem mutigen Sterben und der Freude und Begeisterung, mit der sie Zeugnis gaben von ihrem Herrn.

8 Methoden der Evangelisation

Das Christentum gehört ins Leben; aber es wird mit den Lippen bekannt. Wenn eine Seite versagt, kann das Evangelium nicht weitergegeben werden. Im vorigen Kapitel haben wir uns mit dem Wesen des christlichen Lebens befaßt, durch das die Verkündigung der Evangelisten unterstützt wurde. In diesem Kapitel wollen wir einige der Methoden betrachten, mit denen sie anderen klarmachten, was Christus für ihr Leben bedeutete.

Wenn wir heute an Evangelisationsmethoden denken, fällt uns sofort die Predigt in einer Kirche oder auf einem großen freien Platz ein. Wenn wir an die Evangelisation bei den ersten Christen denken, müssen wir uns natürlich von allen diesen Vorstellungen freimachen. Sie kannten keine festgesetzten Ansprachen nach einer bestimmten Predigtordnung innerhalb der vier Wände einer Kirche. Mehr als 150 Jahre lang hatten sie gar keine Kirchengebäude. Nach Art und Inhalt bot die evangelistische Verkündigung eine große Mannigfaltigkeit.

Evangelisation in der Öffentlichkeit

Synagogenpredigt

Die Synagoge war ein fruchtbarer Boden für die Evangelisation unter den Juden. Wo es Juden gab, gab es auch Synagogen, und alle rechten Israeliten mußten einmal in der Woche zur Synagoge gehen. Außerdem zogen sie eine Anzahl von »Gottesfürchtigen« an, die aus den Reihen der nachdenklichen Heiden kamen. Hier konnten die christlichen Missionare eine fertige Versammlung ansprechen. Leider hat C. W. Dugmore in seinem Buch *The Influence of the Synagogue upon the Divine Office* (dt. Der Einfluß der Synagoge auf das göttliche Amt) dieser großartigen Gelegenheit, die das Synagogensystem für die christlichen Evangelisten bot, so wenig Beachtung geschenkt. Denn es war zweifellos einer der wichtigsten Faktoren für die Ausbreitung des Glaubens in der Anfangszeit. Die Synagogen sollten dazu dienen, den Gottesdienst, die Erziehung und auch das Lernen zu fördern. Unter diesen nahm das Lernen nicht die geringste Stelle ein. Kürzlich hat uns Professor Rowley daran erinnert, daß die Synagoge vor allem der Ort der Thora war, wo das

Gesetz gelesen und die Gebote eingeschärft wurden.[1] Der Gottesdienst bestand aus dem *Schema,* dem Gebet, der Lesung des Gesetzes und der Propheten – wonach gewöhnlich eine Auslegung folgte – und dem Segen. Jedes Glied der Gemeinde konnte aufgefordert werden, die Schrift zu verlesen; jeder konnte gebeten werden, die Auslegung zu geben. Das war nicht das Vorrecht bestimmter Personen oder der Priester. Das einzige priesterliche Element im Gottesdienst war der Segen, den man ausließ, wenn kein Priester anwesend war. Diese bewegliche Handhabung des Gottesdienstes erklärt es auch, warum Jesus in der Synagoge seiner Vaterstadt Nazareth aufgefordert wurde, den Abschnitt aus den Propheten zu verlesen, und warum Paulus als berühmter pharisäischer Besucher im Laufe seiner Missionsreisen so oft aufgefordert wurde, vor der Versammlung die Schrift zu verlesen und eine Ansprache zu halten. Die christlichen Missionare, die dem Volk Israel das Evangelium brachten, ergriffen dankbar solche Gelegenheiten in den drei entscheidenden Jahrzehnten, bevor ihnen die Tür zur Synagoge zugeschlagen wurde.

So wie die beiden Ansprachen in Athen und Lystra zwei verschiedene Beispiele für missionarische Heidenpredigt sind, ist die Predigt in der Synagoge von Antiochia in Pisidien das Modell eines missionarischen Vorstoßes zu den Juden. Lukas will es als typisch für die Evangelisation im Zusammenhang der Synagoge hinstellen. Die Ansprache hat drei Teile, wobei in jedem die Zuhörer zum Hinhören aufgefordert werden.[2] Im ersten Teil zeigt er, wie die Geschichte des Volkes Gottes zum Kommen des Messias hinführt. Im zweiten befaßt er sich mit der Auslegung der Frohen Botschaft von Jesus, in dem die alten Weissagungen erfüllt sind, der davidische Segen zusammengefaßt und die Gottessohnschaft verwirklicht ist. Sie betont seinen Tod, sein Begräbnis und seine Auferstehung. Offen befaßt sie sich auch mit der schweren Frage seiner Verwerfung durch Israel und seines Todes am Kreuz; beides geschah in Erfüllung der Schrift. Der dritte Teil der Predigt betont die Vergebung der Sünden durch den auferstandenen Jesus, das Angebot der Freiheit, die unter dem Gesetz des Mose nie zu erreichen war, und der Notwendigkeit einer glaubenden Übergabe an ihn. Am Schluß der Predigt steht eine ernste Warnung: Mit Gottes Gnade darf man nicht leichtfertig umgehen.

Hier war die Predigt hervorragend der Lage der Hörer angepaßt. Der christliche Missionar holte sie da ab, wo sie standen, nämlich in ihrer Verwurzelung in der Geschichte Israels. Er betonte die gemeinsame Herkunft und den gemeinsamen Glauben, die Prediger und Hörer vereinten. Er sprach von der Bedeutung und der Erfüllung der Schrift. Dieser Glaube ist nicht etwas Neues, sondern der Höhepunkt der göttlichen Offenbarung, das Ergebnis der Geschichte Israels. Die wichtigsten Tatsachen über Jesus werden klar dargeboten. Er ist die Mitte der Verkündigung. Es wird auch kein Versuch unternommen, den Problemen auszuweichen, die der Glaube an seine Messianität für den Juden unvermeidlich mit sich brachte. Dieses ehrliche Angreifen von Problemen muß immer wieder dazu geführt haben, daß man in der Schrift forschte, was ja bekanntlich ein bedeutender Faktor in der Judenmission war.[3] Die Predigt spricht hinein in die Lebensumstände, die Anliegen und die Gewissen der Hörer. Der Evangelist gibt sein persönliches Zeugnis, er richtet Appelle an die Hörer, er warnt sie. Das alles tut er, um den Hörern die Botschaft nahezubringen. Er möchte sie überzeugen, daß Jesus der Messias ist, und sie zu dem neuen Leben führen, das er selber in Jesus gefunden hat.

Roland Allen hat vier Kennzeichen dieser Synagogenpredigt bei der Judenmission festgestellt.[4] Erstens versucht Paulus in versöhnlicher und gewinnender Art mit den empfindlichen Stellen der Hörer umzugehen: er sagt deutlich, worauf es ihm ankommt; er ist bereit, das Gute bei ihnen anzuerkennen; er zeigt Verständnis für ihre Probleme. Das sind Merkmale eines klugen und taktvollen Vorgehens. Zweites beweist er Mut, indem er Schwierigkeiten ehrlich zugibt, unangenehme Wahrheiten ausspricht und sich weigert, Schwierigkeiten zu verharmlosen. Drittens achtet er seine Hörer, ihre geistigen Fähigkeiten und ihre geistlichen Bedürfnisse. Und schließlich hat er ein rückhaltloses Vertrauen auf die Wahrheit und Macht der Evangeliumsbotschaft. Wir können mit Sicherheit annehmen, daß dies die typischen Merkmale der Synagogenpredigt waren in der ersten Zeit der Mission, als noch viele Möglichkeiten offen standen.

Die Predigt im Freien

Außer der Arbeit in den Synagogen übernahmen die Jünger von ihrem Meister auch die Predigtweise im Freien. Die Apostelgeschichte liefert uns viele Beispiele dafür, z. B. in Jerusalem, Samaria, Lystra und Athen. Solche spontanen Versammlungen lohnen sich nur an Orten, wo gewöhnlich zahlreiche Menschen vorbeikommen oder sich versammeln. Der Tempelbezirk war dazu sehr geeignet. Solche Unternehmen müssen lebendig und ansprechend sein. Wenn es noch irgendwelche »visuellen Hilfsmittel« zur Unterstreichung der Macht des Evangeliums gibt, dann ist das um so besser. Das Zungenreden an Pfingsten und die Heilung an der Schönen

Tür des Tempels dienten einem doppelten Zweck, außer dem, was sie für die unmittelbar Betroffenen bedeuteten. Sie zogen die Menschenmengen an, so daß sie durch die Predigt erreicht werden konnten, und sie waren unmißverständliche Beweise für die grundlegenden Lehren des Evangeliums: Gottes Liebe für die, die nicht geliebt wurden, und seine Macht, die Mächte der Sünde und des Leidens im Menschenleben zu durchbrechen.[5] Wenn die Versammlung von den Behörden, sei es von den jüdischen oder den römischen, nicht gern gesehen wurde, war das auch kein Unheil. Man wurde um so mehr auf die Predigt aufmerksam, und die Menschen konnten sich in kleine Gruppen aufteilen, wo man weitere Gespräche führte und die Lehre des Evangeliums verbreitete.

Predigten im Freien waren im Judentum nichts Neues. In Palästina und an anderen Orten waren sie seit langem bekannt, auf Höfen, auf dem freien Feld, an Flußufern und auf Marktplätzen. Wenn ein berühmter Prediger *(darschan)* in eine Stadt oder ein Dorf kam, »dann versammelten sich alle Juden um ihn, errichteten ihm ein Pult und hörten ihm zu und lernten von ihm«.[6] Einige Synagogen gingen sogar soweit, daß sie Predigt- und Lehr-Reisen begabter Ausleger der Thora unterstützten.[7] Die Tätigkeit der Christen im Freien war also nichts besonders Neues. Die alte Welt war daran gewöhnt, sowohl an die jüdische Weise, wie auch an die umherziehenden kynischen Prediger. Es läßt sich nicht ganz genau nachweisen, aber wahrscheinlich wurde diese Evangelisation im Freien während der beiden ersten Jahrhunderte durchgeführt. Wie wir schon sahen, hat Irenäus nicht nur auf den Marktplätzen der Stadt Lugdunum, sondern auch in Marktorten und Dörfern rundum gepredigt.[8] Cyprian nahm sogar das Wagnis auf sich, daß die Behörden ihn verhafteten, als er während einer Verfolgungszeit auf dem Marktplatz predigte.[9] Die folgenden Beispiele vermitteln uns eine Vorstellung vom Inhalt und von der Art dieser Predigt.

Zu Beginn seiner *Kirchengeschichte* gibt Eusebius den Briefwechsel zwischen Jesus und Abgar von Edessa wieder. Die Quelle kennen wir nicht, aber Eusebius hat diese Briefe irrtümlicherweise für echt gehalten. Jedenfalls, so berichtet er, fand man sie in den öffentlichen Archiven von Edessa; sie waren in syrischer Sprache geschrieben. Sie können kaum jünger sein als aus dem zweiten Jahrhundert. Ihr Inhalt ist für uns nicht so wichtig, höchstens das Versprechen Jesu, daß er einen seiner Jünger nach Edessa senden will. Und dies geschah nach dem Bericht, als Thaddäus nach der Auferstehung dort hinkam. Er begegnete in Abgar einem Mann, der sehr aufgeschlossen war, und sogar schon an das glaubte, was er von Jesus gehört hatte. Thaddäus heilte ihn von seiner Krankheit und »predigte ihm das Wort Gottes«.[10] Als Thaddäus gebeten wurde, mehr zu sagen »über das Kommen Jesu und über die Vollmacht, in der er diese Dinge tat«, antwortete er: »Im Augenblick möchte ich nichts weiter sagen; aber weil ich gesandt wurde, das Wort zu predigen, sollst du morgen für mich eine Versammlung aller eurer Bürger zusammenrufen, und ich will vor ihnen predigen und das Wort des Lebens in sie hineinsäen. Ich werde sprechen über die Art des Kommens Jesu und über seine Sendung und über den Grund, warum ihn der Vater sandte, und über seine Vollmacht... und über seine Niedrigkeit und Demut und über die Art, wie er sich selbst erniedrigte und seine Gottheit ablegte und gekreuzigt wurde und in den Hades hinabstieg und die Trennwand niederriß, die seit Grundlegung der Welt nicht niedergerissen worden war, und die Toten auferstehen ließ, und wie er zwar allein hinabging, aber mit einer großen Menge wieder hinaufstieg zu seinem Vater.«[11] Obwohl dies unmöglich ein Bericht über Thaddäus und Abgar sein kann, ist es doch sehr lehrreich hinsichtlich der Predigt im Freien, wie sie in der ersten Zeit des Christentums geübt wurde. Der Bericht ist sehr zuchtvoll. Die Wunder werden der Predigt streng untergeordnet und dienen nur als Illustration und Hinweis, genauso wie in der Apostelgeschichte. Im Mittelpunkt der Predigt steht die Person, die Sendung, das Leiden, die Auferstehung und die Vollmacht Jesu von Nazareth, genau wie in der Urgemeinde.

Ein zweites Beispiel kommt aus Rom. Der Verfasser der pseudoclementinischen *recognitiones* (dt. Wiedererkennungen) erklärt, wie er einen Prediger einer Freiversammlung einmal im Herbst in Rom hörte. Er stand auf einem öffentlichen Platz und sagte: »Männer von Rom, hört zu! Der Sohn Gottes ist in Judäa erschienen und verkündigt ewiges Leben allen denen, die es haben möchten, wenn sie nach dem Willen des Vaters leben, der ihn gesandt hat. Deshalb ändert euer Leben zum Guten, wendet euch von den zeitlichen Dingen den ewigen zu. Denn ihr wißt, es gibt einen Gott im Himmel, in dessen Welt ihr ein in seinen Augen ungerechtes Leben führt. Aber wenn ihr Buße tut und nach seinem Rat lebt, dann werdet ihr in die andere Welt hineingeboren und werdet unsterblich und werdet euch unaussprechlicher Segnungen erfreuen. Aber wenn ihr euch weigert zu glauben, werden eure Seelen nach der Auflösung des Leibes an den Ort des Feuers geworfen werden, wo sie in ewigen Qualen ihre unnützen Taten bereuen werden. Jeder Mensch hat nur in diesem Leben die Gelegenheit zur Buße.«[12] Wiederum haben wir vor uns eine klare, unmittelbare Verkündigung.

Sonst wäre es für die Römer, die ihre Sterndeuterei ernst nahmen, unwahrscheinlich gewesen, daß der »Sohn Gottes« in Judäa geboren wurde.[13] Die Aufforderung zu Buße und Glauben, verbunden mit der Verheißung der Freude und der Warnung vor der Hölle, sind kennzeichnend für die Predigt im zweiten wie auch im ersten Jahrhundert.

Auch die Reaktion muß nicht ungewöhnlich gewesen sein. Der Schreiber bedauert, daß niemand den Prediger so ernst nahm, daß er nach Judäa ging, um die Wahrheit dessen zu erkunden, was gepredigt wurde. Die ganze Wirkung schien gleich null zu sein. Doch das stimmt nicht ganz. Der Schreiber selbst macht sich weitere Gedanken. »Warum gebe ich anderen die Schuld, der ich doch selbst der gleichen Sünde der Unachtsamkeit schuldig bin? Ich sollte schnell nach Judäa eilen, nachdem ich vorher meine Angelegenheiten geregelt habe.« Das dauerte länger, als er erwartete. Aber schließlich schiffte er sich ein und kam statt nach Judäa durch widrige Winde nach Alexandria. Als er dort nachforschte, erfuhr er von »einem Bekannten des Jesus, einem Hebräer mit Namen Barnabas, der behauptet, er sei einer seiner Jünger. Er hält sich in dieser Gegend auf und verkündigt gern allen, die es hören möchten, die Bedingungen für seine (Christi) Verheißungen.« Der Schreiber fährt fort: »Dann ging ich mit ihnen, und als ich ankam, stellte ich mich hin und hörte zusammen mit der umstehenden Menge seinen Worten zu. Ich sah, daß er die Wahrheit sprach. Er tat es nicht mit großem rednerischem Können, sondern gab einfach und ohne Vorbereitung das weiter, was er über die Taten und Worte des offenbarten Sohnes Gottes gehört und gesehen hatte. Und sogar aus der umstehenden Menge holte er sich Zeugen der Wunder und Lehren (Jesu), die er erzählte.«[14]

Die schlichte Unmittelbarkeit dieses Wanderpredigers, der kein Geld nahm und mit jeder möglichen Unterkunft zufrieden war, eines Mannes, der völlig von der Wahrheit seiner Botschaft überzeugt war, muß unter den Predigern, die im Freien verkündigten, an der Tagesordnung gewesen sein. Diese ungekünstelte Art, diese Unmittelbarkeit, diese Aufforderung zum Zeugnis an Menschen, die ebenso wie der Prediger die Wahrheit gefunden hatten, waren bezeichnend für diese Art von Evangelisation. Noch instruktiver ist vielleicht der Bericht des Verfassers über das, was der Predigt folgte. Der Spott, die Witze, die störenden Zwischenfragen, ja sogar die körperliche Belästigung des Predigers, von denen der Verfasser spricht, müssen in zahllosen Freiversammlungen vorgekommen sein. »Während die Menge die schlichten Worte gern hörte, begannen die Philosophen, von ihrer weltlichen Wissenschaft getrieben, zu lachen und über ihn zu spotten, Witze zu machen und ihn mit grenzenloser Anmaßung in Stücke zu reißen, wobei sie ihren reichen Vorrat an Vernunftargumenten anbrachten. Aber er tat ihr müßiges Gerede beiseite und ließ sich nicht auf ihre klugen Einwände ein, sondern fuhr unerschrocken in seiner Rede fort.

Und dann fragt einer von ihnen ›Warum ist die Mücke, obwohl sie so klein ist, nicht nur mit sechs Beinen, sondern auch mit Flügeln ausgestattet, während der Elefant, das größte Tier, keine Flügel und nur vier Beine hat?‹« Der Prediger läßt sich nicht verblüffen. »Ich sehe keine Veranlassung, euch zu erklären, warum die Mücke anders ist als der Elefant; denn ihr wißt ja nichts von dem Gott, der sie beide erschaffen hat!« Er sagt, er könne ihre unverschämten Fragen beantworten, wenn sie ihn ehrlich fragten, aber er ließe sich nicht auf Abwege führen durch solche unechten Probleme, da ihm alles daran läge, seinen Auftrag zu erfüllen. »Wir haben einen Auftrag, euch nur die Worte dessen zu sagen, der uns gesandt hat. Statt logischer Beweise stellen wir euch viele Zeugen vor aus euren eigenen Reihen... Es liegt an euch, ob ihr ein solches Zeugnis annehmen oder ablehnen wollt. Aber ich werde nicht aufhören, euch das zu verkündigen, was zu eurem Nutzen ist. Denn Schweigen wäre für mich ein Schaden, genauso wie der Unglaube für euch den Untergang bedeutete«. Gelächter, Ablehnung und heftige Reaktionen folgten diesem Wortwechsel, und für »Clemens« war es nicht leicht, den Prediger unbehelligt in sein Quartier zu bringen, wo er ihm weitere Fragen über den christlichen Glauben stellen konnte.

Obwohl die Pseudo-Clementinen reine Dichtung sind, müssen sie doch eine gewisse Nähe zur Wirklichkeit gehabt haben, um eine größere Leserschaft zu gewinnen und auch zu halten. Dieses Bild der Evangelisation im Freien gibt uns einen einigermaßen wirklichkeitsgetreuen Eindruck von dem, was hin und her im mittleren Osten in den ersten Jahrhunderten der christlichen Kirche geschah.

Prophetische Predigt

Bis jetzt haben wir uns mit der herkömmlichen Predigtweise befaßt, der Synagogen-Predigt oder der Predigt im Freien, wie wir sie auch heute finden können. Aber in der Zeit der Urgemeinde müssen wir auch die Propheten berücksichtigen. Es waren Männer, die unmittelbar im Namen Jesu redeten. Dieses Phänomen ist im Neuen Testament gut bezeugt. Es gab Propheten in Jerusalem und Cäsarea, in Antiochia, Rom, Korinth, Thessalonich und in den Gemeinden von

Kleinasien.[15] Die Prophetie war eine Gabe, die einige besaßen und andere nicht besaßen.[16] Neben dem apostolischen Amt wurde sie sehr hoch geschätzt, denn in beiden verkehrte Jesus auf unmittelbare Weise mit seinen Leuten.[17] Gemeinsam mit den Aposteln haben die Propheten kirchengründenden Charakter[18] aus dem einfachen Grunde, weil sie beide Vermittler der Offenbarung sind. Wenn man heute in der Literatur die Propheten häufig unter dem Thema »Ekstase« behandelt, dann ist dies der Sache nicht angemessen. Der Prophet stand nicht unter einem inneren Zwang. Er war Herr über seinen Geist (nous) im Gegensatz zu dem »Zungenredner«, der in seinem Geist meist nicht wußte, was er sagte.[19] Entsprechend war die Prophetie zusammenhängende Rede unter der direkten Leitung des Heiligen Geistes. Sie wurde von Männern und Frauen in gleicher Weise geübt und scheint in ihrem Inhalt sehr verschiedenartig gewesen zu sein. Sie reichte von den Voraussagen des Agabus,[20] den geheimnisvollen Worten der Offenbarung, der Bestimmung eines bestimmten Christen für einen Dienst,[21] dem Zeugnis von Jesus[22] bis zum Gebrauch bei der Evangelisation[23] und der Erbauung der Gemeinde, beim Trost und bei der Lehre.[24] Dieses unmittelbare Wort von Gott mußte, wenn es echt war, mit dem Inhalt des apostolischen Glaubens übereinstimmen. Paulus betont, daß die Echtheit der Prophetie durch die Empfänger nachgeprüft werden[25] und danach beurteilt werden muß, ob sie apostolische Lehre enthält.[26] Die *Didache* betont das geheiligte Leben derer, die diese Gabe echt für sich in Anspruch nehmen.[27] Die Prophetie setzte sich in der Kirche fort, und die Bewegung des Montanismus war keine Einzelerscheinung. Tertullian weist mit Recht darauf hin, daß der Bischof von Rom die prophetischen Gaben bei Montanus, Prisca und Maximilla anerkannt hatte, bevor er durch die falschen Anschuldigungen des Praxeas gegen die Propheten und ihre Gemeinden anderen Sinnes geworden war.[28] Wenn auch die Prophetie abnahm, als das Bischofsamt an Macht zunahm (so sehr, daß der Bischof schließlich die Funktion des Propheten völlig übernehmen wollte), und als der Kanon des Neuen Testamentes es immer weniger notwendig erscheinen ließ, setzte sie sich doch bis weit in das dritte Jahrhundert hinein fort und machte auf die einfachen Menschen einen großen Eindruck.

Es gibt eine berühmte Stelle in Origenes' Schrift *Contra Celsum*,[29] die sich mit dieser Art Predigt befaßt. Er spricht von der Beschwerde des Celsus, daß »es viele namenlose Leute gibt, die aus dem geringsten Anlaß, sowohl innerhalb als auch außerhalb der Tempel weissagen. Und es gibt einige, die umhergehen und betteln und sich in den Städten und Soldatenlagern aufhalten. Sie sagen, sie fühlten sich innerlich getrieben, eine orakelartige Auskunft zu geben. Jeder von ihnen sagt: ›Ich bin Gott (oder ein Sohn Gottes oder ein göttlicher Geist) und ich bin gekommen. Die Welt geht schon der Zerstörung entgegen. Und ihr Leute werdet um eurer Sünden willen zugrundegehen. Aber ich möchte euch retten. Und ihr werdet sehen, daß ich mit himmlischer Macht wiederkomme. Wohl dem, der mich jetzt anbetet. Aber ich will ewiges Feuer werfen auf alle übrigen, auf die Städte und auf das Land. Und die Menschen, die nicht achten auf die Strafen, die ihnen bevorstehen, werden vergeblich Reue zeigen und stöhnen. Aber ich will für immer diejenigen bewahren, die sich von mir überzeugen ließen.‹« Soweit zu den Weissagungen. Die Prediger scheinen dann durch Zungenreden ihre Prophetie fortgesetzt zu haben, wie wir es aus der folgenden Bemerkung des Celsus entnehmen können: »Wenn sie diese Drohungen ausgeschleudert haben, dann fahren sie fort und geben unverständliche, zusammenhanglose und ganz seltsame Äußerungen von sich. Was sie bedeuten sollen, kann kein vernünftiger Mensch erkennen; denn sie sind ohne Bedeutung und unsinnig, und jeder Narr oder Zauberer kann ihnen einen beliebigen Sinn beilegen.«

Man hat manchmal behauptet, dieser Vorwurf des Celsus, der offenbar gar nicht im Sinne des Origenes war, betreffe die heidnische Prophetie[30] oder den Montanismus.[31] Beide Vermutungen sind unwahrscheinlich. Diese Leute gehörten zu der allgemeinen Kirche. Wie W. L. Knox nachgewiesen hat, deckt sich der Inhalt ihrer Verkündigung mit dem, was Celsus spöttisch eine »ganz gute vornicänische Predigt von ziemlich enthusiastischer Art«[32] nennt. Die Ansicht von Knox wurde kürzlich untermauert durch die Entdeckung von Melitos *Homilie über das Passah*.[33] Melito, der gegen Ende des zweiten Jahrhunderts Bischof von Sardes war, war auch ein Prophet. Eusebius berichtet, daß er in allen Dingen im heiligen Geist lebte.[34] Etwa das gleiche könnte man von Ignatius behaupten, der gelegentlich unter der unmittelbaren Eingebung als christlicher Prophet sprach: »Als ich unter euch war, sprach ich mit starker Stimme, der Stimme Gottes.« Das ruft er den Leuten von Philadelphia in Erinnerung.[35] Am Ende seiner *Homilie* wendet sich Melito plötzlich der christlichen Prophetie zu. Christus spricht durch ihn in der ersten Person. Es ist ein erstaunlicher Wechsel. Melito predigt: »Der Herr, der menschliche Natur angenommen und gelitten hat für den, der litt, gebunden wurde, für den, der gebunden war, und begraben war für den, der begraben war (in der Sünde), ist von den Toten auferstanden und verkündigt deutlich diese Botschaft *(phonen).«* Nun kommt die Weissagung:

> »Wer will gegen mich kämpfen? Er mag vor mich hintreten. Ich habe die Verdammten erlöst. Ich habe den Toten das Leben gegeben.
> Ich habe die in den Gräbern auferweckt. Wer will mit mir rechten?
> Ich bin es, sagt Christus, der den Tod vernichtet hat. Ich habe über den Feind triumphiert.
> Und den Hades niedergetreten, und den Starken gebunden und habe die Menschheit zu den Höhen des Himmels erhoben. Ich bin es, sagt Christus.
> So kommt, all ihr Menschengeschlechter, die ihr niedergedrückt seid von der Last eurer Sünden,
> und empfangt Gnade für eure Missetaten. Denn ich bin eure Gnade. Ich bin das Passah, das das Heil bringt. Ich bin das für euch geschlachtete Lamm.
> Ich bin euer Reinigungsbad. Ich bin euer Leben. Ich bin eure Auferstehung.
> Ich bin euer Licht, ich bin euer Heil, ich bin euer König.
> Ich bringe euch zu den Höhen des Himmels.
> Ich werde euch dort die Auferstehung geben.
> Ich werde euch den Ewigen Vater zeigen. Ich werde euch mit meiner rechten Hand auferwecken.«[36]

In einer solchen unmittelbaren Inspiration eines Propheten fehlten nicht die Merkmale seiner eigenen Ausdrucksweise. Melito, der diesen prophetischen Schluß seiner Rede schreibt, ist offenbar der gleiche, der auch den etwas nüchternen Anfang geschrieben hat. Vergleichen wir zum Beispiel den folgenden Auszug: »Jesus ist alles. Wenn er richtet, ist er das Gesetz, wenn er lehrt, ist er das Wort, wenn er rettet, ist er die Gnade, wenn er gebiert, ist er der Vater, wenn er geboren wird, ist er der Sohn, wenn er leidet, ist er das Lamm, wenn er begraben wird, ist er Mensch, und wenn er auferstanden ist, dann ist er Gott. Das ist Jesus. Ihm sei Ehre in Ewigkeit. Amen«.[37] Der etwas überladene asiatische Stil[38] des Mannes wird übernommen und in Rhythmus, Gleichklang, in Kraft und Unmittelbarkeit noch verstärkt, wenn er inspiriert ist, um als Vertreter Jesu seine Weissagung zu geben. Es ist verständlich, daß eine so dynamische, erregende Predigt den Spott des Celsus hervorrief. Es ist auch zu verstehen, daß sie auf die gefühlsbewegten, schlichten orientalischen Hörer sehr ansprechend wirkte. Jedenfalls wurde solche Prophetie zweifellos schon zur Zeit des ersten Korintherbriefs in der evangelistischen Verkündigung angewandt und sie stand noch in Blüte am Ende des zweiten Jahrhunderts.[39]

Der Wert der Predigt

Die Predigt war also ein nicht unbedeutender Faktor unter den Missionsmethoden, sei es in der Synagoge, in der christlichen Versammlung oder im Freien, sei es in normaler Rede oder unter unmittelbarer Eingebung. Dennoch hat der Bruch mit der Synagoge, das Aufkommen der Verfolgung und das Fehlen von christlichen Gottesdienstgebäuden eine regelrechte Verkündigung des Evangeliums behindert. Es war nicht leicht, eine große Versammlung zusammenzurufen, ohne daß die Polizei einschritt. Latourette hat sicher Recht, wenn er urteilt, daß »die hauptsächlichen Träger der Ausbreitung des Christentums anscheinend nicht die waren, die es hauptamtlich taten oder die den größten Teil ihres Lebens damit zubrachten, sondern Männer und Frauen, die in einem ganz weltlichen Beruf für ihren Lebensunterhalt sorgten und mit den Menschen über ihren Glauben sprachen, die ihnen im alltäglichen Leben begegneten«.[40] Trotz der Gefahren und Schwierigkeiten müssen jedoch sehr viele Christen in der ganzen alten Welt sich die Predigt zur Aufgabe gemacht haben. Paulus war nicht der einzige, der den Hauptzweck seines Lebens darin sah, anderen von Christus zu sagen, und der sich gedrungen fühlte, zu rufen: »Wehe mir, wenn ich das Evangelium nicht predige!« Ein schönes Beispiel für diese Einstellung zur Predigt, wie sie einer der größten Denker am Ende des zweiten Jahrhunderts einnimmt, findet sich bei Origenes in seinem *Kommentar* zu Psalm 36. Origenes spricht von den christlichen Predigern unter dem Bild der Pfeile Gottes. »Alle, in denen Christus redet – das bedeutet in jedem aufrichtigen Menschen und Prediger, der das Wort Gottes redet, um Menschen zum Heil zu bringen, – und nicht nur die Apostel und Propheten, – können Pfeile Gottes genannt werden. Aber was uns bekümmert«, so fährt er fort, »ich sehe sehr wenig Pfeile Gottes. Es gibt wenige, die so reden, daß sie das Herz des Hörers entzünden, ihn von seiner Sünde abziehen und ihn zur Buße bringen. Wenige sprechen so, daß die Herzen ihrer Hörer getroffen werden und sie Tränen der Reue vergießen. Nur wenige können das Licht der zukünftigen Hoffnung, das Wunder des Himmels und die Herrlichkeit des Reiches Gottes so durch ihre ernste Predigt enthüllen, daß es ihnen gelingt, die Menschen zu überreden, das Sichtbare zu verachten und das Unsichtbare zu suchen, das Zeitliche zu verschmähen und sich nach dem Ewigen auszustrecken. Es gibt nur zu wenig Prediger von diesem Format.« Er fürchtet, daß Eifersucht und Rivalität im Dienst bei den wenigen guten Predigern, die es noch gibt, das Ringen um andere Menschen fruchtlos machen. Dann fährt er in großer Demut fort und läßt den Leser wissen, daß er selber fürchtet, er könnte einmal zu einem Pfeil Satans werden, indem er einen Menschen durch seine Taten oder Worte zu Fall bringe. »Manchmal meinen wir, daß wir jemanden überwinden und wir reden unbesonnen und werden aggressiv und lassen uns in Wortgefechte ein, wobei wir uns dann bemühen, unsere Sache durchzufechten, und gar nicht mehr darauf achten, was wir für Worte gebrauchen. Dann beschlagnahmt der Teufel unseren Mund und gebraucht ihn als einen Bogen, mit dem er seine Pfeile abschießen kann.«[41] So groß war die innere Angst eines Mannes, von dem Eusebius sagen konnte: »Sein Leben war wie seine Lehre; und seine Lehre war wie sein Leben. So hat er durch Gottes Gnade viele bewegt, es ihm gleichzutun.«[42] Kein Wunder, daß selbst in einer Zeit aktiver Verfolgung die Heiden in Scharen zu ihm kamen, um das Wort Gottes zu hören. Wie er selbst gesagt hat, gibt es viel zu wenige Prediger von diesem Format.

Lehrevangelisation

Eine der weniger glücklichen Seiten von Dodds berühmtem Buch *The Apostolic Preaching and its Development* ist seine willkürliche Trennung zwischen Predigt und Lehre, *kerygma* und *didache*. Viele Forscher haben das schon bemerkt. Kürzlich hat R. C. Worley dieser Frage aber eine eingehende Untersuchung unter dem Titel *Preaching and Teaching in the Earliest Church* gewidmet. Er weist nach, daß es weder im rabbinischen Judentum noch in der Urchristenheit eine klare Trennung zwischen der Arbeit eines Evangelisten und der eines Lehrers gab. Das gilt für die ganze Zeit von Paulus bis Origenes. Beide evangelisierten, indem sie den christlichen Glauben lehrten. Die Schule des Origenes in Alexandria war ursprünglich dazu bestimmt, grundlegende christliche Lehre beizubringen. Schon im Alter von achtzehn Jahren leitete er seine Schule »für den Anfangsunterricht im Glauben«.[43] Aber sie war sowohl ein evangelistisches als auch ein didaktisches Unternehmen. »Einige der Heiden kamen zu ihm, um das Wort Gottes zu hören«, und wurden starke, mutige Christen, die ihren Glauben mit ihrem Blut besiegelten. Männer wie Plutarch, Severus, Heron und Heraclides, auch Frauen wie Herais; sie alle starben den Märtyrertod.[44] Predigt und Lehre gingen Hand in Hand, und es gab auch viel praktische Arbeit zu tun: man mußte Gefangene besuchen, die zum Tode Verurteilten im Glauben stärken, sich den eigenen Lebensunterhalt erarbeiten und bezüglich Essen, Trinken, Schlafen, Geld und Kleidung auf vieles verzichten. Wir erwähnten schon Schulen christlicher Lehre oder Philosophie dieser Art. Die erste uns bekannte wurde von Justin in Rom eröffnet. Bekanntlich hat er jedem, der es wünschte, Unterricht im Glauben erteilt, während er davon lebte, daß er Philosophie lehrte wie in der Zeit, bevor er Christ wurde. Wir haben noch einen Bericht seiner Tätigkeit bei der Verteidigung vor dem Stadtpräfekten von Rom, namens Rusticus. Er wurde dann hingerichtet. Auf die Frage des Rusticus: »Welche Lehren bekennst du?« antwortete Justin: »Ich habe mich bemüht, alle Lehren zu erlernen; aber ich bin schließlich bei den wahren Lehren zur Ruhe gekommen, d. h. bei den christlichen, auch wenn sie denen nicht gefallen, die an falschen Meinungen festhalten.« Seine Wahrheitssuche hatte ihn zu Christus geführt. Als Rusticus ihn fragte: »Wo versammelt ihr euch und wohin bringt ihr eure Anhänger?« antwortete Justin: »Ich wohne über einem Martin am timotinianischen Bad. Und während der ganzen Zeit kannte ich (und das ist das zweite Mal, daß ich in Rom lebe) keine andere Versammlung als diese. Und wenn jemand zu mir kommen wollte, gab ich ihm die Lehren der Wahrheit weiter.«[45] Hier war ein christlicher Intellektueller, der sich eine Zeitlang in Rom niederließ und im Hause eines anderen Christen wohnte in der Nähe eines Bades, wo sich täglich viele Menschen trafen; eine ideale Lage. Er hatte dort sein eigenes Dachzimmer über der Wohnung des Martin. Dorthin konnte er interessierte Fragesteller einladen. Justins philosophische Unterweisung ging Hand in Hand mit seinem Aufruf zum christlichen Glauben. Diese Mischung von Lehre und Evangelisation scheint im zweiten Jahrhundert von vielen Gläubigen aus den Reihen der Intellektuellen übernommen worden zu sein: Quadratus und Aristides, Athenagoras und Tatian, Pantänus und Clemens. Wir müssen bedenken, daß diese Leute ihre Apologien nicht in Sicherheit und mit Ruhe schreiben konnten. Sie waren Missionare, Prediger, Evangelisten und in vielen Fällen auch Märtyrer.

Es ist gut möglich, daß der Anstoß zu dieser Lehrevangelisation von Paulus ausging, der die Schule des Tyranus übernahm, als er sich drei Jahre lang in Ephesus aufhielt. Das ist ein sehr eindrückliches Beispiel dafür, wie Christen jede günstige Gelegenheit ergriffen, um ihrem Dienst eine größere Reichweite zu geben. Paulus erreichte durch diese Methode eine Hörerschaft, mit der er sonst nicht in Berührung gekommen wäre. Wir lesen sogar, daß die Asiarchen ihm so wohl gesonnen waren, daß sie ihn drängten, nicht sein Leben aufs Spiel zu setzen, indem er ins Theater ging und sich den dort entstehenden Unruhen aussetzte.[46] Dies erstaunt, wenn man bedenkt,

daß die Asiarchen von Amts wegen die Aufsicht über den Kaiserkult zu versehen hatten, und wir können ganz sicher sein, daß Paulus mit diesem nichts zu tun haben wollte. Dennoch hatte er so sehr
die Achtung und vielleicht auch die Freundschaft dieser Beamten
gewonnen, daß sie hier etwas Außergewöhnliches taten und ihn vor
einer gefährlichen Lage bewahren wollten. Konnte es sein, daß sie
von dem, was sie in der Schule des Tyranus hörten, beeindruckt,
wenn nicht gar überzeugt waren?

Aus diesem Bericht über Paulus in Ephesus geht zweierlei klar hervor. Erstens muß der Inhalt seiner Botschaft geistig sehr anregend
gewesen sein. Hier war ein Mann, der seinen Standpunkt vertreten
konnte und vielleicht im Verlaufe einer öffentlichen Debatte Menschen für seine Sache gewinnen konnte, und zwar als *dialegomenos*.[47] Er hatte es in der Synagoge getan, als er zum ersten Mal nach
Ephesus gekommen war (das gleiche Wort *dialegomenos* wird dort
verwandt zusammen mit *peithon,* durch Überreden) und er hatte
Menschen für Christus gewonnen. Danach tat er es in seinen tägli-
chen Begegnungen mit den Heiden in der Schule des Tyranus. Diese
Art, im Gespräch das Evangelium darzubieten, war so kennzeichnend für Paulus, daß er vor seiner Gefangennahme ausdrücklich
darauf hinweisen muß, daß er es im Tempel nicht getan hat. »Und
sie haben mich weder im Tempel noch in den Synagogen, noch in
der Stadt gefunden mit irgend jemand streiten oder einen Aufruhr
machen im Volk.«[48] Für eine solche Arbeit an der Front war die
ganze Weite einer geistigen Ausrüstung nötig. Natürlich hat weder
Paulus, noch irgend jemand sonst in der urchristlichen Mission
daran gedacht, daß man durch Debatten allein Menschen ins Reich
Gottes bringen könnte. Aber man wußte, daß sich dadurch Schranken niederreißen ließen, die den Menschen nicht erkennen ließen,
was sich in sittlicher und persönlicher Hinsicht für ihn daraus ergab,
wenn er Christus annahm oder nicht.

Zweitens müssen diese lebendigen geistigen Auseinandersetzungen
mit Begeisterung geführt worden sein. Das geht deutlich aus dem
ganzen Bericht hervor. Als Paulus beispielsweise von der Unruhe
im Theater hört, ist seine erste Reaktion, sofort hinzugehen und
einzugreifen. Nun bietet uns der westliche Text von Apostelgeschichte 19, 9 eine sehr interessante Lesart, die, wenn sie auch nicht
echt ist, wenigstens von einer guten Kenntnis der örtlichen Verhältnisse ausgeht, wie es bei vielen westlichen Lesarten in der Apostelgeschichte der Fall ist. Nach der Bemerkung »Paulus redete täglich
in der Schule des Tyranus« fügt der Text hinzu »von der fünften bis
zur zehnten Stunde«, d. h. von 11 bis 16.00 Uhr. Vermutlich hat

Paulus in den kühleren Morgenstunden als Zeltmacher gearbeitet, während Tyranus lehrte; wenn dann um elf Uhr das öffentliche Leben und damit auch der Unterrichtsbetrieb des Tyranus zur Ruhe kam, übernahm Paulus die Schule und redete mit allen, die kamen. Er muß es mit großer Begeisterung getan haben, daß er ein solches Unternehmen zu einer so ungünstigen Zeit begann. Er muß mit Begeisterung versucht haben, sein Ziel zu erreichen. Wie Lake und Cadbury zeigen, schliefen in Ephesus um 13.00 Uhr mehr Menschen als um 1.00 Uhr in der Nacht.[49] F. F. Bruce bemerkt dazu: »Er muß seine Hörer durch seine Energie und seinen Eifer angesteckt haben, so daß sie bereit waren, ihre Mittagsruhe zu opfern, um Paulus zuzuhören.«[50]

Zeugnis

Dieser Zug von Begeisterung durchdrang die ersten Christen in allen Bereichen ihrer evangelistischen Tätigkeit. Sogar ganz gelehrte Leute unter ihnen waren der Überzeugung, daß sie die Wahrheit in Christus gefunden hatten und schämten sich nicht, ihrer Botschaft ein persönliches Zeugnis hinzuzufügen. Justin beginnt seine *Erste Apologie* für die Christen mit den Worten: »Da ich auch einer von ihnen bin.« Dieses persönliche Zeugnis von der Wahrheit der Botschaft gehörte wesentlich zur christlichen *martyria*, dem Zeugnis, hinzu. In dieser Zeit findet man es überall in der Literatur.

Die häufige Betonung des persönlichen Zeugnisses im Neuen Testament braucht nicht noch hervorgehoben zu werden. Die Schreiber sind erfüllt von der Tatsache, daß das Sein in Christus etwas ganz Neues in ihr Leben gebracht hat, und bieten diesen Christus den anderen an. Freudig rufen sie aus: »Gott sei Dank für seine unaussprechliche Gabe.«[51] Oder sie reden voll Trauer von den »Sündern, unter denen ich an erster Stelle stehe«,[52] oder sprechen voll Freude über die wunderbare Befreiung vom »Gesetz der Sünde, welches in meinen Gliedern wohnt«.[53] Sie haben sich nicht aufgedrängt, aber sie schreckten auch nicht zurück, persönlich Zeugnis abzulegen von der Erfahrung mit der Wahrheit, die sie anderen verkündigt hatten.

Dies blieb auch ein wichtiger Faktor der Evangelisation im zweiten Jahrhundert. Euelpistus, ein Kollege des Justin, sagt vor seiner Hinrichtung um des Glaubens willen, als der Präfekt ihn fragt, wer er sei: »Auch ich bin ein Christ und bin von Christus befreit worden.«[54] Oder wir können uns dem letzten Kapitel der *Ermahnung an die Heiden* von Clemens von Alexandrien zuwenden. Es ist ein ausgiebiger und begeisterter Appell zur Übergabe an Christus, durchzogen von dem freudigen Bewußtsein dessen, was Christus für ihn getan hat, der ihn angenommen, ins rechte Verhältnis zu Gott gebracht hat und ihm Weisheit und ein christusähnliches Leben gegeben hat. »Das ist also unsere Lage, die wir Christus angehören... Gott ist das ganze Leben derer, die Christus kennen.«[55] Am Ende seiner *Rede an die Griechen* bringt Tatian seine Bereitschaft zum Ausdruck, seine Lehre und sein Leben überprüfen zu lassen, weil er in dem vollen Vertrauen lebt, daß er »weiß, wer Gott ist, und was sein Werk ist«.[56] An anderer Stelle stimmt er einen Lobgesang auf Christus an, weil er ihn errettet hat aus der Knechtschaft des Bösen, aus Verdammnis und Irrtum und den »zehntausend Tyrannen«, die sein Leben beherrschten.[57] Eine Reihe anderer Beispiele für dieses begeisterte Bezeugen der Wahrheit des Evangeliums im eigenen Leben haben wir schon in Kapitel 6 angeführt. Wohin man auch schaut, die Literatur dieser zwei Jahrhunderte spricht immer wieder davon. Unklarheit, auch Unausgewogenheiten in der Lehre kommen oft vor. Ketzerei ist an der Tagesordnung. Der Antinomismus ist eine ständige Gefahr. Und doch läßt sich nicht leugnen, welch ein Eifer und welch eine Entdeckerfreude das Zeugnis der Urgemeinde begleiten, sowohl im öffentlichen wie auch im privaten Bereich, schriftlich wie mündlich. Die Tatsache, daß die Christen mit einer so großen Gewißheit sagen konnten, daß sie in Gott und Christus und ihrem Heil das Richtige gefunden hatten, konnte schließlich die heidnische Welt davon überzeugen, daß sie sich auf dem falschen Wege befand.

Evangelisation im Hause

Der Wert der Evangelisation im Hause

Eine der wichtigsten Methoden zur Ausbreitung des Evangeliums im Altertum bestand darin, daß man in den Häusern verkündigte. Dies hatte große Vorteile. Da ja immer nur wenige Menschen dort beisammen waren, konnten die Beteiligten einen echten Austausch über all ihre Fragen halten. Es bestand nicht die künstliche Trennung zwischen Prediger und Zuhörerschaft. Weder der Redner noch der Fragesteller war in Versuchung, Effekt zu haschen, wie das in der Öffentlichkeit oder in Freiversammlungen geschah. Die ungezwungene und gelöste Atmosphäre des Hauses, ganz abgesehen von der Gastfreundschaft, die auch oft dazubeitrug, machten diese Art von Evangelisation besonders erfolgreich. Wir führten schon an, wie sich Celsus darüber beklagt: In Privathäusern haben die Wollweber und Schuster, die Wäscher und Bauerntölpel, die er so gründlich verachtete, ihre Proselyten gemacht. Selbst die Kinder lehrte man, daß »sie glücklich würden und auch ihre Familie glücklich machten«, wenn sie glaubten.[58] Die *clementinischen Recognitionen* geben uns ein Beispiel für die Hausversammlungen, die im zweiten Jahrhundert, als Clemens zum Wohnsitz des Petrus in Cäsarea kommen soll, allgemein üblich war. Als Clemens aus den Gesprächen in einem Gasthaus hört, daß ein gewisser Petrus in der Stadt sei und am nächsten Tage bei einem Samaritaner Simon ein Gespräch führen wolle, läßt er sich zu seiner Wohnung führen. Er fand sie, klopfte an, wurde hereingebeten und hörte bald der ausgedehnten Unterweisung durch den Apostel zu.[59] Wiederum finden wir in einem anderen Abschnitt des gleichen Schriftwerkes einen Bericht darüber, wie Petrus und seine Begleiter in ein vorher vereinbartes Haus kamen. »Der Herr des Hauses begrüßte uns und führte uns in einen Raum, der wie ein Theater aufgemacht und sehr schön ausgebaut war. Dort fanden wir ziemlich viele Leute, die auf uns warteten; sie waren während der Nacht gekommen...« Und bald war das Gespräch in vollem Gange.[60]

Doch wir brauchen unsere Kenntnisse über die häusliche Evangelisation nicht von Gegnern wie Celsus oder von Geschichtenerzählern wie dem Verfasser der Pseudo-Clementinen zu holen. Im Neuen Testament selbst steht es an bedeutender Stelle. Jasons Haus in Thessalonich wurde für diesen Zweck gebraucht,[61] ebenso das Haus des Titius Justus, das in Korinth herausfordernd gegenüber der Synagoge stand (mit der Paulus gebrochen hatte).[62] Das Haus des Philippus in Cäsarea schien ein sehr gastfreier Ort gewesen zu sein, wo nicht nur durchkommende Seereisende wie Paulus und seine Begleiter, sondern auch umherziehende Charismatiker wie Agabus aufgenommen wurden.[63] Das Haus der Lydia und des Kerkermeisters in Philippi wurden evangelistische Stützpunkte,[64] und Stephanas hat offensichtlich sein Haus in Korinth dem gleichen Zweck geöffnet. Seine Hausgenossen wurden von Paulus persönlich getauft, nachdem sie zweifellos in den Grundwahrheiten des Christentums unterrichtet waren und ein Bekenntnis ihres Glaubens abgelegt hatten.[65] Später erfahren wir, daß er sein Haus »zum Dienst der Heiligen« zur Verfügung stellte.[66] Die allererste Christengemeinde traf sich im Obergemach eines bestimmten Hauses, das der Mutter des Johannes-Markus in Jerusalem gehörte.[67] Es überrascht nicht, daß »die Gemeinde im Hause« ein entscheidender Faktor bei der Ausbreitung des christlichen Glaubens wurde.

Die soziologische Bedeutung des Hauses

Das Haus als grundlegende Einheit der Gesellschaft hatte in der israelitischen und römischen Kultur eine lange Geschichte. Vom soziologischen Standpunkt gesehen, hätten die ersten Christen von keiner besseren Voraussetzung ausgehen können. Die Arbeiten von Jeremias[68] und Stauffer[69] haben neben anderen gezeigt, wie grundlegend das Haus in Israel für die Heilsgeschichte Gottes war. Noah und sein Haus werden in die Arche gebracht. Abraham und sein Haus kommen in den Bund. David und seinem Haus wird das Königreich verheißen; und so geht es weiter. Das Zusammengehörigkeitsgefühl des Hauses ist so groß, daß David etwas Ungewöhnliches tut, wenn er dem lahmen Mephiboseth Güte erweist, einfach, weil er der einzige Überlebende des Hauses Jonathans ist. Nicht nur Frau und Kinder gehörten zum Haushalt in Israel, auch die Diener und die dort wohnenden Fremden. Das Gebot aus 5. Mose 14, 26 »Iß daselbst vor dem Herrn, deinem Gott, und sei fröhlich, du und dein Haus« stimmt überein mit dem, was in Kapitel 12, 12 gesagt wird: »Und sollt fröhlich sein vor dem Herrn, eurem Gott, ihr und eure Söhne und eure Töchter und eure Knechte und eure Mägde.« Auch in der griechisch-römischen Gesellschaft und in ihrem Denken nimmt die Familie eine grundlegende Stellung ein. Es gab Streitgespräche über die Frage, ob der Haushalt oder der Staat größere Rechte hätten. Ein Teil der Schwierigkeiten am Ende der römischen Republik sind zurückzuführen auf die Auseinandersetzung rivalisierender *familiae*. Ein Teil des Erfolgs der Kaiser liegt begründet im Gedanken von der Vorherrschaft der *domus Augusta*, des kaiserlichen Hauses, das in alle Teile der Welt zerstreut wurde.[70]

Auch unter der Herrschaft des römischen Reiches war der Haushalt eine vielschichtige Einrichtung. Sein unumstrittenes Haupt war der Vater und er hatte Macht über die Familienglieder, die er, wenn er wollte, vor einem Familiengericht verurteilen konnte. Besonders hatte er Macht über die Frauen und Sklaven im Haushalt, die unter seiner *manus* und *potestas* blieben. Außer seinen eigenen Anverwandten gehörten zum »Haushalt« die Sklaven, die bezüglich ihres Lebensunterhaltes und ihrer gesellschaftlichen Stellung davon abhängig waren, ebenso auch der Freigelassene, der häufig den Familiennamen annahm und als *clientela* in loserer Verbindung blieb. Dadurch standen sie in treuer Ergebenheit zum Haupt der Familie, das in finanzieller Hinsicht, bei der Sicherung ihres Lebensunterhaltes und gegebenenfalls in Rechtsangelegenheiten für sie handelte. Eine weitere Gruppe, die man oft zur *familia* rechnete, waren die *amici*, die vertrauten Freunde, denen man enge Freundschaft gewährte und von denen man zuverlässige Unterstützung und treue Ergebenheit erwartete. Diese Stellung nahm Manahen,[71] der später Christ wurde, im Haushalt des Vierfürsten Herodes ein.

In diesem Verhältnis stand Pontius Pilatus bei Tiberius; ein Verhältnis, das zerstört werden konnte, wenn böse Gerüchte dem Kaiser zu Ohren kamen, Pilatus erweise etwa seine Gunst einem Anwärter auf den Kaiserthron. »Läßt du diesen los, so bist du des Kaisers Freund nicht.«[72]

Die so verstandene Familie in ihrem weiteren Sinne, bestehend aus Blutsverwandten, Sklaven, Klienten und Freunden, war eine der Säulen der griechisch-römischen Gesellschaft. Die christlichen Missionare haben es bewußt darauf angelegt, alle möglichen Haushalte zu gewinnen, damit sie sozusagen als Leuchttürme dienten, von denen aus das Evangelium die umgebende Finsternis erleuchten sollte. Sicher geht Stauffer zu weit in seiner Behauptung, daß es im Neuen Testament eine fast kultische *oikos*-Formel gibt; doch er betont mit Recht, daß der Haushalt zentrale Bedeutung hatte für die Ausbreitung des Christentums.

Die Bekehrung des Ehemanns

Die Frage, ob die Taufe ganzer »Häuser« in diesem umfassenden Sinne des Wortes auch die Taufe der Kinder einschließt, kann hier nicht weiter verfolgt werden. Meiner Meinung nach muß man hier eher Jeremias als Aland[73] Recht geben. Kinder wurden manchmal zusammen mit der übrigen Familie getauft, besonders im Blick auf die Zusammengehörigkeit der jüdischen Familie durch Beschneidung und Proselytentaufe,[74] die an Kindern und Erwachsenen in gleicher Weise vollzogen wurde; auch im Blick darauf, daß der römische Haushalt ohne Rücksicht auf Alter und persönlichen Glauben in einem gemeinsamen religiösen Kult *(den Lares)* vereint war. In jedem Fall war der Haushalt innerhalb der natürlichen Gruppen das entscheidende Mittel der Evangelisation, unabhängig davon, welches Familienglied zuerst für den Glauben gewonnen wurde. Es war natürlich günstiger, wenn sich zuerst der Vater bekehrte, denn dann würde er die ganze Familie nach sich ziehen. Das geschah im Fall des Cornelius, als er sich mit einem Wechsel der *superstitio* befaßte. Er rief seine Blutsverwandten, seine Sklaven und Freunde zusammen, und sie hörten gemeinsam die Predigt des Petrus.[75] Als Cornelius den Glauben bekannte, wurde seine ganze *familia* (und es war eine große) mit ihm getauft.[77] (Als Petrus in das Haus kam, »fand er viele Menschen versammelt«.) Was das Haupt der Familie tat, vollzog auch der Rest der von ihm abhängigen Gruppe. Das gleiche geschah bei Lydia, einer Textilverkäuferin aus Thyatira, die damals in Philippi wirkte. Ihr ganzer Haushalt (weitgehend Sklaven zusammen mit einigen Freigelassenen, aber ohne Mann und Kinder, da sie anscheinend unverheiratet war) wurde getauft.[78] So geschah es auch mit dem Haus des Kerkermeisters von Philippi, als er sich zum Glauben bekannte.[79] Es war ein ganz natürlicher Vorgang.

Bekehrung der Ehefrau

Es war nicht so leicht, wenn das Christentum durch ein anderes Glied des Haushaltes als das Familienoberhaupt in die Familie eindrang. Jesus hatte vorausgesagt, daß die Bindung an ihn die Familie spalten könne, und so geschah es immer wieder. Bei Tertullian haben wir einen herzzerreißenden Bericht über die Lage einer christlichen Frau in einem heidnischen Haushalt,[80] von einer schließlichen Ehescheidung und der Verfolgung, die zur damaligen Zeit bei einer Mischehe in Rom entstand.[81] Hier wird deutlich, mit welcher Weisheit Paulus seinen anscheinend engherzigen Rat gegeben hat, daß die Christen nur Christen heiraten sollten. »Ziehet nicht am fremden Joch mit den Ungläubigen.«[82] Das war nicht nur gesunde Theologie, die auf einer wohlgegründeten Auffassung von der ehelichen Einheit beruhte, sondern ein kluger praktischer Rat aufgrund erfahrener Nöte in gemischten Ehen. Wenn die Frau nach ihrer Eheschließung zum Glauben kam, dann war nach der Meinung des Paulus aller Grund vorhanden, zu glauben, daß Gott die ganze Familie durch sie erreichen wollte. Wenn sie für Gott beiseite genommen wurde, sollte sie damit rechnen, daß ihr Mann und ihre Kinder auch unter Gottes Heilsabsichten kämen. Sie sollte sie nicht verlassen und sich auch nicht von ihnen zurückziehen, sondern durch ihr geheiligtes Leben darum ringen, sie zu gewinnen.[83] Das war nicht leicht. Wenn aller Wahrscheinlichkeit nach Pomponia Graecina, die Frau des Aulus Plautius, des Eroberers von Britannien, Christin war, dann hielt sie die hohe gesellschaftliche Stellung, in der sie sich befand, für eine Situation, in der ungeheuer große Anforderungen an sie gestellt wurden. Da sie, wie Tacitus berichtet, an ihrem »fremden Aberglauben« hing, benutzte sie die Ermordung ihrer Cousine Julia als Entschuldigungsgrund, um sich aus dem öffentlichen Leben zurückzuziehen. Unter dem Deckmantel einer langanhaltenden Trauer für sie (sie dauerte vierzig Jahre) erregte sie weniger Aufmerksamkeit durch ihre neue Lebensweise. Dennoch entging sie nicht den Anklagen der Gesellschaft und »wurde der rechtlichen Entscheidung ihres Mannes übergeben. Nach alter Sitte verhandelte er die Sache seiner Frau öffentlich in Gegenwart seiner Verwandten, wobei auch ihr Charakter und ihr Leben zur Sprache kamen. Sie wurde für unschuldig erklärt«.[84] Diese Geschichte macht deutlich, in welche Gefahren eine christliche Frau um ihres Glaubens willen auch durch ihren eigenen Mann kommen konnte. Und es zeigt uns, wie schwer es war, die Struktur der *familia* von unten aufzubrechen. Vielleicht hatte sie schließlich etwas Erfolg. Im ältesten Teil der Katakombe des Callistus in Rom befindet sich eine Inschrift aus dem zweiten Jahrhundert über das Begräbnis eines Christen mit Namen Pomponius Graecinus. Die Übereinstimmung hinsichtlich des *cognomen* und des *nomen gentile* deutet hin auf eine Blutsverwandschaft mit dieser Pomponia Graecina, aber genau wissen wir es nicht.[85]

Bekehrung von Sklaven und Freigelassenen

Wir wissen nicht von Kinderbekehrungen, die in einem Haushalt Einfluß hatten, obwohl dies an sich nicht unwahrscheinlich ist. Ob Ignatius, Justin, Hermas oder Clemens mit ihren eigenen Eltern vorankamen, können wir einfach nicht sagen. Aber die Sklaven und Freigelassenen bahnten bestimmt einen Weg, auf dem man sogar in die angesehenen Familien der römischen Aristokratie vordringen konnte. Zu der Zeit, als Paulus den Philipperbrief schrieb, waren Glieder aus dem Kaiserhaus Christen.[86] Anscheinend hat Paulus unter den Mitgliedern der Prätorianergarde, wenn er sie auch nicht bekehren konnte, doch einen starken Eindruck hinterlassen. Während seiner Gefangenschaft hatten sie sich in Vierergruppen bei seiner Bewachung abgelöst. Er konnte schreiben: »Denn daß ich meine Fesseln für Christus trage, das ist in dem ganzen Richthause und bei den anderen allen offenbar geworden.«[87] Wenn wir annehmen können, daß das letzte Kapitel des Römerbriefs in der Tat an Rom und nicht an Ephesus gerichtet war,[88] läßt sich einiges weitere aussagen über die Ausbreitung des Evangeliums durch die Freigelassenen, wenn auch nicht in dem Umfang, wie es J. B. Lightfoot annimmt.[89]

Lightfoot sammelte römische Parallelen aus dem ersten Jahrhundert für die meisten der in Römer 16 vorkommenden Namen. Doch dies besagt nicht viel, weil uns die meisten Namen auch anderswo im Reich auf Grabinschriften begegnen. Anders ist es jedoch mit denen, »die da sind von des Aristobulus Hausgenossen«[90] und denen, »die da sind von des Narzissus Hausgenossen in dem

Herrn«.[91] Aristobul war ein Enkel Herodes des Großen; er wurde erzogen und lebte in Rom. Er war ein enger Freund des Kaisers Claudius, und es scheint, als hätte er seine *familia* von Sklaven dem Kaiser bei seinem Tode überlassen.[92] In diesem Falle blieben sie weiter bekannt unter dem Namen *Aristobuliani*. Es könnte sein, daß einige der jüdischen Begleiter dieses Gliedes der herodianischen Familie zum Glauben an Christus gekommen waren. Das ist besonders naheliegend, da die nächste Person, die Paulus erwähnt, sein Landsmann Herodion ist. Dies ist ein typischer Sklavenname, wie wir ihn möglicherweise unter den Gefolgsleuten von einem aus dem Hause des Herodes finden können. Die *Narcissiani* kamen auf einem nicht so ungewöhnlichen Weg in kaiserliche Hände. Der mächtige freigelassene Narzissus übte ungeheuren Einfluß auf den Kaiser Claudius aus, dessen Privatsekretär er war. Er besaß gewaltigen Reichtum und große Macht und hatte eine sehr ausgedehnte *familia*. Diese ging in die Hände Neros über, als Narzissus nach der Ermordung des Claudius im Jahr 54 n. Chr. auf Betreiben von Agrippina zum Selbstmord getrieben wurde. Unter den Empfängern des Römerbriefes waren offenbar einige Leute aus diesem Haushalt. Mit Sicherheit läßt es sich nicht nachweisen, welchen Einfluß die Sklaven und Freigelassenen aus diesen großen Häusern auf ihre Herren hatten. Doch mit großer Wahrscheinlichkeit wurden die aristokratischen Familien schließlich durch sie erreicht mit dem Evangelium.[93] Denken wir nur an die *gens Acilius*, deren älteste Söhne regelmäßig den Beinamen *Glabrio* trugen. Es war eine berühmte alte Senatorenfamilie, von denen ein Glied, Acilius Glabrio, im Jahre 91 n. Chr. bei Trajan Konsul war; er wurde vom Kaiser Domitian gezwungen, mit einem Löwen zu kämpfen. Es muß schon ein sehr ernster Grund vorgelegen haben, wenn ein so unberechenbarer Mann wie Domitian in so einmaliger Weise gegen den höchsten Amtsträger im Staate vorging.

Dio[94] macht deutlich, daß sein »Atheismus und seine jüdischen Wege« die Hauptursache für die Empörung des Domitian waren, obwohl Sueton hinzufügt, daß der Kaiser ihn revolutionärer Tendenzen verdächtigte.[95] Daraus kann man entnehmen, daß er Christ war, dessen Treue zu Christus es ihm nicht erlaubte, den Kaiser mit den gotteslästerlichen Titeln zu belegen, die dieser selbst seinen Senatorenfamilien abverlangte; sie mußten ihn anreden »Unser Herr und Gott«.[96] Für Domitians krankhaftes Denken mußte eine solche Weigerung wie politische Treulosigkeit aussehen. Nach Hegesipp ließ er sogar die Enkel des Herrenbruders Judas verhaften als potentielle Revolutionäre. Doch als er ihre schwieligen Hände sah, versicherte er sich ihrer friedlichen Absichten und erkannte, daß sie nur ihren bäuerlichen Arbeiten nachgingen.[97] Glabrio jedenfalls hat den Löwen getötet und wurde freigelassen; aber er ging klugerweise ins freiwillige Exil. Dies half ihm jedoch nichts. Der Kaiser ließ ihn hinrichten und gab der ganzen Geschichte den Anstrich, als hätte er bewußt seine Stellung als Konsul herabgesetzt, um Gladiator zu werden und mit dem Löwen zu kämpfen. Er wurde in einem Familiengrab beigesetzt, das nicht lange danach zu einer christlichen Katakombe wurde. War er Christ? Hertling und Kirschbaum schätzen es folgendermaßen ein: »Wir haben den löwentötenden Konsul aus dem Jahre 91, der Christ gewesen sein kann. Seine Nachkommen sind über oder in der Nähe einer Gruft beerdigt, die später zu einem christlichen Friedhof gehörte. Einige dieser Nachkommen waren selber Christen. Der Friedhof wurde nach einer Priscilla benannt. Wie wir sahen, gab es im zweiten Jahrhundert in der Familie der Glabrionen eine Anzahl Priscillas. Die verschiedenen Einzelheiten ergeben noch keinen unbedingten Beweis; aber man kann sie nicht nur als zufällig betrachten.«[98] Es ist vielleicht fruchtlos, diese Sache weiter zu verfolgen. Aber ich frage mich doch, ob die Familie nicht durch ein Ehepaar erreicht wurde, die im Neuen Testament erscheinen, Aquila und Priscilla. Aquila begegnet uns als Jude aus Pontus, der durch die Verordnung des Kaisers Claudius im Jahre 49 n. Chr. aus Italien vertrieben wurde;[99] das geschah nach den Unruhen in den Synagogen in Rom wegen »Chrestus«. Es fällt sehr auf, daß an vier der sechs Stellen des Neuen Testamentes, die das Paar erwähnen, die Frau vor dem Manne angeführt wird. Vielleicht war sie ein freies Glied der *gensk*[100], die diesen jüdischen Freigelassenen heiratete, der natürlich den *nomen gentile* seines Patrons Acilius angenommen hatte. Könnte es sein, daß durch dieses entschieden christliche Paar der christliche Glaube so in die Familie der Acilii eindrang, daß das Familienoberhaupt in den neunziger Jahren selbst Christ geworden war? Es ist eine reine Vermutung[101], aber unmöglich ist es nicht, und solche Dinge kamen fraglos in den ersten beiden Jahrhunderten vor, als sich das Evangelium seinen Weg bahnte in die großen Häuser des Reiches.

Das Vordringen des Christentums in den oberen Schichten durch die Tätigkeit von Sklaven und Freigelassenen wird sehr gut erkennbar an einem Haus in Herkulaneum. Das dortige Zweijahrhunderthaus kann einen zugleich fesseln und auch unangenehm berühren. Es gehörte einem gewissen Gaius Petronius Stephanus und ist eines der schönsten Privathäuser der Stadt. Der Besitzer war bestimmt kein Christ. Die Fresken mit spielenden Cupidos, Dädalus und der

Pasiphae, einem nackten Mars und einer dürftig bekleideten Venus lassen das klar erkennen. In diesem Hause wurden eine Reihe von Papyrusberichten gefunden, die den quälenden Fortgang eines römischen Prozesses enthüllen, bei dem Caltoria, die Witwe des Stephanus, ihre rechtlichen Ansprüche auf ein Mädchen geltend zu machen sucht. Dieses Mädchen namens Justa, deren Vater man nicht kannte, war innerhalb ihres Hauses geboren und beanspruchte, eine Freigelassene zu sein. Auf beiden Seiten schien sich keine stützende Beweisführung zu ergeben. Doch den entscheidenden Beweis lieferte dann in diesem Fall der Verwalter des verstorbenen Stephanus. Dieser Mann mit Namen Telesphorus hatte den Mut, gegen Caltoria auszusagen, der er als Freigelassener noch diente. Er wies nach, daß Justa nach der Freilassung ihrer Mutter geboren war, und er bezeichnete sie in seiner Aussage ganz klar als *coliberta mea* (dt. meine Mit-Freigelassene). Wie das heute noch vorkommt, schoben die Gerichte die Sache hinaus. In den Jahren 75–76 n. Chr. wurde der Fall noch einmal vertagt. Im Jahre 79 n. Chr. war das Urteil immer noch nicht gesprochen.

Was konnte Telesphorus veranlaßt haben zu einer Handlung, die seinen persönlichen Interessen im Hause der Caltoria so entgegenstand? War es einfach sein Gerechtigkeitsempfinden? War es die Tatsache, daß er, wie es scheint, ursprünglich von Stephanus als Justas Vormund in die Familie hereingeholt wurde? Oder gab es noch einen tieferen Grund? Das äußerlich so großartig ausgestattete Haus hatte schwere Zeiten zu durchstehen. Deshalb besaß Caltoria die Kühnheit, nach der Person und dem Besitz der Justa zu greifen. Der erste Stock des Hauses war zu zwei Wohnungen umgebaut und vermietet worden. In einem Zimmer, das zu der einen oder der anderen Wohnung gehören konnte, machte man einen interessanten Fund. Der Raum schien eine kleine Kapelle gewesen zu sein. Eine kleine Fläche mit weißem Verputz war später in die Wand eingelassen worden. In der Mitte dieser Fläche waren deutlich die Umrisse eines beachtlich großen Kreuzes zu sehen. Daraus muß man nicht unbedingt entnehmen, daß der Besitzer ein Christ war. Einige Experten bezweifeln, daß das Kreuz schon so früh zum christlichen Symbol wurde, doch die neueren Entdeckungen, die uns das Kreuz, den Fisch, den Stern und den Pflug – alles gut bekannte Symbole aus dem zweiten Jahrhundert – auf Gräbern der jüdisch-christlichen Gemeinde in Judäa zeigen, lassen an der Möglichkeit jedenfalls nichts mehr deuteln.[102] Außerdem fand man in einem anderen Hause in Herkulaneum ein Holzkreuz, und es gibt wahrscheinlich noch zwei andere Beispiele dafür in Pompeji, besonders das aus dem

Hause des Pansa. Es gibt also keinen Grund, warum diese Markierungen an der Wand in Herkulaneum nicht ein christliches Symbol sein sollten.[103]

Die andere Erklärung, daß die kreuzförmigen Markierungen dadurch entstanden, daß ein kleines Regal schnell von der Wand abgerissen wurde, ist unwahrscheinlich. Denn die Nagellöcher, wo es an der Wand befestigt war, sind oben und unten, nicht an den Seiten, wie man es bei einem Regal hat. Die Folgerung ergibt sich von selbst, daß wir hier eine christliche Kapelle vor uns haben, und daß das Kreuz an der Wand von dem Christen, der das Zimmer bewohnte, als wertvolles Besitztum mitgenommen wurde, als er vor den wachsenden Schutt- und Lavabergen floh, die die heimgesuchte Stadt am 24. August des Jahres 79 n. Chr. einschlossen.

Dieses Ergebnis wird gestützt durch ein anderes Möbelstück, das man in dem Raum fand. Es war ein kleiner hölzerner Schrank von einem Meter Höhe und der halben Breite; er stand unmittelbar unter dem Kreuz an der Wand. Anscheinend wurde er zum Gottesdienst gebraucht. Er erinnert sehr stark an die in Herkulaneum und Pompeji so häufigen *lararia,* hölzerne Kästen, in denen die Hausgötter untergebracht waren.[104] Wenn dies wirklich ein christlicher Gebetstisch war, dann hatte er sich unmittelbar aus einem heidnischen *lararium* entwickelt, und wir haben ein erneutes Beispiel dafür, daß heidnische Sitten, Kultgegenstände, Worte und Symbole »getauft« wurden, als das Christentum immer mehr um sich griff.

Doch was soll das alles mitten in einem heidnischen Hause? Caltoria war sicher nicht gläubig, andernfalls hätte sie sich nicht in ein so in die Länge gezogenes, schmutziges und selbstsüchtiges Rechtsverfahren eingelassen. Aber es ist nicht unwahrscheinlich, da Telesphorus und Justa gläubig waren, daß sie in diesem Raum eine winzige christliche Zelle bildeten und daß sie es waren, die auf ihrer Flucht das Kreuz von der Wand rissen. Diese These wäre auch eine angemessene Erklärung für das mutige Eintreten des Telesphorus für Justa.

Ist es aber anzunehmen, daß die Patrizier, die die Besitzer dieses Hauses waren, ihren Freigelassenen gestatteten, daß sie einen Raum zu einer Kapelle für einen staatsgefährdenden Kult umbauten? Gegen diesen Kult hatte Nero schon fünfzehn Jahre vorher drastische Maßnahmen ergriffen. Auf den ersten Blick erscheint es nicht glaubhaft. Vielleicht wurde die Kapelle von einem anderen Freigelassenen namens Marcus Helvius Eros benutzt, der anscheinend die andere Wohnung gemietet hatte. Sein persönliches Siegel fand man in einem der Räume neben der Kapelle. Trotzdem bleibt meiner Meinung nach Telesphorus der nächstliegende Kandidat. Einem Manne, der sich als ein so guter Verwalter der Familie erwiesen hatte, daß man ihm die Freiheit gab und den ganzen Haushalt anvertraute, wurde es sicher verziehen, daß er eine *externa superstitio* einführte, zumal er in Stephanus einen sehr gütigen Herren hatte, und seine Witwe Caltoria von seinen guten Kenntnissen abhängig war. Schließlich war die römische Religion, wie wir wissen, synkretistisch, nicht exklusiv.

Diese gewagte Konstruktion könnte der Wirklichkeit entsprechen. In dem Falle ist sie eine konkrete Bestätigung für den Prozeß, der sich damals vollzog: durch das Leben und die Worte der Sklaven und Freigelassenen an ihrer Arbeitsstelle drang das Christentum allmählich in die mittleren und oberen Schichten der römischen Gesellschaft ein.

Indirekte Evangelisation im Hause

Die urchristlichen Versammlungen fanden in Häusern statt. Man darf erwarten, daß die Christen durch den Schmuck in ihren Häusern von ihrem Glauben Zeugnis ablegten.

Aus dem Material können wir entnehmen, daß sie versuchten, dadurch bestimmte Dinge anzudeuten. Sie brachten Schmuck an, der einem anderen Christen viel bedeutete, für einen Nichtchristen aber wenig besagte, oder einige Bemerkungen hervorlockte, in denen der christliche Hausherr eine Gelegenheit sah, seinen Glauben zu bezeugen.

Die aus dem zweiten und dritten Jahrhundert stammenden Mosaike aus Ostia und Rom zeigen, daß dieser Prozeß schon ziemlich weit fortgeschritten war. In Ostia haben wir zum Beispiel Mosaiken mit Abendmahlsbroten, einem Kelch und dem Fischmotiv. Außerdem gibt es einen interessanten Komplex von drei Häusern auf dem cälischen Hügel in Rom. Die Verwendung des *opus reticulatum* zusammen mit dem Fischgrätenmuster bei dem Bau weist uns ins erste Jahrhundert; jedenfalls wurde das Frauengemach des ersten Hauses zu der Zeit erbaut. Das wird bestätigt durch die dort gefundenen Fresken, die in Muster und Ausführung dem vierten Stil von Pompeji sehr ähnlich sind. Zu einer Zeit, die wir nicht mehr feststellen können, aber sicher vor der Mitte des zweiten Jahrhunderts, wurde dieses Haus umgebaut, um das angrenzende Haus miteinzubeziehen. Jenes enthielt ein Speisezimmer mit einem bemerkenswerten Bild eines *orante*(einer Gestalt mit Armen, die zum Gebet ausgestreckt sind), ganz ähnlich denen, die man in den Katakomben fand. Solch eine Gestalt verrät, daß der Hausbesitzer ein Christ war. Aber man muß schon genau hinsehen. Das Nationalmuseum in Neapel hat zwei gute Beispiele von *oranti* heidnischen Ursprungs aus der Zeit vor 79 n. Chr.; denn man fand sie in Pompeji. Bei aller Ähnlichkeit gibt es einen auffälligen Unterschied zwischen dem heidnischen und dem christlichen *orante*. Die ersteren halten die Oberarme seitlich am Körper, während sie die Unterarme zum Gebet ausstrecken. Die christlichen Gestalten halten in der Regel die ganzen Arme zum Gebet ausgestreckt.[105] Durch die Ähnlichkeit mit dem heidnischen *orante* würde der christliche den meisten Besuchern des Hauses gar nicht auffallen. Aber der Christ würde es sofort erkennen; und wenn der heidnische Bekannte sich für die Eigentümlichkeiten interessierte und nachfragte, gab er seinem Gastgeber eine ideale Gelegenheit, über seinen Glauben zu sprechen.

Dieses Haus blieb offensichtlich in christlichen Händen. Denn es gibt eine Überlieferung, daß Johannes und Paulus, zwei Römer aus den Tagen Konstantins, unter Julian dem Abtrünnigen den Märtyrertod erlitten, weil sie sich geweigert hatten, in die Armee einzutreten und ihren Götzendienst mitzumachen. Diese Überlieferung wird bestätigt durch die Entdeckung eines Grabes (wahrscheinlich ihr Grab) in diesem Hause, zusammen mit verschiedenen anderen Gräbern, wo Leute lagen, die gern neben den Märtyrern beerdigt sein wollten. Das ist sehr auffällig, denn der Ort liegt innerhalb der Mauern. Die Überlieferung, daß sie ermordet wurden, als sie aus dem Hause kamen, und dann heimlich unter der Treppe begraben wurden, scheint wenig glaubhaft; denn innerhalb der Mauern durfte niemand begraben werden. Man fand die Gräber jedoch, und eine kleine Kapelle über dem mittleren Grab enthält vielleicht die älteste bildhafte Darstellung eines christlichen Martyriums – nicht nur von Paulus und Johannes selbst, sondern von Priscus, Priscillian und Benedicta, die den Märtyrertod starben, weil sie die Überreste ihrer Glaubensgenossen suchten und ihnen am Grab Verehrung erwiesen. Dieses Haus verwandelt sich im Laufe von 200 Jahren von einer heidnischen Wohnstätte zu einem christlichen Heim und dann zu einem Märtyrerschrein. Das mittlere Entwicklungsstadium liefert uns den Beweis für unsere Überlegungen: ein Zimmer, das still und unaufdringlich, aber ganz entschieden mit einem christlichen *orante* geschmückt war, dazu Symbole von Weinstock und Hirte, die sich verschieden deuten lassen. Sie konnten ein reines

Hirtenmotiv enthalten, sie konnten aber auch im christlichen Sinne zu verstehen sein. Ich vermute, daß diese Art, sein Christentum zu bekennen, auf die Zeit vor den Märtyrern Paulus und Johannes zurückgeht. In Pompeji sehen wir gelegentlich Anzeichen davon. Eines der dort gefundenen Wandgemälde war eine Abbildung des salomonischen Urteils.[106] Es kann sich natürlich um ein jüdisches Gemälde handeln. Aber in Anbetracht der Vorliebe für alttestamentliche Szenen in der christlichen Ikonographie handelt es sich wohl eher um ein christliches Werk. Diese Ansicht wird weithin vertreten. In dem Falle ist es wunderbar geeignet, um die Bedeutung der rechten Entscheidung zu unterstreichen und darauf hinzudeuten, daß man ehrlich und offen sein muß vor dem, der größer ist als Salomo. Ein wunderbarer Text – in einem interessanten und fesselnden Wandgemälde!

Ein noch deutlicheres Beispiel ist das Mosaikatrium im Hause des Paquius Proculus in der Via dell'Abondanza in Pompeji. Es war ein Haus der oberen Mittelschicht, verziert mit reichen Mosaiken im Vestibül, im Atrium und im Säulengang. Als das Unheil dieses Haus im Jahre 79 n. Chr. traf, wurden sieben Kinder in einem der Räume vor dem mittleren Atrium eingeschlossen. Ihre Skelette hat man gefunden. Mit großer Wahrscheinlichkeit war dies ein christliches Haus. Man fand dort nicht nur eine Kratzmalerei des berühmten *Rotas-Sartor*-Platzes[107] (leider im Zweiten Weltkrieg durch einen alliierten Luftangriff zerstört), sondern das Impluvium des Atriums gibt still und doch beredt Zeugnis vom christlichen Glauben seines Besitzers. Das innere Mosaikband war ziemlich neu, als die Stadt durch den Vesuv zerstört wurde. Es enthält Ziermuster von Vögeln, Tieren usw. Das auffälligste ist eine Gruppe links vom Impluvium. Die mittlere Platte dieser Gruppe gibt ein Gesicht wieder. Für sich genommen, könnte es zu irgendeinem beliebigen Menschen gehören. Aber im Zusammenhang mit den anderen Platten stellt es Jesus dar. Denn auf der linken Seite sind zwei gekreuzte Fische, und auf der rechten ein Lamm. Sehr wahrscheinlich begann im Atrium dieses Hauses manches evangelistische Gespräch, wenn Paquius Proculus die Bedeutung seiner Mosaikverzierungen erklärte[108] (siehe Titelblatt).

Verschiedene Hausversammlungen

Christliche Häuser wurden zu den verschiedensten Zwecken benutzt. Allein die Apostelgeschichte zeigt uns solche Häuser, die für Gebetsversammlungen benutzt wurden,[109] für einen Abend christlicher Bruderschaft,[110] für Abendmahlsgottesdienste,[111] für ganze

Nächte des Gebets, des Gottesdienstes und der Unterweisung,[112] für spontane evangelistische Zusammenkünfte,[113] für vorbereitete Versammlungen, in denen man das Evangelium hören konnte,[114] für nachgehende Gespräche mit Suchenden[115] und für Lehrveranstaltungen.[116] Paulus benutzt das von ihm gemietete Haus in Rom zu einem besonderen Zweck. Da er nicht mehr hinausgehen konnte, um das Evangelium zu predigen, lud er führende Juden zu sich ein, um einen ganzen Tag mit ihnen zu reden und zu diskutieren.[117] Eine erstaunliche Sache! Er ergriff die Initiative und erklärte ihnen, warum er in Rom war, bevor sie irgendwelche verstümmelten Berichte vorbringen konnten, die sie aus Judäa erhalten hatten. Er war kurz, sachlich, gewinnend und zielbewußt. Er bot ihnen seine Gastfreundschaft an. Er zeigte ihnen sein Verständnis der Schrift, seine Treue zu der Hoffnung Israels und seine tiefe Überzeugung, daß in Jesus das Heil zu finden war. Es war kein leerer Selbstruhm, als Paulus in seiner Abschiedsrede an die Ältesten in Ephesus sagte, er habe sie gelehrt »öffentlich und in den Häusern und habe bezeugt den Juden und Griechen die Bekehrung zu Gott und den Glauben an unseren Herrn Jesus«.[118] Wie Baxter viele Jahrhunderte später, hatte er entdeckt, daß diese Evangelisation in den Häusern fruchtbarer war als irgend etwas anderes. Nachdem er jahrelang treu gebetet hatte, begann Richard Baxter mit Hausversammlungen. Montags und dienstags widmete er sich ganz dieser Arbeit, indem er sich vom Morgen bis zum Abend »etwa fünfzehn oder sechzehn Familien vornahm in der Woche, um in einem Jahr durch die Gemeinde, die bis zu 800 Familien hatte, durchzukommen. Ich kann nicht sagen, daß auch nur eine Familie sich weigerte, zu mir zu kommen ...Und bei denen, die kommen, finde ich mehr sichtbaren Erfolg als in all meiner öffentlichen Predigttätigkeit«.[119] Ich vermute, der Apostel hätte dasselbe gesagt.

Die Kinder im Hause

Wir wissen nur zu wenig über die Wirkung, die von diesen Häusern auf die Kinder ausging. Aber einiges läßt sich doch sagen über die Spuren, die die Erziehung in christlichen Häusern bei den Kindern hinterließ. Bischof Polykarp wuchs in einem christlichen Hause auf,[120] ebenso Marcion.[121] Zwei der Christen, die zusammen mit Justin im Jahre 165 n. Chr. hingerichtet wurden, waren Paeon und Euelpistus. Als der erste von dem Präfekten gefragt wurde, wo er sein Christentum gelernt habe, antwortete er: »Ich hörte bereitwillig die Worte des Justin. Aber auch von meinen Eltern lernte ich, wie man Christ wird.«[122] Justin der Märtyrer selbst, der zwar aus dem Heidentum stammt, berichtet uns, »daß viele Männer und Frauen im Alter von sechzig und siebzig Jahren schon von ihrer Kindheit an Jünger Jesu seien«.[123] Das stimmt überein mit der Behauptung des Plinius, daß er im Jahre 112 in Bithynien unter den Christen nicht nur Erwachsene, sondern auch kleine Kinder *(teneri)* gefunden habe; der neue Glaube habe »Menschen aller Altersstufen« in seine Netze gefangen.[124]

Das ist nicht verwunderlich, wenn wir bedenken, wie groß das Zusammengehörigkeitsgefühl der Familie in der jüdischen und der griechisch-römischen Gesellschaft war, und mit welcher Hingabe die Juden ihre Kinder im Glauben unterwiesen und die Heiden ihre Kinder erzogen. Es wäre seltsam, wenn die Christen nicht die gleiche Mühe auf ihre Kinder verwandt hätten, und wenn dies nicht wenigstens in vielen Fällen Frucht getragen hätte. Die paulinischen Briefe reden von den christlichen Kindern und ihrer Verpflichtung: »Ihr Kinder, seid gehorsam euren Eltern in dem Herrn; denn das ist recht. ›Ehre Vater und Mutter (das ist das erste Gebot, das eine Verheißung hat), auf daß dir's wohl gehe und du lange lebest auf Erden.‹«[125] Eine entsprechende Ermahnung gab es für die Eltern im christlichen Hause: »Ihr Väter, reizet eure Kinder nicht zum Zorn, sondern ziehet sie auf in der Zucht und Vermahnung zum Herrn.«[126] Das Neue Testament sagt wenig über die Belehrung und Erziehung eines Kindes; aber es ist klar, daß sie am Reich Gottes Anteil haben können und daß ihr vertrauensvoller Gehorsam den Erwachsenen als Vorbild hingestellt wird, wenn sie das ewige Leben gewinnen wollen.[127] An erster Stelle steht die Pflicht der Eltern, ihre Kinder aufzuziehen. Durch das Zeugnis und Beispiel des christlichen Hauses werden die Kinder in die Gemeinschaft gebracht und darin gestärkt. Wir haben eine nette Begebenheit, wo in Tyrus Frauen und Kinder erscheinen, um sich von Paulus und seinen Begleitern zu verabschieden. Gemeinsam knieten sie alle nieder am Ufer und beteten und sagten einander Lebewohl.[128] Die nachapostolischen Schriften betonen die Verantwortung der Eltern, ihre Kinder zum Vertrauen auf den Herrn zu führen. Der *Barnabasbrief* enthält folgendes: »Du sollst das Kind nicht durch gewaltsame Abtreibung umbringen; auch sollst du es nicht töten, nachdem es geboren ist. Du sollst deine Hand nicht von deinem Sohn oder deiner Tochter zurückziehen, sondern von klein auf sollst du sie die Furcht des Herrn lehren.«[129] Diese Stelle im *Barnabasbrief* stammt aus »Die beiden Wege«, das wahrscheinlich auf ein jüdisches Original zurückgeht und großen Einfluß auf die Ethik des Urchristentums hatte. Polykarp schreibt in ähnlicher Weise: »Laßt uns zuerst uns selber lehren, daß wir in den Geboten des Herrn wandeln. Dann lehret eure Frauen, in dem Glauben zu wandeln, der ihnen gegeben wurde, und in Liebe und Reinheit zart ihre Männer in aller Wahrheit zu lieben, und andere in aller Keuschheit ebenso zu lieben und ihre Kinder in der Erkenntnis Gottes aufzuziehen.«[130]

Clemens von Rom betont in gleicher Weise das Vorbild, die Erziehung und die Zucht des christlichen Hauses, in dem der Glaube alles bestimmt. »Laßt uns ehren, die über uns herrschen, laßt uns unsere Eltern ehren, laßt uns unsere Kinder in der Furcht Gottes aufziehen, laßt uns unsere Frauen auf dem guten Wege leiten. Laßt unsere Kinder die Erziehung in Christus genießen. Laßt sie lernen, wie hoch die Demut bei Gott steht, was reine Liebe bei ihm ausrichten kann, wie die Gottesfurcht groß und gut ist und die rettet, die in Heiligkeit und mit reinem Sinn darin leben«.[131]

Bei keinem dieser Beispiele wird erwähnt, daß direkte Evangelisation im christlichen Hause nötig oder angebracht ist. Die Kinder der Gläubigen werden sogar als solche behandelt, die zur christlichen Gemeinschaft gehören, solange sie sich nicht davon lösen. Wie das Kind eines Proselyten zum Judentum gehörte, so werden sie auch als solche angesehen, die innerhalb des Bundes sind, solange sie sich nicht entschließen, sich davon zu trennen. Und auch dann müssen sie sich nicht in dem Sinne bekehren, wie wir es in Kapitel 6 behandelt haben. Vielmehr müssen sie von ihren Eltern gezüchtigt und auf den christlichen Weg zurückgebracht werden, von dem sie sich entfernt hatten. Anscheinend haben die ersten Christen das Wort Jesu sehr ernst genommen, daß das Reich Gottes den Kindern gehört.[132]

Drei christliche Häuser

In den Schriften des Hermas wird uns ein Beispiel gegeben von einem, der aus christlichem Hause stammt und seine eigenen Wege geht. Hermas ist ein Christ, der seine Pflichten gegenüber seinem Haushalt versäumt hat; zu diesem gehörten seine Frau, seine Kinder und das Dienstpersonal.[133] Wiederholt wird betont, daß er für alle seine Kinder,[134] für seinen ganzen Haushalt verantwortlich ist.[135] Er hat sich keine Mühe gegeben, seiner Frau zu helfen, daß sie ihre unbeherrschte Zunge überwindet[136] – wobei es sich um Geschwätzigkeit oder auch um Nörgelei handeln kann. Er hat seine Familie nicht unterwiesen, sondern hat es zugelassen, daß sie moralisch absank.[137] »Deine Nachkommen, Hermas, haben Gott nichts geachtet, haben den Herrn gelästert und durch ihre große Bosheit ihre Eltern verraten.«[138] Doch obwohl Hermas wenig von der Möglichkeit einer zweiten Buße hält, ist er überzeugt, daß seine Frau und seine Kinder Gnade finden werden, wenn er sich für sie einsetzt.[139] Die Familie wird nicht als eine heidnische betrachtet, die christlich werden muß, sondern als eine, die von ihrem christlichen Bekenntnis abgekommen ist und Zucht, Hilfe und Unterweisung über das christliche Leben nötig hat. In diesem Sinne soll Hermas seine Familie bekehren. »Du bist zu nachgiebig und züchtigst deine Familie nicht«, wird ihm vorgeworfen. Die Hilfe besteht darin, »daß du deine Familie bekehrst, die gegen den Herrn und gegen euch, ihre Eltern, gesündigt hat«. »Aber das große Erbarmen Gottes hat Mitleid mit dir und deiner Familie und wird dich stark machen und aufrichten in seiner Herrlichkeit; doch sei nicht träge, sondern fasse Mut und stärke deine Familie. Denn wie der Schmied die gewünschte Arbeit fertigbringt, indem er sein Werk hämmert, so wird auch das gerechte Wort an jedem Tag mit aller Bosheit fertig. Hör also nicht auf, deine Kinder zurechtzuweisen, denn ich weiß, wenn sie von ganzem Herzen Buße tun, werden sie mit den Heiligen ins Buch des Lebens eingeschrieben.«[140]

Ein anderer Abschnitt bei Hermas zeigt die Bedeutung der Einheit der Familie, wenn sie auf ihre Umgebung Einfluß nehmen will. Diese Einheit wird leicht gestört, nicht nur, wenn die Kinder ungehorsam sind, sondern auch, wenn die Eltern sich über die Kinder ärgern und sich nicht um sie kümmern. »Aber Hermas, sei nicht länger ärgerlich über deine Kinder und vernachlässige nicht deine Schwester (d. h. Frau), damit sie von ihren vorigen Sünden gereinigt werden. Denn sie werden mit gerechter Zucht gezüchtigt werden, wenn du keinen Groll gegen sie hegst. Der Groll bewirkt den Tod. Aber du, Hermas, hattest große Nöte wegen der Übertretungen deiner Familie, weil du dich nicht um sie gekümmert hast; du hast sie nicht beachtet und wurdest selbst in ihre bösen Taten verwickelt.«[141]

Origenes kam aus einer ganz anderen christlichen Familie; einer Familie, die wie ein helles Licht geleuchtet haben muß in den dunklen Tagen der Verfolgung unter Severus im Jahre 202 n. Chr. Sein Vater Leonides wurde um seines Glaubens willen ins Gefängnis gesetzt und starb dann den Märtyrertod. Origenes schrieb an seinen Vater und ermutigte ihn, in der Stunde seiner Verhandlung festzustehen und nicht aus Rücksicht auf sie schwach zu werden. Nach dem Tod des Vaters hat Origenes durch Unterrichten für den Lebensunterhalt seiner Mutter und der anderen sechs Kinder gesorgt, obwohl er selbst noch sehr jung war (damals nur 17 Jahre.) Der

Wert christlicher Unterweisung in diesem Hause wird uns von Euseb geschildert: »Origenes hatte schon damals (im Jahre 202) beträchtliche Fortschritte in der Glaubenslehre gemacht, da er von Kind auf Umgang mit der Schrift gehabt hatte. Er war ziemlich gut durch seinen Vater ausgebildet worden, der neben dem Studium der freien Wissenschaften seinen Geist auch damit angefüllt hatte. Zuerst, bevor er die griechische Literatur studiert hatte, leitete er ihn deshalb an, sich häufig mit dem Studium heiliger Dinge zu beschäftigen, und wies ihn an, sich jeden Tag mit einigen Abschnitten zu befassen und sie zu wiederholen. Das Kind tat dies nicht unwillig, sondern verrichtete seine Studien sehr sorgfältig.« Der Junge war so eifrig, daß er sich nicht mit den wichtigsten Gedanken der von ihm gelesenen Schriftabschnitte zufrieden gab, sondern »seinen Vater bedrängte mit Fragen nach dem wirklichen Sinn der Abschnitte in der inspirierten Schrift«. Der Vater, was typisch für ihn war, »tadelte ihn ins Gesicht und sagte ihm, er solle keine Dinge erfragen, die er in seinem Alter noch nicht verstehen könnte, und nicht hinter die offenbare Bedeutung der Schrift zurückgehen. Aber in seinem Herzen war er doch froh und dankte dem allmächtigen Gott, dem Geber aller guten Gaben, daß er Vater eines solchen Kindes sein durfte«. Auch die Mutter scheint eine frohe Natur gehabt zu haben und war nicht zu ernst, um nicht selbst in den gefährlichsten Situationen noch Sinn für Humor zu zeigen. Als der junge Origenes am liebsten weggegangen wäre, um zusammen mit seinem Vater im Gefängnis zu sitzen und den Märtyrertod zu erleiden, hielt sie ihn dadurch zurück, daß sie seine Kleider versteckte.[142]

Dies war ein gutes Beispiel eines christlichen Hauses am Ende des zweiten Jahrhunderts, in dem das Evangelium zu den Kindern kam durch Ermahnung und Vorbild, durch Gebet und durch gemeinsames Erleben der Dinge, die der Familie heilig waren. Ein genauso ansprechendes Bild lesen wir zwischen den Zeilen in der Geschichte von Aquila und Priscilla, einem Ehepaar aus dem ersten Jahrhundert. Ob sie schon Christen waren, bevor sie in Korinth Paulus begegneten, ist unklar; doch danach besteht hierüber kein Zweifel mehr. In ihrem Hause ging es sehr lebhaft zu. Sie waren von Beruf Lederwirker;[143] sie setzten ihre beruflichen Fähigkeiten ein und fanden auch Zeit für die christliche Evangelisation. Offensichtlich war es ein Haus, in dem gebetet wurde. Als Juden beteten sie wohl täglich in ihrem Hause zusammen; als Christen taten sie es ganz bestimmt auch. Sie gingen regelmäßig zur Synagoge und entdeckten hier Apollos.[144] Als sie sahen, daß sie diesem vielversprechenden und begabten Mann Hilfe geben konnten, luden sie ihn in ihr Haus ein und unterwiesen ihn weiter im Glauben. Wenn es auch aus der Beschreibung des Lukas nicht ganz klar hervorgeht, kann man doch wohl annehmen, daß Apollos noch nichts von der Auferstehung des Herrn wußte, bis sie ihm davon berichteten. Er war nur beeindruckt von der Predigt Johannes des Täufers, der das Kommen dessen verkündigt hatte, der stärker war als er.[145]

Sie hatten auch ein offenes Haus. Sie waren darauf eingestellt, Unterkunft zu gewähren, wie im Falle von Paulus und Apollos. Sie waren bereit, ihr Haus der christlichen Gemeinde zu öffnen mit all den Unbequemlichkeiten, die manchmal damit verbunden waren. In ihrem Hause in Korinth, Ephesus und Rom traf sich eine Gemeinde.[146] Diese Leute hielten wirklich ein offenes Haus und machten sich sogar die Mühe, ihren Besuchern beim Abschied Empfehlungsschreiben mitzugeben, damit sie an anderen Orten mit Christen in Berührung kommen konnten.[147] Sie vergaßen auch nicht ihre Freunde, die anderswo waren, sondern sandten ihnen fleißig Grüße.[148] Ihre Gemeinschaft untereinander muß etwas Ansteckendes gehabt haben, das die Besucher des Hauses beeindruckte. Apollos erfuhr von »dem Weg«, als er sich bei ihnen aufhielt.[149] Obwohl er bereits ein fähiger Schriftausleger war, lesen wir, daß er lernte, den Juden aus der Schrift zu beweisen, daß Jesus der Messias war. Das gleiche geschah mit Paulus. Als er ihnen begegnete, schien er etwas niedergedrückt zu sein nach seinem verhältnismäßig geringen Erfolg in Athen.[150] Die Gemeinschaft mit ihnen belebte ihn. Jede Woche führte er Gespräche in der Synagoge und fing an, Juden und Griechen zu überführen.[151] Außerdem lesen wir, daß er vom Wort ergriffen wurde, als er bei ihnen war.[152] Könnte das ein Hinweis darauf sein, daß man in der Familie gemeinsam die Bibel gelesen hat? Wenn auch vieles, was wir über das Leben dieser Leute sagen können, Vermutung ist, dann läßt sich doch klar erkennen, daß sie einen solchen innigen Glauben an Jesus und eine Liebe zu ihm hatten, die sie Privatleben, Geld, gesichertes Auskommen und sogar persönliche Sicherheit (bei einer Gelegenheit wagten sie ihr Leben für Paulus) opfern ließ,[153] um das christliche Evangelium zu verbreiten. Solche Häuser müssen bei der evangelistischen Tätigkeit der Kirche von großer Wirkung gewesen sein.

Persönliche Begegnungen

Neben der öffentlichen Verkündigung in ihren verschiedenen Formen und der Benutzung der Häuser auf privater Ebene war die Evangelisation von Mann zu Mann, bei der einer dem anderen seinen Glauben mitteilte, ein entscheidender Faktor für die Ausbreitung des Evangeliums. Das erste Kapitel des Johannesevangeliums zeigt uns einen Modellfall. Von dem Augenblick an, da ein Mann die Wahrheit über Jesus gefunden hat, bemüht er sich, sie anderen weiterzugeben. Durch das persönliche Zeugnis Johannes des Täufers fanden die beiden Jünger Jesus.[154] Kaum hatte einer von ihnen, nämlich Andreas, diese Entdeckung gemacht, fand er seinen Bruder Simon Petrus und brachte ihn zu Jesus.[155] Dann ergreift Jesus selbst die Initiative und begegnet Philippus in Bethsaida;[156] über Einzelheiten hören wir allerdings nichts. Aber Philippus setzt das gute Werk fort und findet Nathanael,[157] der wiederum so weit gebracht wird, daß er bekennt, daß Jesus der Sohn Gottes ist. Das ist nicht nur Individualismus[158] vom Verfasser des Evangeliums, der sich selbst bestätigen will. Es sind Aussagen über die Wichtigkeit der Evangelisation von Mann zu Mann bei der Verkündigung der Kirche.

Auf diese Weise wurden ganz bedeutende Leute gewonnen. Wie wir sahen, hat Pantänus Clemens von Alexandria zu Christus geführt. Justin scheint das gleiche für Tatian getan zu haben, nachdem er selbst durch die Begegnung mit dem alten Mann auf dem Felde für das Christentum gewonnen war.[159]

Es gibt eine nette Stelle am Anfang des *Octavius* von Minucius Felix, die uns zeigt, wie durch die Anziehungskraft der Freundschaft ein anderer zu Christus geführt werden konnte. Der Verfasser holt seine Erinnerung hervor an seinen Freund Octavius, nachdem dieser gestorben ist. »Die Güte und Freundlichkeit des Mannes berührt mich so, daß es mir vorkommt, als wäre ich in vergangene Zeiten versetzt und würde mich nicht nur an längst vergangene Dinge erinnern... Man könnte meinen, wir hätten einen Sinn gehabt. So habe ich ihm alle meine Liebesprobleme anvertraut, und er wußte auch von allen meinen Fehlern. Als dann die Dunkelheit zerstreut war und ich aus dem Abgrund der Finsternis zum Licht der Weisheit und Wahrheit aufgetaucht war, hat er seinen alten Gefährten nicht verstoßen, sondern, was noch viel gewaltiger ist, ihn übertroffen.«[160]

Doch nicht nur bei Menschen von gleichem Temperament und gleicher Gesinnung hat sich diese Methode der Evangelisation von Mann zu Mann so wirksam erwiesen. Eines der auffallendsten Beispiele im Neuen Testament ist das von Philippus und dem Kämmerer aus Äthiopien.[161] Philippus war einer von den sieben, die die Apostel dadurch unterstützten, daß sie Geld und Lebensmittel verwalteten bei dem gemeinsamen Leben der ersten Gemeinde in Jerusalem. Aber er hatte auch evangelistische Gaben, und diese scheinen seine Zeit stärker in Anspruch genommen zu haben als die Verwaltungsaufgabe, die ihm übertragen war. Jedenfalls sehen wir, wie er eine sehr erfolgreiche Tätigkeit in Samarien ausübt. Aber er war so auf Gott eingestellt, daß er die leise Stimme hörte, die ihn aus dem Rampenlicht wegrief an einen ganz unwahrscheinlichen Ort,[162] den Gazastreifen in der Wüste, wo er kaum jemand finden konnte, dem er hätte dienen können. Da er gewöhnt war, Gott zu gehorchen,[163] ging er. Er sah einen hochgestellten äthiopischen Eunuchen, der in seinem Reisewagen von Jerusalem zurückkehrte, und er war so begeistert, so bereit, diesem farbigen Mann zu dienen, daß er wirklich zu ihm lief. Es wird den Eunuchen, als er die Schrift laut las, schon seltsam berührt haben, daß er einen Mann in der Wüste laufen sah; aber als er merkte, daß Philippus herankam und höflich fragte, ob er ihm einen Dienst erweisen könne, lud er ihn ein, auf seinen Wagen zu steigen. Und dort im Reisewagen nach Äthiopien entlang der Wüstenstraße saß dieses unwahrscheinliche Paar und sann nach über Jesaja 53, das der Eunuch gerade las. Philippus kannte seine Schrift und wußte, wie er sie mit dem Evangelium von Jesus in Beziehung setzen konnte. Das tat er so wirkungsvoll und mit einer solchen Unmittelbarkeit, daß der Mann zum Glauben kam. Sein Herz war offenbar schon vorbereitet durch seine Wahrheitssuche im Judentum. Daß er es ernst meinte, erkennt man daran, daß er die Schrift auf seiner Reise las. Dennoch war es das persönliche Eingreifen des Mannes Gottes bei dieser Gelegenheit, das ihn dazu führte, daß er glaubte und getauft wurde und fröhlich seine Straße zog. Äußerlich hatten die beiden Männer ziemlich wenig gemeinsam, doch der eine wurde gebraucht, um den anderen durch diese anscheinend zufällige Begegnung mit dem Evangelium in Verbindung zu bringen. Man hat dagegen eingewandt, daß dieser Bericht in der Apostelgeschichte weitgehend stilisiert sei. Die Antwort kann nur sein, daß solche Dinge vorkamen, und daß man davon wußte; andernfalls gäbe es keinen Grund, warum Lukas eine so erstaunliche Situation hätte erfinden sollen. Ich zweifle nicht, daß Lukas durch diese Geschichte die Bedeutung der Evangelisation von Mann zu Mann herausstellen wollte, und daß die, die sie durchführen, Demut und gehorsames Vertrauen auf Gott, Taktgefühl und Schriftkenntnis haben müssen; daß sie ebenso unmittelbar auf Jesus hinweisen und den Menschen bis zur Entscheidung führen sollen. Nicht nur die Predigten, die uns Lukas in der Apostelgeschichte überliefert, weisen kommenden Generationen den Weg.

Besuche

In ähnlicher Weise zeigt uns die Geschichte von Ananias[164] eine andere Art der persönlichen Begegnung mit dem Evangelium, die sich bei der Evangelisation als hilfreich erwies: Besuche. In vieler Hinsicht erwies sich Ananias als Musterbeispiel eines widerwilligen Besuchers, und doch wurde er ein sehr brauchbarer Besucher. Diese Geschichte mußte sicher einen ängstlichen Leser der Apostelgeschichte ermutigen, wenn er daran dachte, daß er als Bote Jesu seine Freunde und Verwandten besuchen sollte. Hier war eine Aufgabe, für die Gott den Ananias brauchte und zu der er ihn rief. Er sollte ein bestimmtes Haus besuchen. So weit, so gut. Aber dann wurde es Ananias klar gemacht, daß der Mann, den er aufsuchen sollte, Saul von Tarsus war, der das brauchte, was er, Ananias, ihm geben konnte. Das ergab schon ein ganz anderes Bild. So konnte es Gott doch nicht gemeint haben. Man wußte doch, daß Saul viel zu hartnäckig, zu voller Vorurteile und zu feindlich eingestellt war, um sich für das christliche Evangelium zu interessieren. Ananias sträubt sich, dorthin zu gehen; und das ist verständlich. Aber es geht ihm allmählich auf, daß Gott in Wirklichkeit für diesen Besuch den Weg bereitet hat. Saul ist nicht der Gegner, der er einmal war. Er ist ein Mensch in großer Not, und außerdem hat Gott einen großen Plan für sein Leben. Ananias besann sich eines besseren und ging hin. Sicher wurden ihm die Füße schwer, als er näher zu dem Haus kam. Sicher zitterten seine Hände, als er an die Tür klopfte. Aber er gehorchte. Sein Auftreten war schlicht, freundlich und direkt. Er redete ihn als »Bruder Saul« an. Das war ein erstaunlicher Glaubensakt. Seine Botschaft war klar und traf die Lage des Saulus. Er sprach von dem Herrn Jesus, der blinde Augen öffnen und ein leeres Leben erfüllen kann. Sein Gehorsam wurde dadurch belohnt, daß ein bedeutender Mann zur Gemeinde hinzukam. Nun weiß jeder, der in einer Kirchengemeinde Besuche macht, daß nicht bei jedem Besuch ein Saulus gewonnen wird. Aber eine solche Geschichte muß manchem christlichen Leser Ansporn gewesen sein, an Türen anzuklopfen, um das Evangelium auszubreiten. Die schlichten Christen, über die sich Celsus erregt, haben das getan. So hat sich die Botschaft ausgebreitet.

Diese unmittelbare Evangelisation von Mann zu Mann war ein Zug in der Ausbreitung des Urchristentums. Die Apostel gingen immer so vor – Petrus und Johannes bei dem Bettler am Tempel, Petrus bei seinem römischen Offizier in seinem Hause, Paulus, der als schiffbrüchiger Seereisender mit dem verantwortlichen Mann einer Insel über seinen Herrn spricht. Im ersten Thessalonicherbrief nennt sich Paulus interessanterweise Vater und Pflegemutter vieler seiner Briefempfänger.[165] Er hatte sie zum Glauben gebracht und hatte sie geboren in einer neuen Geburt. Mit Onesimus[166] und mit einigen korinthischen Christen[167] hatte er dasselbe Verhältnis. Das weist hin auf den persönlichen, seelsorgerlichen Umgang des Paulus mit ihnen, wodurch sie seine »Kinder« in Christus wurden.

Die Bekehrung Gregors durch Origenes

«Als abschließendes Beispiel für diese Art von Evangelisation aus der Zeit am Ende des von uns behandelten Abschnitts gibt es nichts Besseres als den Bericht über die Bekehrung Gregors durch Origenes. Glücklicherweise können wir einen großen Teil der Geschichte aus ihren eigenen Schriften rekonstruieren, dem *Brief an Gregor* von Origenes und der *Lobrede auf Origenes* von Gregor.

Gregor war der Sohn eines wohlhabenden heidnischen Hauses in Pontus. Wie er berichtet, starb sein Vater, als er vierzehn Jahre alt war; und rückblickend konnte er später erkennen, daß dieser plötzliche Verlust »der Anfang der Erkenntnis der Wahrheit für mich« war.[168] Es wird ihm schwer, näher auszuführen, was dieser Verlust für ihn bedeutete. Er weiß, es bedeutete nicht seine Bekehrung; »denn welche Kraft zur Entscheidung hatte ich damals, da ich erst 14 Jahre alt war? Doch von dieser Zeit an begann dieses heilige Wort mich irgendwie heimzusuchen... Und obwohl ich damals wenig daran dachte, erscheint es mir doch jetzt wenigstens, wo ich darüber nachdenke, als ein nicht unbedeutendes Zeichen der heiligen und wunderbaren Vorsehung«, die über ihn verhängt war, daß Gottes Heimsuchung mit der Erfahrung des Verwaistseins begann, das sich so tief in sein jugendliches Gedächtnis einbrannte. Als er später über Gottes vorlaufende Gnade in seinem Leben nachdachte, schrieb er: »Und wenn ich darüber nachdenke, bin ich zugleich mit Freude und Schrecken erfüllt, wobei ich mich freue über die Führung der Vorsehung und doch auch in der Furcht stehe, daß ich, nachdem mir solche Segnungen zuteil geworden sind, in irgendeiner Weise das Ziel nicht erreiche.«

Damals dachte er nur an seine weitere Laufbahn. Er studierte Rhetorik und Rechte und wollte eine Stelle im öffentlichen Leben einnehmen, wozu sein Reichtum und sein Elternhaus ihm einen guten Start gegeben hatten. Man schlug vor, daß er zu weiteren Studien ins Ausland ginge. Aber wohin? Beirut war »nicht weit von diesem Land entfernt, etwas latinisiert und hatte eine Schule zum Studium der Rechte«. Eine andere Möglichkeit war Rom. Aber gewisse Umstände wiesen ihn nach Palästina. Unter den Mitarbeitern des römischen Statthalters von Palästina war Gregors Schwager. Der letztere ließ seine Frau, die Schwester Gregors, holen und gab ihr militärischen Schutz, »einen größeren Vorrat an öffentlichen Fahrzeugen, als die Sache erforderte, und mehr Zahlungsmittel als für unsere Schwester allein notwendig waren«. So gingen Gregor und sein Bruder Athendorus mit der Reisegesellschaft, um nach Beirut weiterzuziehen und dort ihre Studien der Rechte und der Sprachen fortzusetzen. Doch wieder einmal erkannte er rückblickend in den Ereignissen die Hand Gottes, die ihn an den Ort führte, wo er sich durch Origenes bekehrte und im Glauben gestärkt wurde. »Das waren anscheinend die Gründe für unsere Reise«, fährt er fort. »Aber die geheimen und eigentlichen Gründe waren folgende: wir sollten Gelegenheit bekommen, mit diesem Mann Gemeinschaft zu haben, durch ihn in der Wahrheit über das Wort unterwiesen zu werden und das Heil unserer Seele zu gewinnen. Das waren die wahren Gründe, die uns hierher brachten, die wir blind und unwissend über den Weg zum Heil waren. Deshalb war es nicht jener Soldat (der als Begleitung mitging), sondern ein gewisser göttlicher Begleiter und … Beschützer, der uns immer sicher durch dieses ganze gegenwärtige Leben führt wie auf einer langen Reise, der uns an anderen Orten und besonders an Beirut (der Stadt, die wir vor allem erreichen wollten) vorbeiführte und uns hierher brachte, indem er alle Dinge ordnete und lenkte, bis er uns auf allerlei Weise in Verbindung brachte mit diesem Mann, von dem wir den größten Segen empfangen sollten.«[169]

So weit war im geheimen Gottes Hand am Werk. Wie reagierte Origenes auf die unerwartete Ankunft dieser ganz fremden Leute? Es ist klar, daß er sich wirklich eifrig um sie mühte. Sie waren aufgeregt »wie wilde Tiere, Fische oder Vögel, die in die Netze geraten waren und wieder herauskommen und entfliehen wollten; die ihn verlassen wollten, um nach Beirut aufzubrechen«;[170] aber Origenes war ihnen gewachsen. Er »bemühte sich, uns mit allen Mitteln bei sich zu behalten, führte alle möglichen Argumente ins Feld… und wandte alle seine Kraft in dieser Sache an«. Wie tat er es? Als er erkannte, daß die Philosophie ihr Ziel war, begann er damit und sagte ihnen, wenn sie wirkliche Philosophen werden wollten, müßten sie »zu allererst sich selbst zu erkennen suchen, was für Menschen sie wären, und dann die Dinge, die wirklich gut sind und nach denen ein Mensch streben sollte, und dann die Dinge, die wirklich böse sind, vor denen ein Mensch fliehen sollte«. Gregor konnte sich nicht an all die Argumente erinnern, die Origenes benutzte, um sie zu überreden, daß sie blieben und bei ihm »Philosophie« studierten. Aber er erinnert sich, daß dieser berühmte Mann Tag für Tag bei seinen Versuchen blieb, und er schildert den Eindruck, den Origenes auf ihn machte: »Er besaß eine seltene Verbindung von einer gewissen angenehmen Güte und Überzeugungskraft zusammen mit einer seltsamen Macht und Zurückhaltung.« Außerdem war auch die echte Wärme und Freundschaft des Mannes anziehend. »Der Anreiz, seine Freundschaft zu gewinnen, ergriff uns; ein Reiz, dem man nicht leicht widerstehen konnte. Stark und wirksam war der Beweis einer gütigen und liebevollen Einstellung, die sich wohlwollend in seinen Worten zu erkennen gab, wenn er mit uns sprach und mit uns zusammen war.« Diese Dinge überwanden die jungen Leute, daß sie beinahe gegen ihren Willen blieben, bis »er uns schließlich freundlich entführte durch eine Art göttliche Vollmacht«. Gregor beschrieb, was er dabei empfand. Es war, als ob die Wärme der wahren Sonne über ihm aufginge. Es war, als ob er von den Worten des Origenes wie von einem Pfeil durchdrungen würde.[171] Es ist großartig, daß Origenes' eigenes Gebet, daß er einer der Pfeile Gottes sein möchte, so sichtbar im Falle dieses jungen Menschen erhört wurde, der durch ihn zum Glauben kam. In einem anderen Bild sagt Gregor, daß seine Bekehrung durch die Vermittlung des Origenes wie der Funke auf den Zunder gewesen sei. »Und so wurde, wie wenn ein Funke in unserer innersten Seele entzündet wird, die Liebe entzündet und in uns zur Flamme entfacht – zugleich eine Liebe zu dem heiligen Wort, dem schönsten aller Gegenstände, das alle durch seine unaussprechliche Schönheit unwiderstehlich anzieht, und zu diesem Mann, seinem Freund und Anwalt. Und da ich mächtig von dieser Liebe getroffen war, ließ ich mich überreden, all die Ziele und Pläne aufzugeben, die uns geeignet erschienen, unter ihnen auch meine viel gerühmte Rechtswissenschaft, ja sogar mein Vaterland und meine Freunde, die damals bei mir waren, und die ich zurückgelassen hatte. Und ich schätzte nur noch einen Gegenstand teuer und wünschenswert, die Philosophie (natürlich die christliche Wahrheit) und jenen Meister der Philosophie, diesen geisterfüllten Mann.« Er berichtet dann weiter über die enge Beziehung, die er mit diesem Lehrer unterhielt, der Gregor und seinen Bruder in die Hand nahm wie ein Gärtner eine wilde Pflanze oder ein Bauer ein unbearbeitetes Feld und an ihnen arbeitete.[172] Die Frucht dieser Arbeit war in den kommenden Jahren zu sehen, als Gregor ein berühmter Missionsbischof wurde und durch ihn zahlreiche Menschen aus der Bevölkerung von Pontus sich dem Christentum zuwandten.

Der Eifer und das Eingehen auf die günstigen Gelegenheiten bei Origenes fallen in diesem Bericht auf, ebenso sein Takt, seine Ausdauer, seine Freundschaft und sein zielbewußtes Vorgehen. »Er hatte es nicht nur darauf abgesehen, uns durch irgendeine Art von Argumentationen auf seine Seite zu bekommen, sondern sein Verlangen war, mit einer gütigen, liebevollen und großzügigen Gesinnung uns zu retten.« In Gregors *Lobrede,* die uns den ersten genauen Lehrplan einer höheren christlichen Bildung gibt, wird sehr schön geschildert, mit welcher Mühe er sie in ihrem Glauben stärken wollte. Nicht so deutlich erkennen wir in diesem Bericht, mit wieviel ernstem Gebet und gläubigem Umgang mit der Schrift Origenes seine Evangelisation betrieb. In seinem Brief an Gregor merkt man etwas davon, was bei ihm an erster Stelle stand. »Mein Sohn, wende dich mit ganzer Sorgfalt dem Lesen der heiligen Schriften zu. Gib dir Mühe.[173] Denn wir, die wir die Dinge Gottes lesen, müssen uns Mühe damit machen, damit wir nicht zu schnell etwas darüber sagen oder denken. Und wenn du dich so dem Studium der göttlichen Dinge zuwendest, ...dann klopfe an seiner verschlossenen Tür, und sie wird sich dir öffnen... und wenn du dich mit den göttlichen Studien befaßt, dann suche recht und mit unwandelbarem Vertrauen auf Gott die Bedeutung der Heiligen Schrift, die so viele verfehlt haben. Sei nicht zufrieden mit dem Anklopfen und Suchen; denn das Gebet ist vor allen Dingen unerläßlich für die Erkenntnis göttlicher Dinge. Denn dazu hat der Heiland aufgefordert und nicht nur gesagt: ›Klopfet an, so wird euch aufgetan; suchet, so werdet ihr finden‹; sondern auch: ›Bittet, so wird euch gegeben‹.«[174]

Durch diesen weisen, hingebungsvollen und persönlichen Dienst der Evangelisation von Christen wie Origenes wurden einige der bekanntesten Männer zu Gliedern der christlichen Kirche. Die mit der Hand gepflückten Früchte waren die besten.

Evangelisation durch Literatur

Apologetik im ersten Jahrhundert

Außer der Methode, in der Öffentlichkeit, in kleinen häuslichen Gruppen oder in Einzelgesprächen mit den Menschen von Jesus zu reden, gab es für die ersten Überbringer des Evangeliums noch einen anderen Weg. Wer die Begabung dazu hatte, konnte schreiben. Und das taten sie. In der Tat erfanden sie eine ganz neue Literaturform, um ihre evangelistische Botschaft weiterzutragen. Soweit wir wissen, hatte Markus als erster die glänzende Idee, aus den umlaufenden Geschichten über Jesus und den katechetischen Einzelstücken, die zur Predigt und Belehrung der heidnischen Hörer über die Frohe Botschaft benutzt wurden, einen schriftlichen Bericht von Jesus zusammenzustellen, der sich von allem unterschied, was bisher in der Welt der Literatur erschienen war. Es war nicht Geschichte; kein Geschichtsschreiber würde sich damit zufriedengeben, über die ersten dreißig Jahre des kurzen Lebens seines Helden gar nichts zu berichten, oder die Hälfte seines Berichtes auf den Tod des Betreffenden zu konzentrieren. Aus dem gleichen Grunde war es auch keine Biographie. Es war eine geschriebene *confessio fidei* (dt. Glaubensbekenntnis), ein Zeugnis aus dem Munde vieler Zeugen, das der Verfasser gesammelt und der Reihe nach zusammengestellt hatte, um zu zeigen, was für ein Mensch Jesus war; um darzulegen, warum die Jünger ihm gefolgt waren und ihn für den Messias und Sohn Gottes erklärt hatten; und um es den Lesern so einsichtig wie möglich zu machen, daß sie sich auch im Glauben Christus zuzuwenden haben, wie es die Evangelisten selbst taten.

Dieser Zweck kommt im vierten Evangelium klar zum Ausdruck. Es hat natürlich auch noch andere, untergeordnete Ziele, die man in neuer Zeit viel erörtert hat. Aber das Hauptziel wird eindeutig in 20, 30 f. ausgesprochen:[175] »Noch viele andere Zeichen tat Jesus vor den Jüngern, die nicht geschrieben sind in diesem Buch. Diese aber sind geschrieben, daß ihr glaubet, Jesus sei der Christus, der Sohn Gottes, und daß ihr das Leben habt in seinem Namen.« Er möchte Jesus, seine Person und seine Bedeutung, durch die »Zeichen«, die er auswählt, so ins Licht stellen, daß er seine Leser, ob Juden oder Griechen,[176] dahin bringt, daß sie überzeugt sind, daß er der lang ersehnte jüdische Messias, der wahre Sohn Gottes ist. Diese gedankliche Zustimmung sollte den Leser, wie einst den Schreiber, zur Übergabe an diesen Christus führen, wodurch ihm eine neue Dimension des Lebens, nämlich Leben aus Gott, erschlossen würde. Obwohl Johannes als einziger Evangelist so eingehend seine Absicht beim Schreiben erläutert, scheinen auch zwei andere, Markus und Lukas, ein ähnliches evangelistisches Ziel gehabt zu haben. Das Fehlen eines großen Teils der *didache* bei Markus, die kurzen Perikopen, von denen jede eine Frage, eine mächtige Tat, ein Streitgespräch über Jesu Person oder seine Worte bringt – dies alles zusammen vermittelt den Eindruck, daß der Leser Kenntnis von Jesus erhalten und zur Entscheidung für oder gegen ihn aufgerufen werden soll. Das Buch ist durch und durch kerygmatisch. Das wurde von Professor Moule klar erkannt. Er betrachtet das Markusevangelium »als das Ergebnis einer bewußten Absicht, die sporadischen Überlieferungen von Ereignissen aufzubewahren und sie zu einem zusammenhängenden Bericht zu formen für evangelistische Zwecke«. Weiter sagt er: »Da der Aufriß der Frohen Botschaft (den wir als ›Kerygma‹ kennen) in der christlichen Predigt schon im Gebrauch war (wie das von Anfang an geschah), war es ganz natürlich, daß man diese umlaufenden Einheiten in den schon bestehenden Rahmen einfügte. Dadurch kann man sich auch leichter vorstellen, daß Matthäus zu dem gleichen Zweck zusammengestellt wurde, allerdings mit mehr Material und nach besonderen apologetischen Gesichtspunkten.«[177] Ich möchte diese letzte Behauptung etwas abwandeln. Der geordnete Aufbau, die Betonung der Lehre und der Gemeindeämter, und die beginnende Kasuistik machen es wahrscheinlicher, daß das Matthäusevangelium in erster Linie für den internen Gebrauch bestimmt war, besonders für die Prediger und Lehrer der christlichen Mission. Diese Ansicht teilt auch F. V. Filson, der in seinem Matthäuskommentar schreibt: »Er hat nicht unmittelbar und in erster Linie ein evangelistisches Ziel. Er möchte hauptsächlich treue Lehrarbeit unterstützen und nicht so sehr einen ersten Aufruf zur Buße und zum Glauben bringen.«[178]

Aber es besteht wenig Zweifel, daß das zweiteilige Werk des Lukas ein klar evangelistisches Ziel hatte. Wer der etwas schattenhafte Timotheus war, dem die beiden Bücher gewidmet sind, ist nicht in erster Linie von Bedeutung. Er kann ein interessierter Wahrheitssucher, ein Beamter, der wissen wollte, ob man diese neue Religion beachten müsse oder nicht, oder ein in seinem Glauben noch unsicherer, jungbekehrter Mensch gewesen sein, dem Lukas seinen Glauben stärken wollte. Die Bücher waren durch die Vermittlung des Theophilus zur Veröffentlichung bestimmt. Im Altertum tat man gut daran, seine Bücher einem großen Manne zu widmen, durch dessen Einfluß und oft auch auf dessen Kosten sie veröffentlichet wurden.[179] Lukas wollte, daß seine Bücher in der griechisch-römischen Welt gelesen wurden, über die er mit einer solchen Kenntnis und einem solchen Geschick in der Apostelgeschichte geschrieben hatte. Die Menschen sollten sie nicht nur lesen, damit das Christentum gegen Verleumdungen verteidigt wurde, sondern damit sie Christen wurden. In seiner Hand werden die Verteidigungswaffen der Apologetik als Angriffswaffen benutzt. Von Anfang bis zum Ende konzentriert er sich nur auf das Thema des Heils.[180] Viele moderne Wissenschaftler wie Barrett,[181] Moule[182] und O'Neill[183] erkennen das, aber niemand hat es deutlicher gesehen als van Unnik.[184] Das Thema des Heils ist, wie er mit Recht sagt, der Schlüssel für die lukanischen Schriften. Das Horn des Heils ist aufgegangen im Hause Davids (1, 71). Das geschieht durch das Kommen des Heilandes, Jesu Christi des Herrn (2, 11), der den Heiden das Licht und dem alten Gottesvolk Israel das Heil bringt (1, 77 f.). Anders als Matthäus und Markus läßt Lukas das Jesajazitat Johannes des Täufers noch auslaufen in die Worte »und alle Welt soll das Heil Gottes sehen« (3, 6). In diesem zweibändigen Werk zeigt er, wie alle Welt dazu kam, das Heil Gottes zu sehen.

Das Lukasevangelium führt aus, was dieses Heil bedeutet. Es umfaßt Heilung (7, 3), Vergebung (7, 50), Wiederherstellung (8, 36), neues Leben (8, 50) und kommt einzig durch Jesus zu den Menschen (19, 10). Wenn Jesus in ein Haus kommt, bringt er Heil mit (19, 9). Die Apostelgeschichte führt aus, wie sich dieses messianische Heil durch die alte Welt verbreitete. Juden (z. B. 13, 26) und Heiden (z. B. 13, 47 f.) wurde das Heil in gleicher Weise angeboten. Es hallt wider in den Kapiteln des Buches. Evangelisation ist das oberste Anliegen des Schreibers. Deshalb wiederholt er das Kerygma so oft in seinen Reden; im ersten Teil des Buches wird es den Juden verkündigt und im zweiten Teil den Heiden, zugleich schlicht und mit viel Verständnis. Er will dafür sorgen, daß Theophilus und die anderen Leser, die sich am Rande des Christentums befinden, das Wesen des Evangeliumsbotschaft erfassen, indem sie sie immer wieder lesen. Deshalb bemüht er sich, den Weg des Evangeliums durch die römische Welt aufzuzeigen; es soll die Universalität und Verbreitung dieser Heilsbotschaft unterstreichen. Das kleine Senfkorn wird zu einem Baum, der selbst in Rom seine Wurzeln schlägt, und alle Mächte des Chaos und des Antichristen können seinen siegreichen Vormarsch nicht aufhalten; deshalb befaßt er sich auch mit der Frage des Schiffbruchs. Das Evangelium ist für alle Menschen bestimmt, für einen Centurio wie einen Barbaren, einen Landbesitzer aus Cypern wie einen Eunuchen aus Äthiopien, einen Magier wie einen Prokonsul, einen Gefängnisvorsteher wie eine Geschäftsfrau. Die Breite der Menschen, die in der Apostelgeschichte auf die Evangeliumsverkündigung der apostolischen Kirche eingehen, entspricht der Breite derer, die in den Evangelien auf die Predigt Jesu vom Gottesreich eingehen. In beiden Fällen liegt es Lukas daran, daß alle Menschen am Heil Christi Anteil bekommen.

Die dreimalige Wiederholung der Geschichte von der Bekehrung des Paulus dient dem gleichen Zweck. So ist es auch mit dem letzten Bild, das wir in der Apostelgeschichte erhalten, wo Paulus in völliger Redefreiheit die Frohe Botschaft in seiner Mietwohnung im Herzen des Reiches verkündigt. Alle Macht des neronischen Rom kann den evangelistischen Eifer und Optimismus dieses letzten Wortes in dem zweibändigen Werk nicht auslöschen; dieses triumphierende Wort heißt *akoluthos* (»ungehindert«). Ich glaube, es ist keine Übertreibung, wenn Professor Moule zu dem Schluß kommt: »Alle vier Evangelien wollen vor allem evangelistisch und apologetisch verstanden werden.«[185]

Apologetik im zweiten Jahrhundert

Die Evangelien waren nicht die letzten Bücher, die geschrieben wurden, damit die unerreichten Menschen evangelistische Literatur lesen können. In dem apologetischen Schrifttum des zweiten Jahrhunderts hat sich das fortgesetzt.[186] Aber leider haben sich Tendenzen darin ausgeweitet, die sich schon im Neuen Testament bemerkbar machen. Seit langem hat man erkannt, daß sich in einem Teil des Matthäusevangeliums ein stark anti-jüdisches Element befindet, ebenso im Johannesevangelium, wo die »Juden« immer in Gegenüberstellung, wenn nicht in offener Feindschaft zu den christlichen Gläubigen erwähnt werden. Man kann sich schwerlich denken, daß die Bitterkeit zwischen Kirche und Synagoge, die sich im ersten Jahrhundert herausbildete, nicht auch die Darbietung der christlichen Botschaft in diesem Evangelium beeinflußt haben sollte; vielleicht betrifft das auch die lukanischen Schriften, wenn T. W. Manson Recht hat mit seiner Annahme, daß es ein wichtiges Thema dieser Bücher ist, der weltlichen Macht eingehend klarzumachen, daß die Christen deutlich von den Juden zu unterscheiden sind.[187] Jedenfalls zeigt sich in den meisten apologetischen Schriften des zweiten Jahrhunderts eine Härte in ihrem Vorgehen, die kaum dazu bestimmt sein konnte, die Freundschaft und Willigkeit der nichtchristlichen Leser zu gewinnen. Diese Schärfe findet sich in Justins *Dialog* mit dem Juden Trypho; beißender Spott gegen die heidnischen Götter bei Apologeten wie Tatian und Tertullian, die beinahe das echte evangelistische Anliegen vereitelten, das diese Männer zweifellos hatten. Ein solch breit angelegter und mitunter bitterer Angriff auf Glaubensüberzeugungen, an denen das Herz eines Menschen hängt, ist nicht die beste Art, um ihn zu einem Glaubenswechsel zu veranlassen. Wenn sich auch bei den Schreibern der neutestamentlichen Evangelien eine bestimmte Neigung dazu erkennen läßt, haben sie doch keinen falschen Ton angeschlagen.[188]

Aus jedem Blatt der Evangelien und der Apostelgeschichte dringt uns eine Wärme, eine zentrale Christusbezogenheit und eine tiefe und deutlich vernehmbare Sorge um die Menschen entgegen; vielleicht bildet nur das Kapitel Matthäus 23 hier eine Ausnahme. Doch im zweiten Jahrhundert macht diese Haltung zu oft einem kalten, oft anmaßenden Niederschlagen jeder Opposition Platz. Die Liebe muß vorhanden gewesen sein; das ergibt sich aus dem Leben und Sterben dieser Apologeten. Aber in ihren Schriften kommt sie meist nur verhüllt zum Ausdruck. Deshalb läßt es sich denken, daß nicht viele Heiden oder Juden durch diese Schriften für den Glauben gewonnen wurden, wenn sie sie wirklich lasen. Celsus, der sich in der christlichen Literatur auszukennen glaubte, scheint niemals irgendwelche Worte der Apologeten gelesen zu haben.[189] Waren sie vielleicht mehr im Interesse der christlichen Leserschaft als für einen weitergehenden Gebrauch geschrieben? Meines Wissens gibt es kein Beispiel dafür, daß ein Außenstehender durch das Lesen einer apologetischen Schrift zum Christentum bekehrt wurde. Wenn auch die meisten apologetischen Schriften im Schlußabschnitt auf die Bekehrung der Leser ausgerichtet sind, stand doch wohl der Ton, in dem die Schriften gehalten sind, einem solchen Ergebnis im Wege. Es gibt Ausnahmen von dieser allgemeinen Regel. Der *Octavius* des Minucius Felix, der letzte Teil des *Protrepticus* von Clemens und der *Brief an Diognet* atmen wirkliche Wärme. Die kurze *Zweite Apologie* des Justin hat ihren eigenen Reiz. Sie wurde nach seinen eigenen Worte speziell für einen evangelistischen Zweck geschrieben. Er bittet den Kaiser und den Senat, an die die Schrift gerichtet ist, dieses sein Buch zu veröffentlichen. »Und wenn ihr diesem Buch eure Bestätigung gebt, werden wir ihn (d. h. Simon Magus) vor allen Menschen bloßstellen, so daß er sich vielleicht bekehrt. Nur zu diesem Zweck haben wir diese Abhandlung verfaßt.[190] Aber im allgemeinen fielen die Apologeten stark ab hinter der liebevollen, taktvollen und eingehend belehrenden Evangelisations-Methode des Lukas, der den Glauben gelegentlich gegen Verleumdungen verteidigte, um ihn unter den Unbekehrten zu verbreiten.

Die Stellung der Schrift

Im ganzen schien das geschriebene Wort bei dem evangelistischen Vorstoß der Kirche keine so große Rolle zu spielen, wie wir erwarten könnten. Die Schrift, die wirklich ein bleibendes Interesse weckte, war die Bibel. Es gibt genügend Beweise dafür – mit einigem Material haben wir uns schon befaßt – das uns zeigt, daß die Christen, anders als die Juden, die Schrift im evangelistischen Sinne gebrauchten. Von der Apostelgeschichte bis hin zu Gregor und Origenes ist es immer das gleiche. Gespräche mit Christen, Streitgespräche mit ihnen, Anstoß an ihnen führen den fragenden Menschen dazu, daß er selbst diese »barbarischen Schriften« liest. Sobald die Menschen anfingen zu lesen, übte die Schrift ihre eigene Macht und Anziehungskraft aus. Mancher interessierte Frager, wie Justin und Tatian, Athenagoras und Theophilus,[191] kam zum christlichen Glauben, weil er beim Lesen entdeckte, »das Wort Gottes ist lebendig und kräftig und schärfer denn kein zweischneidiges Schwert«[192] und »die Heilige Schrift kann dich unterweisen zum Heil durch den Glauben an Jesus Christus«.[193] Der Verfasser der pseudo-justinischen *Ermahnung an die Griechen* veranlaßt die Griechen, die Abschnitte in den Sibyllinischen Büchern und in Vergil zu lesen, die eine christliche Deutung zulassen, »denn die Kenntnis davon wird dir eine notwendige Vorübung für das Studium der Weissagungen der heiligen Schreiber sein«. Hier wohnte die Wahrheit; hier mußte der Suchende nachforschen. »Von jedem Gesichtspunkt aus muß man also erkennen, daß man nur durch die Propheten, die uns aus göttlicher Inspiration lehren, etwas über Gott und die wahre Religion erfahren kann.«[194] Ähnlich schildert der Verfasser des pseudo-justinischen *Diskurs an die Griechen* den Eindruck, den das Studium dieser Schriften auf ihn machte, nachdem er zum ersten Male von der »Tollheit und Unmäßigkeit« der homerischen Dichtung[195] und der »faseligen Theogonie« des Hesiod[196] zu ihnen kam. »O Friedensposaune der aufgewühlten Seele! Du Waffe, die die schrecklichen Leidenschaften vertreibt! Du Lehre, die das angeborene Feuer der Seele erstickt! Das Wort übt einen Einfluß aus, der keine Dichter schafft; es bildet keine Philosophen oder geschickten Redner heran, sondern durch seine Unterweisung macht es Sterbliche unsterblich, Sterbliche zu Göttern; und von der Erde versetzt es sie in die Bereiche über dem Olymp. Kommt, laßt euch lehren! Werdet, wie ich bin, denn auch ich war, wie ihr seid. Das hat mich überwunden: die Göttlichkeit der Lehre und die Macht des Wortes! Denn wie ein geschickter Schlangenbeschwörer das schreckliche Reptil aus seiner Höhle lockt und in die Flucht schlägt, so treibt das Wort die furchtbaren Leidenschaften unserer sinnlichen Natur aus den geheimsten Schlupfwinkeln der Seele.«[197]

Diese Betonung der Schrift als starker Faktor bei der Gewinnung von Menschen für den Glauben hielt an. Hieronymus berichtet uns, daß Pamphilus im dritten Jahrhundert »bereitwillig Bibeln lieferte, nicht nur zum Lesen, sondern auch zum Behalten, nicht nur für Männer, sondern auch für Frauen, die geneigt waren zu lesen. Er ließ eine große Zahl von Bänden herstellen, damit, wenn jemand eine verlangte, er in der Lage war, die Bittsteller zufriedenzustellen«.[198] Und Wulfila, der berühmte Evangelist der Goten aus dem vierten Jahrhundert, hat die Bibel sogar in die gotische Sprache übersetzt, um so mit seiner Arbeit vorstoßen zu können. Er hat dem eine so große Bedeutung beigemessen, daß er sogar ein Alphabet schuf; denn die gotische Sprache existierte bis dahin noch nicht als Schriftsprache. In diese Sprache und Schrift faßte er dann die Bibel, wobei er nur das Buch der Könige ausließ wegen seines kriegerischen Charakters. Er meinte, die Goten brauchten in dieser Richtung nicht noch ermutigt zu werden.[199] Sein Schüler Auxentius feierte nicht nur die vierzig Jahre bischöflicher Tätigkeit Wulfilas, in denen er »ruhmreich tätig war und mit apostolischer Gnade ohne Unterbrechung lateinisch, griechisch und gotisch predigte«, sondern berichtet auch, was er persönlich der liebevollen Unterweisung in der Schrift verdankt, die ihm der Evangelist vermittelt hatte. »Ihm verdanke ich von allen Menschen am meisten, weil er sich mit mir mehr Mühe gab als mit irgendeinem anderen und mich von meiner frühesten Kindheit an aus den Händen meiner Eltern als seinen Schüler empfing und mich die Heilige Schrift lehrte und mir die Wahrheit erklärte und mit Gottes Gnade mich leiblich und geistlich als seinen Sohn im Glauben aufzog.«[200]

Neben dem Gebrauch der Schrift stand bei den ersten Christen das Gebet an erster Stelle in allen evangelistischen Unternehmungen. Als die Zwölf ihre Herzen vor Gott im Gebet ausschütteten, wurden sie mit dem Heiligen Geist erfüllt; sie redeten das Wort Gottes ohne Scheu, und Scharen kamen zum Glauben.[201] Paulus wußte, daß das Gebet einer der wichtigsten Wege war, auf dem man Satan binden und die Herzen der Hörer für das Evangelium vorbereiten konnte. Er bittet die Epheser, für ihn zu beten, damit es ihm gegeben werde, mit freimütigem Auftun seines Mundes das Geheimnis des Evangeliums kundzutun.[202] Er bittet die Korinther, ihm durch das Gebet »Untergrundunterstützung« zu geben, wenn er mit dem Evangelium die Befestigungen des Feindes angriff.[203] Ähnlich weiß auch Justin: Nur durch Gebet, nicht durch bloße gedankliche Argumentation »können dir die Tore des Lichtes geöffnet werden; denn diese Dinge können nicht von allen erfaßt oder verstanden werden, sondern nur von dem, dem Gott und Christus Weisheit verliehen haben«.[204]

»Betet ohne Unterlaß,« mahnt Ignatius, »für andere Menschen.

9   Motive der Evangelisation

Die evangelistische Begeisterung, die die ersten Christen kennzeichnete, ist eines der auffälligsten Phänomene der Religionsge-
schichte. Hier waren Männer und Frauen von jedem Rang und jeder
Stellung, aus jedem Land in der bekannten Welt, beseelt von einer
solchen Überzeugung, daß sie das Rätsel des Weltalls entdeckt hatten, erfüllt von einer solchen Gewißheit, daß sie den einen wahren
Gott kennengelernt hatten, daß sie nichts mehr hindern konnte,
diese Frohe Botschaft an andere weiterzugeben. Wie wir sahen, taten sie das durch Predigt und persönliche Gespräche, durch regelrechte Lehrgespräche und schlichtes Zeugnis, durch Streitgespräche
in der Synagoge und Unterhaltung beim Waschen. Man konnte sie
verachten, auslachen, ihrer bürgerlichen Rechte entkleiden, man
konnte ihnen den Besitz, die Häuser und sogar die Familien nehmen
– doch nichts hinderte sie. Man konnte sie bei den Behörden als gefährliche Atheisten anzeigen und von ihnen verlangen, daß sie den
Göttern des Reiches opferten. Aber sie gaben nicht nach. Im
Christentum hatten sie etwas gefunden, das ganz neu und echt war
und ihr Leben ausfüllte. Selbst zum Schutz ihres eigenen Lebens
waren sie nicht bereit, Christus zu verleugnen. Und durch die Art
ihres Sterbens wurden andere bekehrt.

Was war das Geheimnis eines solchen Eifers? Was trieb die Christen
zu einer so unermüdlichen und selbstlosen Evangelisation? Drei
Motive scheinen die christlichen Evangelisten in den beiden ersten
Jahrhunderten geleitet zu haben. Wir werden sie nacheinander betrachten.

Ihre Dankbarkeit

Zweifellos war das Hauptmotiv der Evangelisation ein theologisches. Diese Männer verbreiteten ihre Botschaft nicht, weil es für sie
ratsam war, oder weil es der sozialen Verantwortung entsprach. Sie
taten es nicht in erster Linie aus humanitären Gründen oder aus
Nützlichkeitserwägungen. Sie taten es um der überwältigenden Erfahrung der Liebe Gottes willen, die sie durch Jesus empfangen hatten. Die Erkenntnis, daß die letzte Triebkraft der Welt Liebe war,
und daß diese Liebe sich bis zum Gipfel der Selbstentäußerung um
des Menschen willen erniedrigt hatte, übte auf die, die daran glaub-

ten, eine unauslöschliche Wirkung aus. »Der Sohn Gottes hat mich geliebt und sich selbst für mich gegeben«,[1] rief Paulus erstaunt aus; und sein weiteres Leben in Selbsthingabe an die Sache des Evangeliums lieferte den Beweis, wie sehr er von dieser Liebe ergriffen war. Es war keine Übertreibung, wenn er sagte: »Gottes Liebe ist durch den Heiligen Geist, der uns gegeben ist, in unsere Herzen ausgegossen.«[2] Die Haltung des Johannes war genauso. Wenn er von Liebe sprach, zeigte er sehr klar, daß der Mensch als solcher keine nennenswerte Liebe hat. »Darin steht die Liebe: Nicht, daß wir Gott geliebt haben, sondern daß er uns geliebt hat und gesandt seinen Sohn zur Versöhnung für unsere Sünden.« Und dann kommt die Schlußfolgerung: »Ihr Lieben, hat uns Gott so geliebt, so sollen wir uns auch untereinander lieben.« Und wie kommt diese Liebe zum Ausdruck? Durch das beispielhafte Leben der Christen? Ja, gewiß. »Niemand hat Gott jemals gesehen. Wenn wir uns untereinander lieben, so bleibt Gott in uns und seine Liebe ist völlig in uns.« Aber nicht nur das Leben der Christen, auch ihr Zeugnis darf nicht fehlen. Deshalb fährt Johannes fort: »Und wir haben gesehen und bezeugen, daß der Vater den Sohn gesandt hat zum Heiland der Welt.« Mit einem Wort, der Beweggrund für die christliche Evangelisation ist verankert in dem, was Gott ist und was er durch das Kommen, den Tod und die Auferstehung Jesu für die Menschen getan hat. »Wir lieben, weil er uns zuerst geliebt hat.«[3] Das meinte Paulus, als er schrieb: »denn die Liebe Christi dringet uns, da wir dafür halten, daß, wenn einer für alle gestorben ist, so sind sie alle gestorben. Und er ist darum für alle gestorben, damit die, die da leben, hinfort nicht sich selbst leben, sondern dem, der für sie gestorben und auferstanden ist.«[4]

Diese liebevolle Dankbarkeit gegen Gott, der sie errettet hatte, spielte eine bedeutende Rolle in der Evangelisation des zweiten wie auch des ersten Jahrhunderts. Sie wird gut zum Ausdruck gebracht in der apokryphen *Quo Vadis*-Legende, die uns eine Vorstellung von den allgemeinen Motiven am Ende des zweiten Jahrhunderts gibt.[5] Durch den Widerstand gegen die Christen bot Rom für Petrus keine Sicherheit mehr. Vernünftige Überlegungen rieten ihm, sich aus der Stadt zurückzuziehen. »Aber Petrus sagte ihnen: ›Brüder, sollen wir wie Deserteure handeln?‹ Aber sie sagten zu ihm: ›Nein, du kannst ja weiter dem Herrn dienen.‹« Es war ein Stück kluger weltlicher Weisheit, die auch später oft der mutigen Hingabe der Christen die Spitze genommen hat. Widerwillig gab Petrus nach, doch »als er aus dem Stadttor herausging, sah er, wie der Herr nach Rom ging; und als er ihn sah, sagte er: ›Herr, wohin gehst du?‹

und der Herr sagte zu ihm: ›Ich komme nach Rom, um mich kreuzigen zu lassen.‹ Und Petrus sagte zu ihm: ›Herr, willst du dich wiederum kreuzigen lassen?‹ Er sagte zu ihm: ›Ja, Petrus, ich will mich noch einmal kreuzigen lassen.‹ Und Petrus kam zu sich und er sah, wie der Herr hinaufstieg in den Himmel. Und er ging froh nach Rom zurück und lobte den Herrn...«.[6] Obwohl diese Geschichte mehr vom Martyrium als von der Evangelisation handelt, kann man doch die beiden Dinge nicht voneinander trennen. Petrus war in Versuchung, sein Leben zu retten auf Kosten der Treue zu seinem Auftrag, den er von Christus empfangen hatte. Und eine Vision des Herrn, der sich für ihn kreuzigen ließ, wurde die treibende Kraft, die ihn zurückbrachte auf den Weg völliger und äußerster Hingabe, und sei es bis zum Tode. Diese Gedanken an das Kreuz als den stärksten Impuls für einen opferbereiten Dienst für andere im Namen des Evangeliums hat ohne Frage am stärksten den Eifer der Christen auf seiner Höhe gehalten.

Man findet diese Liebe als die Hauptquelle des christlichen Dienstes in allen Schriften des zweiten Jahrhunderts, manchmal an unerwarteten Stellen. So bemerkt Pseudo-Justin ganz am Anfang seiner Schrift *De Monarchia:* »Wer die Menschen liebt oder besser, wer Gott liebt, hat die Aufgabe, die Menschen, die es vergessen haben, an das zu erinnnern, was sie wissen sollten.«[7] Seine Liebe zu den Menschen, die sich darin erweist, daß er sie mit der Wahrheit erreichen will, ist das Ergebnis seiner Liebe zu Gott. Man kann fast die Wärme der Liebe und Dankbarkeit heraushören, die Clemens von Alexandria beseelt, wenn er die Heiden ermahnt: »Der Mensch, der in seiner Einfalt frei gewesen war, wurde an die Sünden gefesselt. Der Herr wollte ihn dann aus seinen Banden befreien, und indem er sich mit Fleisch umkleidete – oh göttliches Geheimnis! – überwandt er die Schlange und unterwarf den Tyrannen Tod. Und, was das größte Wunder ist, dem von der Lust betrogenen und an das Verderben gebundenen Menschen wurden seine Hände gelöst und er wurde frei. Oh geheimnisvolles Wunder! Der Herr wurde erniedrigt und der Mensch erhob sich.« Deshalb konnte er rufen: »Empfanget Christus, werdet sehend, empfangt euer Licht!« Im gleichen Kapitel schreibt er: »Laßt uns mit ihm bekannt werden, damit er gnädig ist. Und wenn auch Gott nichts braucht, laßt uns ihm die Dankesgabe eines dankvollen Herzens und eines frommen Lebens geben als eine Art Hausmiete dafür, daß wir hier unten wohnen.« Und an anderer Stelle: »Es war Gottes fester und beständiger Plan, die Menschenherde zu retten; denn zu diesem Zweck sandte er den guten Hirten. Und das Wort, das die Wahrheit entfaltete, zeigte den

Menschen die Größe des Heils, damit sie entweder Buße tun und gerettet werden oder ungehorsam sind und gerichtet werden.« Er ruft seine Leser auf, »Dank abzustatten für die Wohltaten, die wir empfangen haben, und Gott zu ehren durch das göttliche Wort... Was ist die Ermahnung, die ich euch gebe? Ich möchte, daß ihr gerettet werdet. Das will auch Christus. Mit einem Wort, er gibt euch umsonst das Leben... reinigt den Tempel, gebt die Lüste und Vergnügungen in den Wind und ins Feuer wie eine welkende Blume... und bietet euch Gott dar als ein Erstlingsopfer«.[8] Dann wechselt er über zu einem Bild aus der Seefahrt und fährt fort: »Strengt euren Willen nur an und ihr habt das Verderben überwunden. Gebunden an das Holz des Kreuzes werdet ihr frei sein vom Verderben. Das Wort Gottes wird euer Lotse sein, und der Heilige Geist wird euch im Hafen des Himmels vor Anker gehen lassen.«[9] Die Dankbarkeit gegen Gott für die Schöpfung, den Schutz, aber vor allem für die Person und das Leiden Christi war offensichtlich eine der treibenden Kräfte in Clemens' Leben; und das ist um so auffälliger bei einem Menschen, der nach unseren Maßstäben von Beruf Theologe war. Seine Studien hatten seine innige Liebe zu seinem Herrn nicht getrübt.

Wir sahen schon, wie der Verfasser des *Brief an Diognet* dasselbe Motiv hervorhebt. Nachdem er von dem wunderbaren Opfer des Sohnes gesprochen hat, stellt er die Frage: »Wie willst du den lieben, der dich so geliebt hat?« Professor John Foster hat in dieser Hinsicht eine interessante Beobachtung gemacht. Über den Gebrauch des Wortes *Logos* zur Bezeichnung für Christus im siebten Kapitel des Briefes bemerkt er: »Hier war ein Mann, der angefangen hatte, über den Prolog des Johannesevangeliums zu predigen. Er wählte diesen Text, weil der Heide (vielleicht der Hauslehrer von Mark Aurel?) in der Vorstellung vom *Logos* zu Hause war; und durch den *Logos* sollte der ›eingeborene Sohn‹ kommen. Als dann der Prediger zu dem Wort ›eingeborener Sohn‹ (es steht im 18. Vers des Prologs) kommt, predigt er über Johannes 3,16, nicht deshalb, weil der Heide damit vertraut ist, sondern weil das die Aussage des Evangeliums ist.« Weiter beschreibt er dann seine Entdeckung. »Der Eindruck war nicht falsch, daß der Prediger vom Prolog zu Johannes 3, 16 übergegangen war. Denn hier im letzten Stadium seiner Abhandlung werden die Worte aus Johannes 3, 16 nicht mehr zurückgehalten. Wort für Wort ist es im griechischen dasselbe und erscheint auch in derselben Reihenfolge. Kann es da einen Zweifel geben, daß er diese Stelle vor allem im Sinn hatte?

Denn Gott liebte den Menschen,
  für den er *die Welt* machte . . .
  dem *er* den Verstand (logos) *gab*
  dem er *seinen eingeborenen* Sohn sandte
  dem er das Königreich versprach, das
  im Himmel ist (= ewiges Leben).

Wenn er damit begann, dem Philosophen zu predigen, endet er damit, daß er das Evangelium predigt.«[10]

Es ist wichtig, dieses Hauptmotiv liebender Dankbarkeit gegen Gott zu betonen, weil man häufig annimmt, daß die entscheidende Triebkraft der christlichen Mission der unmittelbare Befehl Jesu zum Evangelisieren war. In einigen Schriften über Mission[11] wird der »Missionsauftrag« in Matthäus 28, 18–20 sehr hervorgehoben. Ohne Zweifel war er wichtig. Der Gehorsam gegen den Herrn war das wichtige neue Gebot, das Jesus denen, die ihn lieben, hinterlassen hatte. »Liebt ihr mich, so haltet meine Gebote.« Aber in Wirklichkeit wird es in den Schriften des zweiten Jahrhunderts sehr wenig zitiert. Bei den apostolischen Vätern erscheint es nur in der unechten längeren Überarbeitung von Ignatius.[12] Irenäus zitiert es einmal in einem Zusammenhang, wo er über das Herabkommen des Geistes auf die Gemeinde spricht.[13] Das ist interessant, denn es zeigt uns, daß das Gebot nicht als eine neue Gesetzlichkeit, als die allen Christen auferlegte Pflicht angesehen wurde, sondern eher als das, was Roland Allen ein »geistliches« im Gegensatz zu einem »gesetzlichen« Gebot nannte.[14] Keine Pflichten sind damit verbunden. Es ist vielmehr verknüpft mit der verheißenen Gegenwart Jesus bei der Sendung, welche nicht »eine Belohnung für die Gehorsamen ist; sie ist vielmehr die Vergewisserung, daß diejenigen, die den Auftrag erhalten haben, auch imstande sind, zu gehorchen«.[15]

Nach seiner Meinung wäre nicht viel verloren, wenn die Zweifel an der Echtheit dieser Verse begründet wären, und wenn man klar beweisen könnte, daß Jesus diese Worte niemals gesprochen hätte. »Die Verpflichtung, das Evangelium allen Völkern zu predigen, würde keineswegs geringer. Denn die Verpflichtung hängt nicht am Buchstaben, sondern am Geist Christi, nicht an dem, was er befiehlt, sondern an dem, was er ist, und der Geist Christi ist der Geist der göttlichen Liebe, des Mitleids und des Verlangens nach Seelen, die fern von Gott sind.«[16]

Während jedoch der genaue Wortlaut des Missionsbefehls bei der Aussendung der ersten Christen zur Evangelisation anscheinend keine große Rolle spielte, waren das Vorbild Jesu und das Verantwortungsbewußtsein ihm gegenüber sehr groß. Man erkannte, daß die Mission eigentlich begründet war im Wesen eines Gottes, der der Geber ist. Bei denen, die in Gemeinschaft mit ihm leben wollten, durfte das nicht viel anders sein. Paulus war nicht der einzige, der seine Stellung sehr ernst nahm als Knecht Gottes, als Botschafter Christi, als Mitarbeiter Gottes, wie ein treuer Haushalter in einem großen Hause.[17] Petrus sah die Verantwortung des Christen in ähnlicher Weise: Der Sprecher Gottes, der Unterhirte im Dienst des Herrn,[18] dessen Vorrecht und Verantwortung es war, jedermann, der danach fragte, Rechenschaft zu geben über die Hoffnung, die in ihm war.[19] Vorrecht und Verantwortung sind Worte, die gut das Verständnis des Paulus für seinen evangelistischen Ruf wiedergeben. Bei der oft entmutigenden Aufgabe der Evangeliumsverkündigung wurde er nicht mutlos, denn er »empfing seinen Dienst durch die Gnade Gottes«.[20] Es ist für ihn ein unbegreifliches Wunder, daß Gott mit einem Verfolger, wie er es war, Mitleid hatte. Dreimal bezieht er sich in seinen Briefen auf sein demütiges Staunen über das Vertrauen, das Gott in ihn gesetzt hat,[21] jedesmal im Zusammenhang mit einer tieferen Erkenntnis seiner eigenen Unwürdigkeit. In 1. Korinther 15, 8 f. schrieb er: »Am letzten nach allen ist er auch von mir als einer unzeitigen Geburt gesehen worden. Denn ich bin der geringste unter den Aposteln, der ich nicht wert bin, daß ich ein Apostel heiße, darum, daß ich die Gemeinde Gottes verfolgt habe. Aber von Gottes Gnade bin ich, was ich bin. Und seine Gnade an mir ist nicht vergeblich gewesen, sondern ich habe viel mehr gearbeitet als sie alle; nicht aber ich, sondern die Gnade Gottes, die in mir ist.« Im Epheserbrief prägt er ein Wort, um seine demütige Stellung im Gegensatz zu dem erstaunlichen Vorrecht der Berufung zur Evangeliumsverkündigung zu betonen. »... durch das Evangelium, dessen Diener ich geworden bin nach der Gabe der Gnade Gottes, die mir nach seiner mächtigen Kraft gegeben ist. Mir, dem allergeringsten (elachistotero) unter allen Heiligen, ist gegeben diese Gnade, den Heiden zu verkündigen, den unausforschlichen Reichtum Christi.«[22] In einem späteren Brief, dem 1. Timotheusbrief, spricht er von dem »herrlichen Evangelium des seligen Gottes, das mir anvertraut ist«, und fährt fort, »ich danke unserem Herrn Christus Jesus, der mich stark gemacht und treu geachtet hat und gesetzt in das Amt, der ich zuvor war ein Lästerer und Verfolger und Frevler; aber mir ist Barmherzigkeit widerfahren, denn ich habe es unwissend getan im Unglauben.« Dann spricht er über das »teuer werte Wort«, daß »Christus Jesus gekommen ist in die Welt, die Sünder selig zu machen«, und er fügt aus ganzem Herzen hinzu: »... Unter welchen ich der vornehmste bin.«[23] Das ist keine fromme Übertreibung. Das Vorrecht, Beauftragter Gottes zu sein, der Ruf zur verantwortlichen Ausrichtung dieses Auftrags haben ihn während seines Lebens immer stärker beeindruckt, indem er mehr und mehr seine eigene Unwürdigkeit und zugleich die reiche Liebe und Geduld und Kraft des Herrn erkannte, der ihn beauftragt hatte.

Es war nicht nur ein Empfinden für das Vorrecht und die Verantwortung, Beauftragter Christi zu sein und an seiner Stelle Menschen aufzufordern, sich mit Gott versöhnen zu lassen; diese Evangelisten wurden auch bewegt vom Beispiel Jesu selber. »Ein jeglicher sei gesinnt, wie Jesus Christus auch war«, schreibt Paulus, »welcher, ob er wohl in göttlicher Gestalt war, nahm er's nicht als einen Raub, Gott gleich zu sein, sondern entäußerte sich selbst und nahm Knechtsgestalt an, ward wie ein anderer Mensch... Er erniedrigte sich selbst und ward gehorsam bis zum Tode, ja zum Tode am Kreuz.«[24] Das ist das Bild dessen, dem sie nacheifern sollen. In seiner Rede in der Apostelgeschichte macht Paulus die gleiche Anspielung auf den Knecht wie im Philipperbrief, aber er bezieht es nicht auf Jesus, sondern auf die Menschen, die das Werk Jesu fortsetzen. »Siehe, so wenden wir uns zu den Heiden. Denn so hat uns der Herr geboten: ›Ich habe dich den Heiden zum Licht gesetzt, daß du das Heil seiest bis an des Ende der Erde.‹«[25] Für unsere augenblicklichen Überlegungen ist es unwesentlich, ob sie sich in erster Linie als solche verstanden, die das Werk Jesu nachahmten, in dem sie den Heiden sowohl wie auch Israel dienten, oder ob sie sich so mit ihm vereinigt sahen, wie der Leib mit seinem Haupt oder wie Zweige mit dem Weinstock. Das Entscheidende ist, daß sie erkannten: Das evangelistische Werk des Knechtes, das in dem Wirken und im Tod Jesu in höchster Weise verkörpert war, war jetzt ihnen anvertraut worden. Origenes nahm das sehr genau, als er als Antwort auf den Spott des Celsus, Jesus sei in einer schmutzigen kleinen Provinz wie Judäa erschienen, erwiderte: »Es war nicht nötig, daß viele Leiber an verschiedenen Orten waren und verschiedene Geister hatten wie Jesus, damit die ganze Menschenwelt durch das Wort Gottes erleuchtet würde, denn das eine Wort war genug, das als ›Sonne der Gerechtigkeit‹ aufging, um seine Strahlen von Judäa auszusenden, die die Seelen derer erreichen, die es annehmen wollen.« Er weist dann weiter darauf hin, daß viele in Nachahmung Jesu die Botschaft von Judäa in die übrige Welt hinausgetragen haben. »Wenn jemand viele Leiber sehen möchte, die mit einem göttlichen Geist erfüllt überall nach dem Vorbild des einen Christus zum Heil der Menschen wirken, dann soll er wissen, daß die, die an vielen Orten die Lehre Jesu recht weitergeben und ein aufrichtiges Leben führen, von den Heiligen Schriften selber Christusse genannt werden nach dem Wort: Rührt meine Christusse nicht an, und tut meinen Propheten keinen Schaden.«[26]

Eine andere Stelle bei Origenes läßt uns erkennen, wie ernst er die Verantwortung nahm, ein sichtbarer Vertreter seines Meisters zu sein. In seinem *Kommentar* zu Römer 9, 1 spricht er von der Bereitschaft des Paulus, von Christus abgetrennt zu sein, wenn das für seine jüdischen Brüder gut wäre und sie zum Glauben brächte. Origenes fragt den Leser, ob *er* Schmerz und Trauer für die Verlorenen empfinde. Liegt ihm so sehr daran, daß er bereit wäre, um ihretwillen von Christus getrennt zu werden? Das könnte natürlich nicht geschehen. Nichts wird die Christen von der Liebe Christi trennen können, wie es Paulus am Ende des vorhergehenden Kapitels deutlich gemacht hat. Auch könnte man nicht andere retten, wenn man selbst verlorenginge. Aber auch wenn es nicht geschehen könnte, bleibt Origenes doch hartnäckig bei seiner Frage, ob der Leser bereit wäre zu einem solchen Schicksal, um andere zu retten. »Hast du gelernt von deinem Herrn und Meister, was es heißt zu sterben, um zu leben? Hast du von ihm gelernt, der von Natur wohl unsterblich und nicht von seinem Vater zu trennen war, der aber dennoch starb und ins Totenreich hinabging? In gleicher Weise ahmte Paulus seinen Meister nach und war bereit, um seiner Brüder willen von Christus verflucht zu sein, obwohl ihn nichts von der Liebe Christi trennen konnte. Ist es so erstaunlich, daß der Apostel bereit war, um seiner Brüder willen verflucht zu sein, wenn er wußte, daß der eine, der in göttlicher Gestalt war, sich dieser Gestalt entäußerte und Knechtsgestalt annahm und zu einem Fluch für uns wurde? Ist es so ungewöhnlich, daß der Sklave bereit sein sollte, für seine Brüder verflucht zu sein, wenn der Herr für die Sklaven zum Fluch wurde?«[27]

Dieser Dank, diese Hingabe an den Herrn, der sie gerettet und ihnen ein neues Leben gegeben hatte, dieses Bewußtsein, von ihm beauftragt und von seinem Geist bevollmächtigt zu sein zu dem Werk von Herolden, Boten und Botschafter, war die entscheidende Triebkraft zur Evangelisation in der Urgemeinde. Diese Männer waren ergriffen von der Liebe Gottes, die in der Person Jesu konkrete Gestalt angenommen hatte und im Todeskampf von Golgatha in unglaubliche Tiefen hinabgestiegen war. Von dieser Liebe angezogen, mußten sie es durch ihr Leben beweisen und mit ihren Lippen weitersagen: »Wir können es nicht lassen, von dem zu reden, was wir gesehen und gehört haben.«[28] Dieser Satz gibt der spontanen liebenden Hingabe an Gott Ausdruck, die die Urquelle ihrer evangelistischen Bemühungen war. Sie waren überzeugt, daß das schon längst in der Schrift verheißene Heil Wirklichkeit geworden war in dem, was Jesus getan hatte. Wie konnten sie da schweigen? In einer solchen Zeit der Frohen Botschaft konnten sie sich nicht ruhig verhalten.

Ihr Verantwortungsbewußtsein

Ein zweiter gewichtiger Faktor bei den Christen war ihre Verantwortung vor Gott, nach der sie ihr Leben in Übereinstimmung mit ihrem Bekenntnis führen wollten. Sie führten ihr Leben unter den Augen Gottes, und sie waren entschlossen, in allem ihm zu gefallen. Ihr Meister hatte sich im Blick auf seinen himmlischen Vater ein Ziel gesetzt und es auch verfolgt: »Ich tue allezeit, was vor ihm wohlgefällig ist.«[29] Das war auch ihr Ziel. So betete Paulus im Blick auf die Kolosser, »daß ihr des Herrn würdig wandelt zu allem Gefallen und Frucht bringt in jeglichem gutem Werk«.[30] Und was er für andere betete, bezog er auch auf sich selbst. Er wußte, daß man geistlich Schiffbruch erleiden konnte, wie im Falle von Hymenäus und Alexander.[31] Er fürchtete sich vor der Möglichkeit, »anderen zu predigen und selbst verwerflich zu werden«. Deshalb übte er sich im Lauf des Christenlebens wie ein Wettkämpfer. »Ein jeglicher aber, der da kämpft, enthält sich alles Dinges; jene nun, daß sie einen vergänglichen Kranz empfangen, wir aber einen unvergänglichen.«[32] Deshalb wandte er alle seine Kraft daran, Menschen für Jesus Christus zu gewinnen und so seinem Auftrag treu ein Apostel seines Herrn zu sein. »Den Juden bin ich geworden wie ein Jude, auf daß ich die Juden gewinne... Denen, die ohne Gesetz sind, bin ich wie einer ohne Gesetz geworden –, auf daß ich die, so ohne Gesetz sind, gewinne... Ich bin allen alles geworden, damit ich auf alle Weise etliche rette. Alles aber tue ich um des Evangeliums willen, auf daß ich seiner teilhaftig werde.«[33] Manchen erschien bekanntlich seine unterschiedliche Haltung gegenüber Juden und Heiden wie ein Kompromiß und wie Menschengefälligkeit. Im Brief an die Galater und in den Korintherbriefen weist er dies ärgerlich zurück, doch am Ende kommt es ihm nicht auf das menschliche Urteil an. »Mir aber ist's ein Geringes, daß ich von euch gerichtet werde oder von einem menschlichen Tage; auch richte ich mich selbst nicht«, schrieb er an die anmaßenden Korinther, die sich mit ihren durchziehenden Lehrern berühmt machen wollten. »Ich bin mir nichts bewußt, aber darin bin ich nicht gerechtfertigt; der Herr ist's, der mich richtet.

Darum richtet nicht vor der Zeit, bis der Herr kommt, welcher wird ans Licht bringen auch was im Finstern verborgen ist, und wird das Trachten der Herzen offenbar machen. Alsdann wird einem jeglichen von Gott sein Lob widerfahren.«[34] Die Frage des endgültigen Urteils vor Gott beim Letzten Gericht nahm im Denken des Paulus einen wichtigen Platz ein, wie es bei jedem ehrlichen und ernsten Juden der Fall sein mußte. Doch eine große Umwandlung hatte sich in seinem Denken vollzogen, seit er Christ geworden war. Bis dahin hatte er Werke getan, um durch die Gnade Gottes und das strenge Einhalten des Gesetzes am Jüngsten Tag den Freispruch zu erhalten. Auf dem Wege nach Damaskus erkannte er, daß dies unmöglich war. Wenn er auch noch so gewissenhaft lebte, sein Bestes war nicht gut genug für einen Heiligen Gott. Er erkannte die Wahrheit, die Jesus so erschütternd ausgesprochen hatte in den Gleichnissen vom hochzeitlichen Kleid und vom Großen Abendmahl, daß Gott nämlich die annimmt, die nicht angenehm sind vor ihm, wenn sie ihm allein vertrauen.[35] Er sah, daß Gott die Menschen immer nur unter dieser Bedingung angenommen hatte – Abraham, David und die großen Gestalten seines Volkes –; alle waren in sich selbst sündige Menschen, die sich auf die Gnade Gottes verließen und in ihm ihre Sicherheit fanden, nicht in ihrer eigenen eingebildeten Güte.[36] Diese Wahrheit machte sich Paulus besonders zu eigen und kleidete sie in die gleichsam juristische Sprache des Gerichtes oder auch des Thronsaales (denn sie geht über alle Vorstellungen von menschlicher Gerechtigkeit hinaus).[37] Er erkannte, daß Jesus, der Gott-Mensch, am Kreuz das Gericht auf sich nahm, das auf allen Menschen lag, ihm seinen Fluch nahm und triumphierend auferstand, um das zu beweisen. »Er wurde um unserer Sünden willen dahingegeben und um unserer Rechtfertigung willen auferweckt«,[38] ruft er freudig aus. Das Urteil des Letzten Gerichtes braucht nicht länger in schrecklicher Spannung erwartet zu werden; es ist hier uns jetzt vorweggenommen. »Sind wir nun gerecht geworden durch den Glauben« – schon jetzt in dieser Zeit – »so haben wir Frieden mit Gott durch unseren Herrn Jesus Christus.«[39] Wer mit Christus vereint war, konnte ohne Furcht dem Gericht entgegensehen, er war befreit von der lähmenden Angst, in seinem ganzen Leben, ob er schließlich angenommen oder verworfen würde.

Die gläubige Gewißheit des Heils, die man hier und jetzt schon empfing und die zwar in der Zukunft noch vollendet werden sollte, änderte jedoch nichts an der Tatsache, daß der Christ vor dem Richterthron Christi erscheinen muß, um Rechenschaft zu geben, wie er sein Leben im Dienst des Meisters verbracht hatte. Dies war eine der

Sicherungen gegen die Gesetzlosigkeit, die sich mit der Lehre des Paulus von der Rechtfertigung allein aus Gnade verbinden konnte. Er war gewiß in dem Bewußtsein, daß Gott ihn annehmen würde (das war durch Kreuz und Auferstehung verbürgt und in der Taufe dem Gläubigen als Siegel mitgegeben);[40] dennoch war er entschlossen, so zu leben, daß er an jenem großen Tag nicht beschämt vor seinem Herrn dastehen müßte. Wie er es in der Rede an die Ältesten in Ephesus zum Ausdruck brachte, wollte er seinem Ruf treu bleiben und »bezeugt den Juden und Griechen die Bekehrung zu Gott und den Glauben an unseren Herrn Jesus«, ungeachtet aller Hindernisse, die sich ihm in den Weg legen. »Aber ich achte für mich selbst mein Leben nicht teuer, wenn ich nur vollende meinen Lauf und das Amt, das ich empfangen habe von dem Herrn Jesus, zu bezeugen das Evangelium von der Gnade Gottes.«[41]

Am klarsten redet er in 2. Korinther 5 davon, welche Kraft diese Wahrheiten für ihn hatten. Er denkt nach über die Möglichkeit, daß sein eigener Tod vor der Wiederkunft Christi eintritt, und stellt sich das schonungslos vor Augen. In jedem Fall hat er nur ein Ziel: »Darum befleißigen wir uns auch, wir sind daheim oder wallen (d. h. wir leben oder sterben[42]), daß wir ihm wohlgefallen. Denn wir müssen alle offenbar werden vor dem Richterstuhl Christi, auf daß ein jeglicher empfange, wie er gehandelt hat bei Leibesleben, es sei gut oder böse. Weil wir denn wissen, daß der Herr zu fürchten ist, suchen wir Menschen zu gewinnen.«[43] Die Furcht, von der er spricht, ist nicht die feige Angst eines Hundes, sondern die liebende Furcht des Freundes und vertrauten Dieners, der fürchtet, seinen geliebten Meister zu enttäuschen. Diese Furcht war ein zusätzlicher Faktor bei der unermüdlichen evangelistischen Tätigkeit des Apostels Paulus. Bei der Behandlung dieses schwierigen Themas scheute er sich nicht, sowohl von einem Lohn für treuen Dienst als auch von Enttäuschung und Verlust bei Untreue zu reden. Schließlich hatte Jesus immer wieder davon gesprochen, besonders im Gleichnis von den anvertrauten Pfunden. Paulus sprach voll Freude von der »Krone der Gerechtigkeit, welche mir der Herr, der gerechte Richter, an jenem Tage geben wird, nicht aber mir allein, sondern auch allen, die seine Erscheinung liebhaben.[44]

Zweifellos hat dieser Gedanke dazu beigetragen, daß er einige Verse weiter sagen kann: »... und stärkte mich, auf daß durch mich die Verkündigung reichlich geschähe und alle Heiden sie hörten.«[45] Andererseits ist er sich dessen bewußt, daß der untreue christliche Evangelist, der ichbezogen auf dem Fundament Christi in seiner Gemeinde baut, zwar selbst gerettet wird, doch wie jemand, der aus dem Feuer entronnen ist, das all seine Habe verzehrt hat. Der Tag wird das Wesen von eines jeden Werk enthüllen, sagt er den Korinthern. Es wird sozusagen im Feuer offenbar, welches Holz, Heu und Stoppeln verbrennen wird, um den Wert von Gold, Silber und Edelsteinen hervorzuheben, die ein Bild christusbezogener Arbeit sind. »Welcherlei eines jeglichen Werk sei, wird das Feuer bewähren. Wird jemandes Werk bleiben, das er darauf gebaut hat, so wird er Lohn empfangen. Wird jemandes Werk verbrennen, so wird er Schaden leiden; er selbst aber wird gerettet werden, doch so wie durchs Feuer hindurch.«[46]

Aus der Art und Weise, wie Paulus hier mit aller Vorsicht die Frage des kommenden Gerichtes als Motiv für den Dienst des Christen behandelt, sollte ersichtlich sein, daß er keine grobe Lehre von Lohn und Strafe bringt. Der Christ weiß von Anfang an, daß er durch Gottes Gnade gerettet wird, solange er nicht von seinem Retter abtrünnig wird. Die Frage der Heilssicherheit taucht nicht auf. Aber die Freude an dem zukünftigen Ergehen bei Gott hängt sehr davon ab, was der Christ aus diesem Leben mit Gott macht. Die Art seines jetzigen Lebens wird dadurch bestimmt, wie er im Gehorsam gegen Christus in liebender Selbsthingabe an andere lebt. Gott belohnt den treuen Diener, aber der Lohn besteht in einer tieferen Gleichgestaltung mit Christus, welches an sich der Gipfel des Glückes ist. Gott belohnt immer mit dem, was seine Gnade hervorbringt. Die Belohnung erfolgt *de congruo,* nicht *pro meritis.* Nach dem Gleichnis von den anvertrauten Pfunden besteht der Lohn für die Treue in vermehrter Verantwortung, tieferer Gemeinschaft mit Gott, größerer Freude in ihm. Das ist etwas anderes. Hier werden nicht Lohn und Strafe nach dem Maß der Heiligung verhängt. Andererseits ist es falsch, mit Amos Wilder[47] zu behaupten, die Auffassung von Lohn und Strafe in der christlichen Ethik beruhe nur auf einer »erdachten Vergeltung« (engl.: fictional sanction); denn es sei unmoralisch, das Gute aus irgendeinem anderen Grunde zu tun, als daß es gut *ist.* Er unterscheidet nicht zwischen Motiv und Absicht. Es ist wahr, eine sittlich gute Handlung muß aus einer guten Absicht entspringen, doch es ist genauso richtig, daß das Neue Testament einige motivierende Kräfte kennt, die den Menschen zu der Absicht führen, eine gute Tat zu tun. Die Selbstachtung des Christen,[48] die Frage nach dem, was förderlich ist,[49] der Appell an die Vernunft,[50] was eines Christen würdig ist,[51] was den allgemeinen guten Sitten entspricht[52] – diese Dinge erscheinen zusammen mit Lohn und Strafe als motivierende Kräfte, die den Christen anleiten, in bewußter Absicht das Gute zu wählen.

In den Schriften des zweiten Jahrhunderts jedoch liegt der Ton stärker auf Lohn und Strafe, und der Gehorsam des Christen wird mehr mit dem Verdienstgedanken verknüpft. So macht Justin darauf aufmerksam, daß es für Christen schon möglich wäre, ihre Treue zu Christus zu verleugnen und so den unangenehmen Folgen polizeilicher Maßnahmen und der Hinrichtung zu entgehen; dennoch »könnten wir aber nicht mit einer Lüge leben. Denn getrieben von dem Verlangen nach dem ewigen und reinen Leben, suchen wir die Heimat, die bei Gott ist...« Das Verlangen nach dem ewigen Leben scheint in seiner Theologie einen wichtigeren Platz einzunehmen als im Neuen Testament, zumal er es im folgenden der Strafe gegenüberstellt, die zugemessen wird »von Christus über die Bösen, die in ihren gleichen Leibern wieder mit ihren Geistern vereinigt, die jetzt ewige Strafe erleiden müssen«. Dennoch hat Justin nicht völlig die neutestamentliche Perspektive verlassen. Er ›beeilt sich, seinen Glauben zu bekennen‹ als einer, der Gott mit seinen Werken bewiesen hat, daß er ihm nachfolgt und daß er gern bei ihm wohnen möchte, wo keine Sünde mehr stören kann.[53] Hier ist echte Liebe zu Gott als das Kennzeichen echten christlichen Zeugnisses und Dienstes.

Wie weit der Tag des Gerichtes in der persönlichen Verantwortung der Christen eine Rolle spielte, erkennt man an seiner Stellung in dem sehr alten Katechismus über die zwei Wege, der im *Barnabasbrief* enthalten ist. »Du sollst Tag und Nacht an den Tag des Gerichtes denken. Und du sollst jeden Tag die Gemeinschaft der Heiligen suchen, indem du entweder durch Reden dich mühst und ausgehest, um zu ermahnen, und darum ringst, Seelen durch das Wort zu retten, oder indem du mit deinen Händen arbeitest für die Bezahlung deiner Sünden.«[54] In seiner Schlußmahnung kehrt er zu dem Thema zurück und bittet seine Leser, zu denken an »den Tag, an dem alle Dinge mit dem Bösen zugrunde gehen; ›der Herr und sein Lohn ist nahe‹«; und sie sollen sein »gelehrt von Gott, indem ihr erwählt, was der Herr von euch verlangt; und tut es, damit ihr sicher seid am Tage des Gerichtes«.[55]

Polykarp betont, »durch Gnade seid ihr gerettet, nicht aus Werken«, aber er weist fast gleich danach auf ihn hin, der »als Richter über die Lebendigen und die Toten kommt. Sein Blut fordert Gott von denen, die nicht an ihn glauben. Aber der, der Christus von den Toten auferweckt hat, wird auch uns auferwecken, wenn wir seinen Willen tun«.[56] Und an anderer Stelle sagt er: »Wenn wir in dieser gegenwärtigen Welt ihm wohlgefallen, werden wir auch die zukünftige Welt empfangen, wie er uns versprochen hat, daß er uns wieder von den Toten erwecken wird, und daß wir auch mit ihm herrschen werden, wenn wir seiner würdig leben und an ihn glauben.«[57] Die persönliche Beziehung zu Gott ist noch sichtbar, das Verständnis des Heils aus Gnaden ist noch klar, aber die persönliche Verantwortung im Lichte des Gerichtes wird stärker betont. Der christliche Philosoph Athenagoras redet von den moralischen Qualitäten der Christen und fragt dann: »Sollten wir uns vom Bösen reinigen, wenn wir nicht glauben, daß ein Gott über das Menschengeschlecht herrscht? Sicher nicht. Aber weil wir überzeugt sind, daß wir von allem in diesem Leben Gott Rechenschaft geben müssen, der uns und die Welt geschaffen hat, nehmen wir eine gemäßigte, wohlwollende und im allgemeinen verachtete Lebensweise an, da wir glauben, daß wir hier, selbst wenn uns das Leben genommen würde, kein so großes Übel leiden werden, wie wir es dort empfangen müßten. ...von dem großen Richter.«[58] Das gleiche Bewußtsein, daß Gott immer gegenwärtig ist und alles sieht, findet sich in den Schriften Justins. Himmel und Gott waren lebendige Wirklichkeiten für diese Menschen, die durch ihre Treue zu Christus und ihre Evangelisation mit dem Tode spielten. Er macht darauf aufmerksam, wie widersinnig es doch ist, die Christen zu verfolgen, deren sittliche Maßstäbe unfehlbar sind, und erklärt an einer ergreifenden Stelle, daß es ihn nicht sonderlich bekümmere, da er wisse, daß Gott die Lage in der Hand habe. »Weil wir die Menschen überreden, solche Belehrung (die ›Sodomie‹ und den schändlichen Verkehr mit Frauen nach dem Muster des Jupiter und der anderen Götter, was er oben erwähnt hat) zu vermeiden, werden wir auf jede Weise angegriffen. Doch es bekümmert uns nicht, da wir wissen, daß Gott alles sieht. Aber wenn doch jetzt jemand auf ein hohes Pult stiege und mit lauter Stimme riefe: ›Schämt euch, schämt euch, die ihr die Unschuldigen solcher Taten beschuldigt, die ihr selbst öffentlich begeht ...Bekehrt euch! Werdet weise!‹«[59] Damit ist genügend deutlich geworden, wie ernst die Christen in der Anfangszeit der Kirche ihre Verantwortung nahmen, jeden Tag im Lichte der Ewigkeit zu leben in dem Wissen, daß alle ihre Handlungen unter dem forschenden Auge Gottes, ihres Heilandes, standen, der die Lebendigen und die Toten richten würde.[60] Wenn auch im Laufe der Zeit die enge Vorstellung von Lohn und Strafe bei ihnen zu sehr in den Mittelpunkt rückte,[61] war sie doch das Zerrbild einer einstmals echten neutestamentlichen Wahrheit. Hatte nicht Paulus geschrieben: »Denn daß ich das Evangelium predige, darf ich mich nicht rühmen; denn ich muß es tun. Und wehe mir, wenn ich das Evangelium nicht predigte! Täte ich's aus eigenem Willen, so würde mir's gelohnt. Ich tue es aber nicht aus eigenem Willen; mir ist das

Amt befohlen.«[62] Die Note der persönlichen Verantwortung und Rechenschaft vor Gott, dem souveränen Richter, war ein starker Ansporn zur Evangelisation in der Urgemeinde.

Ihre Sorge um den Menschen

Jesus kam, um die Verlorenen zu suchen.[63] Das war der Hauptzweck seiner Fleischwerdung und seines Sühnetodes. Er glaubte nicht daran, daß der Mensch von selber mit Gott und seinem Mitmenschen ins rechte Verhältnis kommen konnte. Mit nüchternem Realismus sagte er zu seinen Zeitgenossen: »Wenn ihr, die ihr böse seid, euren Kindern gute Gaben geben könnt...«[64] Wohlweislich »vertraute er sich ihnen nicht an, denn er wußte, was im Menschen war.[65] Er wußte, daß das Böse nichts Äußerliches beim Menschen war, sondern tief in ihm steckte. »Denn von innen, aus dem Herzen der Menschen, kommen die bösen Gedanken, Unzucht, Dieberei, Mord, Ehebruch, Habsucht, Bosheit, List, Schwelgerei, Mißgunst, Lästerung, Hoffart, Unvernunft. All diese bösen Dinge kommen von innen heraus und machen den Menschen unrein.«[66]

Bei einer so schonungslosen und radikalen Beurteilung des menschlichen Wesens ist es nicht erstaunlich, daß Jesus niemand ohne jede Einschränkung »gut« nennen wollte; er lehnte dieses Attribut sogar für sich selber ab.[67] Niemand kann vor Gott sagen, er sei gut. Alle müssen gerettet werden aus der schlimmen Lage, in die sie durch ihre bösen Taten gekommen sind. Und Jesus kam, um der Menschheit dieses Heil zu bringen. Deshalb zieht sich natürlicherweise ein klarer Dualismus durch alle Bereiche der Evangelienberichte über die Lehre Jesu. Die Menschheit ist geteilt in solche, die ihn als den Weg zu Gott annehmen, und solche, die es nicht tun.[68]

Der Mensch kann zwei Wege betreten – den breiten Weg, der ins Verderben führt, und den schmalen Weg, der zum Leben führt; eine dritte Möglichkeit gibt es nicht.[69] Zwei Herrscher können den Menschen unter ihrer Macht haben, Gott oder der Mammon.[70] Zwei Möglichkeiten stehen dem Menschen offen: er kann Anteil haben an Gottes eigenem Leben durch die Verbindung mit Jesus, oder er kann geistlich tot bleiben.[71] In seinen Gleichnissen teilt er die Menschen in Schafe und Böcke, Weizen und Unkraut, kluge und törichte Jungfrauen, solche, die die Einladung zum Hochzeitsmahl annehmen, und solche, die sich entschließen, draußen zu bleiben. »Da wird sein Heulen und Zähneknirschen.«[72] Das ewige Schicksal der Menschen hängt davon ab, ob sie sich für oder gegen ihn entscheiden.[73] Der Eingang ins Reich Gottes hängt ab von dem Verhältnis zu ihm.[74] Überall begegnet uns dieser religiöse Dualismus. Er ist eines der Dinge, die dem modernen Menschen am meisten anstößig sind am Evangelium. Den Menschen im ersten Jahrhundert ging es genauso. Das Ärgernis an der Einzigartigkeit Jesu war immer das größte Hindernis für eine Hingabe an ihn. Aber diese ersten Christen glaubten, daß Jesus die einzige Hoffnung der Welt, der einzige Weg der Menschen zu Gott war. Wenn man also glaubt, daß es außerhalb von Christus keine Hoffnung gibt, dann wird man, wenn man auch nur einen Funken menschlicher Liebe und Güte hat, von dem starken Verlangen ergriffen sein, den Menschen diesen einen Weg des Heils nahezubringen. Es überrascht uns nicht, wenn die Sorge um den Zustand der noch nicht vom Evangelium erreichten Menschen eine der treibenden Kräfte hinter der Evangeliumspredigt der Urgemeinde war. Nirgends ist das besser bezeugt als in den Schriften des Paulus. Er teilte den gleichen radikalen Dualismus wie sein Herr. Er sah die Menschheit, Juden wie Heiden, verloren, schuldig, geistlich tot, fern von Gott und ohne Hoffnung in der Welt.[75] Und durch die Gnade Gottes war er aus einer gleichen Lage errettet worden.[76] Deshalb hatte er die bestimmte Aufgabe, den Menschen weit und breit zu verkündigen, in welcher Gefahr und Not sie sich befanden, und was Gott auf wunderbare Weise getan hatte, um ihnen zu helfen. Das Bild des Paulus, das wir aus seiner Rede an die Ältesten in Ephesus bekommen, deckt sich an dieser Stelle weitgehend mit dem Inhalt seiner Briefe. Unter ernsten Tränen predigte er öffentlich und von Haus zu Haus und forderte seine Hörer auf, Buße zu tun und an Christus zu glauben. Er war bereit, sein eigenes Leben zu opfern, um den Lauf des Evangeliums zu fördern.[77] Denn er sah sich, wie einst Hesekiel, zum Wächter Gottes beauftragt, die Menschen vor der Gefahr zu warnen, in der sie standen, solange sie sich weigerten, auf die angebotene Gnade Gottes einzugehen. Darauf spielt er an, wenn er ausruft: »Darum bezeuge ich euch an diesem heutigen Tage, daß ich rein bin von aller Blut; denn ich habe nicht unterlassen, euch zu verkündigen den ganzen Ratschluß Gottes«.[78] Wenn der Wächter eine Warnung hat und die Menschen nicht darauf hören wollten, dann war ihr Blut auf ihrem Haupt; das sagt Paulus hier. Aber wenn er sich gegen seinen Auftrag gewehrt hätte, wenn er sich nicht der Evangelisation hingegeben hätte, dann wäre er verantwortlich gewesen für ihr Schicksal. Hatte Gott nicht zu dem Propheten Hesekiel gesagt: »Du Menschenkind, ich habe dich zum Wächter gesetzt über das Haus Israel; du sollst aus meinem Munde das Wort hören und sie von meinetwegen warnen. Wenn ich dem Gottlosen sage: Du mußt des Todes sterben, und du warnst ihn nicht und sagst es ihm nicht, damit sich der Gottlose vor seinem gottlosen Wesen hüte, damit er lebendig bleibe, so wird der Gottlose um seiner Sünde willen sterben; aber sein Blut will ich von deiner Hand fordern.«[79]

Deshalb sagt Paulus zu den Römern: »Ich bin ein Schuldner der Griechen und der Nichtgriechen, der Weisen und der Unweisen; darum, soviel an mir ist, bin ich wohl willens, auch euch zu Rom das Evangelium zu predigen.«[80] Er war ein Schuldner Christi und ein Schuldner derer, die niemals von Christus gehört hatten. Er war Christi Botschafter, Gottes Wächter. Die Not derer, die Christus nicht kannten, trieb ihn vorwärts in der Sache des Evangeliums. Er glaubte, daß hinter der Gleichgültigkeit und dem Widerstand gegen das Evangelium, denen er begegnete, die Wirksamkeit Satans stand. »Der Gott dieser Welt hat der Ungläubigen Sinn verblendet, daß sie nicht sehen das helle Licht des Evangeliums von der Herrlichkeit Christi, welcher ist das Ebenbild Gottes.«[81] So sah er die Lage. Er war konfrontiert mit keinem Geringeren als dem Gott dieser Weltzeit, der satanischen Macht des Bösen, den Jesus selber als den angemaßten Herrscher dieser Welt erkannt hatte, der Gott von seinem rechtmäßigen Platz im Herzen seiner Untertanen verdrängt hatte.[82] Es war das oberste Ziel des Feindes, die Menschen vom Evangelium fernzuhalten. Seine Methode war, ihnen die Augen dafür zu blenden, daß sie das Evangelium nötig hatten, und daß es neue Menschen aus ihnen machen konnte. Aber Paulus ließ sich auch dadurch nicht entmutigen. Er weiß: »Gott, der da hieß das Licht aus der Finsternis hervorleuchten, der hat einen hellen Schein in unsre Herzen gegeben, daß durch uns entstünde die Erleuchtung zur Erkenntnis der Herrlichkeit Gottes in dem Angesicht Jesu Christi.«[83] Zwischen diesen beiden Mächten in der Welt, dem Gott, der die Sinne des Menschen verblendet, und dem Gott, der das Licht in das Herz des Menschen hereinbrechen läßt, steht ein anscheinend unbedeutender Vers, der doch die entscheidende Verbindung zwischen beiden ist. »Wir predigen nicht uns selbst, sondern Jesus Christus, daß er sei der Herr, wir aber eure Knechte um Jesu willen.«[84]

Durch die Predigt von demütigen Menschen, die nicht sich selbst anpreisen, sondern vertrauensvoll die Herrschaft Jesu verkündigen, bricht das Licht Gottes in verblendete Herzen hinein. Wie töricht, wenn man meint, durch bloßes Reden könne man Licht in eine verdunkelte Seele bringen! Doch so paradox ist Gottes Wirken. Und Paulus hatte es zu oft in der Praxis erfahren, um daran zu zweifeln. Er wußte: So töricht es auch klingt, »es hat Gott wohlgefallen, durch die Torheit der Predigt zu retten, die daran glauben«.[85] Deshalb konnte er schreiben: »Ich schäme mich des Evangeliums nicht, denn es ist eine Kraft Gottes, die selig macht alle, die daran glauben.«[86]

Dieses lebendige Wissen um die Gefahr, in der sich die christuslosen Menschen befanden, blieb auch noch im zweiten Jahrhundert eines der Hauptmotive der Evangelisation. Die nachapostolischen Schreiber betonen so sehr das Gericht, daß einige Heiden schon darüber spotteten. »Wir werden ausgelacht«, schreibt Tertullian, »weil wir verkünden, daß Gott eines Tages die Welt richten wird«; und er fährt fort mit dem etwas zweifelhaften Argument, daß die Philosophen und Dichter der Griechen das gleiche lehrten und daß sie ihre Vorstellungen aus den christlichen und jüdischen Schriften entnommen hätten. Auch Justin begegnet solchen spöttischen Meinungen von seiten seiner Gegner, die behaupten, »daß unsere Aussagen, daß die Gottlosen im ewigen Feuer bestraft würden, große Worte und Schreckgespenster seien, und daß wir die Menschen durch Furcht zu einem tugendhaften Leben bringen möchten, und nicht, weil ein solches Leben gut und angenehm ist«.[87] Es wird Justin nicht schwer, diesen Vorwurf zu beantworten. Aber die Tatsache, daß der Vorwurf erhoben werden konnte, ist ein indirekter Beweis dafür, in welchem Ausmaß die Angst vor dem Gericht bei der evangelistischen Predigt benutzt wurde. Manchmal geschah das in sehr scharfem Ton, als ob die Christen über das Schicksal der Gottlosen Schadenfreude empfinden würden.«[88] Man findet es besonders in den apokryphen Schriften, aber auch bei den Apologeten, die unter der ungeheuren Anspannung lebten, daß sie jederzeit dem Martyrium unterworfen werden konnten. Es überrascht nicht, wenn sie manchmal scharf wurden, wie Tertullian, wenn er das Beispiel des Vulkans zur Beschreibung des Schicksals der Gottlosen anführt. »Ein sichtbarer Beweis ist das für das ewige Feuer. Ein deutliches Beispiel für das Gericht, das der Strafe immer neuen Brennstoff gibt. Die Berge brennen und bleiben doch stehen. Wie wird es mit den Gottlosen und den Feinden Gottes sein?«[89] Justin bemerkt etwas bissig: »Die Hölle ist der Ort, wo die bestraft werden sollen, die gottlos gelebt haben, und die nicht glauben, daß das, was Gott uns durch Christus gelehrt hat, auch geschehen wird.«[90]

Eine ähnliche Haltung ist vielleicht erkennbar in der Antwort des Polykarp, die er vor seinem Martyrium dem Prokonsul gab, der ihm mit dem Feuer gedroht hatte, wenn er nicht widerriefe. »Du drohst mir mit dem Feuer, das eine Stunde brennt«, antwortete Polykarp, »und nach kurzer Zeit verlischt. Aber du kennst nicht das

Feuer des kommenden Gerichtes und der ewigen Strafe, das für die Gottlosen aufbewahrt ist.«[91]

Aber im allgemeinen ist dieser Ton der Schadenfreude ungewöhnlich. Viel häufiger wird davon gesprochen, daß die Unbekehrten in Gefahr sind, und daß die Christen das Verlangen haben, ihnen zur Erkenntnis der Wahrheit zu verhelfen. Wir sahen schon, daß Justin seine *Zweite Apologie* ausdrücklich zu dem Zweck geschrieben hat, daß sich seine Leser, wenn möglich, bekehren.[92] Die folgende Aussage zeigt deutlich diese Sorge um den Menschen. »Wir bitten dich deshalb, dieses kleine Buch zu veröffentlichen, und mit einem Anhang zu versehen, den du für richtig hältst, damit unsere Meinungen anderen bekannt werden, und damit sie eine gute Gelegenheit haben, von ihren falschen Vorstellungen und ihrer Unkenntnis des Guten frei zu werden; denn durch ihre eigene Schuld gehen sie der Bestrafung entgegen.«[93] Nun nimmt Justin einen sehr positiven Standpunkt ein, hinsichtlich der *praeparatio evangelica*, wie sie sich in der griechischen Philosophie finden läßt; und Männer wie Sokrates und Plato »redeten gut, gemessen an dem Anteil, den Er am keimhaften Wort (Logos spermatikos) hatte«; doch »da sie nicht das ganze Wort, welches Christus ist, kannten, widersprachen sie sich oft«.[94] Dennoch ist es sehr bedeutsam, daß er so klare Vorstellungen von der Hölle und der Strafe derer hat, die der Fülle der Wahrheit, die im christlichen Evangelium enthalten ist, den Rücken kehren. Er war erstaunt, daß so viele seiner klugen Zeitgenossen ihren Weg zum Glauben nicht sehen konnten. Er kam deshalb zu demselben Schluß wie Paulus: es war das Werk böser Mächte, die den Menschen blind machen für die Wahrheit Gottes. »Denn als ich selbst die gottlose Verhüllung erkannte, die die bösen Geister um die göttlichen Wahrheiten der Christen geworfen hatten, um andere davon abzuhalten, daß sie sich ihnen anschlossen... nun bekenne ich, daß ich stolz darauf bin und mich mit aller Kraft bemühe, als Christ erfunden zu werden.«[95] Vermutlich hat Justin deshalb so viel Wert darauf gelegt, daß der Suchende Gott um Licht bat; nur göttliche Erleuchtung konnte die dämonische Finsternis durchstoßen, die die Menschen von der Wahrheit abhielt.[96]

Der oft so feurige Tertullian versteht es, auf die Menschen einzuwirken, daß sie im Blick auf das kommende Gericht Buße tun. »Vergiß nicht die Zukunft«, schreibt er an Scapula, den Prokonsul von Karthago. »Wir sind selbst ohne Furcht und möchten euch auch nicht erschrecken, aber wir möchten, wenn möglich, alle Menschen retten, indem wir sie warnen, daß sie nicht gegen Gott kämpfen.«[97] Etwas früher hatte er geschrieben: »Wir haben dir diese

Schrift zugesandt, nicht weil wir Angst um uns selbst haben, sondern weil wir in großer Sorge um euch und um all unsere Feinde
sind, ganz zu schweigen von unseren Freunden. Denn unser Glaube
gebietet uns, sogar unsere Feinde zu lieben und für die zu beten, die
uns verfolgen… Alle Menschen lieben die, die sie lieben. Es ist das
Besondere der Christen, daß sie die lieben, die sie hassen. Deshalb
fühlen wir uns gedrungen, in dieser Weise vorzugehen (d. h. durch
Schreiben) und euch die Wahrheiten vorzulegen, auf die ihr offen
nicht hören wollt.«[98]

Clemens und Origenes scheinen die Not der Menschen ohne Christus am tiefsten empfunden und am stärksten auf sie eingewirkt zu
haben. Wir haben schon Beispiele für die großartige Predigtweise
des Origenes kennengelernt. Wir sahen, daß er ein Pfeil in der Hand
Gottes sein wollte. In seinem Kommentar zu Römer 9, 1 fragt er
den Leser: »Empfindest du Sorge und Schmerz um die Verlorenen?
Ist es dir wirklich ein Anliegen, um ihretwillen von Christus getrennt zu sein?« Clemens, sein Vorgänger in der Katechetenschule
in Alexandria, hatte die gleiche herzliche Anteilnahme, wie aus seinem *Protrepticus* hervorgeht. Das ist nicht nur Apologie. Es ist ein
missionarischer Traktat, voll Liebe und Sorge für die, die er gewinnen will. Es kann nicht verkehrt sein, wenn wir dieses Kapitel abschließen mit einigen Auszügen aus dieser Schrift als Erinnerung
daran, daß die herzliche Liebe der Christen zu den noch nicht vom
Evangelium erreichten Menschen und die Sorge um ihr Wohl mit
dem apostolischen Zeitalter nicht aufgehört hatte.

»Fürchtet ihr euch nicht und beeilt euch, von ihm zu lernen – das
heißt, eilt zur Rettung – indem ihr den Zorn fürchtet, die Gnade
liebt, eifrig der angebotenen Hoffnung nachjagt, damit ihr dem
drohenden Gericht entflieht? Kommt, kommt, ihr jungen Leute!
Denn wenn ihr nicht wieder wie Kinder werdet und wiedergeboren
werdet, wie die Schrift sagt, werdet ihr nicht den wahrhaftigen Vater empfangen noch in das Himmelreich kommen. Denn wie darf
ein Fremder hineinkommen? Nun, ich meine, wenn er sich ein-
schreiben läßt und Bürger wird und einen bekommt, der die Stelle
des Vaters bei ihm einnimmt. Dann wird er sich mit den Anliegen
des Vaters befassen, dann wird er für würdig erkannt, sein Erbe zu
sein, dann wird er das Reich des Vaters mit seinem eigenen lieben
Sohn teilen.«[99]

Manchmal warnt er. »Welch eine ungeheure Dummheit, sich des
Herrn zu schämen! Er bietet Freiheit an, ihr flieht in die Knechtschaft. Er vermittelt Heil, ihr sinkt hinab ins Verderben. Er gibt

ewiges Leben, ihr wartet auf das Gericht und wählt lieber das Feuer, das der Herr ›bereitet hat für den Teufel und seine Engel‹.«[100] Manchmal tadelt er. »Aber ihr, verkrüppelt in der Wahrheit, blind im Geist, taub am Verständnis, seid nicht bekümmert, seid nicht besorgt, habt kein Verlangen, den Himmel und den Schöpfer zu sehen; auch trachtet ihr nicht nach dem Heil und wollt nicht den Schöpfer des Alls hören und von ihm lernen; denn nichts kann den aufhalten, der Gott kennenlernen will.«[101] Manchmal gibt er ein Zeugnis für die Wahrheit, die er verkündigt. »Hört mich und verstopft nicht eure Ohren! Versperrt nicht die Wege des Hörens, sondern nehmt zu Herzen, was gesagt wird. Herrlich ist das Heilmittel der Unsterblichkeit! Hätten wir nicht das Wort kennengelernt und wären von ihm erleuchtet worden, dann würden wir uns in keiner Weise unterscheiden von dem Federvieh, das im Dunkeln gefüttert und gemästet wird und nur für den Tod aufgezogen wird.«[102] Manchmal spricht er über die Wohltaten des christlichen Lebens. »Und seid nicht befangen durch die Schande, die auf diesen Namen gelegt wird. Das tut den Menschen großen Schaden und führt sie weg vom Heil. Laßt uns alles ablegen für den Wettkampf und einen edlen Kampf austragen in der Arena der Wahrheit.

Das heilige Wort soll Richter sein und der Herr des Weltalls den Kampf vorschreiben. Denn es ist kein unbedeutender Preis, das uns vorgesetzte Ziel der Unsterblichkeit.«[103] Wenn es zu schwer fällt, den Sünden abzusagen, hat Clemens ein Wort bereit. »Aber ihr könnt nicht die Herbheit des Heils ertragen. Dennoch ist es so: Auch wenn wir süße Dinge lieben und sie um des angenehmen Gefühls willen höher schätzen, sind andererseits die bitteren Dinge, die dem Gaumen nicht schmecken, doch hilfreich und heilsam, und die Bitterkeit der Arzneien stärkt Menschen mit schwachem Magen... Ja, zunächst ist es hart, aber das ist eine gute Zucht für die Jugend!«[104] In seiner Predigt steht Christus ganz im Mittelpunkt. »Der Herr ist der Weg, aber ein gerader Weg, der vom Himmel herkommt; gerade in der Wahrheit, führt er aber zum Himmel zurück; gerade, auf Erden verachtet, doch klar und hell, im Himmel geehrt.«[105] Er ist sogar so erfüllt vom Herrn, daß er an einer Stelle unmittelbar im Namen seines Meisters spricht, was bekanntlich ein Merkmal der urchristlichen Prophetie war. »Hört mich, Barbaren und Griechen! Ich rufe das ganze Menschengeschlecht auf, dessen Schöpfer ich bin nach dem Willen des Vaters. Kommt zu mir, damit ihr eure rechte Stellung unter dem einen Gott und dem einen Wort Gottes einnehmt... Denn ich möchte euch diese Gnade zuteil werden lassen, euch diese vollkommene Gabe der Unsterblichkeit ver-

292

leihen. Und ich vermittle euch das Wort und die Erkenntnis Gottes, mich selber ganz ... Ich möchte euch wieder herstellen nach dem ursprünglichen Bild, daß ihr werdet wie ich ... kommt her zu mir alle, die ihr mühselig und beladen seid, ich will euch erquicken.«[106]

Das Auffälligste ist, wie Clemens gelernt hat, um die Menschen zu ringen. »Glaubt an ihn, der Mensch ist und Gott; glaubt, ihr Menschen! Glaub, o Mensch, an den lebendigen Gott, der gelitten hat und angebetet wird! Glaubt, ihr Sklaven, an den, der gestorben ist! Glaubt, alle Geschlechter der Menschen, an den, der allein Gott aller Menschen ist! Glaubt und empfangt als Lohn das Heil. Suchet Gott, und eure Seele wird leben! Wer Gott sucht, sorgt für sein Heil. Hast du Gott gefunden? Dann hast du Leben. Laßt uns also suchen, damit wir leben! Der Lohn des Suchens ist Leben mit Gott.«[107]

An einer anderen Stelle sagt er: »›Werdet gerecht‹, sagt der Herr. ›Die ihr dürstet, kommt zum Wasser; und die ihr kein Geld habt, kommt, kauft und trinkt ohne Geld.‹ Er lädt uns ein zur Reinigung, zur Rettung, zur Erleuchtung. Er ruft aus: ›Das Land gebe ich dir und das Meer, mein Kind, und den Himmel auch. Alle lebenden Geschöpfe darin gebe ich dir frei. Nur, mein Kind, dürste nach deinem Vater ...‹ Ihr Menschen habt die göttlichen Gnadenverheißungen. Ihr habt andererseits die Androhung der Strafe vernommen. Hierdurch rettet der Herr; er lehrt die Menschen durch Furcht und Gnade. Warum zögern wir? Warum entfliehen wir nicht der Strafe? Warum empfangen wir nicht die freie Gabe? Kurzum, warum wählen wir nicht den besseren Teil, Gott statt des Bösen, und haben lieber Weisheit als Götzendienst, und tauschen Leben für den Tod? ›Siehe‹, sagt er, ›ich habe dir vorgelegt das Leben und den Tod.‹ Der Herr versucht dich, damit du ›das Leben wählst‹.«[108]

Es steht noch viel mehr in diesen anschließenden Kapiteln des *Protrepticus*, das uns die Liebe und die Begabung dieses ungewöhnlichen Predigers zeigt: sein Wechsel im Ton von der beschwörenden Bitte zur Beweisführung, von der Beweisführung zur Warnung, von der Warnung zur ernsten Vorhaltung, zeigt Einfühlungsvermögen und Klugheit. Er ist so anpassungsfähig in seiner Ausdrucksweise, daß er immer wieder eine andere Seite im Herzen seiner verschiedenen Hörer zum Klingen bringen kann; seine Vergleiche aus dem Kulturleben, den Mysterien, der Seefahrt, den Spielen, dem menschlichen Körper, rufen einfach Bewunderung hervor. Man fragt sich, warum er sich so viel Mühe machte. Die Antwort ist klar. Er gibt sie uns selbst. Sein Schlußabschnitt beginnt: »Genug der Worte, auch wenn ich, getrieben von der Liebe zu den Menschen, noch weiter hätte ausschütten können, was ich von Gott habe, um euch aufzurufen zu dem, was der größte Segen ist, nämlich zum Heil.«[109] Das war es. Er war so besorgt um das Wohl derer, an die er schrieb, daß er keine Anstrengung scheute in dem Bemühen, sie zu interessieren, sie gefangenzunehmen, sie zu überzeugen und sie schließlich für Christus zu gewinnen. Die Sorge um die noch nicht mit dem Evangelium erreichten Menschen war eine der großen Triebkräfte bei diesem gebildeten christlichen Gelehrten. Zweifellos galt das gleiche von manch einem ungebildeten, nicht gelehrten Nachfolger Christi, der uns nichts zu seiner Erinnerung hinterlassen hat, dem es aber ein gleiches Anliegen war, andere Menschen mit seinem Herrn bekanntzumachen.

10 Evangelistische Strategie

Das christliche Evangelium galt allen Menschen an allen Orten. Die ersten Christen waren sich darüber völlig im klaren. Von dieser Voraussetzung ging ihre Mission aus. Das Wesen Gottes erfordert eine Mission an alle. Wenn es nur einen Gott gibt, der will, daß alle Menschen gerettet werden, dann muß es eine weltweite Verkündigung dieser Botschaft geben. Wenn dieser höchste Gott sich in einmaliger Weise in Jesus Christus offenbart und in ihm entscheidend zur Erlösung des Menschen gehandelt hat, dann muß die Nachricht von diesem größten aller Ereignisse weit und breit ausgestreut werden. Das Wesen des Evangeliums ebenso wie das Wesen Gottes bringt es mit sich, daß die Kirche eine Mission an die ganze Menschheit hat. In den ersten Generationen der christlichen Kirche wurde dies klar erkannt.

Dennoch entstand die Frage: Wo sollten sie anfangen? Welchen Teil ihrer ungeheuren Aufgabe sollten sie zuerst angreifen? Nach welchem Plan sollten sie vorgehen, sofern sie überhaupt einen Plan machten? Es wäre falsch, zu meinen, die Apostel hätten sich hingesetzt und einen Schlachtplan ausgearbeitet. Wie wir sahen, geschah die Ausbreitung des Christentums weitgehend durch Laienmissionare und war größtenteils spontane und Gelegenheitsmission. Dennoch haben wohl einige Faktoren die Richtung bestimmt, die das Evangelium schließlich nahm; und wir werden sehen, daß es Gründe gibt für die Annahme, daß sich wenigstens einige der urchristlichen Evangelisten davon leiten ließen.

Die Landschaft

Landschaftlich bedingte Strategie

Wie wir in Kapitel 1 sahen, bot das erste nachchristliche Jahrhundert besondere Möglichkeiten für die Ausbreitung eines Glaubens, dadurch daß die ganze Kulturwelt um das Mittelmeerbecken unter der Herrschaft einer einzigen Macht war (und einer sehr starken Macht), nämlich der Römer. Diese Macht hatte eine einzige Sprache angenommen, das Griechische war die *lingua franca* des Weltreichs. Selbst in einem so barbarischen Ort wie Lystra war etwa die Hälfte der später gefundenen Inschriften griechisch abgefaßt. Die Verbindungen zu Lande und zu Wasser waren ausgezeichnet, und die Römer nahmen einem privaten Glauben gegenüber eine nachsichtige Haltung ein, solange er nicht gegen die öffentliche Ordnung verstieß. Entsprechend konnten sich solche Meinungen sehr rasch verbreiten, deren Vertreter genügend mutig, beharrlich und selbstaufopfernd vorgingen. Die Christen hatten solche Eigenschaften und konnten dementsprechend viele Menschen gewinnen.

Wenn man sich die Art der Ausbreitung im Urchristentum vor Augen stellt, erkennt man, welche Bedeutung landschaftliche Faktoren bei seiner Gesamtstrategie spielten. Vor den Missionsreisen des Paulus gab es Christen in Palästina und dem syrischen Küstengebiet, in Tarsus und in Rom. Zwanzig Jahre später waren alle diese Brückenköpfe in Palästina, Syrien, Kilikien und Rom erfolgreich ausgewertet worden, und das Evangelium war in die umliegenden Bezirke getragen worden. In Italien fand man beispielsweise Christen in Tres Tabernae, Apii Forum, Herculaneum, Pompeji[1] und Puteoli und auch in der Hauptstadt selbst. Außer in solche Gebiete, wo es sich von einem Zentrum her ausbreitete, war das Christentum in weiträumige Gebiete von Kleinasien bis ans Schwarze Meer verpflanzt worden, nach Mazedonien und Griechenland, Zypern und Kreta, Kyrene und Alexandria. See- und Landwege im Umkreis des römischen Weltreichs hatten bedeutend dazu beigetragen, in welche Richtung sich der neue Glaube ausbreitete. Ein Jahrhundert später war das Bild noch klarer. Im westlichen Teil des Reiches, wo wir im ersten Jahrhundert noch nichts von Christen hören, waren jetzt blühende Gemeinden in Spanien, Frankreich und Germanien entstanden. Wieder einmal spielte die Geographie eine entscheidende Rolle. Die Evangelisation Germaniens verlief den Rhein entlang bis nach Köln und die Mosel entlang bis nach Augusta Treverorum (dem heutigen Trier). Die Evangelisation Galliens verlief den großen Rhodanus-Fluß aufwärts westlich von Marseilles bis nach Vienna und Lugdunum, während die Ausbreitung des Evangeliums in der bedeutenden westlichen Provinz Africa Proconsularis ihren Ausgang nahm von Karthago, einem bedeutenden Kultur- und Handelszentrum. In Ägypten breitete sich das Evangelium von Alexandria nilaufwärts aus; in dieser Richtung verlief der Verkehr des Landes zum größten Teil.[2] Diese allgemeine Regel, daß sich die Evangelisation entlang der üblichen Verkehrsverbindungen eines Landes im Römerreich vollzog,[3] kannte einige Ausnahmen. In zwei Fällen war es sehr auffällig: Indien und Armenien.[4] Es gibt wohl einige Hinweise darauf, daß das Evangelium in den beiden ersten Jahrhunderten n. Chr. nach Indien gebracht wurde. Doch bedeutet das eine so große Ausnahme von der Regel? Wohl kaum;

denn zwischen dem Reich und Indien bestanden sehr starke Handelsbeziehungen, und der Seeweg war gut befahrbar. Auch Armenien bildet keine wirkliche Ausnahme, denn es stellt eine Art Niemandsland zwischen dem Reich und dem Osten dar. Die römische Politik lief darauf hinaus, freundliche Beziehungen mit Armenien zu unterhalten, aber keine direkte Herrschaft auszuüben. Und obwohl Trajan seine Politik umkehrte und das Land annektierte, kehrte es doch bald wieder zu seinem alten Status zurück und war in der Tat das erste Königreich, das (abgesehen von Osroëne) offiziell das Christentum annahm. Die engen Bande der natürlichen Nachbarschaft, des Handels und der freundschaftlichen Beziehungen zwischen dem Reich und Armenien brachten es mit sich, daß die Missionare wider ihre Gewohnheit über die Grenzen der römischen Welt hinausgingen.

Natürlich haben die Christen nicht als erste die Straßen und Handelswege des Reiches als ihre Hauptvormarschwege benutzt. Die Juden hatten es vor ihnen auch getan. Es ist sehr bezeichnend, daß die Juden in jedem größeren Bereich, in dem die Christen in den beiden ersten Jahrhunderten vordrangen, schon vor diesen gewesen waren. Hier bewahrheitet sich, was Jesus in einem ähnlichen Zusammenhang zu seinen Jüngern gesagt hatte: »Denn hier ist der Spruch wahr: Dieser sät, der andere schneidet. Ich habe euch gesandt zu schneiden, was ihr nicht gearbeitet habt; andere haben gearbeitet, und ihr seid in ihre Arbeit gekommen.«[5]

Landschaftlich bedingte Taktik

Außer diesen allgemeinen strategischen Erwägungen spielten die geographischen Faktoren bei der örtlichen Taktik der christlichen Mission eine Rolle. Man hat sich immer wieder mit der Gruppierung der fünf Provinzen in der Anrede des ersten Petrusbriefes befaßt. Nach sorgfältiger Untersuchung kam F. J. A. Hort zu dem Schluß, daß die Reihenfolge der erwähnten Provinzen – Pontus, Galatien, Kappadozien, Asien, Bithynien – auf den Verlauf einer wirklichen Reiseroute hindeutet, die normalerweise von jemandem eingeschlagen wird, der im Seehafen von Pontus an Land geht. »Die gedachte Reiseroute ist zweifellos die des Silvanus, durch den der Brief übermittelt wurde.«[6] Obwohl eine solche Reise nicht der Evangelisation, sondern dem Gemeindeaufbau diente, ist es doch naheliegend, daß die Missionare, die ursprünglich hierhin kamen, etwa den gleichen Weg nahmen und unterwegs in den Dörfern und Städten kleine Gruppen von Gläubigen hinterließen, bevor sie weiterzogen.

Es gibt Hinweise darauf, daß man im Zentrum von Kleinasien ähnlich verfuhr. Einer der stärksten Beweise für die Annahme, daß der Galaterbrief des Paulus für Südgalatien bestimmt war, ist der geographischen Lage entnommen. Nordgalatien, das von der Volksgruppe der Galater bewohnt wurde, ist eine der gebirgigsten, unwirtlichsten und unwegsamsten Gegenden des anatolischen Hochlandes. Die besten Kenner der Geographie von Kleinasien schließen sich fast einhellig der Meinung Ramsays an, daß die Empfänger des Paulusbriefes die Galater der gleichnamigen römischen Provinz im Süden Kleinasiens waren; zu ihr gehörte das pisidische Antiochia, Ikonion, Lystra und Derbe, wo Paulus während seiner ersten Missionsreise Gemeinden gründete. Diese Städte lagen entweder an oder dicht bei der südlichen Gabel der Handelsstraße von Ephesus nach dem Osten. Das Evangelium breitete sich aus entlang den natürlichen Verkehrswegen. Das gleiche scheint sich im Küstengebiet von Kleinasien abgespielt zu haben. Aus dem Zeugnis des Lukas entnehmen wir, daß während der mehr als zweijährigen Wirksamkeit des Paulus in Ephesus »alle, die in der Landschaft Asien wohnten, das Wort des Herrn hörten«;[7] und die Offenbarung Johannes läßt erkennen, wie es geschehen sein mag. Persönliche Nachforschungen über diese Gegend und die Reihenfolge, in der die Städte Ephesus, Smyrna, Pergamon, Thyatira, Sardes, Philadelphia und Laodicea erwähnt sind, brachten Ramsay zu der Überzeugung, daß der Verfasser an eine große kreisförmige Straße dachte, die diese Städte miteinander verband. »Alle sieben Städte liegen an der großen kreisförmigen Straße, die den volkreichsten, wohlhabendsten und einflußreichsten Teil der Provinz, die westliche Zentralregion, verband.«[8] Über diese Straße mußte ein Bote reisen, wenn er von Ephesus, der bedeutendsten Stadt in ganz Asien, aufgebrochen war. Über dieselbe Straße war Jahre zuvor der Bote mit der Offenbarung des Johannes gezogen, waren schlichte und an Christus hingegebene Boten gegangen, die die Frohe Botschaft von dem auferstandenen Christus mit sich trugen. Ramsay machte noch eine weitere, begründete Bemerkung. Danach war jede der sieben Städte die Hauptstadt eines Postbezirks, und sie wurden nicht nur als einzelne Städte, sondern als Vertreter eines ganzen Bezirks angeredet. Von ihnen aus wurde die Botschaft des Johannes in die entfernteren Gegenden des prokonsularischen Asien vermittelt. Zweifellos hat sich das Evangelium in der gleichen Weise auf dem Wege über die geographische Nachbarschaft und das Straßennetz verbreitet.

Sehr wahrscheinlich hat die landschaftliche Situation noch in einer anderen Weise die Form der urchristlichen Mission bestimmt. Wie wir schon erwähnten, berichtet Eusebius,[9] daß die Apostel losten, um zu entschieden, in welchen Teil der Welt jeder gehen und das Evangelium bringen sollte. Dies wird gestützt durch eine gleichlautende Behauptung in den *Thomasakten*,[10] und die Möglichkeit eines solchen Vorgehens wird ersichtlich aus der Tatsache, daß die Elf Lose zogen, um den Nachfolger des Judas im Apostelkollegium zu finden. Trotzdem bleibt man skeptisch bezüglich einer solchen Verteilung. Eusebius kann es auch nicht überzeugend darlegen. Seine Behauptung, daß Johannes Asien bekam, gründet sich darauf, daß er mit großer Wahrscheinlichkeit dort gewirkt hat; Petrus habe den nordöstlichen Teil von Kleinasien erhalten, weil er seinen ersten Brief ja dorthin richtete. Seine Vertrautheit mit den Reisen des Paulus mag auch nur aus seinen Briefen gewonnen sein. Dementsprechend sind seine beiden anderen Informationen, daß Andreas Skythien und Thomas Parthien erhielt, nicht sehr vertrauenerweckend, zumal in der Überlieferung Thomas auch andere Gebiete zugewiesen werden. Es ist jedoch nicht nur *a priori* wahrscheinlich, sondern wohl begründet, daß die Arbeit nach Provinzen eingeteilt wurde. So haben Paulus und seine Gefährten im allgemeinen den Heiden gepredigt, während die »Säulenapostel« sich an die Menschen aus Israel halten.[11] Auch will Paulus nicht auf dem Fundament eines anderen bauen.[12] Er ist der Pioniermissionar *par excellence*. Deshalb zögert er, Rom zu besuchen – nur ganz überwältigende Gründe können ihn in diese Richtung weisen, wie wir sehen werden. Deshalb hält er sich zurück von Zypern, Ägypten und dem Bosporus; dort hatten andere evangelisiert. Geographische Faktoren spielten also bei der Bildung von Strategie und Taktik der christlichen Mission eine wichtige Rolle.

Der Einfluß

Die Ziele des Paulus

Die ersten Missionare ließen sich leiten durch die strategische Bedeutung bestimmter Städte und Gebiete und machten diese zu ihrem ersten Ziel im weiteren Rahmen der Predigt des Evangeliums an alle Welt. Das auffälligste Beispiel hierfür ist die Arbeit des Paulus, obwohl wir nicht zu schnell alles von diesem erstaunlichen Manne her beurteilen dürfen. Doch das reiche Material, das uns über seinen Missionsplan zur Verfügung steht, läßt uns erkennen, wie einer der fähigsten Köpfe der Urgemeinde seine Berufung ansah und sie zu erfüllen suchte. Wir werden kaum fehlgehen in der Annahme, daß wenigstens einige seiner leitenden Ideen von seinen Mitchristen geteilt wurden.

In seinem bemerkenswerten Buch *Missionary Methods* (dt. Missionarische Methoden) hat Roland Allen gezeigt, daß Paulus in seiner evangelistischen Strategie Orte ausgewählt hat, die Zentren der römischen Verwaltung, der griechischen Kultur, des jüdischen Einflusses und des Handels waren. Er gibt gute Gründe an für diese Behauptung, versäumt aber nicht, am Schluß auch auf das Gegenteil zu verweisen. Einige Orte, an denen Paulus predigte, waren offensichtlich solche Zentren – Korinth, Thessalonich, Ephesus, Rom. Aber auf andere traf es nicht zu. Beröa hatte beispielsweise in Mazedonien nicht die Bedeutung wie Pella. Doch er predigte in der einen, aber nicht in der anderen Stadt. Das gleiche gilt von anderen Provinzen. Allen erinnert uns daran, »daß Paulus augenscheinlich nicht selber ausgesucht hat, wo er predigen sollte, aus dem einfachen Grunde, weil er sich vom Heiligen Geist leiten ließ. Und wenn wir von seinen strategischen Zentren sprechen, müssen wir bedenken, daß sie natürliche Zentren waren; wir müssen aber auch bedenken, daß sie strategische Zentren für die Missionsarbeit waren, weil er sie zu solchen machte. Sie waren nicht Zentren, bei denen er stehenbleiben mußte, sondern von denen er ausgehen konnte; nicht Zentren, in die das Leben hineinfloß, sondern von denen es sich anderswohin ausbreitete«. [13] Er fährt dann fort: »Das Ergreifen strategischer Punkte machte eine Strategie erforderlich. Sie ist Teil eines Angriffsplanes auf das ganze Land. Wenn sich Mission auf strategische Zentren konzentriert, um eine Provinz zu gewinnen, dann müssen diese Zentren voll evangelistischen Lebens sein.« Solche Zentren suchten die ersten Christen zu finden; sie waren, wie Allen anschaulich sagt, eher Bahnhöfe als Gefängnisse.

Die Strategie eines Mannes wie Paulus war im Grunde einfach: er hatte ein Leben und er war entschlossen, es im weitesten Maße und so wirksam wie möglich im Dienst Jesu Christi einzusetzen. Er hatte zugleich den einzelnen Menschen, die Städte, Provinzen und die ganze Welt im Blickfeld.

Einzelpersonen und Städte

Was Einzelpersonen betraf, war Paulus darauf bedacht, jede Gelegenheit zu nutzen, um von Christus zu reden. Er konnte sich das vorher im einzelnen durchdacht haben oder auch nicht. Wenn er die führenden Juden in Rom einlud, in sein Haus zu kommen, um anhand der Schrift über das Christentum Gespräche zu führen, hat er sich sicher vorher seine Gedanken und Pläne über das Unternehmen gemacht. Als er im Tempelbezirk von Jerusalem beinahe gelyncht wurde und dann die Menge von den Stufen der römischen Kaserne Antonia aus anredete, hat er sicher keine Gelegenheit gehabt, sich darauf vorzubereiten. Aber bei beiden Gelegenheiten verkündigte er Christus. Bei beiden Gelegenheiten folgte er der vorrangigen Strategie seines Lebens. Er konnte seine Mission vor einer heidnischen Volksmenge mit begrenztem Auffassungsvermögen wie auf dem Marktplatz in Lystra deutlich machen; er konnte das gleiche tun vor einer ganz anderen Zuhörerschaft wie auf dem Areopag; er konnte die Schule des Tyrannus wählen oder sich mit den Asiarchen in Ephesus befreunden; er konnte eine Krankheit zum Anlaß nehmen, um den Galatern zu predigen. In allem erkennen wir eine Grundlinie. Hier ist ein Mann, dessen Leben sich verzehrt in einem einzigen Verlangen, dem alle Ereignisse und Umstände dienstbar gemacht werden.

Aber gerade weil dies seine alles beherrschende Leidenschaft war, mußte er wählerisch sein. Er hatte nur ein Leben. Um das Beste daraus zu machen, scheint er bewußt die Politik verfolgt zu haben, die Führer einer Gemeinschaft zu gewinnen, damit die Botschaft durch sie weit verbreitet werden könnte, wenn es gelang, sie zu Christus zu bringen. »Und was du von mir gehört hast vor vielen Zeugen«, schrieb er an Timotheus, »das befiehl treuen Menschen, die da tüchtig sind, auch andere zu lehren.«[14] Natürlich sind menschliche Führer nicht immer geistliche Führer. Anscheinend war Timotheus von Natur keine Führerpersönlichkeit. Dennoch trifft es manchmal zu. Und Paulus legte besonderes Gewicht darauf, bei günstigen Gelegenheiten das Evangelium zu verkündigen vor Männern wie dem Prokonsul von Zypern, dem Obersten der Insel Malta, den Prokuratoren Felix und Festus, dem König Agrippa und Berenice, und vor allem dem Kaiser selbst. Diese Männer waren an sich Gott nicht mehr wert als jeder Bettler auf der Straße; aber wenn sie zum Glauben kamen, war ihr Einfluß unendlich viel größer.

Wenn auch die Kirche später besonders stolz darauf war, daß sich in ihren Reihen Menschen aller Schichten befanden, wobei das Übergewicht bei den Armen, den Ausgestoßenen, den Sklaven und den Frauen lag, darf man dennoch das andere nicht vergessen. Bald waren auch Männer vom Format eines Justin und Clemens, eines Origenes und Tertullian Glieder der Kirche; und sie sahen sehr wohl, wie wichtig es war, einflußreiche Menschen mit dem Evangelium zu erreichen. Der Unterricht des Origenes wurde von keiner geringeren als der Königinmutter Julia Mammaea besucht. Die Legenden von Abgar, dem König von Edessa, und König Gundaphorus in Indien haben nicht nur einen gewissen Wahrheitsgehalt, sondern zeigen auch die Strategie der Christen im zweiten Jahrhundert. Die Bekehrung des Armenierkönigs Tiridates unter Gregor dem Erleuchter ist ein weiterer Fall, auf den das zutrifft. Sie führte dazu, daß das ganze Land das Christentum annahm. Es war das gleiche in Pontus in der Mitte des dritten Jahrhunderts: Gregor Thaumaturgos, ein Mann aus den oberen Schichten, führte eine Massenbewegung hin zum christlichen Glauben. Hier haben wir zwei klassische Beispiele dafür, wie wichtig es ist, wenn man möglichen Einfluß bei der evangelistischen Strategie mit einrechnet.

In zweiter Linie war die Strategie des Paulus an den Städten orientiert. Er ging in die Zentren, von denen das Evangelium in die Umgebung ausstrahlen konnte, wie das bei Thessalonich und Ephesus der Fall war. Die Apostelgeschichte gibt Bericht davon, wie er eine bedeutende Stadt nach der anderen besuchte: Antiochia, die dritte Stadt im Reich; Philippi, die römische *colonia;* Thessalonich, die führende Metropole von Mazedonien; Korinth, die Hauptstadt Griechenlands unter römischer Verwaltung; Paphos, das Zentrum der römischen Herrschaft auf Zypern; Ephesus, die führende Stadt in der Provinz Asien. Man wird sich kaum der Einsicht verschließen können, daß diese Reihenfolge wichtiger Städte, die Paulus zu Zentren einer manchmal recht ausgedehnten Missionstätigkeit machte, nicht zufällig entstand. Es gehörte zu einem bestimmten Plan, nach dem die Frohe Botschaft im ganzen Reich in Schlüsselstellungen angesiedelt werden sollte. Der Höhepunkt seiner Städte-Politik liegt in seinem Besuch in Rom, den er lange ersehnt und endlich auf eine ganz unerwartete Weise erreicht hatte. Die Bedeutung dieses Wunsches und seine Erfüllung werden glänzend geschildert in Professor Henry Chadwicks Buch *The Circle and the Ellipse.* Hierin führt er aus, daß Paulus das Christentum als einen Kreis vorfand, der seinen Mittelpunkt in der Stadt Jerusalem hatte, und daß er es zurückließ als eine Ellipse mit zwei Brennpunkten: Jerusalem, der Mutterstadt, und Rom, dem Sitz des Weltreichs. Indem Paulus darauf bestand, nach Rom zu kommen, hat er unwissentlich einen Prozeß in Gang gebracht, der schließlich zur Entstehung des Papsttums führte. Dann ist die Ellipse noch einmal zu einem Kreis zusammengeschrumpft, aber zu einem Kreis, bei dem das Zentrum von christlichem Einfluß und weltlicher Macht zusammenfiel. Nach Konstantin hatte das unabsehbare Auswirkungen auf die christliche Kirche, zum Guten wie zum Schlechten. Es gibt uns sicher ein Bild davon, wie weit Städte-Politik die Strategie der christlichen Mission beherrschte.

Drittens war die Strategie des Paulus auf die Provinzen gerichtet. Es ist bekannt, daß Paulus sich bei seinen Adressaten gewöhnlich lieber auf die Provinznamen als auf die völkischen Namen bezieht, wie das Lukas so oft in der Apostelgeschichte tut. Mazedonien, Achaja, Asien – das sind Namen von Provinzen. Für einen römischen Bürger wie Paulus war das natürlich. Es schien ihm daran gelegen zu sein, zwei oder drei Zentren des Glaubens in einer Provinz einzurichten und dann weiterzuziehen; dabei überließ er es der natürlichen Begeisterung und Initiative der Neubekehrten, mit anderen in Verbindung zu kommen, die sie für Christus gewinnen konnten. So predigte er bei seinem Aufenthalt in Mazedonien in den Städten Thessalonich, Beröa und Philippi. In Achaja gewann er Menschen für Christus in Athen und Korinth, auf Zypern geschah dies in Salamis und Paphos. Die zentrale Bedeutung von Ephesus hat ihn so angezogen, daß er volle zwei Jahre dort blieb, und das Wort Gottes sich durch die ganze Provinz Asien ausbreitete.[15] Während dieser Zeit wurden auch Kolossä und Laodizea evangelisiert, und zwar von solchen, die durch Paulus zum Glauben gekommen waren.[16] Diese Strategie in den Provinzen erwies sich als äußerst wirkungsvoll. Paulus scheint die Lehre sehr ernst genommen zu haben, daß jede Gemeinde *pars pro toto* ist. Er hat nicht jahrelang intensiv an einem Ort gewirkt, sondern hat Gemeinschaften von Menschen, die das Heil in Christus gefunden hatten, als Lichtträger hingestellt, die danach »Zeichen, Angeld und Werkzeug von Gottes vollem Heilsplan« in dieser Provinz sein konnten.[17] Deshalb kann er es wagen zu sagen: »...so daß ich von Jerusalem an und umher bis Illyrien das Evangelium Christi voll ausgerichtet habe... Nun ich aber nicht mehr Raum habe in diesen Ländern, habe aber Verlangen zu euch zu kommen von vielen Jahren her, so will ich zu euch kommen, wenn ich reisen werde nach Spanien.«[18] Seine Verkündigung war stellvertretend gewesen: jede Provinz hatte etwas vom Evangelium gehört, und kleine christliche Gemeinden waren dort gegründet worden, die das Werk fortsetzen sollten.

Das führt uns natürlich zu der größten Schau des Paulus: das Evangelium für die ganze Welt. Deshalb ist er unermüdlich von Ost nach West durch den Mittelmeerraum gereist. Deshalb mußte er nach Rom kommen. Deshalb machte er Rom in seinen Plänen zum Ausgangspunkt für weitere Evangelisation in den äußersten Westen der bekannten Welt.

»Dabei aber habe ich sonderlich meine Ehre darein gesetzt, das

Evangelium zu predigen, wo Christi Name nicht bekannt war.«[19] Die Welt war das Kirchspiel des Paulus. Wie konnte es auch weniger sein, da Gott die Welt geliebt und erlöst hat, die Welt, über die der Christus, der Urheber der Mission, zum *kyrios* erhöht war. Hahn hat gezeigt, daß »Paulus keinen Augenblick daran zweifelte, daß das Evangelium in der ganzen Welt gepredigt werden muß«.[20] Die Weltmission war nicht zu trennen von seiner Berufung zum Heidenapostel. Eine göttliche Notwendigkeit lag auf ihm, da er ein Schuldner der Juden und der Griechen war, ihnen den Reichtum Christi mitzuteilen. Dies beruht, wie Hahn es ausdrückt, »auf dem Evangelium selbst und seinem weltweiten Horizont... Es ist das Licht in der Dunkelheit einer Welt, deren sich der ›Gott dieser Welt‹ bemächtigt hat. Das Wort Kreuz ist die göttliche Weisheit im Gegensatz zu aller weltlichen Weisheit. Deshalb werden die Mächte dieser Welt überwunden durch die Predigt und Ausbreitung des Evangeliums, und Paulus wird im Triumphzug durch die Länder geführt und verbreitet den guten Geruch Christi«.[21]

Diese weltweite Schau ist nach Paulus nicht ausgestorben. Sie strahlt auch von den Schriften des zweiten und dritten Jahrhunderts aus. Justin sieht in dieser Hoffnung die Erfüllung der Schrift, wenn er von den Aposteln sagt: »Sie sind abhängig von Christus, dem ewigen Priester; und durch ihre Stimme ist die ganze Erde mit der Gnade und Herrlichkeit Gottes und Christi erfüllt worden. Deshalb sagt David auch: ›Ihre Stimme ist auf die ganze Erde ausgegangen und ihre Worte bis ans Ende der Welt‹.«[22] Viele christliche Schriften von der Apostelgeschichte bis zur *Kirchengeschichte* des Eusebius sind erfüllt von dieser Hoffnung, und sie erreicht ihren Höhepunkt in einigen bemerkenswerten Worten von Origenes, die um so eindrucksvoller sind, da er sie zu einer Zeit schrieb, als das Christentum noch Verfolgung litt. In seinem achten Buch der Schrift *Gegen Celsus* widerlegt er die *reductio ad absurdum*, daß das Reich ohne Bildung und Verteidigung bliebe, wenn jeder bekehrt würde: »Unter dieser Voraussetzung würde der Kaiser weder alleingelassen noch verlassen werden, noch wären die irdischen Dinge in der Gewalt der gesetzlosen und wilden Barbaren. Denn wenn nach den Aussagen des Celsus jedermann dasselbe tun müßte wie ich, würden die Barbaren offensichtlich auch zu dem Worte Gottes bekehrt und wären ganz gesetzestreu und sanft. Aller andere Gottesdienst würde aufgehoben und nur der christliche bliebe übrig. *Eines Tages wird er der einzige sein, der noch vorhanden ist*, da das Wort ständig über mehr Seelen Macht gewinnt.«[23] Zwar sind die Heiden noch in der Überzahl; aber Gott wird auf Gebet antworten, und der Tag wird kommen, an dem sich das ganze Reich Gott zuwendet.[24] Inzwischen mag die Christen Verfolgung treffen. Darauf antwortet Origenes: »Wir werden nur verfolgt, wenn es Gott dem Versucher gestattet und ihm Vollmacht gibt, uns zu verfolgen... Wenn es sein Wille ist, daß wir wieder für unseren Glauben ringen und kämpfen... werden wir sagen: ›Ich vermag alles durch Jesus Christus, unseren Herrn, der mich stärkt‹.«[25] Er läßt sich nicht bedrücken, wer auch immer gerade Kaiser sein mag: »Gott weiß, was er tut, wenn er Könige einsetzt.«[26] Der Christ nimmt das Wort Jesu ganz ernst: ›Seid getrost. Ich habe die Welt überwunden!‹ Und er hat wirklich die Welt überwunden, so daß die Welt nur so weit gehen kann, wie er, der sie überwunden hat, es zuläßt; denn er hat vom Vater den Sieg über die Welt empfangen. Und sein Sieg tröstet uns.«[27] Was für eine erhabene Schau der Welt für einen jeden Menschen, der in einer Zeit der Verfolgung lebte! Origenes selbst schwankte. Er fragt sich, ob Celsus recht hat, wenn er meint: »Es ist unmöglich, daß die Bewohner von Asien, Europa und Libyen, daß Griechen und Barbaren eins werden.« Er kommt dann zu dem Schluß: »Es stimmt wohl, daß so etwas für die, die noch im Leibe leben, unmöglich ist; aber es ist gewiß nicht unmöglich, wenn sie vom Leibe erlöst sind.«[28] In diesen Worten des Origenes sehen wir mit äußerster Klarheit die Spannung zwischen Glaube und Wirklichkeitssinn, wie sie sich zeigt in dem Ringen der Christen mit dem Welthorizont ihres Glaubens, der eine weltweite Botschaft hatte und um die Auferstehung wußte als das Unterpfand des Sieges nach allem Kampf und Leiden.

Wir dürfen nicht meinen, daß die Mehrzahl der Christen bewußt eine solche Strategie übernahm, bei der es sich um einflußreiche Persönlichkeiten, Städte und Provinzgrenzen handelte, und die als Fernziel die ganze Welt im Blick hatte. So war es nicht. Wir haben schon gesehen, wie einfache Gläubige im zweiten und dritten Jahrhundert – wie ihre Vorgänger in Apostelgeschichte 8 – in kleine Dörfer und Flecken zogen mit ihrer Frohen Botschaft; sie dachten an keine Städte-Strategie. Als Händler und Christen zugleich gingen Menschen über die Reichsgrenzen hinaus nach Arabien und Indien, ohne den Gedanken an eine Provinz-Strategie. Galt nicht die Botschaft Griechen und Barbaren in gleicher Weise? Den meisten Gläubigen kam niemals der Gedanke, daß eines Tages Kaiser Christen werden könnten,[29] und daß sich die Kirche über die ganze bewohnte Welt ausbreiten könnte. Aber *einige* Christen dachten auch daran, und vielleicht erwuchs weitgehend unbewußt eine solche Strategie durch das Wirken des Heiligen Geistes, durch die

Worte und das Beispiel Jesu, durch die Zeugnisgelegenheiten, die sich boten und durch die in der Urchristenheit verbreitete Überzeugung, daß sie das wahre Leben und das Geheimnis der Welträtsel gefunden hatten. Wie konnten sie darüber schweigen?

Die Eschatologie

Die Hoffnung auf das Ende

Zweifellos gab die Erwartung der bevorstehenden Wiederkunft Christi der Kirche in der ersten Zeit einen sehr starken Anstoß zur Evangelisation. Man braucht sich nur 1. Thessalonicher 1, 5–10 anzusehen, um zu erkennen, wie die Predigt des Evangeliums – sowohl die des Paulus an die Thessalonicher als auch später deren Verkündigung, als in die umliegenden Gebiete »das Wort Gottes erschallte« – im Zusammenhang mit einer lebendigen Endzeithoffnung stand, wobei man die Wiederkunft des Sohnes Gottes vom Himmel erwartete. Die urchristliche Predigt erreichte, wie wir sahen, häufig ihren Höhepunkt in der Verkündigung der bevorstehenden Wiederkunft Christi und in einem Aufruf zur Buße und zum Glauben im Lichte der Weltvollendung. Die Christen lebten in der letzten Zeit und mußten deshalb die Zeit auskaufen, indem sie jede Gelegenheit zur Evangelisation nutzten. »Erbarmt euch derer, die da zweifeln, reißet sie aus dem Feuer und rettet sie«.[30] Jedoch kam Christus nicht so schnell in Herrlichkeit wieder. Dementsprechend entsteht die Frage, inwieweit die evangelistische Kraft der Christen des ersten Jahrhunderts das Ergebnis einer mißverstandenen Eschatologie war.

Hierüber muß einiges gesagt werden. Ohne Zweifel spielte die endzeitliche Erwartung eine starke Rolle als Ansporn der Kirche zur Mission im zweiten und dritten Jahrhundert, lange nachdem die Hoffnung auf eine baldige Wiederkehr sich als grundlos erwiesen hatte. Wenn die Evangelisation von einer solchen Erwartung abhängig gewesen wäre, hätte sie allmählich nachgelassen und sich nicht weiter ausgedehnt, als der Aufschub der Wiederkunft immer größer wurde. Sicher war die endzeitliche Erwartung in diesen Jahrhunderten vielgestaltig und in mancher Hinsicht unterschiedlich von der urchristlichen Hoffnung. Sie wuchs immer mehr heran zu einem Eudämonismus, zu einer Schau des Endes der Geschichte unter rein persönlichen Aspekten, zu einer Konzentration auf ein ungesundes Maß von Lohn und Strafe. Aber sie schien niemals die Gewißheit vom Endsieg Gottes verloren zu haben. Und dies war ein sehr starker Ansporn zur gegenwärtigen Zusammenarbeit im Werk des Herrn, solange sich die Gelegenheit dazu bot. So hat in der frühen nachapostolischen Zeit der *Clemensbrief* eine starke Erwartung der Wiederkunft verbunden mit dem Gericht, der Auferstehung und einem Leben in liebendem Gehorsam gegenüber dem Herrn. »Ferne von uns sei, was geschrieben steht: ›Elend sind die, die einen zwiespältigen Geist und ein zweifelndes Herz haben‹, die sagen: ›Dies haben wir schon zur Zeit unserer Väter gehört; aber siehe, wir sind alt geworden und nichts davon ist geschehen‹.«[31] Clemens bringt dann den Vergleich mit dem Weinstock und seiner Reifezeit: »Der Herr wird plötzlich zu seinem Tempel kommen, der Heilige, auf den ihr wartet.«

Derselbe Ausspruch, der offenbar von einer urchristlichen Prophetie stammt, findet sich im *2. Clemensbrief* und wird verwandt, um die Menschen zu Buße, Gehorsam und dem Erben der Verheißungen Gottes aufzufordern.[32] Der *Barnabasbrief* sieht die Rettung einer Seele durch das Wort als das Ergebnis dessen, daß man Tag und Nacht an den Tag des Gerichtes dachte.[33] Die Endzeithoffnung bleibt in dieser ganzen Zeit sehr bedeutend: Theophilus ist besonders durch den Gedanken an die Strafe beeindruckt,[34] Clemens von Alexandria durch die Hoffnung auf Unsterblichkeit,[35] Ignatius in gleicher Weise durch den Gedanken an das Gericht wie an die Gnade,[36] Justin durch den Gedanken an die Hölle.[37] Tatian setzt interessanterweise seine Eschatologie an die richtige Stelle, nämlich in Beziehung zur Lehre von der Schöpfung, und er unterstellt beides der Souveränität Gottes.[38] Irenäus behandelt die Wiederkunft sehr ausführlich.[39] Christus wird wirklich wiederkommen, und das bedeutet Untergang für die Unbußfertigen und Auferstehung für die, die glauben und gehorchen. Er verteidigt seine Lehre sehr sorgsam gegen den Vorwurf der Rachsucht und zeigt, daß ein Mensch nicht verdammt wird, weil Gott ihm nicht vergeben will, sondern weil er bewußt seine Augen vor dem Licht verschließt und die Vergebung ablehnt. Jeder Mensch kommt an den Ort, den er selbst gewählt hat.

Die Endzeiterwartung spielte also weiterhin eine große Rolle im bewußten Denken einer Kirche, die auf Mission bedacht war, und zwar lange, nachdem es klar geworden war, daß die Hoffnung auf eine baldige Wiederkehr Christi aufgegeben werden mußte.

In der gegenwärtigen neutestamentlichen Forschung steht es fast außer Diskussion, daß die ersten Christen nicht nur annahmen (was sie ohne Zweifel taten), sondern auch lehrten, daß die Wiederkunft und Vollendung noch zu ihren Lebzeiten geschähe.[40]

Das Beweismaterial für diese weitverbreitete Annahme erschien mir schon immer sehr schwach. Sicher hatten einige der nur wenig unterwiesenen Thessalonicher die Arbeit niedergelegt und saßen da und warteten auf die Wiederkunft; aber Paulus gibt sich alle Mühe, um klarzumachen, daß sie im Irrtum waren.[41] Im 2. Thessalonicherbrief macht er sie außerdem darauf aufmerksam, daß vor der Vollendung der Geschichte noch ein Geschichtsabschnitt sein wird.[42] Er reiht sich allerdings ein unter diejenigen, die am Leben und übrig sind bis zur Wiederkunft des Herrn, wenn er an die Thessalonicher schreibt. Es ist jedoch wahrscheinlich, daß er in diesem Falle eher eine polemische Aussage macht, als daß er erklärt, er werde bestimmt überleben.[43] Wenn er nämlich eine solche Behauptung aufstellte, könnte er unmöglich fortfahren: »Von den Zeiten aber und Stunden, liebe Brüder, ist euch nicht Not zu schreiben; denn ihr selbst wisset genau, daß der Tag des Herrn wird kommen wie ein Dieb in der Nacht.«[44] Dieser Vergleich mit dem Dieb findet sich in vier verschiedenen Überlieferungssträngen des Neuen Testamentes.[45] Hätte man diese Behauptung an so vielen Stellen beibehalten, wenn in der Urchristenheit gelehrt worden wäre, daß sich die Wiederkunft noch zu ihren Lebzeiten ereignete? Wie könnten wir dann außerdem nicht nur die Gleichnisse von dem Hausherrn, der nach langer Zeit unerwartet zurückkommt, erklären, sondern auch das Wort vom Blitz[46] und, was am auffälligsten ist, die wiederholte Weigerung Jesu, die Zeit seiner Wiederkunft festzulegen? Ja, was sollen wir anfangen mit der Aussage, daß er diese Zeit gar nicht kennt?[47] Sind wir so sicher, daß die Jünger meinten, sie wüßten es besser als ihr Herr? Ist es nicht viel wahrscheinlicher, daß es keinen so plötzlichen schmerzhaften Wechsel in der Lehre von der Wiederkunft gab, wie es die moderne neutestamentliche Forschung annimmt, sondern daß es immer ein Wissen um die bevorstehende Wiederkunft gab, das jedoch nicht an eine zeitliche Nähe dieses Ereignisses gebunden war? Die Wiederkunft würde »plötzlich« geschehen, sie brauchte nicht »bald« zu geschehn.[48] Kurt Deissner ist auf der richtigen Spur, wenn er schreibt: »Aber wenn wir daran denken, daß sich in allen apokalyptischen Beschreibungen Widersprüchlichkeiten finden lassen, und daß beide Gedankenreihen im gleichen Abschnitt anzutreffen sind (z. B. Mark. 13), dann müssen wir die Unterschiede nicht als Widersprüche auffassen, sondern als Variationen einer einzigen eschatologischen Vorstellung, die sich auf das ewige Schicksal einer bestimmten Zuhörerschaft bezieht. Auf diese Weise kann man zum Beispiel das von Paulus in 2. Thessalonicher 2, 1 ff. entworfene eschatologische Bild durchaus mit 1. Thessalonicher 4, 13–17 in Einklang bringen... Es ist entscheidend, daß man bereit ist, denn das Ende wird kommen, wenn man es nicht erwartet (1. Thess.). Aber das ist kein Grund, um fanatisch zu werden oder um sich beunruhigen zu lassen; denn es muß noch vieles geschehen, bevor der Tag des Herrn anbricht (2. Thess.)«. Er fährt dann fort und zeigt auf, daß nach dem Neuen Testament niemals der Zeitpunkt dieser Ereignisse berechnet wird, auch wenn sie als »nahe bevorstehend« beschrieben werden. Sie liegen in der allmächtigen Hand Gottes, und die richtige Antwort des Menschen heißt »wachen und beten«.[49]

Damit soll nicht abgestritten werden, daß es unter den Christen der ersten Generation wie auch später eine große Verschiedenheit in der endzeitlichen Erwartung gab. Aber innerhalb dieser Verschiedenheit gab es eine tiefe Einheit in der Überzeugung, daß Gott am Jüngsten Tage selbst eingreifen und das vollenden werde, was er bei der Schöpfung begonnen und durch Kreuz und Auferstehung erlöst hatte. Da war die Gewißheit, daß der Herr in Kraft bei ihnen sein werde bis an das Ende der Welt, wie sie das Matthäus-Evangelium schildert. Da lag der Ton auf dem kommenden messianischen Hochzeitsmahl in der himmlischen Stadt, wie wir es in der Offenbarung Johannes erfahren. Da war die Rede vom Heiligen Geist als der Teilerfüllung der endzeitlichen Verheißungen Jesu, wie sie das Johannesevangelium darstellt. Da war die sich immer mehr ausweitende Weltmission oder die fortschreitende Zusammenfassung aller Dinge in Christus, wie wir es in der Apostelgeschichte bzw. in dem Epheserbrief lesen. In allen diesen Fällen stand die persönliche Wiederkunft Christi ebenso im Zentrum ihrer Eschatologie, wie das persönliche Heilswerk Christi im Zentrum ihres Evangeliums stand. Wenn auch das vierte Evangelium eine verwirklichte Eschatologie kennt, zeigen doch die Kapitel 5 und 21, daß der Schreiber noch die anfängliche Hoffnung hegt. Die Wiederkunft Christi ist ein hervorstechender Zug in der Apostelgeschichte, wenn auch die Rolle der Kirche und des Geistes in der Zeit vor dem Ende sehr stark betont wird. Der Epheserbrief, von dem man oft behauptet, er habe die Apokalyptik der frühen Predigt aufgegeben, weiß um den Tag der Erlösung in der Zukunft, für den der Geist in unserem Herzen Angeld und Unterpfand ist.[50] Bei all der unterschiedlichen Betonung ist das neutestamentliche Bild vom Ziel des menschlichen Lebens auffallend einheitlich. Es wird eine persönliche Begegnung mit Gott geben, der der Schöpfer und Erlöser ist. Die Welt, die durch die menschliche Sünde zugrundegerichtet ist, wird schließlich durch die Tat des Erlösers wiederhergestellt werden. Eine solche Hoffnung war zugleich ein unausweichlicher Ruf. Christen mußten so leben, daß sie sich nicht zu schämen brauchten, wenn sie dem Herrn bei seiner Wiederkunft begegneten oder wenn sie in der »vorweggenommenen Wiederkunft« bei ihrem Tode ihm gegenübertraten. Und die Christen mußten sich einschalten in das Werk des Schöpfer- und Erlösergottes, indem sie die Botschaft ausbreiteten von dem, was er für Sünder getan hatte, und was er mit denen tun wird, die in hartnäckigem Widerstand sein Heil ablehnen. Bei einem solchen Motiv und einer solchen Strategie kam es nicht sehr darauf an, ob die Eschatologie eines Christen streng apokalyptisch war oder ob sie den christlichen Gnostizismus der Alexandriner enthielt, ob man mehr das Tausendjährige Reich oder den Aufstieg der Seele zu Gott betonte. Der stärkste Ansporn zu einem geheiligten Leben und hingegebener missionarischer Tätigkeit war dieses Bewußtsein, daß das Ende bevorstand, daß die Möglichkeiten der Evangelisation begrenzt waren, und daß wir alle einmal vor Gott letzte Rechenschaft ablegen müssen.

In der Tat wirft es ein bezeichnendes Licht auf den Ernst, mit dem die Urgemeinde ihre Eschatologie sah, wenn wir bedenken, daß von den Tagen der Offenbarung Johannes bis zu Irenäus der Chiliasmus, der Glaube an die tatsächliche Herrschaft Christi auf dieser Erde während eines Zeitraums von tausend Jahren am Ende der Geschichte, von den meisten uns bekannten Schreibern geteilt wurde, bevor er ersetzt wurde durch die vergeistigte Vorstellung von einer anderen Welt bei Clemens und Origenes. Paul Althaus macht über den Wert dieser chiliastischen Vorstellungen einige interessante Aussagen. »Der Niedergang und Rückzug des Chiliasmus war sehr bedeutend. Dadurch wurde die lebendige Hoffnung auf das bevorstehende Reich Gottes verwässert und der eschatologische Ausblick des Urchristentums verschwand.«[51] Als objektive Vision einer Art von Utopia für faule Heilige ist der Chiliasmus etwas Abstoßendes; »aber als Ausdruck des Verhältnisses zwischen dem konkreten Dienst in der Geschichte und der kommenden Welt oder für die Verantwortung, hier und jetzt auf Erden alles auf das kommende Königreich auszurichten, hat er als ein Gleichnis reale und offensichtliche Bedeutung.« Kurz gesagt, »Chiliasmus heißt, dieser Welt treu zu sein, selbst in der Gewißheit des Todes, um der Auferstehung willen.«[52] Es überrascht deshalb kaum, daß nicht nur im ersten und zweiten Jahrhundert, sondern auch in späteren Zeitabschnitten der Kirche der missionarische Eifer am deutlichsten in den Kreisen aufblühte, die eine stark realistische Hoffnung hatten und in ähnlicher Weise auch auf das Kommen des Königreiches warteten.

Die Gabe des Geistes

Die Bedeutung der Eschatologie der Urchristenheit ist kaum zu überschätzen. Sie glaubten, daß das lang erwartete Reich Gottes, das zum Tag des Heils gehörte, das Königreich, von dem die Propheten geredet hatten, durch die Person und das Werk Jesu von Nazareth schon eingeleitet wurde. Sie sahen seinen Tod und seine Auferstehung als entscheidend für den Beginn der Endzeit an und sie waren sich bewußt, daß sie sozusagen im letzten Kapitel des Buches der Menschheitsgeschichte lebten, wie lang oder wie kurz dieses Kapitel auch sein mochte. Aber der Tod und die Auferstehung Jesu hatten noch nicht das Ende der Verheißungen oder die volle Verwirklichung des Reiches gebracht. Gottes Wille war noch nicht im Himmel wie auf Erden geschehen. Dennoch hatte die Kirche zwei große und miteinander verbundene Dinge, die während der Zwischenzeit vor dem Ende ihr Besitz waren. Sie hatte den Geist und sie hatte die Weltmission.

Der Heilige Geist galt als die eschatologische Gabe *par excellence*. Petrus hatte Pfingsten richtig gedeutet als Beweis für den Anbruch der letzten Zeit.[53] Der Geist ist der Vorgeschmack von Gottes Zukunft. Wir haben »die Erstlingsgabe des Geistes« als Angeld der neuen Schöpfung, die Gott für sein Volk bereit hat.[54] In der Tat ist der Geist mehr als ein Unterpfand. Er ist Teil der Erfüllung. Als die unsicheren Jünger ihren scheidenden Meister fragten, wann er das Reich Gottes bringen würde, gab er ihnen keinen Zeitpunkt an, sondern versprach ihnen stattdessen den Heiligen Geist, der sie zur Weltmission ausrüsten sollte.[55] Die Zeit vor dem Ende ist keine unfruchtbare Wartezeit, sie ist die Zeit des Geistes, die Zeit der Evangelisation. Das ist nicht nur die Sicht des Lukas.[56] Sie findet sich in vielen Strängen des Neuen Testaments. In der Kleinen Apokalypse sagt Jesus, daß vor dem Ende seine Nachfolger im Zuge der Weltmission Not und Verfolgung erdulden müssen; denn »in den Synagogen werdet ihr geschlagen werden, und vor Fürsten und Könige werdet ihr geführt werden um meinetwillen, ihnen zum Zeugnis. Und das Evangelium muß zuvor verkündigt werden allen Völkern«.[57] Das gleiche wird im Johannesevangelium herausgestellt, wo der Geist, die persönliche Verkörperung des Endes, gesandt wird, um zusammen mit dem Zeugnis der Jünger von Christus zu zeugen.[58] Der zweite Petrusbrief spricht von einem »Beschleunigen« der Wiederkunft des Herrn. Das war leicht zu verstehen:[59] Die Rabbinen sagten, wenn nur das ganze Israel einen Tag lang Buße tun würde, käme der Messias.[60] Die Christen sahen ihre Aufgabe darin, Israel und die Nationen zur Buße zu rufen, und sie wußten, daß nur die gnädige Geduld des Herrn, der auf die Ausbreitung des Evangeliums unter aller Kreatur wartete, das ersehnte Ziel hinausschob. »Der Herr verzögert nicht die Verheißung, wie es etliche für eine Verzögerung achten; sondern er hat Geduld mit euch und will nicht, daß jemand verloren werde, sondern daß sich jedermann zur Buße kehre. Es wird aber des Herrn Tag kommen wie ein Dieb...«[61] Die sehr alte Überlieferungsschicht von Apostelgeschichte 3, 19 f. weist auch darauf hin, daß die Wiederkunft Christi zur Aufrichtung des Reiches in gewisser Weise von der Buße der Menschen abhängt. Deshalb ist Evangelisation nötig.

Die Stellung der Heiden

Aber welche Stellung nehmen die Heiden ein? Die jüdische Eschatologie wußte in ihren besten Teilen, daß es einen Platz für die Heiden im Plan Gottes geben mußte. Jeremias hat in Kürze den Beweis geführt in seinem Buch *Jesu Verheißung für die Völker*. Außerdem hat Jesus selber, obwohl er seine Tätigkeit wenigstens zum größten Teil auf Israel beschränkte, klar davon gesprochen, daß gläubige Heiden ins Reich Gottes eingegliedert werden können.[62] Wie sollte das geschehen? Es gab hierüber unter den ersten Christen eine ernste Meinungsverschiedenheit, die einen sehr starken Einfluß auf die Strategie ihrer Missionstätigkeit hatte. Die Jerusalemer Kirche scheint die Sicht der überwiegenden Aussagen des Alten Testamentes über das Schicksal der Völker geteilt zu haben. Sie zeigte sich im allgemeinen so: Soweit die Nationen Jahwe und seinem Volke feindlich gegenüberstanden, würden sie am Jüngsten Tage völlig besiegt werden.[63] Andererseits waren sie Gottes Geschöpfe wie Israel auch. Er war der Gott der ganzen Erde und würde deshalb die gläubigen Heiden nicht von seiner Gnade ausschließen, die zum Berg Zion pilgerten und sich dem Gottesvolk anschlossen. Das wird in den Psalmen und Propheten so stark hervorgehoben, daß Jeremias mit etwas Übertreibung sagen kann: »In ausnahmslos allen Stellen des alten Testamentes, an denen der eschatologische Pilgerzug der Heiden erwähnt wird, ist das Ziel des Pilgerzuges der Ort der Selbstoffenbarung Gottes, Zion, der heilige Berg Gottes. Daraus ist zu entnehmen, daß man sich die Bewegung immer ›zentripetal‹ vorstellt; die Heiden werden nicht evangelisiert, wo sie wohnen, sondern werden durch die göttliche Epiphanie zum heiligen Berg gerufen.«[64] Dieser Zweig alttestamentlicher Lehre lag hinter der Mission des Judenchristentums. Deshalb wollten sie ihre Anhänger beschneiden; nicht aus rein gesetzlichen oder rituellen Gründen, sondern um sie ganz in das Volk Gottes hineinzubringen, wo sie allein am Tage des Gerichtes sicher wären und Anteil am Reiche Gottes hätten, das in Jerusalem aufgerichtet werden sollte. Deshalb war die Feindschaft der »Judaisten« gegen Paulus so heftig und hartnäckig. Denn in ihren Augen kehrte Paulus durch seine Heidenmission die Reihenfolge von Gottes Heilsplan in der Schrift um, während er durch die Ablehnung der Beschneidung für seine Gläubigen des offenen Ungehorsams gegen die Anordnungen Gottes schuldig war. Die Strategie der jüdischen Mission war eindeutig. Sie mußten alles tun, um Israel zur Annahme des Messias zu bringen. Wenn Israel das getan hatte, war der Weg frei für das letzte Drama, das Kommen der Heiden zum Berg Zion und die Vollendung von Gottes Plan für seine erlöste Schöpfung. »Den Juden zuerst« war die göttliche Strategie für die Mission und für die Eschatologie.

Paulus und nach ihm die Mehrzahl der christlichen Denker sahen die Dinge in der umgekehrten Reihenfolge, und im Anschluß an Hinweise aus der Lehre Jesu selbst neigten sie dem zu, was man die schwächer belegte Sicht des Alten Testamentes nennen könnte. Paulus nahm die vielen Stellen über die unüberwindliche Unwissenheit Israels ernst, ihre schuldhafte Herzensblindheit und die Souveränität Gottes in seinem Heil.[65] Er erkannte, daß die Heilsgeschichte so oft einen Überrest gebraucht hatte, um eine Glaubensgemeinschaft aufzurichten. War nicht der Umstand, daß Israel seinen Messias nicht anerkennen wollte, der Beweis für seine Herzenshärtigkeit, die es so oft in der Vergangenheit den Trägern göttlicher Offenbarung gegenüber gezeigt hatte? Sicher werden Gottes Pläne dadurch nicht vereitelt. Das bewies der Erfolg der Heidenmission.[66] Doch der Gott, der den Bund geschlossen hatte, konnte Israel nicht verlassen haben. Nein, ihre Blindheit betraf nur einen Teil; einige Juden glaubten. Und ihre Verwerfung war nur vorübergehend. Gott wollte sie durch die Bekehrung der Heiden eifersüchtig machen. Die Zweige des wilden Ölbaums, die in den Wurzelstock Israel eingepfropft waren, würden die natürlichen Zweige, die um des Unglaubens willen enterbt waren, erkennen lassen, was ihnen fehlte und sie zur Umkehr zum Herrn bringen. »Ich will euch, liebe Brüder, nicht verhehlen dieses Geheimnis«, schreibt er. »Blindheit ist Israel zum Teil widerfahren solange, bis die Fülle der Heiden eingegangen ist, und alsdann wird das ganze Israel gerettet werden.«[67] Dies sind die gewaltigen Themen der Erwählung, der Mission und der Eschatologie, mit denen Paulus in Römer 9–11 ringt. Immer mehr läßt sich die Ansicht vertreten, daß er in seiner Kollekte für die verarmten Christen in Jerusalem eine symbolische Erfüllung der alttestamentlichen Verheißungen sah, daß die Heiden nach Jerusalem pilgern werden.[68] Deshalb hat Paulus nicht nur das von den heidenchristlichen Gemeinden gesammelte Geld mitgenommen; es war als solches nicht nur eine Unterstützung, die man von denen erwarten konnte, die das Evangelium aus erster Hand von den Juden empfangen hatten; auch war es nicht nur eine bedeutungsvolle ökumenische Geste angesichts der zunehmenden Spaltung zwischen Judenchristen und Heidenchristen. Die Sammlung und die verschiedenartig zusammengesetzte Delegation, die sie überbrachte, waren Vertreter der Frucht des Evangeliums unter den Heiden, die ihre Opfer und sich selbst zum Berg Zion brachten in Erfüllung der alten Weissagungen und in Erwartung der Wiederkunft. Sicher hoffte Paulus, daß dies das unbußfertige Israel zur Eifersucht reizen und zu seiner Bekehrung führen würde.[69]

Keine dieser beiden eschatologischen Sichtweisen erwies sich als richtig. Die Judenchristen täuschten sich in ihrer Hoffnung, daß Israel als ganzes sich zu Christus wenden würde, daß die Heiden zum Berg Zion hingezogen würden, und daß das Reich Gottes in dieser Weise aufgerichtet würde. Paulus und die Heidenchristenheit täuschten sich in der Hoffnung, daß auf einen so konkreten Beweis von Gottes Rettungswerk unter den Heiden, wie ihn die Sammlung und die Abgesandten der Gläubigen in der Begleitung des Paulus lieferten, die Bekehrung Israels folgen würde. Dennoch war Gott, wie es in beiden Sichtweisen zum Ausdruck kommt, souverän in seinem Heil. Hinsichtlich des ersten Kommens Jesu hatten Menschen sich in ihrer Schriftauslegung geirrt, obwohl sie sie ernsthaft erforschten. Es war nicht ausgeschlossen, daß Menschen sich genauso irren konnten bei ihrer Deutung der Schrift hinsichtlich seines zweiten Kommens. Doch das entband sie nicht von dem Versuch, eine Deutung der Geschichte zu geben. Sie mögen sich darin geirrt haben, wie sich Gottes Plan vor der Wiederkunft entfaltet. Aber in drei grundlegenden Überzeugungen hatten sie sich nicht geirrt. Erstens: Gott war souverän und würde sein Reich auf seine Weise und zu seiner Zeit aufrichten. Zweitens: Gott war der Schöpfer und Erlöser der ganzen Welt, und die Heiden hatten in seinem Plan genauso viel Raum wie die Juden. Drittens: Die Rolle der Kirche in der Zwischenzeit vor dem Ende war Evangelisation, »den Juden zuerst und auch den Griechen«, und zwar in der Kraft des Heiligen Geistes, der ihnen sowohl als Angeld als auch als ein wesentlicher Bestandteil des kommenden Reiches gegeben war. Eschatologie und Mission waren in der Person des Geistes unwiderruflich miteinander vereinigt.[70] William Manson kann es so zum Ausdruck bringen: »Die Wiederkunft liegt genau über dem Weg der Weltmission, und das Kommen Jesu Christi hängt ab von der Erfüllung der missionarischen Aufgabe«.[71]

Nachwort

Wir können das Ausmaß des Erfolges, den die Evangelisation durch die Urgemeinde hatte, nicht realistisch einschätzen. Einmal haben wir kein Mittel an der Hand, um ihre »Erfolge« mit ihren »Mißerfolgen« zu vergleichen. Zum anderen kann Gott ganz anders über Erfolg urteilen als wir; und wie wir in diesem Buch sahen, ist die Evangelisation vor allem Gottes Werk im Leben von Menschen, bei dem Menschen seine Mitarbeiter sein dürfen. Auch kann man nicht aus einer Untersuchung über die Evangelisation im Altertum die Antwort für unsere heutigen Probleme bei der Weitergabe des Evangeliums herauslesen. Dennoch ragen einige Seiten in ihrem Vorgehen deutlich heraus und sollten von der Kirche zu allen Zeiten beachtet werden, nicht zuletzt in unserer Zeit, in der es uns nicht so sehr gelingt, den christlichen Glauben denen, die nicht glauben, zu übermitteln.

Am meisten fiel bei der Evangelisation der Frühzeit auf, von welchen Leuten sie getragen wurde. Die Weitergabe des Glaubens blieb nicht den besonders Eifrigen oder den offiziell dazu bestimmten Evangelisten überlassen. Evangelisation war das Vorrecht und die Pflicht jedes Gemeindeglieds. Wir sahen, wie Apostel und umherziehende Propheten, Vornehme und Arme, Gebildete und Fischer mit Begeisterung Anteil hatten an dieser vorrangigen Aufgabe, die Christus seiner Gemeinde übertragen hatte. Die einfachen Leute in der Gemeinde sahen es als ihren Beruf an. Das Christentum war vor allem eine Laienbewegung, es breitete sich durch nicht-hauptamtliche Missionare aus. Die Geistlichen in der Kirche sahen es auch als ihre Verantwortung: Bischöfe und Presbyter, zusammen mit den Lehrern der Kirche wie Origenes und Clemens, ebenso Philosophen wie Justin und Tatian sahen die Verbreitung des Evangeliums als ihre vorrangige Aufgabe an. Sie ließen sich anscheinend nicht zu sehr von ihren Aufgaben in der Lehre, der Fürsorge und der Verwaltung beanspruchen, um Einzelne und ganze Gruppen vom Unglauben zum Glauben zu führen. Von Anfang an hat das spontane Vorgehen der ganzen christlichen Gemeinschaft der Bewegung einen ungeheuren Antrieb gegeben.

Dazu kommt, daß diese ansteckende Begeisterung bei Menschen, die nach Alter, Herkunft, Geschlecht und Kultur so verschieden waren, durch die Art ihres Lebenswandels unterstützt wurde. Ihre

Liebe, ihre Freude, ihre veränderten Lebensgewohnheiten und die wachstümliche Umgestaltung ihres Wesens verliehen dem, was sie sagten, großen Nachdruck. Ihr Leben in der Gemeinschaft war alles andere als vollkommen, wie es die christlichen Schriftsteller immer wieder beklagen. Dennoch war es so anders und so eindrucksvoll, daß es die Aufmerksamkeit anzog, zur Neugierde reizte und An-stoß zur Nachfolge war, in einer Zeit, die ebenso vergnügungssüch-tig, materialistisch und sinnentleert war wie die unsere. Das Hei-dentum sah im Christentum eine Art zu leben und besonders zu sterben, wie man sie sonst nirgends finden konnte.

Wenn das heutige Leben in der Kirche nicht verändert wird, so daß sich noch einmal die Aufgabe der Evangelisation jedem getauften Christen aufs Herz legt, und wenn diese Aufgabe nicht unterstri-chen wird durch einen Lebenswandel, der alles in den Schatten stellt, was der Unglaube zu bieten hat, werden wir durch unsere Evangelisationstechniken nicht sehr weit vorankommen. Die Men-schen werden nicht glauben, daß die Christen eine Frohe Botschaft zu verkündigen haben, solange sie nicht sehen, daß Bischöfe und Bäcker, Universitätsprofessoren und Hausfrauen, Busfahrer und Straßenprediger aus dem gleichen inneren Antrieb, wenn auch mit unterschiedlichen Methoden, das Evangelium weitergeben. Und die Menschen werden weiterhin glauben, daß die Kirche eine intro-vertierte Gesellschaft aus »ehrbaren« Leuten ist, die sich nur um ihre eigene Erhaltung sorgt, solange sie nicht bei Gemeindegruppen und einzelnen Christen die Liebe, die Freude, die Gemeinschaft, die Selbsthingabe und die Offenheit finden, wie sie die Urgemeinde in ihrer besten Zeit hatte.

Hand in Hand mit dieser Begeisterung, mit der einfache Laien und ordinierte Diener der Kirche die Frohe Botschaft denen mitteilten, die sie nie gehört hatten, ging das tiefe Wissen darum, daß sie es mit ernsten Wahrheiten zu tun hatten. Diese Leute glaubten wirklich, daß Menschen ohne Christus ewig und unwiderbringlich verloren waren. Der Gedanke daran trieb sie zu unermüdlicher Arbeit, um sie mit dem Evangelium zu erreichen. In der Urgemeinde findet sich kein Hinweis auf eine Allversöhnung. Wenn etwas derartiges in den späten Schriften des Origenes[1] auftauchte, so wurde er von da an zu den Irrlehrern gezählt und trotz seines heiligen Lebens und seiner übermenschlichen Bemühungen um den Glauben niemals kanoni-siert. Der Gedanke, daß ihr Evangelium den Ungläubigen, die vom Teufel verblendet waren, verhüllt war, trieb andere christliche Mis-sionare neben Paulus dazu, daß sie sagen konnten: »Wir predigen nicht uns selbst, sondern Jesus Christus, daß er sei der Herr, wir aber eure Knechte um Jesu willen.«[2] Sie taten es in der Hoffnung, daß Gott in seiner Güte ihre Herzen erleuchten und ihnen Jesus offenbaren würde.

Diese ersten Missionare waren sich der Verantwortung bewußt, in allem, was sie taten, die Zustimmung ihres Herrn zu suchen. Sie waren ihm Rechenschaft schuldig, und er hatte sie aufgefordert, aller Welt die Frohe Botschaft zu verkündigen. Wie konnten sie vor ihm bestehen, wenn sie seinen letzten Befehl mißachteten?

Ein weiterer bedeutender Faktor war die Eschatologie der urchristlichen Evangelisten. Sie war stark und eindeutig. Der Gott, der alles erschaffen hatte, der eingegriffen hatte, um alle Menschen mit sich zu versöhnen, würde eines Tages durch die Wiederkunft Jesu das Siegel auf sein Erlösungswerk setzen. Im 10. Kapitel untersuchten wir, welchen Platz die Eschatologie in ihrem evangelistischen Vorstoß einnahm. Man sagt nicht zuviel, wenn man behauptet, daß es ohne eine klare Eschatologie keine wirksame Evangelisation gibt. Die Botschaft des Heils darf nicht nur in Beziehung gesetzt werden zu dem Einzelmenschen, der Kirche und dem Herrn, sondern auch zu dem ganzen Plan Gottes in dieser Welt. Es mutet seltsam an, daß man in der gegenwärtigen Evangelisation entweder ganz über das Thema schweigt oder die einzelnen Aussagen übertrieben wörtlich nimmt, da wir doch in einem Jahrhundert leben, in dem die neutestamentliche Forschung wie nie zuvor die zentrale Bedeutung der Eschatologie im urchristlichen Kerygma erkannt hat; in dem man außerdem sehr stark die Bedeutung der Geschichte hervorhebt. Kommunismus und Humanismus haben beide klar bestimmte eschatologische Ziele. Die Christen haben ein Ziel, das viel sinnvoller ist als beide,[3] aber sie schweigen davon. Von der Urgemeinde konnte man das bestimmt nicht sagen. In Jesus Christus hatten sie einen festen Bezugspunkt zur Beurteilung aller Geschichte und einen sicheren Bürgen für eine realistische Eschatologie. Ihre Botschaft war auf diese großen Themen bezogen und hat sie nicht unterschlagen. Daß heute viele, die sich Christen nennen, nicht mehr an Himmel und Hölle glauben oder überhaupt an ein Leben nach dem Tode, ist ein unüberwindliches Hindernis für eine dynamische Evangelisation. Wenn wir nicht mehr überzeugt sind, daß wir als sterbende Menschen sterbenden Menschen verkündigen müssen, verstummt die Unbedingtheit des Evangelisationsauftrags, und wir ziehen uns von einer Aufgabe zurück, die auch in den besten Zeiten schwierig, heikel, anstrengend ist.

Wir sahen, daß die ersten Christen eine klare Vorstellung von der

Frohen Botschaft hatten, die sie verkündigten. Ihr Kerygma war kein langweiliges, einfarbiges Gemälde, sondern eine brillante Angelegenheit. Sein Inhalt und die Art seiner Darbietung war weitgehend abhängig von der Fähigkeit des Evangelisten, Worte und Gedanken in die seinen Hörern gut verständlichen Begriffe zu übersetzen; sie waren auch abhängig von der Herkunft und den Lebensumständen seiner Hörer. Wir haben gesehen, mit welcher Mannigfaltigkeit das Evangelium den Griechen und den Juden, den Gebildeten und den Ungebildeten verkündigt wurde. Diese Mannigfaltigkeit steigerte sich noch dadurch, daß in den verschiedenen Bereichen der Kirche über bestimmte christliche Wahrheiten unterschiedliche Erkenntnisse herrschten. Doch eines war unveränderlich: Ihre Botschaft war durch und durch christozentrisch. Der Inhalt ihrer Verkündigung war kein anderer als die Person Jesu Christi. Sie benutzten alle kulturellen und geistigen Bahnen, die die Aufnahme dieser Botschaft erleichterten. Sie hatten ein starkes Einfühlungsvermögen in die Bedürfnisse der Hörer, in die Gedankenwelt, in der sie sich bewegten, und in die Sprache, die sie am ehesten erreichte. Dennoch blieb ihr Ziel einfach und klar: sie wollten Menschen zu Christus führen. Es ist das gleiche, ob wir nun Paulus auf dem Areopag oder dem Mönch Macarius in der ägyptischen Wüste zuhören. Alle betonen klar, daß man sich entschieden in Buße, Glaube und Taufe zu Christus hinwenden muß; daß man in der Lehre der Apostel bleiben muß durch treues Lesen in der Schrift und Gehorsam gegen sie; daß man sich der apostolischen Gemeinschaft anschließen muß durch Teilnahme am gemeinsamen Leben der Kirche, durch Gebet, Dienst und regelmäßigen Empfang des Abendmahls. Da sie glaubten, daß Gott in Christus letztgültig gehandelt hatte, richten sie ihr Leben entsprechend ein. Indem sie andere Menschen zur Bekehrung aufriefen, sahen sie sich als solche, die Anteil hatten an Gottes Plan für seine ganze Schöpfung und diesen Plan vorantrieben.

Dieser Christus, von dem sie Zeugnis gaben, war keine theologische Abstraktion, keine Erlösergestalt nach gnostischem Vorbild. Die ersten Christen vollzogen keine radikale Trennung zwischen dem historischen Jesus und dem Christus des Glaubens. Wie wir sahen, hielten sie die Worte und Taten des historischen Jesus für so entscheidend für die Verkündigung des erhöhten Herrn, daß sie Perikopen aus den Evangelien in der Evangelisation verwandten. Ihr Christus war auch keine geistliche Gestalt, die nur an den Seelen der Menschen interessiert war. Er war der kosmische Christus, der Urheber, der Erhalter und das Ziel des Weltalls. Deshalb besaßen viele der frühen Evangelisten die Kühnheit, alle Wahrheit als christliche Wahrheit in Anspruch zu nehmen. Alles Wahre, das Plato und die Dichter gesagt hatten, stammte letzten Endes von dem Herrn, den die Christen verehrten. Alle Erkenntnisse, die die Christen über die Welt und die menschlichen Belange gewannen, dienten nur dazu, daß sie ihren Herrn noch besser kennenlernten und noch mehr schätzten. Der Vorwurf der Bildungsfeindlichkeit, den man manchmal gegen die Evangelisten einer späteren Zeit erhoben hat, hätte niemals ihnen gegenüber aufrechterhalten werden können. Es gab nur eine Wahrheit, und sie leitete sich her von der letzten Wirklichkeit, die Gestalt angenommen hatte in ihm, der der Weg, die Wahrheit und das Leben war. Diese Überzeugung verlieh ihnen die Kraft, das Absolute zu verkündigen in einer Welt, die in ihrer Moral, ihren Religionen und ihrer Geschichtsauffassung vom Relativen beherrscht wurde. Und meistens taten sie es ohne Furcht und ohne Kritiksucht. Ihr Evangelium war groß genug, um Himmel und Erde, dieses und das zukünftige Leben zu umfassen. Sie befaßten sich mit den Arbeitsverhältnissen, der Sklaverei, Ehefragen und Familienproblemen, Kindesaussetzung, den Grausamkeiten im Amphitheater und den Unanständigkeiten auf der Bühne. Zunehmend erkannten sie, daß das Evangelium auch in die politischen Dinge hineinsprach. Doch das schien sie niemals daran zu hindern, daß sie alles ins Blickfeld der Ewigkeit rückten. Für diese Menschen, die nur eine Wahrheit kannten, gab es keine Zweiteilung in ein soziales und ein geistliches Evangelium. Sie waren nicht so jenseits-orientiert, daß sie für diese Erde nichts mehr übrig hatten. Sie bewiesen, daß diejenigen, die im echten Sinne auf den Himmel ausgerichtet sind, zugleich ganz bereit sind, Gottes Willen auf Erden zu tun. Allerdings wurde der schmale Grat zwischen dem Sozialen und dem Geistlichen, der gegenwärtigen und der zukünftigen Welt nicht immer gewahrt. Mitunter neigte die Kirche sich einem solchen Synkretismus zu, wie ihn Paulus in der Gemeinde von Kolossä vorfand, oder auch dem Rigorismus eines Tertullian. Sie verstanden oft wenig von der allumfassenden Art des Evangeliums. Doch scheint es der Urgemeinde im ganzen besser gelungen zu sein, die »diesseitigen« und die »jenseitigen« Aspekte ihres Glaubens zusammenzuhalten, als das bei den Christen späterer Zeit der Fall war. Ihre Sorge galt diesem Leben, und doch hatten sie nicht das Gefühl, daß es das größte Übel sei, es zu verlassen. Eine solche Haltung begegnet uns zu allen Zeiten nur selten.

Daß die ersten Christen so stark an den wesentlichen Inhalten ihres Glaubens festhielten, brachte zwei Gefahren mit sich. Einerseits leistete es dem Gnostizismus Vorschub, ausgehend von dem Gedanken, ein Mensch könnte gerettet werden, wenn er die Kenntnis des wahren Gottes habe und die richtigen Aussagen über sein Wesen und Tun machen könne. Andererseits förderte es eine Festlegung der christlichen Wahrheit in Glaubensformeln, die mehr als Probe auf die Rechtgläubigkeit oder als Argumente bei der Apologetik benutzt wurden, als daß sie darauf hinweisen konnten, was Gott in Christus für die Menschen getan hatte. Wie wir in Kapitel 4 gesehen haben, war dies besonders der Fall bei der Begegnung zwischen Christentum und Judentum, als Kirchenleute nicht mehr Boten mit einer frohen Nachricht waren und leider anmaßend und streitsüchtig wurden. Sie schienen alle Hoffnung aufgegeben zu haben, das Judenvolk für ihren Messias zu gewinnen, und konzentrierten sich stattdessen darauf, die christliche Wahrheit im Gegensatz zur jüdischen aufzurichten. Zwischen solcher Art von Apologetik und Evangelisation besteht ein himmelweiter Unterschied.

Was wir an Evangelisationsmethoden bei ihnen finden, überrascht uns nicht sehr. Sie gingen aus von der Voraussetzung, daß die letzte Wahrheit über Gott in Jesus offenbart worden war, und daß die grundlegende Entfremdung zwischen Gott und Mensch aufgehoben war. Von daher ist es verständlich, daß sie alle ihnen zu Verfügung stehenden Mittel benutzten, um anderen diese Erkenntnis zu vermitteln. Wir sahen, daß die verschiedenartigen Hausversammlungen und persönlichen Gespräche zwischen Einzelpersonen beim Vordringen des Evangeliums in der alten Zeit eine bedeutende Rolle spielten. Die Gastfreundschaft und der Schmuck in ihren Häusern, ihre gelegentlichen Gespräche zu Hause oder auch im Freien, Besuche, Freiversammlungen, Ansprachen in Kirchen und Synagogen, Streitgespräche auf Marktplätzen und in Philosophenschulen, persönliches Zeugnis, Brief und Schriftauslegung – all das wurde benutzt, um dem obersten Ziel der ersten Christen zu dienen, nämlich andere Menschen mit Christus bekanntzumachen. Wenn Menschen den Willen haben, von ihrem Herrn zu reden, dann fehlt es ihnen nicht an Wegen dazu. Die Motivation dieser Männer und Frauen beeindruckt uns mehr als ihre Methoden. Ihre rührende Treue gegenüber Gott, ihr tiefes Empfinden, daß sie eine gewaltige Entdeckung gemacht hatten, ihre ernste Sorge um ihre christuslosen Mitmenschen trieb sie hinaus zu unermüdlichem Dienst in der Sache des Evangeliums.

Die Evangelisation ist heute oft mit großen öffentlichen Versammlungen verbunden. Es fällt auf, daß die ersten Christen von dieser Methode zur Ausbreitung des Evangeliums wenig Gebrauch gemacht haben. Der Grund lag wenigstens teilweise in der historischen Situation, in der das Christentum entstand. Große öffentliche Zusammenkünfte waren während des größten Teils unseres Zeitabschnitts durch einen Reichserlaß verboten. Außer den in den ersten Kapiteln der Apostelgeschichte berichteten großen Versammlungen in Jerusalem (und diese Stadt galt bei den römischen Statthaltern, die ein feines Empfinden für starke nationalistische Gefühle hatten, immer als ein Sonderfall), hören wir nichts Vergleichbares bis zu der weit verbreiteten Hinwendung zum Christentum in Nordafrika gegen Ende des zweiten Jahrhunderts, bevor Tertullian schrieb. Es war immer unklug und möglicherweise gefährlich, wenn man eine große öffentliche Versammlung organisierte; es zog polizeiliche Maßnahmen nach sich. Deshalb lag der Schwerpunkt auf der Evangelisation in den Häusern und von Mann zu Mann, und diese Methoden haben bleibende Bedeutung für eine Gemeinde, die wachsen will.

Aber es mag noch einen anderen Grund gegeben haben, warum die ersten Christen die Massenevangelisation größtenteils mieden. Haben sie vielleicht die Gefahren erkannt, die eine oberflächliche, weite Streuung des Samens nach sich ziehen konnte? Kaum hören wir von Massenbewegungen, als auch schon heidnische Gedanken und Sitten ins Christentum hineingetauft werden. Tertullian klagte darüber in Afrika; Anne Ross hat vor kurzem gezeigt, wie es sich in Britannien vollzog.[4] Es ereignete sich im ganzen Reich, sobald das Christentum unter Konstantin als offizielle Religion angenommen wurde. Aber ein Jahrhundert vorher war Gregorius Thaumaturgos in Pontus genau in dieses Problem hineingeraten; er hatte sich hervorgetan durch eine weitgestreute und großangelegte Evangelisation.[5] »Nach der Verfolgungszeit (unter Decius in der Mitte des dritten Jahrhunderts), als man sich mit uneingeschränktem Eifer dem christlichen Gottesdienst widmen konnte, kehrte Gregorius wieder in die Stadt zurück. Durch Reisen in das ganze umliegende Land stärkte er in allen Kirchen den Eifer des Volkes für den Gottesdienst, indem er Gedächtnisfeiern zu Ehren derer hielt, die für den Glauben gestritten hatten. Immer wieder brachte jemand den Leichnam eines Märtyrers. Es ging so weit, daß die Versammlungen ein ganzes Jahr lang durchgeführt wurden, und die Menschen ihre Freude hatten an den Feiern zu Ehren der Märtyrer. Auch darin zeigte sich seine große Weisheit, daß er zwar zu seiner Zeit die Richtung des Lebens bei allen änderte, sie auf einen ganz neuen Kurs brachte und sie fest an den Glauben und die Gotteserkenntnis band; daß er aber bei denen, die das Joch des Glaubens auf sich genommen hatten, die Zügel etwas lockerte, um ihnen die Freude am Leben zu lassen. Denn als er sah, daß die rohe und unwissende Menge wegen der leiblichen Freuden an den Götzen hing, erlaubte er dem Volk – um die wichtigsten Dinge, nämlich die Ausrichtung ihres Herzens auf Gott und nicht auf den eitlen Gottesdienst zu gewährleisten – sich an dem Gedächtnis der heiligen Märtyrer zu erfreuen; denn das Leben würde im Laufe der Zeit von selbst ernster werden, wenn es mehr unter die Herrschaft des christlichen Glaubens kam.« So war die Theorie. In der Praxis hat es sich nicht immer so ausgewirkt. Stattdessen blühte das Heidentum weiter in einem christlichen Gewand. Vielleicht erklärt sich daraus die Tatsache, daß man bei der Ausbreitung des Christentums so wenig Gebrauch von dieser Art Evangelisation machte.

In diesen etwa zwei Jahrhunderten der Anfangszeit der Kirche finden wir vieles, das falsch gemacht wurde und das dem Namen, den sie bekannten, Schande bereitete. Aber wir finden auch einen Eifer und ein Bemühen in der Evangelisation, der von dem ganzen, breiten Spektrum der christlichen Gemeinschaft ausging; sie wollten andere Menschen zu den Füßen ihres erhöhten Herrn und in die Gemeinschaft seiner willigen Diener bringen. Das wird uns immer daran erinnern, was in der Kirche den Vorrang hatte. Die Evangelisation war das Lebensblut der ersten Christen, und deshalb sehen wir: »Der Herr aber tat täglich hinzu, die gerettet wurden«. Das könnte noch einmal geschehen, wenn die Kirche bereit wäre, den Preis zu zahlen.

Anmerkungen

Kapitel 1

1 Matth. 28, 19

2 Melito von Sardes schrieb: »Unsere Philosophie entstand unter den Heiden, aber zu voller Blüte kam sie unter deinem Volk (Rom) unter der berühmten Herrschaft deines Vorfahrs Augustus; und sie wurde ein gutes Vorzeichen deines Reiches, denn seit jener Zeit wurde die Macht der Römer berühmt und herrlich.« Er zeigte dann auf, daß das Geschick Roms mit dem der Kirche so eng für alle Zeiten verflochten sei, daß die Kirche nicht durch Mark Aurel verfolgt werden sollte, an den er seine Apologie richtete (Eusebius, *Kirchengeschichte* IV 26, 5–11).

Das Argument, daß Gott die Weltlage besonders für die Entstehung des Christentums vorbereitet hat, findet sich noch klarer bei Origenes. »Denn ›Gerechtigkeit wuchs auf in seinen Tagen und Frieden in Fülle‹ begann mit seiner Geburt; Gott bereitete die Völker zu für seine Lehre, damit sie unter einem römischen Herrscher waren, so daß nicht die unfreundliche Haltung der Völker zueinander, die durch das Vorhandensein vieler Königreiche verursacht war, es den Aposteln Jesu nicht schwer mache, seinen Auftrag auszuführen, als er sagte: ›Gehet hin und lehret alle Völker!‹ Natürlich wurde Jesus unter der Herrschaft des Augustus geboren, der die vielen Reiche der Erde sozusagen zu einer Einheit zusammenfaßte, so daß er ein einziges Reich hatte. Es hätte die Verbreitung der Lehre Jesu in alle Welt gehindert, wenn es viele Reiche gegeben hätte, und zwar nicht nur aus den erwähnten Gründen, sondern auch deshalb, weil die Menschen überall gezwungen gewesen wären, Kriegsdienst zu leisten und für die Verteidigung ihres Landes zu kämpfen. Das geschah vor der Zeit des Augustus. Wie hätte also seine Lehre, die Frieden predigt und den Menschen verbietet, sich an ihren Feinden zu rächen, erfolgreich sein können, solange nicht die internationale Lage überall verändert war, und bei der Ankunft Jesu ein sanfterer Geist herrschte?« (Origenes, *Contra Celsum* 2, 30, nach der Übers. von H. Chadwick).

3 So tritt Melito in seinem oben erwähnten Beweisgang dafür ein, daß »der größte Beweis dafür, daß unser Glaube zusammen mit den edlen Anfängen unseres Reiches aufblühte, darin zu sehen ist, daß er in der Herrschaftszeit des Augustus in keiner Weise Verfolgung litt, sondern im Gegenteil als herrlich und berühmt galt und als das, wofür die Menschen gerade beteten« (Eusebius, *Kirchengesch.* IV 26, 8).

4 »Heiland der Welt« und ähnliche Titel sind häufig in den augusteischen Inschriften.

5 Virgil, *Eklogen* 4, 6

6 *Res Gestae* 34

7 *Carmen Saeculare* 50

8 Pacato orbe terrarum, restituta res publica, quieta deinde nobis et felicia tempora contigerunt (Dessau, *Inscriptiones Latinae Selectae* 8393).

9 *Annalen* I 9

10 Siehe den wichtigen Artikel über »Roads and Travel« von W. M. Ramsay in *Hastings Dictionary of the Bible* (Extraband), 1904, und M. P. Charlesworth, *Trade Routes and Commerce in the Roman Empire.*

11 *Corpus Inscriptionum Graecorum,* no. 3920

12 Horaz spricht von *sermones utriusque linguae (Oden* III 8, 5) und der Kaiser Claudius von *uterque sermo noster* (Sueton, *Claudius* 42,1). Es ist klar, daß sogar in Italien das Griechische dem Lateinischen mehr als gleichgestellt war, während es im Osten *die* lingua franca war.

13 *Institutio oratoria* I, 1, 12

14 Juvenal, *Satiren* 6, 186 ff.; Material, *Epigramme* 10, 68

15 Apg. 21, 37

16 z. B. *Staat* 376 ff.

17 Die Kritik am Polytheismus von seiten der griechischen Philosophen wurde durch Ciceros *De Natura Deorum* in die lateinische Welt getragen, und dieses Werk wurde von den lateinischen christlichen Schriftstellern Tertullian, Minucius Felix, Arnobius und Lactantius stark ausgewertet.

18 *Fragmente* 11–16 von Xenophanes machen deutlich, daß ihm nicht nur daran lag, die Unsinnigkeit des plumpen Polytheismus aufzuzeigen, sondern auch seine moralisch zersetzenden Wirkungen.

19 Xenophanes, *Fragmente* 23

20 Bei Homer ist er stärker als alle anderen Götter zusammen *(Ilias* VIII 18–27). Schon bei Hesiod werden seine Taten denen der Götter gleichgestellt *(Werke* 42, 47), und Äschylus hat im 5. Jahrhundert vor Chr. eine edle Vorstellung von Zeus als dem allmächtigen sittlichen Herrscher über das Weltall *(Agamemnon* 160 f).

21 Zweifellos ist es eine grobe Vereinfachung, in Platos Schriften »die Idee des Guten«, »Gott« und »Demiurg« auf einer Ebene zu sehen. Sie gehören ganz verschiedenen Schichten seines Denkens an, so daß sie sich eher überschneiden, als eine einfache Identifikation zuzulassen. Im späteren Platonismus waren die mehr offenbar religiösen Untertöne vorherrschend. Vor diesem späteren Hintergrund muß man die urchristliche Predigt sehen.

22 »Er war gut, und das Gute hat nie zu irgend einer Zeit eifersüchtige Gefühle gegen etwas. Deshalb wünschte er, daß alles möglichst so wurde wie er« *(Timaeus* 29 e).

23 *Metaph.* 1074 b.

24 Aristoteles wechselt im Gebrauch des Neutrums und des Maskulinums. Den Griechen kam es im allgemeinen nicht so sehr auf die Person der Gottheit an.

25 Es ist als echtes Werk des Aristoteles umstritten.

26 *De Praescriptione* 7

27 Siehe Kap. 2 von Tatians *Rede an die Griechen.*

28 Die Areopagrede in Athen ist das bekannteste Beispiel (Apg. 17); das gleiche gilt von ganzen Abschnitten aus dem vierten Evangelium und dem Hebräerbrief.

29 I Apologie 20

30 Abgesehen von dem Zeremoniell der Staatsreligion, befaßte sich die religiöse Aktivität hauptsächlich mit den *penates,* den Geistern, die sich um die häuslichen Angelegenheiten kümmerten, und den *lares familiares,* ursprünglich wohl ländlichen Gottheiten, die man dann zu Hausgeistern machte.

31 »Das Geheimnis für die Beständigkeit und Ausbreitung dieser orientalischen Religionen liegt in der Einrichtung der *collegia,* die von großer Bedeutung sind für das Privatleben des Sklaven, denn sie dehnen ihre Dienste über den Bereich der Religion hinaus aus und müssen in vielen Fällen das geboten haben, was ihm das Leben lebenswert machte« (R. H. Barrow, *Slavery in the Roman Empire,*

S. 164). Wie man aus Juvenal erkennt, waren diese orientalischen Kulte nicht nur unter dem einfachen Volk verbreitet. Sie kletterten schnell auf den Stufen der sozialen Leiter empor. Ein *taurobolium* war eine sehr teure Investition.

32 Den krönenden Abschluß bildete ein Epitaph.

33 Äschylus hat sicher dieses Thema nicht erst eingeführt; es war auch schon in Homer vorhanden.

34 Siehe *Inscriptiones Latinae Selectae* 4152. Obwohl die Kybeleverehrung im dritten Jahrhundert v. Chr. in den Westen vordrang, ist es unsicher, wann das *taurobolium* in den Kult eingeführt wurde. Vielleicht waren die Vorstellungen, die hinter dieser späten Inschrift standen, vom Christentum beeinflußt. Siehe Prudentius, *Peristreph.* 10, 1011 ff.

35 *Metamorphosen* 11, 5

36 Siehe die letzten beiden Kapitel von Tacitus. *Agricola* und Horaz, *Oden* 3, 30.

37 *Metamorphosen* 11, 23

38 Z. B. siedelte Antiochus d. Gr. nicht weniger als 2000 Familien in Phrygien und Lydien an (Josephus, *Altertümer* XII 3, 4)..

39 1. Makkabäer 15, 16–23

40 *Bellum Judaicum* II 20, 2. Josephus ist bekannt für seine Unzuverlässigkeit, was Zahlen angeht. Er spricht in *B. J.* VII 8,7 von 18 000. Doch in jedem Falle muß in Babylon eine sehr große jüdische Kolonie gewesen sein.

41 *Bell. Jud.* VII 3, 3

42 *In Flaccum* 6

43 1. Makkabäer 8, 17–32; 12, 1–4

44 I 3, 2 u. 3

45 Tacitus, *Historien* 5, 9

46 *Legation ad Gaium* 23

47 *Jüdische Altertümer* 14, 10 ist ein Kapitel, das man mit Begeisterung lesen wird.

48 Josephus, *Jüd. Altertümer* XIV 10, 8. Ob sie jemals in der römischen Armee dienten, ist umstritten.

49 Siehe Harnack, *Mission und Ausbreitung des Christentums*, S. 14.

50 Der Nachweis ist unsicher. Siehe E. M. Smallwood über »The alleged Jewish tendencies of Poppaea Sabina« in *JTS* 1959, S. 329 ff. Dort wird der Sache wenig Bedeutung beigemessen. Josephus aber spricht begeistert von ihrer Zuneigung zu den Juden (*Altertümer* XX 8, 11).

51 *Corpus Incsriptionum Latinarum* 10, 1971

52 Josephus, *Bell. Jud.* I 32, 6

53 In den *Satiren* 3 u. 6 und 14

54 *Historien* 5, 5

55 *Timaeus* 28 C. Diese Stelle wurde begierig von den Apologeten übernommen.

56 *Bell. Jud.* VII 3, 3

57 Lukas 7, 5

58 *M. Bikkurim* 1, 4

59 *Satiren* I 4, 142 f.: »und wie ein Jude wird er einen Proselyten aus dir machen.«

60 *Satiren* 14, 96–106 ist ein Scherz mit wahrem Hintergrund.

61 *C. Apion* 2, 10 u. 39; *Bell. Jud.* VII 3, 3

62 Matth. 23, 15

63 Zu diesem ganzen Thema vgl. Schürer, *Geschichte des jüdischen Volkes im Zeitalter Jesu Christi* II, Bd. 3, S. 270–316 (engl. Ausg.).

64 *M. Aboth* 1, 12

65 *b. Pes.* 87 b

66 Obwohl sogar im ersten Jahrhundert die Schule des Schammai sich der Hei-

denmission gegenüber kühl verhielt. Siehe *b. Schabb*. 31 a und die Diskussion
darüber in M.-J. Lagrange, *La Messianisme*, s. 270 ff.

67 Für Tiberius vgl. Josephus, *Jüd. Altertümer* 18, 83 und Sueton, *Tiberius* 36; für
Claudius vgl. Apg. 18, 2 und Sueton, *Claudius* 25. (Cassio Dio macht gerade
darauf aufmerksam, daß die Ursache bei ihrem raschen Anwachsen zu suchen
war 60, 6, 6)

68 *Mission und Ausbreitung des Christentums*, S. 15 f.

Kapitel 2

1 *M. Aboth* 1, 1
2 Apg. 4, 13
3 Apg. 6, 7
4 Johannes 7, 48
5 5. Mose 21, 22 f.
6 Ich habe ausführlich davon gehandelt in meinem Buch *The Meaning of Salvation*, S. 145 f. Der Text von 5. Mose steht hinter der Beweisführung in Apg.
5, 30; 10, 39; 13, 29; Gal. 3, 13; 1 Petr. 2, 24. Das »Ärgernis« wurde in der
Hand der Christen eine vollmächtige Deutung des Kreuzes und sogar eine Hilfe
bei der Apologetik.
7 *Dialog mit Trypho* 89
8 Vgl. z. B. J. Crehan, *Early Christian Baptism and the Creed* und O. Cullmann, *The Earliest Christian Cofessions*.
9 Phil. 2, 11
10 Zur zentralen Bedeutung dieses Textes in der urchristlichen Apologetik vgl.
C. H. Dodd, *According to the scriptures* und B. Lindars, *New Testament Apo-
logetic*.
11 Justin, *Dial*. 67
12 Jesaja 7, 14. Vgl. *Dial* 67 u. 84 für ein Gespräch eines Christen mit einem Juden
über die Bedeutung von *almah*.
13 Celsus zitiert zeitgenössische jüdische Propaganda aus dem 2. Jahrhundert, in
denen behauptet wird, daß Jesus der uneheliche Sohn der Maria und eines römischen Soldaten namens Panthera gewesen sei (Origenes, *Contra Celsum* 1, 32).
14 Apg. 7, 46 ff.
15 Apg. 15, 10
16 Wenn man einwendet, daß zu oft auf Justins *Dialog mit Trypho* Bezug genommen werde, ist folgendes dagegen zu sagen: Von den drei Beispielen jüdischer
Reaktion auf die christliche Predigt, die uns erhalten sind – enthalten bei Celsus,
im Talmud und bei Justin –, ist das Material bei Justin das älteste und zeigt uns
die Ansichten der Juden aus dem ersten und frühen zweiten Jahrhundert. Natürlich dient es Propagandazwecken und gibt auch bis zu einem gewissen Grade
ein verzerrtes Bild des Judentums, wenigstens zeitweilig hat man diesen Eindruck (68, 9 ist ein solcher Fall. Vgl. A. J. B. Higgins, »Jewish Messianic Be-
liefs in Justin Martyr's Dialogue with Trypho« in *Novum Testamentum*
1967–1968, S. 298 ff.). Aber sowohl Harnack, »Judentum und Judenchristentum in Justins Dialog mit Trypho« in *Texte und Untersuchungen*, 1913, S. 53 ff.
als auch H. Chadwick in *BJRL* 1965, S. 275–297 kommen zu dem Schluß, daß er
bei aller kritischen Zurückhaltung als ausgezeichnetes Beweismaterial für die
zeitgenössischen jüdischen Glaubensüberzeugungen benutzt werden kann.
17 *Dial*. 10

18 Apg. 8, 1

19 Apg. 9, 2

20 Offb. 2, 9–10; 3, 9

21 *Mart. Polyc.* 12

22 Die Haltung von Kaiphas (Joh. 11, 48) muß sich bei verantwortlichen Juden bei Unruhen durch die Christen oft wiederholt haben.

23 Pap. Lond. 1912. Siehe auch seine Beschlüsse, die Josephus in *Altertümer* XIX 5, 2 u. 3 voll Stolz erwähnt, und vergleiche das Edikt des Augustus zur selben Frage, das fast 50 Jahre vorher erlassen wurde (Josephus, *Altertümer* XVI 6, 2).

24 Pap. Lond. 1912, Zeilen 98–101

25 Sueton, *Claudius* 25

26 *Altertümer* XVIII 4, 1

27 Der Ausdruck begegnet zuerst bei Tertullian, aber der Status bestand seit den Tagen Julius Cäsars (s. o.).

28 S. u. Kap. 4, Anm. 4

29 *Res Gestae* 20; Sueton (*Augustus* 30); Ovid (*Fasti 2, 63*) *und* Virgil (*Aen.* 6,6). Sie alle betonen die Wichtigkeit dieser Tatsache.

30 Siehe Horaz, *Oden* III 6, 1 ff. Die Religionspolitik des Augustus war eine Rückkehr zu der alten Haltung des Verhandelns mit den Göttern, wie sie sehr anschaulich für die Zeit der Republik von Plautus geschildert wird. Er vertritt die Gefühle des Mannes auf der Straße und im *Miles Gloriosus* sagt er humorvoll: »Geld, das man für religiöse Dinge verwendet, ist immer gut angelegt.« Die andere Seite der Medaille zeigt sich im Prolog zu den *Aulularia:* »Nachdem der Vater gestorben ist«, sagt ein Lar (Hausgott), »habe ich mich umgeschaut, ob vielleicht sein Sohn mir größere Verehrung erweisen würde. Stattdessen hat er sich immer weniger um meinen Kult gekümmert. So habe ich ihm das gleiche erwidert, und er ist gestorben.«

31 *Satiren* 12, 1 ff.

32 *Satiren* 2, 149 ff.

33 *Gesetze* 10, 888

34 Wenigstens nicht offiziell; sie litten natürlich ständig unter ihren heidnischen Nachbarn.

35 »Das tägliche Ritual der Isis übte eine ungeheure Wirkung auf das römische Denken aus. Jeden Tag gab es zwei feierliche Handlungen, bei denen Priester in weißen Gewändern und mit geschorenen Köpfen mit Gehilfen und Dienern aller Art ihres Amtes walteten. Die Morgenlitanei und das Opfer waren ein eindrucksvoller Gottesdienst. Die Menge der Anbeter belagerte den Platz vor der Kapelle schon beim Morgengrauen. Der Priester stieg auf einer unsichtbaren Treppe hinauf, zog den Vorhang vor dem Heiligtum weg und bot das Götterbild ihrer Anbetung dar. Dann ging er zu allen Altären, trug die Litanei vor und sprengte heiliges Wasser von einer geheimen Quelle.« Dill, *Roman Society from Nero to Marcus Aurelius*, S. 577 f.

36 Josephus, *Altertümer* XVII 3, 4

37 Der wirkliche Beschluß bleibt erhalten (C.I.L. 1, 196). Livius gibt einen ausführlichen Bericht darüber und betont, daß die Ursache für ihre Unterdrückung ebenso ihr Vorurteil gegen die römische Religion wie ihr verbrecherisches Verhalten war.

38 Sueton, *Tib.* 36; Dio 57, 15, 8

39 Sueton, *Claudius* 25. Siehe die Diskussion in A. D. Momigliano, *Claudius*, S. 92 f.

40 Tacitus, *Historien* 4, 54

41 Tacitus, *Annalen* 15, 44 hat es treffend übersetzt.

42 A. N. Sherwin-White in *Roman Society and Roman Law in the New Testament*, S. 13. Seine Behandlung des Themas ist sehr aufschlußreich.

43 Sherwin-White, a.a.O., S. 14

44 Die Behauptung von Tertullian *(Ad Nationes* 1, 7) und Melito von Sardes (in Eusebius, *Kirchengesch.* IV 26, 5 ff.), daß es seit der Zeit Neros eine Ächtung des Christentums im ganzen Reich gegeben habe, läßt sich nicht halten. Wenn dies der Fall gewesen wäre, wären die Christen weniger sporadisch verfolgt worden. Außerdem hätte ein so gesetzeskundiger Mann wie Plinius der Jüngere nicht im Jahre 112 n. Chr. den Kaiser fragen müssen, wie er mir den Christen verfahren solle. Auch würde dieser Fürst nicht eine so rätselvolle Antwort gegeben haben (Plinius, *Briefe* 10, 96 u. 97). Tertullians Unkenntnis in dieser Sache zeigt sich darin, daß er in *Apolog.* 5 den Kaiser Tiberius für einen Christen hält. Weder Sueton *(Nero* 16 noch Tacitus *(Ann.* 15, 44) schildern uns, daß der neronische Angriff auf das Christentum nach dem Brand Roms eine Fortsetzung fand oder sich über Rom hinaus ausweitete. Klar ist nur, daß nach dem Jahre 64 zu jeder Zeit im Reich ein Präzedenzfall vorlag für etwaige Unterdrückung von Christen, sofern der zuständige Statthalter davon Gebrauch machen wollte.

45 Viele der Apologeten setzten sich allerdings über die Statthalter hinweg und wandten sich im Laufe des zweiten Jahrhunderts unmittelbar an den Kaiser. Man kann schwer ausmachen, ob das alles nur auf dem Papier blieb und die Apologien niemals von ihren Adressaten gelesen wurden, oder ob sie von den Christen nur als Propagandaschriften benutzt wurden. In jedem Falle hatten sie zunächst mit dem Provinzstatthalter zu tun.

46 *Digesta Juris Romani* I 16, 11. Die Kyrene-Erlasse des Augustus vom Jahre 7 v. Chr. machen das sehr deutlich; vgl. Erlaß 4, Zeilen 65 ff. in den *Documents illustrating the reigns of Augustus and Tiberius,* hrsg. von Ehrenberg und Jones, S. 132.

47 Edikt 1 legt fest, wie man vorgehen soll.

48 Plinius, *Briefe* 10, 97

49 Sueton, *Claudius* 25. »Christos« und »Chrestos« ließen sich, wie im heutigen Griechisch, in der Aussprache nicht unterscheiden. Die ersten Christen benutzten es gern, indem sie es nach ihrer Vorstellung von *chrestoi* (»die Besten«) ableiteten. Vgl. Justin, I *Apol.* 4 und Tertullian, *Apolog.* 3: »Selbst wenn das Wort falsch von euch ausgesprochen wird, ›Chrestianus‹ (denn ihr kennt nicht einmal genau den Namen, den ihr haßt), dann kommt es immer noch von ›Lieblichkeit und Güte‹.«

50 s. o.

51 Ein Fragment von Tacitus, das in Sulpicius Severus, *Chron.* II 30, 6 erwähnt wird.

52 Juvenal scheint die Christen (die er nirgends besonders erwähnt) auch mit den Juden zu verwechseln. Vgl. *Satiren* 14, 86 ff., wozu Gilbert Highet die Anmerkung macht: »Juvenal kann Anhänger des Christentums mit jüdischen Proselyten verwechselt haben« *(Juvenal the Satirist,* S. 283).

53 Siehe Tacitus, *Hist,* 5, 5; Plinius, *N. H.* 13, 4, 46. Caecilius, der Heide im *Octavius* des Minuscius Felix, fragt, warum die Christen sich eigentlich den Meinungen aller Menschen entgegenstellen und sich gegen die Götter empören. »Sie verachten die Tempel als Häuser von Toten; sie lehnen die Götter ab; sie lachen über heilige Dinge« (Kap. 8). Er fährt fort: »Warum geben sie sich so große Mühe, was sie verehren, zu verbergen und zu verdecken, da heilige Dinge immer gern an die Öffentlichkeit treten. während man Verbrechen geheimhält? Warum haben sie keine Altäre, keine Tempel, keine anerkannten Götterbilder? ... Außerdem, woher oder wer ist er, wo ist der eine, einsame, verlassene Gott,

den bis jetzt kein freier Mensch, kein Königreich und nicht einmal eine römische *superstitio* kennt? Das einsame und elende Volk der Juden betete einen Gott an, und zwar einen nur für sich selbst. Aber sie verehrten ihn öffentlich in Tempeln, mit Altären, Opfern und heiligen Handlungen; und er hat so wenig Macht und Gewalt, daß er zusammen mit seinem eigenen Volk den römischen Göttern unterworfen wurde« (Kap. 10).

Die Christen, die den seltsamen Monotheismus der Juden teilten, hatten keine der erlösenden Züge, daß sie ein Volk waren oder einen sichtbaren Kult besaßen. Kein Wunder, daß man in ihnen ganz gefährliche Atheisten sah. Siehe auch Athenagoras, *Presb.* 2, 7 u. 9 und 3, 12 f.; Tertullian, *Apolog.* 10, 1; 28, 2 f.; 35, 1; 20, 1 ff.

54 *Briefe* 10, 96

55 *promiscuum tamen et innoxium*

56 Siehe das ganze dritte Buch des *Stromateis* von Clemens und Irenäus, *Adv. Haer.* 1, 24 ff. Typisch ist der Vorwurf in Minucius Felix' *Octavius* 9: »Überall ist unter ihnen eine Religion der Lust vertreten und sie nennen sich alle gegenseitig Brüder und Schwestern. Sie haben sich diesen heiligen Namen nur beigelegt, weil sie eine nicht ungewöhnliche Ausschweifung betreiben und ihr blutschänderisches Tun mit dieser Bezeichnung belegen. So artet ihr eitler und unsinniger Aberglaube in Verbrechen aus.« Ähnlich beschwert sich Theophilus: »Ihr beschuldigt uns fälschlich ... die wir Christen sind, und unterstellt, daß wir unsere Frauen gemeinsam haben und sie in unzüchtiger Weise gebrauchen; daß wir sogar mit unseren eigenen Schwestern Blutschande begehen; und was das gottloseste und barbarischste von allem ist, wir würden Menschenfleisch essen« *(Ad Autol.* 3, 4).

57 Minucius Felix, *Oct.* 9

58 Es handelte sich natürlich um schlimmste Verleumdung, obwohl aus dem 2. Petrus- und Judasbrief zu erkennen ist, daß das Liebesmahl aus den Fugen geraten konnte. Die ängstlichen Vorschriften in Hippolytus *Apostolische Tradition,* Kap. 26, zeigen uns, daß die Christen sich solche Vorwürfe doch sehr zu Herzen nahmen.

59 Über Tacitus' *odio humani generis coniuncti (Ann.* 15, 44) sagt Ramsay: »Für die Römer bedeutete *genus humanum* nicht das Menschengeschlecht im allgemeinen, sondern die römische Welt, Menschen, die nach römischen Sitten und Gesetzen lebten; die übrigen waren Feinde und Barbaren. Die Christen waren also Feinde der zivilisierten Menschen, der Sitten und Gesetze, die die civilisierte Gesellschaft bestimmten ... Sie brachten Trennung in die Familien und wiegelten die Kinder gegen ihre Eltern auf« *(The Church in The Roman Empire,* S. 236).

60 *The Christian in Pagan Society,* S. 6 f.

61 Apg. 24, 5

62 *Protagora* 322 D

63 Offb. 13, 16 f.; vgl. auch E. Stauffers sachkundigen, wenn auch einseitigen Aufsatz über »Domitian und Johannes« in *Christus und die Cäsaren,* S. 146 ff.

64 *Apolog.* 42

65 Es ist bekanntlich schwierig, in christlicher wie in sonstiger Apologetik das Rhetorische von den Tatsachen zu trennen. Das Problem erscheint in anderer Form an der Stelle, wo Justin das »Anders-sein« der Christen betont. Zweifellos lag die Wahrheit dazwischen und sah bei den einzelnen Menschen und Gruppen wieder anders aus. Tertullian geht es hier vor allem darum, daß die Christen sich nicht aus dem Reich zurückgezogen haben; und das konnte man sagen, wenn auch das Ausmaß ihrer aktiven Beteiligung sehr verschieden war.

66 *Ad Uxorem* 2, 6 und 5

67 a.a.O., S. 266–278

68 Vgl. das abschließende Werk von L. R. Taylor, *The Divinity of the Roman Emperor.*

69 Sogar Verres, einer der schamlosesten Haie, die jemals als Prokonsul eine römische Provinz ausbeuteten, wurde als »Heiland« begrüßt (Cicero, *In Verrem Act.* 2, 2, 63).

70 *The Romans,* hrsg. von J. P. V. D. Balsdon, S. 200 f.

71 Seneca schrieb eine grausame Parodie auf die Vergöttlichung des Claudius in der *Apocolocyntosis,* und der sterbende Kaiser Vespasian scherzte: »Vae, puto deus fio!« (Wehe mir, ich glaube, ich werde ein Gott!). Vgl. Sueton, *Vesp.* 23.

72 Der Denar aus der Regierungszeit des Tiberius, an dem Jesus seinen berühmten Unterschied zwischen dem Reich Gottes und dem Reich des Kaisers deutlich machte, was einen Einschnitt in die grundlegende Auffassung vom Staat in der alten Welt bedeutete, trug die Aufschrift *Tiberius CAESAR DIVI AUGUSTI Filius AUGUSTUS Pontifex Maximus.* Die Christologie entwickelte sich bis zu einem gewissen Grade in bewußter Abgrenzung gegenüber den Aussagen auf solchen Münzen.

73 1. Petr. 2, 17; Röm. 13, 7

74 *»Neque enim dubitabam, qualecunque esset quod faterentur, pertinaciam certe et inflexibilem obstinationem debere puniri«.* Deshalb natürlich *»perseverantes duci jussi«* (Plinius, *Briefe* 10, 96).

75 »Aber weiterhin sahen sie, daß unsere Lehre kürzlich ans Licht kam« (Theophilus, *Ad Autol,* 3, 4).

76 Siehe Justin, *I Apol* 31 ff.; 59

77 Justin, *2 Apol.* 13. »Alles Rechte, was jemals unter den Menschen gesagt wurde, ist Eigentum der Christen.« Ähnlich Origenes, *Contra Celsum* 1, 4 u. 5

78 Vgl. Seite 201 die Kratzmalerei eines jungen Menschen, der einen gekreuzigten Mann mit Eselskopf anbetet, mit der Unterschrift »Alexamenos betet (seinen) Gott an« (Siehe O. Marruchi, *Eléments d'archéologie chrétienne* I, S. 38) und den Vorwurf bei Minucius Felix: »Ich höre, daß sie einen Eselskopf anbeten, diese niedrigste aller Kreaturen – eine Religion, die solcher Sitten wahrhaft würdig ist. Manche sagen, sie verehrten die männlichen Geschlechtsteile ihres Priesters...« (*Oct.* 9).

79 Die Urgemeinde wurde nicht müde, 1. Kor. 1, 19 f. 26 f. zu zitieren. Bei Tertullian und Tatian ist die Reaktion gegen die heidnische Kultur sehr stark. In der Mitte des zweiten Jahrhunderts behauptet Celsus, daß die Christen riefen: »Prüft nicht, sondern glaubt!« – »Euer Glaube wird euch retten« und: »Die Weisheit dieses Lebens ist böse, aber die Torheit ist etwas Gutes« (Origenes, *Contra Celsum* 1, 9).

80 1. Kor. 1, 26

81 Origenes, *Contra Celsum* 6, 14; 3, 18; 3, 44

82 Röm. 16, 10 f.

83 s. u. Kap. 6

84 *1 Apol.* 14. Die Sache wird im folgenden Kapitel noch einmal aufgegriffen.

85 Röm. 1, 32

86 Das Beweismaterial für diese Klubs ist fast nur Epigrammen zu entnehmen, da sie von den Schriftstellern aus den oberen Schichten, deren Werke wir kennen, nicht aufgesucht wurden. Vgl. z. B. *I.L.S.* 215 u. 3360, und R. G. Hardy, *Studies in Roman History,* Bd. 1, über das Christentum und die *collegia.* Siehe auch E. A. Judge, *The Social Pattern of Christian Groups in the First Century,* Kap. 4; A. De Marchi, *Il culto privato di Roma antica,* bes. S. 162, ebenso

W. L. Westermann, *The Slave Systems of Greek and Roman Antiquity*, bes. S. 108. 144 f.

87 Plinius, *Briefe* 10, 92 u. 93
88 Apg. 18 u. 19
89 Plinius, *Briefe* 10, 33 u. 34
90 Plinius, *Briefe* 10, 96 *»quod ipsum facere desiisse post edictum meum, quo secundum mandata tua hetaerias esse vetueram«.*
91 In einem der *Papyri Oxyrhincus* (3, 523) heißt es: »Antonius, der Sohn des Ptolomaeus, lädt dich ein, mit ihm am Tisch des Herrn Serapis zu speisen«. Vgl. 1. Kor. 8, 10.
92 Juvenal hatte die bittere Frage gestellt: »Bei welchem Tempel sitzt eine Prostituierte nicht?« *(Satiren* 9, 24).
93 Offb. 2 und 3
94 Die Tatsache, daß sie beständig das Ende der Welt durch Feuer und Gericht predigten (z. B. 2. Thess. 1, 8; 2. Petr. 3, 10–14 und im ganzen zweiten Jahrhundert), konnte sie kaum bei der Bevölkerung oder bei den Behörden beliebt machen. Es nährte den Verdacht des Nero, daß sie Brandstifter wären. Deshalb bestrafte er sie so schrecklich nach dem Brand Roms im Jahre 64 n. Chr. K. F. C. Rouse hat in einem interessanten Artikel *(Classical Quarterly* 1960, S. 195) über Tacitus, *Ann.* 15, 44 geschrieben, wo ja die Anklage, die Verhaftung und die Hinrichtung der Christen berichtet wird. Er nimmt an, daß die christliche Gemeinde schon groß genug war, um die Aufmerksamkeit der staatlichen Polizei auf sich zu lenken; daß Nero Spitzel unter sie geschickt hatte, und daß der viel erörterte Ausdruck des Tacitus »correpti qui fatebantur« sich auf diese bezieht. Die Lockvögel wurden zuerst zusammengeholt, dann *»indicio eorum ingens multitudo«* echter Christen, deren Namen die Spitzel herausgefunden hatten. Das stünde auch völlig in einer Linie mit den Methoden, die man bei Nero von einer anderen Gelegenheit her kannte *(Ann.* 16, 17).

Kapitel 3

1 Siehe C. F. D. Moule, *The Phenomenon of the New Testament*, Kap. 1. Dort wird gezeigt, daß die Auferstehung selbst als die einzige Stütze für ihre Aussagen von ihm und ihrem Glauben an ihn im Zentrum der christlichen Bewegung steht. Seine Einführung zu *The Significance of the Message of the Resurrection for Faith in Jesus Christ* hat eine Bedeutung hinsichtlich der Historizität des Auferstehungsereignisses, die in gar keinen Verhältnis zu ihrer Länge steht.
2 Die zentrale Bedeutung dieses Begriffes wird von B. Rigeaux erkannt. *»Euaggelion* ist der vorrangige und ohne Zweifel der kennzeichnendste Begriff der Botschaft« *(Les Epitres aux Thessaloniens*, S. 158).
3 Der Begriff wurde von Irenäus auf das Evangelium als Buch angewandt *(Adv. Haer.* 3, 1), und Eusebius betonte sehr die Übereinstimmung zwischen dem geschriebenen und dem gepredigten Evangelium *(Kirchengesch.* III 37, 2).
4 Luk. 4, 17–21
5 Röm. 1, 4
6 4. Makkabäer 17, 22
7 Mark. 6, 14
8 Mark. 5, 33 ff.; Luk. 7, 11 ff.; 22; Joh. 11, 43 ff.
9 1. Kor. 15, 4. Vgl. E. Schweizer in *Current Issues in New Testament Interpretation,* hrsg. von Klassen und Snyder, S. 168.

10 Jes. 53, 12; Dan. 7, 14; 2. Sam. 7, 1–16. Über die Nathanweissagung siehe O. Betz, *Was wissen wir von Jesus?*, S. 59 ff. u. 64 f.

11 Luk. 3, 18

12 Luk. 3, 3. 4. 16–18

13 Mark. 1, 1

14 Mark. 1, 14

15 Luk. 7, 22

16 Siehe Jesaja 65, 17 ff; Jes. 52, 7 (»Wie lieblich sind auf den Bergen die Füße der Boten, die da Frieden verkündigen, Gutes predigen, Heil verkündigen, die da sagen zu Zion: Dein Gott ist König!« – ein Vers, der in Röm. 10, 15 aufgenommen und auf die christliche Evangeliumsbotschaft bezogen wird. Origenes spricht viel davon in seiner ausgezeichneten Untersuchung über das Wesen des Evangeliums in seinem *Kommentar zu Johannes* 1, 4–11).

17 Eph. 2, 17

18 Luk. 2, 10

19 z. B. Apg. 14, 7

20 z. B. Röm. 1, 15

21 z. B. Apg. 14, 21

22 1. Kor. 15, 1; 2. Kor. 2, 7; Gal. 1, 8 u. 11

23 Gal. 1, 23

24 Apg. 8, 12

25 Apg. 17, 7

26 *Comm. in Matth.* 14, 7

27 Apg. 13, 32 ff. zitiert Ps. 2, 7; Jes. 55, 3; Ps. 16, 10

28 Apg. 10, 36

29 Apg. 11, 20

30 1. Kor. 15, 2–3

31 Apg. 17, 18; 1. Kor. 15, 4

32 Apg. 8, 35

33 Apg. 8, 4; 15, 35

34 Die folgenden Zitate stammen aus Kap. 5–15 von Origenes' *Kommentar zu Johannes*, Buch 1

35 Apg. 15, 7; 20, 24

36 In der Septuaginta kommt das Substantiv einige Male vor, und zwar immer im Plural. In Kittels *Wörterbuch* s. v. *euaggelion* wertet Friedrich diese Tatsache sehr stark aus; doch ihm ist die Stelle in Ps. Sal. 11, 1 entgangen, wo das Wort im Singular erscheint. Dort bezeichnet es die messianische frohe Botschaft und spielt an auf Jes. 61, 1, eine Stelle, die fünfzig Jahre später in den christlichen Schriften so bedeutend wurde. Seltsamerweise enthält der Vers noch eine andere Anspielung auf ein weiteres Kapitel des Alten Testamentes, das den Christen wichtig wurde, indem es ankündigte, daß der Tag des Herrn gekommen sei: Joel 2. In Ps. Sal. 11, 1 heißt es: »Blast in Zion die Posaune, um die Heiligen zusammenzurufen, laßt in Jerusalem die Stimme dessen hören, der frohe Botschaft bringt! Denn Gott hat sich über Israel erbarmt und kommt zu ihnen.« Wie wir weiter unten im Blick auf Qumran sehen werden, waren es ähnliche Passagen des Alten Testamentes, die die Hoffnung verschiedener Gruppen im Judentum wachriefen, als sie auf die Heilszeit warteten. Diese Abschnitte wurden von den Christen übernommen und mit voller Überzeugung auf Jesus gedeutet.

37 Mark. 1, 14; 13, 10

38 Mark. 1, 15

39 Mark. 1, 14 f.

40 Mark. 1, 1

41 Mark. 8, 35; 10, 29 und 14, 9

42 Im Anschluß an Papias in Eusebius, *Kirchengesch*. 3, 39; ebenso Irenäus, *Adv. Haer*. 3, 1 und Clemens von Alexandria in Eusebius, *Kirchengesch*. 6, 14 usw.

43 Hier kann nicht der sehr vielschichtige und weithin von der persönlichen Voraussetzung abhängige Versuch unternommen werden, die Echtheit einzelner *logia* in Markus zu erweisen und zu prüfen, ob sie auf Jesus zurückgehen oder nicht. Für unsere Zwecke ist alles, was Markus schrieb (ca. 65 n. Chr.), Beweismaterial für den Glauben der Urgemeinde, unabhängig von der Frage, wer es zuerst gesagt hat.

44 Mark. 1, 1

45 Es ist sehr umstritten, ob Markus an dieser Stelle sein Evangelium abschließen wollte oder nicht (16, 8).

46 Mark. 14, 8. 9

47 Mark. 13, 10

48 Vgl. die sorgfältige Behandlung der Frage in J. Jeremias, *Jesu Verheißung für die Völker*.

49 Siehe z. B. Matth. 10, 5; 15, 26; Joh. 12, 20–33

50 Matth. 8, 11; Luk. 13, 29 und Jes. 49, 6 u. a.

51 Der anonyme Verfasser (wenn nicht ein uns erhaltener Hinweis in einer Handschrift aus dem 10. Jahrhundert Recht hat, der den Abschnitt Aristion zuschreibt, vermutlich dem Aristion, den Papias einen Mann aus der Apostelzeit nennt, Eusebius, *Kirchengesch*. III 39, 15) der längsten der drei Fortsetzungen des Markusevangeliums. Im Altertum galt es eindeutig als unvollendet, und es wurden verschiedene Versuche unternommen, seinen plötzlichen Schluß in 16, 8 aufzurunden.

52 Mark. 1, 15; 8, 35

53 2. Kor. 11, 7

54 Eph. 6, 19

55 1. Kor. 9, 14

56 1. Thess. 2, 2

57 1. Kor. 15, 1

58 Gal. 2, 2

59 Kol. 1, 23

60 2. Kor. 11, 4

61 Gal. 1, 12; 1. Kor. 15, 1

62 Röm. 1, 1; 1. Thess. 2, 2; 2, 8. 9

63 1. Thess. 2, 9. 12; 1. Kor. 4, 15. 20; Kol. 1, 13; 2. Thess. 1, 5. 8

64 2. Kor. 2, 12; 9, 13; 10, 14 usw. Dies können nicht alles besitzanzeigende Genitive sein.

65 1. Kor. 15, 3 usw.

66 1. Kor. 15, 4; Röm. 1, 4; 2. Tim. 2, 8

67 Gal. 2, 7. 8; Röm. 1, 16

68 Röm. 1, 16; 15, 19

69 Röm. 15, 16; Gal. 2, 7

70 Siehe William Baird's wertvolle Abhandlung hierüber in »What is the kerygma?« *JBL* 1957, S. 181–91, ebenso F. F. Bruce »Paul and Jerusalem« in *Tyndale Bulletin* 1968, S. 3–15.

71 1. Thess. 1, 5. 9; Röm. 1, 16; 3, 22 usw.

72 1. Kor. 9, 1. 11. 14. 18. 23; Phil. 2, 22; 2. Tim. 1, 8

73 Phil. 1,5

74 Phil. 1, 27; 4, 3

75 1. Kor. 15, 1 ff.

76 Mark. 1, 2 ff.

77 Röm. 2, 16; 10, 16. 21; 2. Thess. 1, 8

78 1. Petr. 4, 17; Offb. 14, 6 (eine seltsame Auslegung dieses Verses bietet Origenes, *Komm. zu Joh.* 1, 14).

79 Siehe weiter unten.

80 Mark. 8, 35 f.; vgl. 16, 16

81 Röm. 1, 16; 1. Thess. 1, 5 f.

82 Besonders im Römer- und Galaterbrief. Siehe J. Jeremias »Paul and James« in *Expository Times* 1954, S. 368 ff.

83 Kol. 1, 5. 23; 1. Thess. 1, 5 f.; 2. Tim. 1, 8; 1. Tim. 1, 11

84 Eph. 6, 19; 1. Kor. 2, 4–6

85 2. Kor. 9, 13 f.

86 Phil. 1, 27

87 Plutarch, *Demet.* 17

88 Das erste Beispiel ist Homer *Odyssee* 14, 152 f., wo *euaggelion* »Lohn für frohe Botschaft« bedeutet. Siehe auch Aristophanes *Eq.* 656, wo *euaggelia thyein* bedeutet »frohe Botschaft durch Opfer feiern«.

89 Plutarch, *Sertorius* 11

90 Siehe Plutarch, *De Fortuna Romanorum* 6

91 Dies stammt aus dem Jahre 9 v. Chr.; Text bei Dittenberger, *Orientis Graeci Inscriptiones Selectae* no. 458, Zeile 40 f.

92 Siehe Text und Behandlung in *American Journal of Archeology* 1914, S. 323

93 Siehe A. Deissmann, *Licht vom Osten,* S. 287 f.

94 Justin bemerkt hierzu scharf: »Und was geschieht mit den Kaisern, die unter euch sterben, die ihr der Vergöttlichung für Wert achtet und um deretwillen ihr euch jemanden holt, der schwört, er habe den brennenden Cäsar vom Begräbnisscheiterhaufen zum Himmel emporsteigen sehen?« *(1 Apol.* 21).

95 Artikel *euaggelion* in Kittels *Theol. Wörterbuch* Bd. II, S. 722

96 Artikel *euaggelizomai* in Kittels *Theol. Wörterbuch* Bd. II, S. 707

97 Siehe Belegstellen und weitere Beispiele bei Friedrich, a.a.O., S. 712 f.

98 Obwohl *keryx* (selten) in der Septuaginta und im jüdischen Schrifttum vorkommt, wo das Verb nicht so selten ist, sondern als Übersetzung für eine Reihe hebräischer Wörter dient, ist es doch im wesentlichen ein griechischer Begriff. Wir begegnen dem Herold bei Homer, dem Frührot griechischer Literatur, wo er eine sehr bedeutende Rolle spielt. Die Herolde der homerischen Zeit waren »göttergleiche Männer« *(Ilias* 3, 286; 12, 343 u. a.), die königliche Würde besaßen *(Ilias* 2, 277; *Od.* 2, 38) und doch als Diener ihrer Fürsten niedrige Dienste verrichteten – sie bereiteten Mahlzeiten zu und bedienten Gäste *(Ilias* 18, 558; *Od.* 1, 143 f.). Später sank ihr Status, aber sie blieben wie bei Homer Gestalten mit einer festgelegten, unantastbaren Stellung und spielten auch weiterhin beim kultischen Leben, bei Gebet, Opfer und Versöhnung eine Rolle (vgl. *Inscriptiones Graecae* 12, 5, 647, 14). Was uns am meisten interessiert, man hielt die Herolde in gewissem Sinne für Erben des Hermes als Götterboten. Entsprechend nannten sich die Philosophen gern Herolde und hielten sich für Überbringer göttlicher Offenbarung (Philostratus, *Vit. Soph.* 2, 33; 4, Epiktet, *Diss.* 3, 1, 36 f.). Da sie nicht an Haus, Besitz und Familie gebunden waren (Epiktet, *Diss.* 3, 22; 46 ff.), boten sie einen Frieden an, der die *Pax Romana* noch übertreffen sollte (Epiktet, *Diss.* 3, 13, 9 f.). Man erkennt leicht die Parallelen zu den christlichen Missionaren; aber man sieht auch ein, warum Paulus keineswegs mit Lehrern dieser Art verwechselt werden wollte (1. Thess. 2, 3 ff.).

99 Matth. 12, 41; Luk. 11, 32

100 Siehe oben Anmerkung 98

101 1. Kor. 1, 21

102 1. Kor. 2, 4

103 Titus 1, 3; 2. Tim. 4, 17

104 2. Tim. 4, 17

105 Röm. 2, 21

106 S. o. Jesaja 61, 1 selbst verband Vorstellungen, die seit langem in Israel von Bedeutung gewesen waren, nämlich die Themen von Psalm 107, 20 und Jes. 52, 7. Diese Verbindung von Gedanken ist typisch für die rabbinische Exegese (vgl. J. W. Doeve, *Jewish Hermeneutics*, S. 89) und hat die aufkommende christliche Bewegung stark beeinflußt. Jes. 61, 1 mit seinen vielfältigen Themen bot den Christen wichtige Linien ihres Selbstverständnisses und wurde in der Tat ausgiebig genutzt (Matth. 5, 4; 11, 5 = Luk. 7, 22; Apg. 10, 38 und Luk. 4, 18 f.).

107 a.a.O., Bd. III, S. 705

108 So A. M. Hunter in *The Message of the New Testament, The Unity of the New Testament;* J. N. Sanders, *The Foundations of Christian Faith;* F. V. Filson, *Three Crucial Decades;* C. S. C. Williams und F. F. Bruce in ihren Kommentaren zur Apostelgeschichte. Auch Wissenschaftler auf dem europäischen Kontinent wie O. Cullmann, O. Bauernfeind, E. Stauffer, M. Gougel und L. Cerfaux vertreten diese Theorie im großen ganzen.

109 Vgl. auch seine *Aufsätze zur Apostelgeschichte.* Im Unterschied zu Dodd meinte Dibelius, die Reden seien lukanische Komposition, wobei er sich allerdings Formen der Evangeliumspredigt bedient habe, die trotzdem sehr alt waren. Wie A. Seeberg *(Der Katechismus der Urchristenheit)*, dem er sich sehr verpflichtet fühlte, glaubte Dibelius, Lukas folge einem Überlieferungsschema, das man in 1. Kor. 15, 1 ff. und in den Evangelien entdecken konnte.

110 A. M. Hunter, *The Message of the New Testament*, S. 29 f.; C. T. Craig, *Journal of Biblical Literature* 1952, S. 182.

111 F. V. Filson, *Jesus Christ the Risen Lord*, S. 41 ff.; T. F. Glasson, *Hibbert Journal*, 1953, S. 129 ff.

112 B. Gärtner, *The Aeropagus Speech and Natural Revelation*, S. 26 ff.

113 *Die urapostolische Heilsverkündigung nach der Apostelgeschichte.*

114 *The New Testament in Historical and Contemporary Perspective*, hrsg. von Anderson und Barclay, S. 1 ff.

115 Z. B. The Theology of the New Testament I, S. 307; *Kerygma and Myth* (hrsg. von Bartsch und Fuller), S. 111.

116 *Die Missionsreden der Apostelgeschichte* und ZNW 1958, S. 223 ff.

117 *The Theology of Luke* und in *Studies in Luke-Acts* (hrsg. von Keck und Martyn), S. 217 ff.

118 Seine Meinung wird klar vertreten in seinen *Essays on New Testament Themes.* Ernst Haenchen vertritt in *Die Apostelgeschichte* etwa die gleiche Ansicht.

119 W. Baird, »What is the Kerygma?« in *JBL* 1957, S. 191

120 *The Background of the New Testament and its Eschatology* (hrsg. von Daube und Davies), S. 320

121 A.a.O., S. 168

122 *Australian Biblical Review,* Dezember 1967

123 Schweizer verteidigt sich gegen die ungünstige Deutung dieses Begriffs durch den Hinweis darauf, daß er in Parallele steht zu der Königsadoption, wie sie in den Thronbesteigungspsalmen begegnet (z. B. Psalm 2). Außerdem sei er nicht im Gegensatz zu irgendeiner anderen Lehre formuliert (etwa, daß Jesus vor Ostern nur Mensch gewesen sei). Vielmehr stellte er heraus, daß die Größe der Auferstehung und ihrer Folgen alles andere in den Schatten stelle. Außerdem sei

der hebräische Mensch nicht so sehr an der Natur als vielmehr an der Funktion Jesu interessiert. Und seit Ostern war es seine Funktion, Sohn Gottes zu sein in Erfüllung der Nathanweissagung.

124 *Carmen Christi*, S. 287–311

125 W. J. Hollenweger, »Johannes Christian Hoekendijk: Pluriformität der Kirche« in *Separatdruck aus »Reformatio« X*, 1967.

126 Vgl. seine klärende Behandlung der Frage in *Jesu and the Christian*, S. 199 ff.

127 Eusebius, *Kirchengesch.* 3, 39

128 In einer bedeutenden Doktorarbeit, die im Druck erscheinen wird, *The Primitive Preaching and Jesus of Nazareth*, hat Graham Stanton mit Erfolg die Sicht von Ulrich Wilckens aus dem o. a. Artikel in der ZNW widerlegt, daß die *historia Jesu* keinen Platz in der Predigt des Kerygma gehabt hätte. Sobald die Jünger über die Grenzen des Gebietes von Jerusalem und Galiläa hinausgegangen wären, hätten sie einfach keine Antwort mehr gehabt auf die Frage, »Wer ist euer Jesus? Wie war er? Was tat er?« Es wäre ganz unmöglich gewesen, das Evangelium wirkungsvoll zu verkündigen, ohne eine Antwort auf diese ganz berechtigten Fragen zu geben. Bei der Beantwortung wurde sicher auch Material verwandt, das den *pericopae* der Evangelien ähnlich war.

129 Ich bin Herrn Professor Henry Chadwick dankbar, daß er meine Aufmerksamkeit auf diesen sehr interessanten Mann gelenkt hat. Seine Ungenauigkeit in Lehrfragen wird ausgeglichen durch einen evangelistischen Eifer, der sich durch seine *Homilien* hindurchzieht. Er betont nicht so sehr die Sakramente. Jesus ist zwar der Weinstock und das Brot des Lebens für ihn, aber nicht im Zusammenhang mit dem Abendmahl. Die Taufe verbürgt nicht das Heil. »All die weltlichen Menschen, die im Raum der Kirche sich aufhalten, sind ihre Herzen fleckenlos oder rein? Finden wir nicht, daß viele Sünden nach der Taufe begangen werden, und viele in der Sünde leben?« (*Homilien* 15). Sein ganzes Anliegen ist christozentrisch und evangelistisch. Ihm lag wenig an den Lehrstreitigkeiten und umwälzenden Kirchenkämpfen, die das vierte Jahrhundert zerrissen. Er wollte verwandelte Menschen sehen. »Es ist ein Unterschied, ob man die Dinge mit einem gewissen Kopfwissen und genauer Sachkenntnis beschreiben kann, oder ob man wesenhaft und wirklich, in vollem persönlichem Erleben und im Inneren und im Herzen den Reichtum und die Gnade des Heiligen Geistes besitzt und sein fruchtbringendes Wirken schmeckt« (*Hom.* 27). Der *Sitz im Leben* dieses Materials muß in erster Linie der Marktplatz und nicht die Einöde gewesen sein. Man wird unschwer daraus schließen können, daß er einen frommen, individualistischen Typus von evangelistischer Predigt im Sinne hatte, der im Christentum nie ausgestorben ist, dessen Vertreter in der Kirche aber selten zu offizieller Anerkennung kommen. Deshalb wird man in den uns erhaltenen Dokumenten nur zu leicht die Spur von diesem Typus einer warmherzigen, auf den Menschen zugehenden Evangelisation verlieren. Wir sind deshalb in der glücklichen Lage, daß diese *Homilien* von Macarius uns einige sehr schöne Beispiele dazu bieten.

130 Macarius, *Homilien 20*

131 So Ulrich Wilckens, *Die Missionsreden*, S. 32–55; E. Schweizer, »Concerning the Speeches in Acts« in *Studies in Luke-Acts* (hrsg. von Keck und Martyn), S. 208 ff.

132 So C. F. Evans, »The Kerygma«, in *JTS* 1956, S. 25–41 und viele andere.

133 »Was die Reden betrifft, die verschiedene Leute am Vorabend eines Krieges und während seines tatsächlichen Verlaufs gehalten haben, war es für mich wie auch für die, die andere Reden an mich weitergaben, schwer, den genauen Wortlaut des Gehörten im Gedächtnis zu behalten. Aber ich habe sie wiedergegeben, ent-

sprechend der Vorstellung von dem, was die Redner wohl im Blick auf die betreffende Situation gesagt haben, wobei ich mich so eng wie möglich an die Generallinie dessen hielt, was wirklich gesagt wurde« (Thukydides, *Hist.* 1, 22).

134 Man muß bedenken, daß Thukydides selbst am Peloponnesischen Krieg teilgenommen hat, den er mit solcher Genauigkeit und mit solchem Geschick beschreibt. Seine Maßstäbe für Genauigkeit waren so hoch, daß er sich weigerte, über ein fernliegendes Ereignis der Vergangenheit zu schreiben, weil er der Meinung war, daß sich die vergangene Geschichte nicht wirklich genau darstellen ließe. Deshalb wählte er ein Thema, das in seiner Zeit lag, und bei dem er persönlich beteiligt war. Vielleicht hat es Lukas genauso getan. Vgl. T. F. Glasson, »The Speeches in Acts and Thucydides«, *Expository Times* 1965, S. 165

135 *On writing History* 39: »The one task of the historian is to describe things exactly as they happened«.

136 Thukydides 1, 22. Aus diesen Grunde sah er sich jedoch nicht in der Lage, Ereignisse zu »schaffen«, die man gern las. Siehe F. Adcock, *Thucydides and his History,* S. 27–42.

137 Siehe das Vorwort zu seiner *Geschichte,* wo er deutlich macht, daß er im Interesse des Ruhmes und der Sitten des Volkes schreibt und deshalb nicht genau Dichtung und Wahrheit unterscheidet.

138 Das war sehr verständlich. Als Cicero im 2. Buch von *De Oratore* auf dieses Thema einging, tat er nichts anderes als was eine lange Reihe von Geschichtsschreibern zwischen der Zeit des Thukydides und Polybius auch schon getan hatten. Nach dem Tode des Thukydides entwickelte sich das Prosaschrifttum in drei Bereichen: langweilige Chroniken (praktiziert von den weniger guten Nachfolgern des Xenophon), Reden und Philosophie. Das Aufkommen der Literaturkritik legte mehr Wert auf den Stil als auf die Genauigkeit, und die Geschichte wurde weitgehend zur rhetorischen Übung in der Hand der Peripatetiker. Die Wahrheit mußte zurückstehen hinter der Absicht, klügere Prosa zu schaffen als die Vorgänger. Hatte schließlich nicht Herodot, »der Vater der Geschichte« (Cicero, *De Leg.* I 1, 5), seine Kunst von den Dichtern hergeleitet, und besonders von Homer? Das gibt er selbst zu (Herodot 2, 53; 2, 116 f.; 4, 32). Wer konnte da seinen Nachahmern einen Vorwurf machen. Polybius hat die Geschichtsschreibung wieder auf den Weg des kritischen Wahrheitsbewußtseins gebracht, den Thukydides eingeschlagen hatte; und er hat die hellenistische Schule der rhetorisch orientierten Historiker sehr in Verruf gebracht. Wie sehr er Anstoß nimmt an Timäus von Tauromenium, den Hauptübeltäter, ist beeindruckend, wenn man es liest *(Hist.* 12, 25 k–26 a). Seine ehrliche Suche nach der Wahrheit hat andere (lateinische) Schriftsteller beeinflußt, besonders Sallust, ein Jahrhundert später Tacitus und dann Lukian und Arrian.

139 Vgl. den klugen Artikel von A. W. Mosley, »Historical Reporting in the ancient World« in *NTS* 1965, S. 10–26.

140 Einige Handexemplare in Kurzschrift sind uns erhalten. Siehe E. G. Turner, *Greek Papyri,* S. 142.

141 Siehe die kräftige These von B. Gerhardsson, *Memory ans Manuscript,* wo er die Bedeutung des Gedächtnisses für die Lehre bei den Hebräern hervorhebt und den rabbinischen Hintergrund, den man bei vielen Dingen im Neuen Testament beachten muß.

142 *JTS* 1956, S. 25–41

143 Siehe G. E. Selwyn, *The First Epistle of St. Peter,* S. 33 ff. und mein Buch *The Meaning of Salvation,* Kap. 8: »Salvation in the Early Preaching«.

144 Apg. 13, 39; 20, 28

145 *Die Missionsreden,* S. 55–71

146 Siehe seine *Documents of the Primitive Church* und *Composition and Date of Acts.*

147 z. B. M. Black, *An Aramaic Approach to the Gospels and Acts*

148 *JTS* 1950, S. 16–28; »The Semitisms of Acts«, wo er zeigt, daß der hebräische Hintergrund nicht auf Aramaismen, sondern auf den Einfluß des Septuaginta-Griechisch zurückzuführen ist.

149 M. Wicox, *The Semitisms of Acts.* Er verändert die Position Torreys und lehnt die von Sparks ab.

150 »*Statistical Evidence of Aramaic Sources* in acts

150 »Statistical Evidence of Aramaic Sources in Acts 1–15«, *NTS* 1964, S. 38–59

151 2, 22; 3, 22; 7, 37; 3, 14; 3, 15; 5, 31. Siehe E. Schweizer, *Erniedrigung und Erhöhung bei Jesus und seinen Nachfolgern,* S. 54

152 3, 20

153 Vgl. das Urteil darüber in J. C. O'Neill, *The Theology of Acts,* C. K. Barrett, *Luke the Historian in Recent Study* und Hans Conzelmann, *Die Mitte der Zeit.*

154 »Die Bezeichnung Jesu als Knecht und ihre Geschichte in der Alten Kirche« in *Sitzungsberichte der Preuss. Akad. d. Wiss. zu Berlin* 1926, S. 212–38

155 *Die Christologie des neuen Testamentes,* Kap. 3

156 Jeremias in Zimmerli und Jeremias, *The Servant of God.* Dr. M. D. Hooker's Versuch, diesen Schluß in *Jesus and the Servant* aus den Angeln zu heben, überzeugt nicht. Es ist verwirrend, wenn sie in *The Son of Man in Mark* so entschieden für einen leidenden Menschensohn eintritt, aber für einen leidenden Gottesknecht in der Lehre Jesu keinen Platz finden kann.

157 a.a.O., S. 155–178

158 *Revue Biblique* 1962, S. 50 ff.

159 in *According to the Scripture*

160 Sie wurde sogar bekräftigt. Siehe J. Dupont, *Etudes sur les Actes des Apotres,* S. 271 ff.

161 2. Tim. 1, 13

162 Bo Reicke, in *The Root of the Vine* (hrsg. von A. Fridrichsson), S. 138–143, betont sehr die Mannigfaltigkeit und Einheit der frühesten evangelistischen Predigt.

163 vgl. Apg. 13, 22; 15, 8; Röm. 3, 21; Hebr. 7, 8. 17

164 Jes. 43, 10–12

165 Jes. 44, 8

166 Obwohl der Wortstamm »Zeuge« in keinem der Gottesknechtslieder erwähnt wird, ist die Vorstellung davon vorhanden.

167 Der Hebräerbrief spricht oft vom Zeugnis der Schrift (z. B. 11, 2. 4. 5), aber er gebraucht das Wort in dem besonderen Sinne des Zeugnisses von Christus vor anderen nur einmal (12, 1) Doch selbst hier hat das Wort eine etwas andere Nuance und bedeutet eher Treue zu Jesus als persönliches Zeugnis von ihm.

168 1. Tim. 6, 13

169 Das ist die einzige Stelle in seinem Evangelium, wo Lukas das Wort in seinem besonderen Sinne gebraucht. In der Apostelgeschichte kommt es natürlich häufig vor.

170 Apg. 1,8

171 Apg. 1, 6ff.

172 »*Meine* Zeugen«, Apg. 1, 8

173 Apg. 22, 15; 26, 16

174 Apg. 10, 39; 5, 32 f.; 1, 22; 2, 23; 3, 15

175 Apg. 5, 31 ff.

176 Apg. 10, 39 u. 41 sind in dieser Hinsicht bezeichnend. Die Taten des irdischen

Jesus und sein Leben nach der Auferstehung sind beide im Zeugnis der Christen enthalten. Deutlicher hätte man die »Brücken«-Funktion der Generation der Augenzeugen nicht herausstellen können.

177 Apg. 22, 20 vgl. 7, 56

178 Apg. 22, 15; 26, 16

179 Nicht nur in Deutschland. D. E. Nineham behauptet, ohne daß er viel Beweismaterial bringen kann: »Interesse für die Geschichte war etwas, das der Urgemeinde offensichtlich fehlte« *(Studies in the Gospels,* hrsg, von D. E. Nineham, S. 223 f.).

180 Siehe seinen oben erwähnten Artikel in *ZNW* XLIX (1958).

181 In seiner Cambridger philosophischen Doktorarbeit *The Primitive Preaching and Jesus of Nazareth.* S. o. Anm. 128.

182 Siehe auch F. V. Filson, »The Christian Teacher in the First Century«, *JBL* 1941, S. 317–328. Er tritt ein für das Vorhandensein einer kurzen Zusammenfassung wie z. B. Apg. 10, 37–43, die nötig war, um zu zeigen, wer Jesus war, und warum er von Bedeutung war.

183 In den Schriften des Lukas ist es der gekreuzigte und auferstandene Herr, der Vergebung gibt.

184 z. B. 3, 19. Hier betont das Wort *hina* (»damit«), daß es ohne Buße keine Vergebung geben kann: 10, 42; 17, 31.

185 z. B. 2, 23; 3,13

186 2, 21; 9, 29; 5, 30 f.

187 2, 23; 3, 18

188 2, 36 38; 3, 18. 19; 5, 30. 31

189 8, 32 f.; 3, 13. 26; 4, 27–30

190 20, 28

191 Apg. 5, 30; 10, 39; 13, 29. Nirgends im außerbiblischen Griechisch wird *xylon* (wörtlich »Holz«) für ein Kreuz gebraucht. Das macht es ganz gewiß, daß hier eine Beziehung auf den Septuagintatext von 5. Mose 21, 22 vorliegt.

192 Siehe außerdem Gal. 3, 10. 13. Es muß vielleicht auch beachtet werden, daß der gekreuzigte und auferstandene Christus die Quelle der Segnungen für alle Menschen ist, z. B. des Heiligen Geistes (2, 33), der Rechtfertigung (13, 39), des Friedens (10, 36), des Erbes (20, 32), des neuen Bundes (3, 19–26), die wir empfangen, wenn wir Buße tun und glauben (16, 30; 2, 38).

193 Wenn wir uns fragen, warum Lukas das Verhältnis zwischen dem Kreuz Christi und der Vergebung für die Sünder nicht deutlicher gemacht hat, mag die Frage vielleicht zu einem Teil dadurch beantwortet sein, daß das Thema der *imitatio Christi* so stark hervorgehoben wurde. Das Leiden der Christen ist Leiden mit Jesus (Apg. 9, 4 f.); der Tod Jesu wird bewußt in Parallele zu dem seines treuen Märtyrers Stephanus dargestellt; Leiden ist in gleicher Weise für den Jünger wie für den Meister der Weg zur Herrlichkeit (Apg. 14, 22; vgl. Luk. 12, 1–12). Diese Betonung der Ähnlichkeit zwischen dem Tod Jesu und unserem Tod würde es Lukas erschweren, die ganze Andersartigkeit seines Sühnetodes hervorzuheben, selbst wenn er seine Bedeutung so klar erfaßt hätte wie Paulus, was nicht wahrscheinlich ist.

194 Joh. 17, 3

195 Joh. 1, 7. 8. 15. 19. 32. 34; 3, 26

196 Das schließt die Möglichkeit nicht aus, daß es im Johannesevangelium einen polemischen Zug gab. Es gab Jünger des Täufers in Ephesus (Apg. 19, 1 ff.), und es läßt sich nachweisen, daß einige Juden ihn als den Messias betrachteten. Deshalb war es für den Evangelisten wichtig, seine Hörer daran zu erinnern, daß Johannes zu denen zu rechnen war, die Zeugnis gaben von Jesus.

197 3, 11. 32. 33; 8, 13 f.; 18, 37

198 8, 17

199 5, 32. 36 f.; 8, 18 usw.

200 7, 16. 17; 8, 42–47

201 5, 36; 9, 4; 10, 25

202 2, 22; 5, 39; 8, 33–58; 19, 24. 28. 36; 20, 9

203 15, 26; 16, 13; vgl. 1. Joh. 5, 10

204 z. B. 4, 39–42; vgl. 1. Joh. 5, 9. 10

205 21, 24

206 20, 31

207 Das wird in jedem guten Kommentar herausgearbeitet. Siehe z. B. C. K. Barrett, *The Gospel according to St. John*

208 1, 1. 15. 34; 1. Joh. 4, 14

209 14, 6; 8, 12; 1, 1

210 4, 12

211 1, 29–34 und der ganze Passionsbericht

212 1, 33; 15. 26

213 1, 1–14

214 19, 35

215 21, 24

216 20, 29

217 11, 40; 14, 8 ff.; 20, 29

218 1. Joh. 5, 10

219 Doch es ist so zentral, daß man die christliche Botschaft einfach »das Zeugnis von Jesus« nennen kann (Offb. 1, 1. 2. 9; 12, 11; 12, 17). Weil die Treue im Zeugnis von Jesus in einer Welt, die weder Jesus noch seine Nachfolger liebt, zum Tode führen kann, finden wir später das Wort *martys* meist nur im Sinne von »Märtyrer«, was schon in der Offenbarung Johannes seinen Anfang nimmt (2, 13; 12, 11 f.; 6, 9).

220 Das war auch eng verbunden mit der Wortgruppe *martyreo-martys*, wie van Unnik so überzeugend nachgewiesen hat in seinem Artikel »The Book of Acts, the Confirmation of the Gospel«, in *Novum Testamentum* 1960, S. 26–59. Wegen der Antwort des Lukas auf die Frage, »Woher kann ich das wissen?« siehe mein Buch *The Meaning of Salvation*, S. 125–231.

221 Siehe seinen Abschnitt »Eschatology in I Peter« in *The Background of the New Testament and its Eschatology* (hrsg. von Daube und Davies), S. 395.

222 Obwohl es sehr häufig im Neuen Testament vorkommt und gelegentlich gebraucht wird für »die Frohe Botschaft erzählen«, hat es doch nichts von dem besonderen Bedeutungsinhalt der drei Wortstämme, die wir untersucht haben.

223 Es ist ein ziemlich farbloses Wort ohne alttestamentlichen Hintergrund, das 11mal in der Apostelgeschichte und siebenmal in den Paulusschriften vorkommt, wo es bedeutet, die frohe Botschaft des Evangeliums verkündigen, oder die frohe Botschaft von Jesus, oder das Wort Gottes verkündigen.

224 »The United Character of the New Testament« in *The New Testament in Historical and Contemporary Perspective*, hrsg. von H. Anderson und W. Barclay, S. 1 ff.

225 In *the Unity of the New Testament, Paul and His Predecessors*, und *The Message of the New Testament*.

Kapitel 4

1 *The Fall of Jerusalem and The Christian Church.*

2 *The Enigma of the Fourth Gospel.*

3 *The History of Jewish Christianity, The Passover Plot* und *Those Incredible Christians.*

4 Der »Ketzersegen« *Birkath-ha-minim* scheint sich gegen Judenchristen gerichtet zu haben. Er verlangte von den treuen Juden, daß sie in ihre Gebete etwa folgende Bitte einschlossen (sie wurde oft überarbeitet, und über die ursprüngliche Fassung gibt es nur Mutmaßungen): »Laß keine Hoffnung sein für die Abtrünnigen, und das stolze Königreich möge bald ausgerottet werden in unseren Tagen, und die Nazarener und die *minim* mögen in einem Augenblick vergehen und aus dem Buch des Lebens ausgetilgt werden und nicht bei den Gerechten eingeschrieben werden. Gelobt seist du, o Herr, der du die Stolzen demütigst.« Siehe *b. Berakoth* 28 b und Justin, *Dial.* 16 u. 96 und Epiphanius, *Haer.* 29, 9.

5 Apg. 14, 15–17

6 Mark. 8, 31; 9, 11; 13, 10

7 Matth. 1, 22; 2, 15. 17. 23 usw. Matthäus stellt Jesus dar als die Verkörperung des alten Israel und sein Werk als das Gegenstück zur früheren Erlösungsgeschichte. Siehe R. H. Gundry, *The Use of the Old Testament in St. Matthew's Gospel.*

8 Luk. 4, 21

9 Luk. 24, 44

10 Joh. 19 und 20, 9

11 Joh. 13, 18; 17, 12; 18, 9

12 Joh. 5, 39; 10, 35 f.

13 *Komm. zu Joh.* 1, 14

14 *Mysterium Christi,* S. 70 f.

15 Apg. 2, 16. Petrus übernimmt im Blick auf die Erfüllung den *pescher*-Typ der Exegese, die uns aus dem *Habakuk-Kommentar* von Qumran vertraut ist. R. N. Longenecker schreibt in seiner Tyndale Lecture von 1969 unter dem Thema »Can we reproduce the Exegesis of the New Testament?« auf Seite 26: »Das ›das ist es, was‹ -*pescher*-Motiv im Gegensatz zu dem ›das bezieht sich darauf‹-Thema der Rabbinen läßt uns gut die unterschiedliche Behandlung der Schrift durch die ersten Judenchristen erkennen.«

16 *The Apostolic Preaching and its Development,* S. 38

17 Siehe Apg., Kap. 2; 4; 10; 8; 26; 28

18 *Dial.* 1–8

19 *Dial.* 8

20 Luk. 24, 26 f.

21 Apg. 6, 10

22 Apg. 9, 22

23 Apg. 19, 28

24 Apg. 17, 11

25 Apg. 13, 44; 28, 23 ff.

26 *Dial. 142*

27 Origenes, *Contra Celsum* 1, 55

28 *According to the Scriptures,* S. 110

29 Origenes, *Contra Celsum* 1, 51

30 4 Q *Testimonia*

31 Er erscheint sonst nirgends in den Qumranschriften.

32 Siehe J. T. Milik, *Ten Years of Discovery in the Wilderness of Judaea,* S. 126.

33 Wenn auch der Begriff »Gesalbter« oder »Messias« in den Rollen speziellere Bedeutung hat als im Alten Testament, kommt er doch nicht annähernd zu der persönlichen Note, die er im Neuen Testament erlangt.

34 Milik, a.a.O., S. 124. Siehe Hesekiel 34, 24; 37, 25.

35 Vgl. Jes. 11, 1

36 Vgl. *Test. Juda* 21, 2: »Gott hat mir sein Königtum gegeben, ihm (Levi) das Priestertum; und er hat das Königtum dem Priestertum untergeordnet.«

37 Die Spekulation über die beiden Gesalbten oder Messiasse geht zurück auf Serubbabel und Josua (Hag. 1, 12 ff.; Sach. 4, 14). Sie taucht wieder auf in *Test. Ruben* 6, 7–12; *Test. Sim.* 7, 2; *Test. Levi* 2, 11; *Test. Dan.* 5, 10 usw.

38 *JBL* 1956, S. 174–87

39 *I Apol.* 32. 54; *Dial.* 52–54. 120

40 Siehe Otto Betz, *Was wissen wir von Jesus?* S. 69 ff. 75 ff.

41 Zu der schwierigen Frage der Messiasvorstellungen von Qumran siehe A. R. C. Leaney, *The Rule of Qumran and its Meaning*, S. 225 ff.; G. R. Driver, *The Judaean Scrolls*, S. 462–486; J. F. Priest, *JBL* 1962, S. 55 f.; J. T. Milik, a.a.O., S. 123–128; M. Black, *The Scrolls and the Christian Origins*, Kap. 7; *The Scrolles and Christianity* (hrsg. von M. Black), Kap. 4; »Eschatology in the Dead Sea Scrolls« von John Pryke, und (weniger empfehlenswert) L. Mowry, *The Dead Sea Scrolls and the Early Church*, Kap. 7.

42 Vgl. die pharisäische »Perlenschnur«-Methode der Textverknüpfung, die Paulus in Röm. 3, 10–18; 10, 18–21; Gal. 3, 10–13 anwendet.

43 Die weit verbreitete Ansicht, daß es in vormasoretischen Texten keine klaren Wort- und Satzeinteilungen gegeben habe, ist kaum haltbar im Blick auf Inschriften (z. B. die Siloa-Inschrift und die Lachis-Ostraka), die viel älter sind als die Masoreten.

44 s. o.

45 Apg. 2, 17–21. 25–28; 4, 11 usw.

46 1. Petr. 1, 10–12; 2, 6–8

47 Joh. 2, 17; 12, 15. 38. 40; 19, 24. 36 f.; vgl. 6, 45; 13, 18; 15, 25

48 1. Kor. 10, 1–6; 2. Kor. 3, 12–18; Gal. 3, 16; Eph. 4, 8–10

49 1. Kor. 9, 9 f.; Gal. 4, 21–31

50 a.a.O., S. 18

51 Die Typologie war eine weitere Methode, die größtenteils in der Urgemeinde benutzt wurde. Der *Barnabasbrief* und der *Dialog mit Trypho* sind voll davon. R. M. Grant schreibt: »Ohne die typologische Methode wäre es für die Urgemeinde fast unmöglich gewesen, am Alten Testament festzuhalten.« Weiterhin weist er darauf hin, daß, während »der Hebräerbrief die sorgfältigste typologische Analyse des Alten Testamentes darstellt, die wir überhaupt im Neuen Testament haben, es noch viele andere Beispiele von Typologie gibt«. Und er kommt, nicht ohne Übertreibung, zu dem Schluß, daß »das Neue Testament sich bei der Interpretation des Alten Testamentes im allgemeinen der typologischen Methode bedient hat« *(The Interpretation of the Bible*, S. 36 u. 39). Dieses Vorgehen wurde kürzlich von A. T. Hanson in *Jesus Christ in the Old Testament* untersucht. Sie hat eindeutig für die ersten Missionare eine große Bedeutung gehabt.
Die midraschische Art der Exegese war in gleicher Weise bezeichnend für das Vorgehen der Christen bei den Juden, wenn sie gemeinsam in der Schrift forschten. Siehe z. B. Aileen Guilding, *The Fourth Gospel and Jewish Worship* und J. W. Bowker, »Speeches in Acts: a study in proem and yelammedenu form«, *NTS*, Okt. 1967.
Er vertritt sehr stark die Meinung, daß einige der evangelistischen Ansprachen

in der Apostelgeschichte sich auf die synagogale Auslegung jüdischer Lesungen gründeten, indem er zeitgenössische (und spätere) Homilien heranzieht, die im Synagogengottesdienst gebräuchlich waren, um die Unterweisung in der Thora durchzuführen. Dies zerfiel in zwei Gruppen, den Vorwort-Typus, bei dem die Homilie mit einem Vorwort oder einem einleitenden Text beginnt, und den Yelammedenu-Typus, bei dem im Grunde Antwort gegeben wurde auf Fragen der Unterweisung von einem der Anwesenden. Er kommt zu dem Schluß, daß in den Reden der Apostelgeschichte Spuren von beidem vorhanden sind. Der ganze Artikel ist eine Fundgrube der Information und gibt einen klaren Einblick in die Werkstatt des Predigers bei den ersten Missionaren.

52 Einige waren offenkundlich unangebracht. Einmal wurde das Alte Testament manchmal hingebogen, damit es in die christliche Bedeutung hineinpaßte. Jesaja 7, 14 ist ein klassisches Beispiel hierfür. Daneben erhielt es Einfügungen. Bekannt ist der Einschub bei dem Text von Psalm 96: »Der Herr herrscht von einem Holz herab.« Und in Justins *Dialog* 72 u. 73 wurden die Juden bitter beschuldigt, sie hätten diesen und andere Verse aus ihrem Bibeltext entfernt. Auch apokalyptische Bücher erhielten christliche Glossen, und das breitete sich so aus, daß die Juden gar nicht mehr viel Gebrauch von diesen Büchern machten. Ein gutes Beispiel findet sich in *Orac. Sibyll.* 5, 256–259, wo es heißt: »Dann wird vom Himmel kommen ein erhöhter Mann, dessen Hände sie annagelten an den fruchtbaren Baum, der edelste der Hebräer, der eines Tages die Sonne stillstehen lassen wird, wenn er mit gerechten Worten und reinen Lippen ruft.« Hier liegt eindeutig eine christliche Glosse vor, die davon ausgeht, daß im Hebräischen Jesus und Josua das gleiche Wort sind. Jesus, der Gekreuzigte und Auferstandene, erscheint als der kommende eschatologische Josua. *Die Testamente der zwölf Patriarchen, 2. Esra* und der *Slawische Josephus* wurden ähnlich glossiert. Die Rabbinen reagierten auf diese Praxis der Interpolation verständlicherweise scharf: »Die Ränder und Bücher der *minim* bewahren sie nicht auf, sondern verbrennen sie« (*b. Schabb.* 13 a). Rabbi Meir und Rabbi Jochanan machten witzige Wortspiele mit dem christlichen Wort *euaggelion* und nannten es entsprechend *Aven-gilyon* (Rand des Götzendienstes) und *Avon-gilyon* (Rand der Bosheit) als Anspielung auf die Glossierung der jüdischen Schriften. Siehe *b. Schabb.* 116 b.

53 Siehe mein Buch *The Meaning of Salvation*, Kap. 3 zu diesem Thema.

54 *Vespasian* 4

55 *Hist.* 5, 13. Siehe auch Josephus, *Bell. Jud.* VI 5, 4

56 *P. Tebt.* 256, zitiert bei C. K. Barrett in *New Testament Background: Selected Documents*, S. 13. Siehe auch mein Buch *The Meaning of Salvation*, S. 80 f.

57 Zur Legende von der ursprünglichen Sibylle siehe Vergil, *Aeneis*, Buch 6

58 *Orac. Sibyll.* 3, 46 ff.

59 *Orac. Sibyll.* 3, 632–771

60 *Ps. Sal.* 17 ist ein besonders auffälliges Beispiel.

61 *Test. Ruben* 6, 7–12; *Levi* 8, 13 f.; *Naphtali* 8, 2 f.; *Joseph* 19, 11

62 *b. Sukkah* 52 b; Midrasch *Tehillim* 43, 2 u. a.

63 s. o.

64 Er war bekannt als der *taheb*. Siehe Driver a.a.O., S. 467 und J. Macdonald, *The Theology of the Samaritans*, S. 353

65 Über einige Versuche, auf jeden Fall die Umrisse des Problems des Menschensohns in Henoch zu untersuchen, siehe mein Buch *The Meaning of Salvation*, S. 57 ff. und die dort angeführte Bibliographie, der noch die neueren Abhandlungen hinzugefügt werden sollen: M. D. Hooker, *The Son of Man in Mark*

und F. H. Borsch, *The Son of Man in Myth and History;* doch die Literatur über das Thema ist endlos.

66 Obwohl *2. Esra* seine endgültige Gestalt wohl im zweiten nachchristlichen Jahrhundert gefunden hat, gibt es wohl kaum christliche Interpolationen, am allerwenigstens im 13. Kapitel bei der Vision vom »Menschen«, die große Nähe zu Daniel 7 hat. Der Mann vom Meer, der in den Wolken des Himmels fliegt, bringt das himmlische Jerusalem und schlägt die Gottlosen mit dem Feuer des Gesetzes – das ist eine messianische Einzelgestalt, die in ihrer Art durchaus hebräisch ist.

67 *I Q. S.* 4, 22; 8, 4 ff.

68 *I Q. S.* 4, 20 ff.; Leaney, a.a.O., S. 156, zweifelt an einer messianischen Deutung. Browlee, in *BASOR* 1954, S. 36 ff. tritt für eine solche ein.

69 *I Q. H.* 9, 23–27; 2, 8 u. a.

70 z. B. Röm. 1, 3; Offb. 5, 5; 22, 16; Matth. 15, 22 u. a.

71 Ps. 110, 1 ist die am häufigsten benutzte Belegstelle des Alten Testamentes. Ihr Gebrauch geht auf Jesus selbst zurück (Mark. 12, 35 ff.)

72 Apg. 2, 25–36

73 Die augenblickliche Debatte, ob sich Jesus für den Messias hielt oder nicht, wird meiner Meinung nach endgültig entschieden durch die Überschrift über seinem Kreuz. Das Messiasamt wurde ihm nicht nach seinem Tode von den Jüngern beigelegt. Es war nichts Geringeres als die Ursache für seinen Tod – denn er starb als Messiasanwärter.

74 So sieht man Cullman (bei einigen Jüngern überzeugender als bei den anderen) in *Der Staat im Neuen Testament.*

75 Apg. 1, 6; Matth. 19, 28; Offb. 11, 15

76 Der Glaube an ein tausendjähriges Reich auf Erden scheint sich unverkürzt in der christlichen »Orthodoxie« von Justin bis Irenäus erhalten zu haben, obwohl beide darum wissen, daß einige Christen es geistlich deuten. Siehe Justin. *Dial.* 80 f.; Irenäus, *Adv. Haer.* 5, 35. Origenes verurteilt solche groben Ansichten über die himmlischen Segnungen *(Die Principiis* 2, 11).

77 Apg. 3, 20 ff.

78 Bezeichnenderweise ist die Vorstellung des Irenäus vom messianischen Reich, die er von Papias übernommen hat, identisch mit der Sicht der *Baruchapokalypse* (39, 5). Irenäus zitiert Papias, der behauptet, daß »Johannes, der Jünger des Herrn, berichtete, ... wie der Herr lehrte über diese Zeiten und sagte: ›Die Zeit wird kommen, in der die Weinstöcke wachsen und jeder 10 000 Zweige hat, und jeder Zweig 10 000 Reben, und jede Rebe 10 000 Sprosse, und an jedem Sproß 10 000 Trauben, und an jeder Traube 10 000 einzelne Beeren ...« (Irenäus, *Adv. Haer.* 5, 33; siehe auch Eusebius, *Kirchengesch.* 3, 39). Dieses Zitat aus einer apokryphen Quelle, das Jesus zugeschrieben wurde und wieder in *Baruch* erscheint, läßt vermuten, daß es zwischen eifrigen Nationalisten und eifrigen Judenchristen nicht so große Meinungsunterschiede gab, wie man oft annimmt – abgesehen von der großen Trennung, die entstand, weil die Christen glaubten, daß Jesus der Messias war.

79 Siehe den Beweisgang in 1. Kor. 1, 23 ff.

80 H. J. Schonfield begeht diesen Irrtum in *Those Incredible Christians,* S. 80. Er betont mit Recht den politischen Aspekt der frühen Judenchristenheit, fährt aber dann fort: »Sie (d. h. die Christen) und die Zeloten standen unter dem gleichen Urteil; sie waren zwei Seiten einer Münze.«

81 z. B. Matth. 24, 24 f.

82 Luk. 7, 16; Matth. 21, 46

83 Joh. 6, 14; Mark. 6, 15; Matth. 21, 10 f.

84 Apg. 3, 22; 7, 37
85 »Mein Sohn, in allen Propheten wartete ich auf dich, daß du kommen solltest, und daß ich Ruhe finden sollte in dir« (Fr. 2 bei Hieronymus, *Kommentar zu Jesaja IV*, über Jesaja 11, 2).
86 Dieses grundlegende Dokument, das hinter den clementinischen Dichtungen steht, spricht ständig von Jesus als »der wahre Prophet«, obwohl die eschatologische Seite des Titels in Richtung auf die Gnosis umgedeutet wird. Es zeigt, wie sehr diese Art von Christologie das sektiererische synkretistische Judentum ansprach.
87 Es wurde z. B. von C. Spicq glaubhaft nachgewiesen, daß der Hebräerbrief ursprünglich an eine Gruppe von Priestern gerichtet war – vielleicht die gleichen Leute, die in Apg. 6, 7 erwähnt werden. Die Ähnlichkeiten zwischen der Rede des Stephanus in der Apostelgeschichte und dem Brief sind hinsichtlich der Christologie unverkennbar, wie W. Manson, *The Epistle to the Hebrews* zeigt.
88 Hebr. 7, 4–11
89 Hebr. 7, 1–3
90 Hebr. 7, 21
91 Hebr. 7, 26. 24f. 27
92 Hebr. 7, 25; 10, 21ff.; 9, 28
93 Vgl. A. J. B. Higgins, *Jesus and the Son of Man*; R. H. Fuller, *The Foundations of New Testament Christology*; H. E. Tödt, *Der Menschensohn in der synoptischen Überlieferung*.
94 Der entscheidende Einwand der anderen Seite, daß Jesus sich in Mark. 8, 38 von dem Menschensohn unterscheide, kann nicht überzeugen.
95 Die einzige Ausnahme ist Apg. 7, 56, wo Stephanus sagt: »Ich sehe den Himmel offen und des Menschen Sohn stehen zur rechten Hand Gottes.« Hier wird eindeutig auf Daniel 7, 14 angespielt (und vielleicht auch auf Psalm 110, 1), das durch die Himmelfahrt Jesu erfüllt wird. Er erscheint hier stehend, weil er den ersten Märtyrer im Himmel empfängt. W. Manson hat in einem posthum erschienenen Werk die Vermutung geäußert, daß diese bewußte Bezugnahme auf die Selbstbezeichnung Jesu durch Stephanus noch eine andere Nuance hatte. Danach war Stephanus einer der ersten, der in Jesus mehr als einen jüdischen Messias sah, nämlich den Menschensohn. »Sein Reich umfaßte mehr als jedes wiederhergestellte Reich Israel. Denn behauptete nicht das Kapitel in Daniel, das von der Herrschaft sprach, die der einen, ›der eines Menschen Sohn ähnlich war‹, gegeben wurde, daß ›alle Völker, Menschen und Zungen‹ ihm dienen würden (Dan. 7, 17)?« (*Jesus and the Christian*, S. 202).
96 *Galiläa und Jerusalem*, S. 68ff.
97 Mark, 10, 45
98 »Erlöser und Erlösung im Spätjudentum« in *Deutsche Theologie* 1929, S. 106ff.
99 *Legum Allegoria* 1, 31ff.; *De Mundi Opificio* 134ff.
100 Siehe die eingehende Behandlung dieser Sicht des Themas in F. H. Borsch, *The Son of Man in Myth and History*.
101 Siehe Phil. 2, 4–10; Röm. 5, 12ff.; 1. Kor. 15, 45–47. Im letzten Abschnitt bestreitet er die Position Philos: der himmlische Mensch kommt nach dem irdischen, der ideale nach dem empirischen, nicht umgekehrt.
102 Joh. 3, 13; 12, 23. 31; vgl. Offb. 1, 13; 14, 14.
103 Hebr. 5, 77ff.
104 Abgesehen von den oben erwähnten Leuten von Qumran wird es aus Justin, *Dial.* 89 deutlich, daß die Vorstellung den Juden nicht fremd war, obwohl sie ihrer Art nicht entsprach. Der Targum von Jes. 53 sieht tatsächlich in dem Got-

tesknecht den Messias, aber er bemüht sich sehr durch eine gekünstelte Exegese, das wirkliche Leiden aus dem Leben des Knechtes zu entfernen. Siehe Collmann, Die *Christologie des Neuen Testamentes*, S. 51 ff.

105 *I Q. S.* 8, 5 ff.

106 Die Juden haben während der Makkabäerkriege (2. Makk. 7, 37; 4. Makk. 6, 27) dem Martyrium sühnende Bedeutung beigemessen. Die Männer des Bundes hielten sich selbst für solche, die für die Gerechten litten und die auch die Gottlosen besiegten (»die den Gottlosen ihren Lohn heimzahlten«) in dem Endkampf zwischen den Söhnen des Lichtes und den Söhnen der Finsternis. Die Christen waren im Gegensatz dazu überzeugt, daß Jesus sowohl das Amt des Gerichtes wie das Amt der Versöhnung bekleidete.

107 Siehe Hebr. 10, 1 ff. Das Opferwesen brachte die Sünde in Erinnerung, aber konnte sie nicht aufheben. Wie konnten der Tod eines Lammes oder eines Bokkes sittliche Schuld auslöschen? Das konnte nur durch einen sittlich verantwortlichen Vermittler geschehen, der sowohl auf der Seite der sündigen Menschheit wie an der Seite des heiligen Gottes stand. Jesus war dieser Mittler und er hat das Werk der Versöhnung ein für allemal vollendet. So führt es der Hebräerbrief aus in 10, 1–17.

108 Apg. 8, 34

109 1. Petr. 2, 22 ff.

110 Justin, *Dial.* 89

111 Justin, *Dial.* 90

112 S. o.

113 z. B. *Dial.* 73

114 1. Kor. 1, 24

115 Kol. 2, 15

116 Apg. 2, 23 ff.; 31 f.

117 Phil. 2, 8–11

118 In *Biblical Exegesis of Justin Martyr*, Kap. 4 zeigt W. A. Shotwell, wie gründlich rabbinisch die exegetische Methode Justins ist.

119 Justin, *Dial.* 90

120 Justin. *Dial.* 91

121 5. Mose 21, 22 f.

122 Apg. 5, 30 f.; 10, 39; 13, 29

123 1. Petr. 2, 24

124 Gal. 3, 10. 13

125 Das unterstreicht den Ausdruck »Baum des Lebens« in Offb. 22, 2. 14 und 19. Der Baum, der mit dem Ungehorsam und Fall des Menschen verbunden war, wird zum Baum der Heilung und Wiederherstellung der Völker.

126 Justin, *Dial.* 95

127 Justin, *Dial.* 50; vgl. 87

128 Es ist interessant zu sehen, wie ein moderner jüdischer Schriftsteller wie H. J. Schonfield genau das gleiche Argument gegen die Gottheit Jesu vorbringt wie Trypho. Siehe *Those Incredible Christians*, S. 41. 48. 56.

129 Hierzu siehe P. Pringent, *Justin et l'Ancient Testament,* Kap. 5

130 So in 2, 22: »ein Mann, von Gott unter euch erwiesen«.

131 Sein Fehlen im Johannesevangelium fiel offenbar dem Abschreiber auf, der anstelle von *hoi egenethesan* (die geboren waren) *hos egenethe* (der geboren war) in Joh. 1, 13 schrieb, um dort die Lehre von der Jungfrauengeburt einzufügen. Ich halte das »geboren von einem Weibe« in Gal. 4, 4 nicht für einen verborgenen Hinweis darauf, ebenso nicht die Wendung »Sohn der Maria« in Mark. 6, 3, obwohl sich in beiden Stellen eine Kenntnis der Tradition niederschlagen kann.

Denn es war für einen Juden sehr anstößig, wenn er Sohn seiner Mutter genannt wurde.

132 Das wird ausführlich dargestellt in J. Gresham Machen, *The Virgin Birth of Christ*, und J. Klausner, *Jesus von Nazareth*. In einer skurrilen Geschichte aus dem zweiten Jahrhundert, wo es heißt, sein Vater sei ein römischer Soldat gewesen, wird er Ben Panthera genannt. Vgl. die Behandlung dieser Sache durch Origenes, der behauptet, Celsus habe die Geschichte erfunden *(Contra Celsum* 1, 32), und H. Chadwicks Bemerkung zu der Sache. Vielleicht die bemerkenswerteste Anspielung auf die Jungfrauengeburt in der frühen Zeit findet sich bei Rabbi Elieser, einem berühmten Rabbi des dritten Jahrhunderts. »R. Elieser sagte: ›Bileam schaute voraus und sah, daß ein Mann, geboren von einer Frau, sich erheben und sich selbst zu Gott machen und die ganze Welt verführen sollte.‹ Deshalb gab Gott der Stimme des Bileam Macht, daß alle Völker der Welt hören konnten, und so sprach er: ›Gebt acht, daß ihr euch nicht von jenem Manne verführen laßt, denn es steht geschrieben, Gott ist nicht ein Mensch, daß er lüge. Und wenn er sagt, daß er Gott sei, dann ist er ein Lügner; und er wird betrügen und sagen, daß er fortgehe und am Ende wiederkomme.‹« *(Jalkut Schimeoni* 725, zitiert von Klausner, a.a.O., S. 34 f.). Es gibt natürlich noch ältere Anspielungen, wie z. B. die Aussage des Rabbi Schimeon ben Azzai aus dem Anfang des zweiten Jahrhunderts: »Ich fand eine Rolle mit Stammbäumen in Jerusalem, in der berichtet war: ›Solch einer (ein üblicher Ausdruck für Jesus im Talmud) ist der Bastard einer Ehebrecherin« *(b. Jeb.* 49 a).

133 Phil. 2, 11; 1. Kor. 12, 2; Siehe O. Cullmann, *Die ersten christlichen Glaubensbekenntnisse.*

134 z. B. Apg. 2, 36

135 1. Kor. 16, 22; *Didache* 10, 6

136 Daß in dem Ruf *Mara-natha* das Wort *Mar* nicht verkleinernd verstanden werden darf, geht daraus hervor, daß es in einer Anrufung vorkommt. Wenn man auch einen lebenden Rabbi noch als *Mar* anreden konnte, ist es doch als Anrede eines Toten nicht vorstellbar. Wenn Christen zu Jesus beteten, daß er als *Mar* in ihrer Mitte gegenwärtig sein möchte, dann meinten sie nichts Geringeres als »Herr«. Siehe Cullmann, *Die Christologie des Neuen Testamentes*, S. 200 ff.

137 Mark. 1, 11

138 Mark. 12, 6

139 Mark. 14, 61 f.

140 *Was wissen wir von Jesus?* S. 69 ff.

141 Röm. 1, 4; Apg. 2, 36. Andererseits hielten sie die Taufe Jesu für den Echtheitserweis seiner Sohnschaft. Das scheint der Standpunkt bei Markus und dem westlichen Text des Lukas zu sein: »Du bist mein Sohn; heute habe ich dich gezeugt.« Diese Lesart sprach Judenchristen an und wird von Trypho als Argument angeführt *(Dial.* 88 und 103), wobei die letztere Stelle in der Tat Luk. 3, 23 zitiert.

142 Beide Zitate stammen aus Fragment 1, das sich bei Hieronymus, *Komm. zu Jesaja IV* über Jes. 11, 2 findet.

143 Fragmente 1 und 4 bei Epiphanius, *Haer.* 30, 13, 2 und 7.

144 Diese doketische Tendenz war fast unvermeidlich, da die ebionitische Bewegung Jesus nicht als die Fülle Gottes annehmen konnte.

145 Joh. 1, 33 f.

146 Joh. 3, 34

147 *Dial.* 48 und 87. Justin führt im letzten Kapitel aus, daß der Heilige Geist, der durch die Propheten sprach, diese Funktion nicht mehr ausübte, seit er in Fülle

auf Jesus ruhte. Dementsprechend haben die Hebräer keine Propheten mehr; aber die christliche Kirche hat die prophetische Rolle geerbt.

148 S. o. Kap. 4, Anm. 4. Die Einführung dieses Fluches über die *minim* wird Simeon dem Kleinen (um 85 n. Chr.) zugeschrieben. Wie sehr dadurch die Beziehungen zwischen Judenchristen und Juden zerstört wurden, geht hervor aus Justin, *Dial.* 16 u. 96.

149 Vgl. 1. Petr. 2, 9. 10; Gal. 6, 16 und den *Barnabasbrief* im ganzen.

150 Röm. 2, 28

151 Siehe die Darlegung in Röm. 9 und Apg. 7

152 Gal. 6, 16

153 Apg. 2, 38; 3, 19; 4, 10 ff.; Röm. 9, 1–3

154 Röm. 11, 15 ff.

155 Siehe Matth. 13, 14; Joh. 9, 39; 12, 40; Mark. 4, 12; Apg. 28, 25–27; 2. Kor. 3, 14; 4, 4; Eph. 4, 18; Justin, *Dial.* 12 (wo es fälschlicherweise Jeremia zugeschrieben wird). Jes. 53, 1 wurde von den Christen zum gleichen Zweck apologetisch verwandt (Joh. 12, 38; Röm. 10, 16).

156 *Dial.* 11

157 Im urchristlichen Gebrauch bedeutet das Wort »Israel« immer entweder die Juden im ganzen (z. B. Apg. 2, 22; 3, 12) oder das gläubige Israel, an dessen Vorzügen die Heiden Anteil haben (Eph. 2, 12; Luk. 7, 9), obwohl immer ein Rest einer Vorrangstellung für die Juden bleibt. Vgl. demgegenüber 1. Kor. 10, 18.

158 Röm. 2, 18; 1. Petr. 2, 9. 10; Hebr. 13, 10

159 Offb. 2, 9; 3, 9. Vgl. die Haltung gegenüber den Juden im vierten Evangelium.

160 Justin, *Dial.* 59 u. 60; Tertullian, *Adv. Judaeos* im ganzen.

161 *Verus Israel,* S. 104

162 *Dial.* 114. 97

163 Z. B. Matth. 1, 18; dort in dem Psalm ist es Jahwe, der Israel von seinen Sünden rettet, aber in der christlichen Anwendung des Verses übernimmt Jesus diese Rolle.

164 *Adv. Haer.* 3, 21

165 Die ganze Frage nach dem Ursprung und den Rezensionen der Septuaginta ist sehr komplex. Siehe J. Jellicoe, *The Septuagint and Modern Study,* bes. S. 29–70.

166 *Dial.* 29

167 *Barnabas* 9

168 *Barnabas* 8

169 *Apol.* 14

170 A.a.O., S. 69

171 *Dial.* 10

172 Gal. 3, 21

173 Gal. 3, 24

174 Im Römer- und Galaterbrief; vgl. Apg. 15, 5

175 Apg. 15, 1

176 Gal. 6, 13. Das zeigt Johannes Munck in *Paul and the Salvation of Mankind.*

177 Vgl. Phil. 3, 2 ff.

178 *Philad.* 6

179 Röm. 7, 12

180 Röm. 7, 7

181 Röm. 3, 21; Gal. 4, 21 ff.; 3, 22

182 Gal. 3, 17

183 Gal. 3, 13 ff.

184 Gal. 3, 28

185 Röm. 3, 19. 20; Gal. 3, 10

186 Gal. 3, 11 f.

187 Z. B. Apg. 16, 3; 21, 24 f. Er lehnt kultische Handlungen dieser Art ab, wenn sie für heilsnotwendig erklärt werden; aber er ist bereit, von ihnen Gebrauch zu machen, wenn sie im Dienst christlicher Liebe stehen und in keiner Weise als heilsnotwendig gelten. Seine Haltung zum Götzenopfer, wie sie in Röm. 14 und 1. Kor. 8 und 10 entfaltet wird, folgt dem gleichen Grundsatz.

188 1. Kor. 9, 20 f.

189 Röm. 7, 4

190 Siehe 2. Kor. im ganzen. Der Geist ist an die Stelle des Gesetzes getreten, indem er es erfüllt hat; der Bund ist verinnerlicht.

191 Siehe 1. Kor. 9, 21

192 Röm. 10, 4

193 Gal. 5, 14; 6, 2

194 Apg. 5, 10 ff.

195 1. Petr. 4, 8

196 *Barnabas* 14

197 *Dial.* 16. 18. 20. 30. 40–46

198 Im Diasporajudentum wurde natürlich in vielen Dingen die geistliche Deutung angewandt. Aber das betraf nicht die zentralen Aussagen, die die Christen angriffen.

199 Mark. 14, 58; Joh. 2, 19; vgl. Apg. 15, 16 und 2. Sa., 7, 13 f.

200 Mark. 10, 45

201 Mark. 1, 44

202 Mark. 7, 18 ff.

203 Apg. 6, 11. 13 f.

204 »Sanctuary and Sacrifice in the Church of the New Testament«, *JTS* 1950, S. 29

205 Röm. 14, 5 f. Zu dem ganzen Thema der Einhaltung des Sabbats in der Christenheit siehe W. Rordorf, *Sunday*.

206 Hebr. 8, 13

207 Wieviel mehr hätte er dann noch die einzelnen Themen auswerten können: die vierzig Jahre in der Wüste in Kap. 3, die Frage des Veraltens in Kap. 8 und die Kraftlosigkeit des immer wiederholten Opfers der Priester in Kap. 10.

208 *Dial.* 16

209 *Brief an Diognet* 3 und 4

210 *Philad.* 6

211 *Barnabas* 9

212 *Barnabas* 4

213 *Barnabas* 9

214 *Dial.* 47

215 *Homilie* zu Psalm 36, 1

216 Besonders in der Offb. Joh., aber nicht weniger in den früheren Teilen des Neuen Testamentes, wie z. B. 1. Thess. 2, 15 ff.

217 Siehe oben Kap. 2

218 Sueton, *Claudius* 25

219 Matth. 10, 23; Mark. 9, 1

220 Apg. 8. u. 13

221 Apg. 19, 13 ff.

222 *B. Abod. Zar.* 27 b

223 *M. Sanhedrin* 10, 1

224 So A. H. McNeile in *JBL* Bd. XLI S. 122 ff.

225 Siehe H. J. Schonfield, *The History of Jewish Christianity*, S. 79 f.

226 Apg. 6, 8, 10
227 Jak. 2, 10
228 *Hom. in Num.* 10, 2
229 *REJ* LXXI S. 190
230 *j. Taan.* 4, 2; vgl. *Gen. R.* 56, 10
231 *The Conflict of the Church and the Synagogue,* S. 120. Diesem Buch habe ich einige der oben angeführten Belegstellen entnommen.

Kapitel 5

1 Kapitel wie Apg. 15, Gal. 2, Eph. 2 zeigen, wie scharf dies war. Zur Frage, wieweit im Heilsangebot Jesu der Gedanke einer Rettung für alle enthalten war, siehe J. Jeremias, *Jesu Verheißung für die Völker.* Eine eingehende Bewertung der frühen Kontroverse mit den Juden gibt F. V. Filson, *Three Crucial Decades,* Ka. 5.

2 Gal. 4, 4; Joh. 4, 22

3 Joh. 4, 12 in Fortführung des Heilsangebots an die gläubigen Heiden, wie es bei Deuterojesaja vorgebracht wird und sich beispielhaft zeigt in der aufkommenden Missionstätigkeit unter den Juden im ersten vorchristlichen und nachchristlichen Jahrhundert.

4 Apg. 1, 8

5 Die Biographie als solche dient in der Apostelgeschichte so wenig wie in den Evangelien seinen Zwecken.

6 Apg. 26, 31

7 Zu diesem Modell in der Apostelgeschichte siehe den Artikel von C. H. Turner, »Chronology of the New Testament«, in Hastings *Dictionary of the Bible* I, S. 241

8 Apg. 11, 20

9 Siehe F. M. Abel, *Histoire de la Palestine* I, S. 363–380

10 Siehe Josephus, *Bell. Jud.* VII 3, 3 und Edersheim, *Life and Times* of Jesus the Messiah, Bd. I, S. 74

11 *Satiren* 3, 62 ff.; vgl. Properz, *Carm.* 2, 21

12 Josephus, *Bell. Jud.* VII 3, 3

13 *St. Paul and the Church of Jerusalem,* S. 156

14 *History of Antioch in Syria from Seleucus to the Arab Conquest,* und *Ancient Antioch*

15 G. Downey, *Ancient Antioch,* Kap. 10

16 Der *kyrios* von Apg. 11, 20 ist wohl bezeichnend. Siehe weiter unten.

17 *According to the Scriptures* und *The Apostolic Preaching and its Development.* Siehe Kap. 3

18 *The Beginnings of Christianity,* Bd. 4, S. 128 f., hrsg. von Foakes Jachson und Kirsopp Lake.

19 Obwohl er in allen drei Fällen die Unterschiede überbetont, verfällt er nicht in den Fehler von J. A. T. Robinson, der in *Twelve New Testament Studies,* Kap. 10, die Annahme vertritt, daß Apg. 3 und 7 die »primitivste Christologie überhaupt« enthalten, wonach Jesus, selbst nach der Auferstehung, nur ein zum Christus Erwählter ist. Eine solche Christologie hat es nie gegeben. Ostern war immer der Schlüssel zum Herr-sein Jesu. »Aufgrund welches Ereignisses hätte

es nach Ostern zu einer Verwandlung eines ›embryonalen‹ Glaubens an Jesus zu einem vollen Messiasglauben kommen können?« fragt Professor Otto Betz in einem Artikel über »The Kerygma of Luke« in *Interpretation,* April 1968, S. 143. Siehe seine einleuchtende Antwort in diesem Artikel auf das Rätsel der besonderen Christologie in Apg. 3 und 7.

20 Siehe A. D. Nock in *Essay on the Trinity and Incarnation,* hrsg. von A. E. J. Rawlinson, S. 85 ff.; W. Bousset, *Kyrios Christos* und O. Cullmann, *Die Christologie des Neuen Testamentes,* S. 200–244.

21 1. Kor. 8, 6

22 Siehe Sueton, *Domit.* 13 zu der Behauptung Domitians. *Mart. Polyc.* 8, 2 ist auch bedeutend, wo Polykarp gefragt wird: »Was schadet es, wenn man den Kaiser Kyrios nennt?«

23 So 1. Kor. 12, 3; Phil. 2, 9; Röm. 10, 9.

24 Wenn heidnische Leser der Septuaginta *Kyrios* in einer alttestamentlichen Stelle sahen, waren sie geneigt, an Jesus zu denken. Diesen Vorgang, alttestamentliche Stellen auf den Herrn umzudeuten und sie auf Jesus anzuwenden, kann man im Neuen Testament selbst erkennen, z. B. in Hebr. 1, 8. 10; Phil, 2, 10. Alle Aufgaben Gottes, Schöpfung, Gericht und Rettung, wurden auf Jesus übertragen. Denn »in ihm wohnt die ganz Fülle der Gottheit leibhaftig« (Kol. 2, 9).

25 Siehe R. P. Martins's *Carmen Christi,* wo er zeigt, daß die Herrschaft Jesu über das Schicksal und die dämonischen Mächte eines der Hauptthemen von Phil. 2, 4–11 ist, das außerdem die hellenistischen Menschen besonders ansprach, deren Problem nicht so sehr die Sünde war als vielmehr die *Angst.* In seinen posthum herausgegebenen gesammelten Vorlesungen *On Paul and John* vertritt T. W. Manson die gleiche Ansicht wie O. Cullmann in seiner berühmten Deutung der »Mächte« in Röm. 13, 1 ff. als dämonische Mächte. Doch die Meinung von Martin darf man nicht zu ausschließlich nehmen. Aus Apg. und 1. Kor. 15, 1 ff. geht ziemlich klar hervor, daß die Missionspredigt bei den Heiden hauptsächlich die Befreiung von der *Sünde* zum Thema hatte. Seine Behauptung hat natürlich auch ihre Berechtigung und trifft im Blick auf die damalige Zeitlage zu, daß das Bekenntnis von Phil. 2 von einer Befreiung aus Hoffnungslosigkeit und Ziellosigkeit spricht.

26 Apg. 17, 7 und 16, 21. Siehe Sherwin-White, a.a.O., S. 75 ff. Er untersucht sehr sorgfältig die Vorwürfe, aber eigenartigerweise bringt er sie nicht in Verbindung mit der Proklamation »eines anderen Königs«. Stattdessen betont er, daß die Philipper von der unrömischen Art des neuen Glaubens sprachen. Das erscheint mir nicht stichhaltig im Blick auf die Verbreitung nicht-römischer Religionen im ersten Jahrhundert, nicht zuletzt in der Armee. Die Siedler in Philippi waren doch wohl Veteranen.

27 Mark. 10, 15–26

28 Otto Betz sieht das deutlich. »Warum kann man die apostolische Botschaft von Christus mit dem *kerygma* vom Reich Gottes identifizieren? Weil das Königreich durch Jesus Christus und den Retter der Menschheit offenbart wird« (»The Kerygma of Luke« in *Interpretation,* April 1968, S. 144 f.).

29 1. Kor. 9, 22

30 »All things to all men«, in *New Testament Studies* 1954, S. 261–275.

31 Vgl. 1. Kor. 1, 26 ff.; 7, 21; Kol. 3, 22 ff.

32 »Ein Sklave ist ein lebendiges Werkzeug, so wie ein Werkzeug ein seelenloser Sklave ist« (Aristoteles, *Nik. Eth.* VIII, 11). Catos Rat ist: »Verkaufe ausgemergelte Ochsen, fehlerhaftes Vieh ... alte Werkzeuge, einen alten Sklaven, einen kränklichen Sklaven und was sonst noch unbrauchbar ist« *(De Agricultura* 2, 7). Siehe auch Juvenal, *Satiren* 14, 16–22. Die Papyri zeigen, daß diese Hal-

tung gegenüber den Sklaven weiterhin vorherrschend war. Arabarchos nimmt Thermoutarion und den verkrüppelten Herakloros an »mit den zu erwartenden Sklavenkindern, die von ihnen geboren werden können« *(Select Papyri* [Loeb] 1, 51), während der Soldat Dryton seinen Verwandten »zwei weibliche Sklaven und eine Kuh zu gleichen Anteilen für ihren Haushalt« überläßt (a.a.O., 1, 83). Die Kuh und der Sklave stehen auf genau derselben Ebene! Zu diesem dunklen Bild gab es natürlich leuchtende Ausnahmen. Ein wunderbares Beispiel von Liebe und Vertrauen, die manchmal zwischen Herrn und Sklaven herrschten, gibt uns Loeb, *Select Papyri* 1, 85.

33 Und die rechtliche Lage verbesserte sich allmählich. Die *Lex Petronia* verbot den Verkauf von Sklaven zum Kampf mit wilden Tieren, während die *Lex Aelia Sentia* die Freilassung regelte. Hadrian und seine Nachfolger haben viel dazu beigetragen, daß das Schicksal der Sklaven sich besserte. Diese Gesetzgebung geht nicht so sehr auf Kosten der Christen, sondern der stoischen Philosophen wie Seneca und Epiktet, deren Einfluß allmählich die oberen Ränge der Gesellschaft durchdrang. Seneca z. B. übernahm den Ausspruch des Terenz in seinem berühmten *homo sum; humani nihil a me alienum puto (Briefe* 95, 53), oder sein *homo sacra res homini (Briefe* 95, 33).

34 Kol. 3, 11; Gal. 3, 28

35 Siehe Eph. 6, 5–8; vgl. *Didache* 4: »Du sollst nicht in Verbitterung deinem Sklaven oder deiner Magd befehlen, die auf denselben Gott hoffen, damit sie nicht aufhören, Gott zu fürchten, der über euch beiden ist.« Ignatius *(Polyk.* 4) rechnet mit derselben milden (aber nicht sentimentalen) Haltung gegenüber den Sklaven mit dem Hinweis, daß nicht selten kirchliche Gelder benutzt wurden, um sie zu befreien; sie dürfen es jedoch nicht ausnutzen. Zur Zeit der *Apostolischen Konstitution* galt die Befreiung der Sklaven als christliche Tugend (4, 9). Siehe auch *1. Clem. 55; Tertullian, Apolog.* 39. Über die Wirkung des Christentums auf die Sklavenbesitzer siehe Clemens von Alexandrien, *Protrepticus* 10.

36 Sie aßen dasselbe Liebesmahl, sie nahmen dieselben Elemente beim Abendmahl, und Sklaven und Freie waren dem gleichen Martyrium ausgesetzt: Blandina in Gallien und Felicitas in Africa waren beide Sklavinnen. Einige heidnische *collegia* machten keinen Unterschied zwischen Sklaven und Freien *während der Zusammenkünfte* (Siehe Dessau, *I.L.S.* 4203. 4215); »aber die Mehrzahl der Sklaven schien zu Klubs zu gehören, die sich nur aus Sklaven und Freigelassenen zusammensetzten« (R. H. Barrow, *Slavery in the Roman Empire,* S. 166).

37 Dieser Brief wurde von einem Aurelius Sarapammon an seinen Freund geschrieben, etwa im Jahre 298 n. Chr. Er ist ein anschauliches Beispiel, wie die unmenschliche Haltung gegenüber den Sklaven in der heidnischen Welt außerhalb der christlichen Kreise weiterlebte. Siehe ähnliche Verfügungen in *Pap. Par.* 10 (der Text wird in C. F. D. Moule's *Colossians and Philemon* gegeben (Cambridge Greek Testament), S. 34 ff.

38 Siehe meine Besprechung in *The Meaning of Salvation,* S. 167 f.

39 *The Greeks* (bes. S. 220 ff.).

40 *Roman Women*

41 Siehe oben

42 Luk. 23, 49; 8, 3; Joh. 19, 25

43 Apg. 18, 2. 26; Apg. 16, 14 ff.; Röm 16, 1; Phil. 4, 2–3; Origenes, *Contra Celsum* 3, 55.

44 Apg. 6, 7; Luk. 8, 3; Apg. 13, 1. Siehe Deissmann, *Bible Studies,* S. 302 ff. zur Bedeutung dieser formalen Beziehung.

45 »Der Ausdruck ›Fremde aus Rom‹ findet sich in epigraphischen Parallelen als Fachausdruck bei zivilrechtlichen Angelegenheiten für römische Bürger, die an

einem bestimmten Ort ihren Wohnsitz hatten und korporativ mit den örtlichen Behörden zusammenarbeiteten« (E. A. Judge, a.a.O., S. 55).

46 Sergius Paullus, der Prokonsul von Zypern, glaubte der Predigt des Paulus. Seine Tochter scheint auch Christ geworden zu sein. Siehe die Inschrift und Erläuterung in W. H. Ramsay, *The Bearing of Recent Discovery on the Trustworthiness of the New Testament*, S. 150–173. Höchst wahrscheinlich war auch die Frau des Prokonsuls von Asien, der Ignatius vor die wilden Tiere werfen ließ, Christin. Er sendet seine Grüße an *ten tou epitropou*, was nur bedeuten kann »die Frau des Prokonsuls«, wenn Epitropus nicht der Name einer Einzelperson ist *(Polyk.* 8).

47 *Briefe* 10, 96

48 Das kann man mit ziemlicher Sicherheit aus dem Zeugnis des Dio, des Sueton und aus der Archäologie entnehmen. Dio schreibt (67, 14): »Und im selben Jahr (95 n. Chr.) ließ Domitian zusammen mit vielen anderen Flavius Clemens, den Konsul, umbringen, obwohl er ein Vetter von ihm war und Flavia Domitilla zur Frau hatte, die auch eine Verwandte des Kaisers war. Die Anklage gegen sie lautete auf Atheismus, eine Anklage, aufgrund deren viele andere, die sich dem Judentum zuwandten, auch verurteilt wurden. Einige von ihnen wurden getötet, und die übrigen wurden zumindest ihres Besitzes beraubt. Domitilla wurde nach Pandateria verbannt; aber Glabrio, der mit Trajan zusammen Konsul gewesen war, wurde hingerichtet, nachdem man ihn desselben Verbrechens wie die anderen beschuldigt hatte, besonders daß er mit wilden Tieren gekämpft hätte.« Er erzählt dann die Geschichte von Acilius Glabrios Löwenkampf und seinen Folgen. Sueton berichtet folgendermaßen: »Zuletzt war da Flavius Clemens, sein eigener Vetter, ein Mann von verachtungswürdiger Faulheit, dessen Söhne noch im zarten Alter öffentlich von ihm zu seinen Nachfolgern bestimmt worden waren...; ihn hat Domitian, als sein Konsulat fast zuende gegangen war, ganz plötzlich unter einem sehr fadenscheinigen Verdacht hinrichten lassen« *(Domit.* 15). Daß der Hinweis auf die »Bequemlichkeit« des Clemens (d. h. seine mangelnde Bereitschaft, sich voll an den öffentlichen Angelegenheiten des heidnischen römischen Staates zu beteiligen) mit der Anklage auf »Atheismus und jüdisches Verhalten« verbunden wurde, macht es sehr wahrscheinlich, daß die Christen gemeint waren. Siehe die ärgerliche Zurückweisung solcher Vorwürfe bei Minucius Felix *(Oct.* 8) und Tertullian *(Apolog.* 42), und die wichtigen Bemerkungen zu der Stelle bei G. W. Mooney, *Suetonius,* S. 580 f. Man muß bedenken, daß Dio niemals die Christen von den Juden unterscheidet; vielleicht hat er sich auch geirrt, als er Pandateria anstatt Pontia als den Ort der Verbannung für Domitilla angab (Siehe Euseb, *Kirchengesch.* 3, 18). Euseb führt aus, daß sie wegen ihres »Zeugnisses für Christus« verbannt wurde. Das wird gestützt durch die Tatsache, daß man innerhalb der Begräbnisstätte der domitilla eine bemerkenswerte Inschrift fand, die dort noch erhalten ist und folgenden Inhalt hat: *Flaviae Domitillae Vespasiani neptis eius benificio hoc sepulcrum meis libertis libertatis posuit.* Siehe die eingehende Behandlung in G. Edmundson's Bampton Lectures, *The Church in Rome in the First Century,* Anhang F.

49 Siehe Tacitus, *Annalen* 13, 32

50 Sueton, *Domit.* 10 und Mooney's Anmerkung

51 *Mand.* 10, 1

52 Je edler ein Stoiker war, desto mehr erkannte er seine Unfähigkeit, ein gutes Leben zu führen. Seneca merkte: »Das Böse hat seinen Sitz in uns, in unserem innersten Wesen«, und Ovids seltsamer Ausspruch *video meliora proboque, deteriora sequor* (»Ich sehe den besseren Weg, und ich stimme ihm zu – aber ich folge

dem schlechteren«) hat sicher bei ernsthaften Menschen ein aufrichtiges Echo gefunden, denn sie wußten, daß ihr Leben ihre Ideale nicht erreichte und auch nicht erreichen konnte.

53 Apg. 13, 12

54 A. D. Nock bemerkt dazu: »Das Christentum befriedigte das religiöse und das philosophische Suchen der Zeit. Es bot einen Kultus an, der ... zusammen mit anderen das Verdienst hatte, die Mittel des Heils darzubieten. Es war darin überlegen, daß der Heiland nicht nur eine einmalig anziehende Gestalt war, sondern auch eine Gestalt aus jüngster Vergangenheit, die mit Gottheit umkleidet war. Es war darin überlegen, daß das Heil eine Befreiung aus den Mächten des sittlich Bösen war ... Er (Jesus) erfuhr keine Einschränkung, indem zu viel Wert gelegt wurde auf seine Herkunft aus Judäa. Mithras war und blieb Perser. Jesus gehörte allen. Wiederum befriedigte der neue Glaube das Verlangen nach ... *gnosis,* besonderer Erkenntnis, Gemeinschaft mit der Gottheit, Erleuchtung u. ä.; und es gelang ihm, damit eine persönliche Gottesvorstellung zu verbinden, die oft in hellenistischen Religionen dieser Art fehlte« *(Essays on the Trinity and Incarnation,* hrsg. von A. E. J. Rawlinson, S. 154).

55 So behauptet Tertullian: »Es ist unsere Fürsorge für die Hilflosen, unsere praktische Liebe, die vielen unserer Gegner in den Augen brennt. Sieh nur, sagen sie, sieh nur, wie sie einander liebhaben (sie selbst sind untereinander dem Haß ergeben). Siehe, wie sie bereit sind, füreinander zu sterben (sie selbst sind eher bereit, sich gegenseitig zu töten). So war dieses Wort Wirklichkeit geworden: ›Daran soll jedermann erkennen, daß ihr meine Jünger seid, wenn ihr Liebe untereinander habt‹« (Apolog. 29).

56 1. Kor. 1, 18–31

57 Aber eine Weisheit, die ein *mysterion* und ein Geschenk ist (1. Kor. 2, 6ff.), eine Weisheit, die nicht durch menschliche Klugheit erkannt werden kann, sondern nur demütig durch den Glauben an den Gekreuzigten empfangen werden kann. Wenn auch Justin immer wieder betont hat, daß das Christentum die wahre Philosophie ist, weiß er doch, daß die Erkenntnis dieser Weisheit nur von Gott geschenkt werden kann. Deshalb verband er mit seinen intellektuellen Beweisführungen und seinen Beweisen aus der Schrift immer das Gebet, daß Gott die Augen der Blinden öffne. Er »tut, soviel er kann« bei seiner Apologetik; aber er »fügt das Gebet an, daß alle Menschen an allen Orten der Wahrheit für würdig erachtet werden« *(2 Apol.* 15). Er macht das sehr klar in *Dial.* 7, wo er schreibt: »Bete, daß dir vor allen Dingen die Tore des Lichtes geöffnet werden; denn diese Dinge können nicht von allen erfaßt oder verstanden werden, sondern nur von dem Menschen, dem Gott und sein Christus Weisheit verliehen haben.«

58 Siehe Andresen, *ZNW* 1952–1953, S. 157–195

59 Siehe G. Bardy, »Saint Justin et la philosophie stoicienne«, *Revue des sciences religieuses* 1923, S. 493 ff.

60 Siehe E. R. Goodenough, *The Theology of Justin Martyr.* Der mittlere Platonismus enthielt soviel Stoizismus, wie er unterbringen konnte. Zu dem evtl. Einfluß Philos auf Justin siehe H. Chadwick, in *BJRL* März 1965, S. 275 ff. Die Parallelen sind nicht zwingend.

61 *1 Apol.* 5

62 *Dial.* 8

63 *Dial.* 1

64 *Dial.* 8

65 Man vermutet, daß die letzteren zahlreicher waren als die ersteren. Es konnte sehr kostspielig sein, Angehöriger eines Mysterienkults zu sein.

66 *De Morte Peregrini* 11

67 Apuleius *Met.* 11, 23; *Pap. Par.* 43

68 *Pap. Oxyr.* 110. 523. Siehe A. B. Cook, *Zeus* I, S. 651 ff. und die sorgfältige Besprechung in A. D. Nocks Artikel in *Essays on the Trinity and Incarnation*, hrsg. von A. E. J. Rawlinson, S. 120–38.

69 Von den korinthischen Christen kann man es bestimmt nicht sagen. Siehe 1. Kor. 3, 1 ff; vgl. 11, 27.

70 Tatian ist ein interessantes Beispiel eines Mannes, der zu den Mysterien zugelassen wurde, aber von ihren Unanständigkeiten abgestoßen wurde. In den eleusinischen Mysterien z. B. war der Neuling gezwungen, an einer Darstellung der Genitalien der Demeter teilzunehmen.

71 Siehe Juvenal, *Satiren* 13, 46–52; 15, 36–38; 2, 149–59; 1, 85 f.

72 Das Wohlergehen der Gemeinschaft hing ab von der Durchführung der Opfer für die Staatsgötter. Siehe Horaz, *Oden* 4, 15 und Virgil, *Eklogen* 4. Die Weigerung der Christen, daran teilzunehmen, galt natürlich als aufsässig.

73 Siehe Juvenal, *Satiren* 13, 90–96; 6, 489; 9, 22–24; 6, 536–541.

74 Siehe Juvenal, *Satiren* 9, 137 ff.; 2, 124 f.; 6, 445 f.

75 *Satiren*, 4, 71; 6, 115

76 *CIL* 10, 5382. Die Übersetzung lautet: »Dieses Opfer für Ceres hat Junius Juvenalis... Priester des göttlichen Vespasian, gelobt und auf eigene Kosten dargebracht.«

77 *Satiren* 3, 143 f.; 10, 23 f.; 10, 195 ff.; 12, 48 ff.; 13, 130 ff.; 14, 173 ff. Die ausgedehnte Behandlung dieses Themas durch Juvenal und die Ergebnisse der Ausgrabungen von Antiochia machen deutlich, wie verbreitet die Tendenz war, Ideale und sittliche Fähigkeiten zu verehren anstelle der alten Götter, die sie so unvollkommen verkörperten. Die christliche Evangelisation konnte in einem solchen Klima leicht blühen. Alle diese und noch andere Eigenschaften fanden sich in der Person Jesu von Nazareth.

78 *Satiren* 3, 318 ff.; 12, 1–9.

79 Apg. 14, 8 ff.

80 Peter Green bemerkt dazu mit Recht in seiner Penguin-Übersetzung von Juvenal: »In der berühmten sechsten Satire gegen Frauen wendet sich Juvenal nicht so sehr gegen die Züggellosigkeit *tout court* als gegen die Durchbrechung der Klassen und Konventionen... Man erhält den Eindruck, als habe er gar nichts gegen einen kleinen internen Frauentausch, sofern das nur diskret geschieht« *(Juvenal, the Sixteen Satires,* S. 25).

81 Z. B. 1. Tim. 2, 2

82 2. Petr. 1, 3

83 Ebenda; 2. Tim. 3, 5

84 Tit. 1, 1

85 2. Petr. 1, 7

86 Siehe unten

87 Siehe z. B. Justin, *1 Apol.* 14 und *Brief an Diognet* 10; Athenagoras, *Presb.* 35

88 Vgl. den Zusammenhalt und die Liebe, die die Gemeinden in Jerusalem und Antiochia kennzeichneten (Apg. 2, 41–47; 13, 1 ff.), auch 1. Kor. 13 und 14, 24 f.

89 Das war immer ein bedeutender Teil der Botschaft – vgl. Apg. 17, 31; 24, 25; Röm. 2, 4 f. u. a. Aber im zweiten Jahrhundert wurde es stärker betont und erhielt Unterstützung durch die unheimliche Erhabenheit über diese Welt bei den christlichen Bekennern, die völlig Herr wurden über die Furcht (Siehe *Mart. Polyk.* 11; Justin, *1 Apol.* 68; *2 Apol.* 11, 14; Athenagoras, *Presb.* 12; *Barnabasbrief* 21 u. a.

90 Mark. 1, 34; 39; 3, 15; usw. Luk. 8–11 passim.

91 Siehe Origenes, *Contra Celsum,* hrsg. von H. Chadwick, besonders die Einleitung, S. XVI–XXII.

92 Siehe T. R. Glover, *Conflict of Religions in the Early Roman Empire,* S. 95 ff. Dort findet sich eine erhellende Studie über die Dämonen bei Plutarch.

93 Tatian, *Orat.* 29

94 Tatian, *Orat.* 9 nimmt planeton im Sinne von »verführend«, nicht »umherirrend«.

95 *Dial.* 30

96 *Dial.* 30

97 Kol. 2, 15. Paulus ist sogar davon überzeugt, daß die bösen Geister niemals ihre Kräfte vereinigt und Christus ans Kreuz gebracht hätten, wenn sie gewußt hätten, welche Macht er durch die scheinbare Niederlage der Kreuzigung ausüben würde. Siehe 1. Kor. 2, 8 und die Ausführungen in O. Cullmann, *Der Staat im Neuen Testament,* S. 45 ff.

98 Sie wurde stark mit den Dämonen in Verbindung gebracht. Siehe Tatian, *Orat.* 9: »So sind all die Dämonen; sie sind es, die die Lehre vom Schicksal aufgebracht haben.«

99 Der Kaiser Tiberius soll aus diesem Grunde die Anbetung der Götter aufgegeben haben (Sueton, *Tib.* 69): »Ihm fehlte jedes tiefere Empfinden für die Götter oder andere religiöse Gefühle, nachdem sein Glaube an die Astrologie ihn überzeugt hatte, daß die Welt völlig vom Schicksal gelenkt werde.«

100 Siehe R. P. Martin, *Carmen Christi,* S. 308 und P. Wendland, »*Hellenistic Ideas of Salvation in the Light of Ancient Anthropology*« in *A. J. T.* 1913, S. 345 ff.

101 Vgl. Offb. Kap. 5

102 A. a. O., S. 310 f.

103 Ignatius, ›*Epheser*‹ 19

104 Siehe oben

105 Wir erkennen die Herrschaft des auferstandenen Christus über die Magie in Apg. 19, 13 ff. und 8, 18 ff. Die Zauberer merkten, daß er ihnen gewachsen war. Hier war etwas, das in jeder Weise der Zauberei überlegen war. Die Christen haben nicht versucht, die unbekannten Mächte zu überwinden, indem sie die richtigen Zaubersprüche fanden, sondern sie haben sich in betendem Vertrauen dem Herrn des Weltalls unterstellt, damit er durch sie Heilung wirken konnte. Die Macht des Namens Jesu wurde für so groß angesehen, daß sogar Juden ihn wie einen Zauberspruch benutzten. Er erscheint sogar in dem Pariser Zauberpapyrus, der ein phantastisches Gemisch von jüdischen, griechischen und ägyptischen Elementen enthält. Die Wirkung des christlichen Evangeliums war so groß, daß in Ephesus Menschen sich bekehrten, den Namen Jesu als des Herrn priesen, ihre Zauberkünste aufgaben und ihre Zauberbücher verbrannten – ein Freudenfeuer, das sie etwa 50 000 Silberstücke kostete. »So mächtig wuchs das Wort des Herrn und nahm überhand« (Apg. 19, 20). Andererseits dauerte es nicht lange, bis auch die Magie ihre Wirkung auf das Christentum ausübte. Schon bei Ignatius taucht eine magische Sakramentsauffassung auf, und die magischen Vorstellungen haben sich häufig hartnäckig erhalten in den Formen bäuerlichen Aberglaubens und den *sortes biblicae,* gegen die Augustin vorging *(Ep.* 55, 37) – wobei er ganz vergaß, daß seine eigene Bekehrung *(»tolle, lege«)* darauf zurückzuführen war.

106 ›*Epheser*‹ 19

107 Irenäus, *Adv. Haer.* 2, 32

108 Diese Befreiung wurde ein entscheidender Zug in der Apologetik des zweiten Jahrhunderts. Tertullian behandelt es ausführlich in seinem *Apologeticus,* Kap.

22–26 und kommt zu dem Schluß, daß viele Menschen Christen geworden sind, weil die Kraft Christi deutlich jeder anderen Kraft überlegen war. In *Ad Scapulam* 2 behauptet er: »Wir verachten die Dämonen nicht nur, wir überwinden sie. Täglich geben wir sie der Verachtung preis und treiben sie von ihren Opfern aus, wie man wohl weiß.« Siehe auch Tertullian, *De Corona* 11; *Clem. Hom.* 9, 19; Theophilus, *Ad Autol.* 2. Celsus betrachtet Jesus als einen Meisterzauberer, und Origenes wird es nicht schwer, den Vorwurf zurückzuweisen *(Contra Celsum* 1, 68).

109 Apg. 14, 11

110 Lystra wurde im Jahre 6 n. Chr. eine Kolonie für altgediente Soldaten.

111 Das ist die Bedeutung von Apg. 14, 13 im Lichte des epigraphischen Materials, das W. M. Calder anführt in *Classical Review*, 1910, S. 67–81. Artemis Propolis (vor der Stadt) kommt vor in *C.I.G.* 2963.

112 Siehe F. F. Bruce, *The Acts of the Apostles,* S. 282; Cadbury und Lake, *The Beginnings of Christianity* IV, S. 164.

113 Ovid, *Metamorphosen* 8, 626 ff.

114 Das wird natürlich besonders von den Barthschülern heftig bestritten, aber es scheint mir durch die Texte in Apg. und Römer deutlich belegt zu sein, und es erscheint auch in der Predigt des zweiten Jahrhunderts.

115 »Der den Himmel und die Erde und das Meer und alles, was darin ist, geschaffen hat«, stammt aus Ex. 20, 11 (bezeichnenderweise im Zusammenhang mit ethischen Geboten); »Speise und Freude« erinnert an Pred. 9, 7; die Erwähnung von Ernte und Regen läßt an Jeremia 5, 24; 1. Mose 8, 22; Ps. 147, 8 u. a. denken.

116 Jes. 44, 9–20; Ps. 115, 4–8; 135, 15–18

117 Apg. 17, 16

118 Apg. 17, 18

119 Altäre für »unbekannte Götter« (in der Mehrzahl) werden für Athen bezeugt durch eine Inschrift (siehe B. Gärtner, *The Areopagus Address and Natural Revelation,* S. 242; hier auch nähere Einzelheiten) und durch Hinweise in Pausanias (I 1, 4), Diogenes Laertius (1, 110) und Strabo (3, 16).

120 Hier wird wahrscheinlich angespielt auf eine Gelegenheit, bei der Epimenides von Kreta (zitiert in Apg. 17, 27) in Athen eine Plage beendet haben soll, indem er schwarze und weiße Schafe vom Areopag ausschickte, damit sie nach Belieben hin- und herliefen, bevor sie an verschiedenen Stellen dem entsprechenden Gott geopfert wurden. Er stiftete dann ein Gedächtnis für die ganze Angelegenheit, indem er Altäre für unbekannte Götter errichten ließ. Johannes Chrysostomus, Ischodad und andere Schriftsteller geben jedoch andere Berichte.

121 Gärtner, a.a.O., S. 245

122 Dort sind Anklänge an Jes. 42, 5; 55, 6; Ps. 50, 12; 145, 18; Jer. 23, V. 23; 5. Mose 32, 8.

123 Ps. 50, 9–12

124 F. F. Bruce, *The Book of Acts,* S. 336. Siehe auch sein *Apostolic Defence of the Gospel,* Kap. 2.

125 Sie hielten sich gern für *autochthones,* Ureinwohner (eine eingebildete Vorstellung, die sich nicht historisch rechtfertigen ließ), die damit den anderen Griechen, die eingewandert waren, und ebenso auch den Barbaren überlegen waren. Was Paulus meint, wenn er sagt, daß alle Menschen von einem Stamme sind, erkennt man in Röm. 5, 12 ff. Es gibt in der Tat eine Einheit unter den Menschen, aber es ist eine Einheit in Sünde und Versagen.

126 Hier wird offenbar, genau wie in Tit. 1, 12, das Gedicht von Epimenides auf

dem Grabmal des Zeus zitiert. Es wurde sprichwörtlich: Aratus, *Phaenomena* 5; Ceanthes, *Hymne an Zeus* 4.

127 Der Stoizismus ist hier mehr scheinbar als wirklich; der Hintergrund ist vorwiegend der des Alten Testamentes, wie man an dem Ausdruck »vom Menschen gemacht« (V. 24) erkennen kann; er stammt aus der alttestamentlichen Polemik gegen allen Götzendienst als »das Werk von Menschenhänden«.

128 Röm. 1, 19 f.

129 Röm. 1, 21. 25

130 Röm. 1, 24, 26. 28

131 *De Ira Dei* 2

132 »Die stoischen, skeptischen und zynischen Philosophen (auch z. T. die epikureischen) waren ihnen hier vorangegangen, und Verspottungen der Götter waren so billig wie Brombeeren«, bemerkt Harnack dazu (a.a.O., S. 280).

133 Siehe Schürer, *Die Geschichte des jüdischen Volkes im Zeitalter Jesu Christi* 2, III, 262 ff. (d. engl. Ausg).

134 Im entscheidenden Moment würde kein Philosoph sich weigern, den Göttern zu opfern. Er dächte nicht im Traum daran, für seine oft vorgetragene skeptische Haltung gegenüber den Göttern sein Leben zu lassen. Für solche Leute waren ihre Angriffe auf die Götter eine Sache der Reinigung vom üblichen Aberglauben, für die Christen war es eine Frage der Überzeugung, des Widerstandes gegen einen fundamentalen Irrtum.

135 *Dialexeis* 2, 5. Siehe H. Chadwick's Einführung in Origenes, *Contra Celsum*, S. XVII. Zum Vergleich führt er an: »Einige sagen, daß Apollo, Helios und Dionysos der gleiche Gott sind, wie ihr auch meint. Und viele behaupten, daß alle Götter einfach eine bestimmte Kraft oder Macht sind, so daß es gleichgültig ist, ob man diesen oder jenen verehrt« (*Dio Chrys.* 31, 11).

136 Celsus, der sich sehr dafür einsetzte (wie nach ihm Julian), wiederholte nur die traditionelle römische Ansicht, daß das Wohlergehen des Reiches in nicht geringem Maße von der Beibehaltung der *religio* mit den Göttern abhing.

137 Das haben sie natürlich wacker abgestritten und zogen Vergleiche mit Sokrates, der den damaligen Polytheismus ablehnte, aber einen starken Glauben an das Göttliche hatte. Siehe hierzu Justin *1 Apol.* 5. Dennoch schien eine internationale Vereinigung, die keine nationalen Götter kannte, in der religiösen Welt des Altertums eine ganz seltsame Ausnahme zu sein.

138 Die Schriften des Tertullian befassen sich mit dieser Frage mehr als mit jedem anderen Problem.

139 1. Kor. 8, 4

140 1. Kor. 10, 19. 20

141 *Contra Celsum*, Buch VIII

142 *Brief an Diognet* 2

143 *Contra Celsum* 3, 29. 37

144 *Apolog.* 22

145 So hat die Verehrung der Isis den sexuellen Abenteuern des Lucius einige Einschränkungen auferlegt, wie es aus dem sechsten Buch der *Metamorphosen* hervorgeht; dennoch war die sexuelle Zügellosigkeit des Isiskultes im Altertum allgemein bekannt. Juvenal spricht in *Satiren* 6, 35 ff. von der Regel, daß man sich einige Tage vor der Teilnahme am Isiskult vom Geschlechtsverkehr enthalten sollte, oder neun Tage vor dem Fest der Ceres; aber er macht auch ganz deutlich, daß diese Regel schamlos verachtet wurde. Nock steht zu sehr unter dem Einfluß einer Inschrift aus dem zweiten Jahrhundert vor Christus mit ihren Aussagen über die rituellen Vorschriften; deshalb ist er der ziemlich naiven Meinung, daß Ethik und Religion im Altertum enger miteinander verquickt gewesen sei-

en, als das tatsächlich der Fall war. Siehe sein Buch *Conversion*, S. 217.

146 Einzelheiten in meinem *Commentary on 2 Peter and Jude,* S. 48 ff.; 177 ff.

147 *2 Apol.* 5

148 Athenagoras, *Presb.* 24–28

149 *De Principiis* 3, 2, 1 und 4. Demgegenüber steht die Warnung des Origenes an die Klügeren, auf die Schrift zu achten und nicht zu meinen, durch die Dämonen könnte kein Böses entstehen *(Kommentar zu Johannes* 20, 4).

150 *1 Apol.* 14

151 Tertullian, *De Idol.* 1

152 Die Züge des Sakramentsrealismus und der Logoschristologie zeigen bei beiden Schriftstellern enge Verwandtschaft.

153 *The Doctrine of Grace in the Apostolic Fathers.*

154 *The Divine Apostle* und *The Spiritual Gospel.* Das tiefe Verständnis in dem Werk von Professor Wiles wird erkennbar, wenn er davor warnt, daß wir meinen, wir hätten die endgültige Deutung für die Apostel. »Genau wie sie (die nachapostolischen Interpreten der Apostel) sind auch wir Kinder unserer Zeit, und es kann noch Aspekte im paulinischen Denken geben, für die wir durch bestimmte Vorentscheidungen und theologische Denkmuster der Gegenwart blind sind« *(The Divine Apostle,* S. 132).

155 Kap. 8

156 Kap. 7

157 Kap. 9

158 Kap. 10

159 Kap. 9

160 Kap. 8

161 Kap. 10

162 Besonders im Lukasevangelium, bei Paulus und im 1. Petrusbrief

163 Kap. 10

164 Kap. 11

165 Kap. 7

166 Kap. 5

167 Besonders 2. Kor. 4, 12; 6, 9. 10

168 Der Zeitpunkt ist unklar. Westcott nimmt das Jahr 117 n. Chr. an, Lightfoot und die meisten Forscher etwa 150 n. Chr. Siehe die Behandlung der Frage in H. G. Meecham, *The Epistle to Diognetus.*

169 P. Andriessen hat in *Recherches de Théologie, ancienne et medievale* 1946 behauptet, daß es sich in der Tat um die verlorene *Apologie* des Quadratus handelt, die im ersten Viertel des zweiten Jahrhunderts an Kaiser Hadrian gerichtet war (unter dem ehrenvollen Synonym des Diognet). Siehe Meecham, a.a.O., S. 148–152

170 Das erste Zitat stammt aus seinen *Geistlichen Homilien* no. 20 und das zweite aus no. 30.

171 In *Epheser* 12 redet er »Mit-Eingeweihte der Mysterien« an.

172 *Epheser* 20

173 *Epheser* 18. Die Bedeutung von *pathei* ist unsicher.

174 Siehe besonders *Sim.* 9, 16.

175 1. Kor. 1, 10–17

176 1. Kor. 10, 1 ff.

177 1. Kor. 15, 29

178 Besonders Joh. 6, 51 ff.

179 1. Kor. 10, 1–5 und 21 ff.

180 Manchmal fanden sich in einer Gemeinschaft beide Haltungen, wie in Korinth

(Kap. 6 und 7 des 1. Kor.). Das gleiche schien in Kolossae der Fall zu sein (siehe Kol. 2, 16–3, 11).

181 Es war fast das einzige Wort, mit dem man christliche Lehren gegenüber Außenstehenden ausdrücken konnte. *Superstitio* hätte die gedankliche Grundlage des Christentums nicht recht zur Geltung gebracht; *religio* wäre sowohl unmöglich (denn es bezeichnete einen *nationalen* Glauben) als auch lächerlich gewesen (denn für die nicht Eingeweihten erschienen sie als Atheisten, da sie die Staatsgötter leugneten). In jedem Falle wäre eine *religio*, die keinen Altar, keinen Tempel, kein Opfer hatte, ganz unglaublich gewesen, wie Celsus feststellte.

182 Siehe J. Munck, *Paul and the Salvation of Mankind*, passim.

183 Obwohl dies im Neuen Testament sorgsam vermieden wurde, schlich es sich bald ein. Es findet sich schon bei Ignatius, *Philad.* 9; *1. Clem.* 40. 41; *Didache* 13.

184 Siehe Hermas, *Sim.* 8, 3, 2. Dort wird das Gesetz als die Proklamation des Heils beschrieben, die an die Menschen ergeht. So hat das Gesetz eine soteriologische Aufgabe, die beschlossen ist in dem Sohn Gottes, an den die Menschen glauben. Mein Freund Rev. George Carey weist mich darauf hin, daß Nomos (Gesetz) bei Hermas eine ähnliche Funktion hat wie Logos (Wort) bei Johannes, und daß sich beide aller Wahrscheinlichkeit nach aus der Weisheitsspekulation des Spätjudentums herleiten. Siehe auch Justin, *Dial.* 43, 1, der von Christus redet als dem, »der verkündigt wurde als der, der zu aller Welt kommen sollte, der das ewige Gesetz und der ewige Bund sein sollte«. Diese Tendenz darf man nicht wie Moody als bloßen Moralismus abtun. Man wird nicht unbedingt der neutestamentlichen Offenbarung untreu, wenn man Christus mit der neuen Thora gleichsetzt. Matthäus und Paulus tun es. Es läßt sich natürlich nicht leugnen, daß es einem bloßen Moralismus die Tür öffnet, sobald man den Blick dafür verloren hat, daß die Thora in Christus Person geworden ist.

185 Das ist besonders bei Hermas der Fall.

186 Hermas, Vis. 1, 2. Hermas, der schon getauft ist, fragt: »Wie kann ich selig werden?« Wie soll ich Gott für all meine Sünden versöhnen?« vgl. *Sim.* 9, 28, 6. Die gleiche Haltung tritt in Diache 4, 6 zutage. »Wenn du es kannst, dann gib das Lösegeld für deine Sünden«; und sie kehrt wieder in den *Apostolischen Konstitutionen* 7, 12. Das war ein verhängnisvolles Abweichen von der neutestamentlichen Gnadenlehre und es hat die westliche Christenheit jahrhundertelang in heillose Verwirrung gebracht.

187 So J. P. Audet, *La Didache*, S. 187–219. Er schreibt das Werk dem Antiochus zu und datiert es in die Jahre 50–70 n. Chr.

188 Vgl. die »Ausnahme des Matthäus«, 5, 32; 19. 9.

189 In seinem *Brief an Gregor* 2 ist sich Origenes der Gefahr wohl bewußt. Er verteidigt das gewagte Vorgehen, »die Ägypter zu berauben«, nämlich von dem heidnischen Denken und der heidnischen Kultur alles zu nehmen, was gut und wahr ist, und es im Interesse der christlichen Wahrheit zu verwenden. Aber er fährt fort: »Ich kann dir aus eigener Erfahrung sagen, daß nur wenige bloß das Brauchbare von den Ägyptern nehmen und hingehen und es im Dienst Gottes verwenden ... Es gibt Leute, die aus ihren griechischen Studien ketzerisches Wissen entnehmen und es wie das goldene Kalb in Bethel aufrichten, welches das ›Haus Gottes‹ bezeichnet.«

190 Folgende Gegenüberstellung ist auch interessant: Während das Judenchristentum immer dazu neigte, die Gottheit Jesu zu wenig zu betonen, irrte das Heidenchristentum in der entgegengesetzten Richtung ab. In ihren Augen war Jesus so eindeutig Gott, daß sie ihn sich kaum als Menschen vorstellen konnten. Die Aufregung, die durch J. A. T. Robinson's *Gott ist anders. Honest to God*

entstand, kam teilweise dadurch, daß die Christen im Unterbewußtsein eine gewisse Abneigung dagegen haben, Jesus zunächst als den Menschen zu sehen.

191 *2 Apol.* 12. Im Zusammenhang fährt er dann fort und sagt, es sei ihm an der Art, wie die Christen starben, deutlich geworden, daß sie kein gottloses und lasterhaftes Leben geführt haben konnten, wie man es ihnen vorwarf. Ihr Sterben machte einen solchen Eindruck auf ihn, daß er darin eine Bestätigung ihrer Lehren sah.

192 *Acta Justin* 4

193 Siehe H. Rahner, *Die griechischen Mythen in christlicher Deutung.* Kürzlich hat man in Hinton St. Mary, Dorset, ein Mosaikpflaster entdeckt, das aus dem vierten Jahrhundert stammt. Es zeigt, daß dieses Merkmal noch vorhanden ist. Die Zentralgestalt dieses Mosaiks ist eindeutig Christus. Es findet sich nicht nur das XP-Symbol hinter dem Kopf, sondern das ganze Portrait erinnert sofort an den *Christos Pantokrator* von Daphni. Das nächste Mosaik jedoch zeigt Bellephoron, der den Drachen erschlägt. Zweifellos hatte es eine tiefere Bedeutung und sollte heißen, daß der Drache des Bösen jetzt von Christus, dem Sieger überwunden war. Siehe J. M. C. Toynbee, »A New Mosaic Pavement found in Dorset«, *J. R. S.* 1964, S. 7ff.

194 *1. Clem.* 25. Wieder einmal lebte dieses heidnische Symbol der Auferstehung in der christlichen Kirche weiter. Ein Mosaik aus dem sechsten Jahrhundert in Sabrotha, Tripolitanien, zeigt klar, daß die Christen vom Phönix Gebrauch machten.

195 Herodot, *Hist.* 2, 73 vgl. Plinius, *N. H.* 10, 2. Daher das sehnsuchtsvolle Mosaik, das man in Pompeji fand, und das jetzt im *Museo Nazionale* in Neapel aufbewahrt ist. Es stellt den Phönix dar mit der Inschrift »Phoenix, felix et tu«.

196 Paulus gefielen die Methoden und Motive einiger Leute nicht, die während seiner Gefangenschaft Christus verkündigten (in Rom?). Dennoch freute er sich, daß Christus verkündigt wurde (Phil. 1, V. 14–18).

197 Das bezieht sich fraglos auf die Predigt. Siehe E. Schweizer in *Current Issues in New Testament interpretation* (hrsg. von Klassen und Snyder), S. 177. »Wir müssen es wagen, einseitig zu sein und uns zu entscheiden. Andernfalls predigen wir den Menschen von gestern und nicht von heute. Zugleich müssen wir die alten Formulierungen beibehalten, auch wenn wir sie nicht verstehen, als Wächter, die uns an Bereiche unseres Glaubens erinnern, die im Augenblick vielleicht unverständlich oder auch unbedeutend sind, die aber in einer neuen Situation größte Bedeutung erlangen können.«

Kapitel 6

1 *La Conversion au Christianisme,* S. 1

2 *Conversion,* Kap. 8. 9. 10. Nock stand zu sehr unter dem Einfluß der religionsgeschichtlichen Schule, und Bardy kann leichter die Einzigartigkeit des Christentums herausstellen. Viele Beispiele, die Nock anführt, stehen entweder isoliert da oder lassen sich aus besonderen Fällen heraus erklären. Siehe unten Anm. 4.

3 Der Formalismus der antiken Religion ist kaum zu übertreiben. »Heiligkeit«, sagt Cicero, »besteht in der Kenntnis der rituellen Handlungen« (»sanctitas est scientia colendorum deorum«). Auf der Seite der Griechen hatte Plato fast dasselbe gesagt. »Was, meinst du, ist das Wesen der Heiligkeit und des Heiligseins? Ist es nicht das Wissen darum, wie man opfert und Gebete spricht?« *(Euthyphron,* 14 c; siehe auch *Staat* 290 d).

4 Natürlich wird in der heidnischen Religion auch hier und da die wirkliche ethische Frömmigkeit betont. Aber es ist die Ausnahme, nicht die Regel. Die Inschrift aus Philadelphia, die bei Nock, *Conversion*, S. 216–218 zitiert wird, ist für vorchristliche Zeiten fast einzig dastehend, obwohl gegen Ende des zweiten Jahrhunderts n. Chr. bei dem Eintritt in die Mysterienkulte ethische Forderungen erhoben wurden, welches zweifellos unter dem Einfluß des Christentums geschah. Siehe Origenes, *Contra Celsum* 3, 60. Außerdem reicht das Verbot von Diebstahl, Mord und sexuellen Verfehlungen auf der von Nock zitierten Inschrift noch längst nicht an die christliche Auffassung von Heiligkeit heran; es sind zudem alles Verstöße, die kultische Unreinheit mit sich bringen und in den meisten Gesellschaften im Blick auf die Gottesverehrung als Tabus gelten.
Die andere von Nock angeführte Stelle stammt aus Apuleius, *Metamorphosen* 11, 22, 6. Sie spricht von den Befehlen, die Lucius erteilt werden, als er Priester der Isis wird, nachdem er sich nach seinen Abenteuern als Esel wieder in menschliche Gestalt zurückverwandelt hatte. Doch auch dies ist eine unvollkommene Parallele. Erstens ist sie einmalig. Zweitens wird von Lucius nicht Heiligkeit, sondern genaue Befolgung der Kultvorschriften verlangt. Was er der Isis geloben muß, nämlich Fasten, besondere Speisen und geschlechtliche Reinheit, ist nicht mit der christlichen Ethik zu vergleichen. Und selbst in diesem Falle müßte man den Ausnahmecharakter des Berichtes in Betracht ziehen. Es ist die ganz persönliche Antwort von einem, der durch das Eingreifen der Göttin Isis aus dem Zustand des Tieres befreit wurde, und die Gelübde sind sein Dankopfer, als er Priester in ihrem Dienst wird. Schließlich darf man nicht vergessen, daß es eine erfundene Geschichte aus der zweiten Hälfte des zweiten Jahrhunderts ist. Was Heiden zu diesem Zeitpunkt für einen erdachten Helden fordern konnten, war in der Tat bereits seit mehr als einem Jahrhundert bei den Christen im Leben wirklicher Menschen erreicht worden.
5 Cicero, *De Funibus* 14
6 *Baptism and Conversion*, S. 56
7 *Meditations*, 2, 28
8 Am Ende seiner Schrift *De Natura Deorum*..
9 *Briefe* 88
10 *Briefe* 45
11 Dasselbe gilt von Mark Aurel, dem Philosophenkaiser, der erbarmungslos Christen beseitigen ließ.
12 A.a.O., S. 182
13 *De Vita Beata* 20
14 Tacitus, *Annalen* 13, 42; 14, 52. Siehe auch Dio 61, 10 wegen einer Liste von Senecas Lastern. Einiges kann erfunden sein, aber die übereinstimmenden Aussagen der alten Quellen zeigen an, auch wenn man alles üble Gerede abzieht, daß Senecas Leben alles andere als beispielhaft war. S. Dill tritt in *Roman Society from Nero to Marcus Aurelius* sehr für ihn ein.
15 *Ad Polyb.* 6
16 *Briefe* 45
17 A.a.O., S. 59
18 Josephus, *Altertümer* XVII 5, 7; *Bell. Jud.* I 33, 7
19 Josephus, *Altertümer* XIX 5, 1
20 Josephus, *Altertümer* XX 8, 11; *Vita* 3.
21 Harnack gibt eine ausgezeichnete Beschreibung, wie dieses Selbstbewußtsein zunahm, in *Mission und Ausbreitung des Christentums*, S. 238 ff.
22 Siehe J. Jeremias, *Die Kindertaufe in den ersten vier Jahrhunderten*, S. 20 ff., wo das Material angeführt wird.

23 In seinem Buch *Dialogue with the World*.

24 Ebenso Lesslie Newbigin in seinem scharfsinnigen Buch *The Finality of Christ,* besonders das vierte Kapitel über Bekehrung!

25 S. 178

36 Man muß beachten, daß der Heilige Geist, nicht die Apostel, die Fronten der Kirche an Stellen erweitern, wo die Führer der Urgemeinde kaum daran gedacht hätten – Samaritaner (Kap. 8), Eunuchen (Kap. 8), Gottesfürchtige (Kap. 10) und völlige Heiden (Kap. 13).

27 2, 4. 33; 4, 8; 6, 10; 8, 29.

28 9, 17; 16, 6.

29 10, 45 ff.; 13, 2

30 *Essays on New Testament Themes*, S. 89–91

31 *Gemeinde und Gemeindeordnung im Neuen Testament*, S. 67.

32 15, 26 f.

33 Dies wird erkannt in Origenes, *Contra Celsum* 1, 46

34 Dies ist ein gängiger Ausdruck, der entweder die Schrift bezeichnen kann oder die apostolische Verkündigung der Frohen Botschaft mit besonderer Betonung der Auferstehung Jesu. A. Turck, der über die Vorrangstellung des Wortes bei der Evangelisation schreibt, sagt folgendes: »Das ganze christliche Leben beginnt so oder so durch die Annahme des einen Wortes, der Frohen Botschaft vom Heil, des Wortes, das in dem verkündigt wird, was man das Kerygma nennt, und das im wesentlichen von dem gekreuzigten und auferstandenen Christus, dem Heiland und Herrn ausgeht« (*Evangelisation et* Catéchèse, S. 62).

35 Eph. 6, 17

36 A.a.O., S. 68. Er weist darauf hin, daß ›das Wort predigen‹ oder ›annehmen‹ nicht weniger als 32mal in der Apostelgeschichte vorkommt.

37 So war es in Judäa (6, 7), Samaria (8, 4–7. 14), auf der ersten Missionsreise (13, 49) und in Asien (19, 20).

38 Apg. 8, 35; 5, 42; 28, 31

39 Apg. 2, 22 ff.; 3, 13 ff.; Kap. 7

40 Apg. 14, 16; 17, 30

41 Man macht es sich zu leicht, wenn man meint, sie hätten kein Interesse gehabt am historischen Jesus. Schließlich mußte Theophilus das ganze Lukasevangelium lesen, bevor er zu der Missionspredigt der Apostelgeschichte vordrang. Seine Kenntnisse über den historischen Jesus beschränkten sich sicher nicht auf das, was er den Reden der Apostelgeschichte entnehmen konnte.

42 Apg. 2, 38; Röm. 8, 15; 2. Kor. 5, 19 ff.

43 Apg. 13, 39

44 Apg. 14, 3; 15, 11; 13, 46 f.; 4, 12; 13, 39.

45 Jer. 31, 35 f.; Hes. 36, 25 ff.

46 22, 16; 9, 17. Nicht weniger als siebenmal wird der Heilige Geist in der Apostelgeschichte beschrieben als eine Gabe, die man empfangen kann.

47 Die göttliche Initiative beim Heil wird so sehr betont, daß Buße und Glaube, die beiden Hauptelemente auf seiten des Menschen, als Gaben Gottes angesehen werden (5, 31; 11, 18; 18, 27).

48 Sie haben sie sogar gezählt. Siehe 2, 41; 4, 4.

49 Apg. 26, 20

50 Apg. 17, 30; 3, 26

51 Die Schreiber des neuen Testamentes drücken die Unmittelbarkeit des Glaubens auf verschiedene Weise aus. Für Markus bedeutet es »Jesus anrühren«, für Johannes »ihn sehen«, für Paulus »in Christus sein«. Jedesmal ist der Glaube

mehr als eine Zustimmung zu Aussagen über Jesus, obwohl es sich auch darum handelt. Er ist eine Begegnung mit Christus, die aus einer persönlichen Übergabe an ihn erwächst, welche wiederum durch Aussagen über ihn zustandekommt. Er ist nichts anderes als eine Selbsthingabe an den Einen, der sich selbst für uns dahingegeben hat.

52 z. B. Apg. 2, 44; 4, 4; 11, 21 u. a. Es überrascht kaum, daß die Christen einfach als »Gläubige« bekannt wurden (5, 14 u. a.).

53 Apg. 10, 43; 14, 23; 24, 24 u. a.

54 A.a.O., S. 14

55 Zum ganzen Thema der Taufe als »Siegel« für die Aufnahme des Christen siehe G. W. H. Lampe, *The Seal of the Spirit.*

56 1. Mose 17, 9 ff.

57 Kol. 2, 11 bringt die beiden Sakramente der Beschneidung und der Taufe zusammen. Röm. 4, 1–12 benutzt eine Sprache, die in diesem Zusammenhang sehr bezeichnend ist.

58 Gal. 3, 26. 27

59 Das bedeutet nicht, daß die Taufe unvermeidlich und unveränderlich als ein Sakrament der Vereinigung des Menschen mit Christus wirksam war, wenn die Haltung des Menschen nicht die rechte war. Simon der Zauberer bleibt das stehende Beispiel dafür, daß die Möglichkeit bestand – und noch besteht – daß ein Mensch noch »voll bitterer Galle und verknüpft mit Ungerechtigkeit« sein konnte, nachdem er den Glauben bekannt und die Taufe empfangen hatte. G. R. Beasley-Murray sagt dazu: »Oepke hat uns schon vor langer Zeit gewarnt, daß man die neutestamentliche Lehre von der Taufe und vom Heil nur richtig einschätzen kann, wenn man sich ständig vor Augen hält, daß die Kritik an einer nur äußerlichen, dinghaften Einschätzung von religiösen Gegenständen und Handlungen seit den Tagen der Propheten zu den wesentlichen Aussagen der Bibel gehört« *(Baptism in the New Testament,* S. 300). Gelegentlich diente der Fall des Simon Magus als wichtige Mahnung für die rechte Taufvorbereitung (Cyril, *Procatechesis* 1, 2).

60 1. Kor. 12, 13

61 2. Petr. 1, 9

62 1. Kor. 6, 11

63 Tit. 3, 5

64 Siehe das ganze vielfältige Material in Kap. 4 von Lampe, *Seal of the Spirit.*

65 Eph. 1, 13. 14

66 Röm. 6, 1 ff.; 1. Petr. 3, 21–4, 3

67 *Polyc.* 6, 2

68 *Smyrn.* 8, 2

69 *Sim.* 9, 16, 3–4

70 *Mand.* 4, 3

71 Der *Barnabasbrief* verknüpft die Taufe mit der Beschneidung (Kap. 9) wie im Neuen Testament und deutet den Fluß von Hes. 47, 1–12 als das Taufwasser, in das »wir hineinsteigen, beladen mit dem Schmutz der Sünden« und aus dem wir »heraufsteigen und Frucht tragen in unseren Herzen und unsere Furcht und Hoffnung im Geist auf Jesus ruhen lassen«, gewiß des ewigen Lebens bei Christus (11, 11).

72 Siehe unten

73 Hippolytus, *The Apostolic Tradition,* und Tertullian, *De Baptismo,* wo Tertullian am Anfang von den Christen spricht als von »kleinen Fischen, im Wasser geboren nach dem Beispiel unseres ICHTHYS, Jesus Christus«.

74 Justin. *1 Apol.* 61; Tertullian, *De Baptismo* 1

75 Apg. 16, 33; 9, 16; 1. Kor. 1, 14 f.; Apg. 8, 37. Das schließt nicht aus, daß möglicherweise der Taufe ein sorgfältiger Unterricht vorausging. Vielleicht hat Paulus deshalb nicht so oft getauft, weil er normalerweise nicht lange an einem Ort blieb und deshalb den nötigen Unterricht nicht geben konnte, da er ständig weiterzog. Wenigstens war Tertullian sehr erstaunt, daß in diesen Beispielen des Neuen Testamentes keine Katechese erwähnt wird (*De Baptismo* 18).

76 *Baptism in the New Testament*, S. 71 ff.

77 Das bildet einen besonders interessanten Gegensatz zu Apg. 8, 37, wenn die *Didache*, wie es durchaus möglich ist, aus dem ersten Jahrhundert stammt. In diesem Falle zeigte es die verschiedene Praxis in einer Sache, die jedenfalls in einer sich schnell entwickelnden und ausbreitenden Kirche zu den Grundvoraussetzungen gehörte.

78 *Didache* 7, 1. J. P. Audet bestreitet die Echtheit des Ausdrucks »Nachdem ich alle diese Dinge wiederholt habe«; er meint damit die in den ersten sechs Kapiteln aufgezeichnete Lehre. Aber selbst wenn er Recht hat, dann besteht der Zusammenhang der Taufe mit den Zwei Wegen mit guten Gründen. Siehe A. Turck, a.a.O., S. 47 f.

79 P. Carrington, *The Primitive Christian Catechism*, und *E. G. Selwyn*, *The First Epistle of Peter*, Essay 1.

80 Siehe Selwyn, a.a.O.; C. H. Dodd, *Gospel and Law*, S. 20 f. und A. M. Hunter, *Paul and His Predecessors*, S. 52–57. 128–31. Selwyn zeigt, daß diese vier Aufforderungen immer nach einem Hinweis auf die Taufe oder die Wiedergeburt kommen. Das stützt seine These, daß wir es hier mit einer frühen Taufkatechese zu tun haben; aber es beweist sie noch nicht.
In 1962 ging Amdré Turck noch weiter in dieser Sache als Carrington, Selwyn oder A. Seeberg in *Der Katechismus der Urchristenheit*, oder J. N. D. Kelly in *Altchristliche Glaubensbekenntnisse*. Er behauptete, daß in der Kirche seit den Tagen der Apostel eine zweiteilige Katechese benutzt wurde. Die eine war ethisch mit starken jüdischen Vorbildern und erscheint in ihrer charakteristischen Form in »Die beiden Wege« in der *Didache, Barnabas, Hermas, 1. u .2. Clemens*, den *Clementinischen Homilien* und den *Apostolischen Konstitutionen*. Diese ethische Unterweisung war nach seiner Meinung nicht unbedingt eng mit der Taufe verknüpft; sie kann vor oder nach der Taufe erfolgt sein in den verschiedenen Bereichen der Kirche. Sie vertrat »*l'instruction commune aux chrétiens et aux cathechumènes*« (a.a.O., S. 141).
Der andere Zweig der urchristlichen Katechese war dogmatisch, kerygmatisch und sehr christozentrisch, er enthielt Glaubensaussagen und erwartete eine Antwort. Er war speziell auf die Taufe bezogen; hier zieht Turck sehr stark das Werk von Selwyn heran. Die Quelle dieser doppelten katechetischen Tradition lag nach seiner Ansicht bei Jesus selber in Matth. 7. Die Apostel folgten ihr. Er zeigt auch, welch ein wunderbares Vorbild hierfür in Qumran vorlag, wo die ethische und die eschatologische Seite in Lehre und Leben der Gemeinschaft Hand in Hand gingen. Turcks Arbeit ist sorgfältig und ausgewogen. Es könnte ein entscheidender Beitrag zum Gespräch über dieses verwirrende Thema sein.

81 *1 Apol.* 61

82 *Mission und Ausbreitung des Christentums*, S. 227 f. Dort schreibt er einen glänzenden Abschnitt gegen die angeblich sakramentale Verzerrung des Christentums.

83 Diese Zeit konnte bei guter Führung gekürzt werden.

84 *Adv. Haer.* 1, 10

85 Apg. 2, 41–47

86 Apg. 9, 2; 19, 9. 23; 22, 4. 14. 22

87 und von der ethischen Bedeutung, die das Wort *halach*, das dahinter stand, im jüdischen Denken hatte.

88 Apg. 2, 43; 5, 5. 11; 9, 31

89 2, 44; 4, 32–35; 6, 1–6; 10, 27–30

90 2, 42–46; 20, 7

91 Diese Behauptung muß abgewandelt werden in einer Kirche, die die Kindertaufe als Norm hat. Wie weit das geht, wird heute viel erörtert. Typisch für die Diskussion auf dem Kontinent sind die Kontroversen Barth – Cullmann, Jeremias – Aland. In England hat A. Gilmore *Christian Baptism* herausgegeben, und G. R. Beasley-Murray hat geschrieben *Baptism in the New Testament;* beide stellen den frühen Gebrauch der Kindertaufe in Frage. Zum ersten Male wird sie ausdrücklich bei Tertullian erwähnt, aber es gibt vorher schon viele Andeutungen in dieser Richtung. Die Haltung Jesu gegenüber den Kindern, die Parallele in der Proselytentaufe (die an allen Gliedern der Familie vollzogen wurde), die Taufe ganzer Häuser im Neuen Testament und die Tatsache, daß es im zweiten Jahrhundert keinen Hinweis gab auf eine Spaltung über einer so wichtigen Frage wie die nach den rechten Taufanwärtern – das alles hat viele Christen überzeugt, daß die Kindertaufe wahrscheinlich schon seit den Tagen der Apostel geübt wurde, wie es vor allem Origenes behauptet. Solange wir kein neues Material haben, können wir auch keine Gewißheit darüber bekommen. Aber selbst wenn die Kindertaufe seit Anbeginn der Kirche geübt wurde, muß sie im Lichte der Erwachsenentaufe gesehen werden, wie das auch bei der Beschneidung der Fall ist. Wie die Beschneidung war die Taufe das Bundessiegel auf Gottes Gnade, die der Antwort des Menschen entgegenkam. Für Erwachsene ging die Antwort des Glaubens dem Empfang des Sakramentes voraus. Für Kinder folgte sie später (und unterstrich so die bedeutende Wahrheit, daß die Gnade Gottes immer der Antwort des Menschen im Glauben vorausging). Wenn die Getauften nicht Buße taten und glaubten (Kinder wie Erwachsene), dann zeigte das, daß sie die Verheißungen des Heils Gottes zwar hatten, sie aber nicht persönlich ergriffen. Die ersten Christen waren sich der Gefahr eines bloßen Namenchristentums bewußt und wollten nicht nur dem Namen nach, sondern in Wirklichkeit Christen sein. Siehe Ignatius, *Rom.* 3, 2; *Magn.* 4, 1; Polyc. *Phil.* 2, 2; *2. Clem.* 14, 1; Justin, *1 Apol.* 4, 7 f.; 16, 8.

92 Joh. 8, 56; Röm. 4, 2. 6 f.

93 *Apolog.* 17

94 *1. Apol.* 5

95 *2. Apol.* 10

96 z. B. Tertullian, *Apolog.* 46

97 In dem Zusammenhang bringt er eine scharfe Anklage gegen »die größte Schuld der Menschen, daß sie den Einen nicht anerkennen wollen, um den sie doch alle wissen«.

98 *Apolog.* 40

99 *Apolog.* 18

100 1. Kor. 12, 13; Röm. 6, 4; 1. Petr. 3, 21; Joh. 3, 5

101 1. Joh. 2, 19

102 1. Kor. 10, 1–11; 11, 20

103 Apg. 8, 23

104 *Rom.* 3, 2; *Magn.* 4, 1

105 *Phil.* 2, 2

106 *2. Clem.* 14, 1

107 Apg. 28, 23

108 Apg. 20, 7–11

109 Apg. 13, 42

110 17, 17; 24, 10; 26, 1 ff.

111 J. R. W. Stott lenkt die Aufmerksamkeit auf diese verschiedene Ausdrucksweise zur Bezeichnung der Predigt, a.a.O., S. 8.

112 2, 40; 8, 25; 10, 42; 18, 5; 23, 11 u. a.

113 4, 2; 13, 5; 38; 15, 36 u. a.

114 17, 2. 17; 18, 4. 19; 19, 8. 9; 24, 25

115 18, 28

116 5, 42; 8, 4. 12. 25. 35. 40 u. a.

117 9, 29

118 17, 3

119 9, 22

120 9, 22

121 5, 28

122 5, 21. 25. 28; 5, 42 verbindet beides mit dem Ausdruck »zu predigen und zu lehren den Herrn Jesus«. Siehe F. V. Filson, *Three Crucial Decades,* Kap. 2 und den Angriff auf Dodd's Zweiteilung in R. C. Worley, *Preaching and Teaching in the Earliest Church.*

123 A.a.O., S. 87

124 Siehe A. J. Festugière, »L'expérience réligieuse du médicin *Thessalos*«, *Revue Biblique* 1939, S. 57 ff.

125 *Dial.* 1–8. Siehe oben.

126 *Orat.* 29

127 Nach Philipp von Sidon las er die Schrift, um sie abzulehnen – ein schönes Beispiel von der Kraft des Wortes Gottes, Menschen zu bekehren.

128 *Ad Autol.* 1, 14

129 *Strom.* 1, 1

130 Tatian *(Orat.* 29) und Clemens von Alexandria *(Strom.* 1, 2) werden beide sehr beredt in dieser Sache.

131 *Orat.* 29

132 *Protrop.* 2

133 *Barnabas* 2, 6

134 *Epheser.* 19. s. o.

135 *Clem. Recogn.* 1, 1–10. s. u.

136 2 *Apol.* 2

137 *Ad Donatum* 3, 4. Erstaunlicherweise spürt Professor Wiles nicht »die persönliche Seelenangst, die so klar durch den sehr kunstvollen rhetorischen Bericht von der Bekehrung des nordafrikanischen Bischofs Augustin hindurchscheint«. Er ist sich nicht im klaren, ob der Bericht von Cyprians Bekehrung eine tiefe Verwandlung des persönlichen Lebens und der moralischen Maßstäbe erkennen läßt. Doch er bemerkt, daß die Veränderung, die dem Übertritt Cyprians vom Heidentum zum Christentum folgte, so eindeutig war, daß er einen großen Teil seines Besitzes weggab und so gründlich mit seinen heidnischen Praktiken und seiner Kultur brach, daß er sich sogar weigerte, heidnische Literatur in seinen Schriften zu zitieren. Außerdem kann man sich kaum vorstellen, wie jemand mit mehr Bewegung und Echtheit über seine Erfahrung von Sünde und Befreiung sprechen sollte, als es Cyprian in seinem Brief an Donatus tat. Siehe »The Theological Legacy of St. Cyprian« von M. F. Wiles, in *J.E.H.* XIV, 2, S. 139–49.

138 Gal. 2. 20

Kapitel 7

1 Mark. 3, 14
2 Matth. 10
3 Apg. 6, 4
4 *Kirchengesch.* II 3, 1 f.
5 *Kirchengesch.* II 1, 1
6 Mitte des 3. Jahrh.
7 Euseb., *Kirchengesch.* 5, 10. Professor H. Chadwick zitiert zwei Artikel von A. Dihle und schreibt über die Geschichte von Pantaenus: »Angesichts des Handels zwischen dem Roten Meer und Malabar während des ersten und zweiten nachchristlichen Jahrhunderts ist die Geschichte nicht von vornherein ausgeschlossen« *(Early Christian Thought and the Classical Tradition,* S. 138).
8 J. N. Farquhar, *BJRL* 1926 und 1927, »The Apostle Thomas in North India« und »The Apostle Thomas in South India«. Siehe auch Kap. 10 und 4.
9 Matth. 28, 18–20; Mark. 13, 10; Apg. 1, 8
10 *1 Apol.* 39
11 Siehe Rengstorfs Artikel »apostolos« in *Kittels Theol. Wörterbuch zum N.T.*
12 Er hatte hart um die Anerkennung seiner Stellung als »Apostel Jesu Christi« zu kämpfen. Die Briefe nach Galatien und Korinth zeigen, daß es viele in der Urgemeinde gab, dic das nicht anerkennen wollten. Schließlich erfüllte er nicht die Bedingungen des Apostolats nach Mark. 3, 10; Apg. 1, 21 ff. Zur Zeit von *1. Clem.* 47, 4; Ignatius, *Rom.* 4, 3 wurde sein Anspruch nicht mehr ernstlich in Frage gestellt, obwohl ständige Unruhen in den Pseudo-Clementinen darauf hinweisen, daß sich einige Judenchristen nicht zufrieden gaben.
13 So vielleicht Jakobus (Gal. 1, 19), Barnabas (1. Kor. 9, 4), Silvanus (1. Thess. 2, 7), Andronicus und Junia oder Junias (Röm. 16, 7), obwohl sie alle umstritten sind.
14 2. Kor. 8, 23; Phil. 2, 25
15 2. Kor. 11, 5. 13; 12, 11
16 Gal. 1, 1 ff.
17 2, 2
18 *Vis.* 3, 5, 1; *Sim.* 9, 15, 4; 16, 5
19 A.a.O., S. 352–366
20 Obwohl die Bischöfe und Presbyter im Neuen Testament gleichrangig sind. Näheres hierüber in meinem Buch *Called to Serve*, S. 42 f.
21 3. Joh. 6. 7
22 *Didache* 4
23 *Didache* 13
24 *Didache* 11
25 Über die christliche Prophetie s. u.
26 *Contra Celsum* 3, 9
27 Euseb. *Kirchengesch.* V 10, 2
28 Euseb. *Kirchengesch.* III 37, 2
29 Mark. 1, 38
30 2. Tim. 4, 2. 5
31 Eph. 4, 11
32 Apg. 20, 18–28
33 1. Tim. 3, 1–7
34 Ignatius, *Polyc.* 1
35 *Mart. Polyc.* 12
36 Vorwort zu *Adv. Haer.* 1, 1

37 So wurde Cyprian, von dessen Bekehrung wir im vorigen Kapitel lasen, eigentlich durch die Vermittlung eines Presbyters zum Glauben geführt. »Caecilianus brachte Cyprian vom heidnischen Irrtum ab und führte ihn zur Erkenntnis des wahren Gottes« (Pontius, *Vit. Cypr.* 1).

38 *Ap. Konst.* 2, 6

39 Euseb. *Kirchengesch.* 5, 10. Siehe oben Anm. 7.

40 *Contra Celsum,* 3, 50–58

41 *Ad. Just.* 2

42 Irenäus, *Adv. Haer.* 1, 28

43 Euseb. *Kirchengesch.* 5, 13

44 Origenes, *Contra Celsum* 3, 52. Diese Politik war natürlich möglicherweise (und auch tatsächlich) voller Sprengkraft.

45 Origenes, *Contra Celsum* 3, 54

46 Euseb. *Kirchengesch.* 6, 3

47 Euseb. *Kirchengesch.* 6, 21

48 Harnack, a.a.O., S. 351

49 Apg. 8, 4

50 Apg. 11, 19–21

51 *Contra Celsum* 3, 55

52 Siehe oben Kap. 2, Anm. 78 und G. Highet, *Poets in a Landscape,* S. 231 f.

53 1. Petr. 3, 15

54 Phoebe nimmt in Röm. 16, 1 f. eine offizielle Stellung ein. Sie ist *patrona* der Gemeinde, ihr Haus deren Stützpunkt, ihr Stand der einer anerkannten Diakonisse. Zu diesem Amt siehe die *duae ministrae* bei Pilius, *Briefe* 10, 96; 1. Tim. 3, 11 beschreibt vielleicht auch dieses Amt.
   Es ist möglich, daß die Junia in Röm. 16, 7 eine Frau ist (der Akkusativ *Junian* wäre für die männliche wie die weibliche Form hier der gleiche), und daß »Apostel« hier die »Apostel Jesu Christi« bezeichnet, besonders da Paulus sagt, sie waren vor ihm Christen.

55 Phil. 4, 2. 4

56 *Contra Celsum,* 3, 55

57 1. Petr. 3, 1 f.

58 *Ap. Const.* 1, 10

59 *Ad Uxorem* 2, 3–7

60 und auch nervenaufreibend. Wie Tertullian bemerkt, konnte der Mann zu jeder Zeit seine Frau bei den Behörden als Christin angeben, und wenn sie nicht widerrief, konnte sie hingerichtet werden. Wir sahen schon, wie das in Rom geschah, als die Denunzierung der Frau eines Aristokraten durch ihren Mann der Hauptgegenstand von Justins *Zweite Apologie* war.

61 *Ad Uxorem,* 2, 7

62 *De Praescr.* 41

63 Siehe W. H. Ramsay, *The Church in the Roman Empire,* S. 375 ff.

64 *Dio* 67, 14; vgl. Sueton, *Domit,* 15 und Kap. 5, Anm. 48 oben.

65 Euseb. *Kirchengesch.* 5, 1–62

66 1. Petr. 3, 15 f.

67 1. Thess. 2, 1–14

68 1. Thess. 2, 15; vgl. Phil. 4, 9

69 1. Thess. 1, 7–8

70 2. Kor. 4, 1–5

71 Theophilus, *Ad Autol.* 4

72 *Ad Autol.* 9

73 *Ad Autol.* 13

74 *Ad Autol.* 15

75 *Ad Autol.* 6

76 *Ad Autol.* 5

77 *Ad Autol.* 3. 7. 8.

78 *Ad Autol.* 14

79 *Presb.* 11

80 Apg. 2, 42

81 Apg. 13, 1 ff.

82 1. Thess. 1, 3

83 1. Thess. 3, 13

84 1. Thess. 4, 9 ff.

85 1. Thess. 5, 13

86 1. Kor. 11, 20 ff; Kap. 12–14

87 Phil. 1, 15; 3,15–19; 4, 2 f.; Röm. 14, 1–15, 3

88 Jud. 1; 2. Petr. 2

89 Jak. 2, 1 ff.

90 Mark. 3, 32 ff.; Vgl. Joh. 7, 5

91 Später wurde Jakobus natürlich der Führer der Gemeinde in Jerusalem, ihm folgte ein anderer von den Verwandten des Herrn.

92 Siehe zu diesem Begriff A. R. George, *Communion with God.*

93 1. Kor. 14, 23 ff.

94 *1 Apol.* 9

95 Die folgenden Bescheibungen sind alle aus Tertullian, *Apolog.* 39 entnommen. Siehe jedoch oben Kap. 2, Anm. 65

96 *Epi.* 10, 96

97 2. Kor. 3, 18; vgl. Röm. 12, 1–2

98 Gal. 4, 19

99 *1 Apol.* 14

100 Plinius, *Briefe* 10, 96; Lukian, *De Morte Peregrini,* passim.

101 *Med.* 11, 3; Galenius, *De Sententiis Politiae Platonicae.*

103 2. *Clem.* 13, 3. Während 2. *Clem.* viel Predigtmaterial enthält, ist er zum gottesdienstlichen Gebrauch in der Gemeinde bestimmt. Von daher ist Concelmanns erstaunliche Behauptung, »Keine Predigten der Urgemeinde sind uns überliefert... Das älteste Material ist im 2. *Clem.*« (The Theology of the New Testament, S. 88), genauso irreführend hinsichtlich des 2. Clemensbriefes wie sie beleidigend ist für die Apostelgeschichte.

104 Leider erstarrte die große Mannigfaltigkeit guter Werke der Christen (vgl. Tit. 2, 7 gr. Text) immer mehr zu bloßer geschlechtlicher Enthaltsamkeit und Verzicht auf alle grausamen Taten und Götzendienst. Aber die Verengung der christlichen Ethik konnte niemals das Aufblühen wahrer christlicher agape ersetzen.

105 Harnack *(Mission und Ausbreitung des Christentums,* S. 202 f.) hat den seltsamen Widerspruch in der christlichen Moraltheologie an dieser Stelle gezeigt. Einerseits nahmen sie an, daß die Heiden fast intuitiv wußten, was Tugend war; in dieser Hinsicht war die christliche Moral nicht neu. Die Philosophen bekannten sich dazu, wenn sie sie auch nicht einhielten. Andererseits behaupteten sie, daß die Qualität ihres Christenlebens ein Beweis des übernatürlichen Lebens war, das in ihnen am Werk war; in diesem Sinne war es also ganz neu. Wenn ein Celsus bekennen mußte, daß »niemand Menschen völlig ändern konnte, die von Natur und aus Gewohnheit sündigen, nicht einmal durch Strafen, noch viel weniger durch Gnade« (Origenes, *Contra Celsum* 3, 65), dann konnte der Schreiber des *Briefes an Diognet* auf das Leben der Christen hinweisen und sagen:

»Das sieht nicht aus wie Menschenwerk; das ist die Macht Gottes« *(Diogn.* 7).
106 *Oct.* 22, 8; Tertullian, *Apol.* 15
107 *Martyrdom and Persecution in the Early Church*, S. 330 ff.
108 Apg. 4, 12
109 Joh. 15, 11; 16, 22
110 Apg. 16, 25
111 vgl. Phil. 3, 1; 4, 4
112 Apg. 8, 8; 13, 52; 15, 3
113 1. Thess. 1, 6
114 Apg. 5, 41
115 Röm. 5, 2
116 Röm. 5, 3
117 Röm. 5, 11
118 Hebr. 13, 5
119 Hebr. 12, 2
120 Apg. 20, 24
121 Röm. 8, 34–39
122 *Apolog.* 21
123 Kap. 5
124 Ps. 16, 11; Phil. 1, 23
125 Apg. 8, 5. 6. 26 ff.
126 1. Petr. 1, 8; Tacitus, *Annalen* 15, 44
127 Es ist nicht unwahrscheinlich, daß Flavius Sabinus, der ältere Bruder des Kaisers Vespasian, der im Vier-Kaiser-Jahr 69 n. Chr. umkam, Christ war und seine Bekehrung den Ereignissen verdankt, deren Zeuge er im Jahre 64 war, als er als *Praefectus Urbi* die der Brandstiftung verdächtigten Christen hinrichten lassen mußte. Während seiner hervorragenden Laufbahn war er ein Mann der Tat gewesen; er hatte dem Staat in fünfunddreißig Kämpfen gedient und war Statthalter von Mysien gewesen. Überraschenderweise lesen wir, daß er am Ende seines Lebens ein »sanfter Mann, der Totschlag und Blutvergießen verabscheute«, geworden ist. »Einige dachten, er sei bequem geworden, aber andere meinten, er sei milder geworden und tue alles, um das Blut seiner Mitmenschen zu verschonen« (Tacitus, *Historien* 3, 65 und 75). Das letztere Urteil erwies sich als das zutreffendere, denn er starb, als die Leute des Vitellius das Kapitol erstürmten, »unbewaffnet und ohne Gedanken an Flucht« (Tacitus, *Historien* 3, 73). Das alles beweist noch nicht, daß er Christ war. Aber wenn man es zusammen mit der Tatsache sieht, daß seine Nichte Domitilla und andere aus der Familie Christen waren, dann fällt es doch auf, daß ein Mann der Tat plötzlich zu einem Mann des Friedens wurde, ein Soldat zu einem Märtyrer, ein Mann, der sich auf das Waffenhandwerk verstand, zu einem Mann, der Blutvergießen haßte; und die Wahrscheinlichkeiten steigen, daß er unter christlichen Einfluß kam, wenn nicht mehr. Die nächstliegende Ursache war der großangelegte Mord an den Christen, der die römische Gesellschaft abstieß, und in den Sabinus offiziell verwickelt war. Es ist gut möglich, daß der Einbruch des Christentums in die kaiserliche Familie, der auf diese Weise erfolgte, das unmittelbare Ergebnis des treuen Zeugnisses der christlichen Blutzeugen aus dem Jahre 64 n. Chr. war.
128 Apolog. 50
129 Apg. 4, 23 ff.
130 Gal. 6, 17
131 Phil. 1, 29
132 Kol. 1, 24
133 Apg. 12, 1–6

134 *1. Clem.* 5

135 Bericht in Euseb, *Kirchengesch.* 2, 8

136 1. Thess. 1, 5

137 A.a.O., S. 131

138 G. B. Caird, *Principalities and Powers;* H. Schlier, *Mächte und Gewalten im Neuen Testament;* siehe auch K. E. Koch, *Seelsorge und Okkultismus.*

139 *The Significance of Satan* und *Essentials of Demonology.*

140 Mark. 6, 12. 13

141 Luk. 10, 17

142 Mark. 16, 15 ff.

143 Hebr. 2, 4

144 Apg. 3, 1 ff.

145 Apg. 5, 14

146 Apg. 8, 13

147 Apg. 8, 6 f.

148 Apg. 19, 1–12

149 1. Kor. 12, 9. 10; Jak. 5, 14 f.

150 *2 Apol.* 6

151 *Adv. Haer.* 2, 32

152 Ebenda

153 *Adv. Haer.* 2, 31. 32

154 *Contra Celsum* 2, 51

155 *Contra Celsum* 1, 6; 7, 4. Die Worte des Origenes beziehen sich klar auf die Wiedergabe einiger Jesusgeschichten.

156 *Contra Celsum* 7, 4

157 *Dial.* 85

158 *Apol.* 23

159 Pak. 2

160 *Oct.* 27

161 *Orat.* 12–19

162 *Contra Celsum,* passim

163 *Ad Demetr.* 15; *Ad Donat.* 5

164 8, 1

165 Siehe auch den Pariser Zauberpapyrus und natürlich Apg. 19, 13 ff.

166 8, 1

167 Das gleiche Kapitel in den *Konstitutionen* stellt das heraus. Genau dasselbe geschah zur Zeit Jesu. Seine mächtigen Taten konnte man entweder in hartnäckigem Unglauben achselzuckend abweisen oder sie dem Beelzebub zuschreiben.

168 Origenes, *Contra Celsum* 8, 36

169 In seinem umfangreichen Buch *Possession, Demoniacal and Other.* Siehe z. B. S. 389: »Die rein negative Antwort (d. h. auf die Frage nach den »parapsychologischen Phänomenen«), die so sehr dem Rationalismus in der historischen Kritik an all den Berichten entgegenkam, ist heute einfach nicht mehr möglich.«

170 *After the Apostles,* S. 61–71. Seine Meinung ist besonders gewichtig, da er nicht nur Professor der Kirchengeschichte war, sondern auch Missionar. Er gibt Berichte von Dämonenaustreibungen und Heilungen auf dem Missionfeld der Gegenwart.

171 So schreibt der Leiter der Überseeischen Missionsgemeinschaft (ÜMG) in einem persönlichen Brief von vielen solcher Fälle in Südostasien und bezieht sich dabei auf schriftliche Berichte wie *Borneo Breakthrough* von S. Houlison und *Demons Despoiled* von N. M. Nordmo. Er fährt fort: »Was man ›dämonische Besessenheit‹ nennt, scheint man besonders auf die dramatischen Manifestatio-

nen von dämonischer Besessenheit oder dämonischer Beeinflussung zu beziehen. Aber nach unserer Meinung ist das das Zeichen und Symptom, während der Kern der Sache die Unterwerfung unter die Dämonen ist; sie wird dann außer in dämonischer Besessenheit offenbar im Dienst als spiritistisches Medium, Tranceakten wie Durchs-Feuer-gehen, dem Durchbohren von Wangen und Zungen mit dem Schwert usw. und auch in Manifestationen von dämonischer Gewalt und Bosheit, ganz abgesehen von den üblichen Anzeichen des Trancezustandes oder der ›Besessenheit‹«. Foster (siehe die vorige Anmerkung) schließt daraus: »Diese junge Kirche macht die gleiche Erfahrung wie die Urgemeinde und ist der Tradition der apostolischen und nachapostolischen Verkündigung treu« (a.a.O., S.). Siehe auch C. N. Moody, *The Mind of the Early Converts*, S. 105 f.;»Freude über die Erlösung von der Knechtschaft der Götzen und Dämonen, Freude über den großen Schöpfer und Erhalter ist ein hervorstechender Zug im Christentum vieler Völker. Unter bekehrten Wilden ist es manchmal der ganze Inhalt der Religion.« Er gibt dafür noch einzelne Beispiele.

172 Siehe z. B. Dr. K. E. Koch, *Seelsorge und Okkultismus*.

173 S. 224

Kapitel 8

1. *Worship in Ancient Israel,* Kap. 7: »Die Synagoge«.

2 Apg. 13, 16. 26. 38

3 Kap. 4

4 *Missionary Methods,* S. 62 ff.

5 Über die Stellung der Heilung im Gesamtzusammenhang der Heilsverkündigung siehe mein Buch *The Meaning of Salvation*, S. 218 ff. und Dorothee Hoch, *Healing and Salvation*.

6 Israel Levinthal, *Problems of Jewish Ministry*, S. 17 zitiert *Koheleth Rabba* 11, 2.

7 John Peterson, *Missionary Methods of Judaism in the Early Roman Empire*, S. 155 ff.; siehe auch R. C. Worley, *Preaching and Teaching in the Earliest Church*, S. 64 ff.

8 S. o.

9 *Ad. Demetr.* 13

10 *Kirchengesch.* 1, 13, 18

11 *Kirchengesch.* 1, 13, 20 f.; siehe weiter Kap. 10, Anm. 3 u. 4

12 *Clem. Recogn.* 1, 7. Über den Wert der *Grundschrift* der clementinischen Dichtungen siehe O. Cullmann, *Le Problème Literaire et Historique du Roman Pseudo-Clementin* und G. Strecker, *Das Judenchristentum in den Pseudoklementinen*.

13 Siehe Sueton, *Vespasian* 4; Tacitus, *Historien* 5, 13 und Josephus, *Bell. Jud.* VI 5, 4

14 *Clem. Recogn.* 1, 9

15 Siehe Apg. 11, 27; 13, 1; Röm. 12, 6; 1. Kor. 12–14; 1. Thess. 5, 20 Offb. 1, 3; 22, 18. Eine Kategorie, in der die Christen das Neue ihres Glaubens sahen, war die Prophetie. Jesus war *der* endzeitliche Prophet, der vor langer Zeit in 5. Mose 18, 18 verheißen war, der die lange Reihe der israelitischen Propheten wieder aufnahm und die Erfüllung brachte (Matth. 5, 19; Apg. 3, 22; 7, 37; 17, 37; vgl. Joh. 4, 44). In der Nachfolge Jesu wurde die christliche Prophetie am Tage der Pfingsten geboren (Apg. 2, 18). Und ihr Inhalt war kein anderer als *der* Prophet, Jesus selbst. Wieder einmal war der Verkündiger zu dem Verkündigten geworden.

16 1. Kor. 12, 29. Offb. 10, 7 (vgl. 11, 10; 16, 6) scheint jedoch anzuzeigen, daß die Gabe für alle offenstand: »Propheten« scheinen gleichbedeutend zu sein mit »Knechten Jesu Christi«.

17 Man schätzte es auch, weil es so wertvoll war für die Gemeinde, die den Willen des Herrn zu erkennen suchte. Siehe 1. Kor. 14, 1.

18 Eph. 2, 20; 3, 5

19 1. Kor. 14, 3. 32

20 Apg. 11, 28

21 1. Tim. 4, 14

22 Offb. 19, 10

23 1. Kor. 14, 24 f.

24 1. Kor. 14, 3 f.; und in Apg. 13, 1 sind die Propheten wohl auch die Lehrer.

25 1. Kor. 14, 29 f.

26 1. Kor. 14, 37–39

27 z. B. *Didache* 11

28 *Adv. Prax.* 1

29 *Contra Celsum* 7, 9

30 So Harnack, a.a.O., S. 337, Anm. 3, Reitzenstein, *Hellenistische Mysterienreligionen*, S. 143 f.

31 So z. B. Ritsch in *Die Entstehung der altkatholischen Kirche*, S. 506. Wie jedoch P. de la Labriolle in *La Crise Montaniste*, S. 95 f. beobachtet hat, wußte Origenes zu viel von den Montanisten, um sie nicht in seiner Antwort auf den Vorwurf des Celsus zu erwähnen, wenn sie wirklich gemeint waren.

32 W. K. Knox, *Hellenistic Elements in Primitive Christianity*, S. 83, Anm. 2.

33 Der Text erschien in *Papyrus Bodmer* 13 und ist herausgegeben von M. Testuz, *Méliton de Sardes, Homélie sur la Paque*, 1960. Etwas davon findet man in dem kürzlich erkannten Latein des Melito. Siehe H. Chadawick, »A Latin Epitome of Melito's Homily on the Pascha«, in *JTS*, April 1960.

34 Euseb. *Kirchengesch.* V. 24, 5

35 *Philad.* 7, 1

36 *Pap. Bod.* 13, Paragr. 100 ff.

37 *Pap. Bod.* 13, Paragr. 9

38 Wie Michael Testuz in seiner Einleitung herausstellt, beruhte das bekanntlich auf dem Stil des Gorgias im 5. Jahrhundert v. Chr. Es gibt Spuren dieses Stils im Neuen Testament: Eph. 1, 3–14; 1. Tim. 3, 16; und man hätte 2. Petr. und Judasbrief hinzufügen können, wo es besonders erkennbar ist. Siehe mein *Commentary on 2. Peter and Jude*, S. 18 ff.; E. Norden, *Die antike Kunstprosa*, S. 126–152. Sherman Johnson stimmt dem zu und zeigt in seinem Aufsatz über »Christianity in Sardes« *(Early Christian Origins,* hersg. von Allen Wikgren, S. 84), daß Melito und Ignatius beeinflußt waren von diesem »blühenden asiatischen Stil, der vor der christlichen Zeit im Mäandertal entstand und zu dieser Zeit allmählich unter den heidnischen *literati* von der nüchternen attischen Art überlagert wurde«.

39 1. Kor. 14, 24 f.

40 *The First Five Centuries*, S. 117

41 Origenes, *Comm. in Ps.* 36, 3, 3 (meine Übersetzung)

42 Euseb. *Kirchengesch.* VI 3

43 Ebenda

44 Euseb. *Kirchengesch.* VI 4

45 *Act. Just.* 1, 2

46 Apg. 19, 31

47 Apg. 19, 8

48 Apg. 24, 12

49 »Wenn die Landessitte die gleiche war wie heute, dann handelte es sich genau um den Zeitraum, den man für das Mittagsmahl und die Mittagsruhe einräumte. Um 1 Uhr nachmittags schliefen wahrscheinlich mehr Leute als um ein Uhr nachts« (*Beginnings of Christianity* IV, S. 239).

50 *The Book of Acts*, S. 389

51 2. Kor. 9, 15

52 1. Tim. 1, 15

53 Röm. 7, 23–25

54 *Act. Just.* 3

55 *Protrep.* 12

56 *Orat.* 42

57 Ebenda 29

58 *Contra Celsum*, 3, 55

59 *Clem. Recogn.* 1, 12–16

60 *Clem. Hom.* 8, 38. Ein weiteres Beispiel findet sich in *Clem. Recogn.* 10, 71, das uns berichtet, daß Theophilus (vermutlich der in Luk. 1, 1 erwähnte) »mit eifrigem Verlangen den großen Palast seines Hauses zu einer Kirche machte . . . und die ganze Menge, die sich täglich versammelte, um das Wort zu hören, glaubte«.

61 Apg. 17, 5

62 Apg. 18, 7

63 Apg. 21, 8

64 Apg. 16, 15. 32–34

65 1. Kor. 1, 16

66 1. Kor. 16, 15

67 Apg. 1, 13 f.; 12, 12

68 *Die Kindertaufe in den ersten vier Jahrhunderten*, Kap. 1 und *Die Anfänge der Kindertaufe*, Kap. 2.

69 »Zur Kindertaufe in der Urkirche«, in *Deutsches Pfarrerblatt* 1949, S. 152 ff.

70 Siehe H. Mattingly, *The Emperor and his Clients*

71 Apg. 13, 1

72 Joh. 19, 12

73 K. Aland, *Die Säuglingstaufe im Neuen Testament und in der alten Kirche*.

74 Wenn man annimmt, wie es sehr wahrscheinlich, aber noch nicht schlüssig zu beweisen ist, daß die Praxis der jüdischen Proselytentaufe auf die vorchristliche Zeit zurückgeht.

75 Apg. 10, 24

76 Apg. 10, 27

77 Apg. 10, 48

78 Apg. 16, 15

79 Apg. 16, 33

80 *Ad Uxorem* 2

81 *2 Apol.* 2

82 2. Kor. 6, 14

83 1. Kor. 7, 14

84 Tacitus, *Annalen* 13, 22. Das Urteil war ziemlich zutreffend. Zu der Zeit war das Christentum in der Sicht der Römer noch nicht von der *religio licita* des Judentums unterschieden.

85 Siehe H. Leclerq, »Aristicratiques: Pomponia Graecina« in *Dictionaire d'archéologie Chrétienne et de liturgie*, I 2847 f. und G. Edmundson, *The Church in Rome in the First Century*, S. 85 ff.

86 Phil. 4, 22

87 Phil. 1, 13. Ich halte die Argumente von G. S. Duncan in *St. Paul's Ephesian Ministry* nicht für überzeugend, geschweige denn schlüssig. Die oft wiederholte Behauptung, daß es sich aufgrund von Inschriften beweisen lasse, daß eine Abteilung der Prätorianergarde in Ephesus anwesend war, ist unsinnig. Die Inschrift *»T. Valerio T. F. Secundo Militis Cohortis VII Preatoriae«* gehört in die Zeit des Septimius Severus, nicht in die Zeit Neros. In jedem Falle braucht es weiter keine Bedeutung zu haben, als daß stolze Angehörige in Ephesus dieses Denkmal dem Valerius Secundus errichteten, einem Manne aus der Stadt, der vorangekommen war und die Ehre gehabt hatte, in der Prätorianergarde in Rom zu dienen.

88 Duncan hält seine Behauptung bezüglich Ephesus unbedingt aufrecht, aber es gibt starke Gegengründe. Die *Aristobuliani* und *Narcissiani* passen beide besser nach Rom (16, 10 f.); ebenso auch der Gruß »Die Gemeinden Christi grüßen euch« (16, 16). Außerdem scheint Paulus immer viele persönliche Grüße in seine Briefe eingeschlossen zu haben, wenn er den Ort *nicht* besucht hatte. In Ephesus hätte es viele lange Gesichter gegeben, wenn Paulus nur an sechsundzwanzig Leute Grüße übermittelt hätte, nachdem er doch bis zu drei Jahren unter ihnen gearbeitet hatte.

89 Siehe seinen Exkurs »Caesar's Household« in seinem Buch *»St. Paulus Epistle to the Philippians«*.

90 Röm. 16, 10

91 Röm. 16, 11

92 Das Datum seines Todes ist ungewiß. Er lebte noch im Jahre 45 n. Chr. (Josephus, *Bell. Jud.* II 11, 6; *Altertümer* XX 1, 2).

93 A. N. Sherwin-White schreibt in persönlicher Korrespondenz: »Ich vermute, die Familien der römischen Oberschicht kamen durch ihre Freigelassenen miteinander in Kontakt.« Diesem Urteil stimmt Professor Jocelyn Toynbee zu.

94 Dio 67, 14. Fergus Millar bemerkt in seinem Buch *A Study of Cassius Dio* (S. 108 u. 179) die seltsame Tatsache, daß Dio nirgends die Christen erwähnt, obwohl ihre Existenz und ihr rasches Zunehmen ihm bekannt gewesen sein müssen. Sein Schweigen kam daher, daß er sie ablehnte.

95 Sueton, *Domit.* 13. Die Reaktion der Christen kommt laut und vernehmlich durch in der Offb. Joh.

96 Sueton, *Domit.* 13

97 Euseb. *Kirchengesch.* III 20, 1 ff.

98 L. Hertling und E. Kirschbaum, *The Roman Catacombs*, S. 40. Eingehender behandelt in Marruchi, *Eléments d'archéologie chretiénne*, II S. 422 ff.

99 Apg. 18, 1; Sueton, *Claudius*, 25. Das Datum wird von Orosius geliefert.

100 Selbst das ist nicht nötig. Auch sie kann eine Freigelassene gewesen sein, die den weiblichen *nomen gentile* Prisca angenommen hat. Siehe Sandy-Headlam, *Romans*, S. 418–420 und Pauly-Wissowa, Real- Encyclopädie, s. v. »Acilius«.

101 Sandy und Headlam kommentieren: »Wenn diese Vermutung richtig ist, dann lassen sich sowohl die Namen dieser beiden römischen Christen als auch die Existenz des Christentums in einer führenden römischen Familie erklären.«

102 Siehe J. Danielou, *Primitive Christian Symbols*, S. VIII f. und 138 f. Er macht aufmerksam auf das Werk von B. Bagatti und E. Testa über diese frühen judenchristlichen Symbole. Das Beweismaterial wird beigebracht in Testa, *Il Symbolismo dei Guidei Christiani,* veröffentlicht in 1962 nach seiner Auffindung in Hebron, Nazareth und Jerusalem; ich hatte zu diesem Material keinen Zugang.

103 Das ist um so wahrscheinlicher im Blick auf die zentrale Bedeutung des Kreuzes für die christliche Verkündigung und für das christliche Leben von der frühesten

Zeit an (1. Kor. 1, 18, 2, 2, 2). Es war so zentral, daß »Barnabas« es in die Aufzählung der Knechte Abrahams hineinlesen konnte, und daß Justin argumentieren konnte, daß die Form des Pfluges, der Legionsstandarte oder des Schiffsmastes unbewußt Zeugnis gaben von dem christlichen Symbol des Kreuzes (*Barnabas* 9, Justin, *1 Apol.* 55). Außerdem fand man auf den Begräbnisstätten von Talpioth Kreuze aus Holzkohle, die offenbar zu christlichen Särgen gehörten, die zu unberührten Gräbern in den Außenbezirken von Jerusalem gehören und numismatisch etwa für das Jahr 50 n. Chr. anzusetzen sind. Siehe E. L. Sukenik in *A.J.A.* 1947, S. 351–367 und B. Gustafson's teilweise Aufwertung der Bedeutung der Kratzmalereien (wenn auch nicht der Kreuze) in *NTS* 1956, S. 65 ff. Diese Entdeckungen stellen die oft wiederholte Behauptung in Frage, daß das Kreuz in der Anfangszeit nicht als Symbol benutzt worden sei und daß es im dritten Jahrhundert aus gnostischen Quellen hereingekommen sei (siehe die Diskussion und die Illustration des Kreuzes, das man in dem christlich-gnostischen Hypogäum der Aurelii fand und das aus der Zeit vor 270 n. Chr. stammt, in Jerome Carcopino, *De Pythagore aus Apotres).*

104 Man könnte die Behauptung wagen, daß so wie die heidnischen *lararia* Nachbildungen ihrer Götter enthielten, die christlichen Kästen Abendmahlsgefäße und ein Exemplar der Septuaginta enthielten. Vielleicht war es ein solcher Kasten und nicht der sonst zu vermutende rechteckige Gegenstand, auf den der Proconsul von Africa Proconsularis Bezug nahm, als er im Jahre 180 n. Chr. die Märtyrer von Scilii fragte, was sie in ihrem Kasten *(capsa)* hätten; worauf sie antworteten: »Bücher und die Briefe des Paulus, eines guten Mannes.« Es ist sehr interessant, festzustellen, daß auf einem Mosaik aus dem fünften Jahrhundert in Ravenna im Mausoleum von Galla Placidia ein Kasten zu sehen ist von fast derselben Form wie der von Herkulaneum; er zeigt den heiligen Laurentius, und man kann die Namen der darin enthaltenen Bücher lesen: Matthäus, Markus, Lukas und Johannes. Siehe Bildtafeln 2 und 3!

105 André Grobar hat in seinem umfangreichen Buch *Christian Ikonography* die früheste Zeit leider etwas oberflächlich behandelt. Er behauptet, daß (S. 32) es zwischen den christlichen und den heidnischen *oranti* keinen Unterschied gäbe. Doch die von ihm angeführten Illustrationen (Tafel 59 und 60) zeigen genau den Unterschied an, von dem ich spreche, vgl. Tafel 1.

106 Die Szene ist eindeutig. Die zwei Frauen, das Kind, der König auf seinem *Tribunal* und die Menge der begeisterten Zuschauer, die das Urteil erwarten, sie alle sprechen für ein Thema.

107 Siehe unten Anm. 108 und den Bericht von M. Della Corte, *Nota Degli Scavi*, Bd. V 449, Nr. 112 und vom gleichen Verf. *Reconditi Pontif. Acc. di Archaeologica*, Bd. XII S. 397–400. Ein weiteres Beispiel für das *Rotas-Sator*-Quadrat fand man im *palaestra* in Pompeji, und es ist noch erhalten. Die Leute, die es ausgruben, sagen, daß es in einer dicken, unversehrten Schicht von Asche gefunden wurde (Ich verdanke diese Beobachtung Herrn Professor J.-M. C. Toynbee), wodurch die verzweifelte Ausrede widerlegt wird, daß das magische Quadrat dort lange nach der Zerstörung der Stadt hingelegt wurde von den Leuten, die dort nachforschten, so wie die erklärende Kratzmalerei mit dem Thema *Sodom.* Das Quadrat wurde jetzt in einem bestimmt oder sehr wahrscheinlich christlichen Zusammenhang gefunden, und zwar an so weit voneinander entfernt liegenden Orten wie Dura-Europus am Euphrat und Cirenchester in England. Seine Bedeutung in Pompeji ist darin zu sehen, daß man hieran erkennt, daß einige Christen aus Italien im ersten Jahrhundert die lateinische Sprache der griechischen vorzogen.

108 Zwei andere Entdeckungen in Pompeji scheinen Strohhalme im Wind zu sein,

die in die gleiche Richtung weisen, besonders wenn man beachtet, wo sie ausgegraben wurden.

Es war bei den Römern nicht ungewöhnlich, daß sie das Zentrum einer Straßenkreuzung mit einem Kreuz markierten, bei dem jeder Arm genau in die Richtung der entsprechenden Straße wies. Es gibt einige Beispiele dafür in Pompeji. Doch an der Kreuzung der Via di Stabia und der Via die Nola ist ein Kreuz mit einer anderen Form, das mehr wie ein laienhaftes und nicht-amtliches Zeichen auf dem Pflaster aussieht und sich nicht genau in der Mitte der Kreuzung befindet. Dieser Platz war eine sehr belebte Durchgangsstraße am Ausgang der zentralen Bäder. Ist es möglich, daß dieses Kreuz von einem der ersten Christen auf den Straßen der Stadt angebracht wurde, um durch dieses doppeldeutige Symbol auf seinen Glauben hinzuweisen?

S. o. Denn es war wie ein Straßenkreuzungszeichen und doch zugleich etwas anders.

Der andere Beweisfetzen bezieht sich auf das berühmte *Rotas-Sator*-Quadrat (s. o. Anm. 107). Der gegenwärtige Stand der Forschung wird gut zusammengefaßt von H. Last in *JTS* 1952, S. 92 ff. Siehe auch F. V. Filson in *Biblical Archaeologist* 1939, S. 14 f. Das Quadrat sieht so aus:

```
R O T A S
O P E R A
T E N E T
A R E P O
S A T O R
```

S. o. Auf den ersten Blick ist seine Bedeutung unklar. Vielleicht heißt es: »Arepo, der Sämann hält sorgsam die Räder«. Aber es muß eine tiefere Bedeutung gehabt haben, wenn es die Christen übernahmen. Wie A. R. Smith mir in einem persönlichen Brief mitteilt, könnte man es auch so übersetzen: »Der Gott, der den Samen (nämlich des Evangeliums) sät, hält sorgsam die Sphären (nämlich des Weltalls)«. Danach war vielleicht AREPO eine verborgene Anspielung auf Gott. Das ist nicht ausgeschlossen: *A*lpha *R*ex *E*t *P*ater *O*mega. Sicher wurden sie stark bestimmt von dem Alpha- und -Omega-Motiv. Die Buchstaben des Quadrats lassen sich auch anders anordnen, so daß wir in dem folgenden Anagramm sowohl ein doppeltes *Pater Noster* in Kreuzform erhalten als auch eine Wiederholung des A und O, als ob betont werden sollte, daß der gekreuzigte Christus das Alpha und Omega der Menschheitsgeschichte ist. In der Tat liegt das T (ein urchristliches Symbol für das Kreuz, *Barnabasbrief* 9, 8) auf allen vier Seiten des Quadrats zwischen dem A und dem O, als ob es die Botschaft wiederholen wollte. Das veränderte Quadrat lautet dann so:

```
              A
              P
              A
              T
              E
              R
A   PATERNOSTER   O
              O
              S
              T
              E
              R
              O
```

S. o. Es wäre nicht schwer für einen Christen, seinen Glauben einem Freund anhand eines Kreuzworträtsels zu erläutern. Es ist deshalb nicht ohne Bedeutung, daß dieses *Rotas-Sator-Quadrat* in der *Palästra* in Pompeji gefunden wurde. Nach seinen sportlichen Übungen setzte sich ein Christ offensichtlich mit einem Freund zusammen, um ihm die frohe Botschaft von Jesus mitzuteilen.

S. o. Dies sind natürlich nur sehr schwache Beweisstücke. Leider haben wir keine anderen. Aber in der Einschätzung ihrer Bedeutung gehen wir wohl nicht ganz fehl. Denn immer finden wir die gleiche Antwort; ob wir nun Philippus nehmen, der im ersten Jahrhundert den ägyptischen Eunuchen unter freiem Himmel Zeugnis gibt, oder Octavius in dem Bericht des Minucius Felix aus dem Ende des zweiten Jahrhunderts, der bei seinem frühmorgendlichen Schwimmen mit dem Serapisverehrer Caecilius über seinen Herrn spricht. So hat sich das Evangelium ausgebreitet. Und wir können froh sein, daß wir wenigstens das wenige Material haben, das wir untersucht haben und das an besonderen Beispielen zeigt, wie das Haus, die Straße und der Sportplatz zu dieser verblümten, indirekten Evangelisation genutzt wurden.

109 Apg. 12, 12
110 Apg. 21, 7
111 Apg. 2, 46
112 Apg. 20, 7
113 Apg. 16, 32
114 Apg. 10, 22
115 Apg. 18, 26
116 Apg. 5, 42
117 Apg. 28, 17 f.
118 Apg. 20, 20 f.
119 *The Reformed Pastor,* S. 10
120 Er konnte vor seiner Hinrichtung sagen: »Achtundsechzig Jahre habe ich ihm gedient, und er hat mir nie Unrecht getan. Wie kann ich meinen König lästern, der mich gerettet hat?« *(Mart. Polyc.* 9, 3; Euseb, *Kirchengesch.* 4, 15, 20).
121 Sein Vater war Bischof von Sinope in Pontus (Hippolytus, *Syntagma,* zitiert in Epiphanius, *Haer.* 42).
122 *Act. Justin.* 3
123 *1 Apol.* 15
124 Plinius, *Briefe* 10, 96
125 Eph. 6, 1–3
126 Eph. 6, 4
127 Matth. 18, 2–4; Mark. 9, 33–36; Luk. 9, 46–48
128 Apg. 21, 5
129 *Barnabas* 19, 10
130 Phil. 4, 2
131 *1. Clem.* 21, 6–8
132 Mark. 10, 14
133 *Mand.* 12, 3, 6; *Sim.* 5, 3, 9; 7, 6
134 *Vis.* 2, 2, 3
135 *Vis.* 1, 1, 9
136 *Vis.* 2, 2, 3 f.
137 *Vis.* 1, 3, 1
138 *Vis.* 2, 2, 2
139 *Vis.* 2, 2, 3. 4
140 *Vis.* 1, 3, 1, 2
141 *Vis.* 2, 3, 1

142 Dieser Bericht stammt aus Euseb. *Kirchengesch.* 6, 2. Ein anderer, und zwar feindseliger Bericht wird von einem antichristlichen Schriftsteller namens Porphyrius gegeben, zitiert bei Euseb. *Kirchengesch.* 6, 19, 7; aber der Bericht des Euseb. selber ist vorzuziehen. Siehe H. Chadwick, *Early Christian Thought and the Classical Tradition,* S. 67 f. (und die Anmerkungen).

143 Apg. 18, 4

144 Apg. 18, 26

145 Siehe E. Käsemann, *Essays on New Testament Themes,* S. 136 ff.

146 Apg. 18, 26; 2. Tim. 4, 19; 1. Kor. 16, 19; Röm. 16, 5

147 Apg. 19, 27

148 1. Kor. 16, 19

149 Apg. 18, 26

150 So läßt es sich vielleicht mit Recht aus 1. Kor. 1, 18 ff. und aus der anfänglichen Untätigkeit des Paulus in Korinth schließen. Aber es wurde von Forschern wie W. L. Knox stark übertrieben, bis man schließlich ohne feste Beweisgründe die Theorie von dem großen Wendepunkt im Leben des Paulus daraus machte.

151 Apg. 18, 4

152 Apg. 18, 5; man muß lesen: *to logo.*

153 Röm. 16, 4

154 Joh. 1, 37

155 Joh. 1, 41

156 Joh. 1, 43

157 Joh. 1, 45

158 Siehe C. F. D. Moule, »The Individualism of the Fourth Gospel« in *Novum Testamentum* 1962, S. 171–190.

159 Justin, *Dial.* 1, 3

160 *Octavius* 1

161 Apg. 8, 5. 6. 26–40

162 Apg. 8, 26

163 »Stehe auf und geh! Und er stand auf und ging« (8, 26 f. Siehe auch 8, 39).

164 Apg. 9, 10–18

165 1. Thess. 2, 7. 11

166 Philem. 10

167 1. Kor. 4, 15

168 *Panegyr.* 5

169 Alle o. a. Zitate stammen aus *Panegyr.* 5

170 *Panegyr.* 6

171 Origenes, *Psalmenkommentar* zu Ps. 36

172 *Panegyr.* 7

173 Origenes rechnet, daß ein bis zwei Stunden tägliches Bibellesen gerade richtig ist für den einzelnen Christen (*Homilie* 2 zu 4. Mose 10, 19).

174 *Briefe an Gregorius* 3

175 Die Textvariante *pisteuesete* anstatt pisteuete würde die Behauptung stützen, daß das Buch eine entscheidend evangelistische Zielsetzung hat, denn der Konjuktiv des Aorist könnte dazu dienen, den Anfangsschritt des Glaubens zu betonen, zu dem der Schreiber seine Leser führen will. Die Lesart *pisteuete* könnte bedeuten, daß das Evangelium geschrieben wurde, um die Leser in ihrem Glauben zu bestärken, den sie schon hatten. Das war jedoch kaum das Hauptanliegen des Verfassers, wenn es auch ein untergeordnetes Ziel war. Das Evangelium wurde in erster Linie vom Standpunkt des Glaubens aus für Ungläubige geschrieben. Es wählt die Zeichen Jesu aus, die sein Werk bezeugen, um den Lesern zum Glauben zu verhelfen, weniger um ihren Glauben zu stärken.

176 Die besondere Art des Evangeliums liegt zum Teil darin, wie es die Hauptthemen – Brot, Weinstock, Hirte, Licht, Leben usw. – aufgreift, die genauso im jüdischen wie im griechischen Denken bestimmte Anklänge hatten.

177 Siehe seinen Aufsatz »The Intention of the Evangelists« in *New Testament Essays*, hrsg. von A. J. B. Higgins, S. 176.

178 *The Gospel according to St. Matthew*, S. 21

179 So hat Horaz seine *Oden* Mäcenas gewidmet, und Virgil seine *Äneis* Augustus selbst.

180 Siehe mein Buch *The Meaning of Salvation*, S. 125–130.

181 C. K. Barrett, *Luke the Historian in Recent Study*, S. 68 f.

182 *The Birth of the New Testament*, S. 92 f.

183 *The Theology of Acts*, S. 166–177

184 »The Book of Acts, the Confirmation of the Gospel«, in *Novum Testamentum*, 1960, S. 26–59.

185 In *New Testament Essays*, hrsg. von A. J. B. Higgins, S. 175.

186 Es besteht eine starke Verbindung zwischen Lukas und den Apologeten. Er war in der Tat der erste unter ihnen; und wie ich anderswo dargestellt habe, hat Lukas als erster die drei klassischen Argumente für die Wahrheit des Christentums angeführt, die bei den Apologeten des zweiten Jahrhunderts allgemein üblich waren: den Wunderbeweis, den Beweis aus der Erfüllung der Prophetie, und den Beweis, der sich aus dem Erfolg und der Ausbreitung der christlichen Bewegung ergibt. Über die evangelistischen Ziele der Apologeten siehe die Untersuchung von J. Daniélou, Message Evangélique et Culture Héllenistic aux II et III Siècles, S. 11–19.

187 »The Work of St. Luke« in *Studies in the Gospels and Epistles* von T. W. Manson, S. 46–67.

188 Dazu siehe E. R. Sanders, *The Tendencies of the Synoptic Tradition;* J. Rohde, *Rediscovering the Teaching of the Evangelists.*

189 Er behauptet, »alles zu kennen« *(Contra Celsum* 1, 12), aber bezieht sich im einzelnen nur auf den verlorengegangenen *Dialog zwischen Jason und Papiscus (Contra Celsum* 4, 52).

190 Justin. *2 Apol.* 15

191 Siehe S. 162 f. Tatians berühmtes Zeugnis von der Kraft der Schrift, Menschen zu bekehren *(Orat.* 29), hob einige Punkte hervor, die ihn sehr beeindruckt haben. Er wurde bewegt von ihrer Unmittelbarkeit und Schlichtheit, der Ehrlichkeit der Schreiber, ihrem großen Alter, ihrem verständlichen und durchdachten Bericht von der Schöpfung der Welt, ihren Aussagen von der Einheit und Vorsehung Gottes, den sittlichen Geboten und der erstaunlichen Tatsache, daß sich die Prophetie erfüllte. Auch Justin zeigte sich tief beeindruckt von der Erfüllung der Prophetie *(Dial.* 7) und hat diese Tatsache in seinem Gespräch mit Trypho immer wieder angeführt.

192 Hebr. 4, 12

193 2. Tim. 3, 15

194 Pap. 38

195 Kap. 1

196 Kap. 2

197 Kap. 5. Wenn er von dem »Wort« spricht, kann er damit Christus oder auch die Schrift meinen.

198 Hieronymus, *Adv. Rufin.* 1, 9

199 Philostorgius, *Kirchengeschichte* 2, 3

200 Zu dem Text vgl. G. Waitz, *Über das Leben und die Lehre Ulfilas*, S. 20.

201 Apg. 4, 31 f.

202 Eph. 6, 20
203 2. Kor. 11, 1. Eine solche Kraft hat das griechische *synhypourgounton hymon*.
204 *Dial.* 7
205 *Epheser* 10

Kapitel 9

1 Gal. 2, 20
2 Röm. 5, 5
3 1. Joh. 4, 10–12. 14. 19
4 2. Kor. 5, 14 f.
5 Diese Legende ist alt genug, um die *Paulusakten* beeinflußt zu haben und kann deshalb kaum später als 180 n. Chr. entstanden sein.
6 *Petrusakten* 35 (= *Mart. Petri* 6).
7 *De Monarchia* 1
8 Clemens, *Protrept.* 11
9 Ebenda 12
10 John Foster, *After the Apostles*, S. 82
11 Siehe die interessante Abhandlung über den Missionsbefehl in J. Blauw, *The Missionary Nature of the Church*, S. 83 ff. und die ausgedehnte Bibliographie, die er bringt. Er zitiert zustimmend Otto Michels Exegese, die diese Stelle auf Daniel 7, 17 bezieht. Der Menschensohn ist an den Ort der Macht in den Wolken des Himmels gegangen, und der Dienst, den ihm alle Nationen erweisen, ist eine Seite seiner Entthronisierung als Menschensohn – denn »ihm wurden Gewalt, Ehre und Reich gegeben, daß ihm alle Völker, Leute und Zungen dienen sollten«. Christus ruft nun seine Jünger auf, daß sie allen Völkern seine Herrschaft verkündigen sollen. »Die Verkündigung des Evangeliums ist somit die Verkündigung der Herrschaft Christi unter den Völkern. Matthäus meint, daß das Evangelium seit Ostern eine andere Gestalt angenommen hat, wie der Herr selbst... Hier haben wir eine Christologie, die der von Phil. 2, 5–11 ähnlich ist« (O. Michel, *Evangelische Missionszeitschrift*, 1941, S. 261 f.). Siehe auch Karl Barths Exegese dieser Verse in *The Theology of the Christian Mission*, hrsg. von G. H. Anderson, S. 55–71. Sie kommt zu dem Schluß: »Weil Jesus gegenwärtig ist, was dieser Text vor allen sagen will, gilt der Missionsbefehl des auferstandenen Herrn zu taufen und zu evangelisieren alle Tage dieser ›letzten‹ Zeit.«
12 *Philad.* 9 im Syrischen
13 Irenäus, *Adv. Haer.* 3, 18
14 Siehe Roland Allen, *Missionary Principles*, Kap. 1
15 A.a.O., S. 25
16 A.a.O., S. 31
17 Eph. 3, 1; 2. Kor. 5, 20; 1. Kor. 3, 9; 1. Kor. 4, 1; 2. Tim. 2, 2.
18 1 Petr. 4, 11; 5, 2–4
19 3, 15
20 2. Kor. 4, 1
21 An diesen drei Stellen scheint man eine zunehmende Demut zu erkennen, die sich über die Jahre verteilt, wenn Paulus wirklich der Verfasser aller drei Schriftstücke ist. Das stünde auch im Einklang mit der einheitlichen Verfasserschaft; denn es ist nicht ungewöhnlich, daß ein Heiliger Gottes im Laufe der Jahre an Demut zunimmt. Wenn jedoch der Epheserbrief und der 1. Thimotheusbrief von einem späteren Pauliner geschrieben worden sind, würde das nur unser Argument stärken. Das Motiv des verantwortlichen Dienstes im Lichte der emp-

fangenen Barmherzigkeit bliebe nicht auf Paulus selbst beschränkt, sondern würde auch von zweien seiner Gefährten oder Nachahmer geteilt. Während die Frage der Verfasserschaft noch viele Probleme aufwirft, kann man jedoch in der Gegenwart nicht behaupten, daß es stichhaltige Gründe gibt, die Pastoralbriefe oder den Epheserbrief für pseudonym zu halten.

22 Eph. 3, 7 f.
23 1. Tim. 1, 2 ff.
24 Phil. 2, 4 ff. Im Blick auf die beispielhafte Deutung dieses Verses siehe I. H. Marshall, »The Christ Hymn in Philippians 2, 5–11« Tyndale Bulletin (1968), S. 104–27 und R. Deichgräber, *Gotteshymnus und Christushymnus in der frühen Christenheit.*
25 Apg. 13, 46
26 *Contra Celsum* 6, 79
27 *Hom. in Rom.* 9, 1
28 Apg. 4, 20
29 Joh. 8, 29
30 Kol. 1, 10
31 1. Tim. 1, 20
32 1. Kor. 9, 25–27
33 1. Kor. 9, 20 f.
34 1. Kor. 4, 3–5
35 Wie sehr Jesus in seiner Gleichnislehre die freie und unverdiente Gnade betont, hat J. Jeremias sehr gut herausgearbeitet in seinem wichtigen Buch *Die Gleichnisse Jesu.*
36 Siehe Röm. 4, 1–25; Gal. 3, 6–29
37 So T. W. Manson, *On Paul and John,* S. 56 f.
38 Röm. 4, 25
39 Röm. 5, 1 (Lesart *echomen*)
40 Röm. 6, 1 ff.
41 Apg. 20, 21–24
42 Dies scheint mir immer noch die Bedeutung dieser Worte zu sein, obwohl mein Freund, Professor E. Earle Ellis, feinsinnige Argumente für das Gegenteil hat, in *New Testament Studies,* April 1960, S. 211 f.
43 2. Kor. 5, 9–11
44. 2. Tim. 4, 8
45 2. Tim. 4, 17
46 1. Kor. 4, 11–15
47 A. N. Wilder, *Eschatology and Ethics in the Teaching of Jesus,* Kap. 5.
48 Siehe *ta me anekonta* und *ta me kathekonta* in Eph. 5, 3. 8 u. a.
49 *to sympheron,* 1. Kor. 6, 12; 10, 23
50 Eph. 5, 17; 1. Kor. 14, 20
51 Kol. 1, 10; Eph. 5, 1 ff.
52 1. Kor. 14, 40; Röm. 13, 13; 1. Kor. 7, 35, wo *to euschemon* gebraucht wird.
53 *1 Apol.* 8
54 *Barnabas* 19
55 *Barnabas* 21
56 Polykarp, *Ep.* 1, 2
57 Ebenda 5
58 *Presb.* 112
59 Justin, *2 Apol.* 12
60 So machten die Märtyrer von Scilii, die im Jahre 180 n Chr. in Karthago hingerichtet wurden, bei ihrer Verhandlung etwa folgende Aussagen: »Cittinus hat

gesagt: ›Wir fürchten nichts außer allein Gott unseren Herrn, der im Himmel ist‹, und Donata hat gesagt: ›Ehre den Kaiser als den Kaiser, aber fürchte Gott‹.«

61 Tertullian z. B. bewertet es zu sehr als Ansporn zu einem heiligen Leben; in *Apolog.* 45. »Darüber besteht kein Zweifel: Wir, die wir unsere Belohnung unter dem Gericht des allwissenden Gottes empfangen und die wir um die ewige Strafe für die Sünde wissen – wir allein bemühen uns wirklich, ein untadeliges Leben zu erlangen unter dem Einfluß unserer größeren Erkenntnis, der Unmöglichkeit, verborgen zu bleiben, und der Größe der bevorstehenden Qualen, die nicht nur lang anhaltend sind, sondern ewig dauern.« Zwar schwächt Tertullian dieses Argument wieder durch andere an anderer Stelle etwas ab, aber es bleibt bestehen, daß diese ungesunde Vorstellung von Lohn und Strafe dazu führte, daß die Menschen die großen Wahrheiten der Rechtfertigung aus Gnade nicht mehr erfaßten, wie wir es oben im Falle von Hermas sahen. Es trägt auch dazu bei, geheiligtes Leben und evangelistische Bemühungen zu verdienstvollen Handlungen zu machen, die in erster Linie dem zugute kamen, der sie ausführte. Im Laufe der Zeit führte das zu einer ausgebildeten Verdienstlehre.

62 1. Kor. 9, 16 f.
63 Luk. 19, 10
64 Luk. 11, 13
65 Joh. 2, 25
66 Mark. 7, 22 ff.
67 Mark. 10, 18
68 Joh. 14, 6
69 Matth. 7, 13
70 Matth. 6, 24
71 Joh. 5, 40; 17, 3
72 Matth. 25, 31 ff.; 13, 36 ff.; 25, 1 ff.; 22, 1–13
73 Matth. 6, 21 ff. 26 ff.
74 Siehe Mark. 10, 15. 21. 24. 26
75 Röm. 3, 19. 23; Eph. 2, 1 ff.; 2, 1 ff.
76 Eph. 2, 3
77 Apg. 20, 19–24
78 Apg. 20, 26
79 Hes. 3, 17 f.
80 Röm. 1, 14 f.
81 2. Kor. 4, 4
82 Matth. 4, 8–10; Joh. 14, 30
83 2. Kor. 4, 6
84 2. Kor. 4, 5
85 1. Kor. 1, 21
86 Röm. 1, 16
87 *Apolog.* 47
88 *2 Apol.* 9
89 *Apolog.* 48
90 *1 Apol.* 19
91 *Mart. Polyc.* 11
92 *2 Apol.* 15
93 Ebenda 14
94 Ebenda 13 und 10
95 Ebenda 13
96 *2 Apol.* 15; *Dial.* 7
97 *Ad Scapulam* 3 und 4

98 *Ad Scapulam* 1
99 *Protrep.* 9
100 Ebenda
101 *Protrep.* 10
102 Ebenda
103 Ebenda
104 Ebenda
105 Ebenda
106 *Protrep.* 12. Siehe oben, wegen Melito und anderer christlicher Propheten.
107 *Protrep.* 10
108 Ebenda
109 *Protrep.* 12

Kapitel 10

1 Das archäologische Material in diesen Städten beantwortet hinreichend Tertullians rhetorische Aussage mit dem Gegenteil *(Apolog.* 40).
2 Das Material ist gut zusammengestellt in J. G. Davies, *The Early Christian Church* und Harnack, *Die Mission und Ausbreitung des Christentums*, ebenso in größeren Werken der Kirchengeschichte. Es gibt eine brauchbare Sammlung farbiger Landkarten, die die Ausbreitung des Glaubens erkennen lassen, in F. van der Meer's *Atlas of the Early Christian World*.
3 Dennoch waren diese Ausnahmen in den ersten beiden Jahrhunderten sehr gering an Zahl, so weit wir das beurteilen können. Tertullian behauptet (rhetorisch?), daß es jenseits des römischen Walls in Britannien Christen gibt; das Evangelium kann weiter vordringen als die Legionen *(Adv. Jud.* 7). Selbst wenn das so wäre, würde es dennoch die Hauptlinie dieses Abschnitts kaum verändern, daß sich nämlich das Evangelium entlang den Verkehrslinien innerhalb der Provinzen des Reiches ausbreitete. Daß es manchmal »über die Ufer trat«, ergibt sich ganz von selbst daraus, daß die Gläubigen die Bedeutung ihres Glaubens erkannten und allen und jedem davon sagen wollten.
Auch die Annahme des Christentums in Osroëne zu einem frühen Zeitpunkt setzt diesen geographischen Faktor nicht außer Kraft. F. C. Burkitt hat sehr hervorgehoben, wie stark das Christentum hier war. Wenn er auch diese Tatsache überbetont, indem er diese Gegend für die einzige ausgibt, in der man außerhalb der Grenzen des Reiches die Urchristenheit vertreten fand *(Early Christianity outside the Roman Empire*, S. 87), dient doch gerade seine Übertreibung der Erkenntnis, daß sich außerhalb der Grenzen der römischen Welt der Glaube nur sehr wenig ausbreitete. Gerade Osroëne war ein schlechtes Beispiel. Dieses winzige Königreich, das unmittelbar außerhalb der Reichsgrenzen im nördlichen Mesopotamien lag, spielte eine bedeutende Rolle in dem Ringen zwischen Rom und dem Partherland. Es wurde im Jahre 164 n. Chr. von Verus für Rom gewonnen. Davor war es ein unabhängiger Pufferstaat gewesen, der zwar dem Namen nach vom Partherland abhängig war. Während dieser Zeit hatte es das Christentum als Religion angenommen, wie aus der apokryphen Geschichte vom Briefwechsel zwischen Jesus und König Abgar und der darauf folgenden Bekehrung des Königs unter der Predigt des Thaddäus hervorgeht (Euseb. Kirchengesch. 1, 3). Der stark semitische Charakter des Landes zusammen mit der Nähe des eifrigen Missionszentrums in Antiochien machen verständlich, daß es früh evangelisiert wurde. Die Hauptstadt Edessa wurde eine der ersten Heimstätten der syrischen Christenheit. Ihre Bischöfe leiteten sich her von Serapion, der von 190–203 n. Chr. Bischof von Antiochien war, und bestätigen damit,

was von vornherein wahrscheinlich war, daß sie nämlich ihre Evangelisierung den Missionaren von Antiochien verdankten.

4 Der König von Armenien, Tiridates (um 238–314 n. Chr.), wurde durch den Dienst Gregors des Erleuchters zum Christentum bekehrt. Gregor war ein Adliger des Landes, der selbst zum Glauben gefunden hatte, während er in Kappadozien im Exil war. Mit der Bekehrung des Königs wurde das Christentum die offizielle Landesreligion.

Die Legende von Thomas und seinem Besuch in Indien wird in den *Thomasakten* aus dem dritten Jahrhundert dargestellt. Daß hinter der Legende ein Stück Wahrheit steht, wurde durch die Entdeckung bewiesen, daß König Gundaphorus, dem er das Evangelium verkündigt haben soll, eine wirkliche Gestalt war, die im ersten Jahrhundert n. Chr. gelebt und im nordwestlichen Indien regiert hat. Sein griechischer Name war Hyndopheres (was seine kulturellen und wirtschaftlichen Beziehung mit dem Westen betont), und einige seiner Münzen sind uns noch erhalten. Siehe C. P. T. Wickworth in *JTS* 1929, S. 237–244 und L. W. Brown, *The Indian Christia of St. Thomas,* und oben Kap. 7, Anm. 8.

5 Joh. 4, 38

6 F. J. A. Hort, *The First Epistle of St. Peter,* S. 17

7 Apg. 19, 10

8 W. M. Ramsay, *The Letters to the Seven Churches,* S. 183

9 *Kirchengesch.* 3, 1, 1

10 *Thomasakten* 1, 1

11 Gal. 2, 9

12 Röm. 15, 20

13 A.a.O., S. 16

14 2. Tim. 2, 2

15 Apg. 19, 10

16 Kol. 1, 5 f.; 2, 1

17 L. Newbigin, *The Finality of Christ,* S. 113

18 Röm. 15, 19. 23

19 Röm. 15, 20 f.

20 *Mission in the New Testament,* S. 97

21 A.a.O., S. 99

22 Justin, *Dial.* 42; vgl. *1 Apol.* 39

23 Origenes, *Contra Celsum* 8, 68

24 A.a.O., 8, 69

25 A.a.O., 8, 70

26 A.a.O., 8, 68

27 A.a.O., 8, 70

28 A.a.O., 8, 72

29 Es ist erstaunlich zu sehen, wie dies beinahe am Ende des ersten Jahrhunderts geschehen wäre. Hätten die beiden Söhne der christlichen Familie von Flavia Domitilla und Flavius Clemens (Kap. 5, Anm. 48) gelebt, dann wären sie Konstantin um zwei Jahrhunderte zuvorgekommen; denn sie waren vom Kaiser Domitian öffentlich zu seinen Nachfolgern bestimmt worden (Sueton, *Domit.* 15).

30 Jud. 23

31 *1. Clem.* 23

32 *2. Clem.* 11

33 *Barnabas* 19. Die Bedeutung dieser Stelle wird noch größer, wenn man bedenkt, daß sie ein Teil des ganz frühen Katechismus »Die beiden Wege« ist, der in den letzten Teil des Barnabasbriefes eingebaut ist.

34 Theophilus, *Ad. Autol.* 1, 13, 14 und 2, 38

35 Clemens, *Protrep.* 9 und 10

36 Ignatius, *Eph.* 11

37 Justin. *1 Apol.* 17 f.

38 Tatian, *Orat.* 5 und 6

39 Irenäus, *A. H.* 5, 27 ff.

40 Diese Annahme ist für einen Gelehrten wie Conzelmann so grundlegend, daß er die ganze These seines Buches *Die Mitte der Zeit* darauf aufbaut.

41 1. Thess. 1, 10; 3, 11 ff.

42 2. Thess. 2

43 1. Thess. 4, 15. 17. Das wiederholte »wir, die wir leben und übrig sind« ist sicher bezeichnend. Paulus scheint nicht nur zu schreiben, um die zu trösten, die ihre Angehörigen verloren hatten und die zu Unrecht deren angebliches Fehlen bei der Wiederkunft mit ihren Freuden beklagten; er schreibt auch, um die zurechtzuweisen, die sich freuten, daß sie noch lebten und für das große Ereignis bereit waren, in der Meinung, es erginge ihnen besser als denen, die schon entschlafen waren. Wie so oft kehrt Paulus ihre Meinung um, indem er ihr eigenes Schlagwort verwendet. Diejenigen, die sagen »wir, die wir übrig sind« (zu denen er auch sich selbst zählt. Anders wäre es kaum denkbar bei ihm!), werden keinen Vorteil haben gegenüber ihren heimgegangenen Brüdern, wenn Jesus wiederkommt. Wenn es überhaupt irgend einen Vorrang gibt, dann liegt er bei den Entschlafenen, die nicht nur jetzt eine enge Gemeinschaft mit Christus haben, wie sie in den Worten »bei Christus« und »in Christus« zum Ausdruck kommt, sondern sie werden auch zuerst auferstehen. Erst danach werden »wir, die wir übrig sind«, entrückt werden, um mit ihnen zusammenzusein in der Gemeinschaft mit dem Herrn bei seiner Wiederkunft. Siehe auch meinen Artikel in *Expository Times* 1958, S. 285 f.

44 1. Thess. 5, 1

45 Matth. 24, 43 f.; Luk. 12, 39 f.; Offb. 3, 3; 16, 15

46 Luk. 17, 24

47 Luk. 12, 35–48; 17, 24; Mark. 13, 32; Apg. 1, 7

48 Siehe die sehr sorgfältige Bearbeitung dieser Frage in A. L. Moore, *The Parousia in the New Testament.* Er zeigt, wie die typische Haltung des Neuen Testamentes davon ausgeht, daß das Ende in der Tat »nahe ist, jeden Augenblick hereinbrechen kann, nur von der gnädigen Geduld Gottes zurückgehalten, der will, daß die Menschen Buße tun, solange es Zeit ist«, und daß sich zugleich das Ende weder datumsmäßig vorausberechnen noch durch gesellschaftliche Veränderungen herbeiführen läßt; denn »Gott allein wird darüber entscheiden« (a.a.O., S. 218).

49 *Twentieth Century Theology in the Making,* hrsg. von Jaroslav, Pelikan (Übersetzung von *Die Religion in Geschichte und Gegenwart),* S. 258.

50 Eph. 1, 14; 4, 30

51 *Twentieth Century Theology in the Making,* S. 263

52 A.a.O., S. 291 f.

53 Apg. 2, 16 f.

54 Röm. 8, 19–23

55 Apg. 1, 6–8

56 Viele Forscher glauben mit Conzelmann, daß Lukas als erster eine Geschichtstheologie entwickelt hat; daß er als erster erkannt habe, daß die Parusieerwartung eine Sackgasse war, und daß die Vollendung der Welt durch einen geschichtlichen Prozeß der Evangelisation erreicht werden sollte.

57 Mark. 13, 9 f.; Matth. 24, 14

58 Joh. 15, 26 f.

59 2. Petr. 3, 12

60 Siehe Strack-Billerbeck, Bd. 1, S. 163 ff., wo einige solche Texte angegeben sind.

61 2. Petr. 3, 9 und vgl. Mein Buch *2 Peter and Jude*, S. 133–36.

62 Matth. 8, 10 f.; 28, 19; Mark. 13, 10 u. a. Siehe Jeremias, a.a.O., S. 46–54.

63 vgl. F. Hahn, *Das Verständnis der Mission im Neuen Testament*, S. 95 ff.; K. F. Nickle, *The Collection*, S. 130 ff. Hahn gibt eine ausführliche Bibliographie zu diesem Thema auf Seite 13 f. seines Buches.

64 A.a.O., S. 60

65 Er ringt mit dem Problem ›Israel und die Heiden‹ im Verhältnis zur Mission in den Kapiteln 9–11 des Römerbriefes. Die Kommentare von C. K. Barrett und F. J. Leenhardt zeigen Verständnis hierfür; der Kommentar von Dodd zeigt an dieser Stelle wenig Verständnis.

66 Es waren keine Nützlichkeitserwägungen wie etwa der verhältnismäßig große Erfolg der Heidenmission, die Paulus veranlaßten, sie mit solcher Hingabe durchzuführen; vielmehr war es die Überzeugung, daß er dem Plan Jesu gehorsam war und das Werk des Gottesknechtes fortführte, dessen Aufgabe es nach dem Worten des Propheten war, ein Licht für die Heiden zu sein.

67 Röm. 11, bes. V. 25 f.

68 Nickle folgt Munck in den beiden letzten Kapiteln seines Buches *Paul and the Salvation of Mankind* (aber ohne die verzerrten Züge, die sich in der Hypothese des letzteren zeigen, und die von W. D. Davies in seinem Überblick in *NTS* 1955, S. 60–72 kritisiert wurden) und stellt die Sache gut dar und gibt eine ausführliche Literaturangabe (a.a.O., S. 138 ff.).

69 Deshalb ist er so erregt, daß die Gabe nicht abgelehnt wird (Röm. 15, 30 f.), und ist entschlossen, sie persönlich zu überbringen, ungeachtet aller Gefahren (Apg. 20, 22 f.; 21, 11–14).

70 Siehe weiterhin zu der Verbindung zwischen Eschatologie und Mission O. Cullmann, »Eschatology and Missions in the New Testament« in *The Theology of the Christian Mission*, (hrsg. von G. H. Anderson), S. 42–54. J. Blauw hat ein wertvolles Kapitel über »Towards a Theology of Mission« in *The Missionary Nature of the Church*, Kap. 7.

71 *International Review of Missions* 1953, S. 225. Die beiden Artikel von William Manson in dieser Zeitschrift von 1953 (S. 257–265 und 389–396) sind außerordentlich anregend. Er entwickelt einige seiner Gedanken weiter in einem posthum herausgegebenen Buch unter dem Titel *Jesus and the Christian*, S. 199 ff.

Nachwort

1 »Origenes behauptet nicht die Allversöhnung als etwas, das wir alle bequem für selbstverständlich nehmen können; es ist mehr seine Hoffnung als seine feste Gewißheit«. So beurteilt H. Chadwick die Haltung des Origenes in *Early Christian Thouhgt and the Classical Tradition*, S. 119.

2 2. Kor. 4, 4 f.

3 Ich habe versucht, diese These im zeitgenössischen Zusammenhang zu entwickeln, in *Runaway World*, S. 64–70.

4 Anne Ross, *Pagan Celtic Britain*, S. 5 f.

5 Dieses Zitat aus Gregor von Nyssas Lobrede auf Gregorius Thaumaturgus verdanke ich J. G. Davies, *The Early Christian Church*, S. 128.

Sachregister (in Auswahl)

392

Verfasserregister (in Auswahl)

Dieses Register enthält Verfasser alter und neuer Zeit, soweit sie im Text vorkommen, nicht aber die Verfasser in den Anmerkungen.